실무자를 위한

제3보험 손해사정론

이 재 복 · 임 동 섭 공저

도서출판 두남

이 도서는 2010년도 한국보험학회 저술사업의 지원을 받았음.

머리말

이 책은 수험서가 아니다. 생명보험회사와 손해보험회사 및 손해사정회사에서 근무하는 제3보험 손해사정실무자들을 위한 업무참고용 손해사정메뉴얼이다. 불과 10년 전만 해도 인보험에서 손해사정분야는 불모지였다. 그러나 외환위기를 겪으면서 보험사들이 실질적인 이익실현을 위한 경영구조 개선의 일환으로 자동차보험 위주의 손해보험산업이 인보험의 장기보험분야로 시장 확대를 도모하게 되었다. 급기야 2009년 10월 1일 생·손보사가 통합된 상품, 즉 "실손의료보험 표준약관"을 제정하면서부터 생·손보 공히 실손의료비를 판매하고 운용하기에 이르렀다.

하지만 제3보험의 시장확대와 괄목할만한 성장과는 달리 제3보험 분야에 대한 이론적 토대나 실무자들을 위한 지침서가 아직까지 마련되지 못한 실정이다. 그 때문에 일선 실무계에서는 업무처리에 어려움이 적지 않았고 담당자의 무지나 과오로 인하여 보험금의 지급과 관련한 소비자 민원이나 분쟁 등이 끊이지 않고 있다. 또한 보험소비자나 보험설계사, 보험대리점 등의 입장에서도 제3보험 손해사정에 관한 기초적인 이론적 토대와 근거에 대해 한 눈에 볼 수 있는 지침서의 필요성이 꾸준히 요구되고 있다.

이에 제3보험의 이론적 토대를 마련하기 위해 국내에서 다루어졌던 수많은 법원 판례와 금융감독원 분쟁조정사례를 한데 모아서 일목요연하게 정리하였다.

이 책의 제1편 제3보험 표준약관론에서는 보험계약의 성립부터 보험금 지급과정에 이르기까지 주요 쟁점별로 분류하여 기본적인 이론과 보험약관, 그리고 판례와 분쟁조정사례를 기술하였다.

제2편에서는 상해보험에서 사망, 후유장해과 교통상해보험, 상해보험 영역에 속하는 운전자보험, 질병보험에서 뇌혈관질환과 심혈관질환, 질병보험의 한 분야로서 별도표준약관이 제정된 실손의료보험 및 암보험 등을 별도의 장으로 분리하여 실무적으로 직접 다루는 중요한 문제들을 설명하였다.

제3편 손해사정 업무처리에서는 손해사정 업무와 관련된 법률적인 문제와 커뮤니케이션, 그리고 의학적 진단과 관련되어 손해사정과정에서 필요한 참고자료들을 모아서 정리하였다.

아무쪼록 이 매뉴얼이 제3보험의 손해사정을 취급하는 실무자와 보험영업현장의 보험설계사 및 보험대리점, 그리고 보험소비자에게 친절한 길잡이의 역할은 물론 손해사정과 관련한 모든 문제들을 처리해주는 해결사로서 역할을 충실히 수행할 수 있기를 바라는 마음 간절하다.

끝으로 이 매뉴얼이 출간되도록 후원해준 한국보험학회와 관계자 여러분과 K&C 화재특종손해사정(주)의 윤재인 대표이사님께 깊은 감사를 드린다.

2011년 12월

저자 씀

차 례

제1편 제3보험 표준약관론 / 1

제3편 손해사정 업무처리 / 451

01

제1편 제3보험 표준약관론

Chapter

1 보험계약의 성립

1-1 제3보험과 보험계약 관련자

01 제3보험의 의의와 표준약관

가. 제3보험의 의의

제3보험이란 2003년 5월 보험업법 개정으로 등장한 보험의 한 종류로서 생명보험의 정액보상적 특성과 손해보험의 실손보상적 특성을 동시에 갖는 보험을 말한다. 제3보험은 생명보험이나 손해보험 중 어느 한 분야에 속한다고 보기 어려운 생명보험의 성격과 손해보험의 성격을 모두 가지고 있다.

제3보험은 사람이 질병에 걸리거나 상해를 당했을 때 또는 이로 인한 간병이 필요한 상태를 보장하는 보험으로 상해보험, 질병보험, 그리고 간병보험으로 구분한다.

상해보험은 급격하고도 우연한 외래의 사고로 입은 신체의 상해를 보장하는 보험이다. 질병보험이란 질병에 걸리거나 질병으로 인한 치료, 입원 및 수술 등을 보장하는 보험으로 질병으로 인한 사망은 제외된다. 간병보험은 활동불능 또는 인식불명 등 장기간 타인의 간병을 요하는 상태를 보장하는 보험이다.

나. 제3보험의 표준약관

보험업법상 제3보험이 규정되기 전에는 장기손해보험이 그 역할을 대신해왔다. 장기손해보험은 장기종합보험, 장기상해보험, 장기화재보험으로 구분되었으나, 인보험분야에서의 발전으로 장기손해보험 표준약관에서는 상해사망과 상해 후유장해만을 보상대상으로 하고, 나머지 인보험과 관련된 부분은 특종보험 표준약관의 인보험 부분을 반영하였다.

그러나 2010년 4월 질병상해보험 표준약관이 신설되면서 장기손해보험 표준약관과 특종보험 표준약관은 폐지되었다. 두가지 표준약관을 폐지하면서 보험금 지급방식이 정액형인 경우는 질병상해보험 표준약관으로, 실손형인 경우는 실손의료보험 표준약관으로 반영하였다.

이에 따라 제3보험 분야에서는 질병상해보험 표준약관, 실손의료보험 표준약관, 해외여행 실손의료보험 표준약관이 자리하게 되었다.

02 보험계약 관련자

가. 보험계약자

보험계약자는 보험계약의 당사자로서 보험자와 보험계약을 체결하고 보험료를 지급할 의무를 부담하는 자를 말한다. 그 자격에는 아무런 제한이 없으므로 개인이든 법인이든 상관없다.

보험계약의 체결은 반드시 보험계약자 본인이 하여야 하는 것은 아니고 대리인을 통하여 체결할 수 있으며, 이 경우 대리인이 안 것은 본인이 안 것과 동일한 것으로 한다(상법 제646조).

보험계약자는 보험수익자를 지정 또는 변경할 권리가 있으며(상법 제733조 제1항), 지정된 보험수익자가 보험존속중에 사망한 때에 보험계약자는 다시 보험수익자를 지정할 수 있다(상법 제733조 제3항).

개정 보험업법에서는 계약자의 유형에 따라 보호해야할 수준이 다르기 때문에 보험정보 및 금융지식이 상대적으로 부족한 일반보험계약자에 대한 보호 수준을 강화하기 위하여 보험계약자를 그 전문성, 자산규모 등을 기준으로'전문보험계약자'와'일반보험계약자'로 구분하고 있다. '전문보험계약자'란 보험계약에 관한 전문성이나 자산규모 등에 비추어 보험계약의 내용을 이해하고 이행할 능력이 있는 자로서 보험업법에 정한 자를 말한다(보험업법 제2조 제19호). '일반보험계약자'란 전문보험계약자가 아닌 보험계약자를 말한다(보험업법 제2조 제20호).

전문보험계약자 중에서도 보험업법에 정하는 자가 일반보험계약자와 같은 대우를 받겠다는 의사를 보험회사에 서면으로 통지하는 경우 보험회사는 정당한 사유가 없으면 이에 동의하여야 하며, 보험회사가 동의한 경우에는 해당 보험계약자는 일반보험계약자로 본다(보험업법 제2조 제19호의 단서조항). 또한 전문보험계약자의 범위에 대하여는 보험업법과 보험업법 시행령(제6조의 2)에 구체적으로 명시하고 있다.

〈표 1-1〉 전문보험계약자의 범위

일반보험계약자로 전환 불가	일반보험계약자로 전환 가능
국가	지방자치단체
한국은행 등 금융기관	외국금융기관
보험모집가능 자, 보험관계단체	법정 공제사업자, 법정 기금운용법인
금융감독원, 공사 등	주권상장법인, 해외주권상장 국내법인
외국정부, 국제기구, 외국중앙은행 등 외국인	퇴직연금계약 체결법인 등

자료 : 안철경 외1. (2011). "보험소비자 보호중심의 개정 보험업법 시행", 보험연구원 KIRI Weekly. p.3. 인용.

나. 피보험자

인보험에서 피보험자는 생명 또는 신체에 관하여 보험에 붙여진 보험의 객체를 말하며 자연인으로 한정된다. 손해보험에서의 피보험자는 피보험이익의 주체로서 보험사고가 발생하면 보험자에게 손해의 보상을 청구할 권리를 가지는 자를 말한다.

손해보험에서 보험목적에 대하여 피보험이익을 갖는 자는 누구나 피보험자가 될 수 있으므로 법인이나 자연인 또는 미성년자나 금치산자, 한정치산자와 같은 행위무능력자임을 따지지 않는다. 하지만 만15세미만자, 심신상실자 또는 심신박약자의 사망을 보험사고로 하는 사망보험에서 보험계약은 무효가 된다(상법 제732조).

제3보험에서 피보험자는 보험계약자와 함께 고지의무(계약전 알릴의무)와 통지의무(상해보험 계약후 알릴의무)를 부담한다.

다. 보험수익자

인보험에서 보험수익자는 보험사고의 발생 또는 보험기간의 만기가 도래한 경우에 보험자에 대하여 보험금청구권을 가지는 자이다. 손해보험에서는 피보험자가 피보험이익의 주체로서 보험금 청구권을 가지므로 별도로 보험수익자의 지정을 하지 아니한다. 또한 보험계약자와 보험수익자가 같은 계약을 '자기를 위한 계약'으로, 다른 계약을 '타인을 위한 보험계약'이라 한다.

보험계약자는 보험수익자를 지정 또는 변경할 권리가 있다(상법 제733조 제1항). 보험계약자가 보험수익자 지정권을 행사하지 아니하고 사망한 때에는 피보험자를 보험수익자로 하고, 보험계약자가 보험수익자 변경권을 행사하지 아니하고 사망한 때에는 보험수익자의 권리가 확정된다(상법 제733조 제2항). 보험수익자가 보험존속중에 사망한 때에는 보험계약자는 다시 보험수익자를 지정할 수 있으며 보험계약자가 지정권을 행사하지 아니하고 사망한 때에는 보험수익자의 상속인을 보험수익자로 한다(상법 제733조 제3항).

라. 보험자(보험회사)

보험계약 당사자는 보험자와 보험계약자이다. 보험자는 보험업의 주체로서 보험계약자로부터 보험료를 받는 대신에 보험기간 중 보험사고가 발생하면 피보험자(손해보험) 또는 보험수익자(인보험)에게 보험금 및 기타 급여를 지급할 의무를 지는 자이다.

보험회사는 그 임직원, 보험설계사 또는 보험대리점(보험대리점 소속 보험설계사를 포함한다)이 모집을 하면서 보험계약자에게 손해를 입힌 경우 배상할 책임을 진다. 다만, 보험회사가 보험설계사 또는 보험대리점에 모집을 위탁하면서 상당한 주의를 하였고 이들이 모집을 하면서 보험계약자에게 손해를 입히는 것을 막기 위하여 노력한 경우에는 그러하지 아니하다(보험업법 제102조 제1항).

▶ 보험모집인이 보험계약자에 가한 손해에 대한 회사의 손해배상책임 여부

타인의 사망을 보험사고로 하는 보험계약의 체결에 있어서 보험모집인은 보험계약자에게 피보험자의 서면동의 등의 요건에 관하여 구체적이고 상세하게 설명하여 보험계약자로 하여금 그 요건을 구비할 수 있는 기회를 주어 유효한 보험계약이 체결되도록 조치할 주의의무가 있고, 그럼에도 보험모집인이 위와 같은 설명을 하지 아니하는 바람에 위 요건의 흠결로 보험계약이 무효가 되고 그 결과 보험사고의 발생에도 불구하고 보험계약자가 보험금을 지급받지 못하게 되었다면 보험자는 보험업법 제102조 제1항에 기하여 보험계약자에게 그 보험금 상당액의 손해를 배상할 의무가 있다.(대법원 2007.9.6. 선고 2007다30263 판결, 대법원 2006.6.29. 선고 2005다11602 판결)

마. 보험설계사

보험설계사란 보험회사, 보험대리점, 또는 보험중개사에 소속되어 보험계약의 체결을 중개하는 자(법인이 아닌 사단과 재단을 포함한다)로서 보험업법 제84조의 규정에 의하여 금융위원회에 등록된 자를 말한다.[1])

보험설계사는 자기가 소속된 보험회사 등 이외의 자를 위하여 모집하지 못하며(보험업법 제85조 제2항), 보험회사 등은 다른 보험회사등에 소속된 보험설계사에게 모집을 위탁하지 못한다(보험업법 제85조 제1항). 즉 보험설계사는 원칙적으로 자기가 소속된 보험회사 등을 위하여만 모집을 할 수 있으며, 예외적으로 교차모집이 허용될 뿐이다.

보험설계사는 보험계약의 체결을 중개하는 자이므로 보험회사를 대리하여 계약을 체결할 권한(계약체결권)과 계약의 변경이나 해지 및 고지의무를 수령할 권한(고지수령권)이 없다(대법원 1979.10.30. 79다1234 판결, 대법원 2006.6.30. 선고 2006다19672,19689 판결). 다만, 보험거래상의 신뢰보호와 보험보호를 위해 보험설계사의 제1회 보험료 수령권은 인정되고 있다(대법원 1989.11.28. 선고 88다카33367 판결).

보험설계사의 제1회 보험료 대납약정의 효력에 대하여 보험설계사가 보험계약자에 대하여 대납약정을 한 경우 보험계약자가 보험회사에 제1회 보험료를 납입한 것과 동일한 법적 효과를 갖게 된다(광주고등법원 1996.7.12. 96나2087 판결).

또한 보험설계사는 보험회사와 위촉계약을 체결하고 계약의 중개를 함에 있어 위촉계약의 취지에 따라 성실하게 중개행위를 할 의무가 있다. 그럼에도 불구하고 부적격피보험자임을 알고도 이를 보험회사에 알리지 아니하여 보험회사가 그 계약을 체결함으로써 결과적으로 손해를 입게 하였다면 보험설계사는 채무불이행으로 인하여 보험회사가 입은 손해에 대하여 손해배상책임을 부담하게 된다(부산고등법원 1995.11.9. 94나7201 판결).

▶ 보험설계사에게 고지수령권이 있는지 여부

보험가입 청약서에 기왕병력을 기재하지 아니하고 보험회사의 외무사원에게 이를 말한 것만으로는 기왕병력을 보험회사에 고지하였다고 볼 수 없다(대법원 1979.10.30. 선고 79다1234 판결).

▶ 보험설계사에게 고지수령권이 있는지 여부

구 보험업법(2003.5.29.법률 제6891호로 전문 개정되기 전의 것)상의 보험모집인은 특정 보험자를 위하여 보험계약의 체결을 중개하는 자일 뿐 보험자를 대리하여 보험계약을 체결할 권한이 없고 보험계약자 또는 피보험자가 보험자에 대하여 하는 고지나 통지를 수령할 권한도 없으므로, 보험모집인이 통지의무의 대상인 '보험사고 발생의 위험이 현저하게 변경 또는 증가된 사실'을 알았다고 하더라도 이로써 곧 보험자가 위와 같은 사실을 알았다고 볼 수는 없다(대법원 2006.6.30. 선고 2006다19672,19689 판결).

1) 보험업법 제2조(정의) 제9호. 개정전 보험업법에서는 "보험설계사"라 함은 '보험회사를 위하여' 보험계약의 체결을 중개하는 자로 정의하고 있었다.

▶ 보험설계사에게 제1회 보험료 수령권이 있는지 여부

보험모집인이 소속 보험회사와의 고용계약이나 도급적 요소가 가미된 위임계약에 바탕을 둔 소속보험회사의 사용인으로서 보험계약의 체결대리권이나 고지수령권이 없는 중개인에 불과하다 하여도 오늘날의 보험업계의 실정에 비추어 제1회 보험료의 수령권이 있음은 부정할 수 없다(대법원 1989.11.28.선고 88다카33367 판결).

▶ 보험설계사의 제1회 보험료 대납약정의 효력

회사를 대리하여 제1회 보험료를 수령할 권한이 부여되어 있는 보험설계사가 계약자에 대하여 보험료 대납약정을 하였다면 그것으로 곧바로 계약자가 회사에 대하여 보험료를 지급한 것과 동일한 법적 효과가 발생하는 것이고, 실제로 설계사가 회사에 대납을 하여야만 그 효과가 발생하는 것은 아니다(광주고등법원 1996.7.12. 96나2087 판결).

▶ 보험설계사의 보험회사에 대한 손해배상책임 부담여부

보험모집인은 타인의 보험계약의 중개를 함에 있어 보험회사에 대하여 그 위촉계약의 취지에 따라 성실하게 중개행위를 할 의무가 있는데도, 보험모집인이 자신의 외삼촌과 보험회사 간의 보험계약을 중개함에 있어 가입자의 폐결핵감염 사실을 알고 있음에도 이를 보험회사에 고지하지 아니하여 보험회사가 그 보험을 인수함으로써 결과적으로 손해를 입게 된 경우 그 모집인은 채무불이행으로 인하여 보험회사가 입은 손해에 대하여 60%의 손해배상책임이 있다(부산고등법원 1995.11.9. 94나7201 판결).

바. 보험대리점

보험대리점은 보험회사를 위하여 보험계약의 체결을 대리하는 자로서 보험업법 제87조의 규정에 의하여 금융위원회에 등록된 자를 말한다(보험업법 제2조 제10호). 보험대리점은 보험계약의 체결을 대리하고 대리인이 안 사유는 그 본인이 안 것과 동일한 것으로 하므로(상법 제646조) 대리의 성질상 당연히 계약체결권, 고지수령권, 보험료 수령권을 갖는다.

또한 보험대리점의 보험료 대납약정은 보험료 대납약정 자체만으로도 보험료를 지급한 것과 동일한 법적 효과가 발생하고 실제 대납하여야만 그 효력이 발생하는 것은 아니다(대법원 1995.5.26. 선고 94다60615 판결).

▶ 보험대리점이 보험계약자에 대하여 한 보험료 대납약정의 법적 효과

보험회사를 대리하여 보험료를 수령할 권한이 부여되어 있는 보험대리점이 보험계약자에 대하여 보험료의 대납약정을 하였다면 그것으로 곧바로 보험계약자가 보험회사에 대하여 보험료를 지급한 것과 동일한 법적 효과가 발생하는 것이고, 실제로 보험대리점이 보험회사에 대납을 하여야만 그 효과가 발생하는 것은 아니다(대법원 1995.5.26. 선고 94다60615 판결).

사. 보험중개사

보험중개사는 독립적으로 보험계약의 체결을 중개하는 자로서 보험업법 제89조의 규정에 의하여 금융위원회에 등록된 자를 말한다(보험업법 제2조 제11호). 보험중개사는 계약체결을 중개할 뿐 대리하는 것은 아니므로 계약체결권이나 고지수령권, 그리고 보험료 수령권이 없다. 따라서 보험중개사에게 제1회 보험료를 지급하였다 하더라도 보험료 납입의 효력은 없다.

보험계약자나 보험금을 취득할 자가 보험중개사의 보험계약체결 중개행위와 관련하여 손해를 입은 경우에 보험업법 제102조에 따른 손해배상 책임을 물을 수 없다. 다만 그 손해에 대하여 보험업법 제89조 제3항에 따른 영업보증금에서 다른 채권자보다 우선하여 변제받을 권리를 가진다(보험업법 제103조).

〈표 1-2〉 보험모집종사자의 권한

구분	계약체결권	고지수령권	보험료수령권	전속여부
보험설계사	×	×	×*	○**
보험대리점	○	○	○	×
보험중개사	×	×	×	×

* 다만, 1회 보험료수령권은 인정됨
** 예외적으로 교차모집 허용

아. 보험의(保險醫)

보험의(保險醫)는 사람의 생명이나 신체를 보험사고로 하는 인보험에서 보험회사로부터 신체검사를 위탁받아 위험측정자료를 보험회사에게 제공하는 의사를 말한다. 즉 인보험에서 피보험자의 신체를 검사하여 위험측정에 관한 전문적인 의견을 보험자에게 제공하는 의사로서 진사의(診査醫)라고도 한다.

보험의는 위험측정자료를 수집하고 의학적인 소견을 보험회사에게 제공하는 보조자로서 계약체결권은 없으나 피보험자의 신체검사를 담당하는 자의 지위에서 고지수령권을 가지고 있다(금융감독원 분쟁조정사례 2001.9.25. 결정 제2001-46호). 그러나 보험의의 고지의무 수령권한에서도 보험자에게 위험의 측정자료를 제공하기 위한 진료나 검진이 아니라면, 진료나 검진과정에서 알게된 진료정보자체를 고지의무를 수령하였다고 볼 수는 없다(대법원 2001.1.5. 선고 2000다40353 판결).

▶ 보험의의 고지수령권 여부

계약전 알릴의무는 보험가입자가 청약서를 통하여 회사에 하여야 그 의무를 다하는 법적의무이므로, 피보험자가 보험가입 전에 건강진단병원에서 고혈압으로 진단되어 투약치료를 받은 사실이 있음에도 건강진단서 및 청약서상 고혈압치료여부를 묻는 질문에 대하여 "없다"라고 기재하고 자필서명 하였다면 건강진단의사가 과거 피보험자를 치료하였다는 사실을 알지 못하였다는 것만으로는 보험가입자의 계약전 알릴의무 위반에 대하여 회사의 계약해지권을 제한하기 어렵다(금융감독원 분쟁조정사례 2001.9.25. 제2001-46호).

▶ 보험의가 일반적인 검진과정에서 알게 된 사실을 고지했다고 볼 수 있는지 여부

보험자에게 소속된 의사가 보험계약자 등을 검진하였다고 하더라도 그 검진이 위험측정자료를 보험자에게 제공하는 보험자의 보조자로서의 자격으로 행해진 것이 아니라면 그 의사가 보험자에게 소속된 의사라는 사유만으로 그 의사가 검진 과정에서 알게 된 보험계약자 등의 질병을 보험자도 알고 있으리라고 보거나 그것을 알지 못한 것이 보험자의 중대한 과실에 의한 것이라고 할 수는 없다고 할 것이며, 이와 같이 해석하는 것이 환자에 대한 비밀의 누설이나 기록의 공개를 원칙적으로 금지하고 있는 의료법의 취지에도 부합한다(대법원 2001.1.5.선고 2000다40353 판결).

1-2 보험계약의 성립

01 상법에 정한 보험계약의 성립

보험계약은 낙성계약[2])이므로 계약당사자간 의사의 합치, 즉 보험계약자의 청약에 대한 보험자의 승낙에 의해 성립한다. 보험계약자의 청약이나 보험자의 승낙이 없는 상태에서의 보험료의 지급이나 보험증권의 교부 등은 보험계약의 성립요건이 아니다(대법원 2003.4.25.선고 2002다64520 판결).

또한 청약과 승낙에는 구두이든 서면이든 특별한 형식을 요하지는 않지만 통상적인 보험거래 관행상 보험계약의 체결은 보험설계사의 가입권유와 같은 유인(誘引), 고지의무의 이행, 청약서의 작성을 통해 가입자의 청약이 이루어지고, 최초보험료의 지급, 보험자의 승낙 등의 순서로 진행된다.

상법 제638조의2(보험계약의 성립)

① 보험자가 보험계약자로부터 보험계약의 청약과 함께 보험료 상당액의 전부 또는 일부의 지급을 받은 때에는 다른 약정이 없으면 30일내에 그 상대방에 대하여 낙부의 통지를 발송하여야 한다. 그러나 인보험계약의 피보험자가 신체검사를 받아야 하는 경우에는 그 기간은 신체검사를 받은 날부터 기산한다.
② 보험자가 제1항의 규정에 의한 기간 내에 낙부의 통지를 해태한 때에는 승낙한 것으로 본다.
③ 보험자가 보험계약자로부터 보험계약의 청약과 함께 보험료 상당액의 전부 또는 일부를 받은 경우에 그 청약을 승낙하기 전에 보험계약에서 정한 보험사고가 생긴 때에는 그 청약을 거절할 사유가 없는 한 보험자는 보험계약상의 책임을 진다. 그러나 인보험계약의 피보험자가 신체검사를 받아야 하는 경우에 그 검사를 받지 아니한 때에는 그러하지 아니하다.

▶ 보험계약의 성립 여부

일반적으로 보험계약은 당사자 사이의 의사 합치에 의하여 성립되는 낙성계약으로서 별도의 서면을 요하지 아니하므로 보험계약을 체결할 때 작성 교부되는 보험증권은 하나의 증거증권에 불과한 것이어서 보험계약의 성립 여부라든가 보험계약의 내용 등은 그 증거증권만이 아니라 계약체결 전후 경위 등을 종합하여 인정할 수 있다(대법원 2003. 4.25. 선고 2002다64520 판결).

가. 보험료의 납입과 승낙의제

보험계약자가 보험계약의 청약과 함께 보험료 상당액의 전부 또는 일부를 지급한 때에는 일정기간이 경과하고도 보험자가 낙부의 의사표시를 하지 않으면 승낙

2) 당사자의 합의만으로 이루어지는 계약.

한 것으로 의제(擬制)[3]된다. 그러나 약정한 보험료의 전부 또는 일부가 지급되지 아니한 상태에서는 보험자가 일정기간 동안 승낙의 의사표시를 하지 않더라도 승낙의제 되지 아니한다.

상법에서는 보험계약자의 청약과 함께 보험료 상당액의 전부 또는 일부를 지급하는 조건으로 하여 보험자가 30일내에 낙부의 통지를 해태한 경우 승낙한 것으로 본다.

나. 청약과 승낙의 의사표시

청약의 의사표시는 구두청약으로도 가능하지만 실무적으로는 보험설계사의 유인에 의한 서면으로 표시되고, 계약의 상대방인 보험자에게 도달한 때에 효력이 발생한다. 그러나 승낙의 의사표시는 상법에서 상대방에게 '발송'하도록 함으로써 실제 도달하지 아니하였더라도 의사표시 효력이 발생하도록 하는 발송주의의 입장을 취하고 있다. 이는 보험계약자에게는 본인의 청약의사가 보험자에게 도달하여야 한다는 점과 함께, 보험자의 승낙 의사표시를 발송하는 때부터 보험자의 책임을 부담토록 함으로써 보험계약자의 편익을 높이고 보험자의 보상책임을 명확히 하도록 한 것이다.

다시 말해 보험계약자가 보험료의 지급과 함께 청약의 의사표시를 하여 그 의사표시가 보험자에게 도달하고, 이에 대해 승낙의 의사표시를 보험자가 발송한 때에는 실제 낙부의 통지가 보험계약자에게 도달하지 아니하였더라도 보험자가 책임을 부담한다는 의미이다.

다. 인보험에서 승낙의제의 기산일

인보험에서 피보험자가 신체검사를 받아야 하는 경우에는 그 기간은 신체검사를 받은 날부터 기산한다. 다시 말해 인보험 계약 중 신체검사를 받아야 하는 계약은 청약일로부터 기산하지 않고, 신체검사를 받은 날부터 기산하여 보험자는 30일 내에 낙부통지를 하여야 한다. 그러나 피보험자가 신체검사를 받지 않은 경우에는 보험료 상당액의 전부 또는 일부를 납입하고 청약하였더라도 승낙의제 되지 아니한다.

---

3) 의제(擬制)와 간주(看做)는 반증을 용인하지 않는다는 점에서는 같다. 의제(擬制)는 상대방의 의사표시와는 무관하게 효력이 발생되는 것을 말하고, 간주(看做)는 상대방의 의사표시가 있는 것으로 하여 효력을 발생시키는 것을 말한다. 추정(推定)은 반증이 있을 경우 그 추정을 전복시킬 수 있다는 점에서 다르다.

02 질병상해보험 표준약관상 계약의 성립

상법 제632조의 2에서와 마찬가지로 질병상해보험 표준약관에서도 보험계약은 보험계약자의 청약과 보험회사의 승낙으로 성립한다.

질병상해보험 표준약관 제1조(계약의 성립)

① 보험계약은 보험계약자의 청약과 보험회사의 승낙으로 이루어집니다.(이하 "보험계약"은 "계약", "보험계약자"는 "계약자", "보험회사"는 "회사"라 합니다)
② 회사는 피보험자(보험대상자)가 계약에 적합하지 아니한 경우에는 승낙을 거절 하거나 별도의 조건(보험가입금액 제한, 일부보장 제외, 보험금 삭감, 보험료 할증 등)을 부과하여 인수할 수 있습니다.
③ 회사는 계약의 청약을 받고 제1회 보험료를 받은 경우에 건강진단을 받지 아니하는 계약은 청약일, 건강진단을 받는 계약(이하 "진단계약"이라 합니다)은 진단일(재진단의 경우에는 최종진단일을 말합니다)부터 30일 이내에 승낙 또는 거절하여야 하며, 승낙한 때에는 보험증권(보험가입증서)을 드립니다. 그러나 30일 이내에 승낙 또는 거절의 통지가 없으면 승낙된 것으로 봅니다.
④ 회사가 제1회 보험료를 받고 승낙을 거절한 경우에는 거절통지와 함께 받은 금액을 계약자에게 돌려드리며, 보험료를 받은 기간에 대하여 이 계약의 표준이율(계약체결시점의 표준이율을 말하며, 이하 "표준이율"이라 합니다) + 1%를 연단위 복리로 계산한 금액을 더하여 지급합니다. 다만, 회사는 계약자가 제1회 보험료를 신용카드로 납입한 계약의 승낙을 거절하는 경우에는 신용카드의 매출을 취소하며 이자를 더하여 지급하지 아니합니다.

피보험자가 해당 보험계약에 적합하지 아니한 부적격피보험자인 경우 보험회사는 승낙을 거절하거나, 보험가입금액의 제한, 일부보장의 제외, 보험금의 삭감, 보험료 할증 등의 조건을 부과하여 승낙할 수 있다.

아울러 제1회 보험료를 받은 경우를 전제로 하여, 건강진단을 받지 아니한 계약은 청약일, 건강진단을 받는 계약은 진단일, 재진단을 받아야 하는 경우에는 최종진단일로부터 30일 이내에 승낙 또는 거절의 통지가 없으면 승낙된 것으로 본다. 그러나 1회 보험료를 받지 아니한 상태에서는 보험회사의 낙부통지의무도 존재하지 않고, 승낙전 보호제도 역시도 적용될 여지가 없다.

▶ 위험직종 종사자와 같은 부적격피보험자에 대한 승낙 거절의 효력

보험회사가 보험모집인을 통하여 보험 청약을 받고 제1회 보험료를 납부 받은 직후 피보험자가 오토바이 운전중 사고로 사망하는 보험사고가 발생하였으나 피보험자가 오토바이 사용자인 위험직종으로서 그 약관에 정한 적격피보험체가 아님을 사유로 보험회사가 그 승낙을 거절함으로써 보험계약이 성립하지 아니한 것으로 보아야 한다 (대법원 1991.11.8. 선고 91다29170 판결)

03 승낙 전 사고보호제도

가. 승낙 전 사고 보호제도의 의의

「승낙 전 사고 보호제도」라 함은 보험계약자가 보험료 상당액의 전부 또는 일부와 함께 보험계약의 청약을 하고, 보험자가 낙부의 통지를 하기 전에 발생한 사고에 대하여 보험자가 책임을 부담하도록 한 제도를 말한다.

이 제도는 보험계약자의 청약에 대해 보험자가 승낙하기 전에 보험사고가 발생한 경우 보험사고 발생사실을 아는 보험자는 가능한 한 승낙을 회피할 것이므로, 보험자가 승낙절차를 지체한 경우 보험소비자의 이익을 보호하기 위하여 낙부의 통지의무와 승낙의제 제도를 도입하면서, 승낙하기 전에 발생한 사고에 대해서도 일정한 요건 하에서 보험자의 보험계약상 책임을 부여하고자 도입된 제도이다.

나. 승낙 전 사고에 대한 보험자의 책임

상법 제656조(보험료의 지급과 보험자의 책임개시)에서는 '보험자의 책임은 당사자간에 다른 약정이 없으면 최초의 보험료의 지급을 받은 때로부터 개시한다.'고 규정하고 있다. 보험계약자가 청약을 하고 최초보험료를 지급하였으나 보험자가 승낙을 하기 전에 보험사고가 발생하면, 원칙적으로 계약자체가 성립되지 않았기 때문에 보험자는 보험금 지급책임이 없다. 이 경우 계약을 청약하고 최초의 보험료를 납입한 때로부터 보험보호를 받을 것으로 생각하고 있는 일반 소비자의 기대에 어긋나게 된다. 따라서 보험계약의 법이론을 잘 모르는 일반 보험계약자의 합리적 기대이익을 보호하기 위하여 승낙전 사고에 대한 보험자의 책임을 인정하는 규정을 상법개정(1991년)시 신설하였다.

보험자의 승낙 전 사고에 대한 보험보호제도는 ① 보험거래 관행상 초회(제1회) 보험료의 선납 관행으로 인한 소비자의 이유 있는 오신을 구제하고, ② 승낙 전 기간에 대한 무보험상태를 방지하며, ③ 보험산업에 대한 신뢰를 확보하기 위하여 도입되었다.

다. 승낙 전 보험사고의 보상책임 발생요건

승낙 전 보험사고에 대한 보험자의 보상책임이 발생하기 위하여는 다음과 같은 요건을 충족해야 한다.

① 유효한 보험계약의 청약이 있어야 한다.

② 보험료 상당액의 전부 또는 일부의 지급이 있어야 한다.

③ 보험자의 승낙 전에 보험계약에 정한 사고가 발생하여야 한다.

④ 보험자가 청약을 거절할 사유가 없어야 한다.

⑤ 진단계약의 경우에는 피보험자가 신체검사를 받아야 한다.

라. '청약을 거절할 사유'의 의미

'청약을 거절할 사유'란 도덕적 위험의 가능성이 높아서 피보험자의 역선택이 우려되어 보험에서 부보할 수 없는 경우나, 고지의무위반 등 거래 관행상 객관적으로 용인될 만한 사유로 국한되어야 한다.

판례에서는 청약을 거절할 사유의 의미를 보험계약의 청약이 이루어진 바로 그 종류의 보험에서 해당 보험회사가 마련하고 있는 객관적인 보험인수기준에 의하면 인수할 수 없는 위험상태 또는 사정이 있는 것으로서 통상 피보험자가 보험약관에서 정한 적격 피보험체가 아닌 경우를 말한다(대법원 2008.11.27. 선고 2008다40847 판결).

또한 승낙 전 보험사고에 대하여 보험계약의 청약을 거절할 사유가 없어서 보험자의 보험계약상의 책임이 인정되면, 그 사고발생사실을 보험자에게 고지하지 아니한 사실은 청약을 거절할 사유가 될 수 없다. 그리고 보험계약 당시 보험사고가 이미 발생하였다는 이유로 상법 제644조에 의하여 보험계약이 무효로 되지도 않는다(대법원 2008.11.27. 선고 2008다40847 판결).

실무적으로는 청약을 거절할 만한 사유 등에 대하여, 오토바이를 상시적으로 운전하는 등의 위험직종에 종사하고 있거나(금융감독원 분쟁조정사례 2001.11.20. 결정 제2001-52호, 대법원 1991.11.8. 선고 91다29170 판결), 피보험자가 현재 가지고 있는 질병이 위중한 것이어서 보험계약을 통해 달성하고자 하는 다수의 동질의 위험에 대한 균형이 깨질 수 있는 정도의 사안으로 이해되고 있다.

또한 보험자가 승낙하기 이전에 단순한 상해사고나 생명보험 약관에 정한 재해사고가 발생한 것만으로는 청약을 거절할 만한 사유로 볼 수 없고, 보험 가입이 제한될 수 있는 위험직종과 직접적으로 관련이 있는 사고가 발생한 경우까지를 승낙전 사고보호제도로서 보호하고자 하는 것은 아니다(대법원 1991.11.8. 선고 91다29170 판결).

▶ 청약을 거절할 사유의 의미와 그 입증책임의 소재

청약을 거절할 사유란 보험계약의 청약이 이루어진 바로 그 종류의 보험에 관하여 해당 보험회사가 마련하고 있는 객관적인 보험인수기준에 의하면 인수할 수 없는 위험상태 또는 사정이 있는 것으로서 통상 피보험자가 보험약관에서 정한 적격 피보험체가 아닌 경우를 말하고, 이러한 청약을 거절할 사유의 존재에 대한 증명책임은 보험자에게 있다.

또한 승낙 전 보험사고에 대하여 보험계약의 청약을 거절할 사유가 없어서 보험자의 보험계약상의 책임이 인정되면, 그 사고발생사실을 보험자에게 고지하지 아니하였다는 사정은 청약을 거절할 사유가 될 수 없고, 보험계약 당시 보험사고가 이미 발생하였다는 이유로 상법 제644조에 의하여 보험계약이 무효로 된다고 볼 수도 없다(대법원 2008.11.27. 선고 2008다40847 판결).

▶ 피보험자의 오토바이 운전사실이 청약을 거절할만한 사유인지 여부

청약을 승낙하기 전에 보험계약에서 정한 보험사고가 생긴 경우 그 청약을 거절할 사유가 없는 한 회사는 보험계약상의 책임을 부담하게 되나, 통상 피보험자의 오토바이 운전사실은 승낙거절 사유이거나 제한적으로 인수되는 바, 사고발생여부를 인지하지 못한 상태에서 계약적부 확인시 피보험자의 오토바이 운전사실을 알고 계약을 불승낙 처리하였다면 사고발생여부에 관계없이 회사는 청약을 거절할 충분한 사유가 있었다고 보여지므로, 회사에게 보험금 지급책임이 있다고 인정하기는 어렵다(금융감독원 분쟁조정사례 2001.11.20. 결정 제2001-52호).

▶ 위험직종과 직접 관련 있는 사고까지 승낙전 사고 보호제도에서 보호하는지 여부

승낙전 사고 보호제도의 취지는 보험자가 보험가입의 청약을 받고 제1회 보험료를 수령하였으나 보험계약이 성립되기 전, 즉 승낙 전에 별표 2에서 규정하고 있는 보험금 지급사유에 해당하는 우발적인 외래의 사고 등 재해가 발생한 경우 비록 피보험자에게 당해 보험의 적격 피보험체가 될 수 없다고 하더라도 보험금을 지급한다는 취지로 해석할 것이지, 우발적인 외래의 사고와 같은 재해가 아니고 바로 부적격 피보험체인 그 위험직종과 직접 관련이 있는 사고가 발생한 경우에도 보험금을 지급하겠다는 취지로 해석할 것은 아니다(대법원 1991.11.8. 선고 91다29170 판결).

마. 청약을 거절할 사유의 입증책임

'청약을 거절할 사유'에 대한 입증책임은 보험자가 부담한다(대법원 2008.11.27. 선고 2008다40847 판결). 왜냐하면 거절할 사유는 개별 보험상품의 특성에 따라 다른 데다가 승낙의 거절이 보험회사의 책임을 거절하기 위한 것이고, 보험회사는 청약의 거절을 통해 위험을 회피함으로써 잠재적 손실을 방지할 수 있기 때문이다.

04 질병상해보험 표준약관상 청약의 철회

가. 청약철회의 법적 성격

'철회'라 함은 법률상 의사표시를 한 자가 그 의사표시의 효력이 발생하기 전에 소멸시키는 일방적인 의사표시를 말한다. 이미 법률효과가 발생하고 있는 의사표시를 소급하여 소멸시키는 '취소'와 구별된다. 그러나 현행 보험약관에서 사용되는 철회는 이미 유효하게 성립된 보험계약을 소급하여 소멸시키는 의미이므로 철회보다 취소에 가깝다.

나. 청약철회제도

청약철회제도는 보험계약의 체결이 보험자와 보험계약자간 심각한 정보의 비대칭성과 부합계약성과 보험설계사 등의 일방적인 권유에 의해 충동적으로 보험계약을 체결할 수 있으므로 청약후에도 일정기간 동안 신중하게 보험가입을 고려해 볼 수 있도록 한 일종의 숙려기간 또는 냉각기간(Cooling Off)으로서 대표적인 소비자 보호제도이다.

다. 질병상해보험 표준약관상 청약의 철회

질병상해보험 표준약관 제2조(청약의 철회)

① 계약자는 청약을 한 날부터 15일 이내에 그 청약을 철회할 수 있습니다. 다만, 진단계약, 단체(취급)계약 또는 보험기간이 1년 미만인 계약의 경우에는 그러하지 아니하며, 전화˙우편˙컴퓨터 등의 통신매체를 통한 보험계약(이하 "통신판매 계약"이라 합니다)의 경우에는 청약을 한 날부터 30일 이내에 그 청약을 철회할 수 있습니다.
② 계약자가 청약을 철회한 때에는 회사는 청약의 철회를 접수한 날부터 3일 이내에

이미 납입한 보험료를 계약자에게 돌려 드리며, 그 반환기일의 다음날부터 반환일까지의 기간에 대하여 이 계약의 보험계약대출이율(이하 "보험계약대출이율"이라 합니다)을 연단위 복리로 계산한 금액을 더하여 지급합니다. 다만, 계약자가 제1회 보험료를 신용카드로 납입한 계약의 청약을 철회하는 경우에 회사는 신용카드의 매출을 취소하며 이자를 더하여 지급하지 아니합니다.

③ 청약을 철회할 당시에 이미 보험금 지급사유가 발생하였으나 계약자가 그 보험금 지급사유의 발생사실을 알지 못한 경우에는 청약철회의 효력은 발생하지 않습니다.

1) 청약철회기간

계약자는 청약을 한 날부터 15일 이내에 그 청약을 철회할 수 있다. 그러나 진단계약, 단체계약 또는 보험기간이 1년 미만인 계약의 경우에는 이를 적용하지 않는다.

2) 통신판매계약의 청약철회

전화, 우편, 컴퓨터 등의 통신매채를 통하여 체결되는 통신판매계약은 보험설계사등의 대면채널과는 달리 보험계약 성립 후 보험약관 및 상품설명서의 발송과 도달에 상당기간이 소요되므로 통신판매계약의 계약자를 두텁게 보호하기 위하여 철회가능기간을 청얍을 한 날부터 30일 이내에 철회할 수 있도록 하였다.

3) 청약철회와 보험사고의 발생

보험회사는 청약의 철회 이후에 발생한 보험사고에 대하여는 보상하지 아니한다. 다만, 청약을 철회할 당시에 이미 보험금 지급사유가 발생하였으나 계약자가 그 보험금 지급사유의 발생사실을 알지 못한 경우에는 청약철회의 효력은 발생하지 않는다.

Chapter

2 보험약관과 명시설명의무

2-1 보험증권과 보험약관

01 보험증권과 보험약관의 의의

보험증권(insurance policy)은 보험계약이 기재된 증서로서, 보험계약의 성립과 그 내용을 증명하기 위하여 보험자가 보험계약자에게 발급하는 증거증권이다.

보험계약은 날인계약[1]이 아니고 낙성계약[2]이다. 보험증권의 작성교부에 의해 보험계약상의 법률관계가 발생하는 것은 아니지만, 이 보험증권에 보험계약의 요소와 보험관계가 구현되고, 보험조건을 포함한 보험계약의 구체적 내용인 보험약관이 첨부되거나 기재된다. 따라서 보험증권은 계약의 성립요건이 아니고, 낙성계약성을 보완하기 위한 증거증권으로서 효력을 갖는다.

보험약관(Insurance clause)은 보험증권의 일부를 구성하는 것으로서 보험계약에서 보험자와 피보험자의 권리와 의무 및 계약의 이행에 따른 제반 조건과 절차를 규정하는 계약조항을 의미한다. 즉 보험약관은 보험계약의 내용을 의미한다.

---

1) 도장을 찍어 체결하는 계약.
2) 당사자 사이의 의사표시가 합치하기만 하면 계약이 성립되고 그 밖에 다른 형식이나 절차를 필요로 하지 않는 계약.

02 보험약관의 교부의무

보험자는 보험계약이 성립한 때에는 지체 없이 보험증권을 작성하여 보험계약자에게 교부하여야 한다(상법 제640조 제1항). 보험증권의 작성교부는 계약 성립의 전제조건이 아니며, 다만 계약 성립 후에 계약성립의 효과로서 보험자가 보험증권의 교부의무를 부담한다.

보험증권을 멸실 또는 현저하게 훼손한 때에는 보험계약자는 보험자에 대하여 증권의 재교부를 청구할 수 있으며, 이 경우 증권의 작성비용은 보험계약자가 부담한다(상법 제642조).

그러나 보험계약자가 보험료의 전부 또는 최초의 보험료를 지급하지 아니한 때에는 보험자는 보험증권의 교부의무를 부담하지 아니한다.

기존의 보험계약을 연장하거나 변경한 경우에는 보험자는 새로운 보험증권을 작성할 필요가 없이 기존의 보험증권에 그 사실을 기재함으로써 새로운 보험증권의 교부에 갈음할 수 있다.

03 보험증권과 보험약관의 기재사항

가. 보험증권의 기재사항

우리 상법 제666조(손해보험증권)에서 손해보험증권에는 다음의 사항을 기재하고 보험자가 기명날인 또는 서명하여야 한다고 규정하고 있다.

① 보험의 목적
② 보험사고의 성질
③ 보험금액
④ 보험료와 그 지급방법
⑤ 보험기간을 정한 때에는 그 시기와 종기
⑥ 무효와 실권의 사유
⑦ 보험계약자의 주소와 성명 또는 상호
⑧ 보험계약의 연월일
⑨ 보험증권의 작성지와 그 작성년월일

인보험 증권에는 상법 제666조에 기재한 사항 외에 ① 보험계약의 종류, ② 피보험자의 주소 성명 및 생년월일, ③ 보험수익자를 정한 때에는 그 주소 성명 및 생년월일을 기재하여야 한다. 아울러 상해보험증권에는 피보험자와 보험계약자가 동일인이 아닐 때에는 그 보험증권 기재사항 중 제728조 제2호에 게기한 사항에 갈음하여 피보험자의 직무 또는 직위만을 기재할 수 있다.

나. 보험약관의 필수기재사항

보험업감독규정 제7-59조(보험약관의 필수기재사항)[3]에서는 보험회사가 작성하는 보험약관에는 다음 각 호의 사항을 기재하여야 한다고 규정하고 있다.

① 보험회사가 보험금을 지급하여야 할 사유
② 보험계약의 무효사유
③ 보험회사의 면책사유
④ 보험회사의 의무의 범위 및 그 의무이행의 시기
⑤ 보험계약자 또는 피보험자가 그 의무를 이행하지 아니한 경우에 받는 손실
⑥ 보험계약의 전부 또는 일부의 해지의 원인과 해지한 경우의 당사자의 권리의무
⑦ 보험계약자, 피보험자 또는 보험금액을 취득할 자가 이익 또는 잉여금의 배당을 받을 권리가 있는 경우에는 그 범위
⑧ 적용이율 또는 자산운용 실적에 따라 보험금 등이 변동되는 경우 그 이율 및 실적의 계산 및 공시방법 등
⑨ 예금자보호 등 보험계약자 권익보호에 관한 사항

04 보험약관의 성질과 효력

보험계약은 당사자간 의사표시의 합치만으로 성립하는 낙성계약이고, 보험자 일방이 작성하여 교부한 보험약관을 계약의 내용으로 하여 보험계약을 체결할지 여부를 보험계약자가 결정하고 체결하는 부합계약[4]이므로, 약관의 내용은 계약내용으로서 당사자를 구속한다. 그러나 실제 보험거래 관행에서는 이러한 보험약관의 내용을 계약 내용으로 하려는 것에 대해 보험자와 보험계약자간 이견이 있다.

---

3) 2011년 3월 22일 개정.
4) 계약 당사자 일방이 계약 내용을 미리 정하여 다른 한쪽은 계약내용을 결정할 자유가 없는 계약

가. 규범설

규범설은 보험약관이 상법과 약관규제에 관한 법률 등의 법규와 보험감독기관의 감독을 받고 인가받도록 하고 있으며 사회적으로나 보험이론상 합리성이 인정되므로 보험약관을 보험계약내용으로 한다는 것으로 당사자의 의사와 관계없이 법규와 같은 구속력을 갖는다는 입장이다. 이 입장을 취할 경우 보험약관에 대하여 명시설명의무는 상법과 약관에 명시된 의무이므로 이행하여야 하지만, 명시설명의무를 위반할 경우 보험계약자가 정해진 기간내에 취소할 수 있는 권리만을 가질 뿐 보험계약의 내용에는 영향을 미치지 못하며, 보험계약자가 약관의 내용을 몰랐다는 이유로 항변하지 못한다.

나. 의사설

의사설은 보험계약 체결시에 계약 당사자 모두 약관을 계약내용으로 한다는 합의가 있었으므로 보험약관이 당사자 사이의 구속력을 갖는다는 입장이다. 따라서 계약을 체결한 당사자 사이의 별도의 다른 약정을 한 경우에는 그 약정이 보험계약의 내용이 된다.

우리 대법원은 당사자 사이에 보험약관을 기초로 하여 보험계약이 체결된 때에는 특별한 사정이 없는 한 그 보험약관은 계약내용에 포함시키기로 하는 명시적 묵시적 합의에 의한 것으로 계약당사자에 대하여 구속력을 갖는다고 보고 있다(대법원 2004.11.11. 선고 2003다30807 판결, 대법원 1996.10. 11. 선고 96다19307 판결). 보험약관이 구속력을 가지는 것은 일반적으로 보험계약자가 보통보험약관을 계약내용에 포함시킨 보험계약서를 스스로 작성한 이상 그 약관의 내용이 일반적으로 예상되는 방법으로 명시되어 있지 않다든가 또는 중요한 내용이어서 특히 보험업자의 설명을 요하는 것이 아닌 한 보험계약자가 약관내용을 자세히 살펴보지 아니하거나 보험업자의 설명을 듣지 아니하여 알지 못한다는 이유로 약관의 구속력에서 벗어날 수 없다(대법원 1989.11.14. 선고 88다카29177 판결).

다시 말해 보통보험약관이 계약당사자에 대하여 구속력을 갖는 것은 그 자체가 법규범 또는 법규범적 성질을 가진 계약이기 때문이 아니라 보험계약 당사자 사이에서 계약내용에 포함시키기로 합의하였기 때문이고, 일반적으로 당사자 사이에서 보통보험약관을 계약내용에 포함시킨 보험계약서가 작성된 경우에는 계약자가 그 보험약관의 내용을 알지 못하는 경우에도 그 약관의 구속력을 배제할 수 없는 것이 원칙이나, 다만, 당사자 사이에 명시적으로 약관에 관하여 달리 약정한 경우에는 위 약관의 구속력은 배제된다(대법원 2007.6.29. 선고, 2007다9160 판결, 대법원 1985.11.26. 선고 84다카2543 판결).

아울러 당사자가 특별히 보험약관과 다른 사항에 관하여 합의한 때에는 그 효력을 인정하고, 계약당사자가 명시적으로 약관의 규정과 다른 내용의 약정을 하였다면, 약관의 규정을 이유로 그 약정의 효력을 부인할 수 없다(대법원 1998.9.8.선고 97다53663 판결, 대법원 1997.9.5.선고 95다47398 판결).

나아가, 보험설계사 또는 보험대리점이 보험약관과 다른 내용으로 보험계약을 설명하고 이에 따라 계약이 체결되었을 경우 그 때 설명된 내용이 보험계약의 내용이 되고 그와 배치된 약관의 적용은 배제된다(대법원 1989.3. 28.선고 88다4645 판결).

또한, 보험계약 체결 후 보험자가 보통보험약관을 개정하여 그 내용이 유리하게 된 경우 계약당시의 보통보험약관에 의해 유효하게 체결된 이상 그 계약 당시의 약관이 적용되어야 한다. 보험약관 개정을 통해 약관의 내용이 보험계약자에게 불리하게 변경된 경우는 물론 유리하게 변경된 경우라고 하더라도 개정 약관의 효력이 개정 전에 체결된 보험계약에 미치지 아니한다(대법원 2010.1.14. 선고 2008다89514, 89521 판결).

▶ 보험약관이 구속력을 갖게 되는 근거

보통보험약관을 포함한 이른바 일반거래약관이 계약의 내용으로 되어 계약당사자에게 구속력을 갖게 되는 근거는 그 자체가 법규범 또는 법규범적 성질을 갖기 때문은 아니며 계약당사자가 이를 계약의 내용으로 하기로 하는 명시적 또는 묵시적 합의를 하였기 때문이다(대법원 2004.11.11. 선고 2003다30807 판결, 대법원 1996.10.11. 선고 96다19307 판결).

▶ 보험약관의 구속력을 배제하기 위한 요건

보통보험약관이 계약당사자에 대하여 구속력을 가지는 것은 그 자체가 법규범 또는 법규범적 성질을 가진 약관이기 때문이 아니라 보험계약 당사자 사이에서 계약내용에 포함시키기로 합의하였기 때문이라고 볼 것인 바, 일반적으로 보험계약자가 보통보험약관을 계약내용에 포함시킨 보험계약서를 스스로 작성한 이상 그 약관의 내용이 일반적으로 예상되는 방법으로 명시되어 있지 않다든가 또는 중요한 내용이어서 특히 보험업자의 설명을 요하는 것이 아닌 한 보험계약자가 위 약관내용을 자세히 살펴보지 아니하거나 보험업자의 설명을 듣지 아니하여 알지 못한다는 이유로 약관의 구속력에서 벗어날 수 없다(대법원 1989.11.14. 선고 88다카29177 판결).

▶ 보험약관과 명시적으로 달리 약정을 한 경우 보험약관의 효력

보통보험약관이 계약당사자에 대하여 구속력을 갖는 것은 그 자체가 법규범 또는 법규범적 성질을 가진 계약이기 때문이 아니라 보험계약당사자 사이에서 계약내용에 포함시키기로 합의하였기 때문이라고 볼 것인 바, 일반적으로 당사자 사이에서 보통보험약관을 계약내용에 포함시킨 보험계약서가 작성된 경우에는 계약자가 그 보험약관의 내용을 알지 못하는 경우에도 그 약관의 구속력을 배제할 수 없는 것이 원칙이나 다만, 당사자 사이에서 명시적으로 약관에 관하여 달리 약정한 경우에는 위 약관의 구속력은 배제된다(대법원 2007.6.29. 선고, 2007다9160 판결, 대법원 1998.9.8. 선고 97다53663 판결, 대법원 1997.9.5.선고 95다47398 판결, 대법원 1985.11.26. 선고 84다카2543 판결).

▶ 보험설계사 또는 보험대리점이 보험약관과 달리 설명하여 체결한 계약의 효력

일반적으로 보통보험약관을 계약내용에 포함시킨 보험계약서가 작성되면 약관의 구속력은 계약자가 그 약관의 내용을 알지 못하더라도 배제할 수 없으나 당사자가 명시적으로 약관의 내용과 달리 약정한 경우에는 배제된다고 보아야 하므로 보험회사를 대리한 보험대리점 내지 보험외판원이 보험계약자에게 보통보험약관과 다른 내용으로 보험계약을 설명하고 이에 따라 계약이 체결되었으면 그때 설명된 내용이 보험계약의 내용이 되고 그와 배치되는 약관의 적용은 배제된다(대법원 1989.3.28.선고 88다4645 판결).

▶ 계약체결후 약관개정을 통해 유리하게 변경된 경우 이를 적용할 수 있는지 여부

보험계약이 일단 그 계약 당시의 보통보험약관에 의하여 유효하게 체결된 이상 그 보험계약관계에는 계약 당시의 약관이 적용되는 것이고, 그 후 보험자가 그 보통보험약관을 개정하여 그 약관의 내용이 상대방에게 불리하게 변경된 경우는 물론 유리하게 변경된 경우라고 하더라도, 당사자가 그 개정 약관에 의하여 보험계약의 내용을 변경하기로 하는 취지로 합의하거나 보험자가 구 약관에 의한 권리를 주장할 이익을 포기하는 취지의 의사를 표시하는 등의 특별한 사정이 없는 한 개정 약관의 효력이 개정전에 체결된 보험계약에 미친다고 할 수 없다(대법원 2010.1.14. 선고 2008다89514, 89521 판결).

2-2 질병상해보험 표준약관의 해석원칙

01 보험약관의 규제

가. 보험약관 규제의 필요성

보통거래약관은 일반적으로 사업자가 작성하여 많은 거래상대방에 적용하고, 법적 구속력을 가지는 것이므로 일반소비자의 보호를 위하여 이를 규제할 필요가 있다. 보험약관은 ① 보험자가 일방적으로 작성하여 제시하는 것이고, ② 보험계약자는 보험계약에 관한 기술적이고 전문적인 지식이 부족하여 대부분 구체적인 계약 내용을 모르는 상태에서 계약을 체결하고, ③ 보험자는 경제적으로 우월한 지위를 이용하여 기습조항을 삽입할 우려가 있고, ④ 보험사업은 독과점적인 경향이 있으므로 보험계약자가 불리한 보험약관과 보험조건에 따를 수밖에 없는 경우가 있을 수 있으므로 보험계약자 등의 이익보호를 위해 보험약관의 규제는 필요하다.

나. 보험약관 규제의 종류

보험소비자의 보호를 위한 보험약관에 대한 규제는 입법적 규제, 행정적 규제 및 사법적 규제로 구분된다. 입법적 규제와 행정적 규제는 사전규제이며, 사법적 규제는 사후적 규제이다.

1) 입법적 규제

가) 보험계약자 등의 불이익변경금지의 원칙

상법 제663조의 보험계약자등의 불이익변경금지 조항은 보험계약이 일반의 상거래와는 달리 별도의 특수성을 가지므로 상대적으로 약자의 지위에 있는 일반보험계약자를 보호하기 위한 것이다. 상법 중 보험편의 규정은 당사자간의 특약으로 보험계약자 또는 피보험자나 보험수익자의 불이익으로 변경하지 못하도록 하고 있는 상대적 강행규정[5]이다.

---

5) '강행규정'은 당사자의 의사와 상관없이 강제적으로 적용되는 규범을 말한다. 그러나 '상대적 강행규정'은 이 조항이 상대적 약자인 보험계약자 등을 보호하려는 데에 그 목적이 있으므로 보험계약자등에게 불이익하게 변경하지 못하도록 하고, 보험계약자 등에게 유익하게

상법 제663조의 단서조항에서처럼, 보험편의 규정도 재보험 및 해상보험 기타 이와 유사한 보험에 대해서는 적용을 배제하고 있는데, '기타 이와 유사한 보험'은 기업이 가입하는 보험으로서 가계보험과 상대적인 개념으로서의 보험을 말한다. 재보험이나 해상보험의 경우에는 계약의 체결에 있어서 당사자 사이의 교섭력이나 전문성이 대등하므로 당사자 일방이 치우치게 불리하지 않다고 보기 때문이다.

개정 보험업법에서는 보험계약자를 '전문보험계약자'와 '일반보험계약자'로 구분하고 일반보험계약자에 대한 보호 수준을 강화하고 있다.

나) 보험자의 보험약관의 교부 명시의무

약관규제법 제3조(약관의 작성 및 설명의무 등)와 상법 제638조의3(보험약관의 교부명시의무)과 함께 보험업법에서는 설명의무 등에 관한 조항을 신설하고 이를 규제하고 있다.

약관규제법 제3조에서는 계약을 체결하면서 고객에게 약관의 내용을 명시고 중요한 내용을 고객이 이해할 수 있도록 설명하도록 하고 이를 위반하여 계약을 체결한 때에는 당해 약관의 내용을 계약의 내용으로 주장할 수 없도록 하고 있다.

상법 제638조의3에 따르면 보험자는 보험계약을 체결할 때에 보험계약자에게 보험약관을 교부하고 그 약관의 중요한 내용을 알려주도록 하고, 보험자가 이를 위반한 경우 보험계약자는 보험계약이 성립한 날부터 1월내에 그 계약을 취소할 수 있다.

개정 보험업법 제95조의2에서는 보험회사 또는 모집에 종사하는 자가 일반보험계약자에게 보험계약의 체결을 권유할 때 "대통령령으로 정하는 보험계약의 중요사항"을 설명하고 그 설명내용을 이해하였음을 서명, 기명날인, 녹취 등의 방법으로 확인받도록 하는 의무를 부과하고 있다.

2) 행정적 규제

보험약관에 대한 행정적 규제는 보험업법에 의한 정부당국의 허가와 신고 등이 있다. 보험사업의 허가신청서에 영위하고자 하는 보험종목별 보험약관을 포함한 기초서류[6]를 첨부하여 금융위원회에 제출하여야 하고(보험업법 제5조 제3호) 보험약관을 변경하고자 하는 경우에는 미리 금융위원회에 신고하여야 한다(보험업법 제127조 제2항).

변경하는 것은 가능토록 한다는 의미이다.

6) 기초서류는 영위하고자 하는 보험종목별 사업방법서, 보험약관, 보험료 및 책임준비금의 산출방법서를 말한다.

금융위원회는 보험회사가 신고한 기초서류의 변경내용이 법령에 위반되거나 보험계약자에게 불리한 내용이 있다고 인정되는 경우에는 신고 접수일 부터 15일 이내에 변경을 권고할 수 있다(보험업법 시행령 제71조의2).

3) 사법적 규제

보험약관의 유효성에 관한 사법적 판단을 말하는 것이며, 그 예로서 법원의 판결에 의해 보험약관의 효력이 부인되기도 한다. 이 결과 보험약관은 행정적 사전규제와 사법적 사후규제의 이중규제를 받게 된다. 행정규제에서는 사법적 규제에 의해 약관의 효력이 유지되도록 신중을 기해야 하고, 동시에 행정당국의 인가를 받은 보험약관의 사법적 판단에 있어서도 신중해야 한다.

02 약관의 해석원칙

질병상해보험 표준약관 제39조(약관의 해석)에서는 ① 신의성실의 원칙에 따라 공정하게 약관을 해석하여야 하며 계약자에 따라 다르게 해석하지 아니하도록 하고, ② 약관의 뜻이 명백하지 아니한 경우에는 계약자에게 유리하게 해석하도록 하고 있다.

질병상해보험 표준약관 제39조 (약관의 해석)

① 회사는 신의성실의 원칙에 따라 공정하게 약관을 해석하여야 하며 계약자에 따라 다르게 해석하지 아니합니다.
② 회사는 약관의 뜻이 명백하지 아니한 경우에는 계약자에게 유리하게 해석합니다.
③ 회사는 보험금을 지급하지 아니하는 사유 등 계약자나 피보험자에게 불리하거나 부담을 주는 내용은 확대해석하지 아니합니다.

보험약관을 해석하는 원리로서 '신의성실의 원칙'은 약관의 작성자로서 보험회사는 계약 상대방의 정당한 이익과 합리적인 기대와 신뢰에 반하지 않도록 형평성의 원리에 따라 약관을 작성하고 해석해야 한다는 원리를 말한다(대법원 1991.12.24. 선고 90다카23899 전원합의체판결).

또한 '계약자에 따라 다르게 해석하지 아니한다'의 의미는 개별 보험계약자의 의사나 구체적인 사정을 고려함이 없이 평균적 고객의 이해가능성을 기준으로 객관적이고 획일적으로 해석해야함을 의미한다(대법원 2010.3.25.선고 2009다38438, 38445 판결).

약관의 뜻이 명백하지 아니한 경우에는 계약자에게 유리하게 해석하도록 하고 있는데, 이는 "표시를 불명확하게 한 자는 스스로 책임을 져야 한다"는 법언을 보험증권에 적용시킨 것이다. 즉 이 법언은 서류와 문언이 애매한 경우 그것에 책임이 있는 자에게 불리하도록 가장 엄격하게 해석해야 한다는 것으로 작성자불이익의 원칙(contra proferentem rule)이라 한다.

그러나 이 원칙의 적용은 공정하고 합리적인 해석, 평균적인 고객의 이해가능성을 기준으로 보험단체 전체의 이해관계를 고려하여 객관적이고 합리적으로 해석하고도 약관조항이 객관적으로 다의적으로 해석되고 그 각각의 해석이 합리성이 있는 등의 경우에 한하여 최종적으로 적용되어야 한다(대법원 2010.9.30. 선고 2009다51318 판결, 대법원 2009.5.28.선고 2008다81633 판결, 대법원 2007.2.22. 선고 2006다72093 판결).

보험금을 지급하지 아니하는 사유 등 계약자나 피보험자에게 불리하거나 부담을 주는 내용은 확대해석하지 아니한다. 즉 면책사유 등을 해석함에 있어서 면책조항을 문자 그대로 엄격하게 해석하거나 보험자의 입장에서 자의적으로 확대해석할 경우 조금이라도 약관에 위배되기만 하면 보험자는 면책하게 되는 결과가 되어 본래 피해자를 보호하고자 하는 보험의 사회적 효용과 경제적 기능에 배치되는 결과를 가져올 수 있으므로 이를 확대해석하지 아니한다(광주고등법원 2006.5.17. 선고 2005나6012 판결).

▶ 보험약관에 있어 '신의성실의 원칙'의 의미

약관의 내용통제원리로 작용하는 신의성실의 원칙은 보험약관이 보험사업자에 의하여 일방적으로 작성되고 보험계약자로서는 그 구체적 조항내용을 검토하거나 확인할 충분한 기회가 없이 보험계약을 체결하게 되는 계약 성립의 과정에 비추어, 약관작성자는 계약 상대방의 정당한 이익과 합리적인 기대 즉 보험의 손해전보에 대한 합리적인 신뢰에 반하지 않고 형평에 맞게끔 약관조항을 작성하여야 한다는 행위원칙을 가리키는 것이며, 보통거래약관의 작성이 아무리 사적자치의 영역에 속하는 것이라고 하여도 위와 같은 행위원칙에 반하는 약관조항은 사적자치의 한계를 벗어나는 것으로서 법원에 의한 내용통제 즉 수정해석의 대상이 되는 것은 당연하며, 이러한 수정해석은 조항 전체가 무효사유에 해당하는 경우뿐만 아니라 조항 일부가 무효사유에 해당하고 그 무효부분을 추출배제하여 잔존부분만으로 유효하게 존속시킬 수 있는 경우에도 가능하다(대법원 1991.12.24. 선고 90다카23899 전원합의체판결).

▶ 보험약관을 해석할 때 '계약자에 따라 다르게 해석하지 아니한다'의 의미

보통거래약관의 내용은 개개 계약체결자의 의사나 구체적인 사정을 고려함이 없이 평균적 고객의 이해가능성을 기준으로 하여 객관적 획일적으로 해석하여야 하고, 고객보호의 측면에서 약관 내용이 명백하지 못하거나 의심스러운 때에는 고객에게 유리하게, 약관작성자에게 불리하게 제한 해석하여야 한다(대법원 2010.3.25. 선고 2009다38438, 38445 판결).

▶ 약관의 뜻이 명백하지 아니한 경우의 해석의 원칙

약관의 해석은 신의성실의 원칙에 따라 당해 약관의 목적과 취지를 고려하여 공정하고 합리적으로 해석하되, 개개 계약당사자가 기도한 목적이나 의사를 참작함이 없이 평균적 고객의 이해가능성을 기준으로 보험단체 전체의 이해관계를 고려하여 객관적 획일적으로 해석하여야 하며, 위와 같은 해석을 거친 후에도 약관조항이 객관적으로 다의적으로 해석되고 그 각각의 해석이 합리성이 있는 등 당해 약관의 뜻이 명백하지 아니한 경우에는 고객에게 유리하게 해석하여야 한다(대법원 2010.9.30. 선고 2009다51318 판결, 대법원 2009.5.28. 선고 2008다81633 판결, 대법원 2007.2.22. 선고 2006다72093 판결, 대법원 1996.6.25. 선고 96다12009 판결, 2005.10.28. 선고 2005다35226 판결).

▶ 면책사유 등을 확대해석하지 아니한다는 것의 의미

보험약관이 작성자에 의하여 일방적으로 유리하게 작성되고 고객에게 그 약관내용에 관한 교섭의 기회가 제대로 주어지지 않는 점 등에 비추어 볼 때, 면책약관을 문자 그대로 엄격하게 해석하여 적용할 경우 조금이라도 약관에 위배하기만 하면 보험자는 면책되는 결과가 되어 본래 피해자를 보호하고자 하는 사회적 효용과 경제적 기능에 배치되는 결과를 가져올 때에는 이를 합리적으로 제한하여 해석할 필요가 있다(광주고등법원 2006.5.17. 선고 2005나6012 판결).

03 회사가 제작한 보험안내장의 효력

질병상해보험 표준약관 제40조(회사가 제작한 보험안내장의 효력)에서는 보험설계사 등이 모집과정에서 사용한 회사의 보험안내장이 약관의 규정과 다른 경우 계약자에게 유리한 내용으로 계약이 성립된 것으로 본다고 하여 부합계약성에 따른 보험계약자 등의 불이익을 방지하도록 하고 있다.

질병상해보험 표준약관 제40조(회사가 제작한 보험안내장의 효력)

보험설계사 등이 모집과정에서 사용한 회사제작의 보험안내장(계약의 청약을 권유하기 위하여 만든 서류 등을 말합니다)의 내용이 이 약관의 규정과 다른 경우에는 계약자에게 유리한 내용으로 계약이 성립된 것으로 봅니다.

회사가 제작한 보험안내장에는 계약의 청약을 권유하기 위해 사용된 서류와, 사진, 도화 등의 모든 안내자료를 포함한다. 보험설계사가 보험계약자에게 제공한 보험안내장은 보험약관에 우선하여 적용한다(금융감독원 분쟁조정사례 제2002-50호).

▶ 보험설계사가 제시한 안내장이 보험약관에 우선하여 적용할 수 있는지 여부

보험설계사가 모집과정에서 사용한 회사 제작의 보험안내장의 내용이 약관의 내용과 다른 경우에는 계약자에게 유리한 내용으로 계약이 성립된 것으로 규정하고 있으므로, 안내장이 회사에서 작성된 것으로 확인되는 한 보험약관규정보다 보험상품의 안내장의 내용이 우선하여 적용됨이 타당하다(금융감독원 분쟁조정사례 결정 제2002-50호).

2-3 보험약관의 교부 · 명시의무

01 의의 및 입법취지

보험약관의 교부 명시의무란 보험자가 보험계약을 체결하면서 보험계약자에게 보험약관의 내용을 설명하고 교부하여야 할 의무를 말한다.

보험계약은 부합계약성을 갖기 때문에 보험계약자에게 불리한 조항이 삽입될 수도 있으며 계약의 내용인 약관의 내용을 보험계약자가 알지 못하여 계약상의 의무를 불이행할 수도 있으므로, 그에 따른 불이익을 방지하기 위함이다.

02 약관의 규제에 관한 법률과 상법 및 보험업법의 규정

가. 약관의 규제에 관한 법률 제3조

약관의 규제에 관한 법률 제3조에서는 계약을 체결할 때 고객에게 약관의 내용을 명시하고 고객이 요구할 때에는 당해 약관의 사본을 교부하도록 하고 있다. 이에 따라 약관의 중요한 내용 즉, 보험상품의 내용, 보험요율의 체계, 보험청약서상 기재사항의 변동 및 보험자의 면책사유와 같은 중요한 내용을 고객이 이해할 수 있도록 설명해야 하며, 사업자가 이를 위반하여 계약을 체결한 때에는 당해 약관을 계약의 내용으로 주장할 수 없다.

▶ 약관의 명시설명의무를 위반한 경우 약관을 계약내용으로 주장할 수 있는지 여부

보험자는 보험계약을 체결할 때에 보험계약자에게 보험약관에 기재되어 있는 보험상품의 내용, 보험료율의 체계, 보험청약서상 기재 사항의 변동 및 보험자의 면책사유 등 보험계약의 중요한 내용에 대하여 구체적이고 상세한 명시설명의무를 지고 있으므로 만일 보험자가 이러한 보험약관의 명시설명의무에 위반하여 보험계약을 체결한 때에는 그 약관의 내용을 보험계약의 내용으로 주장할 수 없다(대법원 2006.1.26. 선고 2005다60017, 60024 판결).

나. 상법 제638조의 3(보험약관의 교부 명시의무)

상법 제638조의 3 (보험약관의 교부 명시의무)

① 보험자는 보험계약을 체결할 때에 보험계약자에게 보험약관을 교부하고 그 약관의 중요한 내용을 알려주어야 한다.
② 보험자가 제1항의 규정에 위반한 때에는 보험계약자는 보험계약이 성립한 날부터 1월내에 그 계약을 취소할 수 있다.

상법 제638조의3의 규정은 보험약관이 보험자가 일방적으로 작성하여 보험계약의 내용이 되는 것이므로 보험계약이 체결되기 전에 보험계약자가 그 내용을 알 수 있는 기회를 부여하기 위해, 보험계약자가 보험계약 체결전에 보험약관의 중요한 사항을 알 수 있도록 하기 위한 조항이다.

하지만 보험약관의 중요한 내용에 해당하는 사항이라 하더라도 보험계약자나 그 대리인이 그 내용을 충분히 잘 알고 있거나, 거래상 일반적이고 공통된 것이어서 보험계약자가 별도의 설명 없이도 충분히 예상할 수 있었거나, 이미 법령에 의하여 정하여진 것을 되풀이하거나 부연하는 정도에 불과한 사항의 경우에는 보험자의 명시설명의무는 제한된다(대법원 2006.1.26.선고 2005다60017, 60024 판결).

또한 상법 제638조의3 제2항에 의해 보험자가 약관의 명시설명의무를 위반한 때에는 보험계약자가 보험계약 성립일로부터 1월내에 행사할 수 있는 취소권은 보험계약자에게 주어진 권리일 뿐 의무가 아니므로, 보험계약자가 보험계약을 취소하지 않았다고 하더라도 보험자의 설명의무 위반의 법률효과가 소멸되거나 보험자의 설명의무 위반의 하자가 치유되는 것은 아니다(대법원 1999.3.9. 선고 98다43342, 43359 판결).

▶ 보험자의 명시설명의무가 면제되기 위한 요건

보험약관의 중요한 내용에 해당하는 사항이라 하더라도 보험계약자나 그 대리인이 그 내용을 충분히 잘 알고 있거나, 거래상 일반적이고 공통된 것이어서 보험계약자가 별도의 설명 없이도 충분히 예상할 수 있었거나, 이미 법령에 의하여 정하여진 것을 되풀이하거나 부연하는 정도에 불과한 사항이라면 그러한 사항에 대하여서까지 보험자에게 명시설명의무가 인정된다고 할 수는 없다(대법원 2006.1.26. 선고 2005다60017, 60024 판결).

▶ 명시설명의무 위반에 따른 계약취소권을 행사하지 않은 경우의 법률효과

상법 제638조의3 제2항에 의하여 보험자가 약관의 명시˙설명의무를 위반한 때에는 보험계약자가 보험계약 성립일로부터 1월 내에 행사할 수 있는 취소권은 보험계약자에게 주어진 권리일 뿐 의무가 아님이 그 법문상 명백하고, 상법 제638조의3 제2항은 약관의규제에관한법률 제3조 제3항과의 관계에서는 그 적용을 배제하는 특별규정이라고 할 수 없으므로, 보험계약자가 보험계약을 취소하지 않았다고 하더라도 보험자의 설명의무 위반의 법률효과가 소멸되어 이로써 보험계약자가 보험자의 설명의무 위반의 법률효과를 주장할 수 없다거나 보험자의 설명의무 위반의 하자가 치유되는 것이 아니다(대법원 1999.3.9. 선고 98다43342, 43359 판결)

다. 보험업법 제95조의2(설명의무 등)

「설명의무」란 보험상품의 판매 및 권유시에 약관 등 상품의 내용과 상품에 따라 다양하게 나타나는 위험도, 상품구매에 따른 권리와 의무 등을 고객에게 설명해야 하고, 고객이 이러한 내용을 이해했음을 확인받아야 하는 것을 말한다.

설명의무는 보험회사와 보험계약자간의 정보비대칭성을 최소화하여 금융소비자가 받을 수 있는 불이익의 가능성을 사전적으로 제거하고자 하는 소비자 보호기능을 수행한다.

보험업법 제95조의2 (설명의무 등)

① 보험회사 또는 보험의 모집에 종사하는 자는 일반보험계약자에게 보험계약 체결을 권유하는 경우에는 보험료, 보장범위, 보험금 지급제한 사유 등 대통령령으로 정하는 보험계약의 중요 사항을 일반보험계약자가 이해할 수 있도록 설명하여야 한다.
② 보험회사 또는 보험의 모집에 종사하는 자는 제1항에 따라 설명한 내용을 일반보험계약자가 이해하였음을 서명, 기명날인, 녹취, 그 밖에 대통령령으로 정하는 방법으로 확인을 받아야 한다.
③ 보험회사는 보험계약의 체결 시부터 보험금 지급 시까지의 주요 과정을 대통령령으로 정하는 바에 따라 일반보험계약자에게 설명하여야 한다. 다만, 일반보험계약자가 설명을 거부하는 경우에는 그러하지 아니하다.
④ 보험회사는 일반보험계약자가 보험금 지급을 요청한 경우에는 대통령령으로 정하는 바에 따라 보험금의 지급절차 및 지급내역 등을 설명하여야 하며, 보험금을 감액하여 지급하거나 지급하지 아니하는 경우에는 그 사유를 설명하여야 한다.
[본조신설 2010.7.23]

개정 보험업법에서는 보험회사 또는 모집에 종사하는 자가 일반보험계약자에게 보험계약의 체결을 권유할 때 "대통령령으로 정하는 보험계약의 중요사항"을 설명하고 그 설명내용을 이해하였음을 서명, 기명날인, 녹취 등의 방법으로 확인받도록 하는 의무를 부과하였다(보험업법 제95조의2의 제2항). 이를 위반한 경우 별도의 규정을 두어 그 처벌을 구체적으로 명시하였다(보험업법 제209조 제2항 제18호, 제3항 제6호 및 7호).

03 교부명시의무의 대상이 되는 '중요한 사항'

약관규제법이나 상법에서 사업자가 설명하고 교부해야할 대상은 "중요한 사항"으로 규정하고 있다. 이 의무는 보험자가 보험계약자에게 알려주어야 할 뿐만 아니라 중요한 사항을 보험계약자가 이해할 수 있도록 설명해주어야 하며, 설명여부에 대한 입증책임은 보험자가 부담한다.

'중요한 사항'은 고객의 이해관계에 중대한 영향을 미치는 사항으로 사회통념상 그 사항의 알고 모름이 계약체결의 여부에 영향을 줄 수 있는 사항을 말한다. 개정 보험업법에서는 보험자의 설명의무의 대상이 되는 중요한 사항을 보험료, 보장범위, 보험금 지급제한 사유 등 대통령령으로 정하는 보험계약의 중요사항으로 명시하고 있다.

"대통령령으로 정하는 보험계약의 중요사항"에 대하여 보험업법 시행령제42조

의2에서는

① 주계약 및 특약별 보험료
② 주계약 및 특약별로 보장하는 사망, 질병, 상해 등 주요 위험 및 보험금
③ 보험료 납입기간 및 보험기간
④ 보험회사의 명칭, 보험상품의 종목 및 명칭
⑤ 청약의 철회에 관한 사항
⑥ 지급한도, 면책사항, 감액지급 사항 등 보험금 지급제한 조건
⑦ 고지의무 위반의 효과
⑧ 계약의 취소 및 무효에 관한 사항
⑨ 해약환급금에 관한 사항
⑩ 분쟁조정절차에 관한 사항
⑪ 그 밖에 보험계약자 보호를 위하여 금융위원회가 정하여 고시하는 사항으로 명시하고 있다.

다만, 중요한 사항은 보험상품별로 차이가 있을 수 있으므로 보험업 감독규정에서 상품별 특성을 감안한 중요사항을 규정하고 있다(보험업감독규정 제4-35조의2).

또한, 보험회사는 보험계약 체결 시부터 보험금 지급 시까지의 주요과정을 단계별로 일반보험계약자에게 설명하도록 의무를 부과하였다. 그러나 단서조항을 두어 일반보험계약자가 설명을 거부하는 경우에는 이를 적용하지 않도록 하였다(보험업법 제95조의2의 제3항).

〈표 2-1〉 보험계약 단계별 설명제도7)

단 계	설 명 내 용
보험계약 체결단계	① 보험모집종사자의 성명, 연락처 및 소속
	② 보험모집종사자가 보험회사를 위하여 계약체결을 대리할 수 있는지의 여부
	③ 보험모집종사자가 보험료나 고지의무 사항을 수령할 수 있는지의 여부
	④ 보험계약의 승낙절차, 승낙거절시 거절사유
보험금 청구단계	① 담당부서 및 연락처
	② 예상 심사기간 및 예상 지급일
보험금지급단계	① 심사지연 시 지연 사유
일반보험계약자의 보험금지급요청시	① 보험금 지급일 등 지급절차
	② 보험금 지급내역
	③ 보험금을 감액하여 지급하거나 지급하지 아니하는 경우에는 그 사유

자료 : 안철경 외1. (2011). "보험소비자 보호중심의 개정 보험업법 시행", 보험연구원 KIRI Weekly. p.4. 인용.

7) 보험업법 시행령 제42조의2 (설명의무의 중요 사항 등)의 제2항의 내용을 정리하였다.

보험약관의 명시 설명의무에 대하여는 실무적으로 다양한 판례와 분쟁사례가 존재하므로 이를 체계적으로 분석하기 위해 절을 달리하여 설명하도록 한다.

04 설명하지 않아도 되는 내용

보험자에게 약관의 명시설명의무가 인정되는 것은 어디까지나 보험계약자가 알지 못하는 가운데 약관에 정하여진 중요한 사항이 계약 내용으로 되어 보험계약자가 예측하지 못한 불이익을 받게 되는 것을 피하고자 하는 것이므로, 보험약관의 내용이 보험자의 설명이 없더라도 충분히 예상할 수 있거나 이미 법령에 정하여진 것을 반복하는 것에 불과한 경우 명시설명의무를 배제하고 있다(대법원 2003.5.30. 선고 2003다15556판결).

① 이미 고객에게 널리 알려진 조항
② 보험계약법에 규정되어 있는 내용
③ 보험계약자나 그 대리인이 약관의 내용을 충분히 잘 알고 있는 경우
④ 질문표의 질문사항

▶ 보험자의 명시설명의무가 배제되는 경우

일반적으로 보험자 및 보험계약의 체결 또는 모집에 종사하는 자는 보험계약의 체결에 있어서 보험계약자 또는 피보험자에게 보험약관에 기재되어 있는 보험상품의 내용, 보험료율의 체계 및 보험청약서상 기재사항의 변동사항 등 보험계약의 중요한 내용에 대하여 구체적이고 상세한 명시˘설명의무를 지고 있으므로 보험자가 이러한 보험약관의 명시˘설명의무에 위반하여 보험계약을 체결한 때에는 그 약관의 내용을 보험계약의 내용으로 주장할 수 없다고 할 것이나, 보험자에게 이러한 약관의 명시˘설명의무가 인정되는 것은 어디까지나 보험계약자가 알지 못하는 가운데 약관에 정하여진 중요한 사항이 계약 내용으로 되어 보험계약자가 예측하지 못한 불이익을 받게 되는 것을 피하고자 하는 데 그 근거가 있다고 할 것이므로, 보험약관에 정하여진 사항이라고 하더라도 거래상 일반적이고 공통된 것이어서 보험계약자가 별도의 설명 없이도 충분히 예상할 수 있었던 사항이거나 이미 법령에 의하여 정하여진 것을 되풀이하거나 부연하는 정도에 불과한 사항이라면 그러한 사항에 대하여서까지 보험자에게 명시˘설명의무가 인정된다고 할 수 없다(대법원 2003.5.30. 선고 2003다15556 판결).

05 질병상해보험 표준약관상 약관교부 및 설명의무

가. 약관 및 청약서 부본 교부의무와 설명의무

질병상해보험 표준약관에서는 보험계약자가 청약한 경우에 보험계약자에게 약관 및 계약자 보관용 청약서(청약서 부본, 이하 청약서 부본이라 한다)를 전달하고 약관의 중요한 내용을 설명하도록 하고 있다.

질병상해보험 표준약관 제3조(약관교부 및 설명의무 등)

① 회사는 계약자가 청약한 경우 계약자에게 약관 및 계약자 보관용 청약서(청약서 부본)를 드리고 약관의 중요한 내용을 설명하여 드립니다. 다만, 통신판매 계약은 계약자가 동의하는 경우 약관 및 계약자 보관용 청약서(청약서 부본) 등을 광기록매체 및 전자우편 등 전자적 방법으로 송부하고 계약자 또는 그 대리인이 약관 및 계약자 보관용 청약서(청약서 부본) 등을 수신하였을 때에는 당해 문서를 드린 것으로 보며, 약관의 중요내용에 대하여 계약자가 사이버몰(컴퓨터를 이용하여 보험거래를 할 수 있도록 설정된 가상의 영업장)에서 확인한 때에는 약관의 중요한 내용을 설명한 것으로 봅니다. 또한 전화를 이용하여 계약을 체결하는 경우에 회사는 계약자의 동의를 얻어 청약내용, 보험료납입, 보험기간, 계약 전 알릴의무, 약관의 중요한 내용 등 계약체결을 위하여 필요한 사항을 질문 또는 설명하고 그에 대한 계약자의 답변, 확인내용을 음성 녹음함으로써 약관의 중요한 내용을 설명한 것으로 봅니다.

② 회사가 제1항에 의해 제공될 약관 및 계약자 보관용 청약서(청약서 부본)를 청약시 계약자에게 전달하지 아니하거나 약관의 중요한 내용을 설명하지 아니한 때 또는 계약을 체결할 때 계약자가 청약서에 자필서명(날인(도장을 찍음) 및 전자서명법 제2조 제10호의 규정에 의한 공인인증기관이 인증한 전자서명을 포함합니다)을 하지 아니한 때에는 계약자는 청약일부터 3개월 이내에 계약을 취소할 수 있습니다. 다만, 단체(취급)계약의 경우 계약 체결일부터 1개월 이내에 계약을 취소할 수 있습니다.

④ 제2항에 따라 계약이 취소된 경우에는 회사는 이미 납입한 보험료를 계약자에게 돌려 드리며, 보험료를 받은 기간에 대하여 보험계약대출 이율을 연단위 복리로 계산한 금액을 더하여 지급합니다.

기존 약관과 상법 제638조의3 에서는 '계약을 체결할 때'보험회사가 보험약관을 교부하도록 하였으나, 일부 보험사에서 계약승낙후 보험약관을 송부하여 계약자는 충분한 정보가 없는 상태에서 보험설계사의 설명이나 상품설명서에만 의존하여 불환전 판매 소지가 많아서 "계약자가 청약하는 시점"에 보험회사가 보험약관을 교부하도록 변경[8])하였다.

약관교부 및 설명의무를 위반한 경우 상법에서는 '보험계약이 성립한 날로부터 1월내에 취소'가 가능하도록 하고 있으나, 질병상해보험 표준약관에서는 '청약일부터 3개월 이내에 취소'가 가능하도록 하여 보험소비자의 권익을 보다 폭넓게 보호하고 있다.[9])

나. 통신판매계약[10])의 약관교부 및 설명의무

1) 통신판매계약의 약관의 교부의무

통신판매계약은 계약자의 동의를 조건으로 약관 및 청약서 부본 등을 광기록매체 및 전자우편 등 전자적 방법으로 송부하고 계약자 또는 그 대리인이 약관 및 청약서 부본 등을 수신하였을 때에는 이를 전달한 것으로 본다.

2) 통신판매계약의 설명의무

가) 컴퓨터를 이용한 계약체결의 경우

약관의 중요한 내용에 대하여 계약자가 사이버몰(컴퓨터를 이용하여 보험거래를 할 수 있도록 설정된 가상의 영업장)에서 확인한 때에는 약관의 중요한 내용을 설명한 것으로 본다.

나) 전화를 이용한 계약체결의 경우

전화를 이용하여 계약을 체결하는 경우 계약자의 동의를 얻어 청약내용, 보험료 납입, 보험기간, 계약전 알릴의무, 약관의 중요한 내용 등 계약 체결을 위하여 필요한 사항을 질문 또는 설명하고 그에 대한 계약자의 답변, 확인내용을 음성 녹음함으로써 약관의 중요한 내용을 설명한 것으로 본다.

다. 전화를 이용한 보험계약에서 자필서명을 생략할 수 있는 경우

보험업법 시행령 제43조(통신수단을 이용한 모집철회 및 해지 등 관련 준수사항) 제3항에서는 '청약자의 신원을 확인할 수 있는 증명자료가 있는 등 금융위원회가 정하

8) 2010년 1월 29일 질병상해보험 표준약관 제정시 변경되었다.

9) 약관 규제에 관한 법률 제3조에서는 약관의 교부 및 명시의무를 위반한 경우 약관의 내용을 계약의 내용으로 주장할 수 없도록 하고 있다.

10) 통신판매계약이라 함은 전화, 우편, 컴퓨터 등의 통신매체를 통한 보험계약을 말한다.

는 경우'에는 자필서명을 받지 아니할 수 있도록 하고 있다.

여기에서 '금융위원회가 정하는 경우'는 다음 각 호의 사항이 충족되는 경우를 말한다.

① 사망 또는 장해를 보장하지 아니하는 보험계약

② 사망 또는 장해를 보장하는 보험계약으로서 보험계약자, 피보험자, 보험수익자가 동일하거나, 보험계약자와 피보험자가 동일하고 보험수익자가 법정상속인인 보험계약

③ 신용생명보험계약[11] 또는 신용손해보험계약[12]

④ 보험계약자와 피보험자가 동일하고 보험금이 비영리법인에게 기부되는 보험계약

질병상해보험 표준약관 제3조 (약관교부 및 설명의무 등)

③ 전화를 이용하여 계약을 체결하는 경우 다음 각 호의 1을 충족하는 때에는 자필서명을 생략할 수 있으며, 제1항 제3문의 규정에 의한 음성녹음 내용을 문서화한 확인서를 계약자에게 교부함으로써 계약자 보관용 청약서(청약서 부본)를 전달한 것으로 봅니다.

1. 계약자, 피보험자 및 보험수익자가 동일한 계약의 경우
2. 계약자, 피보험자가 동일하고 보험수익자가 계약자의 법정상속인인 계약일 경우

이에 따라 질병상해보험 표준약관에서는 계약자, 피보험자 및 보험수익자가 동일한 계약이거나, 계약자, 피보험자가 동일하고 보험수익자가 계약자의 법정상속인인 계약의 경우 전화를 이용한 보험계약에서 자필서명을 생략할 수 있다.

라. 약관의 교부 명시의무의 상대방

상법 제638조의3의 제1항에서 보험자는 보험계약을 체결할 때에 '보험계약자'에게 보험약관을 교부하고 그 약관의 중요한 내용을 알려주어야 한다고 하고 있다. 다시 말해 보험자의 교부 명시의무의 상대방은 보험계약자이다. 타인을 위한 보험에서 피보험자 또는 보험수익자에게 교부 명시하였다고 하더라도 실제 보험계약자에게 이행하지 아니하였다면 이는 약관의 교부명시의무를 이행하였다고 볼 수 없다.

11) 신용생명보험이란 금융기관으로부터 대출을 받은 피보험자가 사망하였을 때 미상환액을 보상하는 보험을 말한다.

12) 신용손해보험이란 금융기관으로부터 대출을 받은 피보험자가 상해로 인하여 사망하였을 때 미상환액을 보상하는 보험을 말한다.

마. 약관의 교부 및 설명의무 미이행시 효과

1) 약관의 교부 및 설명의무 미이행시의 효과

약관의 교부 및 설명의무를 미이행 한 경우에, 보험계약자는 보험계약을 취소할 수 있으며, 취소된 경우에는 이미 납입한 보험료와 보험료를 받은 기간에 대하여 보험계약 대출이율을 연단위 복리로 계산한 금액을 가산하여 지급한다.

또한 보험자가 약관의 교부 및 설명의무 미이행시에 보험계약 성립일로부터 1월내에(상법), 청약일부터 3개월 이내(질병상해보험 표준약관), 계약일로부터 1개월이내(일반상해보험)에 취소하지 않았더라도 이는 보험계약자에게 주어진 권리일 뿐 의무사항이 아니고, 보험자의 명시설명의무 자체가 소멸되지도 않고 설명의무 위반의 하자가 치유되는 것도 아니다(대법원 1996.4.12 선고 96다4893 판결).

나아가, 보험자의 설명의무 위반시에는 보험자가 그 약관의 내용을 보험계약의 내용으로 주장할 수 없으므로(대법원 2006.1.26. 선고 2005다60017, 60024 판결), 고지의무 위반을 이유로 보험계약을 해지할 수도 없다(대법원 1992.3.10. 선고 91다31883 판결).

▶ 교부설명의무 위반시 계약자가 1월내에 취소하지 않은 경우의 법률효과

상법 제638조의3 제2항에 의하여 보험자가 약관의 교부 및 설명의무를 위반한 때에 보험계약자가 보험계약 성립일로부터 1월 내에 행사할 수 있는 취소권은 보험계약자에게 주어진 권리일 뿐 의무가 아님이 그 법문상 명백하므로, 보험계약자가 보험계약을 취소하지 않았다고 하더라도 보험자의 설명의무 위반의 법률효과가 소멸되어 이로써 보험계약자가 보험자의 설명의무 위반의 법률효과를 주장할 수 없다거나 보험자의 설명의무 위반의 하자가 치유되는 것은 아니다(대법원 1996.4.12. 선고 96다4893 판결).

▶ 명시설명의무 위반시 고지의무위반을 이유로 해지할 수 있는지 여부

보험자 및 보험계약의 체결 또는 모집에 종사하는 자는 보험계약의 체결에 있어서 보험계약자 또는 피보험자에게 보험약관에 기재되어 있는 보험상품의 내용, 보험료율의 체계 및 보험청약서상 기재사항의 변동사항 등 보험계약의 중요한 내용에 대하여 구체적이고 상세한 명시 설명의무를 지고 있다고 할 것이어서 보험자가 이러한 보험약관의 명시 설명의무에 위반하여 보험계약을 체결한 때에는 그 약관의 내용을 보험계약의 내용으로 주장할 수 없다 할 것이므로 보험계약자나 그 대리인이 그 약관에 규정된 고지의무를 위반하였다 하더라도 이를 이유로 보험계약을 해지할 수는 없다(대법원 1992.3.10. 선고 91다31883 판결).

2) 상법 제638조의3의 제2항과 약관규제법 제3조 제4항의 적용

약관의 교부 및 명시의무를 위반한 때에 상법 제638조의3의 제2항에서는 '보험계약이 성립한 날로부터 1월내에 그 계약을 취소'할 수 있도록 하고 있으나, 약관규제에 관한 법률 제3조 제4항에서는 '당해 약관을 계약의 내용으로 주장할 수 없다'고 하고, 제16조[13)]에서는 나머지 유효한 부분만으로 계약 내용으로 한다는 조항을 두고, 다시 제30조[14)]에서는 특정한 거래분야의 약관에 대하여 다른 법률에 특정한 규정이 있는 경우에는 이법의 규정에 우선하여 적용하도록 함으로써 양법률간의 충돌을 방지하고 있다(대법원 1998.11.27. 선고 98다32564 판결).

바. 잘못 교부된 약관의 효력

보험계약 체결당시 보험상품과 다른 약관을 교부하였을 경우에 보험사고 발생시 잘못 교부한 약관을 적용할 수 있는지에 대해서는 보험약관이 구속력을 갖는 것은 당사자가 보험약관을 계약내용으로 포함시키기로 합의하였기 때문이므로, 보험설계사가 잘못된 약관(후유장해 지급율표)을 전달하여 이를 계약내용으로 하기로 하였다면 비록 원래의 상품과는 다른 내용이라 하더라도 이를 계약내용으로 해야 한다(창원지방법원 2007.2.14. 선고, 2004가단48679 판결).

▶ 보험설계사가 잘못 전달한 보험약관의 효력

피보험자가 가입한 보험은 정신신경계통의 장해가 포함되지 않으나 보험설계사가 이 약관과는 별도로 "후유장해지급율표"를 전달한 사안에서 개별상품의 특성상 정신신경계통의 장해는 제외되는 상품이라고 하더라도, 보험설계사가 잘못된 약관(후유장해 지급율표)을 전달하여 이를 계약내용으로 하기로 하였다면 비록 원래 상품과는 다른 내용이라 하더라도 이를 계약내용으로 하여야 한다(창원지방법원 2007.2.14. 선고, 2004가단48679 판결).

13) 약관규제에 관한 법률 제16조 (일부무효의 특칙) 약관의 전부 또는 일부의 조항이 제3조제4항의 규정에 의하여 계약의 내용이 되지 못하는 경우나 제6조 내지 제14조의 규정에 의하여 무효인 경우 계약은 나머지 부분만으로 유효하게 존속한다. 다만, 유효한 부분만으로는 계약의 목적달성이 불가능하거나 일방 당사자에게 부당하게 불리한 때에는 당해 계약을 무효로 한다. <개정 2007.8.3>

14) 약관규제에 관한 법률 제30조 (적용범위) 제3항 특정한 거래분야의 약관에 대하여 다른 법률에 특별한 규정이 있는 경우에는 이 법의 규정에 우선한다.

사. 보험계약자 등이 충분히 잘 알고 있는 경우에 대한 입증책임

보험약관의 중요한 내용에 해당하는 사항이라 하더라도 거래상 일반적이고 공통된 것이어서 보험계약자가 별도의 설명 없이도 충분히 예상할 수 있었던 사항이나 보험계약자나 그 대리인이 그 내용을 충분히 잘 알고 있는 경우에는 그 약관이 바로 계약 내용이 되어 당사자에 대하여 구속력을 가지므로 보험자로서는 보험계약자 또는 그 대리인에게 약관의 내용을 따로 설명할 필요가 없으며, 이 경우 보험계약자나 그 대리인이 그 약관의 내용을 충분히 잘 알고 있다는 점을 보험자측에서 입증해야한다(대법원 2003.8.22.선고 2003다27054 판결).

▶ 보험계약자가 보험약관의 내용을 충분히 알고 있는지에 대한 입증책임

약관의규제에관한법률 제3조의 규정에 의하여 보험자는 보험계약을 체결할 때에 보험계약자에게 보험약관에 기재되어 있는 보험상품의 내용, 보험료율의 체계, 보험청약서상 기재사항의 변동 및 보험자의 면책사유 등 보험계약의 중요한 내용에 대하여 구체적이고 상세한 명시˘설명의무를 지고 있으므로, 만일 보험자가 이러한 보험약관의 명시˘설명의무에 위반하여 보험계약을 체결한 때에는 그 약관의 내용을 보험계약의 내용으로 주장할 수 없지만, 보험약관의 중요한 내용에 해당하는 사항이라 하더라도 보험계약자나 그 대리인이 그 내용을 충분히 잘 알고 있는 경우에는 당해 약관이 바로 계약 내용이 되어 당사자에 대하여 구속력을 가지므로 보험자로서는 보험계약자 또는 그 대리인에게 약관의 내용을 따로 설명할 필요가 없으며, 이 경우 보험계약자나 그 대리인이 그 약관의 내용을 충분히 잘 알고 있다는 점은 이를 주장하는 보험자측에서 입증하여야 한다(대법원 2003.8.22. 선고 2003다27054 판결).

2-4 약관의 교부설명의무에 대한 판결

01 일반적인 판례의 경향

보험계약의 체결이 다양한 판매채널을 통해 다양한 내용의 계약을 하게되고, 보험계약자의 보험계약에 대한 지식이 다양한 경로를 통한 학습으로 향상되면서 보험계약자의 고객으로서의 요구 또한 상승하고 있다.

보험회사의 입장에서는 보험계약은 부합계약이므로, 보험계약 체결시에 약관과 청약서부본을 전달하고 보험계약의 중요한 내용을 설명하고 이에 대한 증거로서 자필서명을 한 다음, 약관의 내용을 충분히 숙지할 수 있도록 청약의 철회 가능기간 15일을 부여하고 있으므로, 보험계약자로서의 권리를 찾기 위해서는 주어진 여건 내에서 보험계약의 내용을 충분히 확인할 수 있다고 주장한다.

반면, 보험소비자 입장에서 보험계약의 체결은 상대적으로 보험전문가인 보험설계사나 보험대리점을 통해 이루어지는 만큼 이들의 설명이나 안내가 거의 절대적인 내용이므로, 설명하지 아니한 내용은 보험계약자에게 불이익하게 적용해서는 안된다는 주장이 팽팽하여 보험회사측의 명시 설명의무의 범위를 어디까지로 보아야 하는지에 대한 분쟁 또한 끊이질 않고 있다.

우리 대법원은 '보험약관에 기재되어 있는 보험상품의 내용, 보험요율의 체계 및 보험청약서상 기재사항의 변동사항 등'을 '중요한 내용'으로 보고 있으며, 명시 설명의무의 인정은 어디까지나 보험계약자가 알지 못하는 가운데 약관에 정한 중요한 사항이 계약 내용으로 되어 보험계약자가 예측하지 못한 불이익을 받게 되는 것을 피하고자 하는데 그 근거가 있으며, 보험약관에 정해진 사항이라도 '거래상 일반적이고 공통된 것이어서 보험계약자가 별도의 설명 없이도 충분히 예상할 수 있었던 사항이거나 이미 법령에 의해 정해진 것을 되풀이하거나 부연하는 정도에 불과한 사항이라면 명시설명의무는 인정되지 않는다'고 판시하고 있다(대법원 2003.5.30. 선고 2003다15556 판결).

또한 설명의무의 대상이 되는 '중요한 내용'이란 객관적으로 보험계약자가 그 내용을 안다면 그 계약을 체결하지 아니하던가 적어도 동일한 조건으로는 계약을 체결하지 않으리라고 인정되는 사항을 말한다(서울중앙지법 2007.10.17. 선고 2006가단281185 판결)

아울러 보험계약의 청약을 유인하는 안내문에 보험약관의 내용이 추상적이고 개괄적으로만 소개되어 있는 경우, 이 안내문의 송부만으로 약관에 대한 보험자의 설명의무를 다한 것으로 볼 수 없다(대법원 1999.3.9. 선고 98다43342, 43359 판결).

판례에서 반복적으로 언급되고 있는 '보험계약자가 별도의 설명없이도 충분히 예상할 수 있는 것'에 대한 판단기준은 보험계약자 일반의 전체적인 이해도를 고려하여 판정해야할 사안으로 약관을 객관적으로 해석해야한다는 원칙에 입각하여 판단해야 한다.

그러나 주의해야 할 점은 동일한 사안에 대해서도 아직 판례가 체계적으로 정리되지 않고 있고, 판례의 입장이 시시각각 변화하고 있으므로 과거의 판례가 있다고 하여 무조건적으로 판례의 입장을 고수하는 것은 곤란하다는 점이다. 왜냐하면 판례의 입장은 시대상황이나 당시 보험금청구권자와 보험자와의 쟁점 등을 다양하게 고려하여 내려지는 것이므로, 판례의 요지만을 제한적으로 읽고 해석하는 것은 지엽적인 시각에 빠질 수 있기 때문이다. 따라서 판례에서 논하고자 하는 바를 정확히 이해하기 위해서는 판결문 전문을 구하여 전반적인 맥락 속에서 이해되어야 한다.

▶ 설명의무의 대상이 되는 '중요한 내용'의 의미

설명의무의 대상이 되는 '중요한 내용'이란 객관적으로 보험계약자가 그 내용을 안다면 그 계약을 체결하지 아니하던가 적어도 동일한 조건으로는 계약을 체결하지 않으리라고 인정되는 사항을 말한다(서울중앙지법 2007.10.17. 선고, 2006가단281185 판결).

▶ 보험안내문의 발송으로 명시설명의무를 이행했다고 볼 수 있는지 여부

보험계약의 청약을 유인하는 안내문에 보험약관의 내용이 추상적˘개괄적으로 소개되어 있을 뿐 그 약관 내용이 당해 보험계약에 있어서 일반적이고 공통된 것이어서 보험계약자가 충분히 예상할 수 있거나 법령의 규정에 의하여 정하여진 것을 부연하는 것과 같은 것이 아닌 이상, 그러한 안내문의 송부만으로 그 약관에 대한 보험자의 설명의무를 다하였다거나 보험계약자가 그 내용을 알게 되어 굳이 설명의무를 인정할 필요가 없다고는 할 수 없으며, 이와 같은 보험약관의 명시˘설명의무에 관한 법리는 보험료율이 낮다거나 보험계약의 체결 방식이 통상의 경우와 다르다고 하여 달라지지 아니한다(대법원 1999.3.9. 선고 98다43342, 43359 판결).

02 보험계약의 체결에 관한 사항

가. 피보험자의 자격

피보험자의 자격요건에 대하여 과거 일부의 보험에서 부부를 하나의 계약으로 보험계약을 체결하고, 부부가 각각 개별적으로 보험을 가입한 것보다 통합하여 가입한 경우에 보험료의 일정부분을 할인해주던 상품이 있었다. 이러한 상품에서는 기본적인 전제조건인 부부가 하나의 보험증권으로 가입할 것을 예상하고 있으므로, 법률상 부부관계가 상실되면 당연히 할인된 부분의 보험료를 반영하여야 하므로 더 이상 과거와 동일한 조건으로의 보험계약 유지가 어렵게 한 적이 있었다. 이러한 경우에도 우리 법원에서는 법률상 부부관계가 상실될 경우, 피보험자의 자격이 상실될 수 있다는 조항에 대해 명시 설명의무가 없다고 거부한 바 있다(대법원 2004.5.28. 선고 2004다11445 판결).

그러나 최근에는 자동차보험에서부터, 화재, 배상책임, 질병, 상해보험 등이 하나의 보험으로 통합되는 통합보험이 주류를 이루면서 하나의 증권으로 가족의 거의 모든 위험을 보장하도록 하면서, 피보험자의 증감이나 보장내용의 증감에 대해 자유롭게 조정할 수 있도록 계약자의 편익을 증진시키고 있다. 다만, 피보험자의 증감이나 이에 따른 보험료의 조정, 보장내용의 증감에 대해서는 명백히 보험계약자 또는 피보험자에게 명시 설명의무를 부담한다고 보아야 한다.

▶ 피보험자의 자격요건, 상실 요건이 명시설명의무의 대상인지 여부

보험약관에 주피보험자와 종피보험자의 관계는 호적상 또는 주민등록상 배우자이어야 하고, 법률상 부부관계가 상실될 경우 종피보험자의 자격이 상실된다는 약관내용이 보험설계사의 명시 설명의무 대상인지와 관련하여, 보험의 명칭이 'OK 밀레니엄 부부형 보험'으로 법률상 부부임을 요건으로 하여 가입이 가능한 보험이므로, 보험계약 체결이후 이혼 등의 사유로 부부관계가 해소되는 경우 그 사유가 보험계약에 영향을 미친다는 것은 사회통념상 보험계약자가 별도의 설명 없이도 충분히 예상할 수 있는 사항이고 약관자체에도 기재되어 있어 특히 보험자 또는 보험설계사의 명시 설명의무의 대상이 되는 내용이라 할 수 없다(대법원 2004.5.28. 선고 2004다11445 판결).

나. 보험료중 사업비

최근 경제상황이 어려워지면서 한때 최고의 인기를 구가하던 변액연금보험계약에서 상대적으로 고액의 보험료를 매달 불입하던 계약자가 월납보험료 500여만원 중 12% 정도에 해당하는 사업비에 대하여 설명을 듣지 못하였다고 다투는 사안에서 이에 대해 법원은 보험료 중 사업비가 차지하는 비율이나 금액에 대해 보험자의 명시설명의무를 부정한 바 있다(부산지방법원 동부지원 2006.11.9. 선고 2006가합455 판결).

▶ 보험료중 사업비에 대한 내용이 설명의무의 대상인지 여부

보험계약에서 사업비가 보험계약자의 특정계정을 위하여 운용되는 보험료에서 제외된다는 사실은 보험원리 및 거래관념상 일반적이고 공통된 것이어서 보험계약자가 별도의 설명 없이도 충분히 예상할 수 있었던 사항이며 사업비의 액수 또한 보험계약자가 통상 예측할 수 있는 범위 내의 금액이라고 판단될 뿐만 아니라 보험계약자가 사업비의 존재나 그 구체적 액수를 제시받았던 경우라고 하여 그로 인해 보험계약의 체결여부를 결정했으리라고 보이지 아니하므로 이는 보험회사의 명시설명의무 대상이 되는 중요한 사항이라고 할 수 없다(부산지방법원 동부지원 2006.11.9. 선고, 2006가합455 판결).

다. 해지환급금과 관련된 내용

보험계약에서 보험기간중 중도에 보험계약을 해지할 경우, 이미 납입한 보험료의 합계액보다 보험계약을 해지함으로써 받을 수 있는 해지환급금이 훨씬 적은 것이 일반적이다. 우리 법원은 이에 대해 보험가입후 상당기간 내에 보험계약을 해지할 경우 해약환급금이 적을 수 있다고 안내한 것만으로도 설명의무를 충실히 이행한 것으로 판단하고 있다(부산지방법원 2006. 2.6. 선고 2005가단 13574 판결).

▶ 보험계약 체결시 해약환급금관련 안내의 범위

보험계약자가 납입한 보험료는 본질적으로 보험회사의 보험금지급의 위험부담에 대한 대가일 뿐, 중도해지의 경우 발생하는 해약환급금채권에 대한 대가의 성질을 가지는 것은 아니고 다만 그 산출방식에 참작할 요소에 불과하다고 볼 수 있을 뿐이므로 해약환급금 규모가 납입한 보험료에 비하여 현저히 적다는 이유만으로 해당 약관조항이 무효라고 볼 수는 없으며 보험설계사가 보험계약당시 보험계약자에게 중도해지 상황에 따른 구체적인 해약환급금액까지는 아니더라도 보험가입 후 2년 내에 중도해지할 경우 해약환급금을 거의 받지 못한다는 사실은 충분히 설명한 사실을 인정할 수 있으므로, 이를 명시설명의무의 위반이라고 볼 수 없다(부산지방법원 2006.2.6. 선고 2005가단13574 판결).

라. 동일한 계약의 갱신

3년 또는 5년의 기간마다 매기간 보험계약의 손해율을 판단하여 보험료를 정산하거나, 자동차보험처럼 보험기간이 1년단위로 체결하는 것이어서 매년 동일한 내용의 계약을 갱신하는 경우에는 계약이 갱신되거나 새로이 체결될 때마다 이를 따로 설명할 의무는 없다(대법원 2000.7.18. 선고 2000다25729 판결).

▶ 동일한 계약의 갱신시에도 설명의무를 부담하는지 여부

설명의무는 상대방인 고객이 알 수 없는 가운데 약관에 정하여진 중요한 내용이 계약내용으로 되어 고객이 예상하지 못한 불이익을 받게 되는 것을 피하고자 하는 데에 그 취지가 있다고 할 것이므로 '약관의 내용에 변동이 없이' 계약이 계속적으로 갱신되는 경우이거나 선행하는 계약이 해지되었다가 '약관의 중요한 사항에 있어서 동일한 내용의' 계약이 다시 체결될 때에는 갱신되기전 또는 선행하는 계약이 체결될 때 고객에게 약관에 정하여진 중요한 사항에 대하여 설명의무를 다하였다면 그 후 계약이 갱신되거나 또는 다시 체결될 때마다 거듭하여 이를 따로 명시하거나 설명할 의무는 없다(대법원 2000.7.18. 선고 2000다25729 판결).

03 고지의무위반에 관한 사항

가. 고지해야할 사항

고지해야할 사안에 대해서 상법 제651조의 2에서는 '보험자가 서면으로 질문한 사항은 중요한 사항으로 추정한다'고 하여, 보험계약자가 고지해야할 사안이 고지대상인지 여부는 서면으로 질문한 사항으로도 충분하다고 보아야 한다. 이에 대해 각 개별사안에 대해 고지해야할 사항에 대해서는 논의의 방향을 달리하므로 장을 달리하여 '고지의무'편에서 설명하도록 한다.

나. 고지의무위반시 해지조항

보험약관 조항 중 '계약자, 피보험자 또는 이들의 대리인이 계약전 알릴 의무에도 불구하고 고의 또는 중대한 과실로 중요한 사항에 대하여 사실과 다르게 알린 때에는 보험계약을 해지할 수 있다'고 한 약관의 내용은 상법 제651조에 규정된 내용을 부연하는 것에 불과하므로 보험회사의 명시 설명의무가 없다(전주지방법원 2007.6.15. 선고 2006가단3316 판결).

▶ 고지의무위반시 보험계약을 해지할 수 있다는 내용이 설명의무 대상인지 여부

전화로 체결한 보험계약에서 '계약자, 피보험자 또는 이들의 대리인이 계약전 알릴 의무에도 불구하고 고의 또는 중대한 과실로 중요한 사항에 대하여 사실과 다르게 알린 때에는 보험계약을 해지할 수 있다'고 규정된 보험약관을 전달받거나 이와 관련된 설명을 들은 사실이 없어 고지의무에 관한 약관의 명시 설명의무를 위반하였다고 하나, 보험약관에 정하여진 사항이라고 하더라도 이미 법령에 의하여 정하여진 것을 되풀이하거나 부연하는 정도에 불과한 사항에 대하여는 보험자에게 명시 설명의무가 인정되지 않는다고 할 것인바, 고지의무위반으로 인한 계약 해지는 상법 제651조에 규정된 내용으로 보험자에게 약관의 명시설명의무가 있다고 볼 수 없다(전주지방법원 2007.6.15. 선고, 2006가단3316 판결).

04 면책사유에 관한 사항

약관의 개별 면책사유에 대해 보험자의 명시 설명의무가 존재하는 지에 대하여, 우리법원은 명시 설명의무의 대상이 되는 중요한 사항으로 보고 있다(대법원 2000.5.30. 선고 99다66236 판결).

그러나 면책사유가 보험자의 명시 설명의무의 대상이라고 하더라도 상법 제659조(보험자의 면책사유)와 상법 제660조(전쟁위험등으로 인한 면책)와 같이 이미 법령에 의해 정해진 것을 되풀이하거나 부연설명하는 정도에 불과한 경우에는 명시설명의무를 부담하지 아니한다.

면책사유에 대해서도 기존계약을 해지하고, 새로운 계약을 체결하면서 해석상의 차이가 없는 면책약관을 설명하여 주지 아니하였다고 하더라도 이는 약관의 교부 및 명시의무를 위반하지 않았다고 보고 있다.

▶ 보험약관의 개별면책사항이 설명의무 대상인지 여부

상법 제638조의3 제1항 및 약관의규제에관한법률 제3조의 규정에 의하여 보험자는 보험계약을 체결할 때에 보험계약자에게 보험약관에 기재되어 있는 보험상품 내용, 보험료율 체계, 보험청약서상 기재 사항의 변동 및 보험자의 면책사유 등 보험계약의 중요한 내용에 대하여 구체적이고 상세한 명시˙설명의무를 지고 있다고 할 것이어서, 만일 보험자가 이러한 보험약관의 명시설명의무에 위반하여 보험계약을 체결한 때에는 그 약관의 내용을 보험계약의 내용으로 주장할 수 없다(대법원 2000.5.30. 선고 99다66236 판결).

가. 고의사고의 면책약관

보험계약에서는 '고의'는 우연성이 결여된 것으로 보아 보상하지 않고 있다. 또한 상법 제659조(보험자의 면책사유)에서도 '보험계약자 또는 피보험자의 고의나 중대한 과실'을 보상하지 아니하는 손해로 정하고 있다. 따라서 보통의 면책사유는 중요한 사항으로서 보험약관의 명시 설명의무를 부담하지만, 해당 약관조항이 상법 제659조의 조항을 부연하는 정도에 불과한 경우에는 명시설명의무를 부정하고 있다.

▶ 고의사고 면책조항이 보험자의 명시설명의무 대상인지 여부

보험자의 면책사유 등 보험약관의 중요한 내용에 해당하는 사항이라 하더라도 이 면책약관은 상법 제659조(보험자의 면책사유)의 '보험사고가 보험계약자 또는 피보험자나 보험수익자의 고의 또는 중대한 과실로 인하여 생긴 때에는 보험자는 보험금을 지급할 책임이 없다'는 규정을 부연하는 정도에 불과한 점 등에 비추어 보면, 보험계약자도 면책약관의 내용을 충분히 예상할 수 있었다고 할 것이므로, 해당 면책약관의 경우 명시 설명의무가 면제된다(대구고등법원 2007.10.04. 선고 2005나2382 판결).

나. 보험금청구권 상실조항

계약자 또는 피보험자가 손해의 통지 또는 보험금 청구에 관한 서류에 고의로 사실과 다른 것을 기재하였거나 그 서류 또는 증거를 위조하거나 변조한 경우에 보험금 청구권은 상실된다.

이러한 보험금 청구권 상실조항은 명시설명의무가 되는 약관의 중요한 내용이라고 보기 어렵고, 이 조항의 설명이 있었다고 하여 당해 계약을 체결하지 않았을 것으로는 보이지 않으며, 보험금 청구권 상실조항이 보험계약의 신의성실의 원칙에 반하는 사기적 보험금 청구행위를 허용할 수 없다는 취지인 만큼 보험자의 명시 설명의무 대상이 아니다(대법원 2003.5.30. 선고 2003다15556 판결).

▶ 보험금청구권 상실조항이 명시설명의무 대상인지 여부

보험금청구권 상실조항에 대한 약관설명이 있었다고 하여 당해 계약을 체결하지 않았으리라고는 인정되지 아니하므로 이를 설명의무가 있는 약관의 중요한 내용이라고 보기 어렵다. 더욱이 보험약관 제30조에 정해진 보험금청구권의 상실사유는 보험계약에 있어서 신의성실의 원칙에 반하는 사기적 보험금청구행위를 허용할 수 없다는 취지에서 규정된 것으로서, 보험계약 당사자의 윤리성이나 선의성을 요구하는 보험계약의 특성 및 상법에 보험의 투기화˘도박화를 막고 피보험자에게 실제의 피해 이상의 부당한 이득을 취득하지 못하도록 하기 위하여 고의로 인한 보험사고의 경우에는 보험자의 면책을 인정하고(상법 제659조), 보험계약이 사기로 인한 초과보험인 경우 그 계약 자체를 무효로 규정하고 있는 점(상법 제669조 제4항) 등에 비추어 볼 때 이는 거래상 일반인들이 보험자의 설명 없이도 당연히 예상할 수 있던 사항에 해당한다"고 보아 설명의무의 대상이 아니다(대법원 2003.5.30. 선고 2003다15556 판결).

다. 무면허운전 면책조항

무면허운전 면책조항은 음주운전 면책조항과 함께 보험자의 명시설명의무의 대상이 됨은 논란의 여지가 있을 수 있다. 특히 제3보험의 보험종목 중 운전자보험의 경우 보장내용에 따라 보상하는 손해와 보상하지 아니하는 손해가 구분되어 각각의 보장에 대하여 보험자의 보상책임과 보험계약자의 보험이익이 각각 축소되는 결과를 초래하게 되므로 이에 대해 설명의무를 부담해야한다고 볼 수 있다.

그러나 무면허운전이나 음주운전의 경우 운전자의 고의에 가까운 과실이나 또는 법에 금한 행위를 함으로써 사고를 일으킨 만큼 범죄행위로 보아야 하고, 음주 및 무면허 운전이 사회적으로도 이미 용인되지 아니하는 만큼 일반인들에게도 충분히 인지되고 있는 사실이므로 설명의무의 대상이 되지 않는다는 주장이 보다 설득력이 있다.

또한 어떤 면허를 가지고 자동차를 운전하여야 무면허 운전이 되지 않는지에 대한 사항까지는 보험약관의 설명의무대상으로 보지 않고 있다.

▶ 무면허운전의 요건이 설명의무 대상인지 여부

어떤 면허를 가지고 피보험자동차를 운전하여야 무면허운전이 되지 않는지는 보험자의 약관설명의무의 범위에 포함되지 않는다(대법원 2000.5.30. 선고 99다66236 판결).

라. 기왕증이나 기존장해를 공제하는 약관조항

보험사고가 발생하여 지급할 보험금에서 기왕증이나 기존장해를 공제한다는 약관조항은 거래상 일반적이고 공통된 것이어서 별도의 설명 없이도 충분히 예상할 수 있는 사항으로서 명시 설명의무가 없다.

▶ 기왕증이나 기존 장해를 공제하는 약관조항

보험계약은 일반적이고도 우연한 외래의 사고로 인한 손해를 전보하기 위하여 체결하는 것이고 보험계약자가 이미 가지고 있는 기왕증은 보험사고로 인하여 비로소 발생한 손해라고 할 수는 없어 보험사고로 인한 후유장해 산정시 기왕증을 공제하는 것은 당연한 법리라 할 것이고, 이는 거래상 일반적이고 공통된 것이어서 별도의 설명이 없더라도 충분히 예상할 수 있는 사항이라 할 것이므로 이에 대한 설명의무가 없다고 할 것이다(대전지방법원 천안지원 2006.8.17. 선고 2004가합1854 판결).

마. 일상생활배상책임에서 차량의 소유, 사용, 관리

제3보험의 종합보험 등에서 특약의 형태로 부가되는 일상생활배상책임 보장에서 피보험자의 직무수행중 발생한 사고나 차량의 소유, 사용, 관리에 기인하는 배상책임은 보상하지 아니하도록 하고 있다.

이 경우 각 영역에 대하여 이러한 사고가 발생할 경우 보상책임을 부담하는 각각의 보험영역과 이에 합당한 보험요율체계나 보험료 등이 존재하므로 보상하지 아니한다. 이 경우에도 우리 법원은 명시설명의무를 부담하지 아니한다고 본다.

▶ 일상생활배상책임에서 차량의 소유사용관리 면책약관이 설명의무 대상인지 여부

차량의 소유, 사용 또는 관리에 기인하는 배상책임을 담보하지 아니하는 면책약관이 명시 설명의무 대상인지 여부와 관련하여 보험계약 체결당시 피보험자의 나이가 13세 7개월이었고, 보험기간은 보험계약일로부터 5년이므로, 보험계약체결당시에 피보험자의 차량운전 미숙으로 인한 손해배상책임을 예상하거나 이를 고려할 여지가 적었다고 보아야 하고, 약 30원의 추가 보험료가 소요되는 특별약관의 가입만으로 그보다 현저히 비싼 보험료를 지급해야 하는 자동차종합보험에서와 같은 보장을 받을 수 없으리라는 것은 사회통념상 별도의 설명 없이도 충분히 예상할 수 있는 점에 비추어, 이 면책약관은 명시 설명의무의 대상이 되는 보험계약의 중요한 내용이 아니다(전주지법 2006.7.13. 선고 2005나7538 판결).

05 통지의무위반에 관한 사항

상법 제652조에서 보험계약 체결 후 보험기간 중에 사고발생의 위험이 현저하게 변경 또는 증가된 사실을 안 때에 지체 없이 보험자에게 통지하도록 하고 있다. 마찬가지로 이러한 통지의무는 법령에 정한 사항으로 보험자에게 명시설명의무는 인정되지 않는다(서울고등법원 2006.9.5. 선고 2006나7183, 2006나71490(병합) 판결).

또한 보험약관에서의 계약자의 주소 변경시 이를 통지하도록 하고 있는 조항은 보험거래상 일반적이고 공통된 것이고, 일반인들이 충분히 알 수 있는 내용으로 보험자의 명시설명의무를 부정하고 있다(금융감독원 분쟁조정사례 2003.3.25. 결정 제2003-10호).

▶ 직업직무의 변경사실의 통지의무가 설명의무 대상인지 여부

운전자보험에 있어서는 피보험자가 자가용 운전자에서 영업용운전자로 그 직업 및 직무를 변경하였다는 점은 상법 제652조 소정의 통지의무 대상이 되는 사고발생의 위험이 현저하게 변경 또는 증가된 사실에 해당된다고 할 것이고, 따라서 이와 같은 취지를 규정한 위 약관 제26조는 거래상 일반적이고 공통된 것이어서 보험계약자가 별도의 설명없이도 충분히 예상할 수 있었던 사항이거나, 상법 제652조에서 이미 정하여 놓은 통지의무를 운전자보험에서 구체적으로 부연한 정도의 규정에 해당하여 그에 대하여는 보험자인 원고에게 별도의 설명의무가 인정된다고 볼 수가 없다(서울고등법원 2006.9.5. 선고, 2006나7183, 2006나71490(병합)판결).

▶ 주소변경 통지의무가 약관의 명시 설명의무 대상인지 여부

주소변경이 있을 경우 이를 통지토록 하고 있는 약관의 내용은 보험계약에 있어서 일반적이고 공통된 것이어서 별도의 설명이 필요 없는 사항일 뿐만 아니라 자동차보험 가입경력이 10여년 정도 되는 피보험자가 이에 대해 별도의 설명 없이도 충분히 알 수 있었을 것으로 보여지며, 보험사가 차량등록원부를 통해 변경된 주소까지 확인하여 납입최고를 위해 노력하였으나 피보험자측의 장기부재로 인해 납입최고 및 해지통보문이 도달하지 못하였으므로 이는 피보험자측의 책임으로 보아야 한다(금융감독원 분쟁조정사례 2003.3.25 결정 제2003-10호).

06 암보험에 관한 사항

가. 암보장 책임개시일

우리 법원은 암보장의 책임개시일과 관련하여서는 암보장의 책임개시일이 일반적인 보험계약의 책임개시일이나 상법에 정한 책임개시 시기와 상이하므로, 제1회 보험료를 받은 날부터 그날을 포함하여 90일이 지난 날의 다음날로 규정하는 약관조항은 중요한 사항으로 보험계약 체결시에 반드시 설명해야할 사항으로 보고 있다(대법원 2005.12.9. 선고 2004다26164, 26171 판결, 서울중앙지법 2007.1.11. 선고 2005가단400255 판결).

그러나 암보험의 책임개시일이 일반의 다른 계약과 상이하고, '보험자의 책임은 당사자간에 다른 약정이 없으면 최초의 보험료의 지급을 받은 때로부터 개시한다'고 한 상법 제656조의 규정과는 다른 '당사자간 별도의 약정'이 있는 계약이므로 '당사자간 별도의 약정'에 해당하는 암보험의 책임개시일을 별도로 설명해야 한다는 논리에는 다소 무리가 있다.

왜냐하면 암보험은 통상의 보험계약과는 달리, '암'이라고 하는 특정질병에 대하여 고액의 보험금을 지급하도록 하고 있고, 우리나라에서도 이미 수십년에 걸쳐 판매되어 암보험의 책임개시일은 '90일'이 지나야 시작된다는 점은 이미 일반인에게 보편화된 상식이 되어 보험계약자 등이 이 내용을 충분히 알고 있다고 보아야 하기 때문이다. 암보장 책임개시일이 일반화된 보편상식이라는 점을 보험자가 입증해야 하는 문제가 있으나, 이러한 판례는 앞으로 판례에 의해 반전될 것으로 기대된다.

실제 판례에서도 해상보험의 경우, 일반적인 보험계약과는 상이한 부분이 많지만 개별적으로 그 내용이 그 분야의 거래상 일반적이고 공통적인 것일 경우 설명의무의 대상이 아니라고 판시하고 있다(대법원 2001.7.27. 선고 99다55533 판결).

▶ 책임개시일이 상법의 일반조항과 다른 경우 설명의무 대상인지 여부

보험자의 책임은 당사자 간에 다른 약정이 없으면 최초의 보험료의 지급을 받은 때로부터 개시한다고 규정하고 있는 상법의 일반 조항과 다른 내용으로 보험자의 책임개시시기를 정한 경우, 그 약관 내용은 보험자가 구체적이고 상세한 명시˘설명의무를 지는 보험계약의 중요한 내용이라 할 것이고, 그 약관의 내용이 거래상 일반적이고 공통된 것이어서 보험계약자가 별도의 설명 없이도 충분히 예상할 수 있었던 내용이라 할 수 없다(대법원 2005.12.9. 선고 2004다26164, 26171 판결).

▶ 암보험의 책임개시일이 설명의무 대상인지 여부

이 사건 특약의 특별약관은 책임개시일을 제1회 보험료를 받은 날부터 그날을 포함하여 90일이 지난날의 다음날로 규정하여 상법의 일반 조항과 다른 내용으로 책임개시 시기를 정하였으므로 위 법리에 비추어 볼 때 그 약관 내용은 보험자가 구체적이고 상세한 명시 설명의무를 지는 보험계약의 중요한 내용이라 봄이 상당하다 할 것이다(서울중앙지법 2007.1.11. 선고 2005가단400255 판결).

▶ 개별약관이 일반적이고 공통된 것인 경우 설명의무 대상인지 여부

보험자에게 약관의 설명의무가 인정되는 것은 어디까지나 보험계약자가 알지 못하는 가운데 약관에 정하여진 중요한 사항이 계약내용으로 되어 보험계약자가 예측하지 못한 불이익을 받게 되는 것을 피하고자 하는데 그 근거가 있는 것이므로, 해상보험계약에서 사용하고 있는 약관이라 할지라도 개별적으로 그 내용이 거래상 일반적이고 공통된 것이어서 보험계약자가 별도의 설명 없이도 충분히 예상할 수 있었던 사항이거나 혹은 이미 법령에 의하여 정하여진 것을 되풀이하거나 부연하는 정도에 불과한 사항인지 등을 판별하여 그 경우에 한하여 설명의무의 대상이 아니라고 하여야 한다(대법원 2001.7.27. 선고 99다55533 판결).

나. 암치료 직접목적의 입원

암보험에서 암진단 급여금이나 암수술급여금과 함께 대표적인 보장이 암 입원일당이다. 암 입원일당의 경우 일반적인 상해나 질병입원일당과는 달리 암치료의 직접적인 목적으로 입원한 경우에 지급되는 보장이다.

단순히 암진단을 받은 상태에서의 입원이 아닌 실제 암치료를 목적으로 한 입원을 말하므로 단순 요양치료의 경우 부지급 된다.

암입원일당은 일반적인 입원일당과 상이하고, '암입원일당'이라는 용어에서도 특별히 구분되는 점을 찾을 수 없으므로 이에 대해서도 설명의무 대상이라는 주장이 있을 수 있으나, 통상적인 암보험 거래에서는 암입원일당이 암치료의 직접적인 목적으로 한 입원하는 경우에만 지급된다는 것이 이미 일반화 되어 있고 별도의 설명 없이도 충분히 예상할 수 있는 만큼 설명의무의 대상이 아니다(대법원 2008.4.24. 선고 2008다13777 판결). 이에 대해서도 하급심에서도 명시 설명의무를 부정하고 있다(서울중앙지법 2007.4.12. 선고 2006가합96209 판결).

▶ 암 치료 직접목적의 입원이 설명의무의 대상인지 여부

암의 치료를 직접 목적으로 한 입원에 대해서만 보험금이 지급된다는 약관내용은 보험제도의 사회성, 단체성, 윤리성에 바탕을 둔 상식적인 내용으로 거래상 일반적이고 공통된 것이어서 원고가 별도의 설명 없이도 충분히 예상할 수 있었다고 할 것이므로, 위 약관내용은 보험자의 설명의무 대상이 되지 않는다고 할 것이다(대법원 2008.4.24. 선고 2008다13777 판결).

▶ 암입원일당의 지급조건이 설명의무 대상인지 여부

암의 치료를 직접목적으로 한 입원에 대하여만 보험금이 지급된다는 약관내용은 중요한 내용에 해당한다고 할 것이나, 보험사로부터 받은 보험증권에 '암의 치료를 직접 목적'으로 한 입원에 대하여 입원비를 지급한다고 되어 있는 점, 청약서상 '약관의 주요내용에 대한 안내를 받았다'는 취지로 자필서명을 한 점 등에 비추어 약관내용을 잘 알고 있었다고 봄이 상당하고, 그 약관내용은 거래상 일반적이고 공통된 것이어서 별도의 설명 없이도 충분히 예상할 수 있었다고 할 것이므로 설명의무의 대상이 되지 않는다(서울중앙지법 2007.4.12. 선고 2006가합96209).

07 중복보험 비례보상조항에 관한 사항

제3보험의 의료비보장에서 중복보험이 발생하여 의료비를 비례보상하는 것이 명시설명의무 대상인지에 대한 판례는 확인되지 않고 있다. 다만, 주택화재보험에서 중복보험사고로 비례보상을 해야 하는 경우에 대해 화재보험에서는 상법 제671조(미평가보험), 제672조(중복보험), 제676조(손해액산정기준)등의 조항을 두는 등 이미 법령에 정한 사항이므로 명시설명의무가 없다고 판시하고 있다(서울고등법원 1999.10.20.선고 99나23651 판결).

그러나 의료비실손보험상품이 정액급부금 보장과 혼합되어 판매되고 있고, 실제 보험증권 상에는 보상한도금액만이 기재되어 있어 증권기재상의 금액 전체를 지급하는 것으로 오인할 수 있고, 중복보험으로 인해 보험금액 한도가 증액되는 효과는 있지만, 실질적으로 보험자의 책임과 보험계약자의 보험에 대한 유익을 함께 감소시키므로 설명의무 대상이라고 봄이 상당하다.

실무계에서 보통의 보험계약자들이 아직도 제3보험의 정액급부와 실손급부를 이해하지 못하는 경우가 빈발하고 있는 것만 보더라도 이는 명시 설명의무 대상으로 보아야 한다.

▶ 주택화재보험의 중복보험으로 인한 비례보상이 설명의무 대상인지 여부

주택화재보험의 중복보험사고로 인한 비례보상에 대하여, 중복보험의 경우 비례보상하도록 한 약관조항이 설명의무대상인지에 대하여, 보험자들이 피보험자에 대한 보험금 산정의 기준으로 삼은 보험약관의 내용들은 모두 상법 제671조(미평가보험), 제672조(중복보험), 제676조(손해액산정기준) 등에서 이미 정하여 놓은 것들을 구체적으로 부연한 정도의 규정에 해당하며 이에 대하여 보험자들에게 별도의 설명의무가 있다고 볼 수 없다(서울고등법원 1999.10.20. 선고 99나23651 판결).

08 후유장해에 관한 사항

가. 한시장해

제3보험에서 한시장해는 2005년 4월 약관개정이후 논란의 소지가 줄어들고 있으나, 여전히 보험계약자의 이익을 축소하는 내용으로서 설명의무의 대상이 되는지에 대해 논란이 있을 수 있다. 2005년 4월 이전의 舊 약관에서는 한시장해는 치료가 가능하여 한시적으로 신체의 장해가 남아 있는 것으로 보아 보상하지 않았으나, 그 이후 개정약관에서는 5년 이상의 한시장해에 대해 영구장해 보험금 지급율의 20%를 지급하도록 하고 있다.

이러한 한시장해는 보험자의 책임을 줄임으로서 보험계약자의 권익을 축소하는 내용이므로 보험계약상 중요한 사항으로 보아 보험자의 설명의무 대상으로 보고 있다(대법원 2002.4.12. 선고 2001다 81047판결, 대법원 2006. 9.22. 선고 2006다34084 판결).

▶ 한시장해 면책사항이 설명의무 대상인지 여부

일반적으로 장해라 함은 질병으로 부상의 초기의 급성증상이 치료된 후에도 회복 또는 해소되지 못하고 남은 신체기능의 상실을 말하는 것으로서 그러한 장해의 개념에 한시적 일시적 장해가 제외되는지에 대해서는 충분히 다툼이 생길수 있으므로, 한시적 장해가 보험금 지급대상인 장해의 개념에서 제외된다는 보험약관의 내용은 사실상 보험자의 책임을 제한하는 보험계약상의 중요한 사항으로서 보험계약자가 별도의 설명 없이도 충분히 예상할 수 있었던 상황이라고 볼 수 없다(대법원 2006.9.22. 선고 2006다34084 판결, 대법원 2002.4.12. 선고 2001다81047 판결).

나. 후유장해 등급기준이 설명의무 대상인지

신체후유장해의 등급은 신체부위에 따라 세분화 되어 있으나, 보험계약자가 후유장해 등급표상의 '말 또는 씹어 먹는 기능에 뚜렷한 장해를 영구히 남겼을 때' 대하여 설명의무를 다하지 아니하였다고 하여 보험금 지급을 주장하는 사안에 대해서 법원은 이에 대한 보험사의 설명의무를 부정하였다(의정부지방법원 2005.9.30. 선고 2004가단32001 판결).

보험설계사나 보험대리점이 보험약관상의 후유장해의 각 등급에 대한 설명의무를 부담한다면, 수십 페이지에 이르는 약관조항을 일일이 읽어 주어야 하나, 이는 보험회사의 설명의무를 지나치게 확대해석하는 결과가 된다.

2005년 4월을 기점으로 하여 생명보험사와 손해보험사가 후유장해등급표에 대해 고객이 이해하기 쉽고 혼동하지 않도록 약관규정을 정비하여 통합하기에 이르러 모든 보험사에 동일하게 적용되는 만큼, 개별 후유장해 등급기준에 대하여는 설명의무를 부담하지 않는다고 보는 것이 타당하다.

▶ 후유장해 등급기준이 설명의무 대상인지 여부

보험약관이 보험사고에 해당하는 신체장애의 유형에 관하여 이를 세분화하여 구체적으로 적시하고 자세한 설명을 하고 있는 점에 비추어 볼 때, 통상의 보험계약자라면 별도의 설명이 없는 경우 위 보험약관의 의미를 이해하는데 어려움이 있다고 보기 어렵고, 따라서 보험설계사가 별도로 보험계약자에게 이를 설명하지 아니하였더라도 특별한 사정이 없는 한 위 보험약관을 보험계약의 내용으로 주장하는 데에는 아무런 장애가 없다(의정부지방법원 2005. 9.30. 선고 2004가단32001 판결).

다. 동일계열 장해 중 높은 장해율 적용조항

2005년 4월 이전의 舊계약에 적용되는 것으로, 대한손해보험협회에서 발행한 '상해보험 후유장해 산정기준'에서 후유장해의 계열을 15종으로 구분한 후 서로 다른 계열에 속하는 2가지 이상의 후유장해가 있을 경우 각각 지급율을 합산하여 지급하지만, 하나의 계열에 속하는 2가지 이상의 장해가 발생한 때에는 그 중 가장 높은 지급율 하나만을 적용하도록 하고 있다.

이에 대해 우리 법원은 동일계열 장해 중 높은 장해율을 적용하는 것은 별도의 설명이 없더라도 충분히 예상할 수 있었던 사항 또는 법령에 정하여진 사항을 부연하는 것으로 볼 수 없고, 후유장해보험금의 지급금액이나 소득보상금 등의 지급 여부를 결정할 수 있는 중요한 내용으로서 구체적이고 상세하게 명시 설명해야할 의무가 있는 것으로 판단한 사례(대법원 2002.9.27. 선고 2002다 24737 판결)와 동일계열 장해 중 높은 장해율을 적용하는 후유장해 산정기준이나 방법을 알았다고 하더라도 보험계약의 체결에는 영향을 미치지 않았을 것으로 보이고, 거의 대부분의 보험회사에서 일률적으로 적용되는 것이므로 명시설명의무 대상이 아니라고 판결(서울중앙지법 2007.10.17. 선고 2006가단 281185 판결)이 대립되고 있다.

이에 대해 심급의 차이와 판시한 시기의 차이가 있으나, 명시설명의무의 대상이 아니라는 쪽에 무게중심을 두고 싶다. 왜냐하면 수없이 많은 후유장해 산정기준에 대하여 세밀하게 보험계약자에게 설명한다는 것은 사실상 거의 불가능에 가깝고, 보험계약자에게 보험계약 체결시에 설명한다고 하더라도 후유장해 발생에 대한 사고확률이나 보험계약자의 이해도나 기억력 등을 고려할 때 이러한 설명이 무의미하다고 보이기 때문이다.

▶ 동일계열 후유장해 발생시의 지급기준이 설명의무 대상인지 여부(긍정)

장해의 상태가 신체의 같은 부위에 발생한 때에는 그 같은 부위의 등급 안에서 높은 등급에 해당하는 금액을 지급한다고 규정한 약관은 보험계약자가 알고 있거나 거래상 일반적이고 공통된 것이어서 별도의 설명이 없더라도 충분히 예상할 수 있었던 사항 또는 이미 법령에 의하여 정하여진 것을 되풀이하거나 부연하는 정도에 불과한 사항이라고 할 수 없고, 후유장해보험금의 지급액수, 소득보상자금의 지급여부를 결정할 수 있는 중요한 내용으로서 보험자는 동 약관의 내용을 구체적이고 상세하게 명시 설명할 의무가 있다(대법원 2002.9.27. 선고 2002다24737 판결).

▶ 동일계열 후유장해 발생시의 지급기준이 설명의무 대상인지 여부(부정)

'상해보험 후유장해 산정기준'에 규정된 하나의 계열에 속하는 2가지 이상의 장해가 발생한 때에는 그 중 가장 높은 지급율을 적용하도록 되어 있는 부분은 후유장해 지급률 산정방법의 기술적인 사항을 구체적으로 규정하고 있는 것에 불과하고, 이와 같은 산정기준이 보험계약의 해제사유, 피고의 면책, 원고측의 책임 가중, 보험사고의 내용 등에 해당한다고 보기 어려울 뿐만 아니라 나아가 그 내용을 보더라도 보험자에게 허용된 재량을 일탈하여 사회통념상 용인할 수 있는 한도를 넘어섰다고 보기도 어려우며, 만약 원고가 이 사건 보험계약 체결 당시 그 구체적인 산정기준이나 방법에 관한 명시설명을 받아서 알았다고 하더라도 이 사건 보험계약을 체결하지 않았을 것으로는 보이지 않고, 나아가 이러한 산정기준이 거의 대부분의 보험회사에서 일률적으로 적용되는 것이어서 거래상 일반인들이 보험자의 설명 없이도 충분히 예상할 수 있었던 사항이라고도 볼 수 있는 점 등에 비추어 해당 약관 조항은 명시 설명의무 대상이 아니다(서울중앙지법 2007.10.17. 선고 2006가단281185 판결).

Memo

Chapter

3 보험료 지급의무

3-1 보험료 지급의무와 보험자의 보상책임

01 보험료와 보험료의 지급

가. 보험료의 의의와 보험료 지급의무자

보험료(premium)란 보험계약에 의한 보험자의 위험인수(손해보상)에 대한 대가, 또는 보험계약자의 위험전가에 대한 대가로서 보험계약자가 보험자에게 지급하는 보수를 말한다.

보험료는 보험자의 책임의 전제가 되는 것으로, 보험자의 책임은 다른 약정이 없으면 최초의 보험료의 지급을 받은 때로부터 개시한다.

보험료 지급의무는 보험계약의 당사자인 보험계약자가 부담하는 것이며, 보험계약자가 여러 사람일 때에는 각 보험계약자가 연대하여 보험료 지급의무를 부담한다.

피보험자 또는 보험수익자는 보험계약자가 파산선고를 받거나 보험료의 지급을 해태한 때에 그 권리를 포기하지 않는 한, 2차적으로 보험료지급의무를 부담한다.

나. 보험료의 결정과 감액

보험료는 위험률(또는 손해율)을 기초로 하여 보험금액에 따라 그 금액이 결정된다. 일반적으로 보험계약 체결 전에 손해율을 기초로 산정한 보험요율에 따라 결정된다. 이 보험료는 당사자간의 합의로 증감할 수 있으나 특별한 사정이 없는 한 당사자 한쪽만의 의사로 변경할 수는 없다.

상법에서는 보험계약 체결시 예기한 특별위험이 소멸한 경우 보험계약자의 보험료 감액청구권을 인정하고 있으며 보험료감액 청구권은 일종의 형성권이고 그 특별위험의 소멸에 관한 입증책임은 보험계약자에게 있다.

다. 보험료의 지급시기

보험자의 책임은 최초보험료를 받은 때로부터 개시하므로 보험계약자는 보험계약이 성립한 후 지체 없이 보험료의 전부 또는 제1회 보험료를 지급해야 한다. 이를 해태한 경우에는 일정한 기간이 경과한 후 계약의 해제가 의제된다.

분할지급의 경우에는 제2회 이후의 계속보험료는 약정한 지급기일에 지급해야 한다. 이를 해태한 때에는 보험자에 의한 계약 해지사유가 된다.

라. 보험료의 지급장소

상법에서는 보험료의 지급장소에 관하여 특별한 규정을 두고 있지 아니하므로, 당사자간에 다른 약정이 없으면 민법의 채무변제의 일반원칙에 따라 지참채무[1]가 되어 채권자인 보험자의 영업소가 지급장소가 된다.

그러나 보험거래에서는 보험자의 보험설계사가 직접 보험계약자를 방문하여 보험료를 수령하거나, 보험계약자의 거래은행을 통하여 보험료를 납입하는 것이 통상적이다.

개정 예정인 상법개정안에 의하면, 보험설계사에게는 그동안 인정하지 않고 있던 보험료수령권에 대하여 '보험료영수증 교부시 보험료 수령권'을 인정하고,'보험증권 교부권'을 인정하도록 하고 있으며, 보험대리점에게는 보험계약자로부터 청약, 고지, 통지, 해지, 취소 등의 의사표시 수령권, 보험료수령권, 보험증권 교부권, 계약자에게 체결, 변경, 해지 등 의사표시 권한을 부여하도록 하고 있다.

판례에서는 보험대리점이 보험계약자에게 보험료의 대납 약정을 하고 실제 보험료를 납입하지 아니하였다고 하더라도, 보험대리점은 보험료수령권이 있으므로 보험계약자가 보험회사에 대하여 보험료를 지급한 것과 동일한 법적효과가 발생한다고 보고 있다(대법원 1995.5.26. 선고 94다60615 판결).

1) 채무자가 채권자의 주소나 영업소에서 이행하여야 하는 채무.

▶ 보험대리점이 보험계약자에 대하여 한 보험료 대납약정의 법적 효과

보험회사를 대리하여 보험료를 수령할 권한이 부여되어 있는 보험대리점이 보험계약자에 대하여 보험료의 대납약정을 하였다면 그것으로 곧바로 보험계약자가 보험회사에 대하여 보험료를 지급한 것과 동일한 법적 효과가 발생하는 것이고, 실제로 보험대리점이 보험회사에 대납을 하여야만 그 효과가 발생하는 것은 아니다(대법원 1995.5.26. 선고 94다60615 판결).

마. 보험료의 지급방법

1) 일시지급과 분할지급

보험료의 지급방법에 대하여는 계약에서 정하는 것이 일반적이다. 보험기간에 대한 보험료 총액을 일시에 지급하거나 분할하여 지급하는 방법이 있다. 반드시 현금으로만 하는 것은 아니고 어음이나 수표로 지급할 수도 있다.

2) 어음에 의한 지급의 효과

어음에 의해 보험료를 지급한 경우에는 그 어음을 수수한 때가 아니라 어음이 실제 현금으로 결제된 때 보험료를 지급한 것이 된다. 따라서 그 이전에 보험사고가 발생하여도 보험사는 보상책임을 지지 않는다.

그러나 어음의 수수와 동시에 또는 어음 만기 전에 보험자가 보험증권을 교부한 경우에는 어음 지급전의 보험사고에 대하여 보험자의 보상책임 여부가 문제된다. 이는 당사자 간의 의사해석에 관한 문제로서, 보험기간이 명기 된 보험증권을 교부한다는 것은 지급전(만기전) 보상책임부담의 묵시적인 합의가 존재하는 것으로 사실상 추정될 수 있다. 이 경우 어음에 의한 지급에 관하여 대물변제(代物辨濟)[2]의 묵시적인 합의가 있는 것으로 추정하게 된다.

3) 수표에 의한 지급의 효과

수표는 어음과 달리 신용증권이 아니고 금전지급수단으로 쓰이는 것이므로 보험료 지급의 수단으로 교부된 때에는 대물변제로 보아야 한다. 다만, 지급거절(부도)의 가능성이 있으므로 그 지급거절을 해제조건으로 한 것으로 보아야 한다.

따라서 수표를 수수한 때에 보험료를 지급한 효력이 생기며, 그 후에는 수표지급 전

2) 채무자가 채권의 목적물 대신 다른 물건으로 채무를 소멸시키는 것.

에도 보험사고가 발생하면 보험자는 보상책임을 지게 된다.(해제조건부 대물변제설: 통설)

선일자수표[3])를 수수한 경우에는 보험료지급의 효력이 없고, 수표지급이 있는 때에 보험료지급이 있는 것이 된다. 그 결과 그 이전에 보험사고가 발생하여도 보험자는 보상책임이 없다.

4) 신용카드에 의한 지급의 효과

신용카드회사의 카드회원을 계약자로 하여 보험료를 납입하는 경우, 보험계약자가 정해진 신용카드로써 보험료를 결제하기 위하여 매출승인에 필요한 정보를 제공한 때를 보험료의 영수시점으로 본다. 다만, 계약자의 귀책사유로 카드 승인이 불가능한 경우에는 실제 카드회사의 승인을 받은 날을 보험료의 영수시점으로 본다.

그러나 보험계약자가 사고카드를 이용하여 계약을 체결한 경우에는 회사의 책임개시일 부터 그 효력을 상실한다. '사고카드'라 함은 ① 유효기간이 경과된 카드, ② 위조·변조된 카드, ③ 무효 또는 거래정지 통보를 받은 카드, ④ 카드 상에 기재되어 있는 회원과 이용자가 서로 다른 카드를 말한다.

▶ 신용카드 불승인의 경우 보험자의 책임

계약자가 설계사에게 보험료를 신용카드로 일시불조건으로 납입하겠다고 하면서 신용카드로 스스로 매출전표를 작성하여 설계사에게 교부하고 즉시 설계사로부터 보험료 납입영수증을 교부 받았는데, 그 다음날 신용카드의 일시불 조건으로는 사용금액 한도가 초과되어 승인되지 않은 상태에서 보험사고가 발생한 경우에는 보험료가 납입되었다고 할 수 없으므로 보험금지급 의무는 발생하지 않는다(서울고등법원 1994.9.29. 선고 93나47945 판결).

5) 은행 자동이체에 의한 지급의 효과

제1회의 보험료(최초보험료 또는 초회보험료)의 납입방법을 보험계약자의 거래은행(우체국을 포함) 지정계좌를 통한 자동납입으로 가입하고자 하는 경우에는, 보험회사는'청약서를 접수하고 자동이체 신청에 필요한 정보를 제공한 때'를 청약일 및 제1회 보험료 납입일로 한다. 그러나 보험계약자의 귀책사유로 보험료납입이 불가

3) 실제의 발행일보다 장래의 어느 일자를 발행일로 하여 발행하는 수표. 실제 거래계에서 일반적으로 수표에 기재된 일자 이전에는 지급지시를 하지 않는 것이 관행인 점을 감안하면, 그 일자까지는 보험료의 지급을 유예한 것으로 보는 것이 업계의 관행과 당사자의 의사에도 합치하는 것으로 대법원의 판례도 이 입장을 취하고 있다.

능한 경우에는 실제 보험료가 이체된 날을 보험료의 영수시점으로 본다.

다만, 보험계약자는 지정계좌의 번호가 변경되거나 폐쇄 또는 거래 정지된 경우에는 회사에 알려야할 의무를 부담한다(계약후 알릴의무 부담).

▶ 보험사의 부주의로 보험료를 인출하지 아니한 경우의 보험자의 책임여부

보험료를 자동이체로 납입하기로 약정한 경우 보험계약자는 약정된 이체 일자에 이체계좌로 보험료 상당액을 예치하여 두면 족하므로 보험료를 자동이체로 납입하기로 약정하는 특별약관이 적용되는 한도에서 보험료 납입채무는 추심채무에 해당되는 것으로 판단되고, 따라서 납입유예기간내의 이체일에 자동이체 될 수 있는 잔액을 유지시켰음에도, 보험회사의 부주의로 이체청구를 하지 않은 이상 신청인에게 보험료 납입지체의 책임을 지우기는 어렵다(금융감독원 분쟁조정사례 2001.8.21. 결정 제2001-44호).

02 보험료의 지급과 보험자의 보상책임

가. 최초보험료의 지급과 보험자의 보상책임

1) 보험료의 지급과 보험자의 책임

상법 제656조는 '보험사의 책임은 당사자 간의 다른 약정이 없으면 최초의 보험료를 지급받은 때로부터 개시한다'라고 규정하여 원칙적으로 최초의 보험료 지급을 선행조건으로 하고 있다.

따라서 보험자는 비록 보험계약이 성립하여 계약상의 보험기간이 시작된 후라도 최초의 보험료를 받지 아니한 때에는 보험사고가 발생하여도 그에 대한 책임을 지지 않는다.

2) 제1회 보험료 지급 지체의 효과

보험계약자가 계약체결 후 지체 없이 보험료의 전부(일시지급) 또는 제1회의 보험료(분할보험료)를 지급하지 아니한 때에는 다른 약정이 없는 한 계약 성립 후 2월이 경과하면 그 계약은 해제된 것으로 본다(해제의제)(상법 제650조 제1항). 이 경우 보험계약은 소급하여 소멸되므로 보험사고가 2월이 경과하기 전에 발생한 사실을 2월이 경과 후에 알게 된 경우에도 보험자에게는 보험금 지급 책임이 없다.

나. 계속보험료 지급 해태의 경우

1) 보험자의 계약해지권

보험계약자가 약정된 시기에 제2회 이후의 계속보험료의 지급을 게을리 한 때에는 보험자는 상당한 기간을 정하여 최고하고 그 기간 내에 지급이 없는 때에는 그 보험계약을 해지할 수 있다(상법 제650조 제2항).

여기서 「최고(催告)」라 함은 보험계약자에게 보험료를 지급하도록 청구하는 보험자의 의사통지이고, 그 방법은 제한이 없으므로 구두로 하든 서면으로 하든 상관이 없다. 다만 보험자는 보험계약자에게 최고한 사실에 대한 입증책임을 지므로 등기우편으로 처리하게 되어 그 비용이 추가될 뿐이다.[4]

2) 보험계약 해지의 요건

① 계속보험료가 약정한 시기에 지급되지 않아야 한다. 보험료의 미지급은 보험계약자의 귀책사유로 인한 것이어야 한다.

② 보험자는 상당한 기간을 정하여 보험계약자에게 보험료의 지급을 최고하여야 한다. 특정한 타인을 위한 보험계약의 경우에는 보험계약자뿐만 아니라 그 타인에 대하여도 최고하여야 한다.

③ 보험료지급 채무자가 최고에서 정한 기간 안에 보험료의 지급이 없어야 한다.

④ 보험자는 계약해지의 의사표시를 하여야 한다.

3) 실효약관(또는 보험료납입유예약관)의 효력

보험약관에는 계속보험료의 지급기일로부터 일정한 기간의 보험료 납입 유예기간을 두고 그 기간 안에 보험계약자가 보험료를 지급하지 아니한 때에는 보험계약은 효력을 상실한다는 것을 규정하고 있는데 이를 실효약관이라 한다.

이러한 실효약관에 의하면, 보험계약자가 그 지급유예기간이 지나도록 계속보험료를 지급하지 아니한 때에는 그 보험계약은 보험자의 해지절차 없이 당연히 효력을 잃게 된다.

실효약관의 취지는 계속보험료의 부지급시에는 상당한 기간을 두고 최고한 후 보험계약을 해지할 수 있다는 상법 제650조 제2항의 내용과 어긋나지만 보험료의

4) 양승규, "실효약관과 주소변경 통지없는 보험계약자에 대한 최고", 보험판례연구, 삼지원, 2000. pp.149-152.

분납은 보험료불가분의 원칙에 따라 일시에 납입하여야 할 보험료를 보험계약자의 편의를 위하여 분할납입을 허용한 것에 불과하고 또 보험단체 전체의 이익에도 반하지 않는다는 이유로 유예기간이 경과하면 보험자의 최고 없이도 보험계약의 효력을 상실하도록 한 실효약관의 내용이 유효하다는 것이 종전의 통설이자 판례의 입장이었다.

그러나 최근의 대법원판례에서는 상당한 기간 최고 후 계약해지 절차를 거치지 않고 보험계약이 해지되거나 실효된다고 규정하고 보험자의 지급책임을 면하도록 규정한 보험약관은 상법 제650조 제2항보다 보험계약자에게 불리하게 변경되어 적용된 결과로서, 가계보험의 경우에는 상법 제663조 보험계약자등 불이익변경금지의 원칙에 의하여 무효로 대법원에서 확정되었다.

아래는 실효약관을 유효한 것으로 인정하는 과거의 판례와 이를 무효화한 판례를 순차로 실었다.

▶ 실효약관의 효력(유효 : 과거 판례)

보험료의 납입은 유예기간을 납입 응당일 로부터 30일로 하고 그 유예기간을 초과하여 보험료를 납입하지 아니한 경우에는 보험계약은 별도 해지의사의 표시 없이 유예기간이 만료된 다음 날로부터 당연히 그 효력을 상실한다고 정한 보험약관의 규정은 상법 제650조에 저촉되는 무효의 것이라고 볼 수는 없다.(대법원 1977.9.13.77다329, 대법원 1987.6.23. 선고,86다카2995 판결).

▶ 실효약관의 효력 (무효 : 현행 판례)

구 상법(1991.12.31. 법률 제4470호로 개정되기 전의 것) 제650조는 보험료가 적당한 시기에 지급되지 아니한 때에는 보험자는 상당한 기간을 정하여 보험계약자에게 최고하고 그 기간 내에 지급하지 아니한 때에는 계약을 해지할 수 있도록 규정하고, 같은 법 제663조는 위 규정을 보험당사자 간의 특약으로 보험계약자 또는 보험수익자의 불이익으로 변경하지 못한다고 규정하고 있으므로, 분납 보험료가 소정의 시기에 납입되지 아니하였음을 이유로 그와 같은 절차를 거치지 아니하고 막바로 보험계약이 해지되거나 실효됨을 규정하고 보험자의 보험금지급 책임을 면하도록 규정한 보험약관은 위 상법의 규정에 위배되어 무효이다(대법원 1995.11.16. 선고 94다56852 전원합의체 판결, 대법원 1997.7.25. 97다18479 판결).

다. 타인을 위한 보험계약의 경우

특정한 타인을 위한 보험의 경우에 보험계약자가 보험료의 지급을 지체한 때에는 보험자는 그 타인에게 상당한 기간을 정하여 보험료의 지급을 최고한 후가 아니면 그 계약을 해제 또는 해지하지 못한다(상법 제650조 제3항).

라. 보험계약 해지의 효과

보험자가 보험료의 미지급을 이유로 보험계약을 해지한 때에는 보험계약은 장래에 대하여 그 효력을 잃고, 그 결과 해지된 이후에 보험사고가 생긴 때에는 보험자는 보험금액을 지급할 책임이 없다.

보험료의 미지급으로 보험계약을 해지한 때에는 보험자가 위험을 부담한 기간에 속하는 보험료(경과보험료) 지급을 보험계약자에게 청구할 수 있다. 또한 계속보험료의 연체로 보험계약이 해지된 경우에 보험자는 계약 해지시 로부터 보험금 지급의무만을 면할 뿐이고, 계속보험료의 연체가 없었던 기간에 발생한 보험사고에 대하여까지 소급하여 보험보호를 해제하는 것은 아니다(대법원 2001.4.10. 선고 99다67413 판결).

▶ 보험계약 해지시 해지전 지급한 보험금의 반환을 청구할 수 있는지 여부

상법 제655조 본문은 보험사고가 발생한 후에도 보험자가 제650조의 규정에 의하여 계약을 해지한 때에는 이미 지급한 보험금액의 반환을 청구할 수 있다고 되어 있어, 법문의 외양상으로는 계속보험료(월납분담금) 미지급에 따른 상법 제650조 제2항의 규정에 의한 계약해지의 경우에도 이미 지급한 보험금액의 반환을 청구할 수 있는 것으로 되어 있으나, 상법 제650조 제2항이 보험계약자를 보호하기 위하여 계속보험료가 연체된 경우에 상당한 최고기간을 둔 다음 해지하도록 규정하고 있는 점 등에 비추어 볼 때, 계속보험료의 연체로 인하여 보험계약이 해지된 경우에는 보험자는 계약해지시로부터 더 이상 보험금을 지급할 의무만을 면할 뿐, 계속보험료의 연체가 없었던 기간에 발생한 보험사고에 대하여 이미 보험계약자가 취득한 보험보호를 소급하여 사라지게 하는 것이 아니므로 보험자는 보험계약자에 대하여 이미 지급한 보험금의 반환을 구할수 없다(대법원 2001.4.10. 선고 99다67413 판결).

3-2 질병상해보험 표준약관상 보험료 관련조항

01 보험료의 납입과 회사의 보장시기

질병상해보험 표준약관 제9조 (제1회 보험료 및 회사의 보장개시)

① 회사는 계약의 청약을 승낙하고 제1회 보험료를 받은 때(자동이체납입 및 신용카드납입의 경우에는 자동이체신청 및 신용카드매출 승인에 필요한 정보를 제공한 때. 다만, 계약자의 귀책 사유로 보험료 납입 및 승인이 불가능한 경우에는 그러하지 아니합니다)부터 이 약관이 정한 바에 따라 보장을 합니다. 그러나 회사가 청약시에 제1회 보험료를 받고 청약을 승낙한 경우에는 제1회 보험료를 받은 때(이 약관에서 제1회 보험료를 받은 날을 "보장개시일(책임개시일)"이라 하며 보장개시일(책임개시일)을 계약일로 봅니다)부터 이 약관이 정한 바에 따라 보장을 합니다.
② 회사가 청약시에 제1회 보험료를 받고 청약을 승낙하기 전에 보험금 지급사유가 발생하였을 때에도 제1회 보험료를 받은 때부터 이 약관이 정하는 바에 따라 보장을 합니다.
③ 제2항의 규정에도 불구하고 회사는 다음 중 한가지에 해당되는 경우에는 보장을 하지 아니합니다.

1. 제22조(계약 전 알릴 의무)의 규정에 의하여 계약자 또는 피보험자(보험대상자)가 회사에 알린 내용 또는 건강진단 내용이 보험금 지급사유의 발생에 영향을 미쳤음을 회사가 증명하는 경우
2. 제24조 (알릴 의무 위반의 효과)를 준용하여 회사가 보장을 하지 아니할 수 있는 경우
3. 진단계약에서 보험금지급 사유 발생시까지 진단을 받지 아니한 경우

상법 제656조(보험료의 지급과 보험자의 책임개시)에 의하면 보험자의 책임은 당사자간에 다른 약정이 없으면 최초의 보험료의 지급을 받은 때로부터 개시한다. 질병상해보험 표준약관에서도 보험자의 책임은 보험계약자의 청약을 승낙하고 제1회 보험료를 받은 때에 시작된다. 그러나 청약시에 제1회 보험료를 받고 청약을 승낙한 경우에는 제1회 보험료를 받은 때부터 책임이 개시된다.[5)]

청약시에 제1회 보험료를 받고 청약을 승낙하기 전에 보험금 지급사유가 발생하였을 때에도 제1회 보험료를 받은 때부터 보험자의 책임이 개시된다(승낙전 사고 보호제도).

위의 승낙 전 사고에 대한 보험자의 보상책임을 발생시키는 요건을 충족하였다

5) 2010년 4월 1일 질병상해보험 표준약관 제정(개정) 이전의 장기손해보험 표준약관에서는 당사자간에 보험기간의 첫날 오후 4시에 시작하도록 약정하고 있어서 보험자의 책임개시는 보험기간의 첫날 오후 4시에 시작되었다.

고 하더라도 ① 계약전 알린 내용 또는 건강진단 내용이 보험금 지급사유의 발생에 영향을 미쳤음을 회사가 증명하는 경우, ② 알릴의무 위반의 효과의 규정을 준용하여 회사가 보장을 하지 아니할 수 있는 경우, ③ 진단계약에서 보험금 지급사유 발생시까지 진단을 받지 아니한 경우에는 보험자의 책임을 면하도록 하고 있다.

질병상해보험 표준약관 제10조 (제2회 이후 보험료의 납입)

계약자는 제2회 이후의 보험료를 계약 체결시 납입하기로 약속한 날(이하 "납입기일"이라 합니다)까지 납입하여야 하며, 회사는 계약자가 보험료를 납입한 경우에는 영수증을 발행하여 드립니다. 다만, 금융회사(우체국을 포함합니다)를 통하여 보험료를 납입한 경우에는 그 금융회사 발행 증빙서류를 영수증으로 대신합니다.

제2회 이후의 보험료는 계약 체결시 납입하기로 약속한 날(납입기일)까지 납입하여야 하며, 보험자는 납입기일까지 보험료가 납입되지 아니하여 연체중인 경우 납입최고기간을 정하여 보험계약자에게 통지한다.

02 주소변경 통지의무 위반시의 적용

질병상해보험 표준약관에서는 계약자에게 주소 또는 연락처의 변경시 변경내용에 대해 보험자에게 알리도록 의무를 부여하고, 알리지 아니한 경우에는 계약자가 회사에 알린 최종의 주소 또는 연락처로 알린 사항은 일반적으로 도달에 필요한 시일이 지난 때에 계약자에게 도달된 것으로 본다.

질병상해보험 표준약관 제27조 (주소변경통지)

① 계약자 또는 보험수익자(보험금을 받는자, 타인을 위한 계약에 해당합니다)는 주소 또는 연락처가 변경된 경우에는 지체없이 그 변경내용을 회사에 알려야 합니다.
② 제1항에서 정한대로 계약자 등이 알리지 아니한 경우에는 계약자 등이 회사에 알린 최종의 주소 또는 연락처로 등기우편방법에 의해 계약자에게 회사가 알린 사항은 일반적으로 도달에 필요한 기간이 지난 때에 계약자 등에게 도달된 것으로 봅니다.

계약자가 회사에 알린 최종의 주소로 보험자가 최고를 한 이상 최고를 받지 아니하였다고 볼 수 없는데, 이는 보험의 목적에 대한 위험관리는 보험계약자 또는 피보험자가 하는 것이고, 보험자가 보험계약자의 주소변경 등의 사실을 추적하여야 할 의무를 부담하는 것은 아니라는 의견[6]도 있다. 그러나 우리나라 대법원은 보험회사가 보험계약자 또는 피보험자의 변경된 주소 등 소재를 알았거나 혹은 보통 일반인의 주의만 하였더라면 그 변경된 주소 등 소재를 알 수 있었음에도 불구하고 이를 게을리 한 과실이 있어 알지 못한 경우에 한하여 해당 약관조항을 무효로 한다고 한정무효로 판시하였다(대법원 2000.10.10. 선고 99다35379 판결).

다시 말해 계약자 또는 피보험자의 주소변경통보 불이행시 보험회사가 일반 보통인의 주의를 통해 계약자 또는 피보험자의 변경된 주소를 알 수 있었다면 해당 약관조항은 무효로 하고 있을 뿐만 아니라 보험회사에게 계약자 또는 피보험자의 변경된 주소의 탐지의무를 부여하고 있다. 이 판례는 주소의 변경뿐만 아니라 전화번호 등의 연락처 변경의 경우에도 동일하게 적용된다.

예를 들어 동일한 보험회사에 여러 개의 보험 상품에 가입하여 주소변경사실을 확인할 수 있거나, 주소변경 사실은 있으나 전화번호는 그대로 유지하여 유선통화가 가능하거나, 보험사에 제출된 서류상 변경된 주소를 확인할 수 있는 경우 등은 보험회사가 일반 보통인의 주의를 하였더라면 충분히 알 수 있었던 경우로 보아 해당 약관의 적용을 할 수 없게 된다.

그러나 이러한 판례는 보험계약자측의 편익을 우선시한 판례라는 평가도 가능하지만, 분납보험료 납입을 회피하고 고의적으로 주소변경이나 전화번호 등의 변경사실을 통보하지 아니하는 등의 최소한의 보험계약자로서의 의무를 이행하지 아니한 채 보험자 일방에게 지나친 의무를 부여한다는 평가[7]도 있다.

▶ 주소변경통보 불이행시 종전 주소지를 수령장소로 본다는 보험약관의 효력

보험회사가 보험계약자 또는 피보험자의 변경된 주소 등 소재를 알았거나 혹은 보통일반인의 주의만 하였더라면 그 변경된 주소 등 소재를 알 수 있었음에도 불구하고 이를 게을리 한 과실이 있어 알지 못한 경우에도 보험계약자 또는 피보험자가 주소변경을 통보하지 않는 한 보험증권에 기재된 종전 주소를 보험회사의 의사표시를 수령할 지정장소로 하여 보험계약의 해지나 보험료의 납입최고를 할 수 있다고 해석하게 되는 경우에는 위 특별약관 조항은 고객의 이익에 중대한 영향을 미치는 사업자의 의사표시가 상당한 이유 없이 고객에게 도달된 것으로 보는 조항에 해당하는 것으로서 약관의규제에관한법률의 규정에 따라 무효이다(대법원 2000.10.10. 선고 99다35379 판결).

6) 양승규, "실효약관과 주소변경 통지 없는 보험계약자에 대한 최고", 보험판례연구, 삼지원, 2000, pp.149-152.

7) 양승규, 전게서. pp.151-152.

▶ 주소나 전화번호 변경을 보험사에 통지하지 않은 경우의 보험자 책임여부

상법 제663조 전단 규정의 취지에 비추어 보면 피보험자가 주소 변경이나 전화번호 변경을 보험회사에 통지하지 아니하였다는 사유만으로는 보험계약의 해지에 필요한 상법 규정의 위 최고절차가 면제되는 것으로 볼 수 없으므로 상법 제650조 제2항 소정의 최고 절차를 취하였다고 인정할 만한 증거가 없는 경우, 보험회사의 위 보험계약에 대한 실효 처리는 무효이다(대법원 2003.2.11. 선고 2002다64872 판결, 대법원 1997.7.25. 선고 97다18479 판결).

▶ 장기부재로 최고장을 수령하지 못한 경우

주소변경이 있을 경우 이를 통지토록 하고 있는 약관의 내용은 보험계약에 있어서 일반적이고 공통된 것이어서 별도의 설명이 필요 없는 사항일 뿐만 아니라 자동차보험 가입경력이 10여년 정도 되는 피보험자가 이에 대해 별도의 설명 없이도 충분히 알 수 있었을 것으로 보여지며, 보험사가 차량등록원부를 통해 변경된 주소까지 확인하여 납입최고를 위해 노력하였으나 피보험자측의 장기부재로 인해 납입최고 및 해지 통보문이 도달하지 못하였으므로 이는 피보험자측의 책임으로 보아야 한다(금융감독원 분쟁조정사례 2003.3.25 결정 제2003-10호).

03 실효최고장과 보상책임

실효최고장에는 "이 통보문을 받은 날로부터 15일 이내에도 보험료를 납입하지 않으면 별도의 통지없이 15일이 되는 날의 다음날 이 보험계약은 해지(효력상실)합니다"라고 기재되어 있다. 이 문구 중 '통보문을 받은 날로부터 15일'은 민법의 제157조의 초일불산입의 원칙[8]과 민법 제159조(기간의 만료점[9])를 고려할 때, 통보문을 받은 날을 제외하고 통보문을 받은 다음날 0시부터 15일째가 되는 날 24시 이내까지로 해석하되, 기간의 말일이 토요일 또는 공휴일인 경우에 그 기간은 그 익일에 만료되는 것으로 해석하여야 한다.

예를 들어 2009년 1월 3일(토요일)에 실효최고장을 받은 피보험자는 1월 4일부터

8) 민법 제157조 (기간의 기산점) 기간을 일, 주, 월 또는 연으로 정한 때에는 기간의 초일은 산입하지 아니한다. 그러나 그 기간이 오전 영시로부터 시작하는 때에는 그러하지 아니하다.
9) 민법 제159조 (기간의 만료점) 기간을 일, 주, 월 또는 연으로 정한 때에는 기간말일의 종료로 기간이 만료한다. 민법 제161조 (공휴일 등과 기간의 만료점<개정 2007.12.21.>) 기간의 말일이 토요일 또는 공휴일에 해당하는 때에는 기간은 그 익일로 만료한다.

15일을 계산한 1월 18일(일요일)이 만료되는 기간이 되지만 공휴일에 해당하므로 그 다음날인 1월 19일(월요일) 24시에 만료되며, 1월 20일 오전 0시부터 해지의 효력이 발생하여 보험회사는 보상책임을 지지 않는다.

3-3 보험료의 납입최고와 계약의 해지

01 보험료의 납입연체와 납입최고

질병상해보험 표준약관 제12조 (보험료의 납입연체시 납입최고와 계약의 해지)

① 계약자가 제2회 이후의 보험료를 납입기일까지 납입하지 아니하여 보험료 납입이 연체 중인 경우에 회사는 14일(보험기간이 1년 미만인 경우에는 7일) 이상의 기간을 납입최고(독촉)기간(납입최고기간의 말일이 토요일 또는 공휴일에 해당한 때에는 기간은 그 익일로 만료합니다)으로 정하여 계약자(타인을 위한 보험계약의 경우 특정된 보험수익자를 포함합니다)에게 납입최고(독촉)기간 내에 연체보험료를 납입하여야 한다는 내용과 납입최고(독촉)기간이 끝나는 날까지 보험료를 납입하지 아니할 경우 납입최고(독촉)기간이 끝나는 날의 다음날에 계약이 해지된다는 내용(이 경우 계약이 해지되는 때에는 즉시 해지환급금에서 보험계약대출원리금이 차감된다는 내용을 포함합니다)을 서면(등기우편 등), 전화(음성녹음) 또는 전자문서 등으로 알려드립니다. 다만, 해지 전에 발생한 보험금 지급사유에 대하여 회사는 약정한 보험금을 지급하여 드립니다.
② 회사가 제1항에 의한 납입최고(독촉) 등을 전자문서로 안내하고자 할 경우에는 계약자의 서면에 의한 동의를 얻어 수신확인을 조건으로 전자문서를 송신하여야 하며, 계약자가 전자문서에 대하여 수신을 확인하기 전까지는 그 전자문서는 송신되지 아니한 것으로 봅니다. 회사는 전자문서가 수신되지 아니한 것으로 확인되는 경우에는 제1항의 납입최고(독촉)기간을 설정하여 제1항에 정한 내용을 서면(등기우편 등) 또는 전화(음성녹음)로 다시 알려 드립니다.
③ 제1항에 따라 계약이 해지된 경우에는 제19조(해지환급금) 제1항에 따라 해지환급금을 계약자에게 지급합니다.

가. 납입최고(독촉) 기간

계약자가 제2회 이후의 보험료를 납입기일까지 납입하지 아니하여 보험료 납입이 연체중인 경우에 14일(보험기간이 1년 미만인 경우는 7일) 이상의 기간을 납입최고기간으로 한다. 그러나 납입최고기간의 말일이 토요일 또는 공휴일에 해당한 때에는 기간은 그익일 만료한다.

나. 납입최고장의 내용

납입최고장에 포함하여야 할 내용으로는 ① 납입최고(독촉)기간 안에 연체보험료를 납입하여야 한다는 내용과 ② 납입최고(독촉)기간이 끝나는 날까지 보험료를 납입하지 아니할 경우 납입최고(독촉) 기간이 끝나는날의 다음날에 계약이 해지된다는 내용, ③ 이에 따라 계약이 해지되는 때에는 즉시 해지환급금에서 보험계약대출 원리금이 차감된다는 내용이 포함되어야 한다.

다. 납입최고의 대상

보험료의 납입의무는 원래 보험계약자의 의무이므로 보험료가 납입 되지 아니한 경우에는 보험계약자에게 보험료의 납입을 최고하여야 한다. 그러나 보험계약자와 피보험자가 다르거나, 보험계약자와 보험수익자가 다른 경우에는 피보험자나 보험수익자는 당연히 그 계약의 이익을 받으므로, 보험계약자는 물론 피보험자나 보험수익자에게도 최고하여야 한다(대법원 2003. 2.11. 선고 2002다64872 판결).

▶ 보험계약자와 피보험자가 다른 경우 보험료 납입최고의 대상

분할보험료가 약정한 시기에 지급되지 아니한 경우 보험자는 상당한 기간을 정하여 보험계약자에게 최고하고 그 기간 안에 보험료가 지급되지 아니한 때에는 그 보험계약을 해지할 수 있으나, 보험계약자와 피보험자가 다른 때에는 상법 제650조 제3항에 따라 피보험자에게도 상당한 기간을 정하여 보험료의 지급을 최고한 뒤가 아니면 그 계약을 해지하지 못한다(대법원 2003.2.11. 선고 2002다64872 판결).

02 납입최고의 방법

질병상해보험 표준약관에서는 제2회 이후 보험료 미납에 따른 납입최고의 방법으로 서면(등기우편 등), 전화(음성녹음), 전자문서 등의 방법을 제시하고 있다.

납입최고는 상대방 있는 의사표시로서 그 통지가 상대방에 도달한 때로부터 그 효력이 생긴다(민법 제111조 제1항). 보험계약에서처럼 보험료의 지급의무와 보험금 지급의무자가 각각 존재하고 각각의 이해관계가 상충하는 관계에서 상대방이 있는 의사표시는 그 통지가 상대방에게 도달하여야 효력이 발생한다.

가. 우편물의 발송

납입최고의 방법으로서 서면에 의한 방법은 내용증명우편이나 등기우편과는 달리 보통우편의 방법으로 발송되었다는 사실만으로는 그 우편물이 상당 기간 내에 상대방에게 도달하였다고 추정할 수 없고 송달의 효력을 주장하는 측에서 도달사실을 입증하여야 한다고 하여 보험계약의 실효에 대한 최고절차가 적법하게 이루어지지 아니하였다고 판시한바 있다.

따라서 보험자가 적법한 절차에 의한 실효최고를 주장하기 위해서는 보통우편 등의 방법으로는 피보험자로의 도달을 입증하기 어려우므로 내용증명우편이나 등기우편과 같은 방법이어야 한다. 보험자가 보통우편의 반송이 없었으므로 당연히 도달되었을 것으로 추정할 수 있는지에 대해서도 판례에서는 부정하고 있으며, 아울러 도달되었음을 보험자측에서 입증 해야한다(대법원 2002.7.26. 선고 2000다25002 판결).

민법 제111조에 정한「도달」의 의미에 대해 사회 관념상 채무자가 통지의 내용을 알 수 있는 객관적인 상태에 놓여졌다고 인정되는 상태를 지칭한다고 해석되므로 최고의 상대방이 현실적으로 수령하거나 그 내용을 알았을 것 까지는 필요로 하지 않는다(대법원 1997.11.25. 선고 97다31281 판결).

또한 계약자의 주소지 변경으로 인하여 최고장이 도달하지 못하고 반송되었다고 하더라도 보험설계사가 계약자에게 수차례에 걸쳐 보험료 납입을 독촉한 사실이 확인되는 경우에는 실효최고가 계약자에게 도달하였다고 보고 보험회사가 이를 근거로 보험료 미납을 이유로 해지한 것이 타당하다는 분쟁조정사례도 있다(금융감독원 분쟁조정사례 1996.7.29. 결정 제1996-51호).

▶ 보통우편물의 발송사실만으로 실효최고를 주장할 수 있는지 여부

내용증명우편이나 등기우편과는 달리, 보통우편의 방법으로 발송되었다는 사실만으로는 그 우편물이 상당기간 내에 도달하였다고 추정할 수 없고 송달의 효력을 주장하는 측에서 증거에 의해 도달사실을 입증해야 한다(대법원 2002.7.26. 선고 2000다25002 판결).

▶ 실효최고장 도달의 의미가 실제 수령하였는지를 의미하는지 여부

채권양도의 통지는 채무자에게 도달됨으로써 효력을 발생하는 것이고, 여기서 도달이라 함은 사회관념상 채무자가 통지의 내용을 알 수 있는 객관적 상태에 놓여졌다고 인정되는 상태를 지칭한다고 해석되므로, 채무자가 이를 현실적으로 수령하였다거나 그 통지의 내용을 알았을 것까지는 필요로 하지 않는다 할 것이다(대법원 1997.11.25. 선고 97다31281 판결, 대법원 1983.8.23. 선고 82다카439 판결).

▶ 적법한 실효최고가 되기 위한 요건

계약자가 보험료 분할납입 특별약관에 따른 2회 보험료를 미납하여 보험회사가 최고하였지만 계약자가 주소지에 거주하지 아니하여 최고가 도달하지 못하고 반송되었지만, 보험설계사가 계약자의 처가 경영하는 음식점까지 찾아가 수회에 걸쳐 보험료 납입을 독촉하는 등의 사정이 있었다면, 최고가 계약자에게 도달하였다고 봄이 상당하고 보험회사가 이를 근거로 하여 보험료 미납을 이유로 보험계약을 해지한 것은 적법하다(금융감독원 분쟁조정사례 1996.7.29. 결정 제1996-51호).

실효최고의 도달과 관련하여 우편법 제31조(우편물의 배달)에서는 '우편물은 그 표면에 기재된 곳에 배달한다'라고 명시하고, 아울러 대통령령에 정하는 경우에는 실제 기재된 곳에 배달하지 않을 수 있다(우편법시행령 제43조).

실효최고의 도달과 관련하여 주로 발생하는 분쟁의 유형은 실제 계약자나 피보험자에게 도달되지 않고, 직장동료나 아파트 경비원, 친인척 등이 대리 수령하는 경우에 발생한다. 이 경우에는 우편법에서도 보다시피 등기우편으로 발송하여 계약자 또는 피보험자의 주소지로 발송하여 도달되었음이 확인되면, 실제로 도달한 것으로 보아야 하고(대법원 1992.3.27. 선고 91누3819판결, 서울지방법원 1998.7.22. 1998가합8207), 위의 분쟁유형에서처럼 해당 주소지에 도달되었으나 보험계약자 또는 피보험자에게 전달되지 아니한 경우에는 실효최고의 도달여부의 문제가 아닌 당사자간의 손해배상책임의 문제로 전환된다.

▶ 등기우편에 의한 우편물의 효력

우편법 등 관계 규정의 취지에 비추어 볼 때 우편물이 등기취급의 방법으로 발송된 경우 반송되는 등의 특별한 사정이 없는 한 그 무렵 수취인에게 배달되었다고 보아야 한다(대법원 1992.3.27. 선고 91누3819 판결).

▶ 아파트 경비원이 등기우편물을 수령한 경우, 본인 송달로 볼 수 있는지 여부

아파트 주민들은 등기우편물 등의 수령권한을 아파트 경비원에게 묵시적으로 위임한 것으로 볼 수 있으므로 보험료 납입최고 및 해지통보서를 본인에게 직접 전달하지 않고 아파트 경비원에게 전달했다 하더라도 본인에게 송달되었다고 봄이 상당하다(서울지방법원 1998.7.22. 1998가합8207).

▶ 이웃주민이 실효최고장을 수령한 경우 적법한 실효최고로 볼 수 있는지 여부

등기우편으로 발송한 실효최고장이 계약자가 부재중인 관계로 동네에서 수퍼를 경영하는 이웃주민에게 전달한 사실이 확인되고, 이웃주민은 수령한 다음날 계약자에게 전달하였다고 진술하고 있으므로 이웃주민이 계약자와 별다른 이해관계가 없어 그 진술의 신빙성을 인정할 수 있는 점 등으로 보아 실효최고장이 계약자에게 전달된 날부터 15일이 되는 다음날 적법하게 해지되었다고 할 것이므로 보험자는 보험금 지급책임이 없다(금융감독원 분쟁조정사례 2004.7.27. 결정 제2004-32호).

나. 전자문서에 의한 납입최고

납입최고(독촉) 등을 전자문서로 안내하고자 할 경우에는 계약자의 서면에 의한 동의를 얻어 수신확인을 조건으로 전자문서를 송신하여야 한다. 계약자가 전자문서에 대해 수신을 확인하기 전까지 그 전자문서는 송신되지 아니한 것으로 본다.

전자문서가 수신되지 아니한 것으로 확인되는 경우에는 별도의 납입최고(독촉) 기간을 설정하여 납입최고에 필요한 내용을 서면(등기우편 등) 또는 전화(음성녹음)으로 다시 알려야 한다.

03 납입최고의 시기

상법 제650조(보험료의 지급과 지체의 효과) 제2항에서는 '계속보험료가 약정한 시기에 지급되지 아니한 때'에 보험자는 상당한 기간을 정하여 보험계약자에게 최고하도록 하여 그 기간내에 지급되지 아니하면 해지하도록 하고 있다. 이에 대해 분납보험료(또는 제2회 이후의 계속보험료)의 납입기한 또는 납입유예기한 내에 보험계약자에게 하는 최고는 보험계약자의 분납보험료 납입채무의 이행지체가 있었던 때에 해당하지 아니하므로 보험계약 해지의 의사표시의 요건에 해당하는 분납보험료 이행최고에 해당하지 아니한다(서울고등법원 1997.4.11. 선고 96나49737 판결).

이후 분납보험료 미납시 '해지예고부 최고'가 발송되어 이에 대한 유효성 여부가 논란이 되었으나 법원에서는 상법 제650조 제2항의 규정은 보험자가 보험계약자에게 보험료 미납사실을 알려주어 이를 납부할 기회를 줌으로써 불측의 손해를 방지하자는 데에 그 취지가 있으므로 보험계약을 해지하기 위해서는 반드시 최고와 해지의 의사표시를 별도로 하여야 한다고 해석할 것은 아니고, 계약의 해지·해제에 관한 일반원칙에 따라 해지예고부 최고도 일반적으로 유효하되, 다만 그 최고시에 상당한 기간을 허용하지 않았다는 등 해지의 요건을 구비하지 않은 경우에만 그 효력을 부정하도록 하고 있다(서울고등법원 2000.10.13. 선고 2000나15533 판결).

▶ 실효최고가 적법한 절차이기 위한 실효최고의 시기

보험회사가 분납보험료 납입기한 이전에 보험계약자에게 분납보험료 납입 안내와 함께 분납보험료 미납시 보험계약이 실효된다는 통지를 한 것은 상법 제650조 제2항에서 말하는 계약보험료가 약정된 시기에 지급되지 아니한 때, 즉 보험계약자의 분납보험료 납입채무의 이행지체가 있었던 때에 해당하지 아니함이 명백하여 보험계약 해지의 의사표시의 요건 사실인 분납보험료의 이행최고에 해당하지 아니한다. 왜냐하면 계약해제나 해지의 요건 사실인 이행의 최고란 그 성질상 마땅히 이행 지체된 채무에 대하여 함이 당연하고, 아무런 이행지체의 채무가 없는 장래의 채무에 관하여 하는 것이 아닐 뿐만 아니라, 그렇게 새기지 아니하면 보험자는 최초로 보험계약을 체결할 당시 분납보험료 납입 최고와 계약의 해지나 실효주장을 할 수 있는 것으로 되어 분납보험료 납입을 지체한 보험가입자에게 그 납입을 최고하게 한 위 법 규정의 취지는 몰각되기 때문이다(서울고등법원 1997.4.11. 선고 96나49737 판결).

▶ 해지예고부 최고장의 효력

보험자가 분납보험료가 소정의 시기에 납입되지 아니하였음을 이유로 최고절차 없이 곧바로 보험계약을 해지할 수 있다거나 실효됨을 규정한 약관은 상법에 위배되어 무효라 할 것이나, 상법 제650조 제2항은 보험자가 보험계약자에게 보험료 미납사실을 알려주어 이를 납부할 기회를 줌으로써 불측의 손해를 방지하자는데 그 취지가 있다고 할 것이므로 보험계약을 해지하기 위하여는 반드시 최고와 해지의 의사표시를 별도로 하여야 한다고 해석할 것은 아니고, 계약의 해지 해제에 관한 일반원칙에 따라 해지예고부 최고도 일반적으로 유효하되, 다만 그 최고시 상당한 기간을 허용하지 않았다는 등 해지의 요건을 구비하지 않은 경우에만 그 효력을 부정하는 것이 타당할 것이다(서울고등법원 2000. 10.13. 선고 2000나15533 판결).

3-4 보험계약의 부활

01 보험계약의 부활의 의의 및 법적 성질

「보험계약의 부활」이란 보험계약자가 계속보험료를 지급하지 아니함으로써 계약이 해지되거나 실효된 경우에 보험계약자가 일정한 기간 내에 연체보험료와 약정이자의 지급 등 소정의 절차를 밟아 종전의 계약이 실효되지 않은 것과 같은 결과를 가져오는 제도를 말한다.

상법에서는 계속보험료의 부지급으로 인하여 보험계약이 해지되고 해지환급금이 지급되지 아니한 경우에 일정기간내에 연체보험료에 약정이자를 붙여 보험자에게 지급하고 보험계약의 부활을 청구할 수 있도록 명시하고 있다(상법 제650조의2).

이 제도는 보험계약이 해지 또는 실효된 경우에 보험계약자가 새로운 보험계약을 체결하여야 한다면 번잡할 뿐만 아니라 여러 가지 사정(피보험자의 연령증가 등)에 의하여 보험료가 할증되거나 새로운 계약체결이 불가능하게 되는 경우도 있다.

보험계약의 부활은 그러한 보험계약자의 불이익을 고려한 제도이며, 이는 보험자의 이익에도 부합된다.

보험계약의 부활은 당사자간의 합의에 의하여 해지 또는 실효전의 상태를 회복시키는 특수한 계약이라는 주장이 통설이다. 따라서 부활된 계약은 신계약이 아니라 종전 계약의 계속이고, 보험계약자의 일방적 의사표시로 부활시킬 수 없고 보험자의 승낙을 요한다.

02 보험계약 부활의 요건

가. 해지환급금의 미지급

제2회 이후 계속보험료의 미지급으로 인하여 보험계약이 해지되었거나 약관에 따라 실효되었으나, 해지환급금이 지급되지 않았어야 한다.

나. 연체보험료와 약정이자의 지급

보험계약자는 일정한 기간 내에 연체보험료에 약정이자를 붙여 보험자에게 지급하고 그 계약의 부활을 청구하여야 한다. 상법상 부활계약의 청약조건은 ① 계속보험료의 지급해태로 인한 보험계약의 해지 또는 실효, ② 해지환급금의 미지급, ③ 계약해지(또는 실효) 후 일정기간 내에 청약, ④ 약정이자를 포함한 연체보험료의 지급 등이다.

보험계약자의 청약은 해지된 종전의 계약을 회복시키는 것을 목적으로 하지만, 보험자가 부활계약의 승낙여부를 결정할 수 있도록 부활계약에 대하여 새로운 보험계약의 체결과 마찬가지로 고지의무를 부담한다고 보는 것이 통설이다.

다. 부활청구와 보험자의 승낙

보험계약자의 부활 청구에 대하여 보험자의 승낙이 있어야 한다. 보험자는 연체보험료의 납입과 함께 부활계약의 청약을 받은 때에는 30일 내에 승낙여부의 통지를 발송하여야 하며, 보험자가 이 기간 내에 낙부의 통지를 발송하지 아니한 때에는 승낙한 것으로 간주되어 보험계약의 부활이 인정된다.

03 보험계약의 부활의 효과

보험계약의 부활은 종전의 보험계약을 해지 또는 실효되기 전의 상태로 회복시키는 효력이 있다. 따라서 종전의 계약에 무효 해지 실효 등의 사유가 있었던 때에는 부활 후의 계약에서도 이를 주장할 수 있지만, 보험계약의 부활에 의하여 그 원인이 제거된 때에는 이를 문제 삼을 수 없다.

보험계약의 부활로 인한 보험자의 책임은 부활계약의 승낙 시부터 개시하므로, 보험계약의 해지 또는 실효된 기간 중에 발생한 보험사고에 대하여는 보험자는 보험금 지급책임을 지지 않는다. 그러나 이 경우에도 보험자의 책임은 상법 제656조의 규정을 적용하여 '당사자간에 다른 약정이 없으면' 부활보험료를 지급받은 때에 개시한다고 보아야 하므로, 보험계약자의 부활보험료 납입 및 부활청구와 보험자의 승낙이 이루어 진 후 새로이 보험자의 책임이 개시하도록 약정한 시간이 있다면 이 시기가 보험자의 책임개시 시기가 된다.

또한 보험계약의 부활의 경우에도 상법 제638조의 2의 규정을 준용토록 하고 있으므로, 보험계약자가 연체된 보험료와 약정이자를 포함한 보험료를 지급하고 보험계약의 부활을 청구한 때로부터 보험자가 승낙하기 전까지 사이에 발생한 보험사고에 대하여는 보험자가 그 부활청구를 거절한 사유가 없는 한 보험자는 보상책임을 진다.

아울러 동일한 조건의 보험계약을 부활하는 것인 만큼 새로운 보험계약을 체결하는 절차를 거치므로 보험계약자는 고지의무를 부담하고, 이를 위반하여 보험사고가 발생한 경우에는 보험자는 보험계약을 해지할 수 있다(금융감독원 분쟁조정사례 2001.10.31 제2001-50호, 광주지방법원 2001.2.15. 선고 2000가단9879 판결).

보험계약의 부활 청약시 보험계약자가 보험자에게 알려야 할 사항 중 최초 체결된 계약에서 보험자에게 알린 사항이나, 기존 계약에서 직업의 변경이나 오토바이 운전사실 등의 통지했던 사항 등은 이미 보험자가 알고 있는 것이므로 보험계약의 부활시 다시 고지의무 위반이 되는 것은 아니다.

최초의 보험계약에서 고지의무를 위반한 것을 다시 부활계약에서도 고지의무를 위반한 경우 보험자의 해지권 제척기간 기산점은 기존계약시가 아닌 부활계약시부터 적용된다.

▶ 부활시에도 동일하게 고지의무위반이 적용되는지 여부

부활계약은 양 당사자간의 합의에 의해 효력이 상실된 계약을 종전의 상태로 회복시키는 특수한 계약으로 보이나, 계약서인 부활청약서에서 청약일을 기준으로 하여 과거 5년간 피보험자의 병력을 알리도록 정하고 있으므로, 보험료 미납으로 실효된 계약에 대하여 실효전 피보험자가 간염으로 치료받은 사실이 있었음에도 부활시에 이를 알리지 않았다면 계약전 알릴의무위반에 해당된다고 보아야 한다(금융감독원 분쟁조정사례 2001.10.31. 제2001-50호).

▶ 보험계약 부활시 부과되는 고지의무

피보험자의 자녀가 실효된 보험계약의 부활을 신청하면서 보험청약서상 회사에 알려야 할 내용인 피보험자의 현재의 건강상태에 관하여 피보험자가 병원에 입원하여 사경을 헤매고 있는 사실을 숨긴채 보험청약서를 작성하고 5개월간의 미납보험료를 납입하였고, 치료도중 피보험자가 사망하였는 바, 보험자가 고지의무 위반을 이유로 부활된 보험계약을 해지한 것은 부당하지 않다(광주지방법원 2001.2.15. 선고 2000가단9879 판결).

04 질병상해보험 표준약관상 보험계약의 부활

질병상해보험 표준약관 제13조 (보험료의 납입연체로 인한 해지계약의 부활)

① 제12조(보험료의 납입연체시 납입최고(독촉)와 계약의 해지)에 따라 계약이 해지되었으나 해지환급금을 받지 아니한 경우(보험계약대출 등에 의하여 해지환급금이 차감되었으나 받지 아니한 경우 또는 해지환급금이 없는 경우를 포함합니다) 계약자는

해지된 날부터 2년 이내에 회사가 정한 절차에 따라 계약의 부활(효력회복)을 청약할 수 있으며, 회사가 이를 승낙한 때에는 부활(효력회복)을 청약할 수 있으며, 회사가 이를 승낙한 때에는 부활(효력회복)을 청약한 날까지의 연체된 보험료에 이 계약의 표준이율 + 1% 범위내에서 각 상품별로 회사가 정하는 이율로 계산한 금액을 더하여 납입하여야 합니다. 다만, 금리연동형보험은 각 상품별 사업방법서에서 별도로 정한 이율로 계산합니다.
② 제1항에 따라 해지계약을 부활(효력회복)하는 경우에는 제1조(계약의 성립), 제9조(제1회 보험료 및 회사의 보장개시), 제22조(계약전 알릴의무), 제24조(알릴 의무 위반의 효과) 및 제26조(사기에 의한 계약)의 규정을 준용합니다.

질병상해보험 표준약관에서 정하는 보험계약을 부활하기 위해서는 ① 계속보험료의 미납으로 보험계약이 해지되었을 것과 ② 해약환급금이 지급되지 아니한 상태일 것, ③ 연체된 보험료와 약정이자의 납입과 함께 부활의 청약이 있을 것, ④ 보험자의 승낙이 있을 것, ⑤ 계속보험료의 미납으로 해지된 날로부터 2년 이내에 부활 청약을 해야한다.

그리고 상법 제650조의 2(보험계약 부활)에서 상법 제638조의 2의 규정을 준용하는 것처럼, 제1조(보험계약의 성립), 제8조(회사의 보장의 시기 및 종기), 제24조(계약전 알릴의무) 및 제26조(알릴 의무 위반의 효과)의 규정이 준용되도록 하여, 보험계약의 성립 및 책임개시의 시기와 종기 및 요건과 고지의무에 관한 일반 사항이 그대로 적용된다.

Chapter 4

타인을 위한 보험계약

4-1 타인을 위한 보험계약과 상해보험

01 타인을 위한 보험계약의 의의와 효과

가. 타인을 위한 보험계약의 의의

「타인을 위한 보험계약」이란 보험계약자가 타인의 이익을 위하여 자기의 이름으로 체결한 보험계약을 말한다. 손해보험에서는 피보험자가, 인보험에서는 보험수익자가 보험계약자와 다른 타인인 경우를 말한다. 즉 보험계약자와 보험금 청구권자가 서로 다른 보험계약을 말한다.

손해보험에서는 피보험자가 피보험이익을 가지므로 피보험자가 보험금 청구권을 갖고, 인보험에서는 보험수익자가 보험금 청구권을 갖는다.

보험계약자가 동시에 피보험자 또는 보험수익자가 되는 경우를 자기를 위한 보험계약이라 한다. 또한 생명보험에서 보험수익자가 누구인지의 여부와는 별개로 보험계약자와 피보험자가 상이한 경우를 '타인의 생명보험'이라 하여 '타인을 위한 보험'과는 구별하고 있다.

나. 타인을 위한 보험계약의 요건

1) 타인을 위하여 체결한 것

타인을 위한 보험계약을 체결할 때에는 먼저 타인을 위한 것이라는 의사표시가 있어야 한다. 이 때 의사표시는 명시적이든 묵시적이든 상관이 없다. 다만 타인을 위한 보험계약인지 아닌지 분명하지 않으면 그 계약은 보험계약자 자신을 위한 것으로 보아야 한다.

2) 타인의 위임 여부 불문

타인을 위한 보험계약을 체결함에 있어서 보험계약자가 그 타인의 위임을 받았는지 여부는 상관이 없다.

그러나 손해보험에서는 보험계약자가 피보험자의 위임 없이 계약을 체결한 때에는 그 사실을 보험자에게 고지하여야 하고, 그 고지가 없는 때에는 그 보험계약이 체결된 사실을 타인이 알지 못하였다는 이유로 보험자에게 대항하지 못한다(상법 제639조 제1항).

3) 타인의 특정 불필요

타인을 위한 보험계약에서는 보험계약자가 반드시 타인을 특정할 필요도 없다. 즉 보험계약자가 피보험자 또는 보험수익자를 특정하거나 특정하지 아니하고 보험계약을 체결할 수 있다.

고용자가 피고용자를 위하여 생명보험이나 상해보험계약을 체결하는 경우에 근로자들을 특정하지 아니하고 해당 회사에 근무하는 자를 피보험자로 할 수 있다.

다. 타인을 위한 보험계약의 효과

1) 보험계약자의 지위

타인을 위한 보험계약의 성질상 보험계약자는 보험금청구권을 갖지 않는다. 다만 손해보험계약의 경우에 보험계약자가 그 타인에게 보험사고의 발생으로 생긴 손해의 배상을 한 때에는 보험계약자는 그 타인의 권리를 해하지 아니하는 범위 안에서 보험자에게 보험금 지급을 청구할 수 있다.

보험계약자는 보험사고의 발생 전에 보험계약해지권을 가지고 있으나, 타인을 위한 보험계약에서는 보험계약에서 생기는 타인의 권리를 보호할 필요가 있으므로 그 타인의 동의를 얻거나 보험계약자가 보험증권을 가지고 있는 경우에만 그 계약을 해지할 수 있다.

인보험의 경우에는 타인을 위한 보험계약에서 보험계약자는 보험수익자의 지정 또는 변경권을 가진다.

타인을 위한 보험계약에서도 보험계약자는 자기의 이름으로 계약을 체결하는 자이므로 보험료지급의무, 고지의무, 위험변경증가의 통지의무, 위험유지의무, 보험사고 발생의 통지의무 등을 지고, 특히 손해보험의 경우에는 손해방지의무도 부담한다.

2) 피보험자 또는 보험수익자의 지위

타인을 위한 보험계약에서 피보험자 또는 보험수익자는 그 계약의 이익을 받겠다는 의사표시를 하지 아니하여도 당연히 그 계약의 이익을 받으므로(상법 제639조 제2항), 보험사고가 발생하면 직접 보험자에게 보험금 기타 급여를 청구할 수 있다.

그러나 이 경우 보험자는 보험계약자와의 관계에 따른 사유, 즉 보험계약자의 고지의무위반으로 인한 계약해지 등으로 피보험자 또는 보험수익자에게 대항할 수 있다.

특히 인보험의 경우에 보험수익자의 지정이나 변경권을 보험계약자가 가지므로 보험수익자의 권리는 그 한도 안에서 제한을 받는다.

타인을 위한 보험계약에서 피보험자 또는 보험수익자는 보험계약의 당사자는 아니므로 보험료지급의무는 없으나, 다만 보험계약자가 파산선고를 받거나 보험료의 지급을 지체한 때에는 그 계약상의 권리를 포기하지 않는 한 보험료를 지급하여야 한다.

이와 같은 제2차적 보험료 납입의무 외에도 손해보험에서 타인은 법률규정에 의하여 보험계약자와 같이 고지의무, 위험변경증가 통지의무, 보험사고 발생통지의무, 손해방지의무 등을 진다.

02 타인의 생명보험계약과 보험계약의 무효

가. 타인의 생명보험계약

「타인의 생명보험계약」이란 보험계약자가 타인을 피보험자로 하여, 타인의 사망을 보험사고로 하는 생명보험계약을 말한다. 이는 보험계약자와 피보험자가 동일한 자기의 생명보험과 구별된다.

또한 자기의 생명보험에서 타인을 보험수익자로 지정한 보험을 '타인을 위한 자기의 생명보험'이라 하고(보험계약자 = 피보험자 ≠ 보험수익자), 타인의 생명보험에서 타인을 보험수익자로 한 보험을 '타인을 위한 타인의 생명보험'(보험계약자 ≠ 피보험자 ≠ 보험수익자)으로 구별한다.

우리 상법에서는 타인의 사망을 보험사고로 하는 보험계약은 보험계약 체결시에 그 타인의 서면에 의한 동의를 얻도록 하고 있다(상법 제731조). 이를 위반한 경우 보험계약을 무효로 하고 있다. 아울러 15세 미만자, 심신상실자 또는 심신박약자의 사망을 보험사고로 한 보험계약도 무효로 하고 있다(상법 제732조).

이러한 요건들은 보험계약이 사행계약성을 가지므로, 사망을 보험사고로 하는 계약의 경우 고액의 보험금을 위해 고의로 피보험자의 생명을 해칠 수 있으므로 반드시 서면에 의한 동의를 요건으로 하고 있고,[1] 15세 미만자, 심신상실자, 심신박약자의 경우 스스로의 생명을 보존할 능력이 부족하여 보험을 통해 경제적인 불안을 제거하려던 사망보험계약이 오히려 생명을 위협하는 수단이 될 수 있기 때문에 이에 대해서는 무효로 한다.

나. 보험계약의 무효

「무효」란 당사자가 의도한 법률상의 효과가 생기지 않는 것을 말한다. 상법에서는 대표적으로 ① 보험계약시에 보험사고가 이미 발생하였거나 또는 발생할 수 없는 경우(상법 제644조), ② 보험계약이 보험계약자등에게 불이익하게 적용된 때의 불이익하게 적용된 부분(상법 제663조 위반시), ③ 보험계약자의 사기로 인하여 초과보험 또는 중복보험이 체결된 경우(상법 제669조, 제672조), ④ 15세미만자, 심신박약자 및 심신상실자의 사망을 보험사고로 한 보험계약을 체결한 때(상법 제732조), ⑤ 타인의 서면동의를 얻지 아니한 타인의 생명보험을 체결한 경우(상법 제731조)를 들고 있다.

보험계약의 무효는 당사자의 의사와는 상관없이 무효의 요건에 해당하면 당연히 무효가 된다.

그러나 「취소」[2]는 원칙적으로 무능력 또는 의사표시가 사기, 강박, 착오 등으로 행하여진 것을 이유로 하여 일단 유효하게 성립한 법률행위의 효력을 나중에 행위시로 소급하여 소멸토록 하는 법률행위이다. 일단 유효하게 성립한 법률행위의 효

---

1) 타인의 생명보험을 제한하는 방법으로 영미에서의 피보험자의 배우자, 피부양자 등과 같이 타인의 생사에 관하여 어떠한 이익을 가지는 자만이 보험계약을 체결할 수 있다는 이익주의와, 프랑스와 독일 등의 타인의 사망을 보험사고로 하는 보험계약을 체결하는 경우에 피보험자의 동의를 얻어야 한다는 동의주의가 있으나, 우리나라는 보다 엄격하게 '서면에 의한 동의'를 요건으로 하는 동의주의를 채택하고 있다.

2) 제3보험에서 보험계약이 취소되는 경우는 보험회사가 보험약관과 청약서부본을 전달하지 않거나 약관의 중요한 내용을 설명하지 아니한 때와 보험계약자가 청약서의 자필서명을 하지 아니한 때이다. 아울러 계약자 또는 피보험자가 대리진단, 약물복용을 수단으로 진단절차를 통과하거나 진단서 위변조 또는 청약일 이전에 암 또는 에이즈의 진단확정을 받은 후 이를 숨기고 가입하는 등의 뚜렷한 사기의사에 의하여 계약이 성립되었음을 보험회사가 증명하는 경우에도 취소할 수 있다.

력을 소멸시킨다는 점에서 의사표시의 효력이 발생하기 전에 소멸시키는 「철회」와도 구별된다.

▶ 심신박약 상태인 자를 피보험자로 한 계약이 무효인지 여부

전체 지능지수가 59이고 아주 단순한 말을 하거나 쓰기, 읽기도 불가능하며, 의사소통능력 3~3.5세 수준, 자기조절능력 4~5세 수준, 이동능력 6~7세 수준으로서 기본적인 사회생활을 영위하거나 간단한 작업 기능을 유지하는 것이 어려울 것으로 되어 있는 점으로 보아, 보험계약 체결 당시 피보험자는 사물을 변별할 능력이나 의사를 결정할 능력이 미약한 심신박약 상태에 있었던 것으로 봄이 상당하므로 타인의 사망을 보험사고로 한 당해 보험계약에서 피보험자의 서면동의 유무와 관계없이 당해 보험계약은 무효라고 판단된다(금융감독원 분쟁조정사례 2006.1.24 결정 제2005-97호).

03 상해보험에서의 예외 적용

가. 상해보험의 규정

우리 상법에서는 인보험을 생명보험과 상해보험으로 나누고, 생명보험은 다시 양로보험, 연금보험, 단체보험으로 나누어 설명하고 있다. 상해보험 부분에서는 상해보험자의 책임과 상해보험증권, 그리고 준용규정을 두고 있을 뿐이다. 다시 말해 상해보험에서는 상법 제732조(15세미만자 등에 대한 계약의 금지)조항을 제외한 다른 사항에 대하여는 생명보험에 관한 규정을 준용토록 하고 있다.

또한 생명보험에서는 15세미만자, 심신상실자 또는 심신박약자를 피보험자로 한 계약을 체결할 수 없지만, 상해보험에서는 피보험자의 자격에 대한 제한 없이 피보험자를 특정하지 않고 피보험자의 범위를 추상적으로 정할 수 있으며, 15세미만자, 심신상실자 또는 심신박약자 등 의사능력이 없는 자들에 대하여도 보험에 가입할 수 있다.

피보험자의 자격제한 요건이 없는 상해보험에서는 생명보험에 관한 규정을 준용토록 하고 있으므로, 보험계약자와 피보험자가 상이한 타인의 상해보험 또는 타인을 위한 상해보험을 논할 수 있으며, 아울러 타인의 생명보험에서처럼 타인의 사망을 보험사고로 하는 상해보험계약을 체결할 때에 피보험자의 서면에 의한 동의를 얻어야 함은 물론이다.

나. 상해보험에서의 수익자 지정

상법 제639조(타인을 위한 보험)에 의하면 보험계약자는 특정 또는 불특정의 타인을 위하여 보험계약을 체결할 수 있고, 타인을 위한 생명보험에서 보험수익자의 지정 또는 변경에 관한 상법 제733조(보험수익자의 지정 또는 변경의 권리)는 상법 제739조에 의해 상해보험에도 준용되므로 상해보험계약을 체결하는 보험계약자는 자유롭게 특정 또는 불특정의 타인을 보험수익자로 지정할 수 있다.

타인을 위한 상해보험에서 보험수익자는 그 지정행위 시점에 반드시 특정되어 있어야 하는 것은 아니고 보험사고 발생시에 특정될 수 있으면 충분하므로, 이름을 지정하여 특정인을 보험수익자로 지정할 수 있음은 물론'배우자'또는'상속인'과 같이 보험금을 수익할 자의 지위나 자격 등을 통하여 불특정인을 보험수익자로 지정할 수도 있다(대법원 2006.11.9. 선고 2005다55817 판결).

▶ 타인을 위한 상해보험에서 보험수익자의 지정

타인을 위한 상해보험에서 보험수익자는 그 지정행위 시점에 반드시 특정되어 있어야 하는 것은 아니고 보험사고 발생시에 특정될 수 있으면 충분하므로, 보험계약자는 이름 등을 통하여 특정인을 보험수익자로 지정할 수 있음은 물론 '배우자' 또는 '상속인'과 같이 보험금을 수익할 자의 지위나 자격 등을 통하여 불특정인을 보험수익자로 지정할 수 있다(대법원 2006.11.9. 선고 2005다55817 판결).

4-2 질병상해보험 표준약관상 피보험자의 서면동의

01 피보험자의 서면동의와 철회

질병상해보험 표준약관 제4조(계약의 무효)

다음 중 한 가지에 해당하는 경우에는 계약을 무효로 하며 이미 납입한 보험료를 돌려드립니다.

1. 타인의 사망을 보험금 지급사유로 하는 계약에서 계약을 체결할 때까지 피보험자의 서면에 의한 동의를 얻지 아니한 경우. 다만, 단체가 규약에 따라 구성원의 전

부 또는 일부를 피보험자로 하는 계약을 체결하는 경우에는 그러하지 아니합니다.
2. 만15세 미만자, 심신상실자 또는 심신박약자의 사망을 보험금 지급사유로 한 경우
3. 계약체결시 계약에서 정한 피보험자의 나이에 미달되었거나 초과되었을 경우. 다만, 회사가 나이의 착오를 발견하였을 때 이미 계약나이에 도달한 경우에는 그러하지 아니하나 제2호의 만15세 미만자에 관한 예외가 인정되는 것은 아니다.

가. 타인의 사망보험

보험계약자가 타인의 사망을 보험사고로 한 보험계약을 체결할 경우에는 타인의 서면에 의한 동의를 얻도록 하고 있다. 그렇다면 통상의 보험이 단순히 사망만을 보장하는 경우는 드물고 사망보장과 함께 기타 여러 가지 급부를 함께 하는 경우에 논란의 소지가 있을 수 있으나, 이 역시도 타인의 사망을 보험사고의 일부로서 포함하고 있으므로 이러한 생사혼합보험의 경우 타인의 서면에 의한 동의를 얻어야 한다. 그러나 사망보장이 제외된 타인의 생존보험의 경우에는 서면에 의한 동의를 요건으로 하지 않는다.

단체보험에서는 상법에 별도의 조항을 할애하여 단체가 취업규칙이나 노사협약과 같은 규약에 따라 단체구성원을 일괄적으로 피보험자로 하여 보험계약을 체결하는 경우에는 피보험자의 개별적인 동의를 요하지 않는다.

나. 서면동의의 법적성질

타인의 생명보험에서 피보험자의 서면동의는 그 보험계약에 대하여 동의한다는 의사표시이자 보험계약의 유무효를 논하는 요건이 된다. 이러한 피보험자의 서면에 의한 동의는 당사자간의 특약으로도 배제할 수 없는 강행규정으로서, 피보험자 또는 보험수익자에게 유리한 경우 적용을 배제할 수 있는 상대적 강행규정과는 다른 성질을 갖는다. 다시 말해 피보험자나 보험수익자의 유불리를 따져 피보험자의 서면동의의 적용여부를 결정할 수 있는 성질의 것이 아니고, 보험계약 체결시에 피보험자의 서면동의가 없으면 당연히 무효가 되는 강행규정이다(대법원 1996.11.22. 선고 96다37084판결).

피보험자의 동의는 보험계약의 성립요건이 아니고, 피보험자의 서면에 의한 동의가 있을 때에 비로소 그 효력이 생기는 계약의 효력발생요건이다(대법원 1989.11.28. 선고 88다카33367 판결).

▶ 타인의 사망보험에서 서면동의의 법적 성격

타인의 사망을 보험사고로 하는 보험계약에는 보험계약 체결시에 그 타인의 서면에 의한 동의를 얻어야 한다는 상법 제731조 제1항의 규정은 강행법규로서 이에 위반하여 체결된 보험계약은 무효이다(대법원 1996.11.22. 선고 96다37084 판결).

▶ 타인의 사망보험에서 서면동의의 입법취지

타인의 사망을 보험사고로 하는 보험계약에는 피보험자의 동의를 얻어야 한다는 상법 제731조 제1항의 규정은 강행법규로 보아야 하므로 피보험자의 동의는 방식이야 어떻든 당해 보험계약의 효력발생 요건이 되는 것이고, 그 입법취지에는 도박보험의 위험성과 피보험자 살해의 위험성 외에도 피해자의 동의를 얻지 아니하고 타인의 사망을 이른바 사행계약상의 요건으로 삼는다는 데서 오는 공서양속 침해의 위험성을 배제하기 위한 것도 들어 있다고 할 것이다. 단체 대형보장보험의 경우 그 단체의 대표자 내지 사용자가 일괄적으로 그 구성원을 피보험자로 하여 보험계약을 체결하는 것이어서 도박보험이나 피보험자 살해의 위험성이 없다는 이유만으로는 피보험자의 서면에 의한 동의를 요구하고 있는 단체대형보장보험의 약관의 통용성을 부정할 수는 없다고 봄이 타당하다(대법원 1989.11.28. 선고 88다카33367 판결).

다. 서면동의의 시점

피보험자가 본인을 피보험자로 하여 체결한 사망보험에 대한 유효한 동의의 시기는 '보험계약 체결시'이다. 피보험자의 동의는 보험계약 체결전에 이루어져야 하며 최소한 보험계약을 체결시까지는 이루어져야 한다.

그러나 보험계약 체결시에 이루어져야 하는 피보험자의 서면에 의한 동의가 만약 보험계약 체결 후에 이루어진 경우의 효력에 대하여는 ① 보험계약 체결후 동의를 얻으면 보험계약 체결시로 소급하여 유효하다는 의견과, ② 무효인 법률행위이지만 무효임을 알고 추인하는 경우 새로운 법률행위로 본다는 민법의 조항을 유추적용하여 피보험자가 동의하는 순간 효력이 발생한다는 의견과, ③ 보험계약 체결 후 있을지도 모르는 보험사고 발생의 개연성으로 인해 오로지 보험계약 성립시까지 이루어진 동의만이 유효하다는 의견이 있다.

이에 대해서는 우리나라의 법원은 상법제731조의 규정은 강행법규이므로 보험계약 체결시까지 이루어진 동의에 대해서만 유효하다고 판시하고 있다(대법원 2006.4.27. 선고 2003다60259 판결). 나아가 피보험자의 서면동의 없이 체결된 타인의 생명보험계약에서 보험자가 수년간 보험료를 수령하거나 계약에 따라 입원급여금 등의 보험금을 지급한 경우에도 보험계약 체결시에 피보험자의 서면동의가 없는 이상 무효라고 판시하고 있다(대법원 2006.9.22. 선고 2004다56677 판결).

▶ 타인의 사망보험에서 유효한 서명동의의 시점

타인의 사망을 보험사고로 하는 보험계약에 있어서 피보험자가 서면으로 동의의 의사표시를 하거나 그에 갈음하는 규약의 작성에 동의하여야 하는 시점은 상법 제731조의 규정에 비추어 보험계약 체결시까지 이고, 보험사고 발생후에 피보험자의 상속인들이 이를 추인한다 하여 보험계약의 소급효를 인정할 수 없음은 분명하다(대법원 2006.4.27. 선고 2003다60259 판결).

▶ 타인의 사망보험에서 서면동의가 보험계약 체결후 추인될 수 있는지 여부

상법 제731조 제1항에 의하면 타인의 생명보험에서 피보험자가 서면으로 동의의 의사표시를 하여야 하는 시점은 '보험계약 체결시까지'이고, 이는 강행규정으로서 이에 위반한 보험계약은 무효이므로, 타인의 생명보험계약 성립 당시 피보험자의 서면동의가 없다면 그 보험계약은 확정적으로 무효가 되고, 피보험자가 이미 무효가 된 보험계약을 추인하였다고 하더라도 그 보험계약이 유효로 될 수는 없다.

또한 피보험자의 서면동의 없이 체결된 타인의 사망을 보험사고로 하는 생명보험계약의 보험자가 수년간 보험료를 수령하거나 종전에 그 생명보험계약에 따라 입원급여금을 지급한 경우에도 위 생명보험계약의 무효를 주장하는 것이 신의성실의 원칙 등에 위반하지 않는다(대법원 2006.9.22. 선고 2004다56677 판결).

라. 동의의 방법

피보험자의 동의의 방법은 상법으로'서면에 의한 동의'를 요건으로 하고 있다. 따라서 구두에 의한 동의나 묵시적인 동의는 인정될 수 없고, 반드시 '서면에 의한 명시적인 동의'만이 유효하다(대법원 2006.9.22. 선고 2004다56677 판결).

그러나 타인의 서면동의가 보험청약서에 자필서명 하는 것만을 의미하는 것은 아니므로 피보험자인 타인이 참석한 자리에서 보험계약을 체결하면서 보험계약자는 보험설계사가 그 타인에게 보험계약의 내용을 설명한 후 그 타인으로부터 명시적으로 권한을 수여받아 보험청약서에 그 타인의 서명을 대행하는 경우에도 그 타인의 서면동의는 적법한 대리인에 의해 유효하게 이루어진 것이라 할 수 있다(대법원 2006.12.21. 선고 2006다69141 판결).

하지만 이러한 타인의 구체적이고 명시적인 위임을 받아 서면동의를 대행한 경우 외에 부부나 자식간 또는 아주 가까운 사람이라도 보험계약자의 서명만으로 타인의 서면동의를 받은 것이라고 볼 수는 없다(광주지방법원 1999.7.15. 98가합11835)

▶ 타인의 사망보험에서 유효한 동의의 방법

상법 제731조 제1항이 타인의 사망을 보험사고로 하는 보험계약의 체결시 그 타인의 서면동의를 얻도록 규정한 것은 동의의 시기와 방식을 명확히 함으로써 분쟁의 소지를 없애려는 데 취지가 있으므로, 피보험자인 타인의 동의는 각 보험계약에 대하여 개별적으로 서면에 의하여 이루어져야 하고 포괄적인 동의 또는 묵시적이거나 추정적 동의만으로는 부족하다(대법원 2006.9.22. 선고 2004다56677 판결).

▶ 서면동의를 할 권한을 수여받은 사람이 대리로 서명한 경우의 효력

타인의 사망을 보험사고로 하는 보험계약에 있어 피보험자인 타인의 동의는 각 보험계약에 대하여 개별적으로 서면에 의하여 이루어져야 하고 포괄적인 동의 또는 묵시적이거나 추정적 동의만으로는 부족하나, 피보험자인 타인의 서면동의가 그 타인이 보험청약서에 자필서명하는 것만을 의미하지는 않으므로 피보험자인 타인이 참석한 자리에서 보험계약을 체결하면서 보험계약자나 보험모집인이 타인에게 보험계약의 내용을 설명한 후 타인으로부터 명시적으로 권한을 구체적개별적으로 수여받았음이 분명한 사람이 권한 범위내에서 타인을 대리 또는 대행하여 서면동의를 한 경우에도 그 타인의 서면동의는 적법한 대리인에 의하여 유효하게 이루어진 것이다(대법원 2006.12.21. 선고 2006다69141 판결).

마. 타인의 생명보험에서의 보험자의 책임

타인을 위한 보험계약에서 보험계약 체결시에 피보험자의 서면동의를 얻도록 하고 있다. 보험계약 체결시까지 피보험자의 동의가 없으면 해당 계약은 무효가 되고, 결국 보험자는 보험계약이 없는 것으로 하여 사고발생시 보험금 지급책임을 면하게 된다.

그러나 우리 법원은 보험계약자에게 피보험자의 서면동의 등의 요건에 관하여 구체적이고 상세하게 설명함으로써 보험계약자로 하여금 그 요건을 구비할 기회를 부여하여 유효한 보험계약이 성립하도록 할 의무가 있고, 보험회사가 이를 소홀히 하여 서면동의 요건의 흠결로 인하여 보험계약이 무효가 되고, 그 결과 보험사고의 발생에도 불구하고 보험금을 지급받지 못한다면 보험자가 관련 보험업법에 의해 손해배상책임을 부담해야 한다고 하고 있다(대법원 2008.8.21. 선고 2007다76696 판결).

나아가 피보험자의 서면동의를 얻지 아니하여 보험계약이 무효가 되고 보험금을 받지 못하게 된 사실에 비추어 보험자는 손해배상책임을 부담하고, 계약자측으로서도 보험계약의 청약서상의 꼭 알아야 할 사항을 제대로 읽어보지 아니한 과실 30%를 감안하여 보험사의 과실을 70%까지 인정한 판례(대법원 2001.11.9. 선고 2001다55499, 55505 판결)와 서면동의를 얻지 못하면 계약이 무효가 된다는 사실을 설명하지 않은 경우의 보험자 과실을 60% 정도로 인정한 판례(대법원 2007.9.6. 선고 2007다30263 판결)도 있다.

▶ 타인의 사망보험에서 서면동의 불비로 무효가 된 경우 보험자의 책임

타인의 사망을 보험사고로 하는 보험계약의 체결에 있어서 보험설계사는 보험계약자에게 피보험자의 서면동의 등의 요건에 관하여 구체적이고 상세하게 설명하여 보험계약자로 하여금 그 요건을 구비할 수 있는 기회를 주어 유효한 보험계약이 성립하도록 조치할 주의의무가 있고, 보험설계사가 위와 같은 설명을 하지 아니하는 바람에 위 요건의 흠결로 보험계약이 무효가 되고 그 결과 보험사고의 발생에도 불구하고 보험계약자가 보험금을 지급받지 못하게 되었다면 보험자는 보험업법 제102조 제1항에 기하여 보험계약자에게 그 보험금 상당액의 손해를 배상할 의무를 진다(대법원 2008.8.21. 선고 2007다76696 판결).

바. 피보험자의 서면동의의 철회

질병상해보험 표준약관 제6조 (피보험자의 서면동의 철회)

② 제4조(계약의 무효)에 의거 사망을 보험금 지급사유로 하는 계약에서 서면에 의한 동의를 한 피보험자는 계약의 효력이 유지되는 기간 중에는 언제든지 서면동의를 철회할 수 있으며, 서면동의 철회로 계약이 해지되어 회사가 지급하여야 할 해지환급금이 있을 때에는 제19조(해지환급금) 제1항에 따라 이를 계약자에게 지급합니다.

타인의 사망을 보험금 지급사유로 하는 계약에서 해당 보험계약의 효력이 유지되는 동안에는 언제든지 서면에 의한 동의를 철회할 수 있다. 서면에 의한 동의의 철회의 효과는 장래를 향하여만 효력을 미친다.

서면동의 철회로 계약이 해지되어 회사가 지급하여야 할 해지환급금이 있을 때에는 해지환급금을 계약자에게 지급한다.

02 단체보험에서 피보험자의 서면동의

가. 유효한 단체보험계약

보험계약자가 타인의 사망을 보험사고로 한 보험계약을 체결할 때에는 보험계약을 체결시에 그 타인의 서면에 의한 동의를 얻도록 하고 있으나, 사업주가 종업원을 대상으로 하여 보험계약을 체결하는 단체보험의 경우에는 해당 회사의 내규나 노사협약 등의 규약이 있을 경우 단체의 구성원인 개별 피보험자에게 서면에 의한 동의를 구하는 것을 면하도록 하고 있다.

상법 제735조의3 (단체보험)

① 단체가 규약에 따라 구성원의 전부 또는 일부를 피보험자로 하는 생명보험계약을 체결하는 경우에는 제731조를 적용하지 아니한다.

② 제1항의 보험계약이 체결된 때에는 보험자는 보험계약자에 대하여서만 보험증권을 교부한다. [본조신설 1991.12.31]

유효한 단체보험이 성립하기 위해서는 규약에 따라 보험계약을 체결하여야 하고, 이러한 규약이 갖추어지지 아니한 경우에는 강행법규인 상법 제731조의 규정에 따라 피보험자인 구성원들의 서면에 의한 동의를 갖추어야 보험계약으로서의 효력이 발생한다.

상법 제735조의3에서 단체보험의 유효요건으로 요구하는「규약」의 의미는 단체협약, 취업규칙, 정관 등 그 형식을 막론하고 단체보험의 가입에 관한 단체내부의 협정에 해당하는 것으로서, 반드시 당해보험가입과 관련한 상세한 사항까지 규정하고 있을 필요는 없고 그러한 종류의 보험가입에 관하여 대표자가 구성원을 위하여 일괄하여 계약을 체결할 수 있다는 취지를 담고 있는 것이면 충분하다. 그러나 이 규약이 상법의 서면동의에 관한 규정에 갈음하는 것인 만큼 취업규칙이나 단체협약에 근로자의 채용 및 해고, 재해부조 등에 관한 일반적 규정을 두고 있다는 것만으로는 이를 충족시킬 수 없다(대법원 2006.4.27. 선고 2003다60259 판결).

▶ 단체보험이 유효하게 성립하기 위한 규약의 요건

상법 제735조의3에서 단체보험의 유효요건으로 요구하는 '규약'의 의미는 단체협약, 취업규칙, 정관 등 그 형식을 막론하고 단체보험의 가입에 관한 단체내부의 협정에 해당하는 것으로서, 반드시 당해 보험가입과 관련한 상세한 사항까지 규정하고 있을 필요는 없고 그러한 종류의 보험가입에 관하여 대표자가 구성원을 위하여 일괄하여 계약을 체결할 수 있다는 취지를 담고 있는 것이면 충분하다 할 것이지만, 위 규약이 강행법규인 상법 제731조 소정의 피보험자의 서면동의에 갈음하는 것인 이상 취업규칙이나 단체협약에 근로자의 채용 및 해고, 재해부조 등에 관한 일반적 규정을 두고 있다는 것만으로는 이에 해당한다고 볼 수 없다(대법원 2006.4.27. 선고 2003다60259 판결).

나. 상법 제735조의 3의 위헌여부

단체보험의 경우 타인의 생명보험에서 일반적으로 요구되는 피보험자의 개별동의를 요건으로 하지 않도록 한 상법조항이 인간의 존엄과 가치 등을 침해하는 것으로 위헌여부에 대하여 헌법재판소에서는 해당 상법조항이 '단체구성원들의 복리증진 등 이익에 기여하는 바가 있고, 단체보험의 특성에 따라 개별적 동의를 집단적 동의로 대체하는 것에 불과하며 합리성을 가지고 있으므로, 인간의 존엄성과 가치를 훼손하고 행복추구권을 침해하는 것이라고 볼 수 없다'고 하여 관련 상법조항(상법 제735조의3)을 합헌으로 보고 있다.[3)]

▶ 단체보험에서 규약에 따라 서면동의 요건을 완화한 것이 위헌인지 여부

상법 제735조의3 제1항의 입법취지는, 타인의 생명보험계약을 체결함에 있어서 계약체결시 피보험자의 서면동의를 얻도록 하는 개별보험의 일반원칙에서 벗어나 규약으로써 동의에 갈음할 수 있게 함으로써 단체보험의 특성에 따른 운용상의 편의를 부여해 주어 단체보험의 활성화를 돕는다는 것이다. 이 사건 법률조항의 위와 같은 입법취지에 비추어 볼 때, 이 사건 법률조항은 단체구성원들의 복리 증진 등 이익에 기여하는 바가 있고, 단체보험의 특성에 따라 개별적 동의를 집단적 동의로 대체하는 것에 불과하며 그 방법은 합리성을 가지고 있다. 그러므로 이 사건 법률조항이 인간의 존엄성과 가치를 훼손하고 행복추구권을 침해하는 것이며, 국가의 기본권 보장의무에 위배되는 것이라고는 할 수 없다(헌법재판소 1999.9.16. 98헌가6 전원재판부).

3) 합헌이라는 다수의견과 달리, '단체보험이 개인의 생사를 보험사고로 한다는 점에서는 개별보험과 아무런 차이가 없음에도 불구하고 타인의 생명보험과 피보험자가 되는 개인의 동의라는 제약을 부과하는 것을 포기한 것으로서, 경제적 장점만을 고려하여 단체원리를 적용함으로써 개인의 의사와 결정권을 무시하는 것으로 위헌이다'라는 소수의견도 있었다.

다. 단체보험에서의 증권의 교부

단체보험의 경우에 보험자는 개별 피보험자들에게 일일이 보험증권을 교부하지 않고, 단체의 대표자인 보험계약자에 대하여만 보험증권을 교부하여도 무방하다.

라. 단체보험에서의 보험료할인

단체보험은 개별피보험자 각1인에 대하여 그 위험을 고려하지 않고, 그 단체의 평균적인 위험율 등을 기준으로 하여 보험료를 산정하고, 다수의 피보험자를 일괄적으로 보험계약을 체결하여 개별피보험자를 상대로 한 보험계약보다 보험의 모집과 관련된 상당 비용이 절감되므로 보험료의 할인이 가능하다. 이때 보험료의 할인은 위험보장에 대한 순보험료의 할인이 아니고, 보험의 모집과 관련된 비용 절감에 대한 효과에 불과하므로 부가보험료의 할인이라고 보아야 한다.

마. 단체보험에서의 보험수익자

단체보험의 경우 수익자 지정과 관련하여 별다른 규정이 없다. 보험계약자는 단체의 구성원인 피보험자를 보험수익자로 하여 타인을 위한 보험계약으로 체결할 수도 있고, 보험계약자 자신을 보험수익자로 하여 자기를 위한 보험계약으로 체결할 수 있다(대법원 1999.5.25. 선고 98다59613 판결).

▶ 단체보험에서의 보험수익자의 지정

단체보험의 경우 보험수익자의 지정에 관하여는 상법 등 관련 법령에 별다른 규정이 없으므로 보험계약자는 단체의 구성원인 피보험자를 보험수익자로 하여 타인을 위한 보험계약으로 체결할 수도 있고, 보험계약자 자신을 보험수익자로 하여 자기를 위한 보험계약으로 체결할 수도 있을 것이며, 단체보험이라고 하여 당연히 타인을 위한 보험계약이 되어야 하는 것은 아니므로 보험수익자를 보험계약자 자신으로 지정하는 것이 단체보험의 본질에 반하는 것이라고 할 수 없다(대법원 1999.5.25. 선고 98다59613 판결).

바. 단체보험에서 피보험자의 변경

단체보험에서 단체를 구성하는 다수의 피보험자중 일부 피보험자가 회사에서의 퇴직 등의 사유로 단체를 이탈하여 피보험자를 변경하는 경우에는 그에 대한 단체보험계약에 의한 보호는 종료되고, 구성원으로서의 자격을 상실한 종전 피보험자는 보험약관이 정하는 바에 따라 자신에 대한 개별계약으로 전환하여 보험의 보호를 받을 수 있을 뿐이다.

여기에서 피보험자의 단체에서의 이탈로 인한 자격상실 시기는 자격을 상실한 종전 피보험자를 새로운 피보험자로 변경하는 '피보험자 변경신청서의 접수시'로 약관에 정하고 있으므로, 피보험자 변경신청서 접수시까지는 종전 피보험자의 자격이 유지되는 것으로 의제된다. 그러나 이것은 종전의 피보험자를 새로운 피보험자로의 변경의 경우에 적용되는 것이고, 피보험자의 변경이 없이 단순히 피보험자의 단체에서의 이탈의 경우에는 단체에서 이탈하는 시점에서 피보험자의 자격을 상실한다고 보아야 한다.

따라서 단체보험의 피보험자가 회사에서 퇴사한 후에 사망하는 보험사고가 발생한 경우, 회사가 퇴사 후에도 계속적으로 퇴사한 직원에 대한 보험료를 납입하였더라도 퇴사와 동시에 단체보험의 피보험자의 자격을 상실한다고 보아야 한다(대법원 2007.10.12. 선고 2007다42877, 42884 판결).

▶ 피보험자가 퇴사한 후에도 보험료 납입이 된 경우의 피보험자의 자격

단체가 구성원의 전부 또는 일부를 피보험자로 하고 보험계약자 자신을 보험수익자로 하여 체결하는 생명보험계약 내지 상해보험계약은 단체의 구성원에 대하여 보험사고가 발생한 경우를 부보함으로써 단체 구성원에 대한 단체의 재해보상금이나 후생복리비용의 재원을 마련하기 위한 것이므로, 피보험자가 보험사고 이외의 사고로 사망하거나 퇴직 등으로 단체의 구성원으로서의 자격을 상실하면 그에 대한 단체보험계약에 의한 보호는 종료되고, 구성원으로서의 자격을 상실한 종전 피보험자는 보험약관이 정하는 바에 따라 자신에 대한 개별계약으로 전환하여 보험 보호를 계속 받을 수 있을 뿐이다.

단체보험 계약자 회사의 직원이 퇴사한 후에 사망하는 보험사고가 발생한 경우, 회사가 퇴사 후에도 계속 위 직원에 대한 보험료를 납입하였더라도 퇴사와 동시에 단체보험의 해당 피보험자 부분이 종료되는 데 영향을 미치지 아니한다(대법원 2007.10.12. 선고 2007다42877, 42884 판결).

Memo

Chapter

5 계약 전 알릴의무

5-1 상법상 고지의무

01 고지의무의 의의와 고지시기 · 방법

가. 고지의무의 의의

「고지의무」라 함은 보험계약자 또는 피보험자가 보험계약당시에 보험계약의 체결에 중요한 사항을 알려야 하고, 중요한 사항에 관하여 부실하게 알리지 아니할 의무를 말한다.

상법 제651조는 '보험계약 당시에 보험계약자 또는 피보험자가 고의 또는 중대한 과실로 인하여 중요한 사항을 고지하지 아니하거나 부실한 고지를 한 때에는, 보험자는 그 사실을 안 날로부터 1월내에, 계약을 체결한 날로부터 3년 내에 한하여 계약을 해지할 수 있다. 그러나 보험자가 계약당시에 그 사실을 알았거나 중대한 과실로 인하여 알지 못한 때에는 그러하지 아니하다'고 규정하고 있다.

고지의무는 보험계약 당시에 보험사고 발생가능성을 측정하고, 보험자에게 인수여부를 가능하도록 하며, 보험료를 산정하는데 중요한 사항에 관하여 진실을 알려야 할 것을 요구하는 보험계약 체결시의 의무라는 점에서, 계약의 효과로서 발생하는 계약 성립 후에 사고의 발생이나 위험의 현저한 변경 증가에 따르는 통지의무와 구별된다.

나. 고지의무의 법적성질

고지의무 제도의 근거로는 보험자가 보험계약의 인수여부나 보험료를 산출하는

데 필요한 위험률의 측정을 위하여 보험계약자 또는 피보험자에게 위험에 관하여 중요한 사항을 고지하도록 하고 있다는 위험측정설 또는 기술설이 통설이다. 이는 대수의 법칙이 적용되는 다수의 보험계약자들을 대상으로 보험자가 위험률을 조사 측정하는 것이 사실상 불가능하기 때문이다.

고지의무는 보험자가 그 이행을 강제하거나 또는 그 불이행에 대하여 손해배상을 청구할 수 있는 것이 아니고, 고지의무를 위반하면 보험계약이 해지되고 이에 따른 불이익을 받지 않기 위한 보험계약 효력 발생을 위한 전제조건으로서의 간접의무이다.

다. 고지의무의 당사자

1) 고지의무자

우리 상법상 고지의무를 부담하는 자는 보험계약자 또는 피보험자이다. 또한 보험중개인 등 대리인에 의해 보험계약이 체결되는 경우 대리인이 안 사유는 그 본인이 안 것과 동일하므로(상법 제646조), 그 대리인도 고지의무를 진다. 여기에서 피보험자는 생명보험의 경우 보험사고 발생의 객체이고, 손해보험의 경우 피보험이익의 주체로서 보험계약상 청구권을 가지는 자이다.

그러나 보험사고의 발생으로 보험이익을 취득하는 보험수익자는 고지의무자가 아니다.

2) 고지수령권자

보험계약자 또는 피보험자, 그리고 이들의 대리인이 고지하여야 할 상대방은 보험자 및 보험자를 위해 고지를 수령할 대리권을 가지고 있는 자이다. 보험회사와 보험대리점은 고지수령권을 가지지만, 보험중개사는 독립적으로 보험계약의 체결을 중개하는 자이므로 대리권이 없고, 고지수령권도 없다.

생명보험에서 피보험자의 신체검사를 하는 보험의(保險醫)는 위험측정 자료를 보험자에게 제공하는 보험자의 보조자로서 보험계약체결의 대리권은 없으나, 고지수령권을 가지고 있다고 보는 것이 통설이다. 그러나 보험의의 고지의무 수령권한에서도 보험자에게 위험의 측정자료를 제공하기 위한 진료나 검진이 아니라면, 진료나 검진과정에서 알게된 진료정보자체를 고지의무를 수령하였다고 볼 수는 없다(대법원 2001.1.5. 선고 2000다40353 판결, 금융감독원 분쟁조정사례 2001.9.25. 결정 제2001-46호).

현재 보험설계사의 고지수령권은 인정되지 않으며, 우리 대법원 판례도 보험가입을 권유하던 보험설계사에게 기왕병력을 말한 것만으로는 보험회사에 대한 고지로 볼 수 없다고 판시하고 있다(대법원 2006.6.30. 선고,2006다19672 판결, 대법원 1997.5.16. 선고 97다9109 판결, 대법원 1979.10.30.선고, 79다1234 판결). 이 경우 보험자는 보험설계사에 대하여 보험업법에 의하여 손해배상책임을 물을 수 있다.

▶ 보험의가 일반적인 검진과정에서 알게 된 사실을 고지했다고 볼 수 있는지 여부

보험자에게 소속된 의사가 보험계약자 등을 검진하였다고 하더라도 그 검진이 위험측정자료를 보험자에게 제공하는 보험자의 보조자로서의 자격으로 행해진 것이 아니라면 그 의사가 보험자에게 소속된 의사라는 사유만으로 그 의사가 검진 과정에서 알게 된 보험계약자 등의 질병을 보험자도 알고 있으리라고 보거나 그것을 알지 못한 것이 보험자의 중대한 과실에 의한 것이라고 할 수는 없다고 할 것이며, 이와 같이 해석하는 것이 환자에 대한 비밀의 누설이나 기록의 공개를 원칙적으로 금지하고 있는 의료법의 취지에도 부합한다(대법원 2001.1.5. 선고 2000다40353 판결).

▶ 보험설계사가 고지수령권이 있는지 여부

보험모집인은 특정 보험자를 위하여 보험계약의 체결을 중개하는 자일 뿐 보험자를 대리하여 보험계약을 체결할 권한이 없고 보험계약자 또는 피보험자가 보험자에 대하여 하는 고지나 통지를 수령할 권한도 없으므로, 보험모집인이 통지의무의 대상인 '보험사고발생의 위험이 현저하게 변경 또는 증가된 사실'을 알았다고 하더라도 이로써 곧 보험자가 위와 같은 사실을 알았다고 볼 수는 없다(대법원 2006.6.30. 선고 2006다19672,19689 판결).

라. 고지의 시기와 방법

고지의무를 이행해야할 시기는 보험계약 당시, 즉 보험계약이 성립할 때까지이다. 보험계약의 청약시 고지의무를 다하지 아니하여도 보험계약 성립 시, 즉 보험자가 청약을 승낙할 때까지는 추가 또는 정정할 수 있고, 청약 후 계약 성립시까지 발생하거나 변경된 사항이 있으면 고지하여야 한다.

고지의 방법에 대하여는 법률상 특별한 제한이 없으므로 구두이든 서면이든, 명시적이든 묵시적이든 상관없다. 실제 거래에서는 보험계약 청약서상 질문란에 기재하도록 하는 것이 일반적이며, 상법에서는 보험자가 서면으로 질문한 사항은 중요한 사항으로 추정한다(상법 제651조의2)는 규정을 두고 있다.

02 고지사항

가. 중요한 사항

보험계약자, 피보험자 또는 이들의 대리인이 고지할 사항은 중요한 사항이다. 「중요한 사항」이란 신중한 보험자가 위험을 측정하는데 필요한 중요한 사항으로, 계약의 체결(위험의 인수) 여부와 보험조건이나 보험료를 결정하는데 영향을 미치는 사항을 말한다.

즉 중요한 사항은 신중한 보험자가 그 사실을 알고 있었다면 계약을 체결하지 않았거나, 또는 체결한 경우에도 동일한 조건이나 동일한 보험료로는 계약을 체결하지 않았을 것이라고 객관적으로 생각되는 사항을 말한다.

실제 생명보험 표준약관에서는 '중요한 사항'을 「회사가 그 사실을 알았더라면 계약의 청약을 거절하거나 보험가입금액 한도 제한, 일부 보장 제외, 보험금삭감, 보험료할증과 같이 조건부로 인수하는 등 계약 인수에 영향을 미칠 수 있는 사항」으로 정의하고 있다(생명보험 표준약관 제22조 제2항).

우리 대법원에서는 '중요한 사항'을 「보험자가 보험사고의 발생과 그로 인한 책임부담의 개연율을 측정하여 보험계약의 체결여부 또는 보험료나 특별한 면책조항의 부가와 같은 보험계약의 내용을 결정하기 위한 표준이 되는 사항으로서, 객관적으로 보험자가 그 사실을 안다면 계약을 체결하지 않든가 적어도 동일한 조건으로는 계약을 체결하지 않으리라고 생각되는 사항을 말하고, 어떤 사실이 이에 해당하는 가는 보험의 종류에 따라 달라질 수 밖에 없는 사실인정의 문제로서 보험의 기술에 비추어 객관적으로 관찰하여 판단해야한다」고 하고 있다(대법원 2005.7.14.선고 2004다36215 판결). 또한 서면으로 질문한 것은 중요한 사항으로 추정되고, 서면에는 보험청약서도 포함될 수 있으므로 보험청약서에 일정한 사항에 관하여 답변을 구하는 취지가 포함되어 있다면 그 사항은 상법에서 말하는 중요한 사항으로 추정된다(대법원 2004.6.11. 선고 2003다18494 판결).

▶ 고지의무에서의 '중요한 사항'의 의미

보험계약자나 피보험자가 보험계약 당시에 보험자에게 고지할 의무를 지는 상법 제651조에서 정한 '중요한 사항'이란, 보험자가 보험사고의 발생과 그로 인한 책임부담의 개연율을 측정하여 보험계약의 체결 여부 또는 보험료나 특별한 면책조항의 부가와 같은 보험계약의 내용을 결정하기 위한 표준이 되는 사항으로서, 객관적으로 보험자가 그 사실을 안다면 그 계약을 체결하지 않든가 적어도 동일한 조건으로는 계약을 체결하지 않으리라고 생각되는 사항을 말하고, 어떠한 사실이 이에 해당하는가는 보험의 종류에 따라 달라질 수밖에 없는 사실인정의 문제로서 보험의 기술에 비추어 객관적으로 관찰하여 판단되어야 한다(대법원 2005.7.14. 선고 2004다36215 판결, 대법원 2001.11.27. 선고 99다33311 판결, 대법원 2003.11.13. 선고 2001다49623 판결).

▶ 보험청약서의 일정 사항의 답변을 요구한 것이 중요한 사항인지 여부

보험자가 서면으로 질문한 사항은 보험계약에 있어서 중요한 사항에 해당하는 것으로 추정되고(상법 제651조의2), 여기의 서면에는 보험청약서도 포함될 수 있으므로, 보험청약서에 일정한 사항에 관하여 답변을 구하는 취지가 포함되어 있다면 그 사항은 상법 제651조에서 말하는 '중요한 사항'으로 추정된다(대법원 2004.6.11. 선고 2003다18494 판결).

나. 질문표

실제 보험계약자는 중요사항이 구체적으로 무엇인지를 판단하기 어려운 경우가 많다. 이에 따라 실제 거래에서는 보험청약서에 보험계약자가 고지할 사항을 열거한 질문표를 이용하고 있다. 상법 제651조의2는 '보험자가 서면으로 질문한 사항은 중요한 사항으로 추정한다'고 규정하고 있다.

따라서 보험계약자가 이 질문표의 질문사항에 대하여 기재하지 않거나 허위의 내용을 기재한 경우, 그것이 해당계약에 관한 중요한 사항이 아님을 보험계약자가 입증하지 못하는 한 고지의무 위반이 된다.

또한 질문표상에 기재되지 아니한 사항에 대하여는 고지의무위반을 묻기 어렵다. 왜냐하면 보험자는 전문적인 통계적 기술을 적용하여 청약서의 질문표를 작성하여 보험계약자에게 알리도록 한 것인 만큼 이 범위를 벗어나 각각의 개별 사항에 대하여 별도로 고지대상인지, 또는 중요한 사항인지의 여부를 보험전문가가 아닌 일반인이 스스로 판단하여 고지할 것을 요구하거나 기대할 수는 없기 때문이다. 따라서 보험자가 작성하여 묻고 있는 질문표상의 질문에 사실대로 답하고, 질문표상에서 묻지 아니한 사항을 알리지 아니하였다고 하여 이를 고지의무 위반이라고 할 수 없다(전주지방법원 군산지원 2000.11.23. 선고 99가합2081(본소) 판결).

▶ 청약서 질문하지 아니한 사항(흉요추측만증)이 고지대상인지 여부

상법 제651조 소정의 고지의무위반을 이유로 보험계약을 해지하기 위해서는 보험계약자가 고의 또는 중대한 과실로 인하여 중대한 사항을 고지하지 아니하였거나 부실의 고지를 하였어야 하는 바, 여기서 말하는 중대한 과실이란 고지하여야 할 사실은 알고 있었지만 현저한 부주의로 인하여 그 사실의 중요성의 판단을 잘못하거나 그 사실이 고지하여야 할 중요한 사실이라는 것을 알지 못하는 것을 말하고, 보험전문가가 아닌 일반인에게 어떤 사항이 고지하여야 할 중요한 사실인지 여부를 스스로 판단하여 고지할 것을 요구할 수는 없으므로, 보험자가 고지의무의 대상이 되는 사항에 관하여 스스로 제정한 보험청약서 양식을 사용하여 질문하고 있는 경우에는 보험청약서에 기재되지 않은 사항에 관하여는 원칙적으로 고지의무 위반이 문제될 여지가 없다.

보험계약자가 건강상태에 관한 질문표상의 질문에 대하여 사실대로 답한 이상 질문표에 기재되지 아니하였고, 모집인이 따로 질문하지도 아니한 흉요추측만증에 관하여 고지하지 아니하였다고 하여 이를 고지의무위반이라고 할 수 없다(전주지방법원 군산지원 2000.11.23. 선고 99가합2081(본소) 판결).

▶ 질문표상 '상기 이외의 증상에 대하여도 답변해주십시오'의 의미

피보험자가 보험계약 체결 4개월여 전에 유방종괴 진단을 받은 전력이 있으나, 피보험자가 위 진단을 받은 후 보험계약 체결시까지 추가적인 조직검사나 암과 관련된 치료를 받은 적이 없고, 보험자는 '암'으로 인하여 의사의 진료를 받은 적이 있는지 여부를 물었을 뿐 '유방종괴'로 인하여 의사의 진료를 받은 전력의 유무를 묻지 않았고, 다만 '상기 이외의 증상에 대하여 답변해 주십시오'라는 추상적, 포괄적인 질문만을 하여 피보험자가 자신의 진단명에 대해 충실하게 고지할 수 있을 만한 내용의 질문이 없었던 점 등을 종합해볼 때, 피보험자가 보험자에게 유방종괴 진단 사실을 고지하지 않은 것에 대해 고의 또는 중대한 과실이 있다고 볼 수 없다(서울지방법원 서부지원 2002.7.24. 선고 2002가단8496 판결).

03 고지의무 위반의 요건

보험계약자, 피보험자 또는 이들의 대리인이 고지의무를 위반한 때에는 일정한 요건 하에서 보험자는 보험계약을 해지할 수 있다. 고지의무의 위반이 성립되려면 다음과 같은 객관적 요건과 주관적 요건을 충족해야 한다.

가. 객관적 요건

고지의무위반의 객관적 요건은 중요한 사항에 대한 불고지 또는 부실고지가 있어야 한다. 「불고지」란 중요한 사항을 알면서도 알리지 아니한 것, 즉 은폐 또는 묵비(concealment)를 말하고, 「부실고지」란 사실과 다르게 알리는 것, 즉 허위표시 또는 거짓 진술(misrepresentation)을 말한다.

나. 주관적 요건

보험자가 고지의무위반을 이유로 계약해지권을 행사하기 위해서는 그 위반이 보험계약자 등의 고의 또는 중대한 과실로 인한 것임을 입증하여야 한다. 「고의」라 함은 고지할 중요한 사항에 관하여 알면서도 고지하지 아니하거나 부실의 고지를 한 것을 말하고, 보험자를 기만하여 계약을 체결하려는 사기 또는 악의의 의사까지 있어야 하는 것은 아니다.

「중대한 과실」이란 보험계약자 등이 조금만 주의를 기울였더라면 제대로 고지할 수 있었을 것을 그 주의를 다하지 아니함으로써 불고지 또는 부실고지를 한 것을 말한다. 다시 말해 고지해야할 사실은 알고 있었으나 현저한 부주의로 인하여 그 사실의 중요성의 판단을 잘못하거나 그 사실이 고지해야할 중요한 사실이라는 것을 알지 못하는 것을 말한다(대법원 2011. 4.14. 선고 2009다103349, 103356 판결). 어떠한 사실에 대하여 그 자체를 알지 못한 것은 중대한 과실이 될 수 없다. 왜냐하면 어떤 사실의 존재 자체를 알지 못한 것까지 고지의무 위반의 책임을 묻는다면, 알고 있는 사실 외에 보험계약 체결을 위해 고지해야할 사항에 대한 '탐지의무'까지 부담하게 하는 가혹한 결과가 되기 때문이다.

▶ 고지의무위반을 이유로 보험계약을 해지하기 위한 요건

보험자가 고지의무 위반을 이유로 보험계약을 해지하기 위해서는 보험계약자 또는 피보험자가 고지의무가 있는 사항에 대한 고지의무의 존재와 그러한 사항의 존재에 대하여 이를 알고도 고의로 또는 중대한 과실로 인하여 이를 알지 못하여 고지의무를 다하지 않은 사실이 증명되어야 한다. 여기서 '중대한 과실'이란 고지하여야 할 사실은 알고 있었지만 현저한 부주의로 인하여 그 사실의 중요성의 판단을 잘못하거나 그 사실이 고지하여야 할 중요한 사실이라는 것을 알지 못하는 것을 말한다(대법원 2011.4.14. 선고 2009다103349,103356 판결, 대법원 2001.11.27. 선고 99다33311 판결, 대법원 1996.12.23. 선고 96다27971 판결).

04 고지의무 위반의 효과

가. 계약해지권의 행사

우리 상법상 고지의무위반이 있는 경우, 계약이 무효가 되는 것은 아니고 보험자가 보험계약을 해지할 수 있을 뿐이다.

해지권은 보험자의 일방적인 의사표시에 의해 상대방의 불이익을 가져오게 하는 형성권이므로 일정 요건이 갖춰지면 보험자가 일방적으로 고지의무자에게 해지의 통지를 하면 된다. 보험자는 보험사고의 발생 전후를 불문하고 그 계약을 해지할 수 있고 해지의 상대방은 보험계약자 또는 그 상속인이다.

나. 보험사고의 발생과 해지권 행사의 효과

보험자는 고지의무 위반 사실을 안 때에는 보험사고의 발생 전후를 불문하고 계약을 해지할 수 있다.

보험사고가 발생하기 전에 보험자가 보험계약을 해지한 때에는 해지의 의사표시가 도달한 때로부터 장래를 향하여 그 효력을 잃는다. 보험사고가 발생한 후에 해지한 때에는 보험자의 책임은 소급하여 소멸하므로 보험금액을 지급할 책임도 없고, 이미 지급한 보험금의 반환을 청구할 수 있다. 그러나 고지의무를 위반한 사실이 보험사고에 영향을 미치지 아니한 경우에는 그 사고에 대한 보험금 지급 책임을 면하지 못한다.

다. 계약해지권 행사의 제한

고지의무 위반으로 인한 보험자의 보험계약 해지권은 다음과 같은 몇가지 사항에 의해 제한된다.

1) 제척기간의 경과 : 보험자는 고지의무 위반의 사실을 안날로부터 1월내에, 계약을 체결한 날로부터 3년 내에 한하여 계약을 해지할 수 있다. 이 제척기간이 경과한 후에는 보험자는 해지권을 행사할 수 없게 되므로 불가쟁기간(不可爭期間)이라고도 한다.
2) 보험자가 계약 당시에 고지의무 위반사실을 안 때 또는 중과실로 알지 못한 때 : 보험자가 계약 당시에 고지의무 위반 사실을 알았거나 중대한 과실로 알지 못한 때에는 보험자는 그 계약을 해지할 수 없다. 이러한 사실에 대하여는

보험계약자가 입증해야 한다.

3) 보험자의 해지권 포기 : 고지의무위반으로 인한 계약해지권은 보험자의 이익을 위한 것이므로, 보험자는 명시적인 의사표시 또는 묵시적인 방법으로 이를 포기할 수 있다.
4) 고지의무 위반사실의 소멸 : 보험계약 당시에 일정정도의 고지의무 위반사실이 있었으나 상당기간이 경과하면서 고지의무 위반사실이 소멸한 경우 해지권 행사가 제한될 수 있다.

05 인과관계의 부존재와 보험자의 지급책임

고지의무 위반에 의한 계약의 해지가 손해발생 후에 이루어진 경우, 발생한 손해를 보상하지 아니하나, 손해가 고지의무 위반사항과 인과관계가 없다는 것이 입증된 때에는 보험자는 그 사고로 인한 보험금 지급 책임을 면하지 못한다.

고지의무 위반에 의한 계약의 해지시 인과관계의 정도에 대해 상당인과관계로 보지 않고, 조금이라도 인과관계가 있다면 인과관계가 존재한다고 보아야 한다(대법원 1992.10.23. 선고 92다28259 판결, 대법원 1997.10.28. 선고 97다33089 판결).

또한 고지의무위반사실이 보험사고 발생에 영향을 미치지 아니하였다는 점, 즉 보험사고의 발생이 보험계약자가 불고지하였거나 부실고지한 사실에 의한 것이 아니라는 것에 대한 입증책임은 보험계약자가 부담한다(대법원 2001.1.5. 선고 2000다40353 판결, 대법원 1994.2.25. 선고 93다52082 판결).

▶ 고지의무 위반으로 계약을 해지하기 위한 인과관계의 정도

고지의무 위반 사실과 보험사고 발생과의 인과관계의 존재를 조금이라도 엿볼 수 있는 여지가 있으면 고지의무 위반을 이유로 한 보험자의 계약해지권을 제한해서는 안되므로, 운전자가 한쪽 눈이 실명된 사실을 보험자에게 고지하지 않은 채 한쪽 눈이 실명된 자는 제1종 보통 운전면허를 받을 수 없는데도 제1종 보통 운전면허 소지자만 운전할 수 있는 차량을 운전하다가 그의 일방과실에 의한 추돌사고가 발생한 경우, 고지의무 위반 사실과 사고 발생 사이의 인과관계를 인정할 수 있다(대법원 1997.10.28. 선고 97다33089 판결, 대법원 1992.10.23. 선고 92다28259 판결).

▶ 고지의무 위반사실과 보험사고 발생과의 인과관계 부존재에 관한 입증책임

보험계약을 체결함에 있어 고지의무 위반사실이 보험사고의 발생에 영향을 미치지 아니하였다는 점, 즉 보험사고의 발생이 보험계약자가 불고지하였거나 불실고지한 사실에 의한 것이 아니라는 것이 증명된 때에는 상법 제655조 단서의 규정에 의하여 보험자는 위 불실고지를 이유로 보험계약을 해지할 수 없는 것이지만 위와 같은 고지의무 위반사실과 보험사고 발생과의 인과관계의 부존재의 점에 관한 입증책임은 보험계약자에게 있다(대법원 2001.1.5. 선고 2000다40353 판결, 대법원 1994.2.25. 선고 93다52082 판결).

5-2 질병상해보험 표준약관상 계약 전 알릴의무

01 계약 전 알릴의무

질병상해보험 표준약관에서는 보험계약자 또는 피보험자는[1] 청약서에서 질문한 사항에 대하여 알고 있는 사실을 반드시 사실대로 알리도록 하는 계약전 알릴의무를 부여하고 있다.

또한 고지의무를 이행하는 방법으로 의료법 제3조(의료기관)에 정한 종합병원 및 병원에서 실시한 건강진단 사본 등으로도 건강진단을 대신할 수 있도록 하고 있다.

질병상해보험 표준약관 제22조(계약전 알릴 의무)

계약자 또는 피보험자는 청약시(건강진단을 받는 경우에는 건강진단시를 말합니다) 청약서에서 질문한 사항에 대하여 알고 있는 사실을 반드시 사실대로 알려야(이하 "계약전 알릴 의무"라 하며, 상법상 "고지의무"와 같습니다)합니다. 다만, 의료법 제3조(의료기관)에서 정하는 종합병원 및 병원에서 직장 또는 개인이 실시한 건강진단서 사본 등 건강상태를 판단할 수 있는 자료로 건강진단을 대신할 수 있습니다.

생명보험 표준약관에서는 '중요한 사항'에 대하여 회사가 그 사실을 알았더라면

1) 장기손해보험 표준약관에서 고지의무자는 보험계약자, 피보험자와 함께 이들의 대리인에게도 계약전 알릴의무를 부여하고 있다.

계약의 청약을 거절하거나 보험가입금액 한도 제한, 일부 보장 제외, 보험금 삭감, 보험료 할증과 같이 조건부로 인수하는 등 계약의 인수에 영향을 미칠 수 있는 사항으로 정의하고 있다(생명보험 표준약관 제22조 제2항).

02 계약 전 알릴의무 위반의 효과

가. 보험계약의 해지

보험계약자 또는 피보험자가 고의 또는 중대한 과실로 계약 전 알릴의무를 위반하고, 그 의무가 중요한 사항에 해당하는 경우 보험자는 손해의 발생여부에 관계없이 보험계약을 해지할 수 있다. 계약 전 알릴 의무 위반에 의한 해지가 보험금 지급사유 발생 후에 이루어진 경우에 보험금을 지급하지 아니하며, 계약 전 알릴 의무 위반 사실 뿐만 아니라 계약 전 알릴 의무 사항이 중요한 사항에 해당되는 사유를 "반대증거가 있는 경우 이의를 제기할 수 있습니다"라는 문구와 함께 계약자에게 알려준다.

나. 보험계약 해지의 제한

보험자는 다음의 경우에는 보험계약자가 계약 전 알릴의무를 위반을 하였더라도 아래와 같은 사실이 있을 경우에는 해지할 수 없다.

① 회사가 계약당시에 그 사실을 알았거나 과실로 인하여 알지 못하였을 때
② 회사가 그 사실을 안 날부터 1개월 이상 지났거나 또는 또는 제1회 보험료를 받은 때부터 보험금 지급사유가 발생하지 아니하고 2년(건강진단을 받은 피보험자의 경우에는 1년)이 지났을 때
③ 계약체결일부터 3년이 지났을 때
④ 회사가 이 계약의 청약시 피보험자의 건강상태를 판단할 수 있는 기초자료(건강진단서 사본 등)에 의하여 승낙한 경우에 건강진단서 사본 등에 명기되어 있는 사항으로 보험금 지급사유가 발생하였을 때(계약자 또는 피보험자가 회사에 제출한 기초자료의 내용 중 중요사항을 고의로 사실과 다르게 작성한 때에는 제외)
⑤ 보험설계사 등이 계약자 또는 피보험자에게 고지할 기회를 부여하지 아니하였거나 계약자 또는 피보험자가 사실대로 고지하는 것을 방해한 경우, 계약자 또는 피보험자에 대해 사실대로 고지하지 않게 하였거나 부실한 고지를

권유했을 때. 다만, 보험설계사 등의 행위가 없었다 하더라도 계약자 또는 피보험자가 사실대로 고지하지 않거나 부실한 고지를 했다고 인정되는 경우에는 그러하지 아니한다.

⑥ 다른 보험가입내역에 대한 계약 전 알릴의무 위반을 이유로 계약을 해지할 수 없다.

▶ 건강상태를 판단할 수 있는 기초자료에서 '기초자료'의 의미

'기초자료'는 "의료법 제3조 소정의 종합병원 및 병원에서 직장 또는 개인이 실시한 건강진단서 사본 등 건강상태를 판단할 수 있는 자료"를 말하는 것이지, 보험계약 체결과정에서 회사의 의뢰에 따라 보험의가 실시한 진단 결과 작성되는 건강진단서를 말하는 것은 아니다(대법원 2004.9.23. 선고 2004다31814 판결).

다. 보험계약의 해지와 인과관계

계약 전 알릴 의무를 위반한 경우에도 알릴 의무를 위반한 사실이 보험금 지급사유 발생에 영향을 미치지 아니하였음을 계약자, 피보험자 또는 보험수익자가 증명하는 경우에 보험자는 그 사고로 인한 보험금의 지급책임을 면하지 못한다.

고지의무 위반에 의한 계약의 해지가 손해발생 후에 이루어진 경우, 발생한 손해를 보상하지 아니하나, 손해가 고지의무위반사항과 인과관계가 없다는 것이 입증된 때에는 보험자는 그 사고로 인한 보험금 지급 책임을 면하지 못한다.

보험계약을 해지할 때에는 ① 계약전 알릴의무 위반 사실뿐만 아니라 ② 계약전 알릴 의무사항이 중요한 사항에 해당되는 사유를 ③"반대증거가 있는 경우 이의를 제기할 수 있습니다"라는 문구와 함께 ④ 보험계약자에게 ⑤ 서면으로 알리도록 하고 있다.

라. 환급금의 지급

질병상해보험 표준약관 및 생명보험 표준약관에서는 계약 전 알릴의무 위반으로 보험자가 계약을 해지하였을 때에는 해지환급금을 지급한다. 이는 2010년 4월 1일 이전의 생명보험 표준약관 및 장기손해보험 표준약관에서는 계약 전 알릴 의무 위반으로 계약을 해지할 경우 이미 납입한 보험료를 지급하는 경우가 있어서 보험계약자 등이 의도적으로 계약 전 알릴 의무를 위반하여 계약이 해지되더라도 손해 볼 것이 없다는 인식이 팽배해 있어서 계약 전 알릴의무를 위반한 계약자 등에게 일종의 패널티를 부과하기 위해 해지환급금을 지급하는 것으로 변경되었다.

03 고지의무위반 해지권과 계약취소권의 경합

가. 상법과 민법의 경합

보험계약은 상법에 고지의무관련 조항을 두고 이를 위반한 경우, 보험자가 안 날부터 1개월 그리고 보험계약 체결일로부터 3년 내에 해지권을 행사할 수 있다.

그러나 보험계약 역시도 일반적인 거래관계의 일종으로 볼 수 있다는 점에서, 계약을 체결할 당시에 계약 상대방을 기망한 보험계약자에 대해 민법에 정한 사기의 의사표시와 이로 인한 취소권[2])을 행사할 수 있느냐의 문제가 발생할 수 있다.

상법과 민법의 경합이 논란이 되는 이유는 상법의 해지권 행사의 제척기간은 3년인 반면, 민법에 정한 취소권은 10년에 달하므로 보험계약 체결일로부터 3년이 경과한 계약에 대하여 민법조항을 적용하여 10년[3]) 내에 취소할 수 있느냐의 문제이다.

또한 상법을 적용하여 고지의무 위반을 이유로 보험계약을 해지할 경우, 보험계약은 해지한 이후 장래를 향하여 효력을 상실시키는 반면, 민법 제110조와 제146조를 적용하여 취소할 경우에는 보험계약 체결시점으로 소급하여 당해 계약을 전면 무효로 하는 점에서도 차이가 있다.

이에 대해, 상법은 민법규정에 대한 특칙으로 보아 고지의무위반에 의한 계약해지만을 할 수 있다는 상법단독적용설과, 상법에 정한 고지의무와 민법상의 의사표시의 불일치 관련조항은 근거와 요건, 효과 등에서 별개의 사안이므로 이를 상법과 민법을 중첩하여 적용한다는 민법상법중첩적용설, 보험계약자의 의사표시가 사기인 경우는 민법과 상법을 중첩하여 적용하고 그 외의 경우는 상법의 고지의무위반만을 적용한다는 절충설이 있다.

우리 대법원은 고지의무위반 중에서 사기에 해당하는 경우를 별도로 구분하여 민법의 일반원칙에 의해 보험계약을 취소할 수 있다는 절충설의 입장을 취하고 있다(대법원 1991.12.27. 선고 91다1165 판결).

---

2) 민법 제110조(사기, 강박에 의한 의사표시) 제2항 상대방 있는 의사표시에 관하여 제삼자가 사기나 강박을 행한 경우에는 상대방이 그 사실을 알았거나 알 수 있었을 경우에 한하여 그 의사표시를 취소할 수 있다.

3) 민법 제146조 (취소권의 소멸) 취소권은 추인할 수 있는 날로부터 3년 내에, 법률행위를 한 날로부터 10년내에 행사하여야 한다.

▶ 보험계약자의 고지의무 위반이 사기에 해당하는 경우

보험계약을 체결함에 있어 중요한 사항에 관하여 보험계약자의 고지의무위반이 사기에 해당하는 경우에는 보험자는 상법의 규정에 의하여 계약을 해지할 수 있음은 물론 민법의 일반원칙에 따라 그 보험계약을 취소할 수 있다(대법원 1991.12.27. 선고 91다1165 판결).

나. 질병상해보험 표준약관상 계약의 취소

현재 생명보험 표준약관과 질병상해보험 표준약관에서도 절충설의 입장을 취하고 있다. 일반적인 고지의무 위반사항에 대하여는 민법 제110조(사기에 의한 의사표시)를 적용하지 아니하지만 다음의 경우에는 뚜렷한 사기의사로 보아 보험자의 보장개시일로부터 5년 이내, 사기 사실을 안 날로부터 1개월 이내에 계약을 취소할 수 있도록 하고 있다.

① 대리진단, 약물 복용을 수단으로 진단절차를 통과한 경우

② 진단서 위변조의 경우

③ 청약일 이전에 암 또는 에이즈의 진단 확정을 받은 후 이를 숨기고 가입한 경우

이에 따라 보험계약이 취소된 경우에는 보험계약은 보험계약 성립시로 소급하여 소멸하게 되어 보험자의 책임은 없어지게 된다.

질병상해보험 표준약관 제26조(사기에 의한 계약)

계약자 또는 피보험자가 대리진단, 약물복용을 수단으로 진단절차를 통과하거나 진단서 위변조 또는 청약일 이전에 암 또는 인간면역바이러스(HIV) 감염의 진단 확정을 받은 후 이를 숨기고 가입하는 등 사기에 의하여 계약이 성립되었음을 회사가 증명하는 경우에는 계약일부터 5년 이내(사기사실을 안 날부터 1개월 이내)에 계약을 취소할 수 있습니다.

다. 보험계약의 해지 제척기간 또는 취소의 기간

고지의무 위반에 의한 보험계약해지권의 제척기간에 대해 상법 제651조는 보험자가 그 사실을 안날로부터 1월내에, 계약을 체결한날로부터 3년 내에 한하여 해지할 수 있다.

질병상해보험 표준약관은 의무 위반 사실을 안날부터 1개월, 제1회 보험료를 받은 때부터 보험금 지급사유가 발생하지 아니하고 2년(건강진단을 받은 피보험자의 경

우에는 1년)이 지난 경우 보험자는 고지의무 위반을 사유로 해지할 수 없다. 다만, 뚜렷한 사기의사에 의해 계약이 성립된 경우에는 보장개시일로부터 5년 이내에, 사기사실을 안 날로부터 1월내에 한하여 취소할 수 있다.

민법 제110조와 민법 제146조에 의한 계약의 취소권한은 10년 내에 행사할 수 있다.

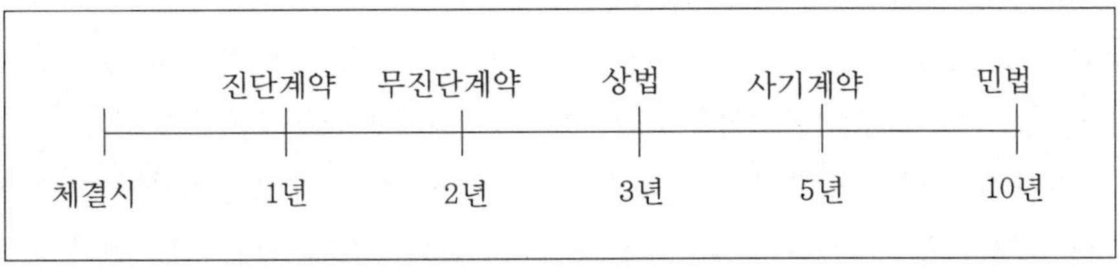

이를 순차적으로 풀어서 설명하면, 건강진단을 받은 경우에는 제1회 보험료를 받은 때부터 1년이 경과하면 고지의무위반을 이유로 하여 보험자가 해지할 수 없고, 보험금지급사유가 발생하지 아니하고 2년이 경과하면 해지할 수 없다. 그러나 보험금 지급사유가 발생한 경우에는 상법에 정한 3년 이내에는 해지할 수 있고, 3년이 경과하면 해지할 수 없다. 그러나 이 경우에도 대리진단, 약물복용후의 건강진단, 진단서 위변조, 청약일 이전의 암·에이즈의 진단 등 뚜렷한 사기의사에 의한 계약의 경우 민법에 의해서는 10년 내에 취소할 수 있으나 약관에서는 5년 내에 「취소」할 수 있도록 제한하고 있다.

5-3 고지의무에 관한 판결

01 고지의무에 관한 주요 쟁점별 판결

가. 「고지의무 위반사항을 안 날」의 의미

상법 제651조에 정한 보험자가 「고지의무 위반사항을 안 날」이란 보험자가 해지권 행사를 위하여 필요한 고지의무 위반에 관한 모든 요건을 확인한 때를 의미하고, 단순히 고지의무 위반에 대한 의심을 품는 정보를 확보한 것에 불과한 때를 의미한다고 볼 수 없다. 따라서 고지의무자측에 고지사항의 불고지 또는 부실고지가 존재한다는 것(객관적요건)과 그것이 고지의무자의 악의 또는 중과실에 기인한다는 것(주관적 요건)을 보험자가 확인하는 시점이 「고지의무 위반사항을 안 날」이 된다(서울남부지방법원 2006.5.11. 선고, 2005나9123 판결).

상해보험이나 질병보험에서 보험자가 손해사정사를 선임하여 업무를 위탁처리하는 경우 보험자가 「고지의무 위반사항을 안 날」은 보험자가 업무를 위탁한 손해사정사가 안 날이 아니라, '손해사정사가 손해사정보고서를 제출 또는 보고한 날'이다(대전고등법원 2007.4.10. 선고, 2006가합 17949 판결, 서울고법 2003.11.19. 선고, 2003나19635(본소), 2003나19642(반소)판결, 서울중앙지법 2004.4.2. 선고, 2002가단354504 판결).

'보험자가 고지의무 위반사실을 안 날'을'손해사정사가 보험사에 보고서를 제출한 날'에서 한걸음 더 나아가 '손해사정사가 진료확인서를 발급받는 등의 고지의무 위반사항을 확인한 날로부터 10일이 경과하는 날'로 보는 하급심의 판례도 있다(서울남부지방법원 2006.5.11. 선고, 2005나9123 판결).

▶ '보험자가 해지의 원인을 안 날'의 의미

상법 제 651조에서 정하고 있는 '보험자가 해지의 원인을 안날' 이라 함은 보험자가 해지권 행사를 위하여 필요한 고지의무 위반에 관한 모든 요건을 확인한 때를 의미하고, 단순히 고지의무 위반에 대한 의심을 품는 정보에 불과한 때를 의미한다고 볼 수는 없으며, 따라서 고지의무측에 고지사항의 불고지 또는 부실고지가 존재한다는 것(객관적 요건)과 그것이 고지의무자의 악의 또는 중과실에 기인한다는 것(주관적 요건)을 보험자가 확인하는 시점이 제척기간의 기산점이 된다고 할 것이며, 이 건 보험계약에 있어서 피보험자가 보험계약체결 전에 입원, 치료를 받은 사실이 있다는 점과 보험계약 후 뇌성마비 진단을 받았다는 점에 대한 진료확인서를 발급받은 것만으로 보험자가 해지의 원인을 알았다고 볼 수 없고, 위와 같은 사정에 더하여 피보험자의 장해가 무엇이며 그 정도가 어떠한지를 확인하고, 보험계약 체결 직전의 입원, 치료 외에 달리 피보험자의 장해 원인이 될 만한 병력이 있는지를 확인하며, 피보험자의 병력과 보험사고 사이의 인과관계가 존재하는 지 여부를 확인함으로써 해지의 원인을 알게 된다고 할 것인 바, 이러한 조사와 검토를 모두 마치기 위해서는 최소한 10일의 시간이 필요하다 할 것이므로, 보험자는 (손해사정사가 진료확인서를 발급받은) 7월 8일로부터 10일이 경과한 후인 7월 18일이 사건 보험계약의 해지원인을 알게 되었다고 봄이 상당하다. 따라서 피고가 7월 18일로부터 1개월 이내인 8월 11일 계약자에게 해지통고를 한 것은 적법한 해지기간 내에 한 것이므로 제척기간의 도과로 해지권이 소멸되었다는 원고주장은 이유 없다(서울남부지방법원 2006.5.11. 선고, 2005나9123 판결).

▶ 손해사정보고서가 보고된 날을 고지의무 위반을 안 날로 본다.

보험사가 8월 10일 보험금청구를 받고 보험금지급사유에 해당하는지 여부에 관하여 확인하기 위하여 ○○손해사정(주)에 손해사정업무를 위임하였고, ○○손해사정(주)의 직원이 8월 14일 ** 병원에서 건강검진결과표 및 담당의사 소견서를 수령하는 등의 업무를 수행하고, 8월 25일 관련조사를 완료 후 같은 날 관련 사항에 대하여 종합한 보고서를 보험사에 제출하고 보험사는 9월 22일 서면으로 고지의무위반을 이유로 해지통지를 한 사안에서, 보험사는 8월 25일 고지의무위반사실을 알게 되었다고 봄이 상당하고 그로부터 1개월 이내인 9월 22일 서면으로 부활계약에 대한 해지 통보를 하였는바, 적법한 절차에 의한 해지통보로 판단된다(대전고등법원 2007. 4. 10. 선고, 2005가합 17949 판결, 서울고등법원 2003.11.19. 선고, 2003나 19635(본소), 2003나19642(반소)판결, 서울중앙지법 2004.4.2. 선고, 2002가단354504 판결).

나. '보험금지급사유가 발생하지 아니하고'의 의미

질병상해보험 표준약관에서는 건강진단을 실시한 계약은 제1회 보험료를 받은 때부터 1년, 건강진단을 받지 아니한 계약은 '보험금 지급사유가 발생하지 아니하고' 2년이 경과하면 보험자가 고지의무위반에 의해 계약을 해지할 수 없다.

그러나 보험금 지급사유가 발생한 경우 해지의 제척기간에 대해 특별한 언급이 없으나, 이 경우 상법 제651조를 적용하여 계약을 체결한 날로부터 3년 이내에는 보험자가 고지의무 위반을 이유로 보험계약을 해지할 수 있다고 보는 것이 일반적이다(금융감독원 분쟁조정사례 2003.8.19 결정 제2003-32호).

즉 제1회 보험료를 받은 때부터 2년 내에 보험금 지급사유가 발생하지 않으면 제척기간은 2년이 적용되고, 그 2년 내에 보험금 지급사유가 발생한 때에는 상법 제651조에 의해 계약체결일로부터 3년 이내에 계약을 해지할 수 있는 것으로 본다.

'보험금지급사유가 발생하지 아니하고'에 대한 의미를 보험계약 체결 후 소액의 보험금이라 하더라도 보험금을 지급한 적이 있는 경우는 제외하는지, 실제 보험사고는 발생하였더라도 해지 제척기간을 의도적으로 회피하기 위하여 보험금 청구를 하지 아니한 경우에는 어떻게 적용할지에 대한 심도 있는 판결례는 아직 없다.

이에 대해 '이미 체결된 계약의 소멸을 초래하는 보험금 지급사유의 발생, 즉 피보험자의 사망 등의 보험사고가 발생하지 아니하고'로 해석해야한다는 분쟁조정사례(금융감독원 분쟁조정사례 1992.2.25. 결정 제1992-8 호)도 있으나, 질병상해보험 등에서는 해당 개별 보험약관에서 보험금 지급이 가능한 지급사유로 해석함이 타당하다.

▶ **무진단계약의 제척기간 적용**

무진단계약을 기준으로 해서 약관과 상법의 관계를 살펴보면, 책임개시일로부터 2년 내에 보험금 지급사유가 발생하지 않은 경우에는 보험회사가 약관상 제척기간인 2년 내에 계약해지권을 행사할 수 있으나, 2년 내에 보험금 지급사유가 발생하면 상법상 제척기간인 3년을 적용하여 계약해지권을 할 수 있는 것으로 해석된다(금융감독원 분쟁조정사례 2003.8.19. 결정 제2003-32호).

다. 약관교부 및 명시설명의무와 고지의무와의 경합

보험계약을 체결하는 과정에서 보험설계사 또는 보험대리점의 보험약관 명시설명의무를 위반한 경우에는 그 약관의 내용을 보험계약의 내용으로 주장할 수 없고, 고지의무를 위반하였다고 하더라고 이를 이유로 보험계약을 해지할 수 없다(대법원 1996.4.12. 선고 96다4893 판결).

▶ **설명의무를 위반한 경우 고지의무위반을 이유로 계약을 해지할 수 있는지 여부**

보험자 및 보험계약의 체결 또는 모집에 종사하는 자는 보험계약의 체결에 있어서 보험계약자 또는 피보험자에게 보험약관에 기재되어 있는 보험상품의 내용, 보험료율의 체계 및 보험청약서상 기재사항의 변동사항 등 보험계약의 중요한 내용에 대하여 구체적이고 상세한 명시˘설명의무를 지고 있으므로, 보험자가 이러한 보험약관의 명시˘설명의무에 위반하여 보험계약을 체결한 때에는 그 약관의 내용을 보험계약의 내용으로 주장할 수 없고, 보험계약자나 그 대리인이 그 약관에 규정된 고지의무를 위반하였다 하더라도 이를 이유로 보험계약을 해지할 수 없다(대법원 1996.4.12. 선고 96다4893 판결).

라. 보험계약의 해지와 제척기간

보험자는 보험계약자의 고지의무 위반사실을 안날로부터 1월내에 계약을 해지할 수 있다. 보험자의 계약해지권은 형성권이고, 해지권 행사기간은 제척기간이며, 해지의 의사표시는 민법의 일반원칙에 따라 보험계약자 또는 그의 대리인에 대한 일방적인 의사표시에 의한다. 이러한 의사표시의 효력은 상대방에게 도달한 때에 발생하므로, 해지의 의사표시가 보험계약자 등에게 제척기간 내에 도달되어야만 적법하게 해지권을 행사하였다고 할 수 있다(대법원 2000.1.28. 선고 99다50712 판결).

아울러 피보험자의 직업이나 직종에 따라 보험금 가입한도나 보상비율에 차등이 있는 생명보험계약에서 피보험자의 직업이나 직종에 관한 사항에 대하여 고지의무위반이 있어 자동적으로 실제의 직업이나 직종에 따라 가능하였던 가입한도나 보상비율 범위 이내로 감축하는 것도, 가입한도와 보상비율을 초과하는 부분을 자동해지하는 것이므로 상법에 정한 해지 제척기간 내에 해지하여야 효력이 발생한다(대법원 2000.11.24. 선고 99다42643 판결).

▶ 해지의 의사표시는 제척기간이 경과하기 전에 도달해야 한다.

보험계약의 해지권은 형성권이고, 해지권 행사기간은 제척기간이며, 해지권은 재판상이든 재판외이든 그 기간 내에 행사하면 되는 것이나 해지의 의사표시는 민법의 일반원칙에 따라 보험계약자 또는 그의 대리인에 대한 일방적 의사표시에 의하며, 그 의사표시의 효력은 상대방에게 도달한 때에 발생하므로 해지권자가 해지의 의사표시를 담은 소장 부본을 피고에게 송달함으로써 해지권을 재판상 행사하는 경우에는 그 소장 부본이 피고에게 도달할 때에 비로소 해지권 행사의 효력이 발생한다 할 것이어서, 해지의 의사표시가 담긴 소장 부본이 제척기간 내에 피고에게 송달되어야만 해지권자가 제척기간 내에 적법하게 해지권을 행사하였다고 할 것이고, 그 소장이 제척기간 내에 법원에 접수되었다고 하여 달리 볼 것은 아니다(대법원 2000.1.28. 선고 99다50712 판결).

▶ 가입한도와 보상비율을 감축하는 경우에도 고지위반 해지 규정을 적용하는지 여부

피보험자의 직업이나 직종에 따라 보험금 가입한도나 보상비율에 차등이 있는 생명보험계약에서 그 피보험자의 직업이나 직종에 관한 사항에 대하여 고지의무 위반이 있어 실제의 직업이나 직종에 따른 보험금 가입한도나 보상비율을 초과하여 보험계약이 체결된 경우에 보험회사가 보험금 지급사유의 발생 여부와 관계없이 보험금을 피보험자의 실제 직업이나 직종에 따른 보험금 가입한도나 보상비율 이내로 감축하는 것은 실질적으로 당사자가 의도하였던 보험금 가입한도나 보상비율 중에서 실제 직업이나 직종에 따른 보험금 가입한도나 보상비율을 초과하는 부분에 관한 보험계약을 자동 해지하는 것이라고 할 것이므로, 그 해지에 관하여는 상법 제651조에서 규정하고 있는 해지기간, 고지의무 위반사실에 대한 보험자의 고의나 중과실 여부, 상법 제655조에서 규정하고 있는 고지의무 위반사실과 보험사고 발생 사이의 인과관계 등에 관한 규정이 여전히 적용되어야 한다(대법원 2000.11.24. 선고 99다42643 판결).

마. 고지의무위반과 민법상의 사기

앞서 언급한 바와 같이 보험가입전에 특정질병을 앓고 있으면서도 고지의무를 의도적으로 이행하지 아니한 채 보험계약을 체결한 때에 상법만을 적용할 것인지, 상법과 민법을 중첩하여 적용할 것인지, 이를 절충하여 적용할 것인지에 대한 논의가 있었고, 우리법원은 절충설의 입장에 있음을 논한 바 있다.

이러한 입장에서 나아가 최근에는 의도적으로 보험가입전 특정질병을 보험자에게 알리지 아니한 것을 보험금 편취의 범의를 인정하여'사기죄'가 성립한다(대법원 2007.4.12. 선고 2007도967 판결)는 진일보적인 판례도 있다.

▶ 가입전 특정질병을 알리지 않은 경우 사기죄로 인정할 수 있는지 여부

사기죄의 요건으로서의 기망은 널리 재산상의 거래관계에 있어 서로 지켜야 할 신의와 성실의 의무를 저버리는 모든 적극적 또는 소극적 행위를 말하는 것이고, 이러한 소극적 행위로서의 부작위에 의한 기망은 법률상 고지의무 있는 자가 일정한 사실에 관하여 상대방이 착오에 빠져 있음을 알면서도 이를 고지하지 아니함을 말하는 것으로서(대법원 2006.2.23.선고 2005도8645 판결 등 참조), 특정 질병을 앓고 있는 사람이 보험회사가 정한 약관에 그 질병에 대한 고지의무를 규정하고 있음을 알면서도 이를 고지하지 아니한 채 그 사실을 모르는 보험회사와 그 질병을 담보하는 보험계약을 체결한 다음 바로 그 질병의 발병을 사유로 하여 보험금을 청구하였다면 특별한 사정이 없는 한 사기죄에 있어서의 기망행위 내지 편취의 범의를 인정할 수 있고, 보험회사가 그 사실을 알지 못한 데에 과실이 있다거나 고지의무위반을 이유로 보험계약을 해제할 수 있다고 하여 사기죄의 성립에 영향이 생기는 것은 아니다(대법원 2007.4.12. 선고 2007도967 판결).

바. 다수의 보험계약 체결

상법 제672조 제2항에서는 동일한 보험계약의 목적과 동일한 사고에 관하여 수개의 보험계약을 체결하는 경우에 각 보험자에 대하여 각 보험계약의 내용을 고지하도록 하고 있다.

그러나 이 조항은 부당한 이득을 얻기 위한 사기에 의한 보험계약의 체결을 사전에 방지하고 보험자로 하여금 보험사고 발생시 손해의 조사 또는 책임의 범위의 결정을 다른 보험자와 공동으로 할 수 있도록 하기 위한 것이고, 보험사고 발생의 위험을 측정하여 계약을 체결할 것인지, 또는 어떤 조건으로 체결할 것인지 판단할 수 있는 자료를 제공하기 위한 것이라고 볼 수 없으므로 중복보험 체결사실은 고지의무 대상이 되는 중요한 사항이 아니다(대법원2004.6.11. 선고 2003다18494 판결, 대법원 2003.11.13. 선고 2001다49623 판결).

질병상해보험 표준약관에서도 보험자가 다른 보험가입내역에 대한 계약 전 알릴의무 위반을 이유로 해지하거나 보험금 지급을 거절하지 못하도록 명시하고 있다(질병상해보험 표준약관 제24조 제7항).

▶ 다수보험 계약의 미고지가 고의 또는 중대한 과실로 볼 수 있는지 여부

보험계약자가 상해보험계약을 체결함에 있어서 보험자에게 다수의 다른 보험계약이 존재한다는 사실을 알리지 아니하였지만, 그러한 미고지가 고의 또는 중대한 과실에 의한 것으로 보기 어렵다(대법원 2004.6.11. 선고 2003다18494 판결).

▶ 다수의 중복보험 가입사실이 고지의무 대상이 되는 중요한 사항인지 여부

상법 제672조 제2항의 중복보험 통지조항은 부당한 이득을 얻기 위한 사기에 의한 보험계약의 체결을 사전에 방지하고 보험자로 하여금 보험사고 발생시 손해의 조사 또는 책임의 범위의 결정을 다른 보험자와 공동으로 할 수 있도록 하기 위한 것일 뿐, 보험사고발생의 위험을 측정하여 계약을 체결할 것인지 또는 어떤 조건으로 체결할 것인지 판단할 수 있는 자료를 제공하기 위한 것이라고 볼 수는 없으므로 중복보험을 체결한 사실은 상법 제651조의 고지의무의 대상이 되는 중요한 사항에 해당되지 아니한다(대법원 2003.11.13. 선고 2001다49623 판결).

사. 고지의무와 보험사의 배상책임

보험계약 체결과 관련하여 보험계약자는 주로 보험설계사에게 보험상품에 대한 설명을 듣고, 보험계약을 체결하는 것이 일반적이지만 보험설계사는 고지의무 수령권이 없다. 그러나 보험에 관한 전문지식이 없는 일반인에게 상대적으로 보험전문가인 보험설계사의 설명이 거의 절대적이며, 보험설계사의 설명이나 지시에 의해 체결하는 것 외의 다른 방법을 찾아볼 수 없다.

이러한 상황에서 보험설계사에 의한 상품의 착오 안내나, 보험설계사가 이미 알고 있는 사실에 대한 청약서상의 불고지나 부실고지, 보험설계사가 정상적인 고지의무의 이행을 방해 하는 경우 등 다양한 분쟁사례가 있다.

이에 대해, 우리 법원은 보험설계사가 이미 알고 있거나, 보험설계사에게 보험가입전 중요한 사항에 알렸더라도, 보험설계사가 고지수령권한을 가지고 있다고 볼 수 없으므로 보험계약자는 고지의무를 이행한 것으로 보지 않는다(서울지방법원 1999.10.7.선고 99가합15547 판결, 서울지방법원 2003. 10.31. 선고 2003가합17953 판결).

다만, 보험계약의 체결이 보험자에게 위촉된 보험설계사에 의해 이루어지는 일반적인 상황을 고려하여 보험회사의 계약자에 대한 배상책임을 인정하고 있으며, 이러한 배상책임에 대한 보험자와 보험설계사의 과실비율은 사안에 따라 상이하다(전주지방법원 2003.1.7.선고 2002가단 5694 판결).

▶ 보험모집인이 이미 알고 있는 사항에 대한 불고지가 고지의무 위반인지 여부

상해보험계약에 있어 기능장해, 과거의 상병 및 다른 보험계약사항은 중요한 사항이고, 이러한 내용에 대하여 보험계약 청약서상"무"로 기재하였다면 이는 중요한 사항에 대한 고지의무 위반이고, 보험모집인에게 위 고지사항 등을 알렸거나 보험모집인이 이미 위 고지사항의 내용을 알고 있었다고 하더라도 보험모집인이 고지수령권한을 가지고 있다고 볼 수 없는 이상 보험계약자는 보험자에 대하여 고지의무를 다하였다고 할 수는 없다(서울지방법원 1999.10.7.선고 99가합15547 판결).

▶ 보험설계사에게 고지한 내용이 불고지에 해당하는지 여부

피보험자는 청약서를 작성할 당시 보험설계사에게 오래 전 교통사고를 당하여 짧은 기간 입원치료를 받은 적이 있으며, 현재는 아무런 이상이 없다는 취지로 말하였고, 이에 보험설계사는 자신이 보기에도 피보험자에게 문제가 없다고 판단되자 더 이상 구체적으로 물어보지 아니한 채 청약서를 작성한 사실을 인정할 수 있고 반증이 없으나, 한편 위 같은 증거들에 의하면 보험설계사는 피보험자의 설명에도 불구하고 청약서에 교통사고로 인한 입원사실이 없다고 기재한 사실 또한 인정할 수 있는 바, 위 인정사실에 의하면 피보험자는 보험자에게 고지하여야 할 사실을 알고 있으면서도 현저한 부주의로 인하여 그 사실의 중요성의 판단을 잘못하였다고 할 것이므로, 중대한 과실이 인정된다(서울지방법원 2003.10.31 선고 2003가합17953 판결).

02 질병에 대한 고지의무 관련 판례

가. 단순교통사고로 인한 치료사실

단순한 교통사고의 경우, 흔히 '경추염좌'나 '요추염좌'등의 진단을 받고 짧은 기간 치료를 하는 경우가 많다. 이에 대하여도 우리 법원은 보험사에게 이행하여야 할 '중요한 사항'으로서 고지해야할 대상으로 보고 있다. 나아가 피보험자의 '장해상태'나 보험가입당시 '입원치료중인 상태'도 명백한 고지의무 대상으로 보고 있다.

▶ 교통사고로 경추염좌, 요추염좌가 고지대상인지 여부

보험계약 체결 당시 그 이전에 교통사고로 경추염좌, 요추염좌 등으로 치료받은 전력이 있는지 여부는 보험자가 서면으로 질문한 사항이며 나아가 보험자가 보험계약을 체결할 것인지 여부와 보험료를 정하는 데 영향을 미치는 사항이라 할 것이므로 이는 상법 제651조에 정하는 고지의무의 대상이 되는'중요한 사항'이라 할 것이다(서울지방법원 2003.5.15. 선고 2002가합30676 판결).

▶ 장해상태가 고지대상인지 여부

상해보험계약의 체결에 있어 피보험자의 건강상태는 보험사고가 발생할 경우 그것이 급격하고도 우연한 외래의 사고인지 여부를 판단하는 중요한 측정자료가 되고 청약서상에도 이를 기재토록 명시되어 있는 바, 이는 보험계약자 등이 보험자에게 고지하여야 할 중요한 사항임이 분명하므로 과거 교통사고로 상해를 입어 수개월동안 입원치료를 받고 장해까지 남은 것으로 판정된 피보험자가 불과 2-3년 만에 완치되었다는 것은 경험칙상 수긍할 수 없고, 이러한 사실을 고지하지 않았으므로 보험자의 계약해시권 행사는 적법하다(서울지방법원 1998.11.10.선고 98나34286 판결).

▶ 입원치료 중인 사실이 고지대상인지 여부

보험계약 체결 당시 입원중인 사실은 보험자가 보험계약의 체결여부나 조건을 정하는 데 있어서 중요한 사항에 해당하고, 청약서의 질문표에 현재 검사나 치료를 받고 있지 아니하다는 허위의 기재를 한 것은 고의 또는 중대한 과실로 중요한 사항을 고지하지 않은 것으로 고지의무위반이다(부산지방법원 1992.10.28. 선고 92가단30258 판결).

나. 간질환의 고지대상 여부

간질환의 경우 어느 정도가 고지의무 대상인지 여부는 늘 논란의 대상이다. 단순히 간염보균사실만으로도 고지대상인지, 아니면 간염으로 인한 치료사실이 고지대상인지 여부와 관련하여, 우리 법원은 단순한 간염보균사실 자체는 우리나라 1% 정도가 가지고 있는 질병이고, 이중 15~20% 정도만이 5년~20년에 걸쳐 간경변으로 발전할 가능성이 있다고 보아 고지의무의 대상이되는 중요한 사항으로 보지 않고 있다(서울지방법원 1993.12.10. 선고 93가단109931 판결).

그러나 간염보균사실 자체에 대하여 청약서상에 직접적으로 언급하여 묻고 있다면 고지해야할 대상으로 보아야 한다. 단순한 간염보균사실을 넘어 이에 대한 치료를 지속하고 있다면 보험자에게 알려야할 중요한 사항으로 보아야 한다(창원지방법원 1993.12.12. 선고 93가단5492 판결). 실무적으로는 간염의 진단이 활동성인지 비활동성인지의 여부로 보험계약의 인수여부를 결정하기도 한다.

▶ 만성B형 간염보균 사실이 고지의무 대상이 되는 중요한 사항인지 여부

만성B형 간염보균자의 경우, 이 간염은 우리나라 인구의 1할 정도가 이환되어 있는 흔한 질환이고, 그중 15내지 20%만 5년 내지 20년에 걸쳐 간경변으로 발전할 가능성이 있을 뿐이므로 고지의무의 대상이 되는 중요한 사항이 아니다(서울지방법원 1993.12.10. 93가단109931 판결).

▶ 간염보균 사실이 고지대상인지 여부

간염보균사실 자체가 곧 간염이라 볼 수 없으므로 계약전 알려할 사항은 아니며 특히 피보험자가 계약전 간염으로 치료받은 사실이 없는 한 계약전 알릴의무 위반으로 인정하기 어렵다(금융감독원 분쟁조정사례 1994.12.19. 결정 제1004-55호).

▶ 보험가입전 간경화로 입원치료한 사실이 고지대상인지 여부

보험계약전 간경화로 입원, 치료한 사실이 있으면서도 이를 고지하지 아니하였고, 간경화로 사망한 바, 고지의무위반을 이유로 한 계약해지는 정당하다(대구지방법원 1993.12.3. 선고 1993가합3084 판결).

▶ 만성간질환으로 치료받은 사실로 인한 고지위반 해지의 적정성 여부

만성간질환으로 치료받은 사실이 확인된 이상 고지의무 위반을 이유로 한 보험계약 해지는 정당하다(창원지방법원 1993.12.12. 선고 93가단5492 판결).

다. 고혈압의 고지대상 여부

고혈압에 대한 진단은 환자의 컨디션이나, 취식한 음식물, 운동 전후 여부 등에 따라 시시각각 변할 수 있는 것이어서 이에 대한 고지의무 대상여부가 논란이 될 수 있다.

고혈압은 저혈압, 정상인의 혈압, 경계성고혈압, 고혈압 등의 단계로 나눌 수 있으므로, 보험계약 청약시에 알려야 할 고혈압은 정상인의 단계나 주의 단계를 넘어선 고혈압을 그 대상으로 해야 한다.

이와 관련하여 우리 법원이나 감독기관의 분쟁조정사례에서도 보험가입전 혈압이 140/90mmHg이고, 약물 복용 등의 치료 사실이 없으며, 피보험자 본인마저도 이 정도의 상태를 고혈압으로 보지 않는 등의 경우에는 이를 고지의무 대상으로 보지 않고 있다(금융감독원 분쟁조정사례 2000.5.30.결정 제2000-25호). 반면, 200/130 또는 210/130 등의 정도에서는 명백한 고혈압이므로 고지해야 할 대상으로 보고 있으며, '혈압이 다소 높으니 혈압약을 복용하고 혈압에 대해 관심을 가지라'는 의사의 지시사항도 고지해야할 대상으로 보고 있다(전주지방법원 2007.6.15.선고, 2006가단3316 판결).

최근의 분쟁조정사례에서는 보험가입 전 고혈압으로 7일, 1일 정도의 투약사실을 알리지 아니한 사항에 대하여 일시적인 요인으로 혈압이 높게 측정되는 경우에도 수축기 혈압은 200mmHg 이상으로 나타날 수 있으나, 확장기 혈압은 90mmHg을 넘지 않는 경우가 대부분이므로 환자의 확장기 혈압이 모두 90mmHg을 초과한 경우 고혈압으로 진단이 가능한 수준으로 보고 이러한 경우 계약전 알릴사항으로 판단하고 있다(금융감독원 분쟁조정사례 2010.1.25. 결정 제2009-16호)

▶ 경계성 고혈압 정도의 상태가 고지해야할 중요한 사항인지 여부

피보험자가 보험가입전 혈압이 140/90mmHg로 나타났고 고혈압으로 약을 복용하는 등 치료받은 사실이 없으며, 피보험자 자신도 자신의 혈압 정도를 고혈압으로 보지 않았고, 일반인의 관점에서도 이러한 정도의 혈압을 보험자에게 고지하여야 할 중요한 사항이라고 인식하기 힘든 점에 비추어 위 증상을 고지하지 않는데 대해 고의나 중대한 과실이 있다고 보기 어렵다(금융감독원 분쟁조정사례 2000.5.30. 결정 제2000-25호).

▶ 고혈압으로 치료받은 사실이 고지해야할 중요한 사항인지 여부

고혈압 (BP 200/130)으로 진단 치료 받은 사실은 보험가입시 반드시 고지하여야 할 중요한 사항으로 본다(부산지방법원 1980.9.2. 선고 80가단1378 판결).

▶ 보험가입 1년 전의 고혈압 상태

보험가입하기 약 1년 전에 고혈압 210/130, 200/110이 있었고, 보험가입청약 약 4일 후에 음주하여 쓰러졌을 때의 혈압이 180/100이고 사인이 뇌출혈 이라면 보험가입전의 고혈압증은 고지하여야 할 사항이다(부산지방법원 울산지원 1985.5.31. 84가합484).

▶ 보험가입 1년4개월전의 고혈압진단이 고지대상인지 여부

보험계약상 중요 사항인 보험계약 체결 1년4개월 전에 진단받은 바 있는 고혈압 증세에 대해 그러한 질병을 진단, 치료 받은 바 없다고 허위 고지한 것은 피보험자의 고의 중대한 과실에 기인한 것이다(서울지방법원 1990.9.19. 선고 89가단1655 판결).

▶ 고혈압약을 복용하라는 권고가 고지해야할 중요한 사항인지 여부

상법 제651조 소정의 고의는 해의(害意)가 아니고 중요한 사실을 알면서 고지하지 아니하거나 부실고지를 하는 것을 말하고, 중대한 과실은 고지의무자가 거래상 필요로 하는 간단한 주의를 해태하여 불고지 또는 부실고지를 하는 것을 의미하는 바, 보험계약자는 병원에서 혈압을 측정한 후 의사로부터 고혈압약을 복용하라는 권고를 받고, '혈압이 있으니 관심을 갖고 대처하라'는 지시를 받은 바 있어 자신이 고혈압에 해당한다는 사실을 인식하고 있었다고 봄이 상당하므로, 보험계약자가 보험계약을 체결할 당시 이에 대해 사실과 다르게 진술한 이상 고의 내지는 적어도 중대한 과실로 중요한 사항에 대해 부실고지 하였다고 할 것이다(전주지방법원 2007.6.15. 선고, 2006가단3316 판결).

▶ 고혈압으로 7일분, 1일분 투약한 사실이 계약전 알릴의무 위반인지 여부

보험가입 2년 6개월여전에 고혈압으로 통원치료 하면서 139/97mmHg 로 7일간 투약하고, 다시 보험가입 1년 2개월여전에 고혈압으로 통원치료를 통해 159/97mmHg로 1일간 투약치료하였으며, 의무기록지의 과거병력에 "평소 혈압이 높다는 말을 들었다"라고 기재된 사안에서, 혈압은 일시적인 요인으로 혈압이 높게 측정되는 경우에도 수축기 혈압은 200mmHg 이상으로 나타날 수 있으나, 확장기 혈압은 90mmHg을 넘지 않는 경우가 대부분인데, 민원인의 혈압수치는 139/97mmHg, 159/97mmHg로서 확장기 혈압이 모두 90mmHg을 초과하여 고혈압으로 진단이 가능한 수준이었고, 의무기록지상의 환자의 진술로 미루어 볼 때 민원인이 혈압이 높았다는 사실을 인지하고 있었던 것으로 보여지므로 계약전 알릴의무 위반을 이유로 계약을 해지한 것은 타당하다(금융감독원 분쟁조정사례 2010.1. 25. 결정 제2009-16호).

라. 당뇨병 의심이 있다는 사실

당뇨병에 대하여는 혈당의 조절능력에 근거하고 있으므로 특정수치 이상의 질환에 대하여 당뇨병으로 인정하고 있으나 이것은 환자의 몸상태나 스트레스 등의 다양한 여건에 의하여 변할 수 있으므로, 단순히 건강검진의 결과로서 소변의 당뇨치가 평상인보다 약간 높은 정도에 불과하여 당뇨병이 의심된다는 사실은 고지의무 대상으로 보지 않고 있다(대법원 2002. 8. 14. 선고 2002다22656 판결). 그러나 당뇨병이 의심된다고 하더라도 혈당을 조절하는 투약이나 치료가 있었다면 이를 당뇨병에 대한 구체적인 진단으로 보아야 하고 이는 고지의무 대상이 된다.

▶ 당뇨병이 의심된다는 사실이 고지의무 대상인지 여부

병원에 복통으로 입원하여 치료 중 당뇨병이 의심된다는 진단을 받은 사실은 보험계약상 중요한 고지의무사항으로 계약해지는 적법하다는 주장에 대해, 당뇨병 의심이 있다는 진단은 몸에 이상을 느껴 병원에서 자세한 검진을 받은 결과가 아니고, 피보험자가 평소 정기적으로 받던 건강검진결과로서 소변의 당뇨치가 평상인보다 약간 높은 정도에 불과할 뿐 당뇨로 인한 어떤 투약이나 치료를 받은 적이 없었던 사실을 인정할 수 있는 바, 이러한 사실을 고지대상이 되는 중요한 사항이라 할 수 없을 뿐만 아니라, 피보험자도 이러한 사실을 경미한 증세로 판단하고 고지하지 않은 것으로 보이므로 고지의무를 위반한 것으로 볼 수 없다(대법원 2002.8.14. 선고 2002다22656 판결).

마. 정밀검사의 권유 사실

청약서의 질문표상에는 의사에 의해 정밀검사를 권유 받았는지를 묻고 있으며, 실무계에서도 의사의 정밀검사 권유는 의미 있는 질환의 추정으로 인식되고 있다. 따라서 의사에 의해 정밀검사를 권유 받은 사실은 중요한 사사항으로 추정된다(대법원 2004.2.18. 선고 2003다70034 판결, 대구지방법원 2003.3.19. 선고 2002나12381 판결).

▶ 조직검사를 권유받은 사실이 고지해야할 중요한 사항인지 여부

피보험자가 유방에 종괴가 만져짐에 따라 유방 방사선 검사를 받은 결과 유방암 의심에 따른 정확한 진단을 위하여 조직검사를 받아 보라는 권유를 받았던 점은 보험계약 체결당시 '질문표'에 포함된 사항으로서 보험계약에 있어서 중요한 사항이라 할 것인데, 피보험자가 질문표를 작성하면서 위와 같은 유방질환으로 인하여 방사선 검사 등 정밀검사를 받은 사실이 없다고 답변한 것은 '고의 또는 이에 가까운 중대한 과실'로 중요한 사항을 고지하지 아니한 것이라 할 것이다(대구지방법원 2003.3.19. 선고 2002나12381 판결).

▶ 정밀검사를 권유받은 사실이 고지해야할 중요한 사항인지 여부

피보험자가 ○○산부인과에서 세포병리검사 의뢰결과 자궁경부 중등도 이형성증, 자궁경부 상피내종양 3기로 진단받았음을 통보받고, 종합병원에서 보다 정밀한 검사 및 처치를 받을 것을 권유 받았던 점은 이 사건 보험계약 체결당시 질문표에 포함된 사항으로서 보험계약에 있어서 중요한 사항이다(대법원 2004.2.18. 선고 2003다70034 판결).

▶ 0.6cm의 갑상선 결절로 6개월후 재검 권유사실이 중요한 사항인지 여부

보험가입 4개월전에 실시한 갑상선초음파 검사결과 0.6cm의 갑상선 결절 진단을 받고, 6개월 후에 초음파 검사를 받도록 권유 받은 후 보험에 가입하고 보험가입 4개월후에 갑상선암을 진단받은 사안에서,보험가입 약 100전에 초음파검사결과 갑상선 양성신생물로 진단받고 6개월 이후 초음파 재검사가 필요하다는 의료소견이 있었던 점으로 미루어 볼 때 보험청약시 해당 진료결과를 알리지 않은 사실은 피보험자의 고의 또는 중과실에 해당한다. 또한 계약전 알릴 의무 위반사실과 보험사고 발생과의 인과관계를 조금이라도 엿볼 수 있는 여지가 있다면 보험자는 보험금 지급의무를 부담하지 않는다(금융감독원 분쟁조정사례 2010.2.1. 결정 제2009-75호).

▶ 직장인 건강검진 결과가 고지해야할 중요한 사항인지 여부

매년 직장에서 실시하는 직장인 건강검진에서 초음파검사결과 갑상선 결절이 2년에 걸쳐 매년 확인되고 이를 알리지 아니한 상태에서 보험계약을 체결하였다면, 두 차례에 걸쳐 나타난 검사결과를 가벼이 여겼다고 하여 계약 전 알릴의무 위반이 배제될 수는 없는 것이며, 건강검진 결과를 통보받을 당시 '내분비내과 진료 또는 추적검사가 필요하다'고 한 사실은 계약 체결 시에 알려야 할 중요한 사항이다(금융감독원 분쟁조정사례 2010.2.1. 결정 제2009-80호).

바. 유아의 질병

신생아 및 유아들의 경우, 신체면역체계가 미비되어 있거나 약해서 각종 질환이 걸릴 가능성이 매우 많다. 단순한 감기 등의 증세에서부터 이를 넘어 중증의 질환까지 다양할 수 있으나, 이 중 논란의 소지가 되는 것은 단순히 반복되는 장염이나, 기관지염 등과 같은 질환이다. 이에 대해 모든 질병에 대해 일반화 할 수는 없으나, 위장염, 장염, 급성기관지염, 급성 상기도염 등의 치료는 유아에게 흔한 질병으로 치료의 정도도 약간 병약하다는 정도에 불과한 경우 이를 계약자의 고의나 중대한 과실로 보지 않고 있다.

이에 반해, 미숙아로 출생한 경우는 고지해야 할 대상으로 보고 있다(서울고등법원 2004.3.24. 선고, 2003나56566(본소),2003나56573 판결).

▶ 유아의 위장염, 장염, 급성기관지염등이 고지해야할 중요한 사항인지 여부

유아인 종피보험자가 보험가입전 위장염, 장염, 급성기관지염, 급성상기도염 등으로 1일~8일간씩 약 12회 치료받은 사실이 있다 하더라도, 이러한 병증은 아기에게 흔한 질병이고 그 치료의 정도를 보더라도 아기가 약간 병약하다는 정도로 인식하였을 가능성이 상당하므로 이를 보험회사에 알리지 아니한 계약자에게 고의 또는 중대한 과실이 있다고 보기 어렵다(금융감독원 분쟁조정사례 94.6.17 결정 제94-20호).

▶ 미숙아로 출생한 사실이 고지대상인지 여부

뇌성마비는 단일질환이 아니라 발달 중인 뇌에 대한 손상 때문에 나타나는 신경근육성 장애를 종합적으로 일컫는 것으로서, 그 원인 중 태아의 미성숙이 상당한 비중을 차지하므로, 미숙아로 출생했다는 사실과 보험금 지급사유인 뇌성마비 진단 간에는 상당인과관계가 있다. 일반적으로 보험설계사는 독자적으로 보험자를 대리하여 보험계약을 체결할 권한이 없을 뿐만 아니라 고지의 수령권한도 없으므로 보험설계사에게 피보험자가 미숙아인 점을 말했다는 사실만으로는 고지의무를 이행한 것으로 볼 수 없다 할 것이다(서울고등법원 2004.3.24. 선고, 2003나56566(본소),2003나56573 판결).

사. 기타질환

기타 대부분의 질환의 경우에는 고지해야할 대상인지의 여부에 대한 논란의 소지가 많지 않다. 정신질환, 위궤양, 심장질환 등 청약서의 질문표상의 질문들은 보험자에 의해 질문된 것으로 중요한 사항으로 추정된다.

▶ 정동장애(조울증)으로 입원치료한 사실이 고지해야할 중요한 사항인지 여부

피보험자가 보험계약 체결전에 정동장애(조울증)등의 정신질환으로 12일간 입원치료를 받았고, 이후로도 통원치료를 통해 항정신제, 기분조절제 등의 투약 처방을 받은 사실이 있으면서도, 청약서의 질문내용 중 "최근 3개월 이내에 마약을 사용하거나 혈압강하제, 신경안정제, 수면제, 각성제(흥분제), 진통제 등 약물을 복용한 사실이 있습니까?"에 대하여 "아니오"라고 기재한 사실은 특별한 사정이 없는 한 고지의무 위반이라고 보아야 한다(대전고등법원 2006.9.7. 선고, 2006나4180, 2006나4197(병합) 판결).

▶ 위궤양 진단후 치료한 사실이 고지해야할 중요한 사항인지 여부

피보험자가 위궤양 진단을 받고 치료를 한 전력이 있었음을 사망원인(위암)에 비추어 보면, 피보험자의 사망이라는 보험사고 발생에 영향을 미치는 청약서 기재의 질문사항의 대상으로 중요한 사항이라 할 것이다(서울지방법원 1993.7.28 92가단140126 판결).

▶ 건강검진상 심근경색의증 진단이 고지해야할 중요한 사항인지 여부

보험가입 1년전과 1개월전에 각각 '심전도 검사결과 QS(V2-V3, avL)소견'과 '심전도검사상 구(舊) 전벽심근경색 의증'소견을 받은 경우, 이는 계약 인수시 영향을 미칠 수 있는 중요한 사항에 해당되고, 미고지사실과 이번 청구한 심근경색증 과는 의학적 인과관계가 인정되므로 계약전 알릴의무 위반을 이유로 보험계약을 해지하고 관련 보험금의 지급을 거절한 것은 부당하다 할 수 없다(금융감독원 분쟁조정사례 결정 2010.2.1. 제2009-30호).

03 기타 고지의무 관련 판례

가. 암관련 판례

보험가입전 암진단 사실을 숨기고 가입한 경우, 이는 약관에 정한 취소사유에 해당한다. 민법 제110조의 사기에 의한 의사표시의 효과로 10년 내에 취소할 수 있도록 하고 있으나, 질병상해보험 표준약관에서는 보험계약 체결후 5년 내에 '취소'할 수 있도록 하고 있다.

판례에서는 보험가입 전 암진단 사실에 대해 고지의무 대상으로 인정하고 있다. 다만, 보험계약이 체결되기 5년 이전에 이미 암진단 및 치료가 종료 되고 이를 알리지 아니한 경우에 대해 법원에서는 보험계약 체결 전 6년 전 항암치료 후 정기적인 검진 사실을 고지의무 대상으로 볼 것인지에 대한 논란이 있다.

▶ 가입 5년전 항암제 투약 사실이 고지대상인지 여부

피보험자가 보험가입 5년전에 대장암을 치료하기 위해 항암제를 수개월간 투약한 사실이 있음에도 청약서에 해당사항이 없다고 기재하고 자필로 서명하였으므로 계약전 알릴의무위반이 인정된다. 한편, 의료경험칙상 간암의 경우 원발성암보다는 전이성 간암이 훨씬 많고 전이된 경우 대장암, 위암 등으로부터 전이되는 경우가 많으며, CT 결과보고서에 의하면 피보험자의 간암은 대장암(선암)에서 전이되었을 가능성이 가장 크다고 추정하고 있으므로 계약전 알릴의무위반사실과 보험사고 발생간에 인과관계가 있다고 판단된다(금융감독원 분쟁조정사례 2001.8.21. 결정 제2001-37호).

▶ 가입 전 6년 전 항암치료후 정기적 검진 사실이 고지대상인지 여부

피보험자는 계약체결일로부터 6년 전 항암치료를 마치고 재발여부를 확인하기 위해서 매년 1, 2회씩 MRI 검사를 받은 사실은 있으나 청약서상 질문표에 5년 이전의 병력에 관하여는 아무런 질문사항을 두고 있지 않은 사실, 이미 5년 이전에 치료를 마친 후 정기적으로 검사를 받는 경우도 질문에 열거한 사항에 해당되는지 여부가 다소 불분명하게 표현되어 있는 사실, 계약체결당시 받은 건강검진 결과 아무런 이상이 발견되지 아니한 사실, 6년 이상 암이 재발하지 아니하여 재발의 가능성이 매우 적었고, 보험계약이 체결된 지 2년 후에 비로소 암이 재발한 사실을 인정할 수 있는 바, 보험계약 약관의 '피보험자가 뚜렷한 사기의사에 의하여 계약이 성립된 경우'로 예시하고 있는 행위들과 동일하게 평가될 만한 행위에 해당한다고 볼 수 없다(서울중앙지방법원 2005.6.2. 선고, 2004가합102957 판결).

▶ 미세침흡인검사가 고지대상인지 여부

미세침흡인검사는 그 정확도가 약 95% 정도인 갑상선암의 수술 전 진단방법이고 동 검사에서 암으로 진단되면 조직검사없이 수술을 하는 점 등으로 보아 정밀검사에 해당된다는 사실을 쉽게 알 수 있고, 이는 청약서상 고지대상이라 할것이므로 본 건에 있어서 초음파검사 또는 미세침흡인검사 결과 갑상선결절 등이 발견된 사실을 알리지 아니한 것은 고지의무 위반에 해당되며 보험사고인 갑상선암과의 인과관계가 있다고 판단된다(금융감독원 분생소성사례 2006.3.28. 결정 제2006-13호).

▶ 정밀검사결과 암이 아니라는 진단과 6개월 후 재검을 요하는 것이 고지대상인지

보험가입 이전에 실시한 유방검사 결과 좌측 유방실질(parenchyma)에 현저한 비대칭적 음영(prominent asymmetric density)이 있다는 소견이 있을 뿐 악성이 아닌 것으로 되어 있고, 청약서 질문사항 중 5년 이내에 정밀검사를 받은 사실을 유무를 묻는 질문은 청약서 뒷면의 건강상태를 참조하도록 되어 있으나 유방 실질의 음영은 건강상태표에 있는 악성종양은 물론 양성종양에도 해당되지 않고 기타 건강상태표에서 열거한 질환에도 해당되지 않으므로 이러한 사실을 고지대상으로 보기 어렵다고 판단된다(금융감독원 분쟁조정사례 2003.11.18. 결정 제2003-59호).

▶ 보험가입전 양성종양, 유방암 의증 진단사실이 고지대상인지 여부

보험자는 보험계약당시에 보험계약자 또는 피보험자가 고의 또는 중대한 과실로 인하여 중요한 사항을 고지하지 아니하거나 부실의 고지를 한 때에는 보험계약을 해지할 수 있고, 이 경우, '고의'란 고지하여야 할 사실을 알고 또 그것이 고지사항이라는 사실까지 알면서 고지하지 않거나 부실하게 고지하는 것, '중대한 과실'이란 고지하여야 할 사실은 알고 있었지만 현저한 부주의로 인하여 그 사실의 중요성의 판단을 잘못하거나 그 사실이 고지하여야 할 중요한 사실이라는 것을 알지 못하는 것을 말하는 것인 바, 유방촬영술 등의 검사를 받은 일이 있고 우측유방종물, 염증성 암종(의증)의 진단을 받은 사실은 고지대상인 중요한 사항에 해당될 여지가 있으나, 피보험자는 검사 결과 특이한 소견이 없었고 위 병으로 진단 받은 후 조직병리검사에서도 암의 증거가 발견되지 않은 점, 진단을 내린 의사가 재검사를 권유하거나 특별한 처방을 하지 않은 사실, 피보험자가 4개월 남짓 암에 대한 아무런 조치를 취하지 않은 사실 등에 비추어 고의 또는 중대한 과실로 고지하지 아니하였다고 보기 어렵다 할 것이다(광주고등법원 2003.5.9. 선고, 2002나504 판결).

나. 직업관련 사항

직업사항과 관련하여서도 이미 앞서 언급한 바와 같이 실제 작업의 참여여부 등이 핵심쟁점이 될 것인바, 구체적인 작업의 지시 또는 참여 여부, 이의 빈도나 횟수, 향후 지속될 가능성 등을 종합적으로 검토하여 판단하여야 한다.

▶ 작업참여 사실이 계약 전 알릴의무 대상인지 여부

보험회사가 청약서상 피보험자의 직위란이 공란으로 되어 있어 계약심사과정에서 임의로 사무직으로 보충기재 하였다하여 피보험자의 고지의무 이행책임이 면제된 것으로 볼 수 없다 할 것이며, 피보험자가 작업반장이란 직위를 고지한 사실이 없고, 작업반장이란 공사현장의 작업자를 지휘 감독하는 직위로 작업에 참여하는 것으로 볼 수 있음에도 이를 "작업에 참여하지 않음"으로 고지한 것은 고지의무를 위반하였다고 봄이 상당하다(금융감독원 분쟁조정사례 1995.9.18. 결정 제1995-38호).

다. 오토바이 운전관련사항

오토바이 운전에 대하여는 오토바이 운전사실 자체가 운전하지 않는 자에 비하여 피보험자의 위험을 현저히 증가시킨다는 것에는 이의가 없음에도 불구하고 고지의무와 통지의무 위반의 적용에 있어서 엄격하게 적용되지 않고 있다. 피보험자가 오토바이를 운전할 수 있는 면허를 취득하고 있었다거나, 오토바이를 소유하고 있었다는 사실만으로는 고지의무와 통지의무의 적용이 어렵고, 오토바이의 운행 또는 사용에 있어서 직업·직무상의 이용 또는 정기적·상시적·반복적 사용 등의 제한적인 상황에 고지의무위반과 통지의무 위반의 적용이 가능하다.

▶ 계약체결시 실제로 오토바이를 운전하고 있지 않은 경우

보험계약자 또는 피보험자가 보험자에게 고지의무를 지는 사항은 보험계약 체결 당시를 기준으로 실제로 피보험자가 운전을 하고 있는 대상이라고 할 것이므로 피보험자가 보험계약 체결 당시에 오토바이를 운전하는 것에 대하여 법률상 및 사실상 아무런 장애가 없는 상황에 있어서 마음만 먹으면 언제라도 즉시 운전할 수 있는 상태에 있었다 하더라도 실제로 오토바이를 운전하고 있지 않았다면 이를 고지할 의무가 있다고 할 수 없다(대법원 2006.8.25. 선고, 2004다62948 판결).

▶ 동일한 보험설계사를 통해 동일한 보험사에 오토바이 책임보험을 가입한 경우 이를 별도로 고지해야하는지 여부

보험계약자가 보험계약시 청약서에 차종을 특정하지는 아니하였으나 자가용을 운전한다는 사실을 알렸고, 보험모집인도 이에 대한 아무런 이의 제기를 하지 아니한 점, 보험계약자는 이 사건 오토바이에 대해 이미 보험에 가입된 상태이므로 보험회사는 이 사건 보험계약시 그 보유 여부 등을 전산망 등을 통해 쉽게 확인할 수 있었다고 추단될 뿐만 아니라 이 사건 보험계약 후 2달이 채 지나지 않아 이 사건 오토바이에 대해 보험회사를 보험자로 변경하여 책임보험에 가입하였고 그 책임보험의 보험모집인 역시 해당 모집인이었던 점 등을 종합하면 이 사건 보험계약시 보험계약자가 그 고지의무를 다하였다거나 보험회사가 보험계약자의 오토바이 운전사실을 알았다고 봄이 상당하다(창원지방법원 2007.5.31. 선고, 2004다36215 판결).

▶ 오토바이 운전여부를 모집인이 질문 없이 기재하고 보험계약자가 자필서명을 하였을 경우 고지의무위반을 이유로 해지할 수 있는지 여부

모집인은 미성년자인 피보험자의 운전여부 및 위험도가 높은 취미에 관한 고지사항에 대하여 아무런 질문없이 질문표상에 해당 사항 없다는 취지의 기재를 하였고, 이에 보험계약자 대리인은 위 질문표의 기재내용을 잘 살피지 아니한 채 자필서명을 한 사실이 있고, 오토바이 사용자 등 위험등급 1등급 분류 등 계약 선택 기준은 보험자의 내부보관문서로 보험계약자에게 제시하거나 교부하는 것이 아니며, 보험계약자가 교부받은 종신보험 안내설명서, 보험증권이나 이 사건 보험약관 어디에도 청약서에 기재된 질문사항에 해당되는지 여부에 따른 보험요율의 체계, 보험가입 한도금에 대한 설명이 기재된 바 없으며, 보험계약자에게도 설명해준 바도 없는 바, 피보험자가 학생인지 여부(무직 여부)와 오토바이 운전자인지 여부에 따라 보험가입한도가 제한된다는 사항이 보험계약의 내용이 되었다고 할 수 없으므로, 보험계약자가 위 사항에 대하여 고지를 하지 아니하였다 하더라도 그러한 사정을 들어 고지의무 위반을 이유로 이 사건 보험계약을 해지할 수 없다(서울지방법원 2003.7.25. 선고, 2002가합 43610판결).

라. 청약서 질문표 관련사항

보험계약자나 피보험자가 보험계약 당시에 보험자에게 고지할 의무를 지는 상법 제651조의 '중요한 사항'은 보험사고의 발생과 사고 개연율을 측정하여 보험계약의 체결여부 또는 보험료나 특별한 면책조항의 부가와 같은 보험계약의 내용을 정하기 위한 것이다. 상법 제651조의2에서는 서면으로 질문한 사항은 보험계약을 체결할 때에 중요한 사항으로 추정되고 여기에는 일정한 사항에 관하여 답변을 구하는 취지가 포함되어 있다면 청약서와 그 질문지도 포함된다(대법원 2010.10.28. 선고 2009다59688, 5695 판결).

청약서의 질문지 내용 중 '최근 5년 이내의 정밀검사(심전도, 방사선, 건강진단 등)'의 의미는 여기에 나열한 3가지 검사만을 의미한다고 한정적으로 해석해서는 안되고, 정밀검사 항목을 예시적으로 나열한 것으로 이해해야 한다(금융감독원 분쟁조정사례 2010.2.1. 결정 제2009-75호).

또한 질문표상의 '계속하여 7일 이상의 치료 또는 30일 이상의 투약'의 의미는 '동일한 병증'에 대한 치료를 의미한다(대법원 2010.10.28. 선고 2009다59688, 59695 판결).

▶ 질문표의 최근 5년 이내의 정밀검사(심전도, 방사선, 건강진단 등)**의 의미**

계약전 알릴의무 사항에 초음파검사가 정밀검사에 포함된다고 명시되어 있지 않으므로 초음파검사결과 갑상선 양성신생물로 진단받은 사실은 계약전 알릴의무 대상이 아니라는 주장에 대해, "최근 5년이내에 의사로부터 진찰, 검사를 받고 그 결과 입원, 수술, 정밀검사(심전도, 방사선, 건강진단 등)를 받았거나"에서 '정밀검사'를 위 3가지 검사만을 의미한다고 한정적으로 해석하기 보다는 정밀검사 항목을 예시적으로 나열하고 있는 것으로 이해하는 것이 합리적인 해석이다(금융감독원 분쟁조정사례 2010.2.1. 결정 제2009-75호).

▶ 질문표의 "계속하여 7일 이상의 치료 또는 30일 이상의 투약"의 의미

보험청약서에 기재된 "최근 5년 이내에 의사로부터 진찰, 검사를 받고 그 결과 입원, 수술, 정밀검사(심전도, 방사선, 건강진단 등)를 받았거나 계속하여 7일 이상의 치료 또는 30일 이상의 투약을 받은 적이 있습니까?"라는 질문은 '동일한 병증'에 관하여 7일 이상의 계속 치료 등을 받은 일이 있는지 여부를 묻는 것이라는 취지로 해석되지만, '동일한 병증'인지 여부는 그 병증의 원인, 경과, 구체적 발현증상, 치료방법, 그에 대한 의학 등에서의 질병분류 등의 제반 사정을 종합적으로 고려하여 평균적인 보험계약자의 이해가능성을 기준으로 객관적이고 획일적으로 정하여져야 하므로, 그 증상이 신체의 여러부위에 나타남으로써 그에 대한 치료가 그 각 발현부위에 대하여 행하여졌다는 것만으로 이를 '동일한 병증'이 아니라고 단정할 수 없음에도 불구하고, 피보험자에 대한 치료가 '기타 다발성 관절증'이라는 단일한 질병의 진단 아래 이루어졌음을 인정하면서도 단지 치료부위가 여러 곳이라는 이유만으로 그 치료가 고지의무의 대상이 되지 아니한다고 판단한 원심판결을 파기한다(대법원 2010.10.28. 선고 2009다59688, 59695 판결).

Memo

Chapter

6 상해보험 계약 후 알릴의무

6-1 상법상 통지의무

01 통지의무의 의의 및 통지의 시기 · 방법 등

가. 통지의무의 의의

보험기간 중에 보험계약자 또는 피보험자는 사고발생의 위험이 현저하게 변경 또는 증가된 사실을 안 때에는 지체 없이 보험자에게 통지하여야 한다(상법 제652조 제1항).

이 통지의무는 보험의 목적을 지배 관리하고 있는 보험계약자 또는 피보험자가 주위 환경의 변화 등을 잘 알고 있기 때문에 지워지는 것으로서, 보험자로 하여금 위험의 증가사실을 알게 하여 그에 대한 대책을 세울 수 있는 기회를 주기 위한 것이다.

이 의무는 이행하지 아니할 경우 손해배상을 청구할 수 있는 의무라기보다 보험자에 의한 보험계약의 해지 등의 불이익을 피하기 위한 전제로서 부담하는 간접의무이자 자기의무이다.

나. 통지의무의 대상

통지하여야 할 대상인 「위험이 현저하게 변경 또는 증가된 사실」이라 함은 만일 그 변경 또는 증가된 위험이 보험계약 체결 당시에 존재하였더라면 보험자가 보험계약을 체결하지 않았거나 또는 적어도 그 보험료로는 보험을 인수하지 않았을 것이라고 인정되는 정도의 것을 말한다(대법원 2004. 6.11. 선고 2003다18494 판결).

질병상해보험 표준약관에서는 계약을 맺은 후 직업 또는 직무를 변경(자가용 운전자가 영업용 운전자로 변경되는 경우 포함)하거나, 이륜자동차 또는 원동기 장치 자전거를 직접 사용하게 된 경우를 그 대상으로 하고 있다.

▶ 사고발생의 위험이 현저하게 변경 또는 증가된 사실의 의미

상법 제652조 제1항 소정의 통지의무의 대상으로 규정된 '사고발생의 위험이 현저하게 변경 또는 증가된 사실'이라 함은 그 변경 또는 증가된 위험이 보험계약의 체결 당시에 존재하고 있었다면 보험자가 보험계약을 체결하지 아니하였거나 적어도 그 보험료로는 보험을 인수하지 아니하였을 것으로 인정되는 사실을 말하는 것으로서, 상해보험계약 체결 후 다른 상해보험에 다수 가입하였다는 사정만으로 사고발생의 위험이 현저하게 변경 또는 증가된 경우에 해당한다고 할 수 없다(대법원 2004.6.11.선고 2003다18494판결, 대법원 1998.11.27. 선고 98다32564 판결).

다. 통지의 시기와 방법 및 효과

보험계약자 또는 피보험자는 위험의 현저한 변경 또는 증가 사실을 안 때에는 지체 없이 보험자에게 통지하여야 한다.「지체 없이」란 보험계약자 등의 책임 있는 사유로 늦어지지 않는 것을 말하며, 주변상황을 참조하여 결정하여야 하는 사실문제(question of fact)이다.

통지는 발송하기만 하면 되는 것으로 보는데, 통지의 방법에는 제한이 없으므로 서면에 의하든 구술로 하던 상관이 없고 전자식 통지도 가능하다.

또한 보험설계사에게 이행한 통지는 수령권한이 없는 자에게 이행한 것으로 효과가 없다(대법원 2006.6.30. 선고 2006다19672,19689 판결).

보험계약자 등이 통지의무를 이행하여 보험회사가 그 통지를 받은 때에는 1월 내에 보험료의 증액을 청구하거나 보험자가 계속 부담할 수 없는 위험의 증가인 경우에는 계약을 해지할 수 있다(상법 제652조 제1항 및 제2항).

▶ 보험설계사에게 통지의무를 이행한 것의 효력

보험모집인은 특정 보험자를 위하여 보험계약의 체결을 중개하는 자일 뿐 보험자를 대리하여 보험계약을 체결할 권한이 없고 보험계약자 또는 피보험자가 보험자에 대하여 하는 고지나 통지를 수령할 권한도 없으므로, 보험모집인이 통지의무의 대상인 '보험사고발생의 위험이 현저하게 변경 또는 증가된 사실'을 알았다고 하더라도 이로써 곧 보험자가 위와 같은 사실을 알았다고 볼 수는 없다(대법원 2006.6.30. 선고 2006다19672, 19689 판결).

02 통지의무 해태의 효과와 사고 발생 후의 계약해지

보험계약자 또는 피보험자가 사고발생의 위험이 현저하게 변경 또는 증가한 사실을 보험자에게 지체 없이 통지하지 아니한 때에는 보험자는 그 사실을 안날부터 1월내에 한하여 계약을 해지할 수 있다. 1월이 지나면 보험자가 증가된 위험을 전과 동일한 조건으로 인수한 것으로 의제된다.

보험자가 통지의무위반을 이유로 보험계약을 해지한 때에는 보험자는 보험금액을 지급할 책임이 없고, 이미 지급한 보험금액이 있으면 그 반환을 청구할 수 있다.

보험자는 보험사고 발생 후에도 위험의 변경증가의 사실을 안 날로부터 또는 보험계약자 등으로부터 위험증가의 사실을 통지받은 날로부터 1월내에 한하여 보험계약을 해지할 수 있다. 이 경우 보험자는 보험금의 지급책임이 없고, 지급한 보험금의 반환을 청구할 수 있다.

다만, 위험의 현저한 변경 증가된 사실이 보험사고의 발생에 영향을 미치지 아니하였음이 증명된 때에는 보험자는 보험금액의 지급책임을 지며, 이 경우에 인과관계가 없다는 사실에 대한 입증책임은 보험계약자 등에게 있다.

6-2 질병상해보험 표준약관상 상해보험 계약 후 알릴의무

01 상해보험 계약 후 알릴의무[1)]

가. 상해보험 계약 후 알릴의무의 대상

계약자 또는 피보험자는 계약을 맺은 후 ① 피보험자가 그 직업 또는 직무를 변경하거나, ② 이륜자동차 또는 원동기장치 자전거를 직접 사용하게 된 경우에 지체 없이 회사에 알려야 한다.

1) 상해보험, 질병보험, 간병보험으로 이루어지는 제3보험에서의 통지의무는 상해보험에서만 부과된다. 질병보험이나 간병보험은 계약자 또는 피보험자에 의해 위험이 현저히 증가하지 않기 때문이다.

나. 상해보험 계약 후 알릴의무의 시기와 방법

계약 후 알릴의무는 '지체 없이'이행하도록 하고 있다. 실무적으로는 보험계약자가 보험회사에 직접 전화나 전자식통지(이메일 등)를 하거나, 보험설계사에게 통지하는 방법 등을 이용하고 있으나 보험설계사에게 이행한 것은 법률상 그 효과가 인정되지 않는다.

다. 계약 후 알릴의무 이행의 효과

계약 후 알릴의무에 따라 위험이 감소된 경우에는 그 차액보험료를 반환하며 위험이 증가된 경우에는 통지를 받은 날로부터 1개월 이내에 보험료의 증액을 청구하거나 해지할 수 있다.

질병상해보험 표준약관 제23조 (상해보험 계약 후 알릴의무)

① 계약자 또는 피보험자는 보험기간 중에 피보험자가 그 직업 또는 직무를 변경(자가용 운전자가 영업용 운전자로 직업 또는 직무를 변경하는 등의 경우를 포함합니다)하거나 이륜자동차 또는 원동기장치 자전거를 계속적으로 사용하게 된 경우에는 지체 없이 회사에 알려야 합니다.
② 회사는 제1항에 따라 위험이 감소된 경우에는 그 차액보험료를 돌려드리며, 계약자 또는 피보험자의 고의 또는 중과실로 위험이 증가된 경우에는 통지를 받은 날부터 1개월 이내에 보험료의 증액을 청구하거나 계약을 해지할 수 있습니다.

02 계약 후 알릴의무 위반의 효과

가. 보험계약의 해지

보험자는 보험계약자 등이 계약 후 알릴의무를 이행하지 아니하였을 경우 1개월 이내에 보험료의 증액을 청구하거나 계약을 해지할 수 있다.

▶ 통지의무 위반으로 인한 계약해지시 해지환급금의 타당성 여부

보험료불가분의 원칙에 관한 우리 상법의 태도를 고려하여 볼 때, 상법 제652조 제2항에 따라 보험자가 피보험자 등으로부터 사고발생의 위험이 변경 또는 증가하였다는 통지를 받고 이를 이유로 보험계약을 해지하는 경우, 보험약관에서 미경과기간에 대한 보험료를 반환하도록 정하고 있다면 그 보험약관은 유효하다. 이는 보험기간 중에 보험사고가 발생하여도 보험계약이 종료하지 않고 원래 약정된 보험금액에서 위 보험사고에 관하여 지급한 보험금액을 감액한 잔액을 나머지 보험기간에 대한 보험금액으로 하여 보험계약이 존속하는 경우에도 마찬가지이다(대법원 2008.1.31. 선고 2005다57806 판결).

나. 변경전후 요율에 의한 비례보상

피보험자의 직업직무가 변경되기 전보다 변경된 후 더 위험하여 보험료의증액이 필요하고, 보험계약의 해지가 손해발생 후에 이루어진 경우에는 변경전 보험요율의 변경후 보험요율에 대한 비율에 따라 보험금을 삭감하여 지급한다. 그러나 변경된 직업, 직무 또는 연령과 관계없는 사고로 발생한 손해에 대하여는 그러지 아니하다.

그리고 계약후 알릴의무를 위반한 결과로 변경전후 요율에 따라 비례보상할 경우 보험회사는 이 사실을 안날로부터 1개월 이내에 계약자 또는 피보험자에게 변경전후의 보험요율에 따라 비례하여 보상한다는 내용을 서면으로 통보하고 지급하도록 하고 있다(서면통보조항 신설).

질병상해보험 표준약관 제23조(상해보험계약 후 알릴 의무)

③ 제1항의 통지에 따라 보험료를 더 내야 할 경우 회사의 청구에 대해 계약자가 그 납입을 게을리 했을 때, 회사는 직업 또는 직무가 변경되기 전에 적용된 보험료율(이하 "변경전 요율"이라 합니다)의 직업 또는 직무가 변경된 후에 적용해야 할 보험료율(이하 "변경후 요율"이라 합니다)에 대한 비율에 따라 보험금을 삭감하여 지급합니다. 다만, 변경된 직업 또는 직무와 관계없이 발생한 보험금지급사유에 관해서는 그러하지 아니합니다.

④ 계약자 또는 피보험자가 고의 또는 중과실로 직업 또는 직무의 변경사실을 회사에 알리지 아니하였을 경우 변경후 요율이 변경전 요율보다 높을 때에는 회사는 동 사실을 안 날로부터 1개월 이내에 계약자 또는 피보험자에게 제3항에 의해 보장됨을 서면으로 통보하고 이에 따라 보험금을 지급합니다.

다. 계약 후 알릴의무 위반에 따른 해지 또는 감액지급의 제척기간

상해보험 계약 후 알릴의무 위반으로 인하여 보험계약을 해지할 때 뿐만이 아니라, 변경전후의 보험요율에 따라 비례 보상할 때조차도 보험회사는 1개월간의 제척기간 이내에 해야 한다. 왜냐하면 변경전후의 요율에 따라 비례 보상할 경우 약정된 보험금에서 삭감하여 지급하는 것은 실질적으로 지급할 보험금 중에서 삭감한 부분에 대하여는 보험계약을 해지하는 것이라 할 수 있기 때문이다(대법원 2003.6.10. 선고 2002다 63312 판결).

▶ 통지의무 위반에 의한 비례보상시의 제척기간

피보험자의 직업이나 직종에 따라 보험금 가입한도에 차등이 있는 생명보험계약에서 피보험자가 직업이나 직종을 변경하는 경우에 그 사실을 통지하도록 하면서 그 통지의무를 해태한 경우에 직업 또는 직종이 변경되기 전에 적용된 보험요율의 직업 또는 직종이 변경된 후에 적용해야 할 보험요율에 대한 비율에 따라 보험금을 삭감하여 지급하는 것은 실질적으로 약정된 보험금 중에서 삭감한 부분에 관하여 보험계약을 해지하는 것이라 할 것이므로 그 해지에 관하여는 상법 제653조에서 규정하고 있는 해지기간 등에 관한 규정이 여전히 적용되어야 한다(대법원 2003.6.10. 선고 2002다 63312 판결).

03 질병상해보험 표준약관상 통지의무

가. 직업 직무의 변경에 대한 통지의무

질병상해보험 표준약관에서는 피보험자의 직업이나 직무에 따라 피보험자의 위험이 달라질 수 있으므로, 피보험자의 직업이나 직무의 변경이 있을 경우 보험자에게 알리도록 하고 있다. 대표적인 경우로 자가용 운전자가 영업용운전자로 직업을 변경하는 경우이다.

위험도가 낮은 직업직무에서 위험도가 높은 직업직무로의 변경시에는 보험료의 변경, 보험가입금액의 축소 등이 불가피하므로 이에 대해 통지하도록 하고 있으며, 반대로 위험도가 높은 직업직무에서 위험도가 낮은 직업직무로의 변경은 향후 보험료의 감액 또는 보험가입금액의 증액이 가능하다.

직업 직무의 변경에 대한 통지의무 사항은 보험거래상 일반적이고 공통된 것이어서 보험계약자가 별도의 설명 없이도 충분히 예상할 수 있었던 사항으로 보험자의 명시설명의무의 대상이 아니다.

운전자보험 등에 있어서 피보험자가 자가용 운전자에서 영업용 운전자로 그 직업 및 직무를 변경한 것은 통지의무 대상이 되는 사고발생의 위험이 현저하게 변경 증가된 사실로 인정된다(서울고등법원 2006.9.5. 선고 2006나7183 판결).

피보험자가 의무복무를 수행하기 위해 군입대한 사실이 통지의무 대상인지에 대한 판례는 아직 없으나, 금융감독원 분쟁조정사례(제2001-33호)에서는 현실적으로 위험이 수반되는 특수부대 혹은 특수병과, 직업군인 등으로 근무하지 않는 한 군입대 사실 자체만으로는 현저한 위험의 증가가 있었다고 단정할 수 없고, 군복무사실이 성인남성이 일반적으로 수행해야 하는 병역의무 사항으로서 계약 후 알릴의무 대상으로 보기 어려우며, 군인을 위험등급 3급으로 분류한 것은 보험사 내부의 기준에 불과하고, 미성년 남성(대학생)을 피보험자로 할 경우 군 입대가 충분히 예상됨에도 불구하고 이에 대한 설명이 없었으므로 통지의무 대상으로 보기 어렵다고 판단하고 있다.

그러나 보험에서의 위험의 등급은 실질적으로 피보험자에게 당면하는 위험을 근거로 하여 판단하여야 할 문제이지, 의무 복무 사항이라거나 당연히 순차적으로 예상되는 위험이었다고 하여 통지의무 대상이 아니라고 판단할 문제는 아니다. 군복무기간 중에도 병과에 따라서는 단순 행정업무만을 담당할 수도 있으나, 군인의 원래의 특성상 전시와 전시를 대비한 훈련이 주 임무이고 이러한 임무 자체가 일반인의 위험과는 차별화된 위험으로서 보다 높은 정도의 주의를 요하므로 통지의무 대상으로 보는 것이 필요하다고 판단된다. 실질적인 판례를 기대해본다.

▶ 자가용 운전자에서 영업용 운전자로 변경된 것이 통지의무 대상인지 여부

운전자보험에 있어서는 피보험자가 자가용 운전자에서 영업용운전자로 그 직업 및 직무를 변경하였다는 점은 상법 제652조 소정의 통지의무 대상이 되는 사고발생의 위험이 현저하게 변경 또는 증가된 사실에 해당된다고 할 것이고, 따라서 이와 같은 취지를 규정한 위 약관 제26조는 거래상 일반적이고 공통된 것이어서 보험계약자가 별도의 설명없이도 충분히 예상할 수 있었던 사항이거나, 상법 제652조에서 이미 정하여 놓은 통지의무를 운전자보험에서 구체적으로 부연한 정도의 규정에 해당하여 그에 대하여는 보험자인 원고에게 별도의 설명의무가 인정된다고 볼 수가 없으며, 통지의무는 보험계약의 주요사항변경을 보험자에게 알려줌으로써 보험계약을 변경하거나 해지할 기회를 주기 위한 것이므로 그 상대방은 원칙적으로 보험계약 체결권한이 없는 보험모집인은 보험계약자 또는 피보험자가 보험자에 대하여 하는 고지나 통지를 수령할 권한이 없다(서울고등법원 2006.9.5. 선고 2006나7183 판결).

▶ 군 입대사실이 통지의무 대상인지 여부

약관이 정한 계약 후 알릴의무에 위배되기 위해서는 위험의 현저한 증가가 존재하여야 하고, 위험의 증가는 객관적이어야 하나, 현실적으로 위험이 수반되는 특수부대 혹은 특수병과, 장기간의 의무복무가 인정되는 직업군인 등으로 근무하지 않는 한 군대에 입대한 사실 자체만으로는 현저한 위험의 증가가 있었다고 단정할 수 없고, 군인을 직업 또는 직무라고 할지라도 우리나라 성인남성이 병역의무를 이행하기 위해 군에 입대하는 것이 사회통념상 계약 후 알릴의무의 대상이 되는 직업 또는 직무의 변동이라고 보기 어려우며, 인수지침 또는 보험요율 산출기준으로서 군인을 위험등급 3급으로서 분류하고 있었다고 하더라도 이는 보험사의 내부적 기준에 불과하고, 보험계약체결당시 피보험자가 대학생(미성년자)으로서 향후 군입대가 충분히 예상됨에도 군입대시 보험요율의 증가 및 보험사고 발생시의 보험금의 삭감지급 등에 관하여 전혀 설명한 사실이 없으므로, 군입대사실을 통지하지 아니한 것이 계약 후 알릴의무 위반이라고 보기 어렵다(금융감독원 분쟁조정사례 결정 제2001-33호).

나. 이륜자동차 또는 원동기 장치 자전거의 사용

이륜자동차나 원동기장치 자전거의 경우 굳이 영업을 목적으로 운전하지 않더라도, 일반의 자동차보다 훨씬 위험도가 높으므로 이에 대해서는 직접적으로 사용하게 된 경우 반드시 통지하도록 하고 있다.

다. 주소변경통지

계약자는 주소 또는 연락처가 변경된 경우에는 지체 없이 그 변경내용을 회사에 알려야 한다. 계약자가 변경사실을 알리지 아니한 경우에는 계약자가 회사에 알린 최종의 주소 또는 연락처로 알린 사항은 일반적으로 도달에 필요한 시일이 지난 때에 계약자에게 도달된 것으로 본다.

라. 손해의 통지

보험계약자, 피보험자 또는 보험수익자는 보험사고의 발생을 안 때에는 지체 없이 보험자에게 그 통지를 발송하여야 한다(상법 제657조 제1항). 통지해야할 사항은 보험자가 보상책임을 지고 있는 손해의 원인이 되는 보험사고의 발생사실이다.

이것은 보험자로 하여금 사고 원인의 조사, 증거의 보전, 손해의 원인과 종류 및 정도의 확정, 손해의 확대방지경감 등을 위한 것이다.

6-3 상해보험 계약 후 알릴의무 위반에 따른 비례보상실무

01 직업직무의 분류

가. 직업 직무 분류의 변화

과거 생명보험사와 손해보험사에서 사용하던 직업의 분류는 1960년대부터 「한국표준산업분류」를 근간으로 하고 있어 새로운 직업의 출현과 직업의 쇠퇴를 제대로 반영하지 못하는데다가, 생명보험사의 경우 위험등급을 5등급으로, 손해보험사는 3등급으로 나누는 등 동일한 피보험자에 대하여 생손보사간 적용의 차이가 심하였다.

게다가 2003년 보험업법 개정으로 등장한 제3보험의 겸영을 앞두고 상해보험에 대한 직업분류 및 위험등급에 대한 일원화작업이 진행되었다. 이를 통해 수십년동안 직업별 위험에 대한 적절한 평가가 이루어지지 않았던 직업군들에 대해, 경험통계를 바탕으로 직업별 위험을 재평가하여 위험등급을 재조정하였다.

상해보험의 직업분류는 국제노동기구(ILO)의 「국제표준직업분류」와 통계청의 새로운 「한국표준직업분류」체계를 반영함으로써, 국내의 국가기관과 의료기관의 통계 및 외국의 직업별 경험통계를 바탕으로 보험계약 인수 및 위험률 산출에 효율적으로 활용이 가능토록 하였다.

나. 직업 직무의 분류

변경된 상해보험의 직업 및 위험등급분류표는 직업분류기준을 직업유형만을 고려한 기존의 평면적 단순구조에서 직업유형과 직능수준(skill level)을 고려한 2차원적 메트릭스 구조로 변환하여, 새로운 직업 직무의 추가 및 분류가 쉽고, 동일한 직업에 대해서도 구체적인 직무의 위험도에 따라 차별적 위험급수를 부여하는 등 직업분류의 체계화 과학화를 도모하고 있다.

우선, 직업과 직무의 유사성을 기준으로 5단계, 총 1027종으로 분류하고 있다. 1단계는 직능유형(skill type)에 따라 대분류(12개), 2단계는 직능수준(skill level)에 따라 중분류(38개), 3단계는 소분류(121종), 4단계는 세분류(396종), 5단계는 세세분류 (1027종)로 분류하고 있다.

다. 위험등급

과거 생명보험의 5등급과 손해보험의 3등급의 위험등급을 5개의 등급(A, B, C, D, E)으로 통일하여 위험등급을 통일화하되, 위험률 산출을 위한 등급의 구분은 1급(A급), 2급(B급 C급), 3급(D급 E급) 등의 3단계로 축소 통합하여 위험률 등급간 격차를 축소하였다.

위험급수	위험률 등급	위험도	직 업 예 시
A 급	1 급	비위험	경영사무관리자, 교육전문직종사자(교수, 교사)
B 급	2 급	중위험	철도지하철 운송관련종사자, 공학관련전문기술자
C 급			자동차정비원, 일반경찰관, 조리사, 연예인
D 급	3 급	고위험	화학관련기술직종사자, 교통해양경찰관,
E 급			건설숙련기능직종사자, 영업용자동차운송종사자

다만, 상해보험의 운영에 있어 현재 생명보험사와 손해보험사간 보장의 범위 및 보상방식 등에 차이가 있으므로 위험률의 수준은 그 합리성을 인정하여 생손보사간 각각 달리 운영하도록 하고 있다.

라. 통지의무위반에 의한 비례보상시 직업직무의 적용

위험급수는 5등급(A, B, C, D, E)으로 구분하지만 위험률이 적용된 등급은 3등급(1급, 2급, 3급)이므로 이에 따라 비례보상을 하게 된다. 피보험자의 직업의 적용은 보험개발원에서 제시하는 참조순보험요율서[2]의 「직업 및 위험등급분류표」에 따라 적용한다.

직업 직무의 적용에 있어서 유의해야 할 사항은 다음과 같다.

1) 상해등급표상의 직업은 해당직업의 직무상 위험도로 구분을 한 것으로 통상적인 직업의 구분은 아니므로 해당피보험자의 상해급수 적용시는 직무상 위험도를 판단하여 적용한다.
2) 직무는 매월 또는 매주간 피보험자가 본인이 정기적으로 종사하는 업무를 말하며, 만일 위험이 다른 직무를 복합적/정기적으로 수행하는 사람은 그 중 가장 높은 직무위험을 적용하여 직업위험등급을 적용한다.

2) 참조순보험요율이란, 보험요율 산출기관(보험개발원)이 보험회사의 경험통계 등을 기초로 보험종목별 위험별 특성에 따른 위험률을 산출 또는 조정하여 금융위원회에 신고하는 순보험요율을 말한다.

02 직업 · 직무 변경 전 · 후의 보험요율

가. 상해급수별 위험요율

직업 직무의 적용에 따른 위험요율은 각 보험사별로 제시되는 요율에 따른다. 각 보험사의 위험등급에 따른 요율은 보험개발원의 참조순보험요율이 반영된다.

참조순보험요율은 업계 전체의 통계자료에 의한 해당 위험별 평균요율이며, 개별회사별 순보험요율은 개별 보험사의 실적 등을 반영하여 자율적으로 결정할 수 있으므로, 실제 보험금을 계산할 경우에는 각 보험사별 요율이 반영되어 각각 상이하다. 아래의 요율은 보험개발원에서 제공하는 참조순보험요율 예시자료로서, 참고자료 정도로만 활용하기 바란다.

〈표 6-1〉 장기손해보험 일반상해 사망 후유장해(무배당기준)

구 분	1급		2급		3급	
	남자	여자	남자	여자	남자	여자
사 망	0.000711	0.000316	0.001358	0.000604	0.001942	0.000863
후유장해(3%~100%)	0.000231	0.000102	0.000440	0.000196	0.000629	0.000280
후유장해(3%~79%)	0.000182	0.000081	0.000347	0.000154	0.000496	0.000220
후유상해(50% 이상)	0.000094	0.000042	0.000179	0.000079	0.000255	0.000114
후유장해(80% 이상)	0.000051	0.000023	0.000097	0.000043	0.000138	0.000062
후유장해(100% 이상)	0.000031	0.000014	0.000059	0.000026	0.000084	0.000037

보험개발원(www.kidi.or.kr) 참조순보험요율 예시자료 인용

〈표 6-2〉 장기손해보험 교통상해 사망 후유장해(무배당기준)

구 분	자가용운전자		영업용 운전자		비운전자	
	남자	여자	남자	여자	남자	여자
사 망	0.000520	0.000231	0.001603	0.000713	0.000145	0.000064
후유장해(3%~100%)	0.000169	0.000075	0.000520	0.000231	0.000047	0.000021
후유장해(3%~79%)	0.000134	0.000059	0.000410	0.000182	0.000037	0.000017
후유장해(50% 이상)	0.000069	0.000031	0.000211	0.000094	0.000019	0.000009
후유장해(80% 이상)	0.000037	0.000017	0.000114	0.000051	0.000010	0.000005
후유장해(100% 이상)	0.00023	0.000010	0.000069	0.000031	0.000006	0.000003

보험개발원(www.kidi.or.kr) 참조순보험요율 예시자료 인용

나. 의료실비의 할증계수

의료실비의 경우 가입금액이 50만원을 초과하는 경우 아래의 할증계수를 적용한다. 다만, 의료실비 담보의 가입금액이 각 구간의 중간일 경우에는 상하계수의 격차 범위 내에서 직선보간[3])을 하여 적용한다.

〈표 6-3〉 의료비 가입금액별 할증계수

보험 가입금액	50만원	100만원	200만원	300만원	500만원	1,000만원	2,000만원	3,000만원
할증계수	1.00	1.49	1.76	1.91	2.10	2.37	2.61	2.79

보험개발원(www.kidi.or.kr) 참조순보험요율 예시자료 인용

다. 의료실비의 자기부담금 조정계수

의료실비에서 자기부담금을 설정하는 경우 조정계수를 적용한다. 상해보험에서 의료실비의 경우 현재 거의 대부분의 상품에서 자기부담금 설정을 하지 않고 있다.

* 의료실비의 요율(50만원기준)× (가입금액할증계수 − 자기부담금조정계수)

〈표 6-4〉 의료실비 가입금액별 자기부담금에 다른 요율조정계수

자기부담액	5만원	10만원	15만원	20만원
조정계수	0.15	0.28	0.40	0.51

보험개발원(www.kidi.or.kr) 참조순보험요율 예시자료 인용

03 보험금 계산의 실제

직업 직무 변경에 따른 통지의무 위반시에 지급하는 보험금은 지급하려는 보험금에 직업직무 변경전 요율의 직업직무 변경후 요율에 대해 비례하여 보상한다.

$$\text{보험금} \times \frac{\text{직업직무변경전요율}}{\text{직업직무변경후요율}}$$

3) 직선보간이란 이미 알고 있는 값으로 미지의 값을 추론하는 것을 말한다.

여기에서 주의해야 할 것은, 위험요율을 적용할 때에 각 위험의 보장에 대하여 개별적으로 요율이 존재하므로 각 보장별 위험요율을 적용해야 한다는 점이다. 다시 말해 가입한 보험의 보장이 '일반상해'보장인지, '교통상해'보장인지를 확인하여 해당 위험율을 적용해야 한다. 예를 들어 사무직에 종사하던 피보험자가 퇴직 후 영업용 택시를 운전하던 중 사고가 발생하였고, 가입한 보험이 '일반상해'를 보장하는 '상해의료비'와 '상해임시생활비'를 보장하고 있다면, '일반상해'의 위험율인 3급의 위험율 대비 1급의 위험율을 적용해야 하고, 가입한 보험이 '교통상해'를 보장하는 보험이면 '교통상해'의 위험율인 영업용 운전자의 위험율 대비 자가용운전자의 위험율을 적용해야 한다.

가. 상해급수에 따른 비례보상의 실제

피보험자 P씨(남성)는 보험계약 체결 당시 공무원 사무직으로 보험에 가입하였다. 이후 P씨는 실직 후에 건설현장 노무자로 직업을 변경하였으나 이러한 직업변경사실을 보험사에 알리지 아니한 채 건설현장에서 작업 중 추락사고로 70일간 입원치료를 하는 등의 치료 후에도 '한 다리의 3대관절중 1관절의 기능에 뚜렷한 장해를 남긴 때(10%)'에 해당하는 영구장해를 진단받았다. 이때 P씨는 건설회사로부터 산재처리나 국민건강보험의 적용을 받지 못하고 공상처리를 통해 병원비 300만원을 해결해야 했다. 이때 P씨가 보험회사로부터 받을 수 있는 보험금은 다음과 같다.(단, 통지의무 위반외의 모든 사항은 정상적이라고 가정한다)

■ 보험계약조건
- 후유장해보험금 가입금액 : 1 억원
- 상해의료비 가입금액 : 300 만원
- 상해임시생활비 가입금액 : 3만원 (1일당)

■ 장기손해보험 일반상해 위험요율 예시

구 분	1급		2급		3급	
	남자	여자	남자	여자	남자	여자
사 망	0.000711	0.000316	0.001358	0.000604	0.001942	0.000863
후유장해(3%~79%)	0.000182	0.000081	0.000347	0.000154	0.000496	0.000220
상해임시생활비(1일이상)	0.870865	1.055843	1.673414	2.021213	2.415721	2.880023
상해의료비(100만원기준)	0.011698	0.014081	0.022514	0.027452	0.032258	0.038156

※ 상기 위험요율은 예시일 뿐 보험사에서 적용하는 실제 위험요율과 다릅니다.

① 후유장해보험금

후유장해 가입금액이 1억원 이고 후유장해지급율이 10% 이므로,

1억원 × 10% (후유장해지급률) = 10,000,000원

이나, 통지의무위반으로 인해 아래와 같이 비례보상 한다.

$$10,000,000원 \times \frac{0.000182(1급,\ 변경전요율)}{0.000496(3급,\ 변경후요율)} = 3,700,000원$$

② 상해의료비 보험금

70일간 입원기간 중 발생한 의료비가 300만원이나, 국민건강보험 미적용으로 인해 50%에 해당하는 150만원이 지급되어야 하지만, 통지의무위반으로 인해 아래와 같이 비례보상 한다.

$$1,500,000원 \times \frac{0.011698(1급,\ 변경전요율)}{0.032258(3급,\ 변경후요율)} = 540,000원$$

③ 상해임시생활비 보험금

입원 1일당 3만원씩 지급하므로 70일간 입원한 상해임시생활비는 210만원이나, 통지의무 위반으로 인해 아래와 같이 비례보상 한다.

$$2,100,000원 \times \frac{0.870865(1급,\ 변경전요율)}{2.415721(3급,\ 변경후요율)} = 756,000원$$

④ 지급보험금

3,700,000원(후유장해)+540,000원(의료비)+756,000원(입원일당) = 4,996,000원

나. 교통상해 위험 비례보상의 실제

피보험자 K씨(남성)는 보험계약 체결 당시 사무직으로 보험에 가입하였다. 이후 K씨는 무리하게 대출을 받아 새집을 장만하게 되면서, 대출이자를 갚기 위해 현재 다니고 있는 사무직 외에 밤에는 부업으로 영업용 택시 운전을 병행하였다. 그러나 이러한 사실을 보험사에 알리지 아니하고, 심야에 영업용 택시를 운전하던 중 교통사고로 인하여 50일간 입원치료를 하는 등의 치료 후에도, 5개의 치아에 결손이 생기고(후유장해 지급율 5%), '뚜렷한 추간판탈출증(후유장해 지급율 15%)'에 해당하는 영구장해를 진단받았다. 이때 K씨는 자동차보험처리를 통해 병원비 300만원을 해결했다. 이때 K씨가 보험회사로부터 받을 수 있는 보험금은 다음과 같다.(단, 통지의무 위반외의 모든 사항은 정상적이라고 가정한다)

■ 보험계약조건

- 후유장해보험금 가입금액 : 1 억원
- 교통상해의료비 가입금액 : 300 만원
- 교통상해입원일당 가입금액 : 3만원 (1일당)

■ 장기손해보험 교통상해 위험요율예시(무배당기준)

구 분	자가용운전자		영업용 운전자		비운전자	
	남자	여자	남자	여자	남자	여자
교통상해 사망	0.000520	0.000231	0.001603	0.000713	0.000145	0.000064
후유장해(3%~79%)	0.000134	0.000059	0.000410	0.000182	0.000037	0.000017
임시생활비(1일이상)	0.596432	0.726052	1.982453	2.370542	0.185322	0.224187
의료비(100만원기준)	0.008524	0.009910	0.027545	0.031045	0.002578	0.003154

※ 상기 위험요율은 예시일 뿐 보험사에서 적용하는 실제 위험요율과 다릅니다.

① 교통상해 후유장해보험금

피보험자는 최초 사무직 1급으로 가입하였으나, 사무직과 병행하여 영업용 택시를 상시적으로 운행하였으므로 이중 높은 3급의 위험율을 적용받아야 한다. 그러나 피보험자가 가입한 보험이 교통상해 보험이고, 교통상해의 위험요율은 '자가용 vs 영업용' 요율이 별도로 존재하므로 이를 적용해야 한다. 후유장해 가입금액이 1억원이고, 후유장해지급율이 5개의 치아결손 5%와 뚜렷한 추간판탈출증의 15%를 합산한 20% 이므로,

1억원 × 20% (후유장해지급률) = 20,000,000원

이나, 통지의무위반으로 인해 아래와 같이 비례보상 한다.

$$20,000,000\text{원} \times \frac{0.000134(\text{자가용, 변경전요율})}{0.000410(\text{영업용, 변경후요율})} = 6,600,000\text{원}$$

② 교통상해의료비 보험금

50일간 입원기간 중 발생한 의료비가 300만원이나, 자동차보험 처리를 하여 지급보험금은 발생의료비의 50%에 해당하는 150만원이므로, 통지의무위반으로 인해 아래와 같이 비례보상 한다.

$$1,500,000\text{원} \times \frac{0.008524(\text{자가용, 변경전요율})}{0.027545(\text{영업용, 변경후요율})} = 465,000\text{원}$$

③ 교통상해 입원일당 보험금

입원 1일당 3만원씩 지급하는 상품이므로 50일간 입원한 교통상해 입원일당

은 150만원이나, 아래와 같이 비례보상 한다.

$$1,500,000원 \times \frac{0.596432(자가용, 변경전요율)}{1.982453(영업용, 변경후요율)} = 450,000원$$

④ 지급보험금

6,600,000원(후유장해)+465,000원(의료비)+450,000원(입원일당) = 7,515,000원

04 지급보험금과 보험금한도 적용의 우선순위

통지의무위반에 의한 비례보상에서 지급보험금과 보험금 지급한도의 적용에 있어서 우선순위에 대해 보상실무 현장에서 일부 오해가 있다. 예를 들어 의료비를 비례보상 하는데 있어서 발생한 의료비가 1,000만원이고, 보험가입금액이 300만원인 경우에 지급보험금을 계산할 때 ① 비례보상하지 아니하였다면 지급될 수 있었던 보험가입 한도금액을 손해액으로 보아 비례보상 한 경우와 ② 실제 발생한 전체 의료비를 손해액으로 보아 비례보상 한 경우를 고려해 볼 수 있다.

① 비례보상전 보험가입금액을 손해액으로 보아 비례보상 한 경우

$$3,000,000원 \times \frac{0.008524(자가용, 변경전요율)}{0.027545(영업용, 변경후요율)} = 930,000원$$

② 실제 발생한 전체 의료비를 손해액으로 보아 비례보상 한 경우

$$10,000,000원 \times \frac{0.008524(자가용, 변경전요율)}{0.027545(영업용, 변경후요율)} = 3,100,000원$$

(이 때, 보험금액 한도가 300만원이므로 300만원 지급)

위 ①의 주장은, 통지의무는 상법과 약관에 규정된 의무이고 의무의 불이행시 보험계약의 해지나 비례보상 등의 불이익을 받게 되어 있으므로, 보험계약자가 받을 수 있는 한도금액을 손해액으로 비례보상 하여야만 통지의무를 위반한 피보험자에게 패널티를 충분히 줄 수 있다는 의견이고,

②의 주장은 통지의무를 위반한 계약자 또는 피보험자에게 주는 패널티는 통지의무위반에 의한 보험계약의 해지나 비례보상을 하는 것만으로도 충분하고, 보험가입금액을 손해액으로 두고 계산하는 것은 통지의무를 위반한 계약자 또는 피보험자에게 비례보상 하는 것 외의 추가적인 이중의 패널티를 가하는 것이라는 의견이다.

이에 대해, 위 ①의 주장에 의할 경우 ㉠ 손해액을 대상으로 위험요율에 따른 비례보상을 하는 것이 아니고, 보험가입금액을 위험요율에 따라 축소시키는 결과

가 발생하고, ㉡ 비례보상하지 아니하였을 경우 지급될 수 있는 한도액을 손해액으로 보아 비례보상 하여 한도액을 축소하는 것은 이중적인 패널티로서 보험계약자에게 지나치게 가혹하며, ㉢ 화재보험에서 일부보험의 경우 비례보상을 하더라도 손해액을 비례보상한 후 보상한도액을 차후적으로 적용하는 보험거래의 일반적인 상식에도 어긋나고, ㉣ 보험금가입금액은 2차적이고 차후적이고 최종적으로 적용하여야 한다는 점에서 ②의 주장이 타당하다고 하겠다.

05 통지의무 위반으로 인한 비례보상시 주의사항

가. 요율이 존재하지 않는 경우

피보험자가 보험가입기간 중 통지의무위반을 하였다고 하여 모든 보장에 대해 비례보상을 할 수 있는 것은 아니다. 예를 들어 자가용운전자로 하여 보험가입을 한 후, 영업용 차량을 상시적으로 운행하다가 사고를 일으킨 경우, 영업용 운전자를 대상으로 한 보험에서 존재하지 않는 견인비용(긴급비용)이나 사망사고 외의 형사합의지원금의 보장 등에 대하여는 해당 보장에 대하여 영업용 요율자체가 존재하지 아니하므로 보상하지 아니한다.

나. 비례보상내용의 서면통보조항

질병상해보험 표준약관에서는 '통지의무 위반사실을 안 날로부터 1개월 이내에 계약자 또는 피보험자에게 제3항에 의해 보상됨을 서면으로 통보하고 이에 따라 보험금을 지급'하도록 하고 있다.

여기에서 보험자가 계약자 또는 피보험자에게 '서면통보'하도록 한 것이 통지의무위반에 의한 비례보상을 위한 '효력발생요건'이라는 의견과 보험계약의 자세한 내용을 알지 못하는 계약자 또는 피보험자의 불이익을 방지하기 위한 '절차적 요건'정도로 이해하는 의견이 있다.

그러나 고지의무위반에 의한 계약의 해지를 정당화하기 위해서는 고지의무위반에 의한 계약 해지의 의사표시가 상대방에게 도달하여야만 효력이 발생하는 도달주의를 취하고 있는 만큼, 통지의무위반에 의한 계약의 해지나 비례보상의 경우에도 상대방이 있는 의사표시로 봄이 상당하고 이에 따라 제척기간인 보험회사가 안 날로부터 1개월 이내에 이러한 비례보상의 내용을 담은 서면이 보험계약자 또는 피보험자에게 '도달'하여야만 효력이 있다. 다만, 서면통보의 양식에 대한 별도의 언급이 없고, 서면으로 통보하도록 하는 이유도 계약자 또는 피보험자가 알지 못하는 사이에 보험금의 지급이 제한되는 것을 방지하기 위한 것이니 만큼, 통지의무 위반에 의한 비례보상에 대해 계약자와 보험자가 상호 확인하는 확인서나 동의서를 주고받는 것으로도 갈음할 수 있다고 보는 것도 무방하다.

다. 비례보상할 경우의 제척기간

통지의무위반에 의해 보험계약을 해지할 경우뿐만 아니라, 보험계약을 해지하지 아니하고 각각의 위험요율에 따라 비례보상을 할 경우에도 「보험자가 안날부터 1개월 이내에」 비례보상 되는 내용을 서면으로 통보하여야 한다. 왜냐하면 통지의무를 해태하여 직업직무의 변경전 보험요율의 변경후 보험요율에 대한 비율에 따라 보험금을 삭감하여 지급하는 것은 실질적으로 약정된 보험금 중에서 삭감한 부분에 관하여 보험계약을 해지하는 것이므로 상법 제653조에서 규정하는 해지기간의 규정으로 여전히 적용해야 한다고 보고 있기 때문이다(대법원 2003.6.10. 선고 2002다63312 판결).

▶ 통지의무 위반에 의한 비례보상시의 제척기간

피보험자의 직업이나 직종에 따라 보험금 가입한도에 차등이 있는 생명보험계약에서 피보험자가 직업이나 직종을 변경하는 경우에 그 사실을 통지하도록 하면서 그 통지의무를 해태한 경우에 직업 또는 직종이 변경되기 전에 적용된 보험요율의 직업 또는 직종이 변경된 후에 적용해야 할 보험요율에 대한 비율에 따라 보험금을 삭감하여 지급하는 것은 실질적으로 약정된 보험금 중에서 삭감한 부분에 관하여 보험계약을 해지하는 것이라 할 것이므로 그 해지에 관하여는 상법 제653조에서 규정하고 있는 해지기간 등에 관한 규정이 여전히 적용되어야 한다(대법원 2003.6.10. 선고 2002다63312 판결).

라. 이륜자동차 및 원동기장치 자전거의 직접 사용의 경우

이륜자동차 및 원동기장치 자전거(논의의 편의상 이하 '오토바이'라 한다)의 경우, 피보험자의 위험이 현저하게 변경되거나 증가한다고 보는 데에는 이견이 없다. 따라서 보험사는 피보험자의 오토바이 운전사실을 통지의무에 의해 통지받거나, 알게 된 경우 1월내에 보험계약을 해지할 수 있다.

다만, 통지의무 대상으로 명시하고 있는 이상 피보험자가 오토바이 운전에 대해 통지의무를 이행하지 아니하였을 경우에는 보험계약의 해지와는 별도로 논의 되어야 한다.

직업 직무의 변경(상해급수의 변동)이나 자가용운전자와 영업용 운전자에 대해서는 별도 요율이 존재하지만, 오토바이 운전에 대한 요율은 별도로 존재하지 아니하는 것이 일반적이다. 따라서 오토바이 운전에 대한 요율의 적용은 오토바이 운전에 의한 요율의 적용이 아니라, 피보험자의 실제 직업 직무의 변동이 있는지 여부를 따져보아야 한다. 예를 들어 사무직에 종사하던 자가 오토바이 배달원으로 직업을 변경하는 과정에서 오토바이를 운전하게 되었다면 직업 직무의 변경으로 인해 위험이 증가한 것으로 보아 해당 상해급수에 대한 비례보상(1급/3급)을 하여야 한다. 또한 대학생이 학업을 계속 하면서 부모님 몰래 오토바이를 숨겨두고 상시적으로 통학용도로 운행하다가 사고가 발생한 경우에는 오토바이 운전 사실은 있지만, 실제의 직업직무가 변경된 것은 아니므로 비례보상 하기 어렵다고 판단된다. 이는 각 보험사의 오토바이 운전에 대한 별도의 요율의 존재여부 및 업무처리 지침에 따라 달리 적용될 수 있으며, 보험계약을 해지할 수 있음은 당연하다.

Memo

Chapter 7

보험금지급의무와 보험금청구권

7-1 보험금의 지급

01 질병상해보험 표준약관상 보험금의 지급

가. 보험금의 청구

보험금의 지급을 위해서는 우선 피보험자에게 발생한 사고가 보험약관에 정한 보험사고이어야 하고, 면책사유에 해당하지 않아야 한다. 아울러 피보험자 등의 보험금 청구권자가 소멸시효가 경과하기 전에 보험금 청구에 필요한 서류를 제출하여야 한다.

질병상해보험 표준약관 제32조(보험금의 지급)

① 회사는 제31조(보험금 등 청구시 구비서류)에서 정한 서류를 접수한 때에는 접수증을 교부하고, 그 서류를 접수한 날부터 3영업일 이내에 보험금을 지급하여 드립니다.
② 회사가 보험금 지급사유의 조사 및 확인을 위하여 제1항의 지급기일 초과가 명백히 예상되는 경우에는 그 구체적인 사유, 지급예정일 및 보험금 가지급 제도에 대하여 피보험자 또는 보험수익자에게 즉시 통지하여 드립니다. 다만, 지급예정일은 다음 각호의 어느 하나에 해당하는 경우를 제외하고는 제31조(보험금 등 청구시 구비서류)에서 정한 서류를 접수한 날부터 제30영업일 이내에서 정합니다.
1. 소송제기
2. 분쟁조정 신청
3. 수사기관의 조사

4. 해외에서 발생한 보험사고에 대한 조사
5. 제5항에 의한 회사의 조사요청에 대한 동의 거부 등 계약자, 피보험자 또는 보험수익자의 책임있는 사유로 인하여 보험금 지급사유의 조사 및 확인이 지연되는 경우
6. 제16조(보험금 지급에 관한 세부규정) 제9항에 의하여 장해지급률에 대한 제3자의 의견에 따르기로 한 경우

보험금 청구서류를 접수한 때에는 접수증을 교부하고, 그 서류를 접수한 날부터 3영업일 이내에 보험금을 지급한다. 보험금 지급사유의 조사 및 확인을 위해 지급기일의 초과가 명백히 예상되는 경우에는 그 구체적인 사유, 지급예정일 및 보험금 가지급 제도에 대하여 피보험자 또는 보험수익자에게 즉시 통지한다. 다만 지급예정일은 표준약관에 정한 경우를 제외하고 서류를 접수한 날부터 30영업일 이내로 한다.

나. 가지급보험금

질병상해보험 표준약관 제32조 (보험금의 지급)

③ 제2항에 의하여 추가적인 조사가 이루어지는 경우, 회사는 피보험자 또는 수익자의 청구에 따라 회사가 추정하는 보험금의 50% 상당액을 가지급보험금으로 지급하여 드립니다.

보험회사가 보험금 지급사유의 조사 및 확인을 위해 제2항에 정한 지급기일 초과가 명백히 예상되는 경우에는 구체적 사유와 지급예정일을 피보험자 또는 보험수익자에게 서면 통지하도록 하고, 피보험자 또는 수익자의 청구에 따라 "회사가 추정하는 보험금"의 50% 상당액을 가지급보험금으로 지급한다.

여기서 가지급금의 경우 '회사가 추정하는 보험금'이므로 보험금 지급사유가 발생하지 아니할 것으로 예상되는 경우 가지급금을 지급하지 않아도 되지만, 이를 남발함으로서 보험소비자의 권익을 침해해서는 안된다.

다. 보험금의 허위청구

질병상해보험 표준약관 제25조 (중대사유로 인한 해지)

① 회사는 아래와 같은 사실이 있을 경우에는 안 날부터 1개월 이내에 계약을 해지할 수 있습니다.

1. 계약자, 피보험자 또는 보험수익자가 고의로 보험금 지급사유를 발생시킨 경우
2. 계약자, 피보험자 또는 보험수익자가 보험금 청구에 관한 서류에 고의로 사실과 다른 것을 기재하였거나 그 서류 또는 증거를 위조 또는 변조한 경우. 다만, 이미 보험금 지급사유가 발생한 경우에는 보험금 지급에 영향을 미치지 않습니다.

② 회사가 제1항에 따라 계약을 해지한 경우 회사는 그 취지를 계약자에게 통지하고 제19조(해지환급금) 제1항에 의한 해지환급금을 지급합니다.

계약자, 피보험자 또는 보험수익자가 보험금 청구에 관한 서류에 고의로 사실과 다른 것을 기재하였거나 그 서류 또는 증거를 위조 또는 변조한 경우 보험회사가 안 날부터 1개월 이내에 계약을 해지할 수 있다.

기존의 장기손해보험 표준약관에서는 보험금 허위청구에 대하여 보험금 청구권 상실조항을 두고 있었다. 이러한 보험금청구권 상실조항의 취지는 피보험자 등이 서류를 위조하거나 증거를 조작하는 등 신의성실의 원칙에 반하는 사기적인 방법으로 과다한 보험금을 청구하는 경우를 제재하고자 한 것이다.

만약 정상적인 보험금의 청구와 함께 실제 발생한 손해액에 부가하여 추가적인 보험금을 허위로 청구하는 경우에는 허위로 청구된 보험금과 함께 정상적으로 청구한 부분까지 모두 청구권이 상실된다는 판례(대법원 2005.6.9. 선고 2005다15444 판결, 인천지방법원 2006.3.30. 선고 2005가합3270, 8473 판결)도 있으나, 허위청구하는 부분에 대하여만 보험금 청구권이 상실될 뿐 정상적으로 청구된 보험금에 대하여는 청구권이 상실되지 아니한다(대법원 2007. 2. 22. 선고 2006다 72093 판결)고 보아야 한다.

보험금청구권 상실조항을 제한적으로 해석하는 주장은 보험금청구권에 대하여 문자 그대로 엄격히 해석하여 적용할 경우 조금이라도 약관에 위배되기만 하면 보험자가 면책할 수 있기 때문에 합리적으로 제한하여야 할 것이므로, 이러한 제한은 약관의 목적, 피보험자의 보험금청구와 관련한 부당행위의 정도 등과 보험의 효용이나 기능을 비교하여 결정하여야 할 것이다(서울고등법원 1989.4.12. 선고 88나43703, 89나12515 판결).

또한 보험계약자가 보험금을 허위로 청구하여 보험금청구권이 상실되었다고 하더라도 그 보험계약에 따른 다른 사람의 보험금 청구권은 상실되지 아니한다(서울중앙지법 2004가단398737 판결).

그러나 보험금 청구권 상실조항을 제한적으로 해석하여 허위청구한 부분에 대하여만 상실토록한 위의 판결들에 대하여, 경미한 허위청구에 대하여는 이것만을 공제하는 것이 피보험자 보호에 바람직하나, 보험계약당시부터 초과보험의 가능성이 있는데다가 허위청구를 통해 과도한 보험금을 청구하는 것을 인정할 경우 '밑져도 본전'이라는 관념을 심어주어 우리사회의 건전한 도덕성을 훼손할 수 있으므로 부당한 방법으로 이익을 얻으려는 보험금청구는 보험을 악용하는 것이므로 보험계약의 선의성을 침해한 것이라는 주장이 오래전부터 제기되어 왔다.[1)]

▶ 보험금액 일부의 허위청구가 보험금 청구권 전체를 상실시키는지 여부

일부무효나 일부취소의 법리는 계약체결상의 일부하자를 어떻게 취급할 것인지의 문제인 반면, 허위청구로 인한 보험금 청구권의 상실은 보험계약의 최대 선의성에 기초한 것으로서 그 성질을 달리 하므로 이에 일부무효나 일부취소의 법리를 적용할 수 없으므로 건물, 동산, 기계를 담보하는 화재보험계약을 체결하고 화재사고가 발생한 경우 피보험자가 허위의 판매사실확인원 등을 제출하면서 소실된 기계류의 판매대금을 과대청구한 사실이 인정되는 이상 나머지 건물, 동산에 대한 피보험자의 보험금 청구권도 모두 상실된다(대법원 2005.6.9. 선고 2005다15444 판결).

▶ 보험목적물 일부의 허위청구가 보험금액 전체의 청구권을 상실시키는지 여부

건물 및 그 건물 내의 가재도구 등을 보험목적물로 하는 손해보험에 따른 보험금을 청구함에 있어 가재도구 손해부분에 대해서 허위의 청구를 한 사안에서, 보험계약을 체결하면서 '건물화재'와 '가재도구 화재 및 도난'으로 항목을 나누어 보험금액을 정하였다고 하더라도 각 항목별로 별개의 보험계약을 체결한 것으로 볼 수는 없는 점 등 제반 사정에 비추어 볼 때, 허위청구의 대상인 '가재도구' 손해 부분뿐만 아니라 나머지 건물 손해 부분에 대한 보험금청구권도 상실한다(인천지방법원 2006.3.30. 선고 2005가합3270, 8473 판결).

1) 양승규, "보험금청구권의 상실", 「보험판례연구」, 삼지원, 2000, pp.199-202.

▶ 허위청구한 보험금의 해당부분만 청구권이 상실되는지 여부

"보험계약자 또는 피보험자가 손해의 통지 또는 보험금청구에 관한 서류에 고의로 사실과 다른 것을 기재하였거나 그 서류 또는 증거를 위조하거나 변조한 경우 피보험자는 손해에 대한 보험금청구권을 잃게 된다"고 규정하고 있는 보험계약의 약관 조항의 취지는 피보험자 등이 서류를 위조하거나 증거를 조작하는 등 신의성실의 원칙에 반하는 사기적인 방법으로 과다한 보험금을 청구하는 경우에는 그에 대한 제재로서 보험금청구권을 상실하도록 하려는 데 있고, 독립한 여러 물건을 보험목적물로 하여 체결된 화재보험계약에서 피보험자가 그 중 일부의 보험목적물에 관하여 실제 손해보다 과다하게 허위의 청구를 한 경우에 허위의 청구를 한 당해 보험목적물에 관하여 위 약관 조항에 따라 보험금청구권을 상실하게 되는 것은 당연하다. 그러나 만일 위 약관 조항을 피보험자가 허위의 청구를 하지 않은 다른 보험목적물에 관한 보험금청구권까지 한꺼번에 상실하게 된다는 취지로 해석한다면, 이는 허위 청구에 대한 제재로서의 상당한 정도를 초과하는 것으로 고객에게 부당하게 불리한 결과를 초래하여 신의성실의 원칙에 반하는 해석이 되므로, 위 약관에 의해 피보험자가 상실하게 되는 보험금청구권은 피보험자가 허위의 청구를 한 당해 보험목적물의 손해에 대한 보험금청구권에 한한다고 해석함이 상당하다(대법원 2007.2.22. 선고 2006다72093 판결).

▶ 보험금청구권 상실조항의 해석

보험실권약관을 문자그대로 엄격히 해석하여 적용할 경우 조금이라도 약관에 위배하기만 하면 보험자는 면책되는 결과가 되어 본래 피해자 대중을 보호하고자 하는 보험의 사회적 효용과 경제적기능에 배치된다는 점에서 이를 합리적으로 제한하여야 할 것이므로 피보험자의 보험금 청구권상실여부는 위 약관의 목적, 피보험자의 보험금청구와 관련한 부당행위의 정도 등과 보험의 효용, 기능을 비교 교량하여 결정하여야 할 것이고, 허위로 한 과장금액기재와 허위견적서 2매의 제출행위를 문제삼아 과장금액을 보험금에서 공제하거나 거기에 관련되는 손해금 상당을 보험금에서 공제할 수 있을는지 몰라도 이로 인하여 피보험자가 보험금청구권 전체를 곧바로 상실하는 것으로 볼 수는 없다(서울고등법원 1989.4.12. 선고 88나43703, 89나12515 판결).

▶ 일부 보험금청구권자의 허위청구로 다른 피보험자의 청구권도 상실되는지 여부

보험계약자 또는 피보험자의 허위의 보험청구 등으로 인한 보험금청구권 상실을 규정한 약관조항은 보험계약 당사자의 윤리성 등을 요구하는 보험계약의 특성에 따라 마련된 규정이다. 여러 물건을 보험목적으로 하여 체결된 보험계약에서 보험목적물에 따라 보험금청구권자를 달리한다면 일부 보험금 청구권자가 허위로 보험금을 청구했더라도 그러한 사유가 없는 보험금청구권자에게는 특별한 사정이 없는 한 보험금 상실의 효력이 미치지 아니한다(서울중앙지법 2004가단 398737).

02 지연이자의 지급

질병상해보험 표준약관 제32조 (보험금의 지급)

④ 회사는 제1항의 규정에 정한 지급기일내에 보험금을 지급하지 아니하였을 때(제2항의 규정에서 정한 지급예정일을 통지한 경우를 포함합니다)에는 그 다음날부터 지급일까지의 기간에 대하여 보험계약대출이율을 연단위 복리로 계산한 금액을 보험금에 더하여 드립니다. 그러나 계약자, 피보험자 또는 보험수익자의 책임있는 사유로 지급이 지연된 때에는 그 해당기간에 대한 이자는 더하여 드리지 아니합니다.

⑤ 계약자, 피보험자 또는 보험수익자는 제24조(알릴 의무 위반의 효과) 및 제2항의 보험금 지급사유조사와 관련하여 의료기관 또는 국민건강보험공단, 경찰서 등 관공서에 대한 회사의 서면에 의한 조사요청에 동의하여야 합니다. 다만, 정당한 사유없이 이에 동의하지 않을 경우 사실확인이 끝날 때까지 회사는 보험금 지급지연에 따른 이자를 지급하지 아니합니다.

보험금의 지급은 보험금청구서류를 접수한 때에는 그 서류를 접수한 날부터 3영업일 이내에 보험금을 지급한다. 지급기일내에 보험금을 지급하지 아니한 경우에는 그 다음날부터 지급일까지의 기간에 대하여 보험계약대출이율을 연단위 복리로 계산한 금액을 지급한다.

그러나 정당한 사유없이 보험금 지급사유조사와 관련된 서면에 의한 조사요청에 동의하지 않는 등의 계약자, 피보험자 또는 보험수익자의 책임있는 사유로 지급이 지연된 때에는 해당 기간에 대한 이자는 지급하지 아니한다.

또한 보험계약대출이율은 금융환경에 따라 수시로 변동되는데 그 이율을 적용하는 시기를 ㉠ 보험계약체결시점의 보험계약대출이율로 볼 것인지, ㉡ 보험금을 청구할 당시의 보험계약대출이율로 볼 것인지 아니면 ㉢ 보험금을 지급할 당시의 보험계약대출이율로 볼 것인지에 대한 분쟁이 있을 수 있으나, 이에 대해 우리 법원은 보험금의 지급이 지체되어 보험금이 실제 지급할 당시의 이율에 따르는 것이 상당하다고 판시하고 있다(서울지방법원 2004.1.15. 선고 2003가합 27073 판결).

▶ 지연이자 지급시 적용되는 약관대출이율을 적용하는 시점

보험자가 보험금의 지급을 지체할 경우 보험계약체결당시의 약관대출이율을 적용하여 가산금을 산정하여야 한다고 볼만한 아무런 자료가 없을 뿐만 아니라, 오히려 약관대출이율은 경제상황의 변동 등에 따라 수시로 변경된다는 점, 보험계약체결시기와 보험금 지급시기 사이에 상당한 시간적 간격이 있는 점, 기타 위 가산금이 보험금 지급의 지연을 전제로 하고 있는 점 등을 고려하여 볼 때 보험금의 지급을 지연함으로써 발생하는 가산금을 산정함에 있어 적용되는 이율은 보험자에 대하여 보험금 지급에 대한 지연지체책임이 발생할 당시의 약관대출이율을 적용함이 상당하다(서울지방법원 2004. 1. 15. 선고, 2003가합27073 판결).

03 외화표시 보험계약의 보험금 지급

글로벌케어보험 환율특별약관 제2조 (보험금의 환산)

보상액은 지급시의 전신환 대고객 매입률로 환산한 원화 또는 ( )화에 상당하는 외환증서로 지급하여 드립니다.

외화표시 보험계약에서 보험료를 원화로 영수할 때에는 ① 보험료는 청약전일, ② 추가 및 환급보험료는 배서일, ③ 해지환급보험료는 해지일, ④ 분납보험료는 납입해당일의 전신한대고객매도율로 환산한 원화로 한다.

그러나 보험금을 지급할 경우에는 보험금을 지급할 때의 전신환대고객매입율로 환산한 원화로 지급한다.

「전신환」이란 외화의 실물거래 없이 전산상으로 외화를 보내고 받는 거래를 의미한다.

주의할 점은, 한국외환은행 등에서 고시하는 「전신환매도율(TTS)」은 은행을 기준으로 은행이 외화를 팔 때, 즉 고객입장에서는 고객이 외화를 살 때의 환율을 말하고, 「전신환매입률(TTB)」은 은행을 기준으로 은행이 외화를 살 때 즉 고객이 외화를 팔 때의 환율을 말한다.

따라서 약관에 정한 전신환대고객매입률은 전신환매도율(TTS)을 말한다. 또한 환율을 적용하는 시기는 '지급할 때'의 외국환 시세에 의하여 환산한 우리나라 통화로 지급해야한다(대법원 2000.6.9. 선고 99다56512 판결, 대법원 1991.3.12. 선고 90다2147 판결).

▶ 외화채권을 우리나라 통화로 변제하는 경우의 환산시기

채권액이 외국통화로 정해진 금전채권인 외화채권을 채무자가 우리 나라 통화로 변제하는 경우에 그 환산시기는 이행기가 아니라 현실로 이행하는 때, 즉 현실이행시의 외국환시세에 의하여 환산한 우리 나라 통화로 변제하여야 하고, 우리 나라 통화를 외화채권에 변제충당할 때도 특별한 사정이 없는 한 현실로 변제충당할 당시의 외국환시세에 의하여 환산하여야 한다(대법원 2000.6.9. 선고 99다56512 판결, 대법원 1991.3.12. 선고 90다2147 판결).

04 착오지급한 보험금의 반환청구권

손해사정 과정에서 일반적으로 피보험자 또는 보험수익자에게 정상적으로 보험금이 지급될 것으로 기대되지만, ① 면책사유에 해당하는 사고에 대하여 보험금을 지급하거나, ② 피보험자의 범위를 오인하여 지급하거나, ③ 정상적인 범위를 초과한 액수를 지급하거나, ④ 착오를 이유로 보험금 지급처를 잘못 적용하거나, ⑤ 보험금 청구권자 등의 착오로 잘못 지급되는 경우 등 다양한 상황이 발생한다.

그렇다면 이러한 경우에 착오지급된 보험금에 대하여 보험사가 착오지급한 보험금을 부당이득금으로 보아 환수할 수 있는지의 여부가 쟁점이 된다.

우리민법에서는 법률상 원인 없이 타인의 재산 또는 노무로 인하여 이익을 얻고 이로 인하여 타인에게 손해를 가한 자는 그 이익을 반환하여야 한다(민법 제741조)고 하고 있다. 그러나 채무 없음을 알고 이를 변제한 때에는 그 반환을 청구하지 못하도록 하고 있다(민법 제742조).

부당이득이 인정되면 손실자는 이득자에 대하여 부당이득반환청구권을 갖게 되고, 수익자는 원물을 반환할 수 없는 때에는 가액을 반환하여야 하고, 수익자가 이익을 반환할 수 없는 경우에는 수익자로부터 무상으로 목적물을 양수한 악의의 제3자가 그 반환책임이 있다(민법 제747조 제1항과 제2항).

이익의 반환은 손실액과 이득액을 한도로 하고, 선의의 수익자는 받은 이익이 현존하는 한도에서 반환책임이 있고, 악의의 수익자는 받은 이익에 이자를 붙여서 반환하고 손해가 있으면 배상하여야 한다(민법 제748조 제1항항과 제2항). 수익자가 이익을 받은 후 법률상 원인 없음을 안 때에는 그 때부터 악의의 수익자로 되며, 선의의 수익자가 패소한 때에는 그 소를 제기한 때부터 악의의 수익자로 본다(민법

제749조 제1항과 제2항).

따라서 착오로 지급되지 않아야 할 보험금을 지급하였거나, 과다하게 지급한 경우, 또는 착오로 수익자가 아닌 제3자에게 지급한 경우 등은 착오지급으로 인하여 수익을 얻은 자에게 착오지급으로 인한 수익은 부당이득으로서 반환하여야 함과 아울러 법률상 원인이 없음을 안 때에는 그 때부터 악의의 수익자가 됨과 동시에 원금과 이자를 반환하여야 함을 통지하고 반환을 요구할 수 있다.

▶ 면책건에 대한 보험금을 지급한 경우 그 반환을 청구할 수 있는지 여부

보험회사가 보험계약의 보험약관상 면책규정에 해당하여 보험금지급의무가 없다는 것을 알지 못하고 보험자로서 피해자에게 보험금을 지급하였다면 피해자에게 그 반환을 구할 수 있다(대법원 1995.3.3. 선고 93다36332 판결).

▶ 타인계좌에 착오입금한 경우의 타인에 대하여 부당이득 반환청구권 여부

송금의뢰인과 수취인 사이에 계좌이체의 원인이 되는 법률관계가 존재하지 않음에도 불구하고 계좌이체에 의하여 수취인이 계좌이체금액 상당의 예금채권을 취득한 경우, 송금의뢰인이 수취인에 대하여 위 금액 상당의 부당이득반환청구권을 가진다(대법원 2010.11.11. 선고 2010다41263, 41270 판결).

05 사망보험금과 상속인의 고유재산

많은 채무를 부담하고 있던 피보험자가 사망하고 사망으로 인한 보험금을 상속인이 지급받은 경우에 피보험자가 생전에 가지고 있던 채무의 채권자들이 피보험자의 사망으로 인한 보험금으로 피보험자의 채무를 변제하도록 해달라는 주장이 있을 수 있다. 만약, 상속인들에게 지급된 보험금이 상속재산이라면 채권자들은 지급된 보험금에 대해 권리행사를 할 수 있고, 상속인들의 고유재산이라면 채권자들은 지급된 보험금에 대해 권리행사를 할 수 없다.

이에 대해, 우리 법원은 일관되게 보험금은 상속인들의 고유재산이라는 입장을 유지하고 있다. 보험계약자가 자신을 피보험자로 하고 자신이 사망할 경우의 수익자를 '상속인'이라고만 지정하고 사망하여 보험사고가 발생한 경우에 피보험자의 상속인은 보험수익자의 지위에서 보험자에 대하여 보험금의 지급을 청구할 수 있는 보험금청구권을 가지고 있고, 이 권리는 보험계약의 효력으로 당연히 생기는 것으로서 상속재산이 아니라 상속인의 고유재산이고(대법원 2004.7.9. 선고 2003다29463 판결, 대법원 2001.12.28. 선고 2000다31502 판결), 이는 보험에서 피보험자의 상속인을 보험수익자로 미리 지정해놓은 경우는 물론 보험계약자가 보험수익자의 지정권을 행사하기 전에 보험사고가 발생하여 상법 제733조에 의하여 피보험자의 상속인이 보험수익자가 되는 경우에도 보험금청구권은 상속재산이 아니라 상속인의 고유재산으로 보아야 한다(대법원 2004.7.9. 선고 2003다29463 판결).

또한 보험계약자가 제3자를 피보험자로 하고, 자기 자신을 보험수익자로 하여 맺은 생명보험계약에 있어서 보험기간 중에 보험수익자가 사망한 경우에는 상법 제733조에 정한 보험계약자가 다시 보험수익자를 지정하지 아니하고 사망한 경우에 준하여 보험수익자의 상속인이 보험수익자가 되고, 이러한 경우 보험수익자의 상속인이 피보험자의 사망이라는 보험사고가 발생한 때에 보험수익자의 지위에서 보험자에 대하여 가지는 보험금청구권은 상속재산이 아니라 상속인의 고유재산이다(대법원 2007.11.30. 선고 2005두5529 판결).

이때의 상속인이란 보험사고 발생 후 상속인으로서 현실적으로 보험금을 수령하게 될 자를 말하는 것이 아니라 사망당시 예상되는 추정 상속인을 말하는 것으로, 추후 상속결격자나 상속포기자가 있다고 하여 다른 공동상속인이나 후순위 법정상속인이 보험금청구권을 취득하는 것은 아니다(대법원 2006.9.22. 선고, 2006다45831 판결).

▶ 피보험자의 상속인이 갖는 보험금 청구권이 상속인의 고유재산인지 여부

보험계약자가 피보험자의 상속인을 보험수익자로 하여 맺은 생명보험계약에 있어서 피보험자의 상속인은 피보험자의 사망이라는 보험사고가 발생한 때에는 보험수익자의 지위에서 보험자에 대하여 보험금 지급을 청구할 수 있고, 이 권리는 보험계약의 효력으로 당연히 생기는 것으로서 상속재산이 아니라 상속인의 고유재산이라고 할 것인데, 이는 상해의 결과로 사망한 때에 사망보험금이 지급되는 상해보험에 있어서 피보험자의 상속인을 보험수익자로 미리 지정해 놓은 경우는 물론 생명보험의 보험계약자가 보험수익자의 지정권을 행사하기 전에 보험사고가 발생하여 상법 제733조에 의하여 피보험자의 상속인이 보험수익자가 되는 경우에도 마찬가지라고 보아야 한다(대법원 2004.7.9. 선고 2003다29463 판결, 대법원 2001.12.28. 선고 2000다31502 판결).

▶ 보험수익자의 상속인이 갖는 보험금 청구권이 상속인의 고유재산인지 여부

보험계약자가 자기 이외의 제3자를 피보험자로 하고 자기 자신을 보험수익자로 하여 맺은 생명보험계약에 있어서 보험존속 중에 보험수익자가 사망한 경우에는 상법 제733조 제3항 후단 소정의 보험계약자가 다시 보험수익자를 지정하지 아니하고 사망한 경우에 준하여 보험수익자의 상속인이 보험수익자가 되고, 이는 보험수익자와 피보험자가 동시에 사망한 것으로 추정되는 경우에도 달리 볼 것은 아니며, 이러한 경우 보험수익자의 상속인이 피보험자의 사망이라는 보험사고가 발생한 때에 보험수익자의 지위에서 보험자에 대하여 가지는 보험금지급청구권은 상속재산이 아니라 상속인의 고유재산이다(대법원 2007.11.30. 선고 2005두5529 판결).

▶ 보험금 청구권이 귀속되는 상속인의 의미

보험금청구권은 상속인의 고유재산이라 할 것인데, 이때의 상속인이란 보험사고 발생 후 상속인으로서 현실적으로 보험금을 수령하게 될 자를 말하는 것이 아니라 특별한 사정이 없는 한 보험수익자로 당시 예상되는 추정상속인을 지칭하는 것으로 봄이 상당하고, 나중에 그들 중 일부가 상속결격자가 되거나 상속을 포기하였다고 해서 다른 공동상속인이나 후순위 법정상속인이 보험금 청구권을 취득하는 것으로는 볼 수 없다(대법원 2006.9.22. 선고, 2006다45831 판결).

7-2 보험금청구권자

01 보험금청구권자의 의의

인보험에서 피보험자는 생명 또는 신체에 관하여 보험에 붙여진 보험의 객체를 말하며 자연인으로 한정된다. 손해보험에서의 피보험자는 피보험이익의 주체로서 보험사고가 발생하면 보험회사에 손해의 보상을 청구할 권리를 가지는 자를 말한다. 따라서 손해보험에서의 피보험자는 별도의 수익자의 지정 없이도 당연히 그 권리를 취득한다.

인보험에서 보험수익자는 보험사고의 발생으로 인한 보험금 청구권을 갖으며 그 수나 자격에는 제한이 없다. 보험계약자와 보험수익자가 같은 사람일 경우를 자기를 위한 보험이라 하고, 다른 계약을 타인을 위한 보험계약이라 한다.

02 보험수익자의 지정과 변경

가. 보험계약자의 수익자 지정변경권

보험계약자는 보험수익자를 지정 또는 변경할 권리를 갖는다(상법 제733조 제1항). 만약, 보험계약자가 보험수익자를 지정하지 아니하고 사망한 때에는 피보험자를 보험수익자로 하고, 보험수익자를 변경하지 아니하고 사망한 때에는 기존의 보험수익자의 권리가 확정된다. 그러나 보험계약자가 사망한 경우에는 그 승계인이 보험수익자의 지정 변경권을 행사할 수 있다는 약정이 있는 때에는 그러지 아니하다(상법 제733조 제2항).

또한 보험계약자가 보험수익자 지정권을 행사하기 전에 보험사고가 생긴 경우에는 피보험자 또는 보험수익자의 상속인을 보험수익자로 한다(상법 제733조 제4항).

▶ 보험수익자를 추상적 또는 유동적으로 지정한 행위의 유효성 여부

타인을 위한 상해보험에서 보험수익자는 그 지정행위 시점에 반드시 특정되어 있어야 하는 것은 아니고 보험사고 발생시에 특정될 수 있으면 충분하므로, 보험계약자는 이름 등을 통하여 특정인을 보험수익자로 지정할 수 있음은 물론 '배우자' 또는 '상속인'과 같이 보험금을 수익할 자의 지위나 자격 등을 통하여 불특정인을 보험수익자로 지정할 수도 있고, 후자와 같이 보험수익자를 추상적 또는 유동적으로 지정한 경우에 보험계약자의 의사를 합리적으로 추측하여 보험사고 발생시 보험수익자를 특정할 수 있다면 그러한 지정행위는 유효하다(대법원 2006.11.9. 선고 2005다55817 판결).

나. 보험수익자의 사망

보험수익자가 보험기간 중에 사망한 때에는 보험계약자는 다시 보험수익자를 지정할 수 있고, 이 경우 보험계약자가 지정권을 행사하지 않고 사망한 때에는 보험수익자의 상속인을 보험수익자로 한다(상법 제733조 제3항).

03 질병상해보험 표준약관상 보험수익자 지정

가. 보험수익자의 지정

질병상해보험 표준약관 제28조 (보험수익자의 지정)

계약자는 보험수익자를 지정할 수 있으며 보험수익자를 지정하지 아니한 때에는 보험수익자를 제18조(만기환급금의 지급)의 경우는 계약자로 하고, 제15조(보험금의 종류 및 지급사유) 제1호의 경우는 피보험자의 상속인으로 하며, 동조 제2호 및 제3호의 경우는 피보험자로 한다.

보험계약자는 보험수익자를 지정할 수 있으며 별도로 보험수익자를 지정하지 아니한 경우에는 만기환급금의 경우는 보험계약자가, 사망보험금은 피보험자의 상속인이, 후유장해보험금 및 입원보험금, 간병보험금 등은 피보험자를 보험수익자로 한다.

단체보험의 경우에는 보험수익자의 지정에 관하여 별다른 규정을 두고 있지 않으므로 보험계약자는 단체구성원인 피보험자를 보험수익자로 하여 타인을 위한 보험계약으로 체결할 수도 있고, 보험계약자 자신을 수익자로 하여 자기를 위한 보험계약으로 체결할 수도 있다(대법원 1999.5.25. 선고98다59613 판결). 단체보험이라고 하여 보험계약자의 보험수익자의 지정변경권이 제한되는 것은 아니고, 다만 보험계약의 체결과 관련하여 단체의 구성원인 피보험자의 서면동의를 요하고, 단체구성원 개개인의 서면동의가 없을 경우 최소한 단체규약에 의하여 서면동의와 비슷한 수준의 동의가 있는지의 여부가 관건이 된다.

▶ 단체보험에서 보험수익자를 보험계약자 자신으로 하는 것의 타당성 여부

단체보험의 경우 보험수익자의 지정에 관하여는 상법 등 관련 법령에 별다른 규정이 없으므로 보험계약자는 단체의 구성원인 피보험자를 보험수익자로 하여 타인을 위한 보험계약으로 체결할 수도 있고, 보험계약자 자신을 보험수익자로 하여 자기를 위한 보험계약으로 체결할 수도 있을 것이며, 단체보험이라고 하여 당연히 타인을 위한 보험계약이 되어야 하는 것은 아니므로 보험수익자를 보험계약자 자신으로 지정하는 것이 단체보험의 본질에 반하는 것이라고 할 수 없다(대법원 1999.5.25. 선고 98다59613 판결).

나. 대표수익자의 지정

질병상해보험 표준약관 제29조 (대표자의 지정)

① 계약자 또는 보험수익자가 2인 이상인 경우에는 각 대표자 1인을 지정하여야 합니다. 이 경우 그 대표자는 각각 다른 계약자 또는 보험수익자를 대리하는 것으로 합니다.
② 제1항의 대표자로 지정된 계약자 또는 보험수익자의 소재가 확실하지 아니한 경우 또는 회사의 요구에도 불구하고 대표자를 선정하지 아니하거나 선정할 수 없는 경우에는 이 계약에 관하여 회사가 계약자 또는 보험수익자 1인에 대하여 한 행위는 각각 다른 계약자 또는 보험수익자에 대하여도 효력이 미칩니다.
③ 계약자가 2인 이상인 경우에는 그 책임을 연대로 합니다.

보험계약자 또는 보험수익자가 2인 이상인 경우에는 각 대표자 1인을 지정해야 한다. 이때 그 대표자는 각각 다른 보험계약자 또는 보험수익자를 대리하는 것으로 본다.

대표자로 지정된 보험계약자 또는 보험수익자의 소재가 확실하지 않은 경우나 대표자를 선정하지 아니하거나 선정할 수 없는 경우에는 회사가 보험계약자 또는 보험수익자 1인에 대하여 한 행위는 각각 다른 보험계약자 또는 보험수익자에 대하여도 효력이 미치며, 보험계약자가 2인 이상인 경우에는 그 책임을 연대로 한다.

04 상속의 개념과 재산상속

가. 상속의 개념

우리민법에서의 상속은 피상속인의 사망으로 인하여 피상속인 소유의 재산을 상속하는 것을 말한다. 여기서 피상속인은 사망한 자를 말하고, 상속인은 피상속인의 사망으로 피상속인의 재산을 상속받을 자를 말한다.

우리 민법에서는 상속에 대하여 유언에 의한 상속을 인정하고, 민법에 정한 요건을 갖춘 경우에만 효력을 갖도록 하고 있으며(민법 제1060조), 이와 같은 유언이 없는 경우에 비로소 법정상속이 개시되도록 하고 있다.

그러나 이러한 유언에 의한 상속의 경우에도 피상속인이 유언에 의해 임의대로 처분하는 것에 대하여 일정정도 제한을 가함으로써 상속인들이 최소한의 생활을 유지할 수 있도록 하는 유류분제도를 함께 운용하고 있다.

상속인은 상속이 개시된 것을 안날로부터 3개월 내에 단순승인이나 한정승인 또는 포기를 할 수 있고, 승인 또는 포기를 하기 전에 상속재산을 정하여 상속채무가 상속재산을 초과하는 사실을 중대한 과실 없이 3개월 내에 알지 못하고 단순승인을 한 경우에는 그 사실을 안 날로부터 3월내에 한정승인을 할 수 있다(민법 제1019조 제1항).

「단순승인」이라 함은 상속인이 피상속인의 권리와 의무를 제한없이 승계하는 것을 말하고(민법 제1025조), 「한정승인」은 상속인이 상속으로 인하여 취득할 재산의 한도에서 피상속인의 채무와 유증을 변제할 것을 조건으로 상속을 승인하는 것을 말하며(민법 제1028조), 「상속포기」는 상속재산에 대하여 포기하는 경우를 말한다.

동순위의 상속인이 여러명일 경우에는 균등하게 배분하고, 피상속인의 배우자는 직계비속 또는 직계존속과 공동으로 상속하고 이때에는 직계비속 또는 직계존속의 상속분에 5할을 가산한다.

상속의 개시에 의하여 상속인이 될 직계비속 또는 형제자매가 상속개시전에 사망하거나 결격자가 된 경우에 그 직계비속이 있는 때에는 그 직계비속이 사망하거나 결격된 자의 순위에 가름하여 상속인이 된다(민법 제1001조).

나. 법정상속인의 순위

민법 제1000조 (상속의 순위〈개정 1990.1.13〉)

① 상속에 있어서는 다음 순위로 상속인이 된다.
1. 피상속인의 직계비속
2. 피상속인의 직계존속
3. 피상속인의 형제자매
4. 피상속인의 4촌이내의 방계혈족

② 전항의 경우에 동순위의 상속인이 수인인 때에는 최근친을 선순위로 하고 동친등의 상속인이 수인인 때에는 공동상속인이 된다.

③ 태아는 상속순위에 관하여는 이미 출생한 것으로 본다.¡개정 1990.1.13¿

1) 제1순위

제1순위 상속인은 피상속인의 직계비속과 배우자로 이들은 공동상속인이 된다. 「직계비속」이란 자기로부터 직계로 이어져 내려가는 혈족을 말하는 것으로서 아들, 딸, 손자, 증손자 등을 말한다. 여기서 촌수에 차이가 있는 직계비속이 여럿인 경우에는 최근친자가 선순위의 상속인이 된다.

2) 제2순위

제2순위 상속인은 제1순위 상속인(직계비속)이 없는 경우에 피상속인의 직계존속과 피상속인의 배우자로서 공동상속인이 된다. 직계존속이 여러명이 있는 경우에는 촌수가 같으면 동순위의 공동상속인이 되지만, 촌수를 달리할 경우에는 최근친이 선순위 상속인이 된다.

3) 제3순위

제3순위 상속인은 제1순위 상속인(직계비속)이나 제2순위 상속인(직계존속) 그리고 피상속인의 배우자가 없는 경우로서, 피상속인의 형제자매가 제3순위 상속인이 된다.

4) 제4순위

제4순위의 상속인은 위의 제3순위까지의 상속인이 없는 경우에 피상속인의 4촌 이내의 방계혈족이다. 촌수가 같으면 공동상속인이 되고 촌수가 다르면 근친부터 공동상속인이 된다.

다. 법정대리인

1) 친권자

「친권」이란 부모가 미성년자인 자녀에 대하여 가지는 신분상 또는 재산상의 권리와 의무를 말한다. 부모가 혼인관계를 유지하고 있을 때에는 부모가 공동으로 친권을 행사하게 되며, 이혼한 경우에는 부모가 협의 하에 친권자를 지정하게 되고, 협의가 이루어지지 않을 경우에는 가정법원에서 이를 지정할 수 있다.

2) 후견인

미성년자의 경우 친권자가 없거나 법률행위의 대리권 또는 재산관리권을 행사할 수 없는 때에 그 미성년자를 보호하기 위한 제도를 말한다. 미성년자에 대하여 친권을 행사하는 부모는 유언으로 미성년자의 후견인을 지정할 수 있고(지정후견인), 별도의 지정이 없으면 최근친을 선순위로 하여 법정후견인을 두게 된다.

7-3 소멸시효

01 상법상 소멸시효

가. 소멸시효의 의의

「소멸시효」라 함은 권리자가 권리를 행사할 수 있음에도 불구하고 권리를 행사하지 않는 사실 상태가 일정기간 계속된 경우에 그 권리의 소멸을 인정하는 제도를 말한다. 소멸시효는 권리가 소급하여 소멸하지만, 제척기간은 일정 기간이 경과한 때로부터 장래를 향하여 소멸된다.

나. 소멸시효의 기산점

소멸시효를 기산하는 시점은 민법 제166조(소멸시효의 기산점)의 조항에 따라 '권리를 행사할 수 있는 때'로부터 진행한다.

이에 따라 보험금 청구권의 소멸시효는 보험사고가 발생한 때로부터 기산하는 것이 일반적이다(대법원 2005.12.23. 선고 2005다59383,59390 판결).

그러나 보험사고가 발생하였는지 여부가 객관적으로 불분명하여 보험금 청구권자가 과실없이 보험사고의 발생을 알 수 없었던 경우에도 보험사고가 발생한 때로부터 보험금 청구권 소멸시효가 진행한다고 해석하는 것은 보험금 청구권자에게 너무 가혹하므로, 보험금 청구권자가 보험사고의 발생을 알았거나 알 수 있었던 때로부터 기산한다(대법원 2008.7.24. 선고 2006다24551 판결, 대법원 1993.7.13. 선고 92다39822 판결).

이에 대해, 보험사고가 발생한 것인지의 여부가 객관적으로 분명하지 아니하여 보험금청구권자의 과실없이 보험사고의 발생을 알 수 없었던 사정이 있는 경우에는 보험사고의 발생을 알았거나 알 수 있었을 때부터 보험금 청구권소멸시효가 진행하지만(대법원 2008.7.24. 선고 2006다24551 판결, 대법원 1993.7.13. 선고 92다39822 판결), 그러한 특별한 사정이 없는 한 보험금청구권소멸시효는 원칙적으로 보험사고가 발생한 때부터 진행한다(대법원 2005.12. 23. 선고, 2005다61751 판결)

또한 소멸시효의 기산점에서 '권리를 행사할 수 있는 때'라 함은 권리를 행사함에 있어서 법률상의 장애(이행기 미도래, 정지조건 미성취 등)가 없는 경우를 말하며, 권리자의 개인적 사정이나 법률지식의 부족, 권리존재의 부지 또는 채무자의 부재 등 사실상의 장애로 권리를 행사하지 못한 경우에도 소멸시효는 진행하며, 사실상 권리의 존부나 권리행사의 가능성을 알지 못하였거나 알지 못함에 과실이 없다는 사유는 법률상의 장애사유에 해당한다고 할 수 없다(광주지방법원 1999.9.9.선고, 99가합3862 판결, 대법원 1993.4.13. 선고 93다3622 판결).

▶ 소멸시효는 지급유예기간이 경과한 다음 날부터가 아닌 보험사고가 발생한때부터

보험금청구권은 보험사고가 발생하기 전에는 추상적인 권리에 지나지 아니할 뿐 보험사고의 발생으로 인하여 구체적인 권리로 확정되어 그때부터 그 권리를 행사할 수 있게 되는 것이므로, 특별한 다른 사정이 없는 한 원칙적으로 보험금액청구권의 소멸시효는 보험사고가 발생한 때로부터 진행한다고 해석해야 한다. 따라서 보험금청구권의 소멸시효가 약관 또는 법률조항에서 정한 보험금 지급유예기간('서류를 접수한 날로부터 3일' 또는 '정하여진 날로부터 10일')이 경과한 다음날부터 진행한다고 볼 수도 없다(대법원 2005.12.23. 선고 2005다59383, 59390 판결).

▶ 청구권소멸시효는 보험사고 발생을 알았거나 알 수 있었던 때로부터 기산한다.

보험금청구권은 보험사고가 발생하기 전에는 추상적인 권리에 지나지 아니할 뿐 보험사고의 발생으로 인하여 구체적인 권리로 확정되어 그때부터 그 권리를 행사할 수 있게 되는 것이므로, 특별한 다른 사정이 없는 한 원칙적으로 보험금액청구권의 소멸시효는 보험사고가 발생한 때로부터 진행한다고 해석해야 할 것이고, 다만 보험사고가 발생한 것인지의 여부가 객관적으로 분명하지 아니하여 보험금청구권자가 과실 없이 보험사고의 발생을 알 수 없었던 경우에도 보험사고가 발생한 때로부터 보험금액청구권의 소멸시효가 진행한다고 해석하는 것은 보험금 청구권자에게 너무 가혹하여 사회정의와 형평의 이념에 반할 뿐만 아니라 소멸시효제도의 존재이유에 부합된다고 볼 수도 없으므로, 이와 같이 객관적으로 보아 보험사고가 발생한 사실을 확인할 수 없는 사정이 있는 경우에는 보험금청구권자가 보험사고의 발생을 알았거나 알 수 있었던 때로부터 보험금액청구권의 소멸시효가 진행한다(대법원 2008.7.24. 선고 2006다24551 판결, 대법원 2005.12.23. 선고 2005다59383, 59390 판결, 대법원 1993.7.13.선고 92다39822 판결).

▶ 소멸시효 기산점에서 '권리를 행사할 수 있는 때'의 의미

소멸시효의 기산점에서 '권리를 행사할 수 있는 때'라 함은 권리를 행사함에 있어서 법률상의 장애(이행기 미도래, 정지조건 미성취 등)가 없는 경우를 말하며, 권리자의 개인적 사정이나 법률지식의 부족, 권리존재의 부지 또는 채무자의 부재 등 사실상의 장애로 권리를 행사하지 못한 경우에도 소멸시효는 진행하며, 사실상 권리의 존부나 권리행사의 가능성을 알지 못하였거나 알지 못함에 과실이 없다는 사유는 법률상의 장애사유에 해당한다고 할 수 없다(광주지방법원 1999.9.9. 선고, 99가합3862 판결, 대법원 1993. 4.13. 선고 93다3622 판결).

다. 소멸시효의 중단

소멸시효는 일정한 상태의 계속을 요건으로 하므로 중단이 가능하다. 민법 제168조(소멸시효의 중단사유)에서는 소멸시효의 중단 사유로 ① 청구, ② 압류 또는 가압류, 가처분, ③ 승인 등을 두고 있다. 여기에서의 청구는 재판상의 청구를 말하는데, 재판상의 청구는 소송의 각하, 기각 또는 취하의 경우에는 적용되지 아니한다.

▶ 시효 중단사유 중 '재판상의 청구'의 의미

민법 제168조 제1호, 제170조 제1항에서 시효중단사유의 하나로 규정하고 있는 재판상의 청구라 함은, 통상적으로는 권리자가 원고로서 시효를 주장하는 자를 피고로 하여 소송물인 권리를 소의 형식으로 주장하는 경우를 가리키지만, 이와 반대로 시효를 주장하는 자가 원고가 되어 소를 제기한 데 대하여 피고로서 응소하여 그 소송에서 적극적으로 권리를 주장하고 그것이 받아들여진 경우도 마찬가지로 이에 포함되는 것으로 해석함이 디당하고, 또한 응소행위로 인한 시효중단의 효력은 피고가 현실적으로 권리를 행사하여 응소한 때에 발생한다고 보는 것이 상당하다(대법원 2005.12.23. 선고 2005다59383,59390 판결).

02 질병상해보험 표준약관상 소멸시효

보험계약자가 보험회사에 청구하는 보험금청구권, 보험료 반환청구권, 환급금반환청구권, 배당금 청구권은 2년간 행사하지 아니하면 소멸된다. 반면, 보험자가 보험계약자에게 행하는 보험료 청구권은 1년으로 제한된다.

질병상해보험 표준약관 제21조 (소멸시효)

보험금청구권, 보험료 또는 환급금 반환청구권 및 배당금청구권은 2년간 행사하지 아니하면 소멸시효가 완성됩니다.

가. 사망보험금에서의 소멸시효 기산점

일반적인 사망보험금의 경우, 피보험자의 사망시점부터 소멸시효를 기산한다. 그러나 실종, 가출 등의 경우처럼 망인의 유족이 피보험자의 생사여부조차 알 수 없거나 사망시점부터 상당기간이 경과하여 사망사실을 인정하는 경우에 소멸시효의 기산점이 문제가 된다.

이 경우에는 보험금청구권자인 망인의 유족이 피보험자의 사망 사실을 인지한 시점에서 소멸시효를 기산하여야 한다.

▶ 행방불명된 이후 변사체로 발견된 경우의 소멸시효 기산점

망인이 행방불명되기 전에 여러 이상증세와 이상행동들은 망인이 행방불명되는 원인이 된 것으로 보이고, 망인이 병원에서 뛰쳐나간 후 실성한 것처럼 보이는 상태에서 마지막으로 목격된 곳과 가까운 지역에서 약 3년 6개월이 지난 뒤 백골상태로 발견된 것으로 보아 망인은 정신질환증세로 숲속에서 탈진하여 사망에 이른 것으로 보이고, 유족이 경찰서에 가출신고를 하고, 망인을 찾는 전단지를 제작하여 배포하였던 점 등에 비추어 보아 망인의 변사체가 발견된 날 보험사고가 발생한 사실을 알았다고 할 것이므로 이날로부터 소멸시효는 기산한다(서울지방법원 2003.10.23. 선고, 2002가합51642 판결).

▶ 언제 사망한지 모르는 경우의 소멸시효 기산점

1999년 2월 이후 피보험자가 연락두절 되어 그 생사여부도 모르고 있다가 2001년 6월에야 시체가 발견되면서 비로소 보험사고의 발생을 알게 되었으므로 보험금 청구권 소멸시효는 이때부터 진행한다(서울지방법원 2002.10.17. 선고, 2002가합309 판결).

나. 후유장해청구에서의 소멸시효 기산점

질병상해보험 표준약관에서 후유장해 산정은 장해지급률이 상해 발생일 또는 질병의 진단확정일부터 180일 이내에 확정되지 아니하는 경우에는 상해 발생일 또는 질병의 진단확정일부터 180일이 되는 날의 의사진단에 기초하여 고정될 것으로 인정되는 상태를 장해지급률로 결정한다.

신체의 일부 상실로 인한 후유장해보험금 청구권은 후유장해여부가 객관적으로 명백한 신체상실시부터 진행한다. 그러나 신체 기능의 영구상실 여부는 사고형태가 중하여 처음부터 장해가 명백히 예상되는 특별한 경우를 제외하고는 신체기능의 영구상실 여부는 쉽게 알 수 없으므로 전문가인 의사의 의학적인 판단에 의존할 수밖에 없다.

그러므로 상해사고 발생으로 입은 상해정도가 중하여 객관적으로 후유장해의 존부가 명확하게 나타난 경우에는 상해사고 발생시부터 진행된다고 보는 것이 상당하나, 상해사고 발생시에 후유장해의 존부나 정도 등이 객관적으로 분명하지 아니하여 상해발생일로부터 어느 정도 치료기간이 지난 시점에 후유장해진단서를 발급받은 경우라면 후유장해진단을 받았을 때에 비로소 후유장해로 인한 손해가 발생한 것으로 볼 수 있고, 보험금청구권자로서도 이 때에 비로소 보험사고의 발생을 알았거나 알 수 있었을 때라고 할 수 있다(금융감독원 분쟁조정사례 2000.5.30. 결정 제00-27호).

보험사고의 발생으로 눈 부위에 수술을 받고 성장하면서 흉터가 커짐으로써 성형수술이 필요하게 된 경우에 눈 부위의 확대된 흉터는 새로이 나타난 손해로서 소멸시효는 그때부터 기산한다(금융감독원 분쟁조정사례 1995. 3. 13 결정 제1995-20호).

사고발생 당시에는 존재하지 않았던 후유증 등으로 인하여 불법행위 당시에는 전혀 예견할 수 없었던 새로운 손해가 발생하였다거나 예상외로 손해가 확대된 경우에 있어서는 그러한 사유가 판명된 때에 새로이 발생 또는 확대된 손해를 알았다고 보아야 할 것이므로 이와 같이 새로이 발생 또는 확대된 손해 부분에 대하여는 그러한 사유가 판명된 때로부터 소멸시효가 기산된다(대법원 2001.9.14. 선고 99다42797 판결, 대법원 1992.5.22. 선고 91다41880 판결, 대법원 1992.4.14. 선고 92다2011 판결).

▶ 상해일부터 상당기간 경과한 후 후유장해 진단을 받은 경우 소멸시효 기산점

후유장해보험금청구권 소멸시효는 피보험자가 상해사고 발생으로 입은 상해정도가 중하여 객관적으로 후유장해의 존부가 명확하게 나타난 경우에는 상해사고 발생시부터 진행된다고 보는 것이 상당하나, 상해사고 발생시에 후유장해의 존부나 정도 등이 객관적으로 분명하지 아니하여 상해발생일로부터 어느 정도 치료기간이 지난 시점에 후유장해진단서를 발급받은 경우라면 후유장해진단을 받았을 때에 비로소 후유장해로 인한 손해가 발생한 것이다. 따라서 본건 보험금청구권소멸시효는 후유장해 진단서 발급시점부터 기산되어야 한다(금융감독원 분쟁조정사례 2000.5.30.결정 제 00-27호).

▶ 성장하면서 나타난 흉터의 후유장해 소멸시효 기산점

성장하면서 나타난 흉터의 후유장해의 소멸시효 기산점에 대하여 피보험자가 성장하면서 수술받은 눈위의 흉터가 커짐으로써 성형수술이 필요하게 되었다면 이러한 손해는 새로이 나타난 손해로서 소멸시효가 그때부터 진행한다(금융감독원 분쟁조정사례 1995. 3.13 결정 제1995-20호).

▶ 척추체의 후유장해에 대한 소멸시효 기산점

척추고정술이나 이로 인한 등뼈기형은 모두 추간판수핵탈출증으로 인한 요통 등의 증상을 완화하기 위한 것으로서 추간판수핵탈출증의 치료를 위해 예상되는 범위내의 손해라 할 것이고, 이를 가리켜 보험사고 당시에는 전혀 예상할 수 없었던 새로운 손해가 발생하였다거나 예상외로 손해가 확대된 경우에 해당한다고 할 수는 없다. 후유장해등급표상의 후유장해에 해당하기만 하면 보험금 지급청구를 할 수 있는 것이지, 그 중 어느 수준의 후유장해에 해당할지를 확정될때까지 기다려 그 권리를 행사할 수 있는 것은 아니다(울산지방법원 2003.5.29. 선고, 2002나4382 판결).

▶ 사고당시에는 예견할 수 없었던 상해의 후유증에 대한 소멸시효 기산점

불법행위로 인한 손해배상청구권은 민법 제766조 제1항에 의하여 피해자나 그 법정대리인이 그 손해 및 가해자를 안 날로부터 3년간 행사하지 아니하면 시효로 인하여 소멸하는 것인바, 여기에서 그 손해를 안다는 것은 손해의 발생사실을 알면 되는 것이고 그 손해의 정도나 액수를 구체적으로 알아야 하는 것은 아니므로, 통상의 경우 상해의 피해자는 상해를 입었을 때 그 손해를 알았다고 보아야 할 것이지만, 그 후 후유증 등으로 인하여 불법행위 당시에는 전혀 예견할 수 없었던 새로운 손해가 발생하였다거나 예상외로 손해가 확대된 경우에 있어서는 그러한 사유가 판명된 때에 새로이 발생 또는 확대된 손해를 알았다고 보아야 할 것이고, 이와 같이 새로이 발생 또는 확대된 손해 부분에 대하여는 그러한 사유가 판명된 때로부터 민법 제766조 제1항에 의한 시효소멸기간이 진행된다고 할 것이다(대법원 2001.9.14. 선고 99다42797 판결).

다. 무효인 보험계약의 보험료 반환청구권의 소멸시효 기산점

상법 제731조(타인의 생명보험)제1항 '타인의 사망을 보험사고로 하는 보험계약에는 보험계약 체결시에 그 타인의 서면에 의한 동의를 얻어야 한다'고 하고 있으며 이를 위반한 경우 보험계약은 무효가 된다. 이에 따라 보험계약이 무효가 된 경우 이미 납부한 보험료의 반환청구권 소멸시효의 기산점은 보험료를 마지막으로 납부한 때부터 진행하는 것이 아니라 각 보험료를 납부한 때부터 진행한다(대법원 2011.3.24. 선고 2010다92612 판결).

▶ 상법 제731조 위반으로 무효가 된 경우 보험료 반환청구권의 소멸시효 기산점

상법은 보험료반환청구권에 대하여 2년간 행사하지 아니하면 소멸시효가 완성한다는 취지를 규정할 뿐(제662조) 소멸시효의 기산점에 관하여는 아무것도 규정하지 아니하므로, 소멸시효는 민법 일반 법리에 따라 객관적으로 권리가 발생하고 그 권리를 행사할 수 있는 때로부터 진행한다. 그런데 상법 제731조 제1항을 위반하여 무효인 보험계약에 따라 납부한 보험료에 대한 반환청구권은 특별한 사정이 없는 한 보험료를 납부한 때에 발생하여 행사할 수 있다고 할 것이므로, 위 보험료반환청구권의 소멸시효는 특별한 사정이 없는 한 각 보험료를 납부한 때부터 진행한다(대법원 2011.3.24. 선고 2010다92612 판결).

Memo

02

제2편 상해보험과 질병보험

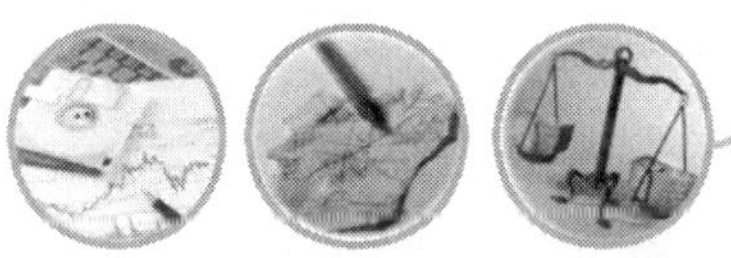

Chapter

1 상해보험

1-1 상해보험의 보상하는 손해

01 상해보험의 보상하는 손해의 요건

상해보험에서 '상해'의 개념에 대한 기본적인 이해 없이는 정확한 손해사정을 할 수 없다. 흔히 '다쳤다'라고 표현되는 상해사고는 의미와 개념에 따라 다양한 해석이 존재할 수 있으나, 질병상해보험 표준약관에 근거한 '급격하고도 우연한 외래의 사고'의 개념에 충실하여 이해해야 한다.

상해보험에서는 위의 개념이외에도 유독가스 또는 유독물질을 우연하게도 일시에 흡입, 흡수 또는 섭취하였을 때에 생긴 중독증상을 포함하지만 세균성 음식물 중독과 상습적으로 흡입, 흡수 또는 섭취한 결과로 생긴 중독증상은 제외된다.

▶ '급격하고도 우연한 외래의 사고'의 의미

'급격한 사고'라 함은 사고와 그로 인한 결과 사이에 시간적 간격이 없는 경우를 의미하고,'우연한 사고'라 함은 사고가 피보험자의 의사에 기인한 것이 아님을 의미하며,'외래의 사고'라 함은 그 사고의 원인이 피보험자의 질병이나 체질적인 요인과 같이 그 신체 내부에 있는 것이 아니라, 사회통념에 비추어 사고의 원인이 그 신체의 외부에 있는 것을 가리킨다(서울지방법원 2002.2.14. 선고 2001가단98159 판결).

02 보험기간중 사고

상해보험에서 보험회사의 책임은 보험계약자의 청약을 승낙하고 제1회 보험료를 받은 때에 시작된다.[1] 그러나 청약시에 제1회 보험료를 받고 청약을 승낙한 경우에는 제1회 보험료를 받은 때부터 책임이 개시된다.

청약시에 제1회 보험료를 받고 청약을 승낙하기 전에 보험금 지급사유가 발생한 경우에도 제1회 보험료를 받은 때부터 보험자의 책임이 개시된다.

그러므로 상해보험에서 보험회사의 보상책임이 부과되기 위해서는 보험회사의 책임이 개시된 이후에 보험사고가 발생하여야 한다. 즉 보험회사의 보상책임이 시작되기 전에 발생한 상해사고에 대하여는 보상하지 않는다.

03 급격하고도 우연한 외래의 사고

가. 급격한 사고

「급격한(violent) 사고」란 ① 신체손상의 원인이 되는 사고가 완만하게 발생하는 것이 아니고 원인이 되는 사고로부터 결과가 되는 신체의 손상까지의 과정이 직접적이며 시간적인 간격이 없는 것이라는 견해(서울지방법원 2002.2.14. 선고 2001가단98159 판결)와 ② 급격성은 시간적으로 빠른 것을 의미하는 것이 아니고, 피보험자가 예견하지 아니하였거나 예견할 수 없는 순간에 사고가 생긴 것이라는 견해[2]가 있다.

그러나 두 가지 중 어느 견해를 취하더라도 '급격한 사고'는 사고의 원인발생과 신체손상이라는 결과의 발생까지 피보험자가 피할 수 없을 정도로 급박한 상태에서 비교적 단시간 내에 돌발적으로 사고가 발생하는 것을 말한다. 다시 말하면 피보험자가 사고의 원인이나 결과의 발생을 예견할 수 없다는 '예견불능성' 또는 그러한 사고의 발생을 피할 수 없는 '불가피성'이 전제가 되는 사고를 말한다.

또한, '급격성'은 '우연성'과 '외래성'을 보완하는 개념으로 지속적이고 반복적으로 누적된 신체작용이 계속되어 자연적 원인으로 발생하는 것과 구별하는 기준이 된다.

---

1) 기존 장기손해보험 표준약관에서는 당사자간에 약정한 보험기간의 첫날 오후 4시에 시작하고, 마지막날 오후 4시에 종료되었다.
2) 양승규, 「보험법」제3판, 삼지원, 1999, p.484.

급격한 사고의 예로, 자전거를 타는 것에 미숙한 어린이가 자전거가 넘어지면서 손목이 골절되는 사고를 당하거나, 고압전선을 무심코 만지다가 순간적인 고압이 흘러 사지가 절단되는 사고 등 사고의 발생을 예상할 틈도 없이 순간적으로 피보험자에게 가해지는 일련의 사고를 급격한 사고로 볼 수 있다.

그러나 건설노동자가 아침부터 저녁까지 삽질을 하면서 허리에 무리가 감으로써 발생하는 요통, 테니스 운동중 팔꿈치에 누적적으로 가해지는 충격에 의해 발생한 테니스 elbow, 추운 겨울 추위에 장시간 노출되어 발생하는 동상, 새로 구입한 구두를 신어 발생하는 발의 상처, 군인이 장거리 행군으로 인해 발생한 다리의 피로골절(M84.4) 등은 급격한 사고로 볼 수 없어 상해사고로 볼 수 없다.

결국 급격성은 원인과 결과의 발생에 대해 예견이 불가능하다는 점과 사고의 발생을 피할 수 없을 정도의 불가피성이 그 판단기준이 되어야 한다.

▶ 상해보험의 요건인 급격한 사고의 의미

상해보험의 보험사고인 급격한 사고는 통상 사고가 피할 수 없을 정도로 돌발적으로, 피보험자가 사고의 원인 또는 결과를 예상할 수 없을 정도로 뜻하지 않게 발생한 사고로 상해를 입은 경우를 말한다(창원지방법원 1998.8.12. 선고 98가단11546 판결).

나. 우연한 사고(accidental)

미국의 상해보험에서는 'accident'를 의도하지 않고 예상하지 못했던 사건(unintended and unexpected event)으로 정의[3])하고 있기 때문에, 흔히 말하는 단순한 '사고'의 개념과는 차이가 있다.

1) 의도하지 않은 사고(unintended)

미국의 상해보험에서는 '우연한 사고로 인한 상해(injury by accident)' 나'우연한 상해(accidental injury)'를'우연한 방법으로 인한 상해(injury caused by accidental means)'와 구분하여 이해하고 있다. 즉, 전자는 바닥에 떨어진 물건을 집으려고 몸을 굽히던 중 무릎 연골이 탈구된 사고에 대하여 물건을 집으려고 몸을 굽힌 것은 피보험자의 의사에 기한 행위이지만 무릎의 손상까지 의도하지는 않은 것으로서,

3) Emeric Fischer, Peter Nash Swisher and Jeffrey W. Stempel, *Principles of Insurance Law*, 3rd ed, Lexis Nexis, 2004, p.495.

원인이나 방법은 의도하였지만 결과가 우연한 사고를 말한다. 후자는 길을 걷던 중 갑작스럽게 미끄러운 바닥에 의해 미끄러졌고, 이로 인해 상해를 입은 사고처럼 결과가 우연해야함은 물론 그러한 결과를 야기한 원인 내지 방법도 우연한 사고를 말한다.[4)]

그러나 미국에서도 우연한 방법과 우연한 결과를 구분하여 보상여부를 결정하는 것은 1946년 Burr 판결[5)]에서 폐기되었다. 미국보험감독관협회(National Association of Insurance Commissioners: NAIC)에서도 이를 구분하는 것은 보험에 가입하는 통상적인 사람들이 이해하기에는 지나치게 모호하고 합리적 기대에 부합하지 아니한다고 하여 이의 구분을 폐기하고 동일한 것으로 해석할 것을 권고하였다.[6)]

예를 들어 산행을 하다가 독사에 물린 경우나 계단을 오르내리다가 미끄러져 다친 경우는 원인과 결과가 모두 우연한 경우이다. 그러나 바닥에 떨어진 물건을 집다가 무릎연골이 파열된 경우나 골프 스윙을 하다가 갈비뼈 손상을 입은 경우 등은 본인도 모르는 사이에 신체의 일부분이 약해져 있었거나 자신에게 가해지는 물리력의 정도를 잘못 판단하여 예상하지 않은 결과가 발생한 경우로서 원인이나 방법은 의도된 것이지만 결과의 발생을 의도하지는 않아 우연한 사고로 본다.

결과적으로, 상해보험에서 보상하는 사고는 원인이나 방법이 우연하고 그 결과도 우연한 상해를 담보하는 것은 물론, 원인 또는 방법은 우연하지 않더라도 그 결과가 우연하다면 보상한다.

2) 예상치 못한 사고(unexpected)

위의 논의(Unintended event)에서 한걸음 더 나아가, 「우연한 사고」가 되기 위해서는 결과의 발생을 예견할 수 없었던 사고(Unexpected event)의 요건을 충족해야 한다. '예견할 수 없었던 사고'는 객관적 기준과 주관적 기준으로 나누어 볼 수 있다.

「객관적 기준」이란 합리적인 피보험자라면 일정 행위에 대한 일정한 결과를 충분히 예견할 수 있는 경우 우연성이 결여된다고 보는 입장이다. 반면, 「주관적 기준」은 보험에 가입한 피보험자가 실제로 일정한 결과를 예견하였는지에 대한 것으로서 일정행위를 하고도 실제 그 결과까지는 예견하지 않았다면 우연성이 인정된다.

---

4) 양진태, "미국의 상해보험약관상 담보위험에 관한 법리", 「손해보험」1997.2. pp.60-66.
5) 이 판결로부터 우연한 방법과 우연한 결과의 구별을 부정하고 동일한 개념으로 보게 되었다.
6) 양진태, 전게논문, p.64.

예를 들어, 음주 만취상태에서 운전을 하면 사고 발생 가능성이 높아지므로 운전을 하면 안된다는 일반적인 상식을 뛰어 넘어 운전하다가 사고가 발생한 경우, 객관적 기준하에서는 우연성이 결여되지만, 주관적 기준하에서는 음주운전 사실은 의도한 것이지만 이로 인한 사고까지 의도한 것은 아니므로 우연한 사고가 될 수 있다.

상해보험에서 우연한 사고의 여부를 판가름 할 때에는 주관적 기준을 적용해야 한다. 왜냐하면 객관적 기준을 적용하는 경우 합리적인 사람이라면 그러한 행위를 하지 않았을 것이라고 인정되는 경우에는 보상하지 아니하므로, 대부분의 상해사고가 고의에 가까운 중과실로 분류되는데다가, 대다수의 보험가입자에게 '합리적인 사람'일 것을 요구하는 결과가 되고, 피보험자가 겪게 되는 모든 상황을 '객관적 기준'에 맞추어 판단하는 것 자체가 불가능하기 때문이다.

따라서 우연한 사고중 예측하지 못한 사고에 대한 기준은 보험에 가입한 피보험자가 실제 '예측하지 못했던'사고인지의 여부로 판단해야 한다.

3) 우리나라 판례의 입장.

우리나라에서도 상해가 피보험자의 고의적인 행위에 기인한 경우에는 피보험자가 그 결과를 예견하지 아니하였다 하더라도 그 상해는 우연한 것이라고 할 수 없나는 견해[7]와 상해의 원인이나 결과의 우연성에 대하여 보험약관에 별도의 규정이 없으면 보험자는 책임을 부담한다는 견해[8]가 있다.

이에 대해 우리 대법원에서는 「우연한 사고」를 '사고가 피보험자가 예측할 수 없는 원인에 의하여 발생하는 것으로서, 고의에 의한 것이 아니고 예견치 않았는데 우연히 발생하고 통상적인 과정으로는 기대할 수 없는 결과를 가져오는 사고'로 정의하고 있다(대법원 2003.11.28. 선고 2003다35215, 35222 판결, 대법원 2001.11.9. 선고 2001다55499, 55505 판결).

또한, 예견할 수 없었던 사고인지의 여부에 대하여도 주관적 기준을 적용하여 '합리적인 피보험자'대신 '보험에 가입한 피보험자'를 기준으로 하여 예측하지 못한 사고에 대해 우연성을 인정하고 있다(대법원 1998.10. 27. 선고 98다16043 판결).

---

7) 양승규, 전게서, p.485.
8) 최기원, 「보험법」제3판, 박영사, 2002, p.634.

▶ 상해보험 보험사고의 요건 중 '우연한 사고'의 의미

보험약관에서 규정하는 보험사고의 요건중 '우연한 사고'라 함은 사고가 피보험자가 예측할 수 없는 원인에 의하여 발생하는 것으로서, 고의에 의한 것이 아니고 예견치 않았는데 우연히 발생하고 통상적인 과정으로는 기대할 수 없는 결과를 가져오는 사고를 의미한다고 할 것이므로, 피보험자 자신의 의사에 기한 행위에 의하여 사고를 유발하였다거나 사고 그 자체는 피보험자의 관여 없이 발생하였지만 피보험자가 사고발생을 예견하고 이를 방지할 수 있었음에도 방치하여 상해를 입은 경우에는 우연성이 결여되어 보험사고에 해당하지 않는다고 할 것이다(대법원 2003.11.28. 선고 2003다35215,35222 판결, 대법원 2001.11.9 선고 2001다55499, 55505 판결).

▶ 피보험자의 정신장애 상태가 우연성이 충족되는지 여부(주관적 기준 적용여부)

피보험자가 사고를 유발하여 상해를 입었다고 하더라도 사고 당시 사물을 변별할 능력이나 의사를 결정할 능력이 없었던 상태, 즉 자신의 행위로 인하여 발생할 결과를 전혀 예견할 수 없는 정신장애의 상태에 있었던 경우에는 자신의 신체에 상해를 가한다는 자유로운 의사 및 사고작용 자체가 결여되었다고 할 것이므로, 그와 같은 경우에는 보험사고의 요건인 우연성이 충족된다고 할 것이다(대법원 1998.10.27. 선고 98다16043 판결).

다. 외래의 사고(external)

미국의 상해보험에서는 injury caused by violent, accidental, external and visible 라고 하여 급격하고도 우연한 사고 외에도 외래적이고(external) 가시적인(visible) 사고일 것을 요건으로 하고 있다.

「외래의」라 함은 사고의 원인에서부터 결과에 이르기까지의 경과에 있어서 어떠한 외부적 요인이 신체에 미치는 것을 말한다. 이러한 외래성은 신체내부의 신체적 결함(physical defect)과는 구별되는 것으로 상해의 원인이 외래적인 것이면 족하고 상해 자체가 몸 밖에서 나야 하는 것은 아니다.[9] 예를 들어 피보험자가 무거운 짐을 들어 올리다가 허리를 다친 경우는 피보험자가 무거운 물건에 스스로 힘을 주다가 일어난 사고로서 무거운 물건의 물리적 힘(외력)이 신체에 작용함으로써 발생한 사고로 상해의 원인은 외래적이지만 자신에게 가해지는 물리력의 정도를 잘못 판단하여 발생한 신체내부의 작용으로서 외래의 사고에 해당한다.

9) 양승규, 전게서, p.485.

즉, 상해의 원인이 외래의 사고일 것을 요구하는 것이므로, 고혈압이 원인이 되어 뇌출혈이 발생하고 이로 인해 상해를 입었다면 이는 사고의 원인이 되는 고혈압과 뇌출혈이 신체의 내부적인 문제에 의한 것으로서 외래성을 충족하지 못한다(서울고등법원 2002.2.1. 선고 2001나57442 판결).

우리 대법원도 외래의 사고를 '그 사고의 원인이 피보험자의 신체적 결함, 즉 질병이나 체질적 요인 등에 기인한 것이 아닌, 외부적 요인에 의해 초래된 모든 것을 의미'하는 것으로 정의하고 하고 있다(대법원 2010.9.30. 선고 2010다12241, 12258 판결, 대법원 2001.12.26. 선고 2001다70610 판결, 2001.8.21. 선고 2001다27579 판결).

▶ 고혈압성 뇌내출혈이 '외래의'사고인지 여부

보험약관상 외래의 사고란 상해 또는 사망의 원인이 되는 피보험자의 신체적 결함 즉 질병이나 체질적 요인 등에 기인한 것이 아닌 외부적 요인에 의해 초래된 것을 의미한다고 할 것인 바, 피보험자가 약 4년전에 1년간 고혈압 진단으로 치료를 받아왔으나 그 후에는 투약 등 별다른 치료를 하지 아니하였으며, 고혈압성 뇌내출혈은 외부충격이 직접적인 요인이 되어 발생하기 보다는 대부분 고혈압을 앓고 있는 사람에게서 자발적으로 발병하고, 육체적 활동 또는 정신적 스트레스 등이 뇌출혈을 유발시키는 촉진요인으로 작용하는 사실 등에 비추어 볼 때 피보험자가 가지고 있던 체질적 요인, 즉 고혈압과 같은 질병에 기인한 것일뿐 외부적인 요인에 의해 초래된 우연하고도 돌발적인 사고로 입은 상해에 해당한다고 볼 수 없다(서울고등법원 2002.2.1. 선고 2001나57442 판결).

▶ '외래의 사고'의 의미

외래의 사고라 함은 상해 또는 사망의 원인이 피보험자의 신체적 결함 즉 질병이나 체질적 요인 등에 기인한 것이 아닌 외부적 요인에 의해 초래된 모든 것을 의미한다(대법원 2001.12.26.선고, 2001다70610 판결).

▶ 상해의 요건으로서의 외래성의 의미

상해보험에서 담보되는 위험으로서 상해란 외부로부터의 우연한 돌발적인 사고로 인한 신체의 손상을 말하는 것이므로, 그 사고의 원인이 피보험자의 신체의 외부로부터 작용하는 것을 말하고 신체의 질병 등과 같은 내부적 원인에 기한 것은 제외되며, 이러한 사고의 외래성 및 상해 또는 사망이라는 결과와 사이의 인과관계에 관해서는 보험금청구자에게 그 입증책임이 있다(대법원 2001.8.21. 선고 2001다27579 판결).

▶ 에어컨을 켜고 자다 사망한 경우 상해보험에 정한 외래성을 충족하는지 여부

한국배상의학회에 대한 사실조회 결과 저체온증이란 인체의 심부체온이 35℃이하로 낮아지는 증상을 말하고, 저체온증으로 사망에 이르기 위해서는 적어도 심부체온이 8-10℃이상씩 낮아져야 하는데, 건강한 사람의 경우 단지 선풍기나 에어컨 작동에 따른 표면냉각만으로는 인체의 심부체온을 위와 같이 사망에 이를 정도로 낮출수는 없다. 또한 선풍기나 에어컨은 산소를 소모하지도 않고 선풍기나 에어컨 바람이 사람의 코와 입에 직접 맞닿더라도 호흡은 가능하기 때문에 폐쇄된 공간에서 선풍기나 에어컨을 켜놓았다고 하더라도 사람이 산소부족이나 호흡곤란으로 질식사할 가능성은 없다. 따라서 선풍기나 에어컨에 의한 사망 주장은 외래성을 충족하지 않는다(대법원 2010.9.30. 선고 2010다12241, 12258 판결).

▶ 음주후 구토물로 인한 기도폐쇄 사망이 외래의 사고로 볼 수 있는지 여부

'급격하고도 우연한 외래의 사고'를 보험사고로 하는 상해보험에 가입한 피보험자가 술에 취하여 자다가 구토로 인한 구토물이 기도를 막음으로써 사망한 경우, 보험약관상의 급격성과 우연성은 충족되고, 나아가 보험약관상의 '외래의 사고'란 상해 또는 사망의 원인이 피보험자의 신체적 결함 즉 질병이나 체질적 요인 등에 기인한 것이 아닌 외부적 요인에 의해 초래된 모든 것을 의미한다고 보는 것이 상당하므로, 위 사고에서 피보험자의 술에 만취된 상황은 피보험자의 신체적 결함 즉 질병이나 체질적 요인 등에서 초래된 것이 아니라 피보험자가 술을 마신 외부의 행위에 의하여 초래된 것이어서 이는 외부적 요인에 해당한다고 할 것이고, 따라서 위 사고는 위 보험약관에서 규정하고 있는 '외래의 사고'에 해당하므로 보험자로서는 수익자에 대하여 위 보험계약에 따른 보험금을 지급할 의무가 있다(대법원 1998.10.13. 선고 98다28114 판결, 유사판례 : 서울지방법원 1993.3.26. 선고 92가합65079 판결).

04 사고로 - 인과관계

상해보험에서 신체의 손상은 '급격하고도 우연한 외래의 사고'와 인과관계가 있어야 한다. 이러한 인과관계에 대해 (최후, 최유력)조건설,[10] 근인설, 자연성행설 등이 있으나, 우리나라에서는 상당인과관계설의 입장을 취하고 있다.

10) 최후조건설은 손해를 야기한 여러 위험 중에서 시간적으로 가장 가까운 원인이 근인이라는 설이고, 최유력조건설은 결과를 야기한 여러 위험중에서 효과가 가장 컸던 요인을 가장 유력한 근인으로 본다는 설이다.

「상당인과관계설」이란 일정한 사실이 어떤 결과를 발생하게 한 조건을 구성하는 경우, 실제 발생한 특정의 경우뿐만 아니라 일상경험에서 판단하여 다른 일반적인 경우에도 동일한 결과를 발생시킬 것으로 인정되는 조건을 상당조건 또는 적당조건으로 간주하여, 그 상당조건만을 결과의 원인으로 한다는 설로서 독일과 우리나라의 통설이다.

우리 법원에서 보는 상해보험의 인과관계는 원인과 결과에 대한 관계가 경험칙상 일반적으로 타당하면 인과관계가 있는 것으로 보고, 의학적·자연과학적 인과관계가 아니라 사회적·법적 인과관계로서 그 인과관계는 반드시 의학적·자연과학적으로 명백히 입증될 것까지 요구하지는 않는다(대법원 2001.12.26. 선고 2001다70610 판결, 대법원 2000.3.28. 선고 99다67147 판결).

가령, 건설현장 근로자가 간질이나 심신상실이 원인이 되어 고층에서 작업중 추락하였고 추락당시 두개골함몰골절 등의 상해가 직접적인 원인이 되어 사망하였을 경우, 사망의 원인은 추락으로 인한 두개골 함몰골절이지만 추락의 원인이 간질발작이 되므로 이는 상해사고로 인하여 사망하였다고 볼 수 없다.

▶ 상해보험에서 인과관계의 의미

보험약관상 사망보험금 지급요건으로 되어 있는 상해의 직접결과로 사망하였을 때라 함은 상해가 사망의 주요원인이던가, 병존하는 다른 사망원인이 있는 경우에는 상해가 적어도 병존하는 다른 사망원인과 대체로 같은 정도로 사망에 영향을 미친 경우를 말하며, 상해와 사망사이에 인과관계가 있다는 점에 관한 입증책임은 보험금의 지급을 구하는 자에게 있다고 할 것이지만 민사분쟁에 있어서 인과관계는 의학적·자연과학적 인과관계가 아니라 사회적·법적 인과관계이고, 그 인과관계는 반드시 의학적·자연과학적으로 명백히 입증되어야 하는 것은 아니다(대법원 2001.12.26. 선고 2001다70610 판결).

05 상해 - 신체손상

상해보험에서 신체의 손상은 신체의 내·외부를 모두 포함하며, 신체의 직접적인 물리적 손상을 수반해야 하는 것은 아니고, 강이나 바다에서의 익수사고, 화재시 연기에 의한 질식, 유독가스 또는 유독물질을 우연하게도 일시에 흡입하는 경우 또는 이로인해 생긴 중독증상도 포함된다. 다만, 신체의 손상이라고 하더라도 질병에 의한 것이나 자연발생적인 것은 제외된다.

또한, 신체의 손상은 급격하고도 우연한 외래의 사고와 상당인과관계가 있는 신체의 손상을 말한다. 그러므로, 가벼운 교통사고로 입원치료중이던 환자가 평소 지병으로 앓고 있던 심장병으로 인하여 사망하게 되었다면 이를 상해사고에 의한 사망이라 할 수 없다.

06 중독

유독가스 또는 유독물질을 우연하게도 일시에 흡입, 흡수 또는 섭취한 결과로 생긴 중독증상은 상해로 보지만, 상습적으로 흡입, 흡수 또는 섭취한 결과로 생긴 중독증상이나 세균성 음식물 중독은 상해로 보지 않는다. 여기에서 유독가스 또는 유독물질은 법규상의 가스나 물질로 한정하지 않고 인체에 해를 미치는 물질을 말한다.

특히, 세균성 음식물 중독은 살모넬라균, 병원성대장균, 포도상구균, 연쇄상구균 등에 의한 것으로 이는 상해사고로 보지 않는다. 그러나 복어의 독이나, 독버섯 등을 우연하게 섭취하게 된 경우에는 상해사고로 보아 보상한다.

또한, 신장기능이 극도로 저하되어 오줌으로 배설되어야 할 각종 노폐물이 혈액 속에 축적되어 일어나는 요독증(uremia)처럼 신체내부에서 신진대사 이상 등을 이유로 하여 발생한 자가중독(내생중독)의 경우도 상해사고로 보지 않는다.

▶ 종교적 신념에 의해 흡입한 것이 유독물질의 우연한 흡입으로 볼수 있는지 여부

피보험자가 종교적 활동을 해오던 사람으로부터 일종의 민간요법으로서 수은과 납 등을 원료로 제조한 알약이 효능이 있다는 말과 함께 제조방법을 전해 들은 후, 그러한 민간요법이 효능 있다는 막연한 신념을 가지고, 전해들은 민간요법에 따라 자신이 직접 2~3회 정도 수은과 납 등에 열을 가해 녹이면서 그 증기를 쐬는 방법으로 알약을 제조하여 복용하고 자택의 밀폐된 공간에서 수은과 납에 열을 가해 녹이면서 10여분간 수은 증기를 쐬었는데 이로인해 호흡곤란으로 후송되었다가 선행사인이 수은중독, 중간선행사인이 성인급성호흡곤란증후군, 뇌부종, 증추성요붕증 및 패혈증, 직접사인이 심정지로 사망하였다. 그러나 이는 피보험자가 질병의 치료가 최종목적이었고, 피보험자가 밀폐된 공간에서 수은 증기를 흡입한 것 역시 알약의 제조를 위한 것이지 수은 증기 흡입이 목적이 아니었던 점 등으로 보아 의도적인 수은증기 흡입이 고의적인 것이라고 보기 어려우므로 유독가스나 유독물질을 우연히 일시에 흡입하였다고 봄이 상당하다(대법원 2003. 6.27. 선고 2003다14584 판결).

07 입증책임

일반적으로 입증책임은 권리의 주장으로 인해 수혜를 입는 자가 부담하는 것이 원칙이다. 따라서 보험금을 받게 되는 보험금수익자가 보험증권의 조건에 부합되는 사고가 발생하였다는 사실의 입증책임을 부담하게 된다. 그리고 고지의무위반이나 통지의무 위반에서처럼 위반사항을 주장함으로써 보험자의 책임이 제한되거나 축소되는 경우 이로 인해 사실상의 이익을 얻는 자, 즉 보험자가 입증책임을 부담하게 된다. 아울러, 고지의무 위반이라는 보험자의 입증에 대한 반증책임은 보험계약자측이 부담한다.

보험약관의 위험부담방식이 열거위험방식이든 포괄위험방식이든 피보험자는 손해가 피보험위험으로 인하여 발생하였다는 사실을 입증해야 한다.

따라서 상해보험에서는 보험금을 청구하는 자가, 피보험자에게 '급격하고도 우연한 외래의 사고로 신체에 상해'를 입은 사실이 보험기간 중에 발생하였다는 사실을 입증하면 족하고, 보상책임을 부정하기 위해서는 보험약관에 열거한 면책위험으로 인해 손해가 발생하였다는 사실을 보험자가 입증해야 한다.

외상없이 사망한 피보험자에 대해 단지 유족측의 상해사고 사실 주장만으로 입증책임을 다했다고 볼 수 없으며(부산지방법원 1998.5.28. 선고 97나15255 판결), 사체검안서의 추정 외에는 달리 사망 원인을 확인할 방법이 없고 유족측의 반대로 사망원인 확인을 위한 부검이 이루어지지 아니한 경우에는 부검을 통해 사망 원인이 명확히 밝혀진 경우보다 더 유리하게 사망원인을 추정할 수는 없으므로 부검을 하지 않음으로써 생긴 불이익은 유족이 감수해야 한다(대법원 2010.9.30. 선고 2010다12241, 12258 판결).

▶ 상해사고에 대해 유족측의 주장을 입증책임을 다한 것으로 볼 수 있는지 여부

방문을 열고 나가는 순간 미끄러지면서 그 충격으로 사망하였다는 유족측의 주장만으로 상해입증책임을 다하였다고 볼 수 있는지에 대하여, 피보험자가 사망당시 머리나 기타 다른 신체부위에 특별한 외상이 없었고 피를 흘린 흔적도 없었던 점 등에 비추어 이를 인정하기는 어렵다 할 것이고, 오히려 사체검안서에 사인이 간경화증(추정)으로 기재되어 있는 사실 등으로 보아 뒤로 넘어진 충격으로 사망한 것이 아니라 평소 앓고 있던 지병인 간경화증으로 사망하였음이 추인된다고 할 것이며, 이는 보험약관에 정한 급격하고도 우연한 외래의 사고로 인한 것이라 할 수 없으므로 보험계약상의 상해에 포함되지 않는다(부산지방법원 1998.5.28. 선고 97나15255 판결).

▶ 부검없이 사망한 경우 사망원인에 대한 입증책임의 귀속

사망 원인이 분명하지 않아 사망 원인을 둘러싼 다툼이 생길 것으로 예견되는 경우에 망인의 유족이 보험회사 등 상대방에게 사망과 관련한 법적 책임을 묻기 위해서는 먼저 부검을 통해 사망 원인을 명확하게 밝히는 것이 가장 기본적인 증명 과정 중의 하나가 되어야 한다. 그런데 의사의 사체 검안만으로 망인의 사망 원인을 밝힐 수 없었음에도 유족의 반대로 부검이 이루어지지 않은 경우, 우리나라에서 유족들이 죽은 자에 대한 예우 등 여러 가지 이유로 부검을 꺼리는 경향이 있긴 하나, 그렇다고 하여 사망 원인을 밝히려는 증명책임을 다하지 못한 유족에게 부검을 통해 사망 원인이 명확히 밝혀진 경우보다 더 유리하게 사망 원인을 추정할 수는 없으므로, 부검을 하지 않음으로써 생긴 불이익은 유족들이 감수하여야 한다(대법원 2010.9.30.선고 2010다12241,12258 판결).

08 상해와 재해의 개념비교

상해보험에서는 보험사고의 요건을 '피보험자가 보험기간중에 급격하고도 우연한 외래의 사고로 신체에 상해를 입었을 때'로 규정하고 있다.

이와는 별개로 생명보험에서는 '상해'와 구별되는 개념으로 '재해'라는 개념을 활용하고 있다. 재해의 요건은 '우발적인 외래의 사고'를 요건으로 함과 동시에 '질병 또는 체질적인 요인이 있는 자로서 경미한 외부 요인에 의하여 발병하거나 또는 그 증상이 더욱 악화되었을 때에는 그 경미한 외부 요인은 우발적인 외래의 사고로 보지 아니한다'라고 하면서 별도의 분류표상에 해당하는 사고만을 재해로 보고 있다.

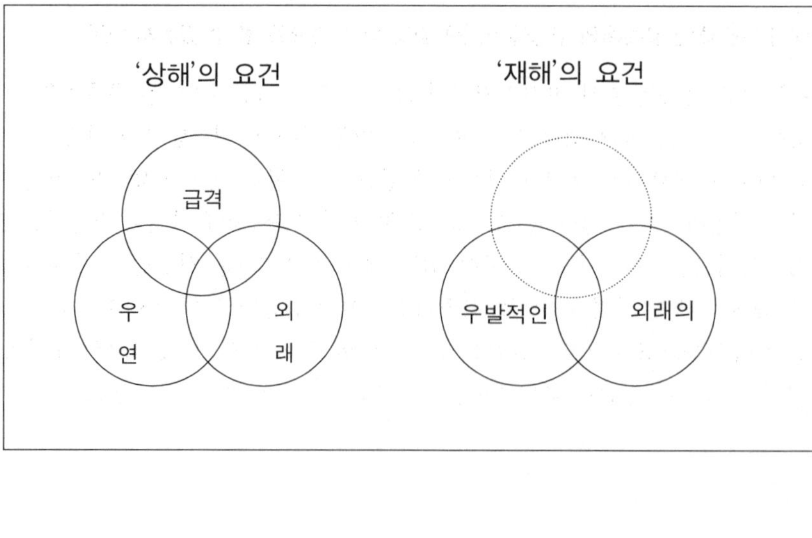

두개념이 차이가 없어 보이지만 '상해'와 '재해'의 보상요건이나 면책사유 등을 따져 보면 커다란 차이를 보이고 있어서 유사한 개념으로는 볼 수는 있지만 동일한 개념의 용어로 사용하는 것은 곤란하다.

〈표 1-1〉 생명보험의 재해분류표

분류 항목	분류번호
1. 운수사고에서 다친 보행인	V01 - V09
2. 운수사고에서 다친 자전거 탑승자	V10 - V19
3. 운수사고에서 다친 모터싸이클 탑승자	V20 - V29
4. 운수사고에서 다친 삼륜자동차량의 탑승자	V30 - V39
5. 운수사고에서 다친 승용차 탑승자	V40 - V49
6. 운수사고에서 다친 픽업 트럭 또는 밴 탑승자	V50 - V59
7. 운수사고에서 다친 대형화물차 탑승자	V60 - V69
8. 운수사고에서 다친 버스 탑승자	V70 - V79
9. 기타 육상운수 사고(철도사고 포함)	V80 - V89
10. 수상운수 사고	V90 - V94
11. 항공 및 우주운수 사고	V95 - V97
12. 기 타 및 상세불명의 운수 사고	V98 - V99
13. 추락	W00 - W19
14. 무생물성 기계적 힘에 노출	W20 - W49
15. 생물성 기계적 힘에 노출	W50 - W64
16. 불의의 익수	W65 - W74
17. 기타 불의의 호흡 위험	W75 - W84
18. 전류, 방사선 및 극순환 기온 및 압력에 노출	W85 - W99
19. 연기, 불 및 화염에 노출	X00 - X09
20. 열 및 가열된 물질과의 접촉	X10 - X19
21. 유독성 동물 및 식물과 접촉	X20 - X29
22. 자연의 힘에 노출	X30 - X39
23. 유독물질에 의한 불의의 중독 및 노출	X40 - X49
24. 기타 및 상세불명의 요인에 불의의 노출	X58 - X59
25. 가해	X85 - Y09
26. 의도 미확인 사건	Y10 - Y34
27. 법적개입 및 전쟁행위	Y35 - Y36
28. 치료시 부작용을 일으키는 약물, 약제 및 생물학 물질	Y40 - Y59
29. 외과적 및 내과적 치료중 환자의 재난	Y60 - Y69
30. 진단 및 치료에 이용되는 의료장치에 의한 부작용	Y70 - Y82
31. 처치 당시에는 재난의 언급이 없었으나, 환자에게 이상반응이나 후에 합병증을 일으키게 한 외과적 및 내과적 처치	Y83 - Y84
32. 전염병 예방법 제2조제1항제1호에 규정한 전염병	

※ 제외사항
- "약물 및 의약품에 의한 불의의 중독"중 외용약 또는 약물접촉에 의한 알레르기 피부염 (L23.3)
- "기타 고체 및 액체물질, 가스 및 증기에 의한 불의의 중독"중 한국표준질병사인분류상 A00~R99에 분류가 가능한 것
- "외과적 및 내과적 치료중 환자의 재난"중 진료기관의 고의 또는 과실이 없는 사고
- "자연 및 환경요인에 의한 불의의 사고"중 급격한 액체손실로 인한 탈수
- "익수, 질식 및 이물에 의한 불의의 사고"중 질병에 의한 호흡장해 및 삼킴장해
- "기타 불의의 사고"중 과로 및 격렬한 운동으로 인한 사고
- "법적 개입"중 처형(Y35.5)

생명보험의 '재해'는 재해분류표에서 보다시피 상해보험에서의 '상해'와 많은 차이를 보이고 있다. 우선 재해분류표상 전쟁중 사고(Y35-36), 의료처치로 인한 사고(Y83-84), 의도미확인 사건(Y10-34), 전염병 예방법 제2조 제1항 제1호에 규정한 '제1군전염병'마저도 재해의 대상으로 보고 있지만 상해보험에서는 이러한 사고에 대해 보상하지 않는다. 또한, 생명보험에서는 피보험자의 고의에 의한 사고라 하더라도 피보험자가 정신질환 등으로 자유로운 의사결정을 할 수 없는 상태에서 자신을 해친 사실이 증명된 경우와 보장개시일부터 2년이 경과된 후에 자살하거나 자신을 해친 경우에도 보상한다.

산재보험에서의 '산업재해'와의 차이점

산재보험은 근로자의 '업무상 재해'를 보상하는 보험으로 산업재해보상보험법 제37조(업무상 재해의 인정기준) 제1항에서는 업무와 재해와의 사이에 상당인과관계가 있는 경우로서 ① 업무상 사고일 것과 ② 업무상 질병일 것을 그 요건으로 하고 있다. 다시 말해, 산업재해는 업무수행과정상 유해물질이나 위험요인을 취급하거나 그에 노출되어 발생하는 질병, 업무상 부상이 원인이 되어 발생한 질병, 그 밖에 업무와 관련하여 발생한 질병을 포함하므로, '산재처리'되었다고 하여 무조건적으로 상해사고로 주장하는 것은 곤란하다.

▶ 업무상 재해를 생명보험의 재해사고로 볼 수 있는지 여부

산업재해보상보험법에서 위험으로 담보하는'업무상 재해'라함은 '업무상의 사유에 의한 근로자의 부상 질병 신체장해 또는 사망을 말하는 것'으로서 근로자의 기초질병이나 기존질병이 반복된 업무로 인한 피로의 누적으로 유발 악화되어 근로자의 부상 질병 신체상해 등이 발병하였더라도 근로자의 질병 등과 반복된 업무와의 인과관계가

> 있으므로 산업재해보상보험법상의'업무상 재해'로 인정되는 것이지만, 보험계약의 '재해'는 우발적인 외래의 사고로 인한 것임을 요구하는 바, 피보험자의 기존 요추상 질병 또는 체질적 요인에 지속적이고 반복적인 힘이 가해지자 자연적 시간의 경과에 따라 발현되었거나 그 증상이 더욱 악화된 것에 불과한 경우 해당 약관상 재해로 인한 것으로 볼 수 없다(서울중앙지방법원 2005.7.14. 선고 2004나32915 판결).

1-2 보상하지 아니하는 손해(면책사유)

01 면책사유

면책사유는 당사자간에 별도의 특약을 부가하는 방법으로도 보상할 수 없는 사유를 절대적 면책사유로, 당사자간에 추가보험료 납입 등의 경우에 특약을 부가하여 보상할 수 있는 사유를 상대적 면책사유로 구분한다.

가. 면책사유의 적용

상법 제659조에서 보험계약자, 피보험자 또는 보험수익자의 고의 또는 중대한 과실로 인하여 발생한 보험사고를 보상하지 않도록 하고 있고, 상법 제660조에서는 보험사고가 전쟁 및 기타의 변란으로 인하여 생긴 때에는 당사자간에 다른 약정이 없으면 보상하지 않는다. 상법 제660조의 조항은 보험사고가 당사자간에 다른 약정이 있으면 보상이 가능하도록 하고 있으며, 실제 생명보험의 '재해'에는 '전쟁위험'을 포함하고 있다.

또한, 질병상해보험 표준약관에서는 직업, 직무 또는 동호회 활동의 목적의 위험한 활동으로 인하여[11) 발생한 상해사고는 '다른 약정이 없으면'보상하지 않는다.

나. 면책사유가 존재하는 이유

면책사유가 존재하는 주된 목적은 보험회사가 해당 보험상품에서 보상하려는

11) 2011년 1월 19일 질병상해보험 표준약관 개정시에 기존의 "열거된 행위를 하는 동안에"부분이 "열거된 행위로 인하여"로 변경되었다.

보장내용을 분명히 하려는 것이지 피보험자로부터 보장항목을 없애려는 것이 아니다.[12)]

일반적으로 보험약관에서 면책사유가 필요한 이유는 다음과 같다.

① 보험불가능위험을 제거함으로써 보험제도의 존립을 가능하게 하고, ② 일정한 경우에 면책사유를 통해 도덕적 위험의 가능성을 사전에 차단하고, ③ 다른 보험계약에서 보상하는 내용을 제거함으로써 보상범위의 중복을 피하며, ④ 보험상품에 따라 불필요한 보장내용을 제거함으로써, ⑤ 결과적으로 합리적인 보험료 수준을 유지하기 위함이다.

다. 표준약관과 면책사유의 적용

기존의 장기손해보험은 크게 장기종합보험, 장기상해보험, 장기화재보험으로 구분되었다. 이후 장기손해보험은 재물보험보다는 인보험 분야에서 많은 발전을 이루었다. 그에 따라 장기손해보험 표준약관에서는 상해사망과 상해 후유장해만을 보상대상으로 규정하고, 나머지 인보험과 관련된 약관은 특종보험 표준약관의 인보험 부분을 추출하여 사용하여 왔다.

질병상해보험 표준약관은 장기손해보험 표준약관의 상해사망과 상해후유장해 부분과 특종보험 표준약관의 인보험적 요소들을 혼합하여 만들었다. 하지만 질병상해보험 표준약관이 보험금 지급방식이 정액형일 경우에 주로 적용되고, 상해보험과 질병보험의 보험금을 실손형으로 약정할 경우에는 실손의료보험 표준약관을 적용하도록 하였다.

따라서 동일한 상해사고를 보장하면서도 질병상해보험 표준약관(상해사망, 상해후유장해)의 면책사유와 실손의료보험 표준약관(상해입원, 상해통원)의 면책사유가 각각 상이하다.

하지만 실무적으로는 각각의 보장항목마다 해당 특별약관별로 보상하는 손해와 면책사유를 개별적으로 명시함으로써 혼란을 방지하고 있다.

아래에서는 질병상해보험 표준약관의 면책사유를 먼저 살펴보고, 기존의 상해보험에서 적용되던 면책사유를 추가로 살펴보기로 한다.

---

12) Donna J. Popow, *Claim Handling Principles and Practices*, 1st ed. 2008. pp.2.9-2.10.

02 질병상해보험 표준약관의 면책사유

가. 피보험자의 고의

1) 고의와 중과실

상법 제659조에서는 보험계약자 또는 피보험자나 보험수익자의 고의 또는 중과실에 의한 보험사고를 면책하도록 하고 있으나, 상법 제732조의 2에서는 사망을 보험사고로 한 보험계약에서 중과실에 의한 사고를 보상하도록 하고 있다.

상법 제659조(보험자의 면책사유)

보험사고가 보험계약자 또는 피보험자나 보험수익자의 고의 또는 중대한 과실로 인하여 생긴 때에는 보험자는 보험금액을 지급할 책임이 없다.

상법 제732조의 2(중과실로 인한 보험사고)

사망을 보험사고로 한 보험계약에는 사고가 보험계약자 또는 피보험자나 보험수익자의 중대한 과실로 인하여 생긴 경우에도 보험자는 보험금액을 지급할 책임을 면하지 못한다.

이처럼 사망을 보험사고로 한 보험계약에서 보험계약자 또는 피보험자나 보험수익자의 중대한 과실에 의한 사고를 보상토록 한 것은, 질병사망을 제외한 대부분의 사망사고가 중대한 과실에 의한 사고이므로 상해보험이나 생명보험에서 중대한 과실에 의한 사고를 보상하지 아니할 경우 보험가입자의 보험가입에 대한 편익이 사라지기 때문이다.

「중대한 과실」이란 보험계약자 또는 피보험자가 일반인으로서 요구되는 정도의 약간의 주의만 하였더라면 피할 수 있었는데 피하지 못한 현저한 부주의를 말한다.

따라서 감나무에 올라가 떨어져 사망한 사고나 수영중의 익사사고처럼 보통의 일반인들이 조금만 주의를 기울였더라면 피할 수 있었을 사고를 중대한 과실에 의한 사고로 볼 수 있는데 이러한 사고를 보상하지 아니할 경우 보험가입에의 편익이 축소되므로 이러한 중대한 과실에 의한 사망사고는 보상한다.

「고의」란 '자신의 행위에 의하여 일정한 결과가 발생하리라는 것을 알면서 이를 행하는 심리상태를 말하고, 고의에는「확정적 고의」는 물론 「미필적 고의」를 포함한다(대법원 2001.3.9. 선고 2000다67020 판결, 대법원 2004.12.10. 선고 2004다31401 판결).

「확정적 고의」란 어떤 행위의 결과가 위법 부당한 결과를 초래할 수 있다는 것을 확실히 인지하고도 일부러 그러한 결과를 야기시키는 것을 말하고,「미필적 고의」란 어떤 행위의 결과로 일정한 결과가 발생할 가능성을 어느 정도 인식하면서도 그러한 결과가 발생하는 것을 어느 정도 용인하는 것을 말한다.

또한 고의는 사고발생에 대한 원인행위시에 존재하는 고의이면 충분하고 결과의 발생에 대해서까지 인식하여야 하는 것은 아니며, 나아가 반드시 보험금을 취득의사까지 요구하지는 않는다.[13)]

보험실무계에서는 확정적 고의와 미필적 고의는 '우연성'이 결여될 뿐만 아니라 일반적인 보험계약자에게 요구되는 신의성실의 원칙에도 반하는 '고의'로 보아 보상하지 아니한다.

▶ 면책사유로서의 고의의 의미

보험약관상 면책사유인 '피보험자의 고의에 의한 사고'에서의 '고의'라 함은 자신의 행위에 의하여 일정한 결과가 발생하리라는 것을 알면서 이를 행하는 심리 상태를 말하고, 여기에는 확정적 고의는 물론 미필적 고의도 포함된다(대법원 2001.3.9. 선고 2000다67020 판결, 대법원 1997.9.30. 선고 97다24276 판결, 대법원 1991.3.8. 선고 90다16771 판결).

2) 질병상해보험 표준약관에서의 피보험자의 고의

질병상해보험 표준약관에서 피보험자의 고의는 보상하지 않는다. 다만 피보험자가 심신상실 등으로 자유로운 의사결정을 할 수 없는 상태에서 자신을 해친 경우에는 보험금을 지급한다.

피보험자의 고의에 의한 사고라 하더라도 피보험자가 정신질환 등의 명정상태에서 자신을 해친 경우에는 원칙적으로 보험사고에 해당하지 않는 피보험자의 고의에 의한 자살 등을 예외적으로 단서 요건에 해당하면 특별히 보험사고에 포함시켜 보험금을 지급한다는 의미로 보아야 한다(대법원 2007.9.6. 선고 2006다55005 판결).

▶ 피보험자의 고의에 의한 사고의 단서조항의 취지

피보험자가 고의로 자신을 해친 경우를 보험금을 지급하지 아니하는 보험사고로 규정하면서 그 단서에서 '피보험자가 정신질환상태에서 자신을 해친 경우' 등을 제외한 보험계약의 약관 조항이, 보험금 지급사유가 발생한 경우를 전제로 보험자의 면책사유를 규정한 취지가 아니라 원칙적으로 보험사고에 해당하지 않는 고의에 의한 자살

13) 양승규, 전게서, p.143.

등을 예외적으로 위 단서 요건에 해당하면 특별히 보험사고에 포함시켜 보험금 지급 사유로 본다는 취지이다(대법원 2007.9.6. 선고 2006다55005 판결).

3) 생명보험 표준약관에서의 피보험자의 고의

생명보험 표준약관에서 피보험자가 고의로 자신을 해친 경우에는 보상하지 않는다. 다만 피보험자가 보장개시일부터 2년이 경과한 뒤에 자살하거나 정신질환 등으로 자유로운 의사결정을 할 수 없는 상태에서 자신을 해친 경우에는 보상한다.[14]

하지만 보장개시일부터 2년이 경과하여 자살한 경우에 고액의 재해사망보험금을 지급하면 고의사고를 조장할 우려가 있어서 '재해이외의 원인에 해당하는 보험금'[15](일반사망보험금)을 지급한다.

피보험자가 심신상실 등으로 자유로운 의사결정을 할 수 없는 상태에서 자신을 해침으로서 사망에 이르게 된 경우에는 재해사망보험금[16]을 지급한다.

▶ 명정상태에서 추락사한 경우 재해로 볼 수 있는지 여부

보험계약의 피보험자가 술에 취한 나머지 판단능력이 극히 저하된 상태에서 신병을 비관하는 넋두리를 하고 베란다에서 뛰어내린다는 등의 객기를 부리다가 마침내 음주로 인한 병적인 명정으로 인하여 심신을 상실한 나머지 자유로운 의사결정을 할 수 없는 상태에서 충동적으로 베란다에서 뛰어내려 사망한 사안에서, 이는 우발적인 외래의 사고로서 보험약관에서 재해의 하나로 규정한 '추락'에 해당하여 사망보험금의 지급대상이 된다(대법원 2008.8.21. 선고 2007다76696 판결).

4) 고의에 의한 사고인 경우의 환급금

기존의 장기손해보험 표준약관에서는 고의에 의한 사고를 피보험자의 고의와 보험수익자의 고의, 그리고 보험계약자의 고의를 구분하여 환급금에 차이를 두고 있었다.

---

14) 기존 생명보험 약관에서는 피보험자의 자살(自殺)과 자사(自死)인 경우에 일반사망보험금과 재해사망보험금에 대한 명확한 지급기준이 없었으나 2010년 4월 표준약관 변경시에 이의 구분을 명확히 하였다.

15) 재해 이외의 원인으로 인한 사망보험금이 없는 경우에는 '보험료 및 책임준비금 산출방법서'에서 정하는 바에 따라 회사가 적립한 사망 당시의 책임준비금을 지급한다.

16) 재해사망보험금이 없는 경우에는 재해이외의 원인으로 인한 사망보험금을 지급하고, 재해이외의 원인으로 인한 사망보험금이 없는 경우에는 '보험료 및 책임준비금 산출방법서'에서 정하는 바에 따라 회사가 적립한 사망 당시의 책임준비금을 지급한다.

그러나 질병상해보험 표준약관에서는 보험계약자, 피보험자 또는 보험수익자가 고의로 보험금 지급사유를 발생시킨 경우 보험회사는 그 사실을 안 날부터 1개월 이내에 계약을 해지할 수 있고, 이에 따라 계약을 해지한 경우 보험회사는 그 취지를 보험계약자에게 통지하고 해지환급금을 지급한다.

5) 고의사고에 대한 입증책임과 입증의 정도

보험사고가 발생하였으나 그 보험사고가 계약자 또는 피보험자의 고의사고이므로 보험금 지급책임이 없다는 것에 대한 입증책임은 보험자가 부담한다. 다시 말해, 고의에 의하여 사고가 발생하였다는 것을 보험자가 입증해야 한다는 의미이다.

그러나 사람의 마음속에 들어있는 '고의의 의도'를 입증하는 것은 사실상 불가능에 가까워 고의의 직접적 증거를 찾을 수 없는 경우에는 그 성질상 고의와 상당한 관련성이 있는 간접사실을 증명하는 방법에 의해 입증할 수 밖에 없는데, '상당한 관련성이 있는 간접사실'은 사실관계의 연결상태를 논리와 경험칙에 의해 합리적으로 판단해야한다. 또한 보험사고의 발생에 기여한 복수의 원인이 존재하는 경우, 그 중 하나가 피보험자 등의 고의행위임을 주장하여 보험자가 면책하기 위해서는 그 행위가 단순히 공동원인 중의 하나였다는 것만으로는 부족하고 피보험자 등의 고의행위가 보험사고 발생의 유일하거나 결정적 원인이었음을 입증해야 한다(대법원 2004. 8.20. 선고 2003다26075 판결).

또한, 고의에 의한 사고로 확정하기 위해서는 피보험자가 책임능력에 장애가 없는 상태에서 고의행위를 하여 손해가 발생된 경우이어야 하고, 피보험자에게 정상적인 사리분별능력이나 통제능력이 미약한 상태에서의 사고는 고의사고로 보기 어렵다(대법원 2008.8.21. 선고 2007다76696 판결, 대법원 2001.4.24. 선고 2001다10199 판결).

▶ 면책사유로서의 고의의 의미

보험약관에서 '피보험자 등의 고의에 의한 사고'를 면책사유로 규정하고 있는 경우 여기에서의 '고의'라 함은 자신의 행위에 의하여 일정한 결과가 발생하리라는 것을 알면서 이를 행하는 심리 상태를 말하는 것으로서 그와 같은 내심의 의사는 이를 인정할 직접적인 증거가 없는 경우에는 사물의 성질상 고의와 상당한 관련성이 있는 간접사실을 증명하는 방법에 의하여 입증할 수밖에 없고, 무엇이 상당한 관련성이 있는 간접사실에 해당할 것인가는 사실관계의 연결상태를 논리와 경험칙에 의하여 합리적으로 판단하여야 할 것임은 물론이지만, 보험사고의 발생에 기여한 복수의 원인이 존재하는 경우, 그 중 하나가 피보험자 등의 고의행위임을 주장하여 보험자가 면책되기 위하여는 그 행위가 단순히 공동원인의 하나이었다는 점을 입증하는 것으로는 부족하고 피보험자 등의 고의행위가 보험사고 발생의 유일하거나 결정적 원인이었음을 입증해야한다(대법원 2004.8.20. 선고 2003다26075 판결).

▶ 피보험자의 고의에 의한 손해의 요건

책임보험은 피보험자의 법적 책임 부담을 보험사고로 하는 손해보험이고 보험사고의 대상인 법적 책임은 불법행위책임이므로 어떠한 것이 보험사고인가는 기본적으로는 불법행위의 법리에 따라 정하여야 할 것인 바, 책임보험 계약 당사자 간의 보험약관에서 고의로 인한 손해에 대하여는 보험자가 보상하지 아니하기로 규정된 경우에 고의행위라고 구분짓기 위하여는 특별한 사정이 없는 한 구체적인 정신능력으로서의 책임능력이 전제되어 있다고 볼 것이어서 '피보험자의 고의에 의한 손해'에 해당한다고 하려면 그 피보험자가 책임능력에 장애가 없는 상태에서 고의행위를 하여 손해가 발생된 경우이어야 한다(대법원 2001.4.24. 선고 2001다10199 판결).

나. 보험수익자의 고의

보험수익자의 고의는 보험계약자나 피보험자의 고의와는 별도로 구분되어 간주된다. 왜냐하면 보험수익자의 고의를 보상하지 아니할 경우 여러 보훰수익자중 한 명의 고의로 인해 보험사고가 발생하였을 경우 나머지 선량한 보험수익자의 보험금 청구권까지 박탈하게 된다. 따라서 이를 방지하기 위하여 "다만, 그 보험수익자가 보험금의 일부를 받는 자인 경우에는 그 보험수익자에 해당하는 보험금을 제외한 나머지 보험금을 다른 보험수익자에게 지급한다"라는 조항을 삽입하고 있다.

그러나 처음부터 보험금을 편취할 목적으로 체결한 생명보험계약은 무효이므로, 실제 피보험자를 살해한 공동상속인 외의 다른 공동상속인이 고의로 보험사고를 일으키지 않았다 하더라도 보험회사는 보험금 지급책임이 없다(대법원 2000.2.11. 선고 99다49064 판결).

▶ 보험수익자공동상속인의 고의에 의한 사고

피보험자를 살해하여 보험금을 편취할 목적으로 체결한 생명보험계약은 사회질서에 위배되는 행위로서 무효이고, 따라서 피보험자를 살해하여 보험금을 편취할 목적으로 피보험자의 공동상속인 중 1인이 상속인을 보험수익자로 하여 생명보험계약을 체결한 후 피보험자를 살해한 경우, 다른 공동상속인은 자신이 고의로 보험사고를 일으키지 않았다고 하더라도 보험자에 대하여 보험금을 청구할 수 없다(대법원 2000. 2. 11. 선고 99다49064 판결).

다. 보험계약자의 고의

보험사고가 보험계약자 또는 피보험자나 보험수익자의 고의 또는 중대한 과실로 인하여 생긴 때에는 보험회사의 면책사유가 된다(상법 제659조 제1항).

나아가 보험계약자의 고의는 보험계약자가 보험금을 편취할 목적으로 체결할 수도 있으므로 오로지 보험사고를 통해 보험금을 취득할 목적으로 체결되는 생명보험계약이나(대법원 2000.2.11. 선고 99다49064 판결), 보험금을 부정취득할 목적으로 다수의 보험계약을 체결한 경우(대법원 2009.5.28. 선고 2009다12115 판결)에도 무효로 된다.

라. 피보험자의 임신, 출산(제왕절개 포함), 산후기[17)]

1) 임신, 출산(제왕절개 포함), 유산

피보험자의 임신, 출산(제왕절개 포함), 유산은 상해보험 또는 질병보험에서 분쟁이 많이 발생하는 분야중 하나이다.

이 면책사유에 대해 보험회사는 임신, 출산, 유산을 원인으로 한 손해를 면책사유로 하고 있으므로 이와 관련된 모든 손해를 보상할 수 없다는 입장인 반면, 보험계약자측은 면책약관의 임신, 출산, 유산의 해석은 통상적인 경우의 임신, 출산, 유산의 경우로 제한되게 해석하여야 하며, 통상적인 경우를 벗어난 비정상적인 임신으로 인한 치료나 신속하게 수술치료를 하지 아니할 경우 태아 또는 산모가 위험할 경우까지를 면책하는 것은 아니라고 주장한다.

이에 대해, 임신성 고혈압은 임산부에게 발병하는 임신성질환으로서 고혈압이나 체중증가, 단백료를 수반하는 질병이고 임신과 임신성 고혈압은 의료경험칙상 상당인과관계가 존재하므로 보험금 지급책임이 없다는 하급심 판결(전주지방법원 20005.12.22. 선고 2005나3772 판결)과 금융감독원 분쟁조정사례(금융감독원 분쟁조정사례 2003.3.25.결정 제2003-11호)가 있다.

임신, 출산, 유산은 의학적으로 질병으로 분류되지 않는 자연적인 현상으로서 우연성이 없으므로 보상하지 않는다고 보는 것이 일반적이다. 따라서 표준약관에서 '그러나 회사가 보장하는 보험금 지급사유로 인한 경우에는 보험금을 지급한

17) 장기손해보험 표준약관에서는 '피보험자의 임신, 출산(제왕절개 포함), 유산 또는 외과적 수술, 그밖의 의료처치'를 면책사유로 하였다. 여기에서는 질병상해보험 표준약관의 면책사유와 함께 기존 면책사유에 대해서도 함께 검토하였다.

다'라는 의미에서처럼, 피보험자의 질환이 상당한 정도로의 우연성이 충족되고, 질병으로 인정할만한 사안에 대하여 제한적으로 보상하는 것이 타당하다.

▶ 임신성 고혈압이 임신으로 인한 치료로 볼 수 있는지 여부

피보험자의 임신, 출산, 유산으로 인하여 생긴 손해는 보상하지 아니한다고 약관상 규정하고 있는 바, 피보험자가 보험기간 중에 임신성 고혈압 또는 임신, 출산 및 산욕에 합병된 선재성 고혈압이라는 진단을 받고 입원치료를 받은 사실은 인정되나, 위 입원치료는 임신으로 인하여 발병한 질병을 치료하기 위한 것임이 명백하므로 이 사건 보험계약의 약관에서 규정하는 '보상하지 아니하는 손해'에 해당한다(전주지방법원 2005.12.22. 선고 2005나3772 판결).

▶ 임신성 고혈압이 보험약관의 면책사유에 해당하는지 여부

그 원인의 직접 간접을 묻지 아니하고 피보험자의 임신, 출산, 유산 또는 외과적 수술로 생긴 손해는 보상하지 아니합니다라고 규정하고 있는 바, 여기서 손해에 직접 간접적으로 원인이 되었다라는 의미는 열거한 사유와 당해 보험사고가 된 상해나 질병에 따른 손해인 의료비용 등과 인과관계가 존재한다는 의미로 해석된다. 따라서 임신성 고혈압은 임산부에게 발병하는 임신성질환으로서 고혈압, 체중증가, 단백료를 수반하는 질병이고, 임신과 임신성고혈압은 의료경험칙상 상당인과관계가 존재하므로 보험회사는 보험금 시급책임이 없다(금융감독원 분쟁조정사례 2003.3.25. 결정 제2003-11호).

2) 외과적 수술 또는 그 밖의 의료처치[18]

의료처치로 인한 사고에 대하여 손해보험에서는 보상하지 않지만, 생명보험 표준약관에서는 재해의 범위에 '외과적 내과적 치료중 환자의 재난(Y60-69)'은 재해[19]로 보아 보상한다.[20]

---

18) 이 조항은 2010년 4월 질병상해보험 표준약관 제정시에 삭제되었으나 기존 상해보험에서 면책사유로 두고 있고 장기보험의 경우 보험기간이 상당기간 지속되므로 여기에서 부가하여 설명하였다.

19) 생명보험 표준약관에서는 '재해'의 범위에서 진료기관의 고의나 과실이 없는 사고는 제외되며, 의료처치 당시에는 재난의 언급이 없었으나 환자에게 이상반응이나 나중에 합병증을 일으키게 한 외과적 및 내과적 처치(Y83-84)를 재해로 보아 보상한다.

20) 의료사고는 생명보험 표준약관에서 진료기관의 고의 또는 과실이 없는 사고를 재해의 범위에서 제외하고 있고, 의학적 연관성이 명확하게 규명되지 않아 보통 사람으로서는 통상 예견하기 어려운 결과에 대하여까지 피보험자가 예상하였거나 동의한 것으로 보기 어렵다. 따라서 미리 예상할 수 없고, 비정상적인 결과를 초래한 것이라면 우연한 것으로 보아 질병상해보험 표준약관에서는 의사의 과실이 개입된 의료사고를 상해사고로 포함시켰다.

외과적 수술 또는 그 밖의 의료처치 과정은 환자의 예견과 동의하에 이루어지는 의료행위로서'우연한 사고'로 볼 수 없어 보상하지 아니한다(서울지방법원 2002.9.3. 선고 2002가단75597 판결).

피보험자가 지병으로 인하여 수술치료 중 급성심근경색으로 사망하거나, 피보험자가 경미한 정도의 질병으로 수술을 하다가 의료과실 등의 이유로 사망한 경우에는 외과적 수술 또는 그 밖의 의료처치 과정중의 사고로서 보상하지 아니한다.

의료처치란 의료법 제27조 제1항에 정한 의료행위를 말하는데, 「의료행위」란'의학적 전문지식을 기초로 하는 경험과 기능으로 진찰, 검안, 처방, 투약 또는 외과적 시술을 통한 질병의 예방 또는 치료행위 이외에도 의료인이 행하지 아니하면 보건위생상 위해가 생길 우려가 있는 행위'를 의미한다(대법원 2009.10.15. 선고 2006도6870 판결).

의료처치는 합법적인 의료처치에 한정하지 않고 무면허 의료처치 또는 의료행위라 하더라도 동일한 것으로 보아 보상하지 아니한다(대법원 1999.6.25.선고. 98도 4716판결). 만약, 면책사유로 정한 의료처치의 범위를 합법적 의료처치로 제한할 경우에는 합법적인 의료처치는 보상하지 아니하는 반면, 불법적인 의료처치에 의한 사고는 보상하도록 하는 결과가 되어 불합리하게 된다(금융감독원 분쟁조정사례 2006.6.28.결정 제2006-34호).

외과적 수술 또는 그 밖의 의료처치에 대해 면책하도록 하는 보험약관이 상법 제663조(보험계약자 등의 불이익 변경금지)에 위배되는지에 대해서는 상해보험의 성질상 당연한 것을 규정한 것이므로 상법 제663조에 위배되지 않는다고 판결하고 있다(대법원1980.11.25. 선고 80다1109 판결).

그러나 상해사고로 인하여 치료를 받던 피보험자가 의사의 과실 등에 의한 의료사고로 증상이 악화되거나 새로운 증상이 생겨 손해가 확대된 경우에는 최초의 상해사고와 나중에 의료사고 등으로 발생한 증상간에 상당인과관계가 있다고 보아 보상한다(대법원 2000.9.8. 선고 99다48245 판결, 서울중앙지법 2004.3.25. 선고 2003가합4797 판결).

▶ 외과적 수술이나 의료처치 과정중 발생한 사고가 우연한 사고에 해당하는지 여부

외과적 수술, 기타 그밖의 의료처치과정에서 피보험자가 사망한 경우 이러한 사고는 피보험자의 예견과 동의하에 이루어지는 의료행위로서 급격하고도 우연한 외래의 사고에 있어서의 '우연한 사고'에 해당하지 아니한다고 할 것이고 이러한 점에서 이 사건 면책약관이 외과적 수술, 그 밖의 의료처치를 면책사유의 하나로 규정하고 있는 것은 상해보험의 성질상 당연한 경우를 규정하고 있는 것이라 할 것이다. 피보험자가 의사의 과실로 사망하였다고 하더라도 이 사건 면책약관이 규정하고 있는 의료처치의 개념속에 포함되는 행위라고 할 것이므로 결국 피보험자의 사망이 이 사건 보험계약에 따라 보상되는 상해로 인하여 발생하였다는 점을 전제로 한 유족의 주장은 이유없다(서울지방법원 2002.9.3. 선고 2002가단75597 판결).

▶ 목에 걸린 생선가시를 제거하기 위해 구강마취후 식물인간 상태가 된 경우

목에 걸린 생선가시를 제거하기 위해 구강마취후 식물인간상태가 된 경우 상해와 손해와의 인과관계를 부정할 수 없으므로, 의료사고로 인한 손해라 할지라도 상해보험의 취지상 손해가 보험사고에 해당하는 상해의 직접적 결과로 인정되는 것이라면, 그것이 치료과정의 의료사고로 인한 것인지 여부를 묻지 않고 상해보험에 의해 보상한다는 의미로 봄이 상당하다(서울중앙지법 2004.3.25.선고, 2003가합4797 판결).

▶ 의료행위의 의미

구 의료법 제25조 제1항 소정의 의료행위라 함은 의학적 전문지식을 기초로 하는 경험과 기능으로 진찰, 검안, 처방, 투약 또는 외과적 시술을 시행하여 하는 질병의 예방 또는 치료행위 이외에도 의료인이 행하지 아니하면 보건위생상 위해가 생길 우려가 있는 행위를 의미한다(대법원 2009.10.15. 선고 2006도6870 판결).

▶ 무면허 의료행위가 '그 밖의 의류처치'에 해당하는지 여부

주사기에 의한 약물투여 등의 주사는 그 약물의 성분, 그 주사기의 소독상태, 주사방법 및 주사량 등에 따라 인체에 위해를 발생시킬 우려가 높은 행위로 의료법상 의료행위에 포함되고, '그 밖의 의료처치'를 합법적인 의료행위로 한정하고 있지 아니하고 있으며, 피보험자의 동의하에 이루어진 의료행위이고, 면책사항으로 규정한'그 밖의 의료처치'의 범위를 합법적인 의료행위로 한정한다면 합법적인 의료행위로 인한 상해는 보상하지 않는 반면, 무면허의료행위로 인한 상해는 보상하는 불합리한 결과를 초래하게 된다는 점에서 무자격자가 피보험자에게 행한 주사행위는 약관상의 '그 밖의 의료처치'에 해당한다(금융감독원 분쟁조정사례 2006.6.28. 결정 제2006-34호).

▶ 외과적 수술 및 의료처치에 대한 면책조항이 상법 제663조에 위배되는지 여부

상해보험약관에 "외과적 수술 기타의 의료처치의 경우는 보험금 지급의 책임을 지지 아니한다"는 특약은 상해보험의 성질상 당연한 경우를 규정한 것이므로 보험당사자의 불이익으로 상법의 규정을 변경한 것이 아니어서 상법 제663조에 위배되는 것이 아니다(대법원 1980.11.25. 선고 80다1109 판결).

▶ 상해로 치료받던 중 증상이 악화된 경우 상해사고와 인과관계 여부

사고로 인하여 상해를 입은 피해자가 치료를 받던 중 치료를 하던 의사의 과실 등으로 인한 의료사고로 증상이 악화되거나 새로운 증상이 생겨 손해가 확대된 경우에는 의사에게 중대한 과실이 있다는 등의 특별한 사정이 없는 한 확대된 손해와 최초의 사고 사이에도 상당인과관계가 있다(대법원 2000.9.8. 선고 99다48245 판결).

마. 전쟁, 외국의 무력행사, 혁명, 내란, 사변, 폭동21)

상법 제660조의 전쟁위험 등으로 인한 면책 규정은 정상적인 위험산출의 기초를 벗어난 이상위험으로서 이러한 사고가 발생할 경우 보험사고의 발생빈도나 그 손해의 정도를 대수의 법칙에 의하여 예측하거나 손해액을 산출하는 것이 거의 불가능에 가깝고, 천재지변에 가까운 거대 손해의 발생으로 보험자의 정상적인 경영이 불가능하기 때문에 이를 면책하도록 하고 있다.

보험계약이 쉽게 예측하기 어려운 장래의 우연적, 돌발적 사고로 인한 손해를 담보하기 위한 것이므로 이와 같은 사고발생의 예측곤란과 피해극대화를 이유로 한 면책사유의 요건은 엄격하게 제한적으로 해석되어야 한다(대법원 1991.11.26. 선고 91다18682 판결).

생명보험에서는 전쟁위험을 보장하지만, 전쟁 및 기타 변란의 경우에는 평상시의 통계수치가 적용될 수 없고 위험이 확대되므로, 보험사의 보험금 지급을 가능토록 하기위해 금융위원회의 인가를 받아 보험금액을 조정할 수 있도록 하는 조항을 두고 있었다.

▶ 전쟁 등을 면책사유로 규정한 취지

자동차종합보험 보통약관에서 전쟁, 혁명, 내란, 사변, 폭동, 소요 기타 이들과 유사한 사태를 보험자의 면책사유로 규정한 취지는 위와 같은 사태 하에서는 보험사고 발생의 빈도나 그 손해정도를 통계적으로 예측하는 것이 거의 불가능하여 타당한 보험료를 산정하기 어려울 뿐 아니라 사고발생시에는 사고의 대형화와 손해액의 누적적인 증대로 보험자의 인수능력을 초과할 우려가 있다는 데에 있는 바, 본래 보험제도 자체가 쉽게 예측하기 어려운 장래의 우연적, 돌발적 사고로 인한 손해를 담보하기 위한 것이므로 위와 같은 사고발생의 예측곤란과 피해극대화를 이유로 한 면책사유의 요건은 이를 엄격하게 해석하여야 할 것이다(대법원 1991.11.26. 선고 91다18682 판결).

---

21) 장기손해보험 표준약관에서는 '전쟁, 외국의 무력행사, 혁명, 내란, 사변, 폭동, 소요, 기타 이들과 유사한 사태'였으나, 여기에서 "소요"와 "기타 이들과 유사한 사태"는 삭제되었다.

「전쟁」이란 둘 이상의 국가 또는 이에 준하는 집단간에 군사력 및 기타 각종 수단을 이용하여 싸우는 것을 말하는 것으로, 과거에는 무력행사를 수반하는 것을 전제로 하였으나, 현대에는 국가간 분쟁뿐만 아니라 정치단체에 의한 교전단체로 인정되면 국제법상 전쟁의 주체가 될 수 있는 것으로 보고 있다. 전쟁은 명시적인 선전포고를 포함하는 것만이 아니고, 묵시적인 전쟁의사표시도 포함된 것으로 이해된다.

따라서 보험에서는 반드시 국제법상의 전쟁이어야 할 필요는 없고, 일반적인 보험료 산정이 되는 위험을 초과하는 정도의 교전상태를 말하므로 전면전이건 국지전이건 따지지 아니한다.

「외국의 무력행사」라 함은 두 나라 중 한나라의 일방적인 무력행사를 의미하는데, 굳이 두 나라간 치열한 교전을 필요로 하지 아니한다.

「혁명」이라 함은 단순한 정권교체가 아닌 사회, 정치, 경제, 문화 등의의 기본적 변경을 수반하는 것을 말한다.

「내란」이라 함은 형법 제87조(내란)에 '국토를 참절하거나 국헌을 문란할 목적으로 폭동 한 것'을 말하는데 '국헌을 문란한 목적'이라 함은 헌법 또는 법률에 정한 절차에 의하지 아니하고 헌법 또는 법률의 기능을 소멸시키는 것이나 헌법에 의하여 설치된 국가기관을 강압에 의하여 전복 또는 그 권능행사를 불가능하게 하는 것을 말한다.

「사변」이라 함은 한 나라에서 전쟁에까지 이르지는 않았으나 국내의 경찰력으로는 막을 수 없어 무력을 사용하게 되는 상황을 말한다.

「폭동」이라 함은 다수인이 결합한 폭행, 협박 등의 집단행동에 의하여 적어도 한 지방에 있어서의 평온 또는 안녕질서를 저해할 정도의 중대한 사태를 의미한다(대법원1997.4.17. 선고 96도3376 판결).

「소요」라 함은 폭동에는 이르지 아니하나 한 지방에서의 공공의 평화 내지 평온을 해할 정도로 다수의 군중이 집합하여 폭행, 협박 또는 손괴 등 폭력을 행사하는 상태를 말한다(대법원 1991.11.26. 선고 91다18682 판결).

따라서 300여명 정도의 대학생이 반정부구호롤 외치며 화염병과 돌을 던치며 경찰병력에 대항하는 정도의 사건이나 성난 프로야구 관중 1000여명이 도로를 점거하고 돌과 빈병을 던지는 사건과 같이 다수의 군중에 의하여 폭력이 있다고 하여 이를 '소요'라 할 수는 없고, 다수 군중에 의해 점유된 장소, 장소의 확대가능성, 참여자의 수 등을 고려하여 판단해야 한다.

「기타 이들과 유사한 사태」라 함은 폭동이나 소요에 준하는 사태로서 정상적인 상황 아래서는 예기할 수 없는 손해를 초래할 수 있는 위험한 상황을 뜻하는 것으로서 모두 통상의 경찰력으로는 진압하기 어려운 비상사태를 의미한다(전주지법 1990.5.31. 선고 90나632 제1민사부판결).

▶ 폭동, 소요, 기타 이와 유사한 사태의 의미와 이 면책규정의 취지

보험자가 면책되는 경우로 열거하고 있는 폭동이라 함은 다수인이 결합한 폭행, 협박 등의 집단행동에 의하여 적어도 한 지방에 있어서의 평온 또는 안녕질서를 저해할 정도의 중대한 사태를 의미하고 소요라 함은 다수인이 집합하여 그 협동력을 보임으로써 한 지방이나 지역의 평온을 깨뜨리고 법질서를 파괴할 우려가 있는 상태를 뜻하는 것이며 기타 이들과 유사한 사태라 함은 위에 준하는 사태로서 정상적인 상황 아래서는 예기할 수 없는 손해를 초래할 수 있는 위험한 상황을 뜻하는 것으로서 모두 통상의 경찰력으로는 진압하기 어려운 비상사태를 의미한다. 폭동, 소요 및 기타 이와 유사한 사태를 면책으로 한 규정의 취지는 그와 같은 비상사태에 대하여는 사고발생의 개연성 또는 손해의 정도를 예측하기 어려워 적절한 보험료를 산정하기 어려울 뿐 아니라 경우에 따라서는 일시적으로 막대한 보험금을 지급하게 되어 통상의 보험료에 의한 보험자의 위험인수능력을 초과하게 된다는 점 등을 고려했기 때문이라 할 것이므로 대학생 약 300명이 반정부구호를 외치며 최루탄을 발사하는 진압 경찰관들에 대항하여 화염병과 돌을 던지며 벌인 시위는 위 약관이 정하는 폭동, 소요 기타 이들과 유사한 사태에 해당한다고 볼 수 없다(전주지방법원 1990.5.31. 선고 90나632 판결).

03 장기손해보험(상해보험)의 면책사유

여기에서는 질병상해보험 표준약관의 면책사유와 중복되는 부분은 제외한 상해보험에서의 면책사유를 설명하고자 한다.

가. 피보험자의 자해, 자살, 자살미수, 형법상의 범죄행위 또는 폭력행위[22)]

(다만, 형법상 정당방위, 긴급피난 및 정당행위로 인정되는 경우에는 보상하여 드립니다)

1) 피보험자의 자해, 자살, 자살미수

피보험자의 자해, 자살, 자살미수의 경우는 피보험자 본인의 자발적 의사에 의

22) 2002년 5월 1일 이전 약관에서는 "범죄행위 또는 폭력행위"를 면책사유로 하였으나, 2002년 5월 1일 약관개정을 통해 "형법상의 범죄행위 또는 폭력행위"로 변경되었다.

한 것인 만큼 고의에 의한 것으로서 우연성이 결여되고, 신의칙과 공서양속에 반하므로 보상하지 아니한다.

손해사정 과정에서는 보험자는 피보험자의 사고가 면책사유임을 입증하여야 면책이 가능하고, 이를 위해서는 자살의 의사를 밝힌 유서 등 객관적인 물증의 존재나 일반인의 상식에서 자살이 아닐 가능성에 대한 합리적인 의심이 들지 않을 만큼 명백한 주위정황 사실을 입증해야 한다(대법원 2002.3.29. 선고 2001다49234 판결).

▶ 피보험자의 자해, 자살에 대한 면책을 입증하기 위한 요건

보험계약의 약관에서 '피보험자가 자해, 자살한 경우'를 보험자의 면책사유로 규정하고 있는 경우 보험자가 보험금 지급책임을 면하기 위하여는 위 면책사유에 해당하는 사실을 입증할 책임이 있고, 이 경우 자살의 의사를 밝힌 유서 등 객관적인 물증의 존재나 일반인의 상식에서 자살이 아닐 가능성에 대한 합리적인 의심이 들지 않을 만큼 명백한 주위 정황사실을 입증하여야 한다(대법원 2002.3.29. 선고 2001다49234 판결).

2) 형법상의 범죄행위

형법상의 범죄행위는 고의에 의한 사고로서 범죄행위를 하던 중 발생한 사고에 대하여는 보상하지 아니한다. 예를 들어, 피보험자가 절도를 위해 담을 넘다가 담장에서 추락하여 사망하였다거나, 여성을 강간하다가 강간당한 여성으로부터 상해를 입은 경우 등은 범죄행위 중 사고로서 보상하지 아니한다.

그러나 범죄행위로 인하여 사고가 발생한 경우에 대한 해석에 대하여 '피보험자가 범죄행위로 인하여 사망에 이르게 됨으로서 당해 사고가 피보험자의 고의로 야기된 것과 같은 정도로 평가될 수 있는 경우만을 가리킨다'고 하여 제한적으로 해석하고 있다. 실제 판례에서도 신호위반으로 도주하다가 사망한 사고(서울고등법원 1989.12.27. 선고 89나37262 판결)나 혈중알콜농도 0.35%의 음주상태에서 운전하다가 사고가 발생한 경우(부산고등법원 2000.4.12. 선고 99나13164 판결)에도 보험사고가 피보험자의 고의로 인하여 야기된 것과 같은 정도에만 제한적으로 면책하도록 판시하고 있다.

이에 따라 장기손해보험에서 면책사유로 제시한 범죄행위나 폭력행위에 대해서는 그 보험사고가 피보험자의 고의로 야기된 것과 같은 정도로 평가될 수 있는 경우만을 가리킨다(대법원 1998.10.20. 선고 98다34997 판결)는 점 등을 고려하여 질병상해보험 표준약관에 해당 면책조항을 삭제하였다.

▶ 신호위반후 도주중 사고를 범죄행위 중 사고로 보아 면책할 수 있는지 여부

면책약관의 하나인 범죄행위로 인하여 사고가 발생한 경우라 함은 피보험자가 범죄행위로 인하여 사망에 이르게 됨으로서 당해 사고가 피보험자의 고의로 야기된 것과 같은 정도로 평가될 수 있을 경우만을 가리킨다고 할 것이고, 피보험자가 차량을 운전 중 신호위반으로 정지지시를 받았으나 이를 무시하고 도주하다가 골목길에 늘어져 있던 좌판대를 부딪혀 물건을 손괴한 뒤 피해자들이 쫓아오자 당황하여 과속으로 진행하다가 운전부주의로 화단을 충돌, 가로등에 머리를 부딪혀 사망한 경우는 이에 포함되지 아니한다(서울고등법원 1989.12.27. 선고 89나37262 판결).

▶ 음주운전중 사고를 범죄행위 중 사고로 보아 면책할 수 있는지 여부

망인이 사망당시 혈중알콜농도 0.35%의 술에 취한 상태의 음주운전이 도로교통법에 의한 범죄행위임이 명백하고 위 범죄행위가 보험사고의 한 원인이 되었다고 볼 것이나 상법 제732조의2, 제553조의 규정에 비추어 볼 때 보험사고가 피보험자의 고의로 인하여 야기된 것과 같은 정도로 평가될 수 있을 때에만 보험자의 보험금 지급책임이 면제된다고 봄이 상당하다(부산고등법원 2000.4.12. 선고 99나13164 판결).

3) 폭력행위

폭력행위로 인하여 사고가 발생한 경우에는 보상하지 아니한다. 물론, 타인으로부터 일방적으로 구타를 당하는 등의 일방적인 폭행사고의 피해자인 경우에는 보상하는 데에 이견이 없다. 그러나 가해자의 폭력행위에 반응하여 본인을 보호하는 목적 또는 상대방의 폭력행위에 대한 무의식적인 폭력행위에 대해서도 보상하지 않을 것인지에 대해 판례에서는 명확한 입장을 표명하고 있다.

즉, 폭력행위에 대한 면책조항의 적용은 모든 폭력행위가 아니라, 피보험자 자신이 고의로 상해의 결과를 발생시키기 위하여 폭력행위를 유발한 것이거나 혹은 상해의 결과를 인식하면서도 이를 용인하고 감행한 미필적 고의에 의한 상해일 경우로 제한하여 해석해야 하고, 과실로 평가될 수 있을만한 사소한 시비나 상대방의 폭력행사에 대항하여 약간의 폭력을 행사한 경우에는 폭력행위의 면책규정을 적용할 수 없다(금융감독원 분쟁조정사례 2001.3.13. 결정 제2001-13호).

하급심 판례에서도 주차문제로 시비를 벌이다가 상대방의 칼에 의해 사망에 이른 경우(수원지방법원 2003.4.4. 선고 2002가합286 판결)나 쌍방 폭행 중에 상대방의 흉기에 의해 사망에 이르게 된 경우(부산지방법원 1994.1.20. 선고 93가합25946 판결) 모두 폭력행위에 의한 상해와 사망사실을 구분하여, 폭력행위중 상대방의 흉기에 의해 사망에 이를 것이라는 것까지 예견할 수 없었던 점이나 망인이 스스로 사망을 유발시키기 어렵다고 보아 보험회사의 보험금 지급책임을 인정하고 있다.

하지만 스스로 시비를 걸어 상대방의 폭력행위를 자초하고 쌍방간의 서로 물리적 충돌이 이루어져 상해를 입은 경우 등은 자신의 행동으로 상대방이 공격함으로써 자신이 상해를 입을 것을 충분히 예측할 수 있었던 경우는 우연성과 급격성을 충족할 수 없고, 폭력행위에 기인한 사고로서 보상하지 않는다(대법원 2006.2.10. 선고 2005다58083 판결).

▶ 폭력행위 면책조항의 해석

폭력행위에 대한 면책조항의 적용은 모든 경우의 폭력행위를 면책할 수 있다고 해석하여서는 안되고, 피보험자 자신이 고의로 상해의 결과를 발생시키기 위하여 폭력행위를 유발한 것이라거나 혹은 상해의 결과를 인식하면서도 이를 용인하고 감행한 미필적 고의에 의한 상해일 경우로 제한하여 해석하여야 할 것인 바, 상대방의 폭력행사에 대항하여 약간의 폭력을 행사한 사실의 경우 폭력 행위면책규정을 충족한 것으로 볼 수 없다고 보는 것이 타당하다(금융감독원 분쟁조정사례 2001.3.13. 결정 제2001-13호).

▶ 주차문제 시비로 상대방이 칼로 살해한 경우 면부책 여부

망인이 주차문제로 시비를 벌이다가 운전자가 소지하고 있던 길로 자신을 씨를 것이라는 사실을 예견하였다고 보기 어려우므로 이 건 사고는 망인이 고의로 자신이 사망하는 결과를 발생시키기 위하여 폭력행위를 유발한 것이라던가, 혹은 사망의 가능성을 인식하면서도 이를 용인하고 감행한 미필적 고의에 의한 사고라기보다는 망인의 과실로 평가되는 행위로 보는 것이 타당하다(대구지방법원 1999.4.8. 선고 98가합12595 판결).

▶ 쌍방 폭행중 사고로 타인의 흉기에 의한 사망한 경우 면부책 여부

사소한 문제로 시비를 하다가 우발적으로 서로 주먹으로 때리는 등 폭력을 행사하게 되었고 망인이 타인의 사과를 받아들이지 아니하여 다시 말다툼을 하고 장소를 옮긴 후 주먹으로 타인을 때리자 타인이 차에서 꺼낸 칼로 망인의 가슴을 찔러 사망하게 된 경위 등에 비추어 망인은 타인이 칼로 찌를 것이라는 사실을 예견하였다고 보기 어려우므로 이 사고는 망인이 고의로 자신이 사망하는 결과를 발생시키기 위하여 폭력행위를 유발 한 것이라던가 혹은 사망의 가능성을 인식하면서도 이를 용인하고 감행한 미필적 고의에 의한 사고라고 할 수 없을 것이므로 보험자는 보험금을 지급해야한다(수원지방법원 2003.4.4. 선고 2002가합2286 판결).

▶ 피보험자 스스로 시비를 걸어 상대방의 폭행을 자초한 경우의 보상가능 여부

피보험자가 스스로 시비를 걸어 상대방의 폭행행위를 자초하였고 서로 유형력을 행사하여 싸움에 개입함으로써 상해를 입을 기회를 스스로 마련한 이상, 자신의 행동에 대하여 상대방이 공격함으로써 자신이 상해를 입으리라는 것을 당연히 예측할 수 있었다 할 것이어서 우연성과 급격성을 갖추지 못하고 있었다 할 것이며, 또한 우연하고 급격한 외래의 사고에 해당한다고 할지라도 이는 폭력행위에 기인하여 생긴 손해로서 형법상 정당방위, 긴급피난 및 정당행위로 인정된다고 볼 수 없다(대법원 2006.2.10. 선고 2005다58083 판결).

4) 형법상 정당방위, 긴급피난 및 정당행위

고의로 인정할만한 행위 또는 범죄행위나 폭력행위중의 사고라고 하더라도, 형법에서 언급되는 정당방위, 긴급피난 및 정당행위 중 발생한 사고에 대하여 보험회사는 보상책임을 부담한다.

가) 정당행위

「정당행위」라 함은 법령에 의한 행위, 업무로 인한 행위, 기타 사회상규에 위배되지 아니하는 행위를 말하는데(형법 제20조), 쉬운 예로 타인의 위급한 상황을 구하기 위해 행한 행위 등이 그 예이다. 가령 화재현장은 건물 등이 무너질 가능성이 매우 크고, 화염이나 연기에 의해 질식될 가능성이 매우 높지만 어린이를 구하기 위해 불속에 뛰어 들다가 사망한 경우 등은 정당행위로 보아 보상한다.

나) 정당방위

「정당방위」라 함은 현재의 부당한 침해에 대해 자기 또는 타인의 법익을 방위하기 위하여 행해진 행위를 말한다(형법 제21조 제1항). 정당방위는 정당행위와 달리 일정 행위가 자기 방위적 목적과 개념이 포함되어 있어야 한다고 보는 것이 일반적이나, 소극적 저항행위가 사회적 통념에 어긋나지 않는 경우라면 정당행위로 보아도 무방한 것으로 판시하고 있다(대법원 1996.5.28. 선고 96도979 판결).

정당행위와 정당방위를 구별하는 것은 면책사유를 논함에 있어 실익 없이 모두 보상하는 손해이고, 구체적인 구별이 논의의 수준을 달리하므로 여기서는 생략한다.

정당방위의 예로서, 집에 침입한 강도에 맞서 격투를 벌이다가 사망한 사고에서와 같이 서로간 싸움을 하던 중에 발생한 사고이지만 상대방의 범죄행위에 맞서 자기의 법익을 방위하던 중 발생한 사고로서 보상하는 사고이다.

다) 긴급피난

「긴급피난」이라 함은 자기 또는 타인의 법익에 대한 현재의 위난을 피하기 위한 상당한 이유있는 행위를 말하고(형법 제22조), 여기서 '상당한 이유 있는 행위'란 첫째, 피난행위는 위난에 처한 법익을 보호하기 위한 유일한 수단이어야 하고, 둘째 피해자에게 가장 경미한 손해를 주는 방법이어야 하고, 셋째, 피난행위에 의하여 보전되는 이익은 침해되는 이익보다 우월해야 하며, 넷째, 피난행위는 사회윤리나 법정신에 적합한 수단일 것을 요구한다(대법원 2006.4.13. 선고 2005도9396 판결).

▶ 형법에 정한 긴급피난의 의미

형법 제22조 제1항의 긴급피난이란 자기 또는 타인의 법익에 대한 현재의 위난을 피하기 위한 상당한 이유 있는 행위를 말하고, 여기서 '상당한 이유 있는 행위'에 해당하려면, 첫째 피난행위는 위난에 처한 법익을 보호하기 위한 유일한 수단이어야 하고, 둘째 피해자에게 가장 경미한 손해를 주는 방법을 택하여야 하며, 셋째 피난행위에 의하여 보전되는 이익은 이로 인하여 침해되는 이익보다 우월해야 하고, 넷째 피난행위는 그 자체가 사회윤리나 법질서 전체의 정신에 비추어 적합한 수단일 것을 요하는 등의 요건을 갖추어야 한다(대법원 2006.4.13. 선고 2005도9396 판결).

나. 피보험자의 질병

상해보험에서는 피보험자의 질병에 대하여는 보상하지 아니한다. 그러나 상해사고로 인하여 후발적으로 또는 그 후유증으로 질병이 발생한 경우, 그 질병에 대하여는 보상한다. 예를 들어, 체육활동 중에 흉곽부위를 다친 후 늑막염을 앓게 되거나, 개에 물린 후 광견병에 걸리는 경우, 녹슨 못을 밟아 상처를 입고 그로 인해 파상풍에 걸리는 경우, 뇌를 심하게 다친 후 간질을 앓게 되는 등의 경우가 그 예이다.

하지만 상해사고와 관련 없이 피보험자가 상해사고 이전부터 가지고 있던 질병에 의한 것이거나 체질적인 요인 등에 의하여 상해가 중하게 된 경우 이에 대하여는 보상하지 않는다. 예를 들어 교통사고 이전부터 천식을 앓아오던 피보험자가 교통사고로 발을 다쳐 치료하던 중 천식으로 인하여 사망한 경우처럼 상해사고와 관련 없는 피보험자의 질병에 의한 경우는 보상하지 않는다(대법원 2005.12.9. 선고 2005다44084 판결).

장기손해보험 표준약관에서는 상해사고가 발생하여 상해를 입은 경우 이미 존재한 신체상해 또는 질병의 영향으로 상해가 중하게 된 경우에는 그 영향이 없었던 때에 상당하는 금액을 결정하여 지급하도록 하였다(장기손해보험 표준약관 제17조 제1항).[23] 우리 대법원에서도 상해보험에서 상해사고 외에 질병 등의 기왕증이 공동 원인이 되어 상해에 영향을 미친 경우에도 상해와 사망 또는 후유장해와의 인과관계가 인정되면 보험약관에 질병의 영향에 따라 상해가 중하게 된 때에 그 영향이 없었을 때에 상당하는 금액을 결정하여 지급하기로 하는 내용이 있는 경우에 한하여 보험금액을 감액할 수 있도록 하였다(대법원 2007.10.11. 선고 2006다42610 판결).

▶ 상해사고 이전의 질병에 의해 사망한 경우의 상해사고 인정여부

교통사고 이전부터 앓아오던 중증의 기관지천식 증세가 있는 상태에서 교통사고를 당하여 오른쪽 발 부위를 수술하고 치료받는 도중에 기관지 천식증세가 발생하여 사망한 것은 교통사고와 상해사이에 상당한 인과관계가 있다고 보기 어려우며, 보험약관상 그 원인의 직접 간접을 묻지 아니하고 교통사고로 인한 상해가 아닌 질병으로 인한 손해는 보상하지 아니한다고 규정되어 있고, 기관지천식이라는 질병을 선행사인으로 한 심폐정지 때문에 사망한 것은 보험약관상 보상하지 않는 질병으로 인한 손해에 해당하므로 보험금 지급책임이 없다(대법원 2005.12.9. 선고 2005다44084 판결).

▶ 상해보험에서 질병의 영향으로 보험금을 감액할 수 있기 위한 요건

상해보험에서 피보험자의 질병 기타 기왕증이 공동 원인이 되어 상해에 영향을 미친 경우에도 사고로 인한 상해와 그 결과인 사망이나 후유장해 사이에 인과관계가 인정되면 보험계약 체결시 약정한 대로 보험금을 지급할 의무가 발생하고, 다만 보험약관에 계약체결 전에 이미 존재한 신체장해, 질병의 영향에 따라 상해가 중하게 된 때에는 그 영향이 없었을 때에 상당하는 금액을 결정하여 지급하기로 하는 내용이 있는 경우에 한하여 그 약관 조항에 따라 피보험자의 체질 또는 소인 등이 보험사고의 발생 또는 확대에 기여하였다는 사유를 들어 보험금을 감액할 수 있다(대법원 2007.10.11. 선고 2006다42610 판결).

다. 피보험자의 심신상실 또는 정신질환

「심신상실」이라 함은 심한 정신적인 기능장해를 일으켜 시비선악을 판별할 수

23) 장기손해보험 표준약관 제17조의 조항은 상해와 피보험자의 질병 등이 결과 발생의 공동원인이 되었다 하더라도 그 결과 전체적으로 보아 상해로 야기되었다고 인정될 경우에는 질병 등이 일부 기여하였다는 점을 이유로 삭감하는 것은 부당하다는 지적이 있어서 질병상해보험 표준약관 제정시에 삭제되었다.

없는 심신의 이상상태를 말한다. 심신상실이 오래 계속되면 뇌질환이라고 하나 여기서는 일시적인 심신상실을 말하며 일시적으로 의식을 잃어 인사불성이나 기절된 상태를 포함하는 것으로 해석해야 한다.

음주만취상태를 심신상실 상태로 볼 수 있느냐에 대하여 우리 법원에서는 0.35%의 음주만취상태를 심신상실의 상태로 보지 않고 있다(부산고등법원 2000.4.12. 선고 99나13164 판결).

▶ 보험약관의 면책조항으로서 심신상실의 의미

보험약관에서 심신상실 및 범죄행위로 인한 손해는 보상하지 아니한다고 규정하고 있으나 심신상실이라 함은 심신장애로 인하여 사물을 변별하거나 의사를 결정할 능력이 없는 경우를 말하는데 망인이 사망당시 혈중알콜농도 0.35%의 술에 취한 상태에 있다는 사정만으로 이와 같은 심신상실의 상태에 있다고 보기 어렵다(부산고등법원 2000.4.12. 선고 99나13164 판결).

라. 피보험자의 사형[24)]

1991년 12월 상법 개정이전에는 법정면책사항으로서 상법 제659조 제2항의 단서조항에서 '사형의 집행으로 인한 사망'을 보상하지 않도록 하였다가 이 조항이 삭제되었다.

상해보험약관에서는 그동안 '피보험자의 형의집행'을 보상하지 아니하도록 제한하였는데, 이 경우 교도소에서의 수감, 이감, 호송, 노역중의 사고를 국가공권력의 집행에 따른 사고로 보상하지 않게 된다. 그러나 2005년 4월 표준약관개정이후 '피보험자의 형의집행'을 '피보험자의 사형'으로 변경함으로서 '피보험자의 사형'을 제외한 나머지 사고는 보상한다.

마. 지진, 분화, 해일 또는 이와 비슷한 천재지변

지진, 분화, 해일 또는 이와 비슷한 천재지변을 면책사유로 둔 것은 거대 집적위험을 배제하기 위한 것이다. 하지만 일부 천재지변은 보험종목별로 특별약관을 부가하여 인수하고 있다.

천재지변에는 지진, 분화, 해일 등의 경우와 동종으로로 한정해석하여야 하므로

24) 면책사유중 하나인 '피보험자의 사형'은 2010년 4월 표준약관 제정시 삭제되었다.

우리나라에서 매년 또는 절기마다 찾아오는 홍수, 장마, 태풍 등은 천재지변으로 취급하지 아니한다.

바. 핵연료물질 또는 방사성 물질에 의한 사고

핵연료물질 또는 핵연료물질에 의하여 오염된 물질의 방사성, 폭발성 또는 그 밖의 유해한 특성에 의한 사고와 방사선을 쬐는 것 또는 방사능 오염핵연료물질 등 이외의 물질에 의한 방사선 조사 또는 방사능 오염은 실제 핵무기에 의한 피해나 체르노빌 원전사고에서 처럼 원자로에서 방사능이 누출된 사고 등을 말하는데, 실제 이러한 사고는 거대 집적위험으로서 보험자의 인수능력을 초과하는 범위의 손해로서 면책으로 하고 있다.

▶ 이상위험을 면책으로 하는 취지

이상위험을 면책으로 하는 취지는 보험사고 발생의 빈도나 그 손해정도를 통계적으로 예측하는 것이 거의 불가능하여 타당한 보험료를 산정하기 어려울 뿐만 아니라 사고발생시에는 사고의 대형화와 손해액의 누적적인 증대로 보험자의 인수능력을 초과할 우려가 있기 때문이다(대법원 1991.11.26 선고 91다18682 판결).

04 상대적 면책사유

일반적인 경우의 위험을 초과하는 위험을 별도로 분리하여, 보험의 일반원칙인 다수의 동질위험을 유지하기 위한 방법으로서 일정정도 이상의 위험한 활동에 대하여 추가적인 할증보험료를 받지 아니한 경우 보상하지 않도록 한 면책사유이다.

약관에서도 '다른 약정이 없으면'피보험자가 ① '직업, 직무 또는 동호회 활동 목적으로'아래 열거된 ②'행위로 인하여'생긴 손해는 보상하지 아니한다.

가. 직업, 직무 또는 동호회 활동 목적으로

면책사유에 대한 해석은 보험계약자 등의 이익을 부당하게 축소시키지 않도록 제한적으로 해석하여야 한다. 아래에 정한 행위 중에 발생한 사고라고 하더라도 '직업, 직무 또는 동호회 활동 목적'이어야 한다. 면책요건에 부합하기 위해서는 직업이나 직무상 활동이 아니더라도 최소한 동호회 활동 목적이어야 하고 전문적이고 반복되는 행위여야 한다. 그러므로 피보험자가 관광목적이거나 일시적으로 행하던 중 발생한 사고는 보상한다.

나. 행위로 인하여[25]

기존 약관에서는 '행위를 하는 동안'발생한 사고를 보상하지 아니하였다. 보험약관에 정한 행위를 하는 동안에 발생한 사고를 보상하지 않을 뿐, 행위를 하기전의 준비단계나 준비운동, 행위를 마치고 난 다음의 사고에 대하여는 보상한다.

그러나 이 조항이 문헌의 해석상 위험한 직업이나 직무에 종사하던 중에 발생한 사고는 해당 위험 직업이나 직무가 보험사고 발생 사이에 인과관계 성립 여부를 따지지 않고 면책되는 문제가 생기게 되었다. 이 경우 해당 보험약관의 면책 범위가 지나치게 확대될 우려가 있어서 직업이나 직무와 보험사고의 발생간에 인과관계가 있는 경우로 제한하게 되었다. 그 결과 기존 약관에서의 "행위를 하는 동안"에서 "행위로 인하여"로 변경되었다.

1) **전문등반**(전문적인 등산용구를 사용하여 암벽 또는 빙벽을 오르내리거나 특수한 기술, 경험, 사전훈련을 필요로 하는 등반을 말합니다), **글라이더 조종, 스카이다이빙, 스쿠버다이빙, 행글라이딩 또는 이와 비슷한 위험한 활동**[26]

여기에 정한 활동, 즉 '위험한 활동'[27]은 특수한 기술이나 경험, 사전훈련을 필요로 하는 정도로서 보통의 사람이 사전준비나 훈련 없이는 할 수 없을 정도의 위험한 활동을 말한다.

이와 비슷한 위험한 활동에는 패러글라이딩, 경비행기운전 등의 경우를 말하고 판례에서는 '해녀'활동을 스쿠버다이빙과 비슷한 위험한 활동으로 보아 면책하도록 하였으나(광주고등법원 2007.8.21. 선고 2007나144 판결), 모터보트를 이용한 수상스키는 앞서 언급한 정도의 위험한 활동으로 보지 않고 있다(서울지방법원 2002.5.16. 선고 2001가합18566 판결).

또한, 보통의 일반인의 경우에도 초보자라고 하더라도 단시간의 교육을 통해 쉽

---

25) 2011년 4월 질병상해보험 표준약관 변경시에 "행위를 하는 동안에"의 부분이 "행위로 인하여"로 변경되었다.

26) 2011년 4월 질병상해보험 표준약관 변경시에 "이와 비슷한 위험한 활동"부분은 약관의 내용이 모호하여 지나치게 확대해석함으로써 발생하는 보험소비자의 피해와 불필요한 분쟁을 방지하기 위해 삭제되었다.

27) 2002년 표준약관의 변경과정에서 '위험한 운동'이 '위험한 활동'으로 변경되었다.

게 습득할 수 있는 정도의 스포츠 활동인 스키, 스노우보드, 일반등반이나 등산, 산악자전거 등의 활동은 약관에 정한 위험한 활동으로 보지 않는 것이 타당하다.

▶ 해녀가 보험약관 면책사유의 "이와 비슷한 위험한 활동"에 포함되는지 여부

일반적으로 해녀는 육지에 인접한 바다에서 산소공급장치 없이 잠수하여 호미, 칼 등을 이용하여 해조류, 어패류 등을 채취하는 여자를 말하므로, 망인이 해녀라는 사실 자체만으로 이 사건 면책약관에 해당하는 사고라고 할 수는 없으나, 위 기초사실에서 인정하는 바와 같은 이 사건 사고의 발생경위, 이사건사고 당시의 조업내용과 그 방법, 선박의 소유관계, 잠수장비의 사용 등에 비추어 이 사건 사고는 선박에 탑승하는 것을 직무로 하는 망인이 직무상 선박에 탑승하고 있는 동안 발생한 사고이거나 망인이 직업상 스쿠버다이빙과 비슷한 위험한 활동을 하던 중에 발생한 사고라고 할 것이므로, 결국 이 사건 사고는 이 사건 면책약관에 해당하는 사고이다(광주고등법원 2007.8.21. 선고 2007나144 판결).

▶ 수상스키가 "이와 비슷한 위험한 활동"에 포함되는지 여부

모터보트를 이용하여 구명조끼를 입고 슬라롬을 나가는 정도의 수상스키는 전문등반, 글라이더 조정 등과 같이 일정기간의 기술습득과정을 거쳐 특수한 기술과 경험을 필요로 하는 것으로 기술 미숙이나 경미한 부주의만으로도 사망이나 이에 준하는 중대한 결과를 초래할 수 있는 정도의 위험을 동반한 전문적인 운동이라고 단정하기 어렵다 할 것이므로 약관에서 정한 면책사유(전문등반, 글라이더 조종, 스카이다이빙, 스쿠버다이빙, 행글라이딩 또는 이와 비슷한 위험한 운동)에 해당하는 위험한 운동으로 볼 수 없다(서울지방법원 2002.5.16. 선고 2001가합18556 판결).

2) 모터보트, 자동차 또는 오토바이에 의한 경기, 시범, 흥행(이를 위한 연습을 포함합니다) **또는 시운전**(다만, 공용도로상에서 시운전을 하는 동안 발생한 상해는 보상하여 드립니다)

이 면책약관은 경기, 시범, 흥행이나 시운전을 전제로 한 모터보트나 자동차 또는 오토바이의 운행을 말한다. 이러한 경기, 시범, 흥행의 경우 보통의 속도보다 과도한 속도를 내거나 높은 성능을 보여주기 위해 비정상적인 방법으로 운행하거나 또는 검증되지 아니한 기기의 시험을 위한 것인 만큼 일반적인 위험을 초과하는 것으로 보아 보상하지 아니한다.

그러나 공용도로상에서의 시운전은 교통법규 등을 준수하여야 하고 과도하거나 비정상적인 운행으로 보기 어려울 뿐 더러, 단지 정상적인 조건하에서의 테스트

정도이므로 통상의 위험을 초과한다고 볼 수 없어 단서조항을 통해 보상하도록 하고 있다.

3) 선박승무원, 어부, 사공, 그 밖에 선박에 탑승하는 것을 직무로 하는 사람이 직무상 선박에 탑승하고 있는 동안

선박에 탑승하는 것을 직무로 하는 경우에는 갑작스런 기상의 악화 등으로 해상의 위험이 일반 육지에서의 위험을 초과할 뿐만 아니라, 선박에 탑승하는 동안에는 선박외부로부터의 위험(파도, 태풍, 해일 등)을 피할 수 있는 방법이 극히 제한되므로 일반적인 위험의 범위를 초과하는 것으로 보아 보상하지 않는다.

'선박에 탑승하는 것을 직무로 하는 사람'의 정의는 선박승무원, 어부, 사공 등의 정도에 비추어 이와 비슷한 정도로 선박 탑승중에 업무수행이 주로 이루어지는 사람을 말하고, 선박회사의 공무감독 등의 경우는 이에 해당하지 않는다(대법원 2005.4.15. 선고 2004다65138, 65145 판결). 또한, 직무상 탑승이 아니고, 단순히 승객으로 탑승한 경우에는 보상한다.

'선박에 탑승하고 있는 동안'의 범위는 실제 선박에 탑승하고 있는 동안을 말함과 아울러 직무상 선박에 탑승하였다가 선착장으로 돌아와 내리던중 발을 헛디뎌 바다에 빠져 사망한 사고에서와 같이 승선과 하선의 과정도 포함된다(서울고등법원 2002.6.14. 선고 2001나42006 판결).

▶ 선박회사의 공무감독이 선박을 탑승하는 것을 직무로 하는 사람인지 여부

보험약관이 '보상하지 아니하는 손해'로 '선박승무원, 어부, 사공 그 밖에 선박에 탑승하는 것을 직무로 하는 사람이 직무상 선박에 탑승하고 있는 동안 발생된 손해'를 규정한 경우, 선박회사의 공무감독은 '그 밖에 선박에 탑승하는 것을 직무로 하는 사람'에 해당하지 않는다(대법원 2005.4.15. 선고 2004다65138, 5145 판결).

▶ 선박에서 하선하던중 바다에 빠진 사고가 선박탑승중 사고인지 여부

수협조합원인 피보험자가 김 양식업을 하였으므로 그의 직업은 어업이고, 사고당시에도 김 양식업과 관련된 부수적인 매생이 채취를 위하여 직무상 선박에 탑승하였다가 선착장으로 돌아와 내리던 중 발을 헛디뎌 바다에 빠져 사망한 것은 면책약관에서 정한 직무상 선박에 탑승하던 중 사고에 해당한다(서울고등법원 2002.6.14.선고, 2001나42006 판결).

1-3 상해사망

01 사망의 의미

가. 사망

사람의 모든 권리와 의무는 출생하여 사망하는 사이의'살아있는 동안'에만 그 효과가 있으므로 사망과 연관된 법률규정은 많으나, 정확히 무엇이 사망인가에 대한 개념의 정의와 언제부터 사망으로 볼 것인가에 대한 법률상의 언급은 없다.

언제부터를 출생한 것으로 보아 권리능력을 취득하는 지에 대한 시기(始期)에 대하여는 ① 진통설, ② 일부노출설, ③ 전부노출설, ④ 독립호흡설 등의 학설의 대립이 있으나, 이는 출생으로 인하여 모체로부터 완전히 분리되면서 출산이 완료되므로 출생완료의 시기를 명확히 할 수 있다.

하지만 사망의 경우에는 ① 호흡의 정지, ② 심장박동의 정지, ③ 뇌기능의 상실, ④ 폐기능의 상실, ⑤ 세포의 파괴 등이 상당한 시간적 간격을 두고 이루어지고, 회복가능성은 없더라도 최소한 다른 일부 신체부위의 기능이 정상적으로 작동되는 한 명확한 사망의 시기를 정의할 수 없다. 다만, 의학적으로 호흡과 혈액순환의 정지 및 동공산대에 의하여 사망을 판단하는 임상사(臨床死)를 인정하는 것이 보통이다.

뇌사는 뇌간을 포함한 전반적인 뇌 기능이 완전히 정지된 상태로 회복이 불가능한 상태를 말한다. 이 상태에서는 인공적으로 호흡을 유지시켜주기만 하면 완전히 사망에 이르지는 아니하므로 사망으로 단정 지을 수는 없으나, 일정요건을 갖출 경우 장기기증이 가능하다. 그러나 식물인간상태는 뇌손상이 있지만 호흡기능은 유지되고 자발적으로 눈을 뜰 수 있어 뇌사의 경우처럼 장기의 적출 등은 법으로 금지하고 있다.

사망에 대한 어떤 입장을 취하더라도 현재는 법률적이고 의학적인 문제일 뿐 보험금의 청구와 관련해서는 선행적으로 가족관계등록부에 사망으로 기재되어 있어야 하므로 문제되지 않는다.

나. 사망의 추정

피보험자가 탑승한 항공기나 선박이 원인을 알 수 없는 상태에서 행방불명이 되거나 혹은 조난을 당하여 상당기간이 경과하여도 발견되지 않는 경우, 보험회사와 피보험자측 쌍방에 대하여 불안정한 상황이 지연되는 것을 방지하고자 법률상의 추정에 의하여 사망을 추정하는 것이다. 이는 추정이므로 반증에 의해 추정을 전복시킬 수 있다.

1) **일반실종**(민법 제27조 제1항)

피보험자의 생사가 5년간 분명하지 아니한 경우, 이해관계인이나 검사의 청구에 의해 법원은 실종선고를 한다. 이 경우 사망한 것으로 추정되는 것일 뿐 어떤 사고나 질병에 의한 것인지는 알 수 없으므로 상해보험에서는 상해사망보험금의 지급이 불가능하지만, 생명보험에서는 일반사망으로 하여 일반사망보험금의 지급이 가능하다.

2) **특별실종**(민법 제27조 제2항)

전쟁에 참가한 자, 침몰한 선박에 탑승해 있던 자, 추락한 항공기에 탑승해 있던 자, 기타 위난을 당한 자의 생사가 해당 위난상태가 종료된 후 1년이 경과된 후에도 생사를 확인할 수 없는 경우에 사망으로 추정한다.

전쟁에 참가하여 실종된 자의 경우에는 전쟁위험으로 인한 사고이므로 상해보험에서 보상하지 아니하나 생명보험에서는 재해사고로 보상한다. 선박이나 항공기에 탑승중 추락이나 침몰로 인하여 실종선고가 되면 해당 사고일을 기준으로 상해보험의 상해와 생명보험의 재해에 해당되어 보험금을 지급한다.

3) **인정사망**(가족관계등록등에관한법률 제87조)

수해, 화재 및 그 밖의 재난으로 인하여 사망이 거의 확실하나 시신을 확인할 수 없는 경우, 실종선고의 절차를 밟는 것이 대단히 번잡하고 불편하므로, 관공서에서 사망의 개연성이 높다는 것을 근거로 사망자의 읍면동의 장에게 통보함으로써 사망으로 인정하는 것을 말한다. 이로서 관공서의 보고에 의하여 시신의 확인 없이 사망한 것으로 추정된다.

02 질병상해보험 표준약관상 상해사망

질병상해보험 표준약관 제15조 (보험금의 종류 및 지급사유)

회사는 피보험자에게 다음 사항 중 어느 한 가지의 경우에 해당되는 사유가 발생한 때에는 보험수익자에게 약정한 보험금을 지급합니다.

1. 보험기간 중에 상해(보험기간 중에 발생한 급격하고도 우연한 외래의 사고로 신체

(의수, 의족, 의안, 의치 등 신체보조장구는 제외하나, 인공장기나 부분의치 등 신체에 이식되어 그 기능을 대신할 경우는 포함합니다)에 입은 상해를 말하며, 이하 "상해"라 합니다)의 직접결과로써 사망한 경우(질병으로 인한 사망은 제외합니다) : 사망보험금

가. 상해사고의 발생

상해사망보험금 지급을 위해서는 앞서 언급한 급격하고도 우연한 외래의 사고로 상해를 입은 사고가 발생하여야 한다.

나. 그 직접결과로써

상해사고의 발생과 사망사이의 인과관계에 있어서 직접적인 결과로서의 사망을 의미한다. 우리 법원에서도 '상해의 직접 결과로 사망하였을 때'의 의미를 '의학적·자연과학적 인과관계가 아니라 사회적·법적 인과관계이고, 그 인과관계는 반드시 의학적·자연과학적으로 명백히 입증되어야 하는 것은 아닌 것'으로 보고 상당인과관계가 있을 경우 이를 인정하고 있다(대법원 2002.10.11. 선고 2002다564 판결).

기존 장기손해보험 표준약관에서는 보험사고가 발생한 후 일정기간 내에 사망한 경우에 한하여 사망보험금을 지급하도록 했으나 질병상해보험 표준약관 제정시 해당 기간 조항은 삭제되었다.

'사고일로부터 1년[28]'또는'사고일로부터 2년'등과 같이 기간을 한정한 것은 보험자로 하여금 보험사업 경영상의 안정을 꾀하고, 기간의 제한이 없을 경우 보험사고와 사망과의 상당인과관계의 입증에 따르는 분쟁을 방지하기 위함이고, 이기간은 불가쟁기간이다. 따라서 보험사고가 발생하고 1년(약관에 따라 2년인 경우도 있음)이 경과한 후에 사망한 경우에는 상해사고에 따른 사망임이 명백하더라도 사망보험금을 지급하지 아니한다.

사고일로부터 180일 이내에 사망하였을 경우에만 사망보험금을 지급하도록한 상해보험 약관은 상법 제663조(보험계약자등의 불이익 변경금지)에 비추어 보더라도 보험계약자에게 부당하게 불리하지 않다(인천지법 부천지원 2004.10.15. 선고 2004나3994 판결).

28) 2000년 4월 1일 이후부터'사고일로부터 180일 이내에'에서'사고일로부터 1년 이내에'로 변경되었으며, 2010년 4월 질병상해보험 표준약관 제정시 '1년 이내'의 기간은 삭제되었고 "직접결과로"사망하였음이 확인되면 보험금 지급이 가능하다.

▶ 상해의 직접결과로 사망하였을 때의 의미

민사분쟁에 있어서의 인과관계는 의학적˙자연과학적 인과관계가 아니라 사회적˙법적 인과관계이고, 그 인과관계는 반드시 의학적˙자연과학적으로 명백히 입증되어야 하는 것은 아닌바, 보험약관상의 '상해의 직접 결과로 사망하였을 때'의 의미도 이와 같은 견지에서 이해되어야 한다(대법원 2002.10.11. 선고 2002다564 판결).

▶ 수차례 수술 후 심근경색으로 사망한 경우에 상해사망으로 볼 수 있는지 여부

좌측 대퇴부에 산탄총알을 맞아 심한 연부조직 결손과 출혈 등의 증상이 있었고 사고 발생일로부터 20일 사이에 응급수술과 두 차례의 수술을 받았으며 마지막 수술일로부터 5일 만에 심근경색으로 갑자기 사망한 경우, 위 사고로 인한 상해의 직접 결과로 사망한 것으로 볼 수 있다(대법원 2000.3.28. 선고 99다67147 판결).

▶ 사고일로부터 180일 안에 사망한 경우만 지급하는 보험약관의 효력

사고일로부터 180일 안에 사망하였을 경우에만 사망보험금을 지급한다는 상해보험약관의 의미와 관련하여 상해보험계약은 피보험자가 입게 되는 모든 손해를 보상하는 것이 아니고 약관상의 보험금지급기준에 의한 지급사유와 금액을 한도로 보험금을 지급하는 것이므로 위 약관조항은 사망보험금의 지급요건에 일정한 제한을 둔 것이라고 봄이 상당하고 그 문언과 규정형식으로 보더라도 위 약관조항이 고객에게 부당하게 불리하다거나 그 내용이 불명확하다고 보기 어렵다(인천지법부천지원 2004.10.15. 선고, 2004나3994판결).

다. 보험수익자

피보험자가 보험사고로 사망하면 그 수익자에게 사망보험금을 지급한다. 이때 보험계약에 의하여 지정된 수익자가 미성년자이거나 법정상속인이 아닌 제3자일 경우에도 영향을 받지 아니하고 해당 수익자에게 지급한다.

만약, 수익자가 지정되어 있지 않은 경우나 수익자의 지정을 법정상속인으로 한 경우에도 법정상속인이 수익자가 된다. 이때 지급하는 보험금은 각 법정상속인의 지분에 의하여 분할 지급할 수 도 있고, 각 법정상속인이 대표상속인을 선정하여 위임을 통해 지급할 수도 있다.

피보험자의 사망으로 인한 보험금은 상속인 또는 보험수익자가 보험금 청구권을 당초부터 원시취득한다고 보는 것이 판례와 통설의 입장으로서 보험금은 상속재산이 아니므로 상속인이 상속포기나 한정승인을 한 경우에도 보험회사는 그 상속인에게 보험금을 지급해야 한다(대법원 2004.7.9. 선고 2003다29463 판결).

▶ 상해보험사고로 지급되는 사망보험금의 법적 성격

보험계약자가 피보험자의 상속인을 보험수익자로 하여 맺은 생명보험계약에 있어서 피보험자의 상속인은 피보험자의 사망이라는 보험사고가 발생한 때에는 보험수익자의 지위에서 보험자에 대하여 보험금 지급을 청구할 수 있고, 이 권리는 보험계약의 효력으로 당연히 생기는 것으로서 상속재산이 아니라 상속인의 고유재산이라고 할 것인데, 이는 상해의 결과로 사망한 때에 사망보험금이 지급되는 상해보험에 있어서 피보험자의 상속인을 보험수익자로 미리 지정해 놓은 경우는 물론, 생명보험의 보험계약자가 보험수익자의 지정권을 행사하기 전에 보험사고가 발생하여 상법 제733조에 의하여 피보험자의 상속인이 보험수익자가 되는 경우에도 마찬가지라고 보아야 한다(대법원 2004.7.9. 선고 2003다29463 판결).

라. 사망의 추정과 보험금의 회수

피보험자가 탑승한 항공기나 선박이 조난 또는 행방불명되어 생사가 불분명한 경우에 정부기관이 피보험자의 사망을 인정하여 관공서의 사망보고에 따라 가족관계 등록에 사망이 기재된 경우에 보험금을 지급하되, 사망보험금을 지급한 후에 피보험자의 생존이 확인된 경우에는 지급된 보험금을 회수한다.

마. 사망보험금의 감액[29)]

사망보험금은 정액 형태로 지정되어 있는 것이 일반적이지만 보험약관에 계약체결 전에 이미 존재한 신체장해 또는 질병의 영향으로 상해가 중하게 된 때에 보험자가 그 영향이 없었을 때에 상당하는 금액을 결정하여 지급하기로 한 약관이 있을 경우 감액하여 지급하는 것이 가능하다.

29) 장기손해보험 표준약관 제17조(다른 신체상해 또는 질병의 영향)의 기왕증 감액조항은 상해와 질병 등이 결과 발생의 공동원인이 되었다 하더라도 그 결과가 전체적으로 보아 상해로 야기되었다고 인정될 경우에는 상해보험사고에 해당하며, 질병 등이 일부 기여하였다는 이유로 삭감지급하는 것은 부당하다는 의견(이현열, 금융감독원)에 따라 해당 약관조항은 질병상해보험 표준약관 제정시에 삭제되었다. 하지만 손해보험의 성질상 당해 상해로 인한 손해만을 보상해야 하므로 해당 약관조항은 계속 존치시켜야 하며, 기존 논의를 수렴하는 차원에서 독일 상해보험약관에서처럼 기왕증으로 인한 손해가 전체 손해의 25% 미만인 경우에는 보험금 감액조항을 적용하지 않는 방안을 제시하는 의견(장경환, 경희대학교)도 있다.

해당 보험약관은 보험사고인 상해가 발생하였더라도 보험사고 외의 원인이 부가됨에 따라 본래의 보험사고에 상당하는 상해이상으로 그 정도가 증가한 경우 보험사고외의 원인에 의하여 생긴 부분을 공제하려는 취지이므로 이러한 약관이 약정되어 있는 경우에는 사망보험금이라고 하더라도 이미 존재한 신체장해나 질병의 영향에 대한 부분을 감액할 수 있다(대법원 2002.10.11. 선고 2002다564 판결).

▶ 사망보험금에서 기왕증 공제의 타당성

상해보험의 보통약관에 "피보험자가 약관 소정의 상해를 입고 이미 존재한 신체장해 또는 질병의 영향으로 약관 소정의 상해가 중하게 된 경우 보험자는 그 영향이 없었던 때에 상당하는 금액을 결정하여 지급한다."고 규정되어 있는 경우, 그 취지는 보험사고인 상해가 발생하였더라도 보험사고 외의 원인이 부가됨에 따라 본래의 보험사고에 상당하는 상해 이상으로 그 정도가 증가한 경우 보험사고 외의 원인에 의하여 생긴 부분을 공제하려는 것이고, 따라서 여기의 '약관 소정의 상해가 이미 존재한 신체장해 또는 질병의 영향으로 중하게 된 경우'에서 '중하게 된 경우'에는 피보험자가 사망에 이른 경우가 포함되지 않는다고 볼 수 없다(대법원 2002.10.11. 선고 2002다564 판결).

03 사망진단서(시체검안서)의 이해

가. 사망진단서와 시체검안서

사망진단서나 시체검안서는 개인의 사망을 증명하거나 사망원인의 통계자료를 통해 보건정책 수립을 위한 기초자료로서 사용된다. 사망진단서와 시체검안서는 의료법 시행규칙 제10조의 별지 제6호 서식을 사용하여 기재해야 한다. 원칙적으로 사망진단서는 환자를 진료한 의사가 자신이 알고 있는 질병 때문에 사망한 경우에 작성한 것이고, 시체검안서는 의사가 사망원인을 알 수 없거나 또는 사망의 원인은 알고 있을지라도 외인사로서 의학외적 요인에 의해 사망한 경우에 작성하는 증명서이다.

이러한 사망진단서(시체검안서)는 환자를 직접 진찰하거나 검안한 의사가 아니면 진단서를 작성할 수 없다. 그러나 진료중이던 환자가 최종진료시부터 48시간 이내에 사망한 경우에는 다시 진료하지 않더라도 진단서를 발급할 수 있으며, 환자 또는 사망자를 직접 진찰하거나 검안한 의사가 부득이한 사유로 진단서를 발급할 수 없으면 같은 의료기관에 종사하는 다른 의사가 환자의 진료기록부 등에 따라 발급할 수 있다(의료법 제17조 제1항).

의사(치과의사, 한의사 포함)는 자신이 진찰하거나 검안한 자에 대한 진단서나 검안서의 교부를 요구받은 때에는 정당한 사유 없이 거부하지 못한다(의료법 제17조 제3항).

사망진단서인지 또는 시체검안서인지의 구분은 해당 없는 부분을 두 줄로 지우는 것으로 구별한다.

나. 사망자의 인적사항

사망자의 성명, 성별, 주민등록번호, 실제 생년월일, 직업, 본적, 주소 등은 사망한 사람을 확인하는 것이므로 실제 확인된 사항을 기재하여야 한다. 그러나 변사체와 같이 달리 확인할 수 없는 경우 등에는 "불상" 또는 "알 수 없음"등으로 기재한다.

다. 발병일시와 사망일시

"발병일시"는 사망에 이르게 된 원인이 된 질병의 발병시기를 기재하되 불명확할 경우 환자나 유족의 진술에 의할 수 있다. "사망일시"는 상속이나 보험사고에 있어서 대단히 중요한 문제이므로 의사가 확인한 정확한 일시를 기재한다.

라. 사망장소

실제 사망이 이루어진 장소를 기재하여야 한다. 예를 들어, 사고발생은 고속도로상에서 발생하였고, 병원으로 이송된 후 사망하였다면 사망장소는 환자를 치료한 병원이 된다.

마. 사망의 종류

사망의 종류는 병사, 외인사(교통사고, 불의의 중독, 추락, 익사, 자살, 타살, 기타사고사), 기타 및 불상으로 구분되어 있으나, 사망의 종류는 한 가지만 선택하여야 하며, 사망의 종류를 결정할 때는 질병보다는 손상이 우선한다. 여러 가지 사망원인 중 하나를 선택할 때에는 원칙적으로 선행사인에 따라 결정한다.[30)]

바. 사망의 원인

세계보건기구에서 정의한 바에 따르면, 사망진단서에 기재하는 사망의 원인, 즉

30) 대한의사협회, 「의료법원론」, 법문사, 2008, p.86.

사인(死因)은 결국 사망의 결과를 초래하였거나 또는 사망에 관여한 모든 ① 질병(diseases), ② 병적상태(morbid conditions), ③ 손상(injuries), 그리고 ④ 손상을 일으킨 사고나 폭력의 상황을 말한다고 한다.[31]

① 직접 사인(直接死因) : 생명의 유지를 직접적으로 불가능하게 한 원인을 말한다.

② 중간선행사인(intervening cause) : 직접사인과 원인적 또는 병리학적으로 연관있는 것으로서 시간적으로 앞서 야기된 질병이나 또는 합병증과 같은 것이 여기에 해당된다.

③ 선행사인(originating antecedent cause, originating cause) : 직접사인 또는 중간선행사인을 일으킨 질병이나 상해가 해당되며, 반드시 직접사인 또는 중간선행사인과 하나의 과정으로서 인과관계가 성립하여야 한다.

④ 원사인(Underlying cause of death)[32] : 직접적으로 사망에 이르게 한 일련의 사건들을 야기한 질병 또는 손상이나 치명상을 일으킨 사고나 폭력상황을 말한다.[33]

⑤ 사망에 영향을 미쳤으나 사망을 야기한 질병 또는 병태와는 직접적인 관련이 없는 기타 중요한 병태 : 치명적 결과에 이르게 한 기타 중요한 모든 병태를 위한 것으로 이는 사망의 원인이 된 질환이나 병태와 직접적 관련이 없다.

사. 외인사의 추가사항

외인사인 경우에 기재하는 곳으로서 상해와 같은 외인이 신체에 작용한 시간과 방법, 장소를 기재하여야 하며 근무 중인지 여부를 기재토록 하고 있는데 이는 공무원의 순직이나 산재보험 처리와 관련이 있다.

아. 발급인의 자격

발급인의 자격은 의사의 자격을 가진 자이면 족하고, 최근에는 진찰한 의사와 진단서를 교부한 의사를 구분하여 기재토록 하고 있으나 진찰(검안)한 의사가 사망진단서를 교부할 경우에는 하나만 기재해도 무방하다.

---

31) 대한의사협회, 전게서. p.86.
32) 1990년 제43차 세계보건총회에서 진단서에 '원사인(underlying cause of death)'을 추가할 것을 권고하여, 이후 이 서식을 활용하고 있다.
33) 통계청, 「한국표준질병사인분류, 제2권 지침서」, 2007년 12월, p.38.

사망진단서(시체검안서)

※ [ ]에는 해당되는 곳에 "✔" 표시를 합니다.

병록번호		연 번 호		원본 대조필인	
① 성　　명				② 성 별	[ ]남[ ]여
③주민등록번호	-	④실제생년월일	년 월 일	⑤ 직 업	
⑥ 등록기준지					
⑦ 주　　소					
⑧ 발 병 일 시	년　월　일　시　분(24시각제에 따름)				
⑨ 사 망 일 시	년　월　일　시　분(24시각제에 따름)				

⑩ 사망장소		
	주소	
	장소	[ ] 주택　[ ]의료기관　[ ] 사회복지시설(양로원, 고아원 등) [ ] 공공시설(학교, 운동장 등)　[ ] 도로 [ ] 상업·서비스시설(상점, 호텔 등)　[ ] 산업장 [ ] 농장(논밭, 축사, 양식장 등)　[ ] 병원 이송중 사망 [ ] 기타(　)

⑪ 사망의원인 ※(나)(다)(라)에는 (가)와 직접 의학적 인과관계가 명확한 것만을 적습니다				발병부터 사망까지의 기간	
	(가)	직접사인			
	(나)	(가)의 원인			
	(다)	(나)의 원인			
	(라)	(다)의 원인			
	(가)부터 (라)까지와 관계없는 그 밖의 신체상황				
	수술의사의 주요소견			수술 연월일	년 월 일
	해부의사의 주요소견				

⑫ 사망의 종류	[ ]병사　[ ]외인사　[ ]기타 및 불상

⑬ 외인사 사항				
	사고 종류	[ ] 운수(교통)　[ ] 중독 [ ] 추락　[ ] 익사 [ ] 화재　[ ] 기타(　)	의도성 여 부	[ ] 비의도적 사고　[ ] 자살 [ ] 타살　[ ] 미상
	사고발생 일시	년　월　일　시　분(24시각제에 따름)		
	사고발생 장소	주소		
		장소	[ ] 주택　[ ]의료기관　[ ] 사회복지시설(양로원, 고아원 등) [ ] 공공시설(학교, 운동장 등)　[ ] 도로 [ ] 상업·서비스시설(상점, 호텔 등)　[ ] 산업장 [ ] 농장(논밭, 축사, 양식장 등)　[ ] 기타(　)	

위와 같이 진단(검안)함

년　　월　　일

의료기관 명칭 :

주소 :

의사, 치과의사, 한의사 면허번호　제　　　호

성 명:　　　　　　(서명 또는 인)

유 의 사 항

사망신고는 1개월 이내에 관할 구청·시청·읍·면·동사무소에 신고하여야 하며, 지연신고 및 미신고시 과태료가 부과됩니다.

1-4 상해 후유장해

01 후유장해분류표의 개정

2003년 8월 보험업법의 개정으로 등장한 제3보험의 도입이후 상해보험과 질병보험 그리고 간병보험을 손생보사가 모두 영위할 수 있게 되면서부터 그동안 손해보험사와 생명보험사가 각각의 기준으로 평가하던 장해분류표를 통합하기로 하였다. 이는 동일한 피보험자의 장해에 대하여도 손해보험사와 생명보험사가 각기 다른 기준을 적용하면서 발생하는 보험계약자의 불편과 추가적인 비용의 발생을 해소하고자 시도되었다.

이로 인해 2005년 4월 1일부터 손해보험사와 생명보험사가 동일한 기준을 가진 후유장해분류표의 적용을 받게 되었다. 손생보사간 후유장해분류기준의 통합에 목적을 두되 합리적인 방향으로 개선될 수 있도록 6등급 71개 항목을 13개 신체부위 87개 항목으로 세분화하여 보장범위를 확대하도록 하였다. 또한 보험소비자로서의 보험계약자측의 권익보호를 위해 쉬운 용어의 사용을 권장한 것 또한 특기할 만한 일이다.

또한 숱한 분쟁과 소송 속에서 논란이 되어 왔던 '한시장해'에 대하여도 그 기간이 5년 이상인 경우 해당 장해지급률의 20%를 지급하도록 명시하였다.

변경된 후유장해분류표의 적용은 2005년 4월 1일 이후 판매된 상품에 적용하며 기존에 판매되었던 상품에 소급하여 적용하지 아니한다.

여기에서는 후유장해 진단에 따르는 세부적인 의학적인 지식은 논의의 수준을 달리하므로 배제하고, 1998년 7월 1일을 기점으로 변경된 손해보험의 후유장해산정기준과 이번 2005년 4월 변경된 기준에 대하여 차이점과 유의해야할 점을 중심으로 보고자 한다.

02 질병상해보험 표준약관의 후유장해

질병상해보험 표준약관 제15조(보험금의 종류 및 지급사유)

회사는 피보험자에게 다음 사항 중 어느 한 가지의 경우에 해당하는 사유가 발생한 때에는 보험수익자에게 약정한 보험금을 지급합니다.

2. 보험기간 중 진단확정된 질병 또는 상해로 장해분류표(〈부표 9〉 참조. 이하 같습니다)에서 정한 각 장해지급률에 해당하는 장해상태가 되었을 때 : 후유장해보험금(장해분류표에서 정한 지급률을 보험가입금액에 곱하여 산출한 금액)

가. 장해분류표에 정한 장해의 정의

장해분류표에 정한「장해」라 함은 상해 또는 질병에 대하여 치유된 후 신체에 남아있는 영구적인 정신 또는 육체의 훼손상태를 말한다. 다만, 질병과 부상의 주증상과 합병증상 및 이에 대한 치료를 받는 과정에서 일시적으로 나타나는 증상은 장해에 포함되지 않는다.

「영구적」이라 함은 원칙적으로 치유시 장래 회복의 가망이 없는 상태로서 정신적 또는 육체적 훼손상태임이 의학적으로 인정되는 경우를 말한다. 따라서 한시적으로 나타나는 기능장해는 후유장해에 대해서는 보상하지 않는다(전주지방법원 2002.4.19. 선고 99가단31805 판결). 다만, 치료종결 후 한시적으로 나타나는 장해가 5년 이상인 경우 해당 장해지급률의 20%를 지급한다.

「치유된 후」라 함은 상해 또는 질병에 대한 치료의 효과를 기대할 수 없게 되고 또한 그 증상이 고정된 상태를 말한다. 즉 의학상 일반적으로 승인된 방법으로 치료하였으나 그 이상의 치료효과를 기대할 수 없는 상태에 이르면 치료는 종결되며 그 때 남는 증상이 자연적 경과로 인하여 도달된다고 생각되는 최종의 상태를 증상이 고정된 상태[34]라고 한다.

▶ 영구장해만 보상한다는 약관규정의 유효성

보험제도는 공동의 위험에 직면한 다수의 경제주체가 그 공동의 위험에 대비하기 위하여 단체를 구성하고 각자의 위험에 상응하는 보험료를 갹출 적립하여 구성원 중 위험이 현실화하여 손해가 발생한 사람에게 공동비축금중 일부를 보험으로써 보상하여 줌으로써 대수의 법칙에 따라 위험을 종합 평균하여 분산화를 꾀하는 제도로서, 보험금의 궁극적인 재원은 다수의 선량한 보험계약자가 납입한 보험료로서 이루어지는 것이므로 영구적인 후유장해에 대해서만 보험금을 지급한다는 이 사건에 있어서의 보험료와 보험금 또한 위와 같은 사정에서 보험자가 인수하는 위험에 상당하는 수액으로 산출된 것이니 이를 가리켜 불공정한 계약이라 할 수 없다(전주지방법원 2002.4.19. 선고 99가단31805 판결).

34) 김달수, "신체장해의 평가방법", 대한신경외과학회지, 제22권 제11호 1993, p.1201.

나. 한시장해

질병상해보험 표준약관 제16조(보험금 지급에 관한 세부규정)

② 제15조(보험금의 종류 및 지급사유) 제2호에도 불구하고 영구히 고정된 증상은 아니지만 치료종결 후 한시적으로 나타나는 장해에 대하여는 그 기간이 5년 이상인 때에는 해당 장해지급률의 20%를 보험가입금액에 곱하여 산출한 금액을 지급합니다.

영구히 고정된 증상은 아니지만 치료종결 후 한시적으로 나타나는 장해에 대하여는 그 기간이 5년 이상인 경우 해당 장해지급률의 20%를 보험가입금액에 곱하여 산출한 금액을 지급한다. 따라서 5년 미만의 한시장해에 대하여는 보상하지 않는다.

최초에는 한시장해로 진단을 받았다가 이후 영구장해로 진단을 받으면 영구장해로 인정한다. 그러나 이 경우 한시장해였던 상태가 영구장해로 인정될만한 상당한 사유가 인정되어야 한다.

다. 장해의 평가시기

질병상해보험 표준약관 제16조(보험금 지급에 관한 세부규정)

③ 제15조(보험금의 종류 및 지급사유) 제2호에서 장해지급률이 상해 발생일 또는 질병의 진단확정일부터 180일 이내에 확정되지 아니하는 경우에는 상해 발생일 또는 질병의 진단확정일부터 180일이 되는 날의 의사진단에 기초하여 고정될 것으로 인정되는 상태를 장해지급률로 결정합니다. 다만, 장해지급률이 결정된 이후 보장을 받을 수 있는 기간(계약의 효력이 없어진 경우에는 보험기간이 10년 이상인 계약은 상해 발생일 또는 질병의 진단확정일부터 2년 이내로 하고, 보험기간이 10년 미만인 계약은 상해 발생일 또는 질병의 진단확정일부터 1년)중에 장해상태가 더 악화되는 경우에는 그 악화된 장해상태를 기준으로 장해지급률을 결정하되 장해분류표에 장해판정시기가 별도로 정해진 경우에는 그에 따릅니다.

1) 상해 발생일 또는 질병의 진단확정일부터 180일[35)]

장해의 평가는 상해 발생일 또는 질병의 진단확정일[36)]부터 180일이 되는 날에

35) 2010년 4월 이전의 장기손해보험 표준약관에서는 '상해가 치유된 후 직접결과로써 사고일부터 1년 이내에 신체의 일부를 잃었거나 또는 그 기능이 영구히 상실된 경우'로 장해판정시기를 두고 있었다.

36) 기존의 생명보험 표준약관에는 재해로 인한 장해는 재해발생일부터 180일이 되는 날에 판

장해를 판정한다. 하지만 상해 발생일 또는 질병의 진단확정일부터 180일이 경과하도록 확정되지 아니한 경우에는 상해 발생일 또는 질병의 진단확정일부터 180일이 되는 날[37]의 의사진단에 기초하여 고정될 것으로 인정되는 상태[38]를 장해지급률로 결정한다.

'상해 발생일 또는 질병의 진단확정일부터 180일이 되는 날의 의사의 진단에 기초하여 고정될 것으로 인정되는 상태'에 대한 명확한 정의나 판례는 아직 없다. 다만, 치료가 지속되고 있어 호전여부를 알 수 없는 환자이거나, 환자에 따라 부작용 등에 의해 치료경과가 상이하게 나타날 수도 있고, 각각의 신체부위별로 치료에 소요되는 최소한의 치료기간이 경과하여야만 장해발생여부나 영구 또는 한시장해 여부를 판별할 수 있는 경우에는 합리적인 장해판정 예상시점을 두어 그 시점에 평가하도록 하고 있다.

따라서 상해 발생일 또는 질병의 진단확정일부터 180일이 되는 날의 의사의 진단에 의하여 환자가 향후 상당기간의 치료에도 불구하고 그 치료가 재활치료나 보존적 치료에 불과하여 호전될 가능성이 없다는 소견이 있는 경우에 한하여 제한적으로 '고정될 것으로 인정되는 상태'에 대하여 후유장해 진단을 내릴 수 있다고 보는 것이 타당하다.

2) 보험기간중 악화된 장해의 평가

후유장해보험금은 보험기간중에 발생한 사고로 상해를 입고 장해를 입은 경우에 지급하는 것으로서, 보험기간내에 사고가 발생하였고 보험기간이 종료된 후에 장해 판정을 받았다고 하더라도 이에 대해서 보험사는 보상책임을 부담한다.[39]

보험기간이 시작되기 전이나 보험기간이 종료된 이후에 보험사고가 발생하였고, 이로 인해 후유장해가 생겼다면 이에 대해서는 보상하지 아니한다. 즉 후유장해진단 시점이 보험기간 이내일 것을 요구하는 것이 아니고 보험사고의 발생이 보험기간 이내일 것을 요구한다.

보험기간이 시작되기 이미 6개월 전에 발달장애에 대하여 임상적 진단을 받고 보험에 가입한 후 상당기간 치료 후에 장해진단을 받은 경우는 보험사고의 발생이

정 받을 수 있도록 하였으나, 질병으로 인한 장해는 판정시점이 별도로 없어서 2010년 4월 질병상해보험 표준약관 제정시에 질병의 판정시기를 신설하였다.

37) 1998년 7월 1일 이전 약관에서는 '사고일로부터 180일이 되는 날의 전날'로 하고 있었다.

38) 후유장해산정기준에서는 "의사의 진단에 따라 후유장해 판정시기를 결정하며, 그에 따라 후유장해를 결정한다"고 하고 있다.

39) 금융감독원 금융감독정보, 제2005-42호 2005년 10월, 보험기간이 종료된 이후라 할지라도 사고일로부터 2년 이내에 사망하거나 후유장해가 확정된 경우에 보상토록하고 있다.

보험에 가입하기 전이므로 보상하지 아니한다(서울고등법원 2006.8.17. 선고 2006나3143 판결).

이와는 별개로 보험기간중에 또는 보험계약의 효력이 없어진 경우 보험기간이 10년 이상인 계약은 상해 발생일 또는 질병의 진단확정일부터 2년 이내에, 보험기간이 10년 미만인 계약은 상해 발생일 또는 질병의 진단확정일부터 1년 이내에 장해상태가 악화되었을 때에는 그 악화된 장해상태를 기준으로 장해지급률을 결정한다.

장해분류표상 장해판정시기가 별도로 정해진 경우에는 그 기간에 따라 후유장해지급율을 결정한다. 예를 들어, 정신행동의 장해에 대하여는 일반적으로 상해를 입은 후 24개월이 경과한 후에 판정함을 원칙으로 하지만, 상해를 입은 후 의식상실이 1개월 이상 지속된 경우에는 수상 후 18개월이 경과한 후에 판정할 수 있다.

▶ 보험기간중 장해상태가 되었을 때의 의미

약관에 보험금 지급사유로 '피보험자가 보험기간 중 장해상태가 되었을 때'를 들고 있는데, 그 보험사고 발생시기는 객관적으로 피보험자에게 보험금 지급사유에 해당하는 장해가 발생된 시점이고, 반드시 피보험자가 의사로부터 장해가 발생하였다는 것을 최종적으로 판정을 받았을 것을 요하는 것은 아니라 할 것이며, 또한 보험기간 중에 보험사고가 발생한 것으로 족하다(서울고등법원 2006.8.17. 선고 2006나3143 판결).

▶ 보험기간 종료 후 악화된 장해를 인정한 판례

보험기간중에 장해상태가 더 악화되는 경우에는 그 악화된 장해상태를 기준으로 후유장해 등급을 결정하여 보험금을 지급하기로 규정하고 있으므로 보험기간이 종료된 후 악화되어 확대 발생된 후유장해에 대하여는 보험금을 지급할 의무가 없다할 것이나, 우측 다리가 절단되었다가 접합 후 염증으로 다시 절단되어 원래의 장해 상태로 되돌아 온 것으로 보험계약 종료일 이후에 새로이 장해상태가 악화되었다고 볼 수 없으므로 보험계약에서 정한 보험사고에 해당되므로 약관에서 정한 지급률 60%를 적용하여 보험금을 지급해야 한다(부산지방법원 2008.4.22. 선고 2007가단14625 판결).

3) 후유장해의 악화와 사망

장해판정시기와 관련한 또 하나의 문제는 보험사고 발생이후 계속적으로 악화되다가 사망에 이르는 경우이다. 가령, 후유장해보험금 외에 일정비율 이상의 후유장해 진단시에 지급되는 고액의 소득보상금(후유장해지급률이 50% 또는 80%이상인 경우 등에 지급)이 있는 경우와 같이, 증상의 악화로 인해 사망시 지급되는 사망보험금이 후유장해보험금 지급액의 합계액보다 작음으로서 유족측이 사망에 이르기 전 단계의 환자의 상태를 장해로 인정해달라고 주장하는 경우에 발생한다.

이에 대하여 약관에서는 '보험사고로 상해를 입고 그 상해가 치유된 후'라는 조건을 두어 「상해 또는 질병에 대한 치료의 효과를 기대할 수 없게 되고 또한 그 증상이 고정된 상태」를 후유장해보험금의 지급기준으로 하고 있다.

예를 들어 피보험자가 사고로 뇌손상을 입어 사고일로부터 180일 현재 약관에 정한 장해상태가 있었으나 이후 지속적으로 악화되어 사망한 사고에서도 이는 약관에 정한 "보험계약에서 정한 고정적인 장해상태에 해당하는 것이 아니라 뇌손상으로 사망하는 일련의 과정에서 나타난 증세에 불과하다"라고 하여 후유장해보험금이 아닌 사망보험금을 지급하도록 하고 있다(서울고등법원 2007.3.30. 선고 2006나 92228 판결).

우리나라의 후유장해 산정기준으로 원용하고 있는 미국의학협회(A.M.A.)에서 발간한 AMA Guidelines(Guides to the Evaluation of Permanent Impairment, 5th)에서도 장해의 평가는 최대회복점(MMI : Maximal Medical Improvement)[40]일 때 평가하도록 하고 있다.[41]

▶ 뇌손상으로 장기간에 걸쳐 사망한 경우 후유장해 인정여부

피보험자가 교통사고 발생후 180일 현재 기본동작에 제한을 받는 상태에 있었으나 사고일로부터 10개월 후 사망한 사고에서 피보험자가 교통사고로 뇌손상을 받아 일상생활 기본동작에 제한을 받는 상태에 있었다고 하더라도 이는 이 사건 보험계약에서 정한 고정적인 장해상태에 해당하는 것이 아니라, 뇌손상으로 사망하는 일련의 과정에서 나타난 증세에 불과하여 보험약관에 규정된 바와 같이 재해로 인하여 사망하였다고 봄이 상당하다(서울고등법원 2007.3.30. 선고 2006나92228 판결).

라. 장해분류표에 없는 후유장해

질병상해보험 표준약관 제16조(보험금 지급에 관한 세부규정)

④ 장해분류표에 해당되지 아니하는 후유장해는 피보험자의 직업, 연령, 신분 또는 성별 등에 관계없이 신체의 장해정도에 따라 장해분류표의 구분에 준하여 지급액을 결

40) 최대회복점(MMI : Maximal Medical Improvement) 이란 향후 1년 동안 치료의 효과로 인한 변화가 3% 이하로 예상될 때를 말한다.

41) Linda Cocchiarella, Gunnar B. J. Andersson, *Guides to the Evaluation of Permanent Impairment, 5th,* American Medical Association, Chicago. 2000, p.2.

정합니다. 다만, 장해분류표의 각 장해분류별 최저 지급률 장해정도에 이르지 않는 후유장해에 대하여는 후유장해보험금을 지급하지 아니합니다.

후유장해지급률표에 의한 장해는 전형적인 장해만을 기재한 것이므로, 피보험자의 장해가 지급률표상의 신체부위는 있으나 해당 장해가 없는 경우이거나, 피보험자의 장해가 약관의 장해분류표에 해당되지 아니하는 경우에는 신체의 장해정도에 따라 장해분류표의 구분에 준하여 지급액을 결정한다.

후유장해를 평가할 때에는 피보험자의 직업, 연령, 신분 또는 성별 등을 이유로 차별하지 아니한다. 여기에서 '장해분류표의 구분에 준하여'의 의미는 피보험자의 장해가 어떤 후유장해 분류표상에도 명시되어 있지 아니한 경우에 기능의 상실 정도를 의학적 검사결과에 따라 판단하여 그 장해에 가장 근사한 기준에 대한 지급률을 적용한다는 의미이다.

예를 들어 전신화상으로 척추에 운동장해가 발생하였으나 척추체에 골절 또는 탈구가 없다는 이유로 장해보험금 지급을 거절할 수 없도록 준용규정을 두어 장해분류별 판정기준에 준해서 장해가 인정될 수 있도록 하였다.[42)]

그러나 후유장해 분류표상에서 기재되어 있지 않다고 해서 기능 상실이나 훼손의 정도를 모두 준용하는 것은 아니고, 장해분류별 최저지급률 장해정도에 미치지 못하는 경우에는 후유장해 보험금을 지급하지 아니한다. 예를 들어, 신체의 운동범위가 정상인 대비 90% 이상인 경우는 보험약관의 최저지급률에 미치지 못하는 장해로서 후유장해보험금을 지급하지 않는다.

마. 2가지 이상의 후유장해

질병상해보험 표준약관 제16조(보험금 지급에 관한 세부규정)

⑤ 같은 질병 또는 상해로 두 가지 이상의 후유장해가 생긴 경우에는 후유장해지급률을 합산하여 지급합니다. 다만, 장해분류표의 각 신체부위별 판정기준에 별도로 정한 경우에는 그 기준에 따릅니다.

42) 기존의 생명보험 표준약관에는 장해분류표의 준용기준이 없어서 실제 장해가 발생하였음에도 불구하고 장해분류표에서 정하는 판정기준과 정확히 일치하지 않는다는 이유로 보험금을 부지급하는 사례가 있었으나 2010년 4월 표준약관 변경시에 해당 준용조항을 삽입하였다.

⑥ 제5항에도 불구하고 동일한 신체부위에 장해분류표상의 2가지 이상의 장해가 발생한 경우에는 합산하지 않고 그 중 높은 지급률을 적용합니다. 다만, 장해분류표의 각 신체부위별 판정기준에서 별도로 정한 경우에는 그 기준에 따릅니다.

1) 신체부위

「신체부위」라 함은 ① 눈, ② 귀, ③ 코, ④ 씹어먹거나 말하는 기능, ⑤ 외모, ⑥ 척추(등뼈), ⑦ 체간골, ⑧ 팔, ⑨ 다리, ⑩ 손가락, ⑪ 발가락, ⑫ 흉복부 장기 및 비뇨생식기, ⑬ 신경계 정신행동의 13개 부위를 말하며, 이를 각각 동일한 신체부위라 한다. 다만, 좌우의 눈, 귀, 팔, 다리는 각각 다른 신체부위로 본다.

2005년 4월 보험약관 개정전에 손해보험의 상해보험에서는 신체부위를 15개의 계열로 나누고 동일 계열내에서 발생한 장해에 대하여는 가장 높은 지급율을 적용하고, 신체동일부위에 발생한 장해라고 하더라도 계열이 다른 경우 각각의 장해지급율을 합산하도록 하고 있었다.

2005년 4월 개정전 구 상해보험 후유장해계열표

<table>
<tr><th colspan="2">부 위</th><th>기질적 장해</th><th>기능적 장해</th><th>계열번호</th></tr>
<tr><td rowspan="3">눈</td><td rowspan="2">양안</td><td></td><td>시력장해</td><td>1</td></tr>
<tr><td></td><td>운동장해, 조절기능장해, 시야장해</td><td>2</td></tr>
<tr><td>눈꺼풀(우 또는 좌)</td><td>결손장해</td><td>운동장해</td><td>3</td></tr>
<tr><td rowspan="2">귀</td><td>내이(내이) 등</td><td></td><td>청력장해</td><td rowspan="2">4</td></tr>
<tr><td>귓바퀴(우 또는 좌)</td><td>결손장해</td><td></td></tr>
<tr><td colspan="2">코</td><td colspan="2">기능장해</td><td>5</td></tr>
<tr><td colspan="2">입</td><td>치아결손</td><td>씹거나 말하는 기능의 장해</td><td>6</td></tr>
<tr><td colspan="2">머리, 얼굴, 목</td><td>추상장해</td><td></td><td>7</td></tr>
<tr><td colspan="2">정신 신경</td><td colspan="2">정신신경장해</td><td>8</td></tr>
<tr><td colspan="2">흉복부장기
(외부생식기 포함)</td><td colspan="2">흉복부장기장해</td><td>9</td></tr>
<tr><td rowspan="2">체간</td><td>척추 추간반</td><td>기형장해</td><td>운동장해</td><td>10</td></tr>
<tr><td>기타 체간골</td><td colspan="2">기형장해
(빗장뼈, 가슴뼈, 갈비뼈, 어깨뼈 또는 골반뼈)</td><td>11</td></tr>
<tr><td rowspan="2">팔</td><td>팔(우 또는 좌)</td><td>결손장해,기형장해(상완골 또는 전완골)</td><td>기능장해</td><td>12</td></tr>
<tr><td>손가락(우 또는 좌)</td><td>결손장해</td><td>기능장해</td><td>13</td></tr>
<tr><td rowspan="2">다리</td><td>다리(우 또는 좌)</td><td>결손장해, 기형장해(대퇴골 또는 하퇴골), 단축장해</td><td>기능장해</td><td>14</td></tr>
<tr><td>발가락(우 또는 좌)</td><td>결손장해</td><td>기능장해</td><td>15</td></tr>
</table>

※ 2005년 4월 이전의 보험상품에서는 위의 후유장해계열표를 그대로 사용한다.

2) 2가지 이상의 후유장해

A.M.A. 장해평가 가이드에 의하면 신체 여러부위의 장해는 단순 합산(add)하지 않고, 병산(combine)[43]하도록 하고 있다.[44] 다시 말해, 모든 신체부위의 장해를 각각 계산하여 단순합산할 경우 한 팔의 손목(30%), 팔꿈치(30%), 어깨(30%)관절 모두에 강직장해가 발생하면(30% + 30% + 30% = 90%), 한 팔을 잃은 경우(60%) 보다 더 높은 지급률을 지급하게 되거나, 경우에 따라서는 100%를 훨씬 초과하는 경우가 발생할 수 있기 때문이다.

따라서 한 사고로 두 가지 이상의 후유장해가 발생한 경우에는 후유장해 지급률을 합산(병산)하여 지급하고, 동일한 신체부위에[45] 두 가지 이상의 후유장해가 생긴 경우에는 합산하지 않고 그 중 높은 지급률을 적용한다(광주고등법원 2002.9.27. 선고 2002나2460 판결). 이때에도 장해분류표의 각 신체부위별 판정기준에서 별도로 정한 경우에는 그 기준에 따른다. 가령, 왼쪽 눈과 오른쪽 눈이 각각 손상되었다면 이를 각각 합산하여 적용한다.

또한, 각기 다른 사고로 인하여 후유장해가 동일부위에 2회 이상 후유장해가 발생한 경우에는 그 때마다 이에 해당하는 후유장해 지급률을 결정하되 그 후유장해가 이미 후유장해보험금을 지급받은 동일한 부위에 가중된 경우에는 최종 장해상태에 해당하는 후유장해보험금에서 이미 지급한 후유장해보험금을 차감한 나머지를 지급한다.

▶ 동일계열중 높은 지급률만을 적용한다는 약관의 유효성

장해가 하나의 계열에 속하는 경우에는 가장 높은 지급률을 적용한다는 약관 규정과 기왕증 기여도를 공제하기로 한 보험약관 규정과 기왕증기여도를 공제하기로 한 보험약관 규정이 보험가입자에게 일방적으로 불리하여 무효라고 볼 수는 없고, 경추와 요추는 같은 계열의 신체부위라 할 것이므로 이중 가장 높은 지급률을 적용함이 타당할 것이다(광주고등법원 2002.9.27. 선고 2002나2460 판결).

---

43) 병산(竝算)이란 '함께 포함시켜 계산한다'는 의미로 단순합산과 구별된다.

44) Linda Cocchiarella, Gunnar B. J. Andersson, *Guides to the Evaluation of Permanent Impairment, 5th,* American Medical Association, Chicago. 2000, pp.9-10.

45) 2005년 4월 이전약관에서는 신체부위를 15계열로 분류하고, 동일 계열내에 속하는 2가지 이상의 장해가 발생한 때에는 그중 가장 높은 지급률을 적용하고 있었다.

3) 파생장해

하나의 장해가 관찰방법에 따라서 장해분류표상 2가지 이상의 신체부위 또는 동일한 신체부위에서 하나의 장해가 다른 장해가 통상 파생하는 관계에 있는 경우에는 각각 그중 높은 지급률만을 적용한다. 다시 말해, 하나의 장해가 관찰방법에 따라서 장해분류표상 2가지 이상의 신체부위에서 측정될 경우 그 중 높은 지급률만을 지급하고, 동일한 신체부위에서 하나의 장해에 다른 장해가 통상 파생하는 관계에 있는 경우에는 그 중 높은 지급률만을 적용한다.

바. 2회 이상의 후유장해와 후유장해보험금의 감액

질병상해보험 표준약관 제16조(보험금 지급에 관한 세부규정)

⑦ 다른 질병 또는 상해로 인하여 후유장해가 2회 이상 발생하였을 경우에는 그때마다 이에 해당하는 후유장해지급률을 결정합니다. 그러나 그 후유장해가 이미 후유장해보험금을 지급받은 동일한 부위에 가중된 때에는 최종 장해상태에 해당하는 후유장해보험금에서 이미 지급받은 후유장해보험금을 차감하여 지급합니다. 다만, 각 신체부위별 판정기준에서 별도로 정한 경우에는 그 기준에 따릅니다.

⑧ 이미 다음 중 한가지의 경우에 해당하는 후유장해가 있었던 피보험자에게 그 신체의 동일 부위에 또다시 제7항에 규정하는 후유장해 상태가 발생하였을 경우에는 다음 중 한가지의 경우에 해당되는 후유장해에 대한 후유장해보험금이 지급된 것으로 보고 최종 후유장해상태에 해당되는 후유장해보험금에서 이미 지급받은 것을 간주한 후유장해보험금을 차감하여 지급합니다.

1. 이 계약의 보장개시 전의 원인에 의하거나 또는 그 이전에 발생한 후유장해로 후유장해보험금의 지급사유가 되지 않았던 후유장해
2. 제1호 이외에 이 계약의 규정에 의하여 후유장해보험금의 지급사유가 되지 않았던 후유장해 또는 후유장해보험금이 지급되지 않았던 후유장해

각기 다른 보험사고로 후유장해가 2회 이상 발생한 경우 그 때마다 해당 장해지급률을 산정하여 지급한다. 하지만 이미 후유장해보험금을 지급받은 동일부위에 가중된 때에는 최종 장해상태에 해당하는 후유장해보험금에서 이미 지급받은 후유장해보험금을 차감하여 지급한다.

보험계약의 보장이 개시되기 전의 원인에 의한 후유장해나 이전에 발생한 후유장해보험금의 지급사유가 되지 않았던 후유장해, 그리고 후유장해보험금이 지급

되지 않았던 후유장해가 있는 경우에는 이미 후유장해보험금이 지급된 것으로 보고 최종 후유장해상태에 해당되는 후유장해보험금에서 이미 지급받은 것으로 간주한 후유장해보험금을 차감하여 지급한다.[46]

이 약관 규정의 취지는 보험사고인 상해가 발생하였더라도 보험사고 외의 원인이 부가됨에 따라 본래의 보험사고에 상당하는 상해 이상으로 그 정도가 증가한 경우 보험사고 외의 원인에 의하여 생긴 부분을 공제하려는 것이다(대법원 2002.10.11. 선고 2002다564 판결).

이렇게 보험금 지급시에 보험사고 발생전에 피보험자가 고지의무를 위반한 보험계약을 해지하거나, 보험계약 체결전 이미 존재한 신체장해 또는 질병의 영향에 따라 상해가 중하게 된 경우, 그 영향이 없었을 때에 상당하는 금액을 결정하도록 하는 것은 관련약관이 따로 있는 경우를 제외하고는 보험자가 피보험자의 체질 또는 소인 등이 보험사고의 발생 또는 확대에 기여하였다는 사유로 감액할 수 없고(대법원 2002.3.29. 선고 2000다18752, 18769 판결), 이러한 사유로 인하여 보험금액을 감액한다는 약관조항이 있는 경우에 한하여 보험금을 감액하여 지급할 수 있다(2007.10.11 선고 2006다42610 판결).

또한, 후유장해보험금액을 산정함에 있어 후유장해 지급율의 합계가 일정비율 이상인 경우에 지급하도록 하는 소득보상금이나 장해보험금 등의 보장이 있는 경우, 각각의 후유장해 지급률을 산정하면서 기여도 등의 판단에 따라 감액된 비율의 합계가 아니라, 일단 각각의 후유장해 지급률을 합산한 후 보험금액을 결정하고, 이에 의해 산출된 보험금액에서 기왕증 등의 부분을 감액하는 것이 타당하다(대법원 2005.10.27. 선고 2004다 52033 판결).

▶ 다른 신체상해 또는 질병의 영향을 감액하는 보험약관의 취지

상해보험의 보통약관에 "피보험자가 약관 소정의 상해를 입고 이미 존재한 신체장해 또는 질병의 영향으로 약관 소정의 상해가 중하게 된 경우 보험자는 그 영향이 없었던 때에 상당하는 금액을 결정하여 지급한다."고 규정되어 있는 경우, 그 취지는 보험사고인 상해가 발생하였더라도 보험사고 외의 원인이 부가됨에 따라 본래의 보험사고에 상당하는 상해 이상으로 그 정도가 증가한 경우 보험사고 외의 원인에 의하여 생긴 부분을 공제하려는 것이다(대법원 2002.10.11. 선고 2002다564 판결).

46) 장기손해보험 표준약관 제17조(다른 신체상해 또는 질병의 영향)는 질병상해보험 표준약관 제정시에 삭제되면서 후유장해 부분에서 적용되도록 변경되었다.

▶ 상해보험에서 보험금을 감액하여 지급하기 위한 요건

상해보험에서 보험사고가 발생하기 전에 피보험자가 고지의무에 위배하여 중대한 병력을 숨기고 보험계약을 체결하여 이를 이유로 보험자가 상법의 규정에 의하여 보험계약을 해지하거나, 상해보험약관에서 계약체결 전에 이미 존재한 신체장해 또는 질병의 영향에 따라 상해가 중하게 된 때에는 보험자가 그 영향이 없었을 때에 상당하는 금액을 결정하여 지급하기로 하는 내용의 약관이 따로 있는 경우를 제외하고는 보험자는 피보험자의 체질 또는 소인 등이 보험사고의 발생 또는 확대에 기여하였다는 사유를 들어 보험금을 감액할 수 없다(대법원 2002.3.29. 선고 2000다18752, 18769 판결, 대법원 2007.10.11. 선고 2006다42610 판결).

▶ 후유장해율을 감하여 지급할 경우 장해율의 합산과 지급보험금 계산 방법

상해보험의 약관에서 후유장해보험금 지급의무의 발생 요건을 후유장해지급률 합계 80% 이상의 후유장해를 입은 경우로 규정하고, 이와 별도로 보험금액 산정에 있어서 기왕증 기여도의 감액 요건과 방법에 관한 규정을 두고 있는 경우, 위 약관에 정한 바에 따라 산정된 후유장해지급률 합계가 80% 이상이면 보험금 지급의무가 발생하고, 기왕증은 보험금액 산정에 있어 그 기여분을 감액하면 된다(대법원 2005.10.27. 선고 2004다52033 판결).

사. 후유장해보험금의 합의

질병상해보험 표준약관 제16조(보험금 지급에 관한 세부규정)

⑨ 피보험자와 회사가 피보험자의 장해지급률에 합의에 도달하지 못하는 때에는 피보험자와 회사가 동의하는 제3자를 정하고 그 제3자의 의견에 따를 수 있습니다. 제3자는 의료법 제3조(의료기관)의 규정에 의한 종합병원 소속 전문의 중에 정하며, 장해판정에 소요되는 의료비용은 회사가 전액 부담합니다.

후유장해율을 산정할 때 의학적 검사나 진단방법에 의해 기왕증 등의 기여도를 산정하는 것이 일반적인데, 진단의사의 의학적 지식과 경험에 의한 것이라고 할지라도 주관적 요소가 가미될 소지가 있음은 부인할 수 없다. 따라서 다른 신체상해나 질병 또는 보험사고 외적인 요인을 감액하고자 할 경우에는 보험자와 피보험자간 합의를 통해 보험금을 지급할 수 있다.

장해지급률의 합의에 도달하지 못한 경우에는 피보험자와 회사가 동의하는 종합병원 소속 전문의 중에서 제3자를 정하고 그 제3자의 의견에 따라 적정 후유장해율을 산정할 수 있으며, 이에 소요되는 의료비용은 전액 보험회사가 부담한다.

피보험자와 보험회사간 후유장해율에 대한 이견으로 제3자를 선정하여 적정 후유장해율을 결정하고 합의에 이르게 된다. 합의에 따라 보험금을 지급하고 합의의 조건으로 추가적인 보험금 청구나 민원 또는 소송을 제기하지 아니할 것임을 약속하는 합의에서는 당사자간에 착오, 사기 등에 의한 합의가 아닌 한 당사자간의 약정으로서 그 효력은 인정된다(대법원 2006.4.24. 선고 2006다46216 판결).

즉, 후유장해보험금에 대한 합의 당시 보험사고로 인한 상해의 정도나 기왕증의 존재 등을 충분히 인식한 상태에서 행한 합의는 합의당시에는 존재 하지 않았던 증상이 새로이 나타나거나 새로운 장해가 발생하지 않는 한 합의 자체도 또하나의 당사자간의 약정으로서 그 효력을 갖는다.

주의할 점은, 이러한 합의서 작성시에 합의의 효과로서 당사자간 이해관계가 달려있는 보험계약의 해지여부, 향후 보험계약상 불이익 여부, 보험금의 감액 여부 등에 대하여 충분히 알려야 한다는 점이다.

▶ 기왕증 등을 감안하여 상호 절충적으로 행한 합의의 효력

척추관협착 및 추간판탈출증으로 인한 장해진단에 대하여 재해사고에 의한 기여도가 30%라는 의학적소견에 기초하여 전체보험금의 30%를 지급받고 합의한 사안에 대하여 피보험자는 착오에 의한 것이므로 화해의 목적인 분쟁이외의 사항에 대한 착오이므로 합의는 취소되어야 한다는 주장과 관련하여, 합의과정에서 신체감정촉탁회보서의 내용을 근거로 상호양보하여 절충적으로 합의하였는 바, 기왕증의 기여도를 참작하여 보험금을 감액할 수 있다는 점이 분쟁의 전제 또는 기초가 된 사항으로서 이는 쌍방 당사자가 예정한 것이어서 상호 양보의 내용으로 되지 않고 다툼이 없는 사실로 양해된 사항으로 볼 수 없을 뿐 더러 원고가 기왕증의 기여도를 참작하여 보험금이 삭감될 수 있다는 착오에 빠졌다고 보기도 어렵다(대법원 2006.4.24. 선고 2006다46216 판결).

아. 후유장해보험금의 한도

질병상해보험 표준약관 제16조(보험금 지급에 관한 세부규정)

⑩ 회사가 지급하여야 할 하나의 진단확정된 질병 또는 상해로 인한 후유장해보험금은 보험가입금액을 한도로 합니다.

보험사고의 발생으로 지급해야할 후유장해보험금은 보험가입금액을 한도로 한다. 신체 각 부위의 장해지급률을 후유장해 산정기준에 의해 산정한 결과 100% 이상의 후유장해지급률이 산출되었다고 하더라도 해당 후유장해 가입금액을 한도로 보상한다.

후유장해는 보험사고로 치료후 영구히 고정된 상태를 말하므로 사망에 이르는 진행단계에서 거치게 되는 일시적인 장해상태는 사망에 이르기까지 필연적으로 거치는 일시적인 과정에 불과하므로 이러한 경우 후유장해보험금에 대하여 지급하지 아니한다(대법원 2008.6.26. 선고 2008다13968 판결, 대법원 2007.7.26. 선고 2007다17086 판결).

또한, 사망을 후유장해 100%상태라고 볼 수 있는지에 대하여, 상해보험에서 후유장해보험금의 지급대상은 피보험자의 '생존상태'를 전제로 한 것이고 신체의 일부기능이 고도로 제한되어 후유장해지급률상 100%라고 하여 사망으로 볼 수 없다(서울지방법원 2000.7.25. 선고 2000가합5829 판결).

▶ 증상악화로 사망한 경우 사망전날의 상태를 장해로 인정할 수 있는지 여부

보험약관에서 '장해'에 관하여 '재해로 인한 상해 또는 질병에 대하여 충분한 치료를 하였으나 완전히 회복하지 않고 증상이 고정되어 신체에 남아 있는 영구적인 정신 또는 육체의 훼손상태'라고 규정하고 있는 경우, 사망으로의 진행단계에서 거치게 되는 일시적 장해상태가 위 보험약관상 '장해'에 해당하는지 여부에 대하여, 피보험자가 후유장해진단을 받은 다음날 사망한 사안에서 그 이전의 장해상태는 사망으로의 진행단계에서 거치게 되는 일시적 장해상태에 불과하여 보험약관상의 '장해'에 해당하지 않는다(대법원 2008.6.26. 선고 2008다13968 판결).

▶ 사망을 후유장해 100%로 주장할 수 있는지 여부

상해보험에서 후유장해보험금 지급대상이 되는 보험사고는 사고로 인하여 '생존'한 피보험자에게 두 눈이 멀었을 때 또는 씹거나 말하는 기능을 완전히 잃었을 때 등과 같이 신체의 일부분의 기능이 상실된 경우를 가리키고, 사망한 경우는 이에 해당하지 아니하므로 사망을 후유장해 100%라 할 수 없다(서울지방법원 2000.7.25.선고, 2000가합5829 판결).

03 AMA 장해의 평가법

우리나라에서는 후유장해 평가의 자격기준에 대하여 신경계 및 정신행동의 장해를 제외하고는 진단을 내릴 수 있는 의사의 자격 제한이 없다. 이러한 이유로, 우리나라에서는 후유장해진단을 내리는 의사들마저도 정확한 장해평가방법이나 기준 등에 대하여 통일된 기준이나 척도를 이해하지 못하는 경우도 일부 있다.

그러나 미국에서는 장해평가와 관련된 의학분야를 별도로 지정된 교육기관(AADEP, NADEP, ABIME 등)에서 배우고 일정자격을 획득한 사람에게만 후유장해 진단을 허용하고 있다.

후유장해 평가기준으로 활용되는 A.M.A. 평가기준은 1958년부터 Journal of American Medical Association (JAMA)에 논문과 각 신체부위별 장해평가기준을 발표해오다가 이를 모아 1971년 초판을 발행하였다. 이후 제2판은 70여명의 전문가들이 모여 개정을 하였으며, 제3판은 새로운 평가방법을 도입하였고, 1994년 제4판에 이르러서는 110여명의 전문가가 참여하여 진단명에 따라 장해정도를 평가하는 DRE방식을 도입하여 척추장해 평가기준이 크게 바뀌었으며, 2000년에 제5판을 발행하기에 이르렀다.

A.M.A. 제5판에서는 최근의 의학발전에 따르는 정보를 반영하고, 제4판에서 애매모호한 부분을 좀 더 명확히 하면서 많은 부분에서 전문가들의 의견을 반영하였다.

따라서 환자의 상태에 대하여 가장 정확하게 평가하기 위해서는 가장 최신판을 참고로 하여 평가하여야 한다. 그러나 일부 병원에서 아직도 A.M.A. 초판이나 2판을 기준으로 하여 장해진단서를 발급하는 경우가 있으나, 우리법원에서도 기존 A.M.A. 초판의 경우 합리적이고, 객관적인 증거라고 인정할 수 없다고 하고 있으며(대법원 2007.10.11. 선고 2006다42610 판결), 객관적이고 합리적인 장해평가를 위해서는 가장 최근에 발행된 제5판의 적용을 적극 권장해야 할 것이다.

▶ 장해등급판정을 위해 AMA 제1판의 적용을 객관적 증거로 인정할 수 있는지 여부

미국의사협회(American Medical Association, A.M.A.) 신체장해평가지침은 제1판부터 제5판까지 발간되었는데, 보험계약의 보험약관에서는 경추부 정상운동범위에 관하여 어떠한 측정방법, 기준 및 도구를 적용할지에 관하여 아무런 규정을 두고 있지 않으나, 2001년 3월 29일 개정약관에서 A.M.A. 지침 4판을 기준으로 장해등급을 판정하도록 하고 있고, 제1판을 기준으로 하여 산정하는 경우와 제 4판을 기준으로 하여 산정하는 경우 장해지급율에 상당한 차이가 발생하므로, 산업재해보상보험법 시행령의 신체부위별 장해등급 판정에 관한 세부기준등에 관하여 위임을 받은 같은 법 시행규칙 제41조 제1항의 [별표 3]이 A.M.A. 제2판의 경추부 정상운동범위와 동일하게 경추부의 표준운동각도를 규정하고 있는 점, A.M.A. 지침들 중 발간된 지 가장 오래되었고 다른 A.M.A. 지침 개정판들에 비하여 경추부 정상 운동범위를 매우 제한적으로 인정하고 있으며, 현재 우리나라에서 장해등급 판정시 일반적으로 통용되고 있는 기준과도 거리가 있는 A.M.A. 지침 제1판은 장해등급 판정을 위한 경추부 정상운동범위에 관하여 합리적이고 객관적인 증거자료라고는 도저히 볼 수 없다(대법원 2007.10.11. 선고 2006다42610 판결).

04 보험료 납입면제 시기

생명보험 등에서 피보험자가 일정정도 이상의 장해진단을 받거나 특정 질병으로 진단을 받는 경우, 보험료의 납입을 면제하는 조항을 두고 있다. 이 경우에 보험료의 납입이 면제되는 시점은 피보험자 또는 보험수익자가 보험금청구나 납입면제를 신청한 시점이 아니라, 피보험자에게 그와 같은 장해상태가 발생한 다음의 보험료 납입기일이 그 시점으로 보아야 한다(대법원 2007.12.28. 선고 2005다63221, 63238 판결).

▶ 보험료 납입면제 약관에서 보험료 납입면제시기

보험약관에서 '피보험자가 사망 또는 제1급 내지 제3급의 장해상태가 되었을 경우에는 차회 이후 보험료 납입을 면제한다'고 규정하고 있는 경우, 보험료는 수익자 또는 계약자의 보험료 납입면제 청구시점과 상관없이 피보험자에게 그와 같은 장해상태가 발생한 다음의 보험료 납입기일부터 면제된다(대법원 2007.12.28. 선고 2005다63221, 63238 판결).

05 후유장해지급률표의 해석

보험약관의 후유장해 지급률표는 각각의 신체장해에 대하여 있을 수 있는 장해에 대하여 전형적인 장해만을 기재한 것이긴 하나, 이를 예시적으로 보고 이와 유사한 신체장해에 대하여도 후유장해 보험금을 지급할 경우 보험사고의 발생율이 현저하게 달라져 보험요율도 상당히 인상될 것이므로, 신체장해는 한정적으로 해석해야 하고, 또한 한정적으로 해석하더라도 신의성실의 원칙에 반하지 않는다(대법원 2003.1.24. 선고 2002다29510 판결).

예를 들어, 한 팔에서 손목부위에 상해를 입고 손목이 움직이지 않는 '강직장해' 진단을 받은 피보험자가 손목이 움직이지 아니하여 손을 쓸 수 없으므로 손목이하가 없는 것이나 다름없다고 하여 손목부분을 '잃었을 때'로 적용할 것을 주장하는 것은 타당하지 않다. 왜냐하면, 장해분류표에 신체일부가 물리적으로 절단된 경우에 '잃었을 때'를 적용하고 이에 대하여 상대적으로 높은 장해율을 적용하는 것은 실제의 기능상실과 더불어 심미적인 부분도 고려된 것이기 때문이다. 또한, 손목부위의 강직으로 인하여 손목을 사용할 수 없는 경우에는 '기능을 완전히 잃었을 때'라는 조항이 있으므로 이를 적용하는 것이 타당하다(서울고등법원 2005.2.4. 선고 2004나 25801판결).

절단된 부위를 재접합 후 기능을 어느 정도 회복하는 경우뿐만 아니라, 절단된 부위를 물리적으로 재접합하였으나, 기능적으로는 회복되지 아니한 경우에도 신체의 결손이 아닌 기능장해로 보아야 한다.

▶ 후유장해등급표를 한정적으로 해석하는 것이 타당한지 여부

보험약관의 장해등급분류표상의 신체장해를 한정적으로 해석함이 상당하고, 이와 달리 이를 예시적인 것으로 보고 이와 유사한 신체장해가 발생한 경우도 보험사고에 해당하는 것으로 인정한다면 보험사고의 발생율이 현저히 달라져 보험요율도 상당히 인상될 것으로 예상되므로 위와 같이 한정적으로 해석하더라도 신의성실의 원칙에 반하지 않는다(대법원 2003.1.24. 선고 2002다29510 판결).

▶ 후유장해등급표를 확대해석하는 것의 타당성 여부

장해등급분류표에는 신체부위 및 장해유형별로 구체화하여 신체장해를 적시하고 있고 장해등급에 따라 보험금 지급액에 차등을 두고 있어 신체장해를 한정적으로 해석함이 상당한 바, 장해등급분류표에 신체일부가 물리적으로 절단된 경우에는 '잃었을 때'라하고 신체의 일부가 존재하거나 그 기능을 상실한 경우에는 '완전 영구히 사용하지 못하게 되었을 때'라고 명확히 구별하고 있어 손목이 절단되지 않은 피보험자의 장해가 한팔의 손목이상을 잃었을 때에 해당한다고 보기 어렵다(서울고등법원 2005.2.4. 선고 2004나25801 판결).

1-5 교통상해

01 교통상해보험에서 보상하는 손해

「교통상해」란 피보험자가 보험기간중에 ① 자동차를 운전하던 중에 급격하고도 우연한 자동차사고(이하 「자동차 운전중 교통사고」라 한다)나, ② 운행중인 자동차에 운전을 하고 있지 않는 상태로 탑승중이거나 운행중인 기타 교통수단에 탑승(운전을 포함)하고 있을 때에 급격하고도 우연한 외래의 사고(이하 「탑승중 교통사고」라 한다), 그리고 ③ 운행중인 자동차 및 기타 교통수단에 탑승하지 아니한 때, 운행중인 자동차 및 기타 교통수단(적재물을 포함)과의 충돌, 접촉 또는 이들 자동차 및 기타 교통수단의 충돌, 접촉, 화재 또는 폭발 등의 교통사고(이하 「비탑승중 교통사고」라 한다)를 말한다.47)

가. 자동차 운전중 교통사고

피보험자가 자동차를 운전하던 중에 급격하고도 우연한 자동차사고로 상해를 입은 경우는 교통상해에 포함된다.

나. 탑승중 교통사고

운행중인 자동차에 운전을 하고 있지 않은 상태로 탑승중이거나 운행중인 기타 교통수단에 탑승(운전을 포함)하고 있을 때에 발생한 급격하고도 우연한 외래의 사고는 교통상해에 포함된다.

「탑승중」이란 운행중의 교통수단의 문이나 계단 등에 승차하기 위하여 손 또는 발을 걸친 때로부터 하차하기 위해 손이나 발이 지면에 닿기까지의 승하차과정을 포함한다. 그러므로 버스에 승차하려다가 버스문에 손이나 옷이 끼어 상해를 입는 경우 등은 탑승중 사고로 본다.

자전거의 경우에는 자전거에 올라타서 자전거의 페달에 발을 올려둔 때부터 하

---

47) 2001년 4월 이전 약관에서는 교통상해의 개념을 운행중의 교통승용구에 탑승하고 있을 때 또는 승객(입장객을 포함)으로서 승강장 안에 있을 때 급격하고도 우연한 외래의 사고와 운행중의 교통승용구에 탑승하지 아니한 때, 운행중의 교통승용구(적재물을 포함)와의 충돌, 접촉, 또는 이들 승용구와의 충돌, 접촉, 화재 또는 폭발등의 교통사고로 명시하고 있었다.

차를 위해 다리를 지면에 내려놓은 때까지를 탑승중으로 본다. 하지만 운행도중 부득이한 사정으로 일시적으로 하차하여 자전거를 끌고 가는 상태도 탑승중으로 본다.[48]

'탑승중'의 의미에 대한 판결로 탑승을 하면 탑승자는 독립적으로 활동하는 상태가 아니라 교통기관의 이동에 따라 함께 이동하는 상태가 되어야 한다고 보는 판례(서울지방법원 2001가단178734 판결)도 있으나, 탑승을 목적으로 교통수단에 승하차 하는 것은 탑승과 불가분의 관계로 이어지는 일련의 과정으로 보아 탑승에 포함된다는 판례(대법원 2005.4.15. 선고 2004다 65138, 65145 판결)와 나아가, '탑승중'의 의미를 차량에 승차하기 시작한 시점부터 차량으로부터 완전히 이탈할 때까지의 전과정을 의미하는 것으로 해석하는 분쟁조정사례(금융감독원 분쟁조정사례 2000.5.30. 결정 제00-2호)도 있다.

그러나 교통수단에 탑승하지 않고 운전하던 차에서 내려 차량밑을 점검하던 중 뒤따라오던 차량에 의해 추돌하여 사망한 경우는 탑승중 사고로 볼 수 없고(서울지법 남부지원 2001.8.17. 선고 2001가단20244 판결), 정박중인 선박에 탑승중 파도의 출렁임으로 인해 바다에 추락해 익사한 사고도 운행중인 교통수단의 탑승중 사고로 볼 수 없다(부산지방법원 1999.8.12. 선고 99가단15708(본소), 99가단32604 판결).

교통수단에 탑승중에 발생한 사고, 즉 운행중인 자동차에 운전을 하고 있지 않은 상태로 탑승중이거나 운행중인 기타 교통수단에 탑승(운전을 포함)하고 있을 때에 급격하고도 우연한 외래의 사고의 원래 취지는 운전을 하고 있지 아니한 상태로 탑승중에 발생한 '교통사고'를 의미한다.

해당 약관 조항을 문언대로 해석하여 '자동차나 기타 교통수단에 탑승중에 발생한 모든 상해사고'를 '교통상해'로 오해하여, 개인택시 운전자가 운전중 승객으로부터 칼에 찔려 사망한 사고를 교통상해로 인정한 판례(대법원 2006.10.13. 선고 2006다35986 판결)도 있다. 하지만 버스내에서 소매치기단에 의해 칼부림을 당한 사고, 엘리베이터 내부에서 불상인에게 살해당한 사고를 '교통상해'로 인정하지 않는 것이 타당하다.

교통상해는 최소한 '교통수단' 또는 '교통'과 어느 정도 관련성이 있어야 하는 것으로 해석해야 하고, 단지 범죄행위의 발생장소가 우연히 교통수단 안이었을 뿐 '교통' 또는 '교통수단'와 아무런 관련이 없는 사고에 대하여까지 운행중인 교통수단에서 발생한 사고라고 보기는 어렵다(서울고등법원 2003.7.10. 선고 2002나67972 판결).

48) 김정혜, 「제3보험 손해사정론」, 보험연수원, 2005년, p.167.

▶ 탑승목적으로 교통수단에 승하차 하는 것이 탑승에 포함되는지 여부

보험약관에서 보험사고로 규정하고 있는 탑승이라는 용어가 반드시 승차, 하차라는 개념을 배제하는 것으로 보기는 어렵고, 탑승목적으로 교통수단에 승차, 승선하거나 탑승하였던 사람이 하차, 하선하는 것은 탑승과 불가분의 관계로 이어지는 일련의 과정으로서 보험약관상 탑승의 개념에 포함된다고 봄이 상당하다(대법원 2005.4.15. 선고 2004다 65138, 65145 판결).

▶ 탑승중의 의미가 차량으로부터 완전히 이탈할때까지의 전과정을 의미하는지 여부

트럭을 도로변에 주차시키는 과정에서 동 차량의 열린 운전석 문과 차량사이에 끼인채 경사길에 후진되어 운전석문이 담벼락과 압축되면서 차량문에 몸부위가 압박되어 현장에서 사망한 사고에서, 보험약관의 '차량탑승중'의 의미는 차량탑승자가 차량에 승차하기 시작한 시점부터 탑승자가 차량으로부터 완전히 이탈한 때까지의 전과정을 지칭하는 것으로 해석함이 타당하고, 본 건 피보험자의 사망위치로 보아 피보험자는 운행을 마치고 시동을 멈춘 후 차량에서 완전히 이탈한 상태는 아니었던 것으로 보이므로 피보험자는 사망당시 사고차량에 탑승중에 있었다고 판단된다(금융감독원 분쟁조정사례 2000.5.30. 결정 제00-2호).

▶ 차량 밑에서 차량점검중 발생한 사고를 탑승중 사고로 볼 수 있는지 여부

운전자가 고속도로에서 차량을 운전하다가 차량에 이상을 느껴 갓길에 정차하여 차에서 내린 후 운전석 밑 앞바퀴 부분에서 차량을 점검하다가 뒤따라 오던 차량의 과실로 정차중인 차량이 추돌 당하여 앞으로 밀리면서 그 차량의 앞바퀴에 역과되어 사망한 경우, 차량탑승중 보장특약상의 운행중인 차량의 사고로 인하여 차량탑승자가 입은 사고에 해당하지 않는다(서울지법 남부지원 2001.8.17. 선고 2001가단20244 판결).

▶ 정박중인 선박에 탑승중 파도에 익사한 경우 탑승중 사고로 볼 수 있는지 여부

교통상해란 운행 중의 교통수단에 탑승하지 아니한 때 운행중의 교통수단과의 충돌, 접촉 또는 이들 교통수단의 충돌, 접촉, 화재, 폭발 등의 급격하고도 우연한 교통사고로 입은 상해와 운행중의 교통수단에 탑승하고 있을 때 또는 승객으로서 승강장 안에 있을 때 급격하고도 우연한 외래의 사고로 입은 상해를 말하는데, 사고당시 비성어기로서 선착장에 한쪽 끈을 묶어 둔 채 정박중인 선박에 탑승중에 선박이 비록 파도에 따라 출렁이기는 하지만 그러한 출렁임만으로는 운행이라고 할 수 없으므로 약관에서 정한 교통사고에 해당하지 아니한다(부산지방법원 1999.8.12. 선고 99가단15708 (본소), 99가단32604 판결).

▶ 택시운전중 승객으로부터 칼에 찔려 사망한 경우 교통재해로 볼 수 있는지 여부

개인영업용택시 운전자가 운전중에 승객으로부터 칼에 찔려 사망한 경우, 피보험자가 운행중인 교통기관에 탑승하고 있는 동안에 입은 불의의 사고를 직접적 원인으로 사망한 경우에 해당하므로 교통재해를 직접적 원인으로 한 보험금 지급 사유가 있다.

피보험자가 운행중인 교통기관에 탑승하고 있는 동안, 즉 공간적으로 운행중인 교통기관 안에 있는 동안에 불의의 사고를 입은 경우를 가리키고, 이때 교통기관의 '운행'은 자동차손해배상보장법 제2조 제2호의 규정과 같이 교통기관을 그 용법에 따라 사용 또는 관리하는 것을 의미한다(대법원 2006.10.13. 선고 2006다35896 판결).

▶ 택시 뒷자석에 탑승하여 가던 중 살해된 경우 교통상해로 볼 수 있는지 여부

택시 뒷자석에 탑승하여 가던 중 살해된 경우가 교통상해에 포함되는지와 관련하여, 교통상해는 적어도 '교통수단' 또는 '교통'과 어느 정도 관련성이 있어야 한다고 해석함이 상당하다 할 것이고, 그 교통수단이 폭발, 추락 하는 등과 같이 운행중인 교통수단 자체에 의하여 발생한 또는 그 교통수단에 다른 교통수단이 충돌하거나 외부에서 그 교통수단에 낙하물이 떨어지는 등과 같이 운행중인 교통수단에 대하여 발생한 급격하거도 우연한 외래의 사고로 인한 손해를 배상한다는 취지로 해석함이 상당하다 할 것인데, 이사건 사고는 강도살인이라는 범죄행위가 발생한 장소가 우연히 교통수단 안이었을 뿐 '교통' 또는 '교통수단'와는 아무런 관련이 없으며 이를 운행중인 교통수단에 대하여 발생한 사고라고 보기 어렵다 할 것이다(서울고등법원 2003.7. 10. 선고 2002나67972 판결).

다. 비탑승중 교통사고

운행중인 자동차 및 기타 교통수단에 탑승하지 아니한 때, 운행중인 자동차 및 기타교통수단(적재물을 포함)와의 충돌, 접촉 또는 이들 자동차 및 기타 교통수단의 충돌, 접촉, 화재 또는 폭발 등의 교통사고는 교통상해에 포함된다.

교통수단과의 충돌이나 접촉, 화재 또는 폭발에서 '접촉'의 의미는 특별한 제한이 없으므로 가능한 범위내에서 광의로 해석하여 교통수단과 직접적으로 접촉하여 야기된 사고와 간접적으로 접촉하여 야기된 사고 모두를 포함하는 것으로 이해해야 한다(금융감독원 분쟁조정사례 제1997-31호).

▶ **교통수단과의 접촉의 의미**

교통수단과의 접촉의 의미에 대하여는 약관에 특별히 제한하고 있지 아니하므로 가능한 범위내에서 광의로 해석함이 바람직하다 할 것이다. 그렇다면 피보험자가 교통수단과 직접적으로 접촉하여 야기된 사고와 간접적으로 접촉하여 야기된 사고가 모두 위 약관의 교통사고에 포함된다 할 것이다. 피보험자가 트럭의 적재함위에 사다리를 놓고 작업하던 중에 트럭의 운전자가 부주의로 그 사실을 모르고 트럭을 급출발시켜 야기된 교통사고라고 확인할 수 있으므로 교통수단과 피보험자가 사다리를 통하여 간접적으로 접촉하고 있는 중에 야기된 것으로 봄이 상당하고, 운행중의 교통수단과 접촉중의 사고가 아니라는 주장은 받아들이기 어렵다(금융감독원 분쟁조정사례 제1997-31호).

02 교통수단의 의의

교통상해보험에서 말하는 교통수단[49]은 자동차관리법시행규칙 제2조에 정한 자동차와 자동차손해배상보장법시행령 제2조에 정한 6종 건설기계를 포함한 자동차를 말한다.

가. 자동차의 정의

교통상해에서 말하는 자동차의 정의는 자동차관리법시행규칙 제2조에 정한 승용자동차, 승합자동차, 화물자동차, 특수자동차, 이륜자동차와 「자동차손해배상보장법시행령」제2조에 정한 덤프트럭, 타이어식 기중기, 콘크리트믹서트럭, 트럭적재식 콘크리트펌프, 트럭적재식 아스팔트살포기, 타이어식 굴삭기의 6종 건설기계를 말한다. 다만, 6종 건설기계가 이동수단 목적이 아닌 작업기계로 사용되는 동안은 자동차로 보지 아니한다.

나. 기타 교통수단

교통수단은 사람의 운송이나 물건의 운반을 목적으로 하는 것을 말하는데, 약관에 일일이 구체적으로 명시하는 교통수단이 아니더라도 그 사용 목적이 사람의 운송이나 물건을 나르는 목적으로 하는지의 여부로 판단한다.

① 기차, 전동차, 기동차, 케이블카(공중케이블카를 포함), 리프트, 엘리베이터 및 에스컬레이터, 모노레일

49) '교통수단'이라는 용어는 기존 약관에서는 '교통승용구'로 표기하고 있었다.

▶ 빌딩 주차장의 자동차 리프트를 교통수단으로 볼 수 있는지 여부

빌딩 주차관리요원으로 근무하던 중, 자동차리프트 주차장에서 차량 출차를 위해 주차 리프트 버튼을 눌렀으나 자동차 리프트가 작동하지 않자 반대편 통로에 있던 컨트롤박스를 확인하기 위해 자동차리프트 통행로를 걸어가다가 발을 헛딛어 약 5미터 아래로 추락한 사고에서, 자동차리프트 통행로가 리프트라는 기계장치와 일체를 이루고 있는 반드시 필요한 부속장치라 할지라도 교통기관인 리프트의 역할을 분담하고 있다고 볼 수 없으므로 통행로는 교통기관에 해당하지 않으며, 통행로를 교통기관으로 보지 않는 이상 피보험자가 운행중인 교통기관에 탑승하고 있었다고 볼 수 없다(금융감독원 분쟁조정사례 2007.8.21. 결정 제2007-55호).

▶ 스노우모빌이 교통수단인지 여부

스노우모빌이 당해 약관에 정한 교통수단인지의 여부에 관하여, 약관을 문리적으로 해석하자면 스노우모빌은 당해 약관에 열거된 교통수단에 포함되어 있지는 않으나, 스노우모빌이 자동차관리법상 육상을 이동할 목적으로 제작된 특수자동차에 해당한다는 전문위원의 자문결과가 있고, 일본에서도 스노우모빌을 자동차에 포함시키고 있는 점, 그리고 약관에 열거된 다른 교통수단들과 비교할 때, 스노우모빌도 교통수단의 범주에 포함시키는 것이 보다 합리적인 약관해석이다(금융감독원 분쟁조정사례 제1997-55호).

② 스쿠터, 자전거, 원동기를 붙인 자전거

자전거가 교통수단이 되기 위해서는 자전거가 이동을 목적으로 한 교통수단으로 이용되어야 하나 유아들을 위한 세발자전거나 유모차 등은 교통수단으로 보지 않는다.

③ 항공기, 선박(요트, 모타보트, 보트를 포함)

항공기와 선박은 운송수단으로 쓰이는 것을 말하며, 수상오토바이나 제트스키(서울남부지법 2005.5.11. 선고 2003가단45636 판결), 윈드서핑(인천지방법원 2000.3.15. 선고 99가합10956 판결) 등은 운송수단이라기 보다 레져스포츠의 일종일 뿐이므로 이에 대하여는 교통수단으로 보지 않는다.

또한 헬기에서 로프 하강중 발생한 사고(서울지방법원 1999.6.10. 선고 1999나11761 판결)나 작업기계로 정박해 있는 선박에서 추락한 사고(서울중앙지법 2006.1.26. 선고 2005가합65130 판결)도 교통상해로 보지 않는다.

▶ 제트스키가 교통수단인지 여부

제트스키는 보험약관에서 정한 교통수단에 해당하지 아니하고, 교통상해에서 정한 운행중의 교통수단라고 하는 것은 사람이나 물건을 실어나르는 것을 목적으로 하는 운송용구라고 할 것인데 제트스키는 운송용구라기 보다는 수상레저용품에 불과하고, 이 사건 사고 역시 수상레포츠로 제트스키를 타던 중 발생한 사고이므로 이를 보험계약에서 정한 교통상해에 해당한다고 볼 수 없다(서울남부지법 2005.5.11. 선고 2003가단45636 판결).

▶ 윈드서핑이 교통수단인지 여부

윈드서핑은 레저스포츠의 한 가지로 판 위에 돛을 달아 바람의 힘으로 물위를 달리는 일 또는 물위를 달리는 기술이나 결승점에 닿은 차례 따위로 승부를 겨루는 수상경기를 의미하는 바, 전적으로 레저스포츠의 일종일 뿐 부수적으로도 사람이나 물건을 운반하기 위한 목적이 없으므로 이를 가리켜 교통기관이나 교통수단으로 볼 여지가 없으며, 요트나 보트는 원래 운송용구에서 출발되었다는 점에서 선박의 범주에 포함시키고 있으나, 선박의 범위를 임의로 확대해석할 수는 없는 점 등에 비추어 볼 때 보험약관에서 담보하는 교통사고라고 할 수 없고, 그 밖에 윈드서핑이 운동경기에서 요트의 한 종목으로 분류된다는 사실조회결과만으로는 윈드서핑을 교통기관이나 선박에 포함된다고 할 수는 없다(인천지방법원 2000.3.15. 선고 99가합10956 판결).

▶ 헬기에서 로프하강중 추락한 것이 교통상해로 볼 수 있는지 여부

피보험자는 헬기에 매달린 로프를 잡고 하강하던 중 로프를 놓쳐 추락한 것이지 헬기에 탑승하고 있는 동안 또는 승객으로서 헬기의 개찰구 안쪽에 있는 동안 사망한 것이 아니고, 또한 헬기에 탑승하고 있지 아니한 피보험자의 경우로 보더라도 헬기의 충돌, 접촉, 화재, 폭발, 도주 등으로 인하여 사망한 경우에도 해당하지 아니하므로 교통재해로 보기 어렵다(서울지방법원 1999.6.10. 선고 1999나11761 판결).

▶ 작업기계로 사용되는 선박이 교통수단인지 여부

선박법 제1조의 2는 자행능력이 없어 다른 선박에 의해 끌리거나 밀려서 항해하는 선박도 선박에 해당한다고 정의하고 있으나, 이 사건 보험약관이 선박 및 건설기계의 정의에 관하여 아무런 규정을 두고 있지 않은 점, 이 사건 선박이 작업기계로 사용되다가 이 사건 사고가 발생한 점을 종합하면, 이 사건 선박은 교통수단의 일종인 선박에 해당한다고 볼 수 도 있고, 건설기계이지만 작업기계로만 사용되어 교통수단에 해당하지 않는다고 볼 수도 있다. 그러나 이사건 선박이 교통수단에 해당한다고 하더라도 보험금이 지급되기 위해서는 선박이 운행중이어야 할 것인데 운행중이었다고 볼 수 없음이 명백하므로 보험금을 지급할 책임이 없다(서울중앙지법 2006.1.26. 선고 2005가합65130 판결).

④ 6종 건설기계를 제외한 건설기계 및 농업기계 (다만, 이들이 작업기계로 사용되는 동안은 교통수단으로 보지 않는다)

건설기계와 농업기계의 사고 발생시에는 이들 기계의 사용이 작업목적이었는지 교통수단으로서의 목적 달성을 위한 '이동중'이었는지가 그 쟁점이 된다. 건설기계와 농업기계는 일반 교통수단과는 달리 그 본래 목적이 교통기능의 수행에 있는 것이 아니라 작업기능의 수행에 있고 교통기능은 작업기능의 수행을 보조하기 위한 부수적 기능에 불과하다고 할 수 있는데, 전적으로 작업기능을 수행하거나 혹은 작업기능과 함께 교통기능을 수행하더라도 그것이 작업기능의 보조역할에 그치는 경우에는 작업기계로 사용되는 것으로 봄이 타당하다(광주지방법원 2006.5.17. 선고 2006가단7452 판결).

건설현장에서 작업을 마치고 다른 현장으로 이동하거나(서울지방법원 의정부지원 2002.5.16. 선고 2001가합298 판결), 같은 공사구간내의 다른 작업장소로 이동중 발생한 사고(광주고등법원 1998.12.11. 선고 98나5271 판결)는 교통수단으로 보고 있으나, 같은 작업장 내에서 이동중에 발생한 사고는 교통수단으로 인정하지 않고 있다(서울지방법원 1995.12.22. 선고 95가단70563 판결).

농업기계가 농사와 관련된 일에 사용되었는지만을 가지고 작업기계 여부를 결정하는 것은 타당하지 않고, 농업기계가 농사일과 관련되어 사용되는 경우라도 운반작업 등 장소적 이동이라는 교통수단으로서 사용되는 경우는 교통수단으로 보아야 한다(금융감독원 분쟁조정사례 2004.10.26. 결정 제2004-62호).

따라서 경운기를 도로상에서 운전하다가 발생한 사고(금융감독원 분쟁조정사례 1994.7.18. 결정 제94-26호)나 분무기에 적재함을 부착하여 운반중 발생한 사고(서울중앙지법 2005.6.8. 선고 2004가단375277 판결)는 교통수단으로 보아야 하지만, 논에서 벼가마를 경운기에 옮겨싣기 위해 경사로를 오르다가 도로턱에 부딪혀 전복된 사고는 작업기계로 본다(서울지방법원 1999.11.17. 선고 99가합20655 판결).

▶ 건설기계의 교통기능이 작업기능의 보조역할에 그칠 경우 교통수단인지 여부

건설기계는 일반 교통수단과는 달리 그 본래 목적이 교통기능의 수행에 있는 것이 아니라 작업기능의 수행에 있고 교통기능은 작업기능의 수행을 보조하기 위한 부수적 기능에 불과하다고 할 수 있는데, 만일 건설기계가 작업기능은 수행하지 않으면서 교통기능만 수행할 때에는 이를 일반 교통수단과 동일하게 취급해도 무방하지만 전적으로 작업기능을 수행하거나 혹은 작업기능과 함께 교통기능을 수행하더라도 그것이 작업기능의 보조역할에 그치는 경우 건설기계는 작업기계로서 사용되는 것으로 봄이 타당하다(광주지방법원 2006.5.17. 선고 2006가단7452 판결).

▶ 송전선 가선공사의 풀러로 이동중 발생한 사고가 교통상해인지 여부

철탑의 송전선 가선공사에 사용되는 풀러(Puller)가 건설기계관리법에서 정한 건설기계에 해당하지는 않지만 건설이라 함은 건물이나 시설 등을 새로 세우는 것을, 건설기계는 사전적으로 토목, 신축공사에 사용되는 기계의 총칭을 의미하고, 약관의 뜻이 명백하지 아니한 경우에는 고객에게 유리하게 해석되어야 한다는 약관해석원칙을 고려하여 보면 풀러는 약관에서 정한 교통수단 중 건설기계에 해당하고, 피보험자가 풀러를 이용하여 고압선 전선 교체작업을 마치고 다른 현장으로 이동하기 위하여 풀러를 운전하여 산비탈의 농로를 내려오던 중 풀러와 함께 계곡으로 추락하여 사망하였다면 보험자는 교통사고 사망보험금을 지급할 책임이 있다(서울지방법원 의정부지원 2002.5.16. 선고 2001가합298 판결).

▶ 모터그레이더로 이동중 발생한 사고가 교통상해인지 여부

도로 포장공사시 노면을 고르는데 사용되는 건설장비인 모터그레이더를 운전하여 도로 평탄작업을 진행하다 작업을 마치고 같은 공사구간내에 있는 3km정도 떨어진 다른 작업장소로 이동하던 중 도로 오른쪽으로 장비와 함께 추락하면서 사망한 사고에서, 이미 작업을 마치고 다른 장소로 이동중이었고, 사고장소 또한 이미 공사가 완료되어 일반차량의 통행이 허용되는 구간인 점을 고려해볼 때 모터그레이더는 교통수단으로서 당해장치의 용법에 따라 운행중에 있었다고 봄이 상당하다(광주고등법원 1998.12.11. 선고 98나5271 판결).

▶ 페이로다 중기로 작업장내에서 이동중 발생한 사고가 교통상해인지 여부

중기를 교통수단으로 분류하고 있으나 중기가 작업기계로서만 사용되는 동안은 교통수단으로 보지 아니하는 바, 페이로다는 작업장 바닥을 정리하는 중기이지만 운전기사가 모래 정리작업을 하기 위하여 모래하역장에서 모래채취작업에 사용되어 오던 페이로다를 운전하여 모래하역장 안쪽으로 이동하던 중 피보험자를 충격하여 발생된 사고는 작업장 내에서 작업을 하기 위하여 작업장소로 이동하고 있었음에 비추어 작업기계로서의 고유목적 내지 그에 밀접하게 부수되는 목적으로 사용되고 있었던 것으로서 교통상해라고 볼 수 없다(서울지방법원 1995.12.22. 선고 95가단70563 판결).

▶ 농업기계가 운반작업을 위한 교통수단으로 사용된 경우 교통수단인지 여부

당해 약관에서는 농업기계를 기타 교통수단으로 인정하면서 예외적으로 이들이 작업기계로 사용되는 동안에는 기타교통수단으로 보지 않는 것으로 규정하고 있는 바, 농업기계가 작업기계로 사용되었는지 여부에 대해서는 농업기계의 사용목적 방법 등에 따라 제한적으로 엄격하게 해석 적용하여야 할 것이다. 농업기계는 농사라는 특수한 목적을 위해 제작된 기계로서 작업에 동원되는 경우가 일반적임에도 이를 당해 약관에서 원칙적으로 기타 교통수단으로 인정하고 있는 이상, 사고 당시의 농업기계의 사용용도, 즉 농사와 관련된 일에 사용되었는지만을 가지고 작업기계 여부를 결정함은 타당하지 아니하며, 농업기계가 농사일과 관련되어 사용되는 경우라 하더라도 운반작업 등 장소적 이동이라는 교통수단으로서 사용되는 경우는 기타 교통수단으로 인정되어야 할 것이다(금융감독원 분쟁조정사례 2004.10.26. 결정 제2004-62호).

▶ 경운기가 도로상에서 교통수단으로 사용될 때 교통수단인지 여부

보험약관상 교통수단의 범위가 열거식으로 규정되어 있고, 경운기가 여기에 빠져 있다고 하더라도 동 약관에서 작업용기계는 그 고유목적으로 사용중일때에는 교통수단으로 보지 아니하나 도로상에서 교통수단으로 사용중일 때에는 교통수단으로 보고 있고, 자동차의 범위를 자동차관리법 또는 도로교통법상의 자동차로 한정적으로 해석해야할 아무런 이유 및 근거도 없으므로 경운기도 도로상에서 교통수단으로 사용중일 때에는 교통수단에 해당하는 것으로 보아야 한다(금융감독원 분쟁조정사례 1994.7.18. 결정 제94-26호).

▶ 분무기에 적재함을 부착하여 이동중 발생한 사고가 교통상해인지 여부

당해 분무기는 그 명칭이 SS동력분무기로 되어 있지만, 운반 및 방제 작업 겸용의 농업기계로서 운전석 뒤쪽에 약제살포용 분무기와 물건운반용 적재함을 필요에 따라 탈부착할 수 있도록 설계되어 있는 점에 비추어 약제살포 기능뿐 아니라 운반기능도 그 본래적 기능의 하나로 보아야 할 것이고, 이 사건 사고 역시 당해 분무기로 약제살포를 하다가 발생한 것이 아니라 분무기 대신 적재함을 부착하여 운반용구로 사용하다가 발생한 것인 이상, 당해 분무기는 보험약관이 정한 교통수단의 하나인 농업기계에 해당한다(서울중앙지법 2005.6.8. 선고 2004가단375277 판결).

▶ 트랙터로 벼를 운반하던중 발생한 사고가 교통상해인지 여부

피보험자가 논에서 트랙터의 앞 로우더(Loader)에 30kg 벼 11가마, 운전석 뒷부분에 벼 2가마 등 합계 13가마를 적재하고 이를 약 50미터 가량 떨어진 부근 도로(논을 기준으로 약 3-4미터 높은 곳에 위치)변에 세워져 있는 경운기에 옮겨 싣기 위해 35도 경사로를 오르던 중 도로의 턱 부위에 트랙터 앞바퀴가 부딪히게 되어 전복되어 사망한 사고에서, 이 사고는 논에서 도로에 세워둔 경운기 까지 트랙터를 이용하여 벼를 운반하던 중 발생한 사고로서 농업기계인 트랙터를 작업기계로서 사용하는 도중에 발생한 사고라 할 것이어서 보험약관에서 말하는 교통사고에 해당하지 아니한다(서울지방법원 1999. 11.17. 선고 99가합20655 판결).

03 교통상해보험에서 보상하지 아니하는 손해

교통상해에서 보상하지 아니하는 손해는 상해보험의 면책사유와 상대적 면책사유를 포함한다. 여기에서는 제1장의 상해보험편에서 중복되는 부분은 생략하고 교통상해보험에서 추가적으로 삽입되어 있는 면책조항을 살펴보기로 한다.

가. 시운전, 경기, 흥행을 위하여 탑승하고 있는 동안

시운전, 경기(이를 위한 연습을 포함합니다) 또는 흥행(이를 위한 연습을 포함합니다)을 위하여 운행 중의 자동차 및 기타 교통수단에 탑승(운전을 포함합니다)하고 있는 동안에 발생한 손해는 보상하지 않는다.

나. 하역작업을 하는 동안에 발생한 손해

「하역(荷役)작업」이란 화물의 수송과정에서 화물을 싣거나 내리는 것, 옮기는 것, 창고에 쌓거나 꺼내는 것, 기타 화물의 이동에 관한 일체의 현장처리작업을 말한다. 하역작업을 면책으로 한 것은 하역작업은 물건을 들거나 내리고 옮기는 일로서 교통수단에서 물건을 내리거나 올리는 일 자체를 약관에 정한 '교통사고'로 보지 않는다는 취지이다. 다시말해, 하역작업은 교통수단에 화물을 올리거나 내리는 것일 뿐 교통사고로 볼 수 없다는 의미로 이해하여야 한다.

그러나 하역작업을 하는 동안에 다른 운행중인 교통수단 등에 의해 충격당한 경우는 약관에 정한 교통상해사고로 보아야 한다.

다. 자동차 및 기타 교통수단의 설치, 수선, 점검, 정비나 청소작업을 하는 동안 발생한 사고

교통수단의 설치, 수선, 점검, 정비나 청소작업을 하는 동안 발생한 사고는 '하역작업'에서와 마찬가지로 이러한 행위가 '교통수단'에 기인하여 발생하였다고 하더라도 교통상해보험에서 원래 보장하고자 하는 취지의 사고가 아님을 의미한다. 예를 들어, 자동차를 운행하던 중에 자동차가 고장이 나서 차량의 하부로 내려가 자동차를 점검하던 중 자동차에 의해 압사당한 경우 등은 교통상해로 보지 아니한다.

라. 건설기계 및 농업기계가 작업기계로 사용되는 동안 발생된 손해

건설기계 및 농업기계가 작업기계로 사용되어 작업중에 발생한 손해는 교통상해사고로 보지 아니한다. 그러나 건설기계(6종 건설기계)나 농업기계가 이동수단으로 쓰일 경우에는 교통상해로 본다.

마. 승객으로서 승강장 구내에 있는 동안의 발생한 손해

이 조항은 2000년 5월 약관개정 당시 승강장 구내에서의 일반상해까지도 보상하는 결과가 되어 삭제되었다. 이 규정을 적용할 경우 승강장 구내에서의 승객의 상해를 보상하고, 승강장 구내에서 업무상 종사하는 자의 직업위험을 배제하기 위해 '승객'의 요건을 두었었다.

04 교통사고

교통상해보험에서의 "교통사고"는 교통상해의 보상하는 손해에 정한 ① 자동차 운전중 교통사고, ② 탑승중 교통사고, ③ 비탑승중 교통사고를 의미한다.

「교통사고」는 교통사고처리특례법 제2조 제2호에서 '차의 교통으로 인하여 사람을 사상하거나 물건을 손괴하는 것'으로 정의하고 있다. 교통사고는 차의 교통으로 인하여 사람을 사상하거나 물건을 손상하는 모든 경우를 말하는 것이므로 굳이 도로에서의 교통사고로 제한되지는 않는다(대법원 1987.11.10. 선고 87도1727 판결).

05 생명보험에서의 교통재해

가. 교통재해의 정의

생명보험에서 「교통재해」라 함은 ① 운행중의 교통기관(이에 적재되어 있는 것을 포함합니다)의 충돌, 접촉, 화재, 폭발, 도주 등으로 인하여 그 운행중의 교통기관에 탑승하고 있지 아니한 피보험자가 입은 불의의 사고와 ② 운행중인 교통기관에 탑승하고 있는 동안 또는 승객으로서 개찰구를 갖는 교통기관의 승강장 구내(개찰구의 안쪽을 말합니다)에 있는 동안 피보험자가 입은 불의의 사고, 그리고 ③ 도로 통행중 건조물, 공작물 등의 도괴 또는 건조물, 공작물 등으로부터의 낙하물로 인하여 피보험자가 입은 불의의 사고를 말한다.

나. 교통기관의 정의

「교통기관」이라 함은 본래 사람이나 물건을 운반하기 위한 것으로 다음에 정한 것을 말한다.

① 기차, 전동차, 기동차, 모노레일, 케이블카(공중케이블카를 포함합니다), 엘리베이터 및 에스컬레이터 등

② 승용차, 버스, 화물자동차, 오토바이, 스쿠터, 자전거, 화차, 경운기 및 우마차 등

③ 항공기, 선박(요트, 모타보트, 보트를 포함합니다)등

④ 위의 교통기관과 유사한 기관으로 인한 불의의 사고일지라도 도로상에서 사람 또는 물건의 운반에 사용되고 있는 동안이나 도로상을 주행중에 발생한 사고는 교통재해로 본다.

⑤ 위의 교통기관 ①, ②에 의한 사고일지라도 공장, 토목작업장, 채석장, 탄광 또는 광산의 구내에서 사용되는 교통기관에 직무상 관계하는 피보험자의 그 교통기관으로 인한 직무상의 사고는 교통재해로 보지 아니한다.

⑥ '도로'라 함은 일반의 교통에 사용할 목적으로 공중에게 개방되어 있는 모든 도로(자동차 전용도로 및 통로를 포함)로서 터널, 교량, 도선시설 등 도로와 일체가 되어 그 효용을 보완하는 시설 또는 공작물을 포함한다.

▶ 납골당 공사현장에서 발생한 사고가 생명보험약관에 정한 교통재해인지 여부

피보험자가 납골당 공사현장에서 대리석을 맞추는 작업을 하던 중 4.5톤 트럭에 장착된 크레인에 운반되던 대리석이 떨어져 허리부위를 충격당한 사고에서, 교통재해분류표상 교통기관은 그 본래의 용법이 사람이나 물건을 운반하는 것으로 교통재해분류표에 예시된 교통기관과 이와 유사한 구조와 원리에 의하여 움직이는 장치인데, 본 건 크레인 장착 4.5톤 트럭은 화물을 운송하는 기능을 갖추고 자체 적하 등의 작업을 수행할 수 있는 설비를 갖춘 화물자동차이므로 교통재해분류표상의 교통기관에 해당하고, 교통기관의 운행이란 그 용법에 따라 사용하거나 이와 밀접한 관련성을 가진 경우를 말하는 데 본 건 사고는 크레인 장착 4.5톤 트럭이 그 본래의 용법에 따라 크레인을 이용하여 피보험자가 작업하고 있는 장소로 대리석을 이동하는 작업을 하던 중 발생하였는 바 교통재해분류표에 규정한 교통사고에 해당된다.

이에 교통기관의 운행중인 사고일지라도 공장, 토목공사장, 채석장, 탄광 또는 광산의 구내에서 사용되는 교통기관에 직무상 관계하는 피보험자의 그 교통기관으로 인한 직무상 사고는 교통사고로 보지 아니하도록 하고 있는데, 이는 세가지의 범주, 즉 첫째, 공장 등 특정한 사업장에서 일어난 사고일 것, 둘째, 특정한 사업장의 구내에서 사용하는 것을 주된 목적으로 하는 교통기관에 의한 사고일 것, 셋째, 그 교통기관의 직무상 관계하는 자의 직무상 사고를 요건으로 한다는 의미로 보아야 한다. 따라서 본 건 사고는 교통재해로 인정해야 한다(금융감독원 분쟁조정사례 2006.2.28. 결정 제2006-3호).

▶ 건설현장내의 차량 이동로를 보험약관에 정한 '도로'로 볼 수 있는지 여부

일용근로자인 피보험자가 아파트 건축현장 내의 차량 이동로변에 서 있던 중 작업을 마치고 이동하던 콘크리트 펌프카에 충돌하는 사고에서, 콘크리트 펌프카는 시멘트, 모래 및 물 등이 혼합된 콘크리트를 타설하기 위한 펌프가 탑재된 기계장치로서 본래 사람이나 물건을 운반하기 위한 것은 아니며, 법원 판례에서는 이와 유사한 기계장치인 콘크리트 믹서트럭, 굴삭기, 로우더를 교통기관과 유사한 기관으로 인정한 것에 비추어 보면 교통기관과 유사한 기관으로 보아야 한다. 그러나 본 건의 사고지점은 아파트 건설현장 내 차량의 이동로로서 일반 공중의 접근이 제한된 장소이고 일반의 교통에 사용할 목적으로 공중에게 개방되어 있지 아니하므로 당해 보험약관에서 규정한 도로에 해당된다고 보기 어렵다(금융감독원 분쟁조정사례 2006.5.23. 결정 제2006-28호).

1-6 골절진단 및 골절수술비 보장

01 골절의 이해

가. 골절의 의의

「골절」이란 신체의 뼈가 그 연속성이 완전 또는 불완전하게 소실된 상태를 말한다. 골절은 관절의 완전파열 등으로 서로 접촉해있던 관절연골면의 접촉이 완전히 또는 부분적으로 소실된 상태를 말하는 탈구(dislocation)나 아탈구(subluxation)와는 구분된다.

나. 골절의 분류

골절은 골절부위가 해부학적인 위치가 어디냐에 따라 골단(epiphysis), 골간단(metaphysis), 골간부(diaphysis or shaft), 관절내골절(intra-articular)로 나눈다. 또 근위부, 간부, 원위부로 나누기도 한다.

골절의 방향에 따라 횡상(transverse), 사상(oblique), 나선상(spiral), 종상(longitudinal) 등으로 나눈다.

골절부위의 연속성의 소실여부에 따라 연속성이 완전히 소실된 골절을 완전골절(complate fracture)이라하고, 한쪽 피질골의 연속성만 파괴시키는 경우를 불완전골절(Incomplate fracture)이라고 한다. 완전골절은 성인에서, 불완전골절은 소아에서 주로 발생한다.

골절의 형태에 따라 한 개의 골편이 다른 골편내로 파고들어간 골절을 감입골절(Impacted Fracture)이라하고, 척추체 등에서 척추가 눌려 골 높이가 줄어드는 골절을 압박골절(Compression Fracture), 골편이 관절을 침범한 골절을 관절내골절(Intraarticular Fracture), 두개골 등에서 골편이 안으로 들어가 함몰되는 골절을 함몰골절이라 한다.

골절의 개방성 동반 여부에 따라 골절 부위에 개방창이 있어 뼈가 밖으로 노출되거나 외계와 통한 경우를 개방성골절(Open fracture)이라고 하고, 그렇지 않은 경우를 폐쇄성골절(Closed fracture)라고 한다.

02 상해보험에서의 골절진단

상해보험에서는 급격하고도 우연한 외래의 사고를 보험사고로 보아 보상한다. 상해사고로 골절이 발생하고 그로 인한 후유증이 발생한 경우 그 후유증도 보상한다. 골절된 뼈조각이 잘못된 위치에서 유합된 부정유합(Malunion, M84.0), 골절된 부위가 유합되지 않으면서 관절 같은 형태를 유지하는불유합(Nonuion of fracture, M84.1), 그리고 유합하는데 통상적으로 걸리는 시간보다 오랜기간 동안 유합되지 않는 지연유합(Delayed union, M84.2)은 상해보험의 상해의료비나 상해입원급여금 등에서 보상한다.

하지만 장거리 행군 등으로 뼈의 일정한 부위에 반복되는 압력이 가해질 경우 서서히 골절(종골골절)이 일어나는 피로골절(stress fracture, M84.3)이나 뼈에 염증, 종양, 골조송증(골다공증), 다른 장기로부터 전이된 암, 세균감염 등의 이유로 약해진 뼈에 작은 외력에도 골절을 일으키는 병적골절(pathological fracture, M84.4)은 상해보험에서 보상하지 아니한다.

한국표준질병사인분류에서는 손상(injury)이나 중독(poisoning)등을 분류기호 S와 T로 분류하고, 출산외상(birth trauma, P10-P15)이나 산과적 외상(obstetric trauma, O70-O71)을 제외하고 있으며, 피로골절(M84.3)이나 병적골절(M84.4)과도 명백히 구분하고 있다.

03 골절진단과 질병분류기호의 이해

진단서에 진단명과 함께 표기된 질병분류기호만을 보고도 대부분의 질병에 대해 이해할 수 있다. 질병분류기호는 일정한 규칙에 의해 기록되므로 손해사정 과정에서 질병분류기호를 이해하고 적용하는 것은 매우 중요하다.

한국표준질병사인분류표는 세계보건기구(WHO)의 국제질병분류(ICD)를 근거로 하여 우리나라에서 사라진 질병은 삭제하고 외국에는 없으나 우리나라에 있는 질병을 추가하여 만든 것이다.

질병분류기호는 그 자체로서 각각 의미를 가지고 있다. 즉 골절진단에서 사용되는 질병분류기호의 첫째자리 영문 S는 단일 신체부위와 관련된 여러 형태의 손상을 의미하고, 두 번째 자리의 숫자는 신체의 해부학적 부위를, 세 번째 자리는 신체의 손상유형을, 네 번째 자리의 숫자는 신체손상의 세분류를, 다섯 번째 자리의 숫자는 골절부위가 개방성인지 폐쇄성인지에 대한 신체손상의 세세분류를 의미한다.

골절 분류기호

S	0	2	.	0	0
①	②	③		④	⑤

① 첫째자리 : S 는 손상을 표시

손상(injury), 중독(poisoning), 외인(external causes)은 S00-T98

② 둘째자리 : 해부학적 부위를 표시

0 은 머리

1 은 목

2 는 가슴

3 은 복부, 하배부 및 골반

4 는 어깨 및 팔죽지(겨드랑이, 어깨뼈 포함)

5 는 팔꿈치 및 아래팔

6 은 손목 및 손

7 은 엉덩이 및 넓적다리

8 은 무릎 및 아래다리

9 는 발목 및 발

③ 셋째자리 : 손상의 유형

0 은 얕은 손상(Superficial injury)

1 은 열린 상처(Open wound)

2 는 골절(Fracture)

3 은 탈구, 염좌, 긴장

4 는 신경손상

5 는 열상파열, 혈관파열

6 은 근육 힘줄 손상

7 은 압착손상

8 은 외상성절단(Traumatic amputation)

9 는 상세불명의 손상

④ 넷째자리 : 해부학적 부위의 세분류

⑤ 다섯째자리 : 세세분류

0 은 폐쇄성(Closed fracture)골절

1 은 개방성(Open fracture)골절

예) Fracture of lumgar vertebra (허리뼈의 골절) ➔ S32.0

Fracture of lower end of femur (넙다리뼈 하단의 골절) ➔ S72.4

Fracture of tooth(치아파절) / Broken tooth(파절치) ➔ S02.5

04 골절진단비

가. 보상하는 손해

골절진단비는 소아를 피보험자로 하는 상품이나 통합형 보험상품에서 화상진단비 등과 함께 특별약관의 부가를 통해 보편적으로 보장하고 있다. 골절진단비는 ① 피보험자가 ② 보험기간중에 ③ 급격하고도 우연한 외래의 사고로 ④ 신체에 ⑤ 상해를 입고 ⑥ 그 직접적인 결과로 ⑦ 골절분류표에 정한 골절로 ⑧ 진단확정된 경우에 지급된다.

골절진단은 신체에 손상을 입은 골절을 말하고, 의수, 의족, 의안, 의치 등의 신체보조장구에 입은 손상은 제외된다. 하지만 부분 의치처럼 신체에 이식되어 신체의 일부분을 이루어 그 기능을 수행하고 신체로부터 쉽게 분리할 수 없는 경우에는 신체의 일부로 본다(금융감독원 분쟁조정사례 1995.12.11. 결정 제1995-66호).

'골절'로 진단 받았다고 하여 모든 골절에 대해 골절진단금이 지급되어야 한다고 이해하는 것은 곤란하고, 피로골절(M84.3)이나 병적골절(M84.4), 출산외상(birth trauma, P10-P15)이나 산과적 외상(obstetric trauma, O70-O71)은 급격하고 우연한 사고로 볼 수 없을 뿐만 아니라 보험약관에 정한 골절분류표에도 포함되지 않기 때문이다.

▶ 치아보철(전장도재관)이 신체의 일부인지 여부

신청인은 기존에 존재하던 치아 전장도재관이 파절되는 사고를 당하여 다시 전장도재관의 장착치료를 받아 보험금을 청구하였다. 이에 보험사는 약관에 정한 "신체의 상해"에서 사고가 발생한 전장도재관은 정상치아가 아닌 보철물로 확인되어 보상할 수 없다고 하였다. 그러나 위원회는 치아보철이란 손상된 치아에 대하여 정상치아와 같은 기능을 수행할 수 있도록 손상부분을 보완하는 치료로써 보철부분은 정상치아와 유기적으로 결합되어 신체의 일부분을 이루어 그 기능을 수행하고 신체로부터 쉽게 분리할 수 없게 되어 있으므로 치아보철은 신체의 일부로 봄이 상당하다(금융감독원 분쟁조정사례 1995.12.11. 결정 제1995-66호).

나. 두가지 이상의 복합골절의 경우

골절진단비는 사고가 발생한 경우마다 매회 반복하여 지급한다. 골절의 진단에서 치아파절은 제외된다.[50] 다만, 하나의 사고로 신체에 2가지 이상의 골절이 발생한 경우에도 1회에 한하여 지급한다.

골절진단비가 지급된 부위에 또다시 사고가 발생하여 동일부위가 다시 골절된 경우에도 골절진단비를 지급한다.

50) 치아파절(S02.5)은 손해보험사는 2007년 4월, 생명보험사는 2006년 4월 약관개정시에 골절진단에서 제외시켰다.

05 골절수술비

가. 보상하는 손해

피보험자가 보험기간중에 급격하고도 우연한 외래의 사고로 인하여 신체에 상해를 입고 그 직접적인 결과로 골절분류표에 정한 골절로 진단확정되고 그 치료를 직접적인 목적으로 수술한 경우에 골절수술비를 지급한다.

나. '그 치료를 직접적인 목적으로'의 의미

골절수술비는 골절이 발생한 해당부위를 직접적인 치료를 위한 경우의 수술만을 인정한다. '그 치료를 직접적인 목적으로'의 의미는 해당 골절부위를 정복하고, 치유를 위해 절단·적제 등의 조작을 가하는 것을 말한다.

다. '골절 수술'의 의미[51]

골절 수술이라 함은 골절치료가 필요하다고 인정되는 경우로서 자택등에서의 치료가 곤란하여 의료법 제3조(의료기관) 제2항에 정한 국내의 병원, 의원 또는 이와 동등하다고 회사가 인정하는 국외의 의료기관에서 의사의 관리하에 골절의 치료를 직접적인 목적으로 의료기구를 사용하여 생체에 절단골절의 치료를 직접적인 목적으로 의료기구를 사용하여 생체에 절단(切斷, 특정부위를 잘라내는 것), 절제(切除, 특정 부위를 잘라 없애는 것) 등의 조작을 가하는 것을 말하며 흡인(吸引, 주사기 등으로 빨아들이는 것), 천자(穿刺, 바늘 또는 관을 꽂아 체액 조직을 뽑아내거나 약물을 주입하는 것) 등의 조치 및 신경(神經)차단(신경의 차단)은 제외한다.

라. 골절수술의 종류

1) 금속고정물을 이용한 내고정술

수술을 통한 정복, 선열, 안정을 달성하기 위해 뼈가 형성되기 전 까지 금속고정물 등과 같은 내고정기구로 골편을 제자리에 고정 시킨후 splint(부목)나 캐스트로 안정과 지지해주는 방법이다.

51) 골절수술비는 기존 약관에서 의료기관에 입원하여 수술한 경우로 제한되었으나 2006년 1월 이후 약관개정을 통해 해당 요건을 삭제하였다.

2) 금속고정물을 이용한 외고정술

금속틀과 핀을 사용하여 복합골절과 개방골절을 고정시킬 때 사용되고, 손상을 입은 연조직의 적극적인 치료를 가능하게 하는 치료법이다.

3) 수지 또는 족지 절단에 대한 단단성형술, 재접합술

단단성형술이란 압궤손상이나 사고로 인해 손가락이나 발가락이 절단된 경우에 절단부위의 뼈를 매끈하게 만든 다음 주변의 피부조직으로 감싸서 봉합해주는 수술을 말한다. 재접합술은 절단된 부위를 다시 접합해주는 수술을 말한다.

4) 골 견인술 (skeletal traction)

골견인술은 뼈에 철사나 핀을 직접 삽입한 후에 추와 줄을 연결하여 당기면서 골절편을 정렬하는 방법으로 벨트나 테이프를 이용하여 피부에 견인하는 피부견인술과는 구별된다.

5) 인공관절치환술

골절되어 치유가 불가능 한 부분에 대하여, 골절부분을 금속기구 등의 이식으로 대치하는 수수을 말한다. 어깨의 경우 상완골의 심한 복잡골절의 경우에 골절된 부분을 인공관질로 내치하서나, 고관절전치환술이나 슬관절전치환술 등이 여기에 포함된다.

6) 척추체성형술(골 시멘트 주입)

주저앉거나 손상된 척추뼈 안에 공기 주머니를 만들어 골 시멘트를 주입하는 방법으로 크게 절개하지 0.5cm정도의 절개만으로도 시술이 가능하다. 이 방법은 부분마취상태에서 주저앉고 찌부러진 척추뼈에 가느다란 주사바늘을 주입한 후, 외부의 강한 공기압으로 풍선을 부풀려 척추뼈 내에 공기주머니를 만들어 척추뼈를 효과적으로 펴주고, 액체 골시멘트를 주입하는 방법이다.

1-7 화상진단비용

01 화상의 정의

가. 화상의 의의

「화상」이라 함은 높은 온도의 기체, 액체, 고체, 화염 따위에 데었을 때에 일어나는 피부의 손상을 말한다. 이러한 화상에는 전기감전에 의한 전기화상, 뜨거운 국이나 찌개 등에 의한 열탕화상, 화재나 가스폭발에 의한 화염화상, 염산 등의 화공약품에 의한 화학화상, 유독가스 등에 의한 흡입화상 등으로 나뉜다.

나. 화상의 깊이에 따른 분류[52]

1) 1도 화상

1도 화상은 뜨거운 물에 아주 짧은 시간 동안 노출되거나 여름철 바닷가에서 장시간 자외선에 노출되었거나 일광욕을 심하게 하였을 경우에 흔히 입게 되는 화상이다. 1도 화상인 경우에는 노출부위가 따갑고 빨갛게 화끈거려 잠을 못자기도 하지만 피부의 표피층에만 조직손상이 발생하므로 약간의 동통과 부종이 주 증상이며 물집은 생기지 않는다.

특별한 치료 없이도 자연치유되는 것이 보통이며, 3~7일 사이에 표피가 비늘모양으로 벗겨지면서 아무런 반흔(scar)을 남기지 않는다.

2) 2도 화상

가) 표층 2도화상(표재성 2도 화상)

1도 화상보다 심한 경우로서 대부분 수포(물집)를 형성하며 피하조직의 부종을 동반한다. 수포를 제거하면 창상 바닥면의 색깔이 분홍 내지 빨간 색을 띠며 윤기가 많고 창상에 흘러나오는 삼출액이 많은 것이 특징이다. 외부 온도 변화 및 공기 노출과 같은 아주 경미한 접촉에서도 매우 민감하고, 극심한 통증을 유발한다.

조직학적으로 볼 때, 화상으로 인한 손상이 표피층을 지나 진피유두층(papillary

52) 한림대학교의료원 한강성심병원 화상센터(www.iloveburn.com)에서 발췌.

dermis)까지 내려간 것을 표층 2도 화상이라고 분류하며 표층 2도화상은 창상감염이 없는 경우 대부분 10일에서 14일 내에 반흔 없이 완전치유된다. 표층 2도 화상은 화상진단금의 지급대상이 아니다.

나) 심부 2도 화상 (심재성 2도 화상)

심부 2도 화상 (심재성 2도 화상)은 뜨거운 기름, 순간적인 전기스파크에 의한 화상, 갑자기 옷에 불이 붙은 경우 등에 주로 발생하고, 수포는 생기거나 생기지 않을 수도 있다. 창상 바닥의 색깔은 분홍색과 하얀색의 중간으로 보이게 되며 창상의 통증은 표층 2도 보다는 덜 심하여 부위에 따라 별로 통증이 없을 수도 있다.

심부2도 화상은 치료가 까다로워서 창상의 상태에 따라, 치료방법에 따라 치료의사의 경험에 따라 자연치유될 수도 있고, 3도 화상으로 전환되어 피부 이식이 필요한 경우가 생길 수도 있다. 최소 3주 이상의 치료기간이 요구된다. 보험에서 화상진단금의 지급되상이 되는 진단은 심부 2도 화상 이상인 경우에 해당한다.

3) 3도 화상

3도 화상은 표피, 진피의 전층과 진피층을 지나 피하지방층까지 손상된 경우로서 피부조직 및 신경을 포함한 모든 피부 기관들이 손상되어 자연적으로 재생되지 않으며, 되도록 빨리 가피를 제거하여 추후 생길 수 있는 감염의 위험성을 최소화 시켜야 하며, 화상부위의 구축현상으로 흉터가 생긴다.

4) 4도 화상

4도화상은 피부 전층을 포함한 심한 화상으로서 주로 고압전기에 의한 화상환자나 독가스나 음주 등으로 의식을 잃어 계속적으로 불에 타고 있었던 경우에 많이 발생한다. 이 경우 피부는 물론 근육, 뼈의 손상까지 동반되게 되며 사망률도 높고 치료도 어렵다.

02 화상 · 부식 질병분류기호의 이해

가. 신체부위와 화상 부식의 정도

분류 항목	분류번호
부위가 명시된 외부 신체 표면의 화상 및 부식	T20-T25
눈 및 내부 장기에 국한된 화상 및 부식	T26-T28
다발성 신체부위의 화상 및 부식	T-29
상세불명 신체부위의 화상 및 부식	T-30

화상진단 표기의 예) T 2 5 . 3
① ② ③ ④

① 화상분류에서 첫째자리 알파벳 T는 중독 및 외인에 의한 특정결과

② 둘째 자리 2는 화상을 나타낸다(T20-T30은 화상 및 부식 표기)

③ 화상분류에서 셋째자리 분류로 화상을 입은 신체부위를 나타낸다.

0 은 머리 및 목

1 은 몸통

2 는 어깨 팔

3 은 손목 및 손(손가락, 손바닥 포함)

4 는 엉덩이 및 다리

5 는 발목 및 발(발가락, 발톱 포함)

6 은 눈 및 내부장기

7 은 호흡기도

8 은 기타 내부기관

④ 화상분류에서 넷째자리 분류로 화상의 정도를 나타낸다.

.0 은 상세불명 정도의 화상

.1 은 1도화상 (홍반 erythema)

.2 는 2도 화상 (수포 blisters, 표피손실 epidirmal loss)

.3 은 3도 화상 (피하조직의 심부괴사necrosis, 전층 피부손실)

⑤ -1. 부식분류에서 넷째자리 분류로 부식의 정도를 나타낸다.

.4 는 상세불명 정도의 부식

.5 는 1도 부식

.6 은 2도 부식

.7 은 3도 부식

나. 신체 표면적에 따른 화상 부식의 정도

신체 표면적에 따른 화상 T-31

신체 표면적에 따른 부식 T-32

가) 화상분류에서 넷째자리의 분류로 화상과 부식의 표면적을 알 수 있다.

나) 화상진단의 경우 T31로, 부식진단의 경우 T32로 표기한다.

분류기호	화상을 입은 신체 표면적
T31.0	신체표면의 10% 미만을 포함한 화상
T31.1	신체표면의 10-19%를 포함한 화상
T31.2	신체표면의 20-29%를 포함한 화상
T31.3	신체표면의 30-39%를 포함한 화상
T31.4	신체표면의 40-49%를 포함한 화상
T31.5	신체표면의 50-59%를 포함한 화상
T31.6	신체표면의 60-69%를 포함한 화상
T31.7	신체표면의 70-79%를 포함한 화상
T31.8.	신체표면의 80-89%를 포함한 화상
T31.9	신체표면의 90% 이상을 포함한 화상

예1) Burn of second degree of head and neck (머리 및 목의 2도화상) ➔ T20.2

- Burn of trunk, third degree, 45% of body surface involved
(몸통의 3도 화상, 신체표면의 45%를 포함한 화상) ➔ T21.3 T31.4

03 보험에서의 화상진단비

급격하고도 우연한 외래의 사고로 신체에 상해를 입고 그 직접적인 결과로써 화상분류표에 정한 화상으로 진단 확정된 경우에는 보험증권에 기재된 금액을 화상진단비로 지급한다.

「화상」이라 함은 화상분류표에 정한 화상에 해당되는 화상 중 심재성 2도 이상의 화상을 말한다.

따라서 보험약관에서 말하는 심재성 2도 이상의 화상만을 의미하고, 단순한 피부발적 등의 1도 화상이나 표재성 2도 화상의 경우에는 보험금을 지급하지 아니한다.

화상진단비는 매사고시마다 지급한다. 그러나 동일한 사고로 신체 여러부위에 화상상태가 발생한 경우에는 하나의 사고이므로 1회의 화상진단비를 지급한다.

04 중대한 화상·부식진단비

가. 중대한 화상 · 부식

「중대한 화상 · 부식」이라 함은 신체 표면적으로 최소 20% 이상의 3도 화상 또는 부식을 입은 경우를 말한다. 화상 또는 부식을 입은 신체표면적은 "9의 법칙(The Rule of 9's)" 또는 "룬드와 부라우더 신체 표면적 차트(Lund & Browder Chart)"에 의해 측정되어진 것을 말하며, "9의 법칙" 또는 "룬드와 부라우더 신체 표면적 측정법"과 같이 표준화되고 임상학적으로 받아 들여지는 다른 신체표면적 차트를 사용하여 유사한 결과가 나온 경우에도 이를 인정한다.

나. "9의 법칙"과 "룬드와 부라우더 신체표면적차트"

"9의 법칙"은 화상의 면적을 측정하는 개략적인 방법으로 몸의 전체 체표면적을 100%라 했을 때 머리와 목이 9%, 앞가슴과 배가 18%, 등과 허리부분이 18%, 한 쪽 팔이 9%씩, 한 쪽 다리는 18%, 그리고 회음부가 1%로 총 100%로 계산된다. 어린이의 경우 머리와 목을 18%, 하지를 각각 15%, 상지를 각각 10%, 몸통의 전면을 16%, 몸통의 후면을 16%로 계산한다.[53)]

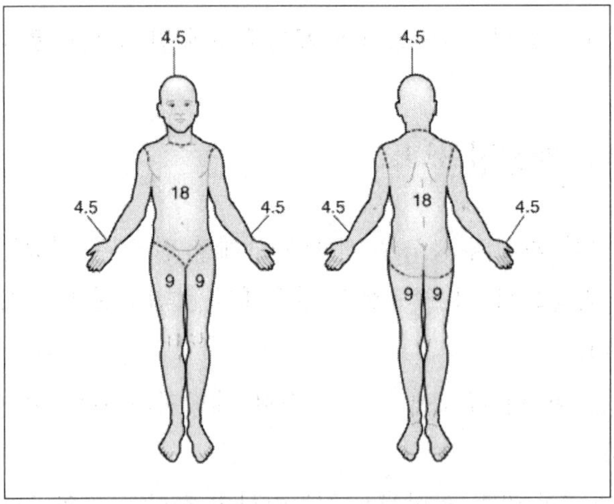

Sabiston Textbook of Surgery 17th edition Figure 22-4 인용

53) 유선미, "일차의료에서 화상에 대한 접근법", 「가정의학회지」제29권 제4호, 2008, p.312.

다. 중대한 화상 · 부식의 진단방법

중대화상 · 부식의 진단확정은 국내의 병원 또는 이와 동등하다고 회사가 인정하는 국외의 의료기관의 의사에 의해 이루어져야 하며, 한의사나 치과의사는 제외된다. 이때 중대화상이나 부식의 진단을 위해서는 문서화된 기록이나 기록 결과를 기초로 하여야 하고, 보험금청구를 위해서는 검사결과나 진료기록 사본을 제출하여야 한다.

Memo

Chapter

2 운전자보험

2-1 운행과 운전[1)]

01 운행의 정의

자동차의 '운행'의 개념을 개별약관에 정의하지 아니하는 한 운행의 개념은 법규상의 정의를 적용하거나 통상적인 사회일반의 개념을 적용해야 할 것이다. 자동차의 운행에 대한 법규상의 정의는 자동차손해배상보장법과 자동차관리법에 그 정의를 두고 있다. 자동차손해배상보장법 제2조 제2호에서는 '운행이란 사람 또는 물건의 운송 여부와 관계없이 자동차를 그 용법에 따라 사용하거나 관리하는 것을 말한다' 정의 하고 있다.

자동차손해배상보장법상의 '운행'의 정의는 '당해장치'를 삭제하고 '사용하는 것'에 '관리하는 것'을 추가하는 것으로 1999년 7월 1일 개정되었다.[2)]

가. 자동차의 정의

'자동차'의 정의는 우리나라에서 적용되는 법규에 따라 자동차로 인정하는 개념의

1) 기존의 운전자보험에서는 보험상품별로 '운행'과 '운전'을 구분하여 사용하여 왔다. 이후 보험약관 개정을 통해 '운전'으로 통일되었으나 10년 이상의 장기간동안 보장하는 장기보험의 특성상 여기서는 두가지 개념 모두를 설명한다.

2) 1999년 7월 1일 개정 전 운행의 정의 "사람 또는 물건의 운송여부에 관계없이 자동차를 당해장치의 용법에 따라 사용하는 것을 말한다"

범위가 다르다. 즉, 자동차관리법상의 자동차의 개념과, 도로교통법상의 자동차, 자동차손해배상보장법상의 자동차, 자동차보험에서 자동차의 개념이 모두 상이하다.

운전자보험에서 「자동차」라 함은 자동차관리법 시행규칙 제2조에 정한 승용자동차, 승합자동차, 화물자동차, 특수자동차, 이륜자동차 및 자동차손해배상보장법 시행령 제2조에 정한 덤프트럭, 타이어식 기중기, 콘크리트믹서트럭, 트럭적재식 콘크리트펌프, 트럭적재식 아스팔트살포기, 타이어식 굴삭기(이하 "6종건설기계"라 한다)를 말하며, 6종건설기계가 작업기계로 사용되는 동안은 자동차로 보지 아니한다.

나. '그 용법에 따라'의 의미

1999년 7월 1일 자배법 개정에 따라[3] '운행'의 개념에서 '당해장치'가 삭제되고, '관리하는 것'이 추가된 것은 그동안 당해장치에 대한 해석에서 통설로 인정되어 왔던 '고유장치설'과 '차고출입설'이 적극 반영된 것이라고 볼 수 있다. 그러나 여전히 '그 용법에 따라 사용 또는 관리하는 것'으로 규정하고 있으므로 '그 용법'에 대한 해석이 요구된다.

과거 '당해장치'에 대한 해석은 여러 학설 중 「고유장치설」이 통설로 인식되어 왔으나 자동차의 정차 또는 주차 중에 발생한 사고까지도 운행 중 사고로 보는 판례들이 계속 나오면서 차고출입설이 유력시 되어왔다. 그러나 최근 자동차 본래의 용도가 사람 또는 물건의 운송에 있고, 그 본래의 목적대로 이용하던 중 발생된 자동차의 사고를 운행중 사고로 보는 대법원 판례가 나오면서 운행에 대한 개념으로 위험성설이 대두되기에 이르렀다.[4]

어떤 학설을 취하건 간에 이는 특정 학설이 맞고 틀림의 문제가 아닌 어디까지를 운행중 사고로 볼 것인지에 대한 사회적인 용인 정도의 문제라 할 것이다.

1) 원동기설

자동차의 위험은 자동차가 원동기에 의해 속도와 중량을 가지고 주행하는데서부터 발생하므로 운행은 원동기에 의해 육상을 이동하는 것을 의미한다. 이 설에 의하면 운행은 원동기에 의하여야 하므로 원동기에 의해 이동하지 않는, 즉 시동을 걸기 전이나 자동차가 정지된 이후는 자동차의 운행으로 볼 수 없어 정지시 차문의 개폐에 의한 사고나 피견인중인 자동차는 운행중이 아니라고 본다. 가장 초기 학설이다.

3) 이후에도 자동차손해배상보장법은 11차례나 개정되었다.
4) 이재복 · 양해일, 『자동차보험이론』, 두양사, 2008. pp.74-81.

2) 주행장치설

당해장치를 위의 원동기 뿐만이 아니고 핸들(조향장치), 브레이크(제동장치) 등 기타 주행과 관련된 장치까지 확대해석하는 설이다. 이 설에 따르면 자동차가 엔진고장으로 자력이동이 불가능하여 주행할 수 없는 경우에도 핸들이나 브레이크 조작에 의해 조종의 자유를 가지고 있다면 이를 운행으로 볼 수 있으므로 이러한 주행장치를 조작하면서 로프에 의해 견인차량에 견인되어 주행하는 경우에도 운행중이라고 볼 수 있다.

그러나 크레인 차량의 크레인이나 덤프트럭의 덤프의 경우에는 차량의 주행 목적 외에도 별도의 용도를 가지고 있으므로 주행목적 외의 별도 목적에 의해 조작중 사고가 발생한 경우에는 운행중이라고 할 수 없다.

또한, 주행장치설은 당해장치의 범위를 원동기설에서 확대하여 주행장치까지 확대한 것일 뿐이므로 도로에서 정지상태에 있는 자동차는 운행상태로 볼 수 없다.

3) 고유장치설

당해장치를 원동기장치와 주행장치를 포함하여 전기장치, 냉각장치, 배기장치 및 기타장치는 물론 콘크리트믹서트럭의 믹서와 크레인자동차의 크레인, 덤프트럭의 덤프, 화물자동차의 측판 및 후판자동차 고유의 장치 모두를 포함하는 것으로 보는 설이다.

이 설에 따르면 당해장치를 주행장치와 원동기장치뿐만 아니라 특수자동차나 건설기계 등의 고유장치까지도 포함하며, 특수자동차나 건설기계의 고유장치 조작까지도 운행에 포함하는 것으로 해석한다.

그러나 자동차를 고유장치로 사용하지 않는 주차중인 경우에는 운행으로 볼 수 없게 된다.

4) 차고출입설

고유장치설에서 한 단계 더 나아가 자동차가 차고에서 나와서 다시 차고에 들어갈 때까지의 일련의 운전행위를 운행으로 보는 설로써 일반 도로에서 자동차의 주정차까지도 운행중으로 보는 설이다. 보다 진전된 논의로서 운전의 개시부터 운전의 종결까지 또는 긴 시간의 운전중지까지도 모두 운행중으로 해석해야 한다는 주장[5]도 있다.

---

5) 이병석, “자동차보험에 있어서 공동불법행위에 대한 보험금 분담에 관한 연구”, 「상사법연구」

5) 위험성설

최근 대법원 판례의 입장으로서 자동차가 운송수단으로서의 본질이나 위험과는 전혀 무관하게 사용된 경우까지는 운행으로 볼 수 없으나(대법원 2000.1.21. 선고 99다41824 판결), 자동차의 운행의 연속선상에서 자동차를 사용하던 중 발생한 사고는 운행중 사고로 보는 설이다.

예를 들어, 화물자동차를 그 본래의 목적과는 무관하게 포장마차로 전용하여 사용하던 중 LPG 가스 폭발에 의한 손님의 사상까지 운행으로 볼 수는 없지만, 자동차 운행의 연속선상에서 잠시 휴식을 위해 운전석 의자를 뒤로 젖힌 상태로 잠을 자던 중 LPG 가스 누출에 의한 폭발사고 등은 운행중 사고로 보는 설이다(대법원 2000.9.8. 선고 2000다99 판결).

▶ 취침과 방한 목적으로 시동과 히터를 켜놓은 것이 자동차운행중 사고인지 여부

자동차보험약관상의 '운행'이라 함은 자동차를 당해 장치의 용법에 따라 사용하고 있는 것을 말하고, '당해 장치'라 함은 자동차에 계속적으로 고정되어 있는 장치로서 자동차의 구조상 설비되어 있는 자동차의 고유의 장치를 뜻하는 것인데, 위와 같은 각종 장치의 전부 또는 일부를 각각의 사용목적에 따라 사용하는 경우에는 운행중에 있다고 할 것이나 자동차에 타고 있다가 사망하였다 하더라도 그 사고가 자동차의 운송수단으로서의 본질이나 위험과는 전혀 무관하게 사용되었을 경우까지 자동차의 운행중의 사고라고 보기는 어렵다. 따라서 승용차를 운행하기 위하여 시동과 히터를 켜 놓고 대기하고 있었던 것이 아니라 잠을 자기 위한 공간으로 이용하면서 다만 방한 목적으로 시동과 히터를 켜놓은 상태에서 잠을 자다 질식사한 경우, 자동차 운행중의 사고에 해당하지 않는다(대법원 2000.1.21. 선고 99다41824 판결).

▶ 운행의 연속선상에서 휴식을 위해 자던중 폭발한 사고가 운행중 사고인지 여부

심야에 엘피지 승용차를 운전하여 목적지로 향하여 운행하던 중 눈이 내려 도로가 결빙되어 있어 도로 상태가 좋아질 때까지 휴식을 취할 목적으로 도로변에 승용차를 주차한 후 시동을 켠 채 승용차 안에서 잠을 자다가 차내에 누출된 엘피지 가스의 폭발로 화재가 발생하여 운전자가 소사한 경우, 자동차의 운행중의 사고에 해당한다(대법원 2000.9.8. 선고 2000다89 판결)

제17권 제1호, 1998. pp.29-30.

다. '사용 또는 관리'의 의미

자동차손해배상보장법에서는 운행의 개념을 '사용'하는 것에 '관리'하는 것까지 추가하여 '당해장치'에 대한 해석의 범위를 보다 확대하였다. 일반적으로 '관리'란 자동차의 유지, 수선과 함께 보관까지를 포함하는 개념이고,[6] 그동안의 대법원 판례가 운행의 범위를 위험성설까지도 포함하는 근거이기도 하다.

02 운전의 정의

가. 도로교통법상의 '운전'의 정의

'운행'의 정의는 자동차손해배상보장법과 자동차관리법에 명시하고 있으나, '운전'에 대한 정의는 도로교통법을 제외하고는 명시된 바 없다.

도로교통법에서의 「운전」이란 도로에서 차마[7]를 그 본래의 사용방법에 따라 사용하는 것을 말하며, '조종'을 포함한다.

나. 보험에서 적용되는 '운전'의 정의

운전자보험에서 말하는 비용손해가 과거에는 주로 '유행중 사고'를 보상하다가 이후 '운전중 사고'를 보상하는 것으로 그 범위를 제한하여 왔다. 운행중사고를 보상범위로 하면서 '운행중 사고'에 대한 해석이 천차만별이고, 판례의 해석도 폭넓게 적용하면서 운전자보험에서 본질적으로 보상하려던 보장들이 왜곡되는 결과를 초래하게 되어 '운전중 사고'를 그 보상대상으로 하고 있다.

운전자보험에서는 '피보험자가 보험기간중에 자동차를 운전하던 중 급격하고도 우연한 자동차 사고'를 「운전중 사고」로 정의하고, '도로여부, 주정차여부, 엔진의 시동여부를 불문하고 피보험자가 자동차 운전석에 탑승하여 핸들을 조작하거나 조작 가능한 상태에 있는 것'을 「자동차를 운전하던 중」으로 설명하고 있다.

---

6) 이재복 · 양해일, 전게서, p.82.

7) 도로교통법상의 '차마'는 자동차, 건설기계, 원동기장치자전거, 자전거, 사람 또는 가축의 힘이나 그 밖의 동력에 의하여 도로에서 운전되는 '차'와 교통이나 운수에 사용되는 가축을 말하는 '우마'를 포함한다.

「자동차를 운전하던 중」

「자동차를 운전하던 중」이라 함은 도로 여부, 주정차 여부, 엔진의 시동 여부를 불문하고 피보험자가 자동차운전석에 탑승하여 핸들을 조작하거나 조작 가능한 상태에 있는 것을 말합니다.

따라서 운전석을 이탈하여 하차하던 중이거나 탑승을 위해 탑승하려는 중에 발생한 사고는 '자동차 운전중'이 아니다. 또한 자동차의 시동을 끄지 않고 정차시킨 후 차량에 적재된 물건을 내리다가 쓰러지면서 차량 운전석 뒷부분에 부딪혔다고 하여 이를 자동차를 운전하던 중 발생한 사고라고 보지는 않는다(대법원 2001.6.4. 선고 2001다23461 판결).

어디까지가 '운전'인지의 여부는 '음주운전' 또는 '무면허운전'인지의 여부를 판가름 하는 중요한 판단기준이 되고 있으며, 판례도 이러한 바탕위에서 논의하고 있다. 그러나 보험약관에서 정의한 '운전'의 정의와 도로교통법과 판례에서 말하는 '운전'의 정의는 다소 차이가 있으므로 유의해야 한다. 다시 말해, 도로교통법에서 말하는 '운전'의 정의는 "도로"에서의 운전을 기본 전제로 하고 있으나, 운전자보험에서의 '운전'은 ① 도로여부, ② 주정차여부, ③ 엔진의 시동여부를 불문하므로 당연히 차이가 있을 수밖에 없다.

따라서 '운전'과 관련된 법규나 판례를 운전자보험에 곧바로 적용하는 것은 개념의 범위를 달리하므로 타당하지 않다.

2-2 교통사고처리지원금(구 형사합의지원금)

01 교통사고시의 형사처벌

우리 형법에서는 다른 사람을 고의든 과실이든 다치게 하거나 사망에 이르게 한 자는 각각 폭행치사상, 상해치사, 과실치사상의 죄를 지은 것이 되어 형법에 의해 처벌을 받는다.

「폭행치사(暴行致死)」는 사람을 죽일 의사까지는 없고 다만 사람을 폭행할 의사만이 있었는데 여러 가지 이유 등으로 피해자가 사망에 이르게 된 경우로서 상해치사(傷害致死)의 경우와 비슷하게 적용되어 형법 제257조(상해, 존속상해), 형법 제258조(중상해, 존속중상해), 형법 제259조(상해치사)에 의해 처벌을 받는다.

그러나 「과실치사(過失致死)」는 사람을 죽게 할 고의는 없었으나 과실로 사람을 죽게 한 경우로서 폭행치사나 상해치사와는 구별된다. 또한, 「과실치상(過失致傷)」은 피해자의 의사에 반하여 공소를 제기할 수 없도록 함(형법 제266조 제2항)으로써 그 책임을 경감시키고 있다.

업무상 과실 또는 중대한 과실로 인하여 사람을 사상에 이르게 한 자는 5년 이하의 금고 또는 2천만원 이하의 벌금에 처해진다(형법 제268조).

'업무상 과실 · 중과실 치사상'이 일반적인 '과실치사상'과는 상대적으로 더 무거운 형벌을 가하고 있으나, 이는 수행하는 직무 자체의 위험성 때문에 사람의 생명이나 신체의 위험을 방지하기 위해서 보다 세심한 주의를 촉구하기 위해서이다. 이 죄의 적용을 받는 업무의 예로는 자동차 · 기차 · 항공기 · 선박 등의 운전업, 폭발물 · 약품 · 식료품 등을 취급하는 업무, 사람의 건강이나 생명과 관계된 의료업 등으로 교통사고나 불량부패식품의 판매공급, 의료사고 등이 대표적인 예이다.

따라서 과실 또는 중대한 과실로 교통사고를 일으켜 다른 사람을 다치게 하거나 죽게 한 경우에는 '업무상 과실 · 중과실 치사상'에 해당하여 형사처벌을 받게 된다.

교통사고는 형법에 의해 처벌을 받음은 물론 도로교통법에 의해서도 처벌을 받는다. 형법 제268조가 업무상 과실이나 중과실로 다른 사람을 사상에 이르게 한 경우를 제재하고 있다면, 도로교통법 제151조는 자동차의 운전자가 과실 또는 중대한 과실로 다른 사람의 건조물이나 그 밖의 재물을 손괴한 경우의 처벌을 명시하고 있다.

02 교통사고처리특례법의 특례

현재 우리나라의 차량은 매년 꾸준히 증가하여 2010년에는 1,794만대를 넘어서고 교통사고 발생건수도 226,878건에 달하고 있으며, 사망자수는 5,505명, 부상자수는 352,458명에 이르고 있다.[8)]

우리 형법에 업무상과실치사상죄를 두고 있으므로 우리나라에서 발생하는 모든 교통사고를 형사입건하여 처벌을 하게 되면, 경미한 교통사고임에도 불구하고 5년

8) 경찰청 통계자료실 자료 인용, www.police.go.kr

이하의 금고나 2,000만원 이하의 벌금형에 처해져야 하는데 이럴 경우 매년 약 22만명 이상의 범죄자를 양산하는 결과를 낳게 된다.

따라서 업무상과실 또는 중대한 과실로 교통사고를 일으킨 운전자에 대해 형사처벌의 특례를 정함으로써 교통사고로 인한 피해의 신속한 회복을 촉진하고 국민생활의 편익을 증진시키기 위해(교통사고처리특례법 제1조) 1981년 12월 31일 교통사고처리특례법을 제정하였다.

교통사고처리특례법의 본질은 사고를 일으킨 운전자에 대하여 일정한 경우에 형법적으로 처벌하지 않는데 있으며, 과실범죄에 대한 '신뢰의 원칙'과 '허용된 위험의 원칙'에 기초를 두고, '피해의 신속한 회복'과 '국민생활의 편익증진', 그리고 형사사법기관의 부담을 경감하기 위한 것이다. 또한 이 법의 제정 당시에는 고용운전에서 자가운전으로 전환되는 시점에서 필요한 입법이라는 공감대가 형성된 것에 기인한다.[9)]

교통사고처리특례법에서는 일정한 경우를 제외하고는 피해자의 의사에 반하여 처벌할 수 없게 한 것과 동법에 정한 보험에 가입한 경우에도 처벌할 수 없게 한 것의 두 가지 특례를 두고 있다.

가. 반의사불벌죄의 적용

교통사고처리특례법 제3조 제1항에서는 차의 운전자가 교통사고로 인하여 형법 제268조에 정한 업무상과실치상죄 또는 중과실치상죄를 범한 때에 5년 이하의 금고 또는 2천만원 이하의 벌금에 처하도록 하고 있으나, 제2항에서 형법 제268조와 도로교통법 제151조의 죄를 범한 운전자에 대하여는 피해자의 명시적인 의사에 반하여 공소를 제기할 수 없도록 한 특례를 두고 있다.

피해자 등의 고소권자가 고소하지 않으면 죄를 물을 수 없는 '친고죄'와는 달리, 피해자 등의 고소권자의 고소가 없어도 공소를 제기할 수는 있으나 피해자가 명백하게 가해자의 처벌을 원하지 않는다는 의사표시를 할 경우 처벌되지 않도록 하는 반의사불벌죄의 특례를 적용하고 있다.

다시 말해, 교통사고의 가해자와 피해자가 원만히 합의하고 피해자가 가해자의 형사처벌을 원하지 않는다고 명백히 밝힌 경우에는 공소를 제기하지 않도록 하여 가해자인 운전자의 부담을 경감시킨 것이다.

---

9) 김일수, "교통사고처리특례법 개선방안 마련의 필요성", 「손해보험」, 2008. 8. p.4.

그러나 이 경우에도 ① 도로교통법 제54조 제1항의 규정에 의한 조치를 하지 아니하고 도주하거나, ② 피해자를 사고장소로부터 옮겨 유기하고 도주한 경우와, ③ 교통사고처리특례법 제3조 제2항의 단서조항에 해당하는 사고를 일으킨 때에는 이 특례를 적용하지 아니하고 형사처벌 한다.

나. 보험 등에 가입된 경우의 특례

교통사고의 피해자가 가해자의 처벌을 원하지 않는 경우에 형사처벌을 제한하는 특례외에도 보험에 가입된 경우에도 가해자의 형사처벌이 제한된다.

여기에서 「보험」란 교통사고의 경우 피보험자와 피해자간의 손해배상에 관한 합의와 관련하여 피보험자를 대신하여 피해자의 치료비에 관한 통상비용의 전액을, 기타 손해는 보험약관에서 정한 지급 기준금액을 대통령령이 정하는 바에 의하여 우선 지급하되, 최종적으로는 교통사고로 인한 손해배상금 전액을 보상하는 보험을 말한다(교통사고처리특례법 제4조 제2항).

그러나 이 경우에도 보험계약이 무효 또는 해지되거나 계약상의 면책규정 등으로 인하여 보험금 지급의무가 없는 경우에는 형사처벌을 제한하는 특례가 적용되지 않는다.

다. 교통사고처리특례법의 위헌

우리나라의 형법은 고의로 범행을 저지른 자에 대해 처벌함을 원칙으로 하고 과실범에 대한 처벌은 법률상 특별한 규정이 있는 경우에 한하여 처벌하도록 하고 있다.[10] 그러나 과실에 의한 사고라고 하더라도 기본권에 해당하는 국민의 생명과 신체의 안전을 위해하는 제 요인들로부터 국민을 보호하기 위해 형법에 과실치사상죄(형법 제266조, 제267조), 업무상과실치사상죄(형법 제268조)를 두고 있다. 그러면서도 과실치사상에 대하여는 반의사불벌죄를 적용토록 하고 있지만, 업무상과실치사상죄에 대하여는 직무자체가 위험성을 갖기 때문에 사람의 생명이나 신체의 위험을 방지하기 위해 반의사불벌죄의 적용을 하지 않고 있다.

문제는 업무상과실치상[11]에 대하여 반의사불벌죄의 적용규정이 없으면서도 교통사고처리특례법에 차의 운전자에 대하여는 반의사불벌죄를 적용하도록 함으로

10) 형법 제14조(과실) 정상의 주의를 태만함으로 인하여 죄의 성립요소인 사실을 인식하지 못한 행위는 법률에 특별한 규정이 있는 경우에는 예외로 한다.
11) 교통사고처리특례법에서도 피해자가 사망한 경우에는 그 특례를 적용하지 아니한다.

써 오히려 보다 세심한 주의를 요하는 '운전업무'에 면죄부를 주는 결과가 되고, 교통사고처리특례법 제4조 제1항에서 가해자가 보험에 가입한 경우 피해자에게 공소권을 제한함으로써 보험가입을 무기삼아 사죄나 반성의 태도는 전혀 없이 무조건 보험처리만 하면 된다는 뻔뻔한 자세를 보일때 느끼는 법현실에 대한 배신감은 적지 않을 것이다. 사람을 다치게 해놓고서도 피해자가 가해자에게 미안하다는 최소한의 사과 한마디 받을 수 없는 것이 우리나라의 현실이다.

이러한 사유로 보험에 가입하였다고 하여 공소권을 제한하도록 한 교통사고처리특례법 제4조 제1항이 사고운전자들의 평등권을 침해하고 사고피해자들의 생명이나 신체에 대한 보호청구권 및 평등권을 침해한다고 하여 몇 차례 헌법소원[12]이 제기되어 2009년 2월 26일 위헌결정을 내렸다.

업무상과실 또는 중대한 과실로 인한 교통사고로 피해자에게 중상해를 입힌 경우에 공소를 제기할 수 없도록 규정한 교통사고처리특례법 제4조 제1항이 헌법에 위반된다고 선고하였다.

이에 따라 기존 운전자보험의 형사합의지원금에서 중과실로 인한 사고만을 보상하던 것을 일반교통사고로 피해자가 중상해를 입은 경우까지 보상하는 것으로 상품개정이 이루어지게 되었다.

03 교통사고처리지원금의 보상

가. 형사합의지원금(정액)

형사합의지원금(정액)

① 회사는 피보험자가 보험기간중에 자동차를 운전하던 중 급격하고 우연한 자동차 사고로 타인(피보험자의 부모, 배우자 및 자녀인 경우는 제외합니다)을 사망케하거나, 교통사고처리특례법 제3조 2항 단서에 해당하는 사고(단, 이 단서 중 7, 8은 제외합니다. 이하 중과실사고라 합니다)를 일으켜 피해자(피보험자의 부모, 배우자, 자녀 및 피보험자가 운전하던 자동차의 탑승자는 제외합니다)가 42일, 70일, 140일(피해자 1인 기준이며, 다수 피해자의 진단일을 합하여 계산하지 아니합니다. 다만, 피해자 1인에 대하여 한 사고로 최초 진단 이후에 추가 진단이 있는 경우에는 진단을 합하여 적

12) 헌법재판소 1997.1.16. 90헌마110. 여기에서는 교통사고처리특례법 제4조 제1항에 대하여만 그 대상으로 하였으나, 동법 제3조 제2항도 비슷한 수준에서 논의되는 것이 일반적이다. 이후에도 2005헌마764, 2008헌마118에서도 논의되었다.

용합니다)이상 치료를 요한다는 진단을 받은 경우에 피해자 1인당 1사고마다 아래의 금액을 형사합의지원금으로 수익자에게 지급합니다. 다만, 피보험자가 자동차를 영업 목적으로 운전하던 중 발생한 사고로 인한 경우에는 보상하여 드리지 아니합니다.

② 피보험자가 교통사고처리특례법 제3조 제2항 단서에 해당하는 사고를 일으킨 경우에는 경찰서에서 발행한 교통사고사실확인원을 제출하여야 합니다.

형사합의지원금은 교통사고처리특례법의 특례에 의하여도 보호되지 않고 처벌될 위험에 놓인 운전자에게 해당 보험금을 지급하여 형사적인 책임을 경감시키기 위한 것이다.

다시 말해, 교통사고로 사망사고를 일으키거나, 중과실 사고로 피해자가 42일 이상 치료를 요하는 경우 처벌될 수 있으므로 피해자와 원만하게 합의할 수 있도록 합의에 소요되는 상당액의 일부를 지원하고 하는데 그 목적이 있다.

기존의 형사합의지원금 보장은 타인(피보험자의 부모, 배우자 및 자녀는 제외)을 사망케 하거나, 11대 중과실 사고로 피해자(피보험자의 부모, 배우자, 자녀 및 피보험자가 운전하던 자동차의 탑승자는 제외)가 42일 이상 치료를 요한다는 진단을 받은 경우에 정액으로 지급한다.

나. (중상해)교통사고처리지원금(실손)

(중상해)교통사고처리지원금(실손)

① 회사는 피보험자가 보험기간 중에 자동차를 운전하던 중 급격하고도 우연히 발생한 자동차사고로 타인(피보험자의 부모, 배우자 및 자녀는 제외)에게 다음 각 호의 1에 해당하는 상해를 입혀 형사합의를 한 경우 매 사고마다 피해자 각각에 대하여 피보험자가 형사합의금으로 실제로 지급한 금액을 교통사고처리지원금으로 피보험자에게 지급합니다.

1. 피해자를 사망하게 한 경우
2. 중대법규위반 교통사고로 피해자가 42일 이상 치료를 요한다는 진단을 받은 경우
3. 일반교통사고로 피해자에게 형법 제258조 제1항 또는 제2항의 중상해를 입혀 검찰에 의해 공소제기 되거나 자동차손해배상보장법 시행령 제3조에서 정한 상해급수 1급, 2급 또는 3급에 해당하는 부상을 입힌 경우

「중대법규위반 교통사고」라 함은 교통사고처리특례법 제3조 제2항 단서에 해당

되는 사고를 말한다. 단서 중 7(무면허운전), 8(음주운전)은 중대법규위반 교통사고로 보지 않는다. 「일반교통사고」라 함은 자동차 운전중 교통사고 중에서 중대법규위반 교통사고에 해당하지 않는 사고를 말하는데 여기에서도 단서중 7(무면허운전), 8(음주운전)은 제외된다.

「형법 제258조 제1항 또는 제2항의 중상해」라 함은 사람의 신체를 상해하여 생명에 대한 위험을 발생하게 한 경우, 신체의 상해로 인하여 불구 또는 불치나 난치의 질병에 이르게 한 경우를 말한다.

교통사고처리지원금은 피보험자가 형사합의금으로 실제 지급한 금액을 지급함으로써 다수의 형사합의금 보장을 가입하고 보험사고의 발생으로 과도한 이득을 취하는 것을 방지하였다.

따라서 교통사고처리지원금이 다수로 체결되어 있는 경우에는 각각의 계약에 대하여 다른 계약이 없는 것으로 하여 산출한 보상책임액의 합계액이 형사합의금을 초과하는 때에는 각 계약의 보상책임액을 비례분담하여 지급한다.

04 교통사고처리지원금의 주요 쟁점

가. 피해자의 범위

운전자보험에서 특히, 형사합의지원금을 보장하는 상품에서 타인의 개념은 자동차보험에서의 타인의 개념과는 상당한 차이가 있다. 자동차보험에서 '타인성'에 대한 논의가 활발한 것에 비해 운전자보험에서는 과거에 일부 불명확하던 부분을 약관에 분명히 명시함으로써 논란의 소지를 없앴다.

형사합의지원금에서는 타인을 사망하게 한 경우와 중과실에 의한 사고를 구분하여 각각 '타인'과 '피해자'로 구별하고 있다. 즉 피해자가 사망한 경우의 타인에는 피보험자의 부모, 배우자 및 자녀가 제외되지만, 중과실에 의해 피해자가 42일 이상 치료를 요하는 진단을 받은 경우의 피해자에는 피보험자의 부모, 배우자 및 자녀와 피보험자가 운전하던 자동차의 탑승자도 제외된다.

따라서 피보험자가 운전하던 차량에 탑승하던 친구가 사망하면 형사합의지원금이 지급되지만, 중과실에 의한 사고로 친구가 42일 이상 진단을 받아도 형사합의지원금은 지급되지 않는다.

교통사고처리지원금에서는 사망사고, 중대법규위반사고, 일반교통사고 모두 피해자는 피보험자의 부모, 배우자 및 자녀로 통일되었다.

나. 형사합의에서 피해자의 사망

교통사고에서의 사망사고는 다른 사고 보다 훨씬 더 중요하게 다루어진다. 교통사고처리특례법 제3조 제2항에서도 '업무상과실치상죄'와 '중과실치상죄'에 대하여 특례를 적용하고 있을 뿐 '업무상과실치사죄'와 '중과실치사죄'에 대하여는 특례를 적용하지 않고 있다. 다시 말해, 차의 운전자가 차의 교통으로 다른 사람을 다치게 한 경우에는 특례의 적용이 가능하지만, 사망에 이르게 한 경우까지는 특례를 적용하지 않는다.

피해자 사망사고에서 피의자인 운전자는 일단 구속수사가 원칙이다.[13] 그러나, 피해자의 유족과 합의되고 피해자의 과실이 중한 경우에는 그러지 아니할 수 있다.

형사처벌과는 별개로 행정처분에서는 사고발생시점부터 72시간 이내에 사망한 경우만을 사망으로 보고, 72시간이 경과하여 사망은 중상으로 처리하지만, 형사상으로는 사고처리가 종료된 이후 범칙금을 부과받은 이후 사망하였거나 교통사고로 인해 치료를 진행하여 오다가 1년이 경과하여 증상의 악화 또는 재발, 후유증 등으로 사망하더라도 교통사고가 원인인 것이 확인될 경우 형사적인 책임을 부담한다.

1) 피해자로서 태아의 사망

우리 법원에서는 사람의 생명과 신체의 안전을 보호법익으로 하므로 규칙적인 진통을 동반하면서 분만이 개시된 때(소위 진통설 또는 분만개시설)에 태아가 사람이 되는 시기이므로, 태아는 아직 업무상과실치사죄의 객체가 되는 '사람'이 되었다고 볼 수 없어 태아의 사망에 대하여 '업무상과실치사죄'를 적용하지 아니한다(대법원 2007. 6. 29. 2005도 3832판결). 따라서 교통사고로 인하여 태아가 사망한 경우 '사람'으로 인정하지 않고 있기 때문에 사망으로 보지 아니한다.

▶ 피해자로서 태아의 사망을 업무상과실치사죄를 적용할 수 있는지 여부

사람의 생명과 신체의 안전을 보호법익으로 하고 있는 형법의 해석으로는 규칙적인 진통을 동반하면서 분만이 개시된 때(소위 진통설 또는 분만개시설)가 사람의 시기라고 봄이 타당하다고 함은 종래 대법원이 취하여 온 견해이다(대법원 1982. 10. 12. 선고 81도2621 판결, 대법원 1998. 10. 9. 선고 98도949 판결 등 참조). 태아는 아직 업무상과실치사죄의 객체인 '사람'이 되었다고 볼 수 없다는 이유 등으로 이 부분 공소사실에 관하여 무죄를 선고한 것은 정당하고, 거기에 상고이유 주장과 같은 채증법칙 위배 또는 업무상과실치사죄의 객체에 관한 법리 오해 등의 위법이 없다(대법원 2007.6.29. 선고 2005도3832 판결).

---

13) 대법원, 교통사고 피의자 양형지침(1998. 1. 14).

2) 고속도로 또는 자동차전용도로에서의 무단횡단 보행자 사망

사망사고라고 하더라도 고속도로나 자동차전용도로에서 무단횡단하는 보행자를 사망케 한 경우는 달리 적용된다.

도로교통법 등에서 고속도로나 자동차전용도로를 통행하거나 횡단하는 것을 금지하고 있고, 운전자로서도 고속도로나 자동차전용도로를 보행자가 통행하거나 횡단할 것까지 예상하고 대비하면서 운전할 주의의무는 없다. 다만 보행자의 통행이나 횡단이 금지된 도로를 운전하였더라도 운전자가 상당한 거리에서 보행자의 무단횡단을 미리 예상할 수 있는 사정이 있고, 그에 따라 즉시 감속하거나 급제동하는 등의 조치를 취하였다면 보행자와의 충돌을 피할 수 있었다는 등의 특별한 사정이 인정되는 경우에만 자동차 운전자의 과실을 인정할 수 있다.

▶ 자동차전용도로를 무단횡단한 보행자를 충격한 경우 운전자의 과실여부

도로교통법 제63조는 보행자는 자동차전용도로를 통행하거나 횡단하여서는 아니 된다고 규정하고 있으므로, 자동차전용도로를 운행하는 자동차의 운전자로서는 특별한 사정이 없는 한 보행자가 자동차전용도로를 통행하거나 횡단할 것까지 예상하여 급정차를 할 수 있도록 대비하면서 운전할 주의의무는 없다 할 것이고, 따라서 자동차전용도로를 무단횡단하는 피해자를 충격하여 사고를 발생시킨 경우라도 운전자가 상당한 거리에서 그와 같은 무단횡단을 미리 예상할 수 있는 사정이 있었고, 그에 따라 즉시 감속하거나 급제동하는 등의 조치를 취하였다면 피해자와의 충돌을 면할 수 있었다는 등의 특별한 사정이 인정되지 아니하는 한 자동차 운전자에게 과실이 있다고는 볼 수 없다(대법원 2007.7.13. 선고 2007다26240 판결 : 고속도로인 경우도 동일 대법원 2000.9.5. 선고 2000도2671 판결).

3) 피보험자의 불법주차에 의한 피해자의 사망

차량을 도로변에 불법주차하여 두었으나 불법주차된 차량을 제3자가 충돌하여 사망에 이르게 된 경우에, 불법주차는 단순히 도로교통법의 법규위반에 해당되어 범칙금이 부과될 뿐이고 형법 제268조에 정한 업무상과실·중과실치사상에는 해당되지 아니하여 형사적인 책임을 부담하지 아니한다. 도로변에 불법주차된 차량을 충돌한 차량에게 전방주시태만 등 안전운전의무 불이행에 기인한 것으로 보고, 주정차 위반 자체가 사고의 직접적인 원인이라고 인정하지는 않는다.

다만, 형사적인 책임과는 별개로 불법주정차에 따르는 과실부분에 대하여는 민사적인 책임이 인정될 수 있다.

▶ 불법주차로 발생한 사망사고에서 불법주차한 차주의 책임

심야에 음주만취상태로 승용차를 운전하던 자가 편도 5차로 도로의 1차로상에 미등과 차폭등이 꺼진 채 중앙분리대쪽으로 불법주차되어 있던 화물트럭의 뒷범퍼를 충돌하여 사망하였다고 하더라도, 위 트럭 운전자의 불법주차와 위 교통사고 사이에 상당인과관계를 인정하기 어렵다(대구지방법원 2004.10.19. 선고 2003가단100307 판결).

4) 피보험자가 피해 운전자인 경우 가해 운전자의 사망

도로상에서 정상적인 차로로 진행하다가 정지신호에 맞추어 정지해 있는 상태에서 중앙선을 넘어와 충돌한 오토바이 운전자가 사망한 경우에는 자동차 운전자는 피해자가 되고 중앙선을 넘어 자동차를 충돌한 오토바이 운전자는 가해자가 된다.

운전자보험에서 보장하려는 형사합의지원금은 운전자가 자동차의 운전으로 교통사고를 발생시켜 형사적인 책임을 부담하여 이를 경감하려는 목적이므로 피보험자가 전혀 과실이 없는 피해자인 경우에는 형사적인 책임이 없고 따라서 보험금의 지급책임도 없다.

이와 관련된 금융감독원 분쟁조정사례에서도 형사합의지원금이 교통사고의 피해자측과 형사합의를 할 경우 발생할 수 있는 피보험자의 경제적 위험에 대한 배상책임보험의 성격을 가진 것으로서 형사합의지원금이 지급되기 위한 요건으로 ① 피보험자가 타인을 사망케하거나 8대 중과실 사고를 발생시켰을 것, ② 피보험자가 피해자측과 형사상 형감경을 위해 형사합의를 하였을 것, ③ 형사합의 후 피해자측에 해당 금원을 지급하였을 것의 세가지 요건을 명시하고 있다[14](금융감독원 분쟁조정사례 2003.4.22. 결정 제2003-12호).

논란의 소지를 없애기 위해 운전자보험의 약관에서 피해자측의 과실이 100%인 경우에는 형사합의금이 발생하지 않아 이를 지급하지 않고 있음에도 "급격하고 우연한 자동차 사고로 타인을 사망케 한 경우 형사합의지원금을 지급"토록 표현되어 있어 계약자 등의 오인을 유발하므로 형사합의금 지원금 담보에서는 "피해자를 사망케 한 경우 그 원인이 피해자의 100% 과실로 인한 경우에는 제외"한다는 표현을 약관에 반영토록 하였다.[15]

14) 김필상, "사망사고 발생시 형사합의지원금의 지급조건", 「손해보험」, 2003년 7월호 pp.72-75.
15) 금융감독원 보도자료, 2007년 3월 19일.

▶ 피보험자가 전혀 과실 없이 가해 운전자가 사망한 경우의 형사합의지원금

신호에 따라 정상적으로 진행하던 중 신호를 위반하여 진행하던 자전거를 충격하여 자전거 운전자가 사망한 사고에서 형사합의지원금 특별약관이 피해자측과 형사합의를 하여야 할 경우 발생할 수 있는 피보험자의 경제적 위험을 보장하는 배상책임보험과 유사하다 할 수 있다. 아울러 동 특별약관의 도입취지 등을 근거로 형사합의지원금의 지급요건을 살펴보면 첫째 피보험자가 타인을 사망케하거나 8대 중대사고를 발생시켰을 것(즉 피보험자가 가해자일 것), 둘째 피보험자가 해당 사고와 관련하여 피해자측(유족)과 자신의 형사상 형 감경을 위해 부득이 형사합의를 하였을 것, 셋째 형사합의 후 피해자측에 해당금원을 지급하였을 것 등의 요건이 충족되었을 경우에 한해 동 지원금 지급이 가능할 것으로 보여진다. 또한 교통사고사실확인원상 자전거 운전자는 가해자로 피보험자는 피해자로 기재되어 있는 점, 피보험자가 유족측과 자신의 형 경감을 위해 형사합의를 시도하지 않은 점, 해당금원(형사합의금)의 지급여부와 상관없이 동 지원금을 지급하게 될 경우 동 상품의 도입취지 및 배상책임의 원리에도 반하게 되는 점으로 인해 보험사는 신청인에게 보험금을 지급할 책임이 없다(금융감독원 분쟁조정사례 2003.4.22. 결정 제2003-12호).

다. 교통사고처리특례법 제3조 제2항의 단서에 해당하는 사고

교통사고처리특례법의 특례가 적용되지 아니하는 사고는 ① 피해자 사망사고, ② 피해자를 구호하지 아니하고 도주한 사고, ③ 피해자를 사고장소로부터 옮겨 유기하고 도주한 사고, 그리고 ④ 11대 중과실에 의한 사고이다. 여기에서 11대 중과실에 의한 사고는 아래와 같다.

〈표 2-1〉 11대 중과실 사고유형

	적용법령	주 요 유 형
1	도로교통법 제5조	신호 또는 지시위반
2	도로교통법 제13조제3항	중앙선침범
3	도로교통법 제17조제1항 제2항	제한속도위반(20km 초과)
4	도로교통법 제21조제1항 제22조, 제23조 제60조제2항	앞지르기, 끼어들기, 갓길통행금지 등
5	도로교통법 제24조	건널목 통과방법위반
6	도로교통법 제27조제1항	횡단보도에서 보행자보호의무위반
7	도로교통법 제43조제1항, 건설기계관리법 제26조 도로교통법 제96조	무면허운전
8	도로교통법 제44조제1항	주취중 운전
9	도로교통법 제13조제1항	보도침범
10	도로교통법 제39조제2항	승객의 추락방지의무 위반
11	도로교통법 제12조제3항	어린이보호구역에서의 보호의무위반

교통사고처리특례법 제3조 제2항의 단서중 11호의 어린이 보호구역에서의 보호의무위반은 2009년 12월 22일부터 시행되었으므로, 시행일 이후 발생한 사고에 대해서만 적용되며 소급적용되지 않는다.

라. 피해자의 진단

형사합의지원금이 지급되기 위해서는 피해자가 사망하거나 교통사고처리특례법 제3조 2항의 단서에 정한 사고로 피해자가 최소 42일 이상 치료를 요한다는 진단을 받은 경우이어야 한다.

과거 약관에서는 치료를 받은 날을 기준으로 하였으나 약관개정을 통해 '실제 치료일수'기준에서 '치료를 요한다는 진단'으로 그 기준이 변경되었다. 또한 피해자의 진단도 '21일 이상 치료를 요한다는 진단'에서 '42일 이상'으로 변경되었다.

피해자의 진단은 교통사고후의 최초진단 뿐만이 아니라 치료를 계속하면서 이어지는 추가진단도 인정하여 이를 합산하되, 피해자가 여러 명일 경우 이를 합산하지는 않는다.

피해자의 진단이 굳이 '42일 이상'인 이유는 대법원의 「교통사고 피의자 양형지침」(1998. 1. 14)에서 자동차보험 미가입(대인배상2) 및 피해자와 합의가 안된 경우에 중과실 사고로 피해자가 '6주 이상' 진단을 받은 경우 구속하도록 하고 있어서 이러한 경우의 형사적인 책임 감경을 목적으로 했기 때문이다.

▶ 피해자가 최초 진단후 추가진단을 받을 경우 이를 인정하는지 여부

피보험자가 인도상에서 피해자를 충격하여, 피해자는 최초 2주진단 후 병원을 옮겨 8주 진단을 받아 형사상 불이익을 피하기 위해 형사합의를 하고 형사합의금을 신청하였으나, 보험사는 피해자가 통원일수를 포함하여 실제로는 11일간 치료를 받는데 불과하고,또한 실제 치료일수 21일은 보험사고로 인한 피해자의 치료일수 통계를 참고하여 보험료산출시 기초한 일수이고, 검찰의 교통사고 피의자에 대한 형사처리 내부지침과는 무관하므로 보험금지급이 불가능하다고 각기 다른 주장을 하였다. 이에 본건 교통사고로 인한 피해자의 병원치료일수는 비록 11일에 지나지 않지만 피해자의 상해정도는 의학적으로 21일 이상 치료를 요하는 것임을 의료기관 및 피신청인이 인정하고 있음에 비추어 볼때, 피해자가 그 특별한 사정으로 병원에서의 치료를 임의로 종결하였다고 하더라도 자가치료 등 실제 치료일수는 21일 이상이었다고 보는 것이 상당하다 할것이므로 보험금 지급거절은 부당하다 할 것이다(금융감독원 분쟁조정사례 1996.12.2. 결정 제1996-77호).

마. 영업목적으로 운전하던 중 발생한 사고

형사합의지원금에서는 피보험자가 자동차를 영업목적으로 운전하던 중 발생한 사고는 보상하지 아니한다. 예를 들어, 자가용운전자로 보험계약을 체결한 후 영업용차량, 즉 택시나 버스를 운전하다가 발생한 사고에 대하여는 보상하지 아니한다.

그러나 약관에 '영업용차량을 운전하던 중'이라 하지 않고 '영업목적으로 운전하던 중' 발생한 사고는 보상하지 않도록 포괄적으로 규정함으로써 자동차의 운전내용과 목적이 '영업목적'인 경우에 보상하지 않도록 하고 있다.

'영업목적으로 운전'에 대한 판례나 분쟁조정사례는 아직 없다. 정확히 일치하지는 않으나 유사하게 개인용 자동차보험에서는 '유상운송'에 대하여 면책하고 있으므로 이를 참조할 필요가 있다.

'유상운송'의 의미는 비사업용자동차를 요금이나 대가를 목적으로 사용 또는 대여하는 것을 말한다. 유상운송을 면책하는 취지는 ① 비사업용자동차를 유상운송에 제공하는 행위가 자동차운수사업법 제58조, 제72조 제5호에 의한 처벌대상이 되는 위법행위이고, ② 사업용자동차와 비사업용자동차는 각각 위험률에 큰 차이가 있으며, ③ 이에 따라 부담하는 보험료 역시도 차별적이어서 보험료 부담의 형평에 어긋나기 때문이다(대법원 1992.5.22. 선고 91다 36642 판결).

유상운송의 면책요건으로는 ㉮ 요금이나 대가를 목적으로, ㉯ 반복적으로 사용하거나 대여한 경우를 그 요건으로 하고 있다.

「요금」이란 사람 또는 물건으로부터 받은 이익의 대가로 지불하는 금전을 말하며, 「대가」란 자신의 재산이나 노력 같은 것을 다른 사람에게 주어 이용하게 하고 그 보수로서 얻은 재산상의 이익을 말한다. 따라서 요금이나 대가란 자동차의 사용에 대한 실비 이상의 대가를 뜻하므로 실비변상적인 유류비, 고속도로 통행료, 운전자 점심 값 등은 포함되지 않는다(대법원 1997.10.10. 선고 96다23252 판결).

「반복적」이란 보험기간에 불문하고 피보험자동차가 사고이전에 1회 이상의 유상운송행위에 사용 또는 대여된 사실이 입증된 경우를 말하므로 단 1회의 유상운송만으로는 유상운송 면책약관을 적용할 수 없다(대법원 1992.9.22. 선고 92다28303 판결).

기존의 형사합의지원금에서는 피보험자가 영업목적으로 운전한 경우를 보상하지 않도록 하고 있었으나, 교통사고처리지원금에서는 통지의무를 위반한 경우 자가용과 영업용 요율에 따라 비례보상 한다.

▶ **유상운송 면책약관의 해석**

비사업용자동차로서 보험에 가입한 차량을 계속적 또는 반복적으로 유상운송행위에 사용하는 경우에 발생된 사고에 관하여 약관조항으로 보험자의 면책을 규정한 것은, 사업용자동차 이외의 자동차를 유상운송에 제공하는 행위가 자동차운수사업법 제58조, 제72조 제5호에 의하여 처벌의 대상이 되는 범법행위로서 이를 억제하려는 데 그 취지가 있을 뿐 아니라, 사업용자동차와 비사업용자동차는 보험사고의 위험률에 큰 차이가 있어 보험료의 액수도 다르기 때문이며, 위 면책약관이 유상운송을 유발한 탑승자와 같이 유상운송과 직접 관련이 있는 자가 입은 손해에 한하여 적용된다는 근거는 없으므로 유상운송과 직접 관계가 없는 피해자가 입은 손해에 대하여 적용되지 않는 것으로 해석할 수는 없다(대법원 1992.5.22. 선고 91다36642 판결).

▶ **실비변상적 성격의 비용을 운송의 대가라고 할 수 있는지 여부**

사회복지법인 한국응급구조단이 구급차를 이용하여 응급환자를 이송하고 이송처치료를 받고 있으나, 이는 실비변상적 성격으로 운송에 대한 대가라고 볼 수 없어 위와 같은 구급차의 운행이 유상운송에 해당하지 않는다(대법원 1997.10.10. 선고 96다23252 판결).

▶ **1회의 유상운송을 요금이나 대가를 목적으로 한 것으로 볼 수 있는지 여부**

1회의 유상운송만으로는 자동차종합보험계약의 약관 제10조 제1항 제7호의 "요금이나 대가를 목적으로 계속적 또는 반복적으로 피보험자동차를 사용하거나 대여한 때에 생긴 사고로 인한 손해"에 해당하지 아니한다(대법원 1992.9.22. 선고 92다28303 판결).

바. 교통사고사실확인원의 제출

형사합의지원금이 교통사고를 낸 운전자의 형사적인 책임을 감경할 수 있도록 피해자와 합의하는데 소요되는 상당금액의 일부를 보존하는데 그 취지가 있으므로, 교통사고가 발생하여 형사처벌이 되는 경우를 전제로 하고 있다. 그러나 교통사고처리특례법제3조 2항의 단서에 정한 사고를 일으키고 당사자간 임의로 합의하거나 자동차보험으로 처리하되 관할 경찰서에 신고하지 않음으로서 애초부터 형사책임에서 벗어난 경우에는 비록 약관에 정한 몇가지 요건을 충족하였다고 하더라도 보험금을 지급하지 아니한다.

교통사고사실확인원의 제출을 통해 가해차량과 피해차량이 1차적으로 가려지고, 가해 운전자의 위반법규 내용이 교통사고처리특례법제3조 2항의 단서에 정한 사고(음주 · 무면허 제외)에 해당하는지의 여부를 판가름 할 수 있으며, 가피해자간 임의적으로 조작되거나 변경될 수 있는 사고사항을 국가기관의 수사를 통하여 확정함으로서 그 공신력을 확보하려는 데에도 그 목적이 있다.

사. 해외에서 운전중 발생한 사고에 대한 형사합의지원금

현행 보험상품에서는 국내에서 발생한 사고만을 보상한다는 제한요건이 없다. 그렇다면 해외에서 운전하던중 사고를 일으켜 피해자를 사망하게 하거나, 교통사고처리특례법 제3조 제2항의 단서에 정한 사고를 일으킨 경우에도 형사합의지원금을 지급해야하는지의 문제가 발생한다.

피해자를 사망하게 한 경우에는 형사합의지원금의 지급에는 이견이 없으나(다른 나라에서도 교통사고로 피해자가 사망한 경우는 중요하게 처리되고 있다), 중대법규위반 사고로 피해자가 42일 이상 치료를 요한다는 진단을 받은 때의 경우가 문제가 된다.

다시 말해, 국내법에서는 중대법규위반 사고로 피해자가 42일 이상의 진단을 받은 경우 구속요건에 해당하므로 이를 경감토록 하기 위한 것이 형사합의지원금이다. 그러나 다른 나라에서는 형사처벌의 요건은 각기 달리 적용되고 있으므로 이를 개별적으로 구분하여 보상여부를 결정한다는 것은 사실상 거의 불가능에 가깝고, 보험금의 지급요건을 교통사고처리특례법에 정한 사고로 제한하고 있으므로 형사합의지원금을 지급하지 않는 것이 타당하다.

2-3 자동차사고 변호사선임비용 (구 방어비용)

01 법률비용보험(Legal Expense Insurance)[16]

법률비용보험은 피보험자가 타인과의 법률적 이해관계 다툼으로 인하여 변호사의 법률자문이나 변호사 선임료, 소송진행에 소요되는 비용 등 법적분쟁 해결에

16) 독일에서는 권리보호보험(Rechtsschutzversicherung), 미국에서는 법무비용보험(Legal Expenses Insurance), 일본에서는 權利保護保險으로 불리지만 여기에서는 법률비용보험으로 정리한다.

필요한 비용이 발생하면 그 법률비용 상당액을 보험금으로 지급하는 상품으로 독일이나 영국, 미국 등지에서는 활성화되어 있다.

법률비용보험은 손해배상, 고용, 주택과 토지, 계약, 세무, 교통관련 행정, 가사 등과 관련된 법률비용을 포괄적으로 보상한다. 법률비용보험의 주된 담보대상은 피보험자의 권리를 보호하기 위한 비용인 변호사보수와 소장에 첨부되는 인지대, 송달료, 강제집행비용, 승소한 상대방의 소송비용 등이다.[17]

또한, 법률비용보험이 변호사의 선임이나 소송비용 때문에 법적 분쟁에 소극적으로 대응했다가 피해를 보는 사례가 줄어들 것이라는 긍정적 기대와 함께, 법률비용보험의 가입으로 소송비용에 대한 부담이 줄어들어 승소가능성이 적은 경우에도 소송을 제기하거나, 화해로 종결할 수 있는 사안에 대해서도 법원을 판결을 받는 등의 소송남용에 대한 부정적 우려감[18]도 있다.

법률비용보험이 다양한 분야에 대해 포괄적으로 보장하고자 하는 데에 비해, 현재 국내에서는 특정분야의 법률비용만을 담보하는 보험상품의 형태로 존재하고 있다.

예를 들어, 자동차보험 및 영업배상책임보험 등 배상책임보험에서 피보험자의 보험사고로 손해배상청구소송이 제기된 경우 피보험자가 회사의 동의를 얻어 지출한 소송비용, 변호사보수, 대위권보존비용 등의 법률비용을 보상하고 있고,[19] 운전자보험에서는 피보험자가 운전자로서 교통사고를 발생시켜 타인의 신체에 손상을 입혀 구속영장에 의해 구속되거나 검찰에 의해 공소제기된 경우에 방어비용을 정액형태로 지급하고, 확정판결에 의한 벌금을 실제 발생한 손해액만큼 보상한다.

02 방어비용(약식기소 제외)

회사는 피보험자가 보험기간중에 자동차를 운전하던 중 급격하고 우연한 자동차사고로 타인의 신체에 상해를 입힘으로써 구속영장에 의하여 구속되었거나, 검사에 의해

17) 권영수, "법률비용보험의 운영현황 및 활성화에 따라 예상되는 위험에 대한 대책", 금융감독원 조사연구 Review 제19호, p.6.

18) 장재옥, "법률서비스보험 연구(독일에서의 권리보호보험을 중심으로)", 「중앙대학교 법학논문집 제22집」, 1997, p.157.

19) 장재옥, "우리나라에서의 법률서비스보험 도입 및 개발방향", 「중앙대학교 법학논문집 제26집 제1호」, 2002, p.115.

공소제기(이하 기소라 합니다. 단, 약식기소 제외)된 경우 또는 검사에 의해 약식기소 되었으나 법원에 의해 보통의 심판절차인 공판절차에 의해 재판이 진행되게 되는 경우에는 보험가입금액을 1사고마다 방어비용으로 수익자에게 지급합니다. 다만, 검사에 의해 약식기소 되었으나 피보험자나 검사가 법원의 약식명령에 불복하여 정식재판을 청구한 경우에는 보상하여 드리지 아니합니다.

방어비용은 피보험자가 보험기간중에 자동차를 운전하던 중 급격하고도 우연한 자동차사고로 타인의 신체에 상해를 입힘으로써 구속영장에 의해 구속되었거나 검찰에 의해 공소제기 된 경우에 지급된다.

1998년 7월 이전 운전자보험 약관에서는 구속영장에 의해 구속된 경우만을 보상하여 오다가 1998년 7월 이후부터는 구속영장에 의해 구속된 경우와 함께 검찰에 의해 공소제기된 경우까지 보상하도록 약관이 개정되면서부터 약식명령에 의해 벌금형을 받은 경우도 '검찰에 의해 공소제기된 경우'로 보아 보상한다. 그러나 2009년 4월 약관개정을 통해 구속영장에 의해 구속된 경우와 검사에 의해 공소제기(단, 약식기소 제외)된 경우 또는 검사에 의해 약식기소 되었으나 법원에 의해 보통의 심판절차인 공판절차에 의해 재판이 진행되는 경우에 보상하도록 변경되었다.

가. 구속영장에 의한 구속

자동차를 운전중 피해자를 사망케한 경우 구속수사가 원칙이고, 교통사고처리특례법 제3조 2항의 단서에 정한 중과실사고는 피해자의 진단이 3주미만인 경우에는 불구속하지만, 혈중알코올농도 0.16% 이상인 경우 피해자의 피해상황에 따라 구속여부가 결정된다. 음주운전중 사고와 신호위반 사고를 제외한 나머지 중과실에 의한 사고는 피해자의 진단이 12주 이상인 경우 4개월 이상의 금고형에 처해지게 된다.[20]

나. 검사에 의한 공소제기

「공소제기」란 범죄의 혐의가 있다고 판단되는 피의자에 대하여 국가형벌권을 발동하여 법원에 재판의 소를 제기하는 것을 말한다. 검사에 의한 공소제기로 '피의자'는 '피고인' 신분이 된다.

20) 대법원 교통사고 피의자 양형지침(1998. 1. 14).

다. 검사에 의한 약식기소와 공판절차 진행

검사에 의해 약식기소 되었으나 법원에 의해 보통의 심판절차인 공판절차에 의해 재판이 진행되게 되는 경우에 방어비용(약식기소 제외)을 지급한다. 다만 검사에 의해 약식기소 되었으나 피보험자나 검사가 법원의 약식명령에 불복하여 정식재판을 청구한 경우에는 보상하지 않는다.

여기에서 「약식기소」란 검사가 지방법원의 관할사건에 대하여 보통의 심판절차인 공판절차를 거치지 아니하고 피고인에게 벌금, 구류 또는 몰수의 형을 과하는 것이 타당하다고 판단하여 약식명령공소장에 의하여 기소하는 것을 말한다.

라. 영업용 운전중 사고시의 직업급수별 비례보상

자가용 운전자가 운전자 보험등에 가입하고, 영업용 택시를 운전하는 등의 직업이 변경된 경우에는 이를 보험사에 알리도록 하고 있으며, 이를 위반한 경우에는 통지의무위반으로 보아 보험사는 1개월 내에 보험계약을 해지할 수 있고, 발생한 손해는 변경전 요율과 변경후의 요율에 따라 비례보상한다.

운전자보험 등의 비용손해는 위험의 구분이 구체적인 직업직무라기 보다 자가용 운전중 사고인지 영업용 운전중 사고인지의 여부로 구분되며 요율은 아래 표와 같다.

〈표 2-2〉 비용손해의 참조순보험요율

구 분	자가용	영업용
벌금	0.000104	0.001163
방어비용	0.003113	0.028038
면허정지	0.217950	
면허취소	0.002186	

※ 상기 요율은 보험개발원(www.kidi.or.kr)의 참조순보험요율 예시자료 인용

예를 들어, 자가용운전자보험에 가입한 피보험자가 택시운전으로 직업을 변경하였으나 이를 보험회사에 알리지 아니하고 택시운전중 사고가 발생하여 구속된 경우의 방어비용의 계산은 아래와 같다.

$$5{,}000{,}000\text{원} \times \frac{0.003113(\text{자가용, 변경전요율})}{0.028038(\text{영업용, 변경후요율})} = 550{,}000\text{원}$$

03 자동차사고 변호사선임비용(실손)

회사는 피보험자가 보험기간중에 자동차를 운전하던 중 급격하고 우연한 자동차사고로 타인의 신체에 상해를 입힘으로써 구속영장에 의하여 구속되었거나, 검사에 의해 공소제기(약식기소 제외)된 경우 또는 검사에 의해 약식기소 되었으나 법원에 의해 보통의 심판절차인 공판절차에 의해 재판이 진행되게 되는 경우에는 변호사선임비용으로 실제로 부담한 금액을 1사고마다 보험가입금액을 한도로 수익자에게 지급합니다. 다만, 검사에 의해 약식기소 되었으나 피보험자나 검사가 법원의 약식명령에 불복하여 정식재판을 청구한 경우에는 보상하여 드리지 아니합니다.

자동차사고 변호사선임비용은 기존의 방어비용(약식기소 제외)과 대부분 동일하지만 변호사선임비용으로 실제 부담한 금액을 지급하는 점이 다르다. 변호사선임비용으로 실제 부담한 금액을 지급하므로 해당 보험금을 지급할 다수의 계약이 체결된 경우, 다른 계약이 없는 것으로 하여 산출한 보상책임액의 합계액이 피보험자가 부담하는 금액을 초과했을 때 계약에 따른 보상책임액의 상기 합계액에 대한 비율에 따라 지급한다.

「1사고」라 함은 하나의 자동차 운전중 교통사고를 말하며, 1사고로 항소심, 상고심을 포함하여 다수의 소송을 하였을 경우 그 소송동안 피보험자가 실제로 부담한 전체 변호사선임비용을 합쳐서 보험가입금액을 한도록 보험수익자에게 지급한다.

2-4 벌금

01 교통사고로 인한 벌금

형법 제268조(업무상과실 · 중과실치사상)에서는 업무상 과실 또는 중대한 과실로 인하여 사람을 사상에 이르게 한 자는 5년 이하의 금고 또는 2천만원 이하의 벌금에 처하도록 하고 있다. 아울러 도로교통법 제151조에서도 차의 운전자가 업무상 필요한 주의를 게을리하거나 중대한 과실로 다른 사람의 건조물이나 그 밖의 재물을 손괴한 때에는 2년 이하의 금고나 500만원 이하의 벌금에 처하도록 하고 있다.

「구약식」이란 '약식명령청구'의 줄임말로 검사가 공소제기와 동시에 법원에 대하여 공판절차를 거치지 아니하고, 약식절차에 의하여 검사가 제출한 자료만을 토대로 피고인을 벌금, 과료, 몰수의 형에 처하는 약식명령을 청구하는 것을 말한다.

약식절차는 독일의 과형명령절차(Strafbefehlsverfahren)에서 유래하는 제도로서 경미한 사안에 대하여 벌금, 과료 등의 형을 과함으로써 단기자유형의 폐단을 방지할 수 있고, 공개재판에 대한 피고인의 사회적 · 심리적 부담을 덜어주며, 공판정의 출석을 위한 불필요한 시간과 노력을 피할 수 있다는 점에서 피고인의 권익을 보호하기 위한 제도로 평가받고 있다.

실무적으로는 약식명령청구가 자주 활용되는 범위는 오토바이무면허운전사건 등과 같이 법정형이 벌금이나 과료밖에 없는 사건이나, 조세범처벌법위반사건 등과 같이 벌금형이 자유형보다 오히려 실효를 거둘 수 있는 사건, 교통사고사건이나 상해사건 등으로서 사안이 경미하고 피해자와 합의가 성립된 사건 등에서 활용되고 있다.[21]

02 벌금의 보상

회사는 피보험자가 보험기간중에 자동차를 운전하던중 급격하고도 우연한 자동차사고로 타인의 신체에 상해를 입힘으로써 신체상해와 관련하여 받은 벌금액(확정판결에 의하여 정해진 벌금액)을 1사고마다 2000만원을 한도로 수익자에게 지급합니다.

가. 대인사고에 의한 벌금

피보험자가 자동차 운전중 사고로 인하여 타인의 신체에 상해를 입힘으로써 신체상해와 관련하여 확정판결을 통해 벌금을 부과받은 경우에는 1사고마다 2,000만원을 한도로 실손해액만큼을 보상한다.

주의할 점은, 교통사고에서 대인사고인 경우는 물론 대물사고가 발생하여도 벌금이 부과되는데, 약관에서 보상하는 사고는 대인사고로 인한 벌금을 그 대상으로

21) 대검찰청 홈페이지(www.spo.go.kr)의 "검찰자료"에서 발췌.

한다. 만약, 타인의 신체에 상해를 입힘과 동시에 타인의 재물의 손해까지 입힌 경우에도 약관에 의하여 보험금을 지급한다.

그러나 약관에서 정한 보험사고는 '타인의 신체에 상해를 입힘으로써 신체상해와 관련하여 받은 벌금액'이므로 대인 · 대물사고가 동시에 발생한 경우에 전체 벌금액에서 대물사고에 의한 벌금부분을 공제하여야 한다는 논의가 있을 수 있으나, 벌금액을 산정하는데 있어 대물피해부분이 참작되었더라도 벌금액 산정시 대인피해부분과 대물피해부분의 기여비율을 산정하여 각각의 비율에 따라 벌금액을 산정하지 아니하므로 보험사가 임의로 기여비율을 산정하고 그 비율에 따라 벌금액을 부과하는 것은 타당하지 않다(금융감독원 분쟁조정사례 1996.12.2 결정 제1996-75호).

▶ 대인대물사고가 경합된 경우의 벌금의 보상

약식명령서상 형법 제40조 (상상적 경합)에 따라 법정형이 중한 대인피해에 대하여 교통사고 처리특례법 소정의 벌금형을 선고한 것을 알 수 있으며, 가사 벌금액의 산정시에 대물피해부분이 참작 되었다고 가정하더라도 벌금액을 산정하는데 있어 대인피해 부분과 대물피해부분의 기여비율을 산정하여 각각의 비율에 따라 벌금액을 산정하지 아니하고 있음에 비추어 볼때, 보험사가 임의로 기여비율을 산정하고 그 비율에 따라 벌금액을 구분하는 것은 아무런 근거가 없으므로 이 건 벌금은 전부가 대인피해에 대한 벌금으로 보는 것이 타당하다 할 것이다(금융감독원 분쟁조정사례 (1996.12.2. 결정 제1996-75호).

나. 벌금의 한도 2000만원

형법 제268조 (업무상과실 중과실 치사상)에서 업무상 과실 또는 중대한 과실로 인하여 사람을 사상에 이르게 한 자는 5년 이하의 금고 또는 2천만원 이하의 벌금에 처하도록 하고 있고, 도로교통법 제151조를 적용할 경우 2년이하의 금고나 500만원 이하의 벌금에 처하도록 하고 있다.

따라서 약관에 벌금을 2,000만원 한도로 보상하는 것은 교통사고로 인하여 타인을 다치게 하여 부과될 수 있는 최고 한도인 2,000만원인 점을 고려한 것이다.

다. 벌금의 미납으로 노역장에 처해진 경우의 보상

벌금은 판결확정일로부터 30일 이내에 납입하여야 하고, 벌금을 선고할 때에는 동시에 그 금액을 완납할 때까지 노역장에 유치할 것을 명할 수 있다(형법 제69조).

또한 벌금을 선고할 때 납입하지 아니하는 경우의 유치기간을 정하여 동시에 선고하도록 하고 있고(형법 제70조), 벌금을 선고받은 자가 그 일부를 납입한 때에는 벌금과 유치기간의 일수에 비례하여 납입금액에 상당한 일수를 제하도록 하고 있다(형법 제71조). 현재는 벌금미납시 1일당 5만원[22]으로 환산하여 노역장에 유치하도록 하고 있다.

만약, 벌금미납으로 인하여 최초 50만원이 선고되었다가 노역장의 구금으로 벌금을 내지 아니한 경우에는 이미 확정된 벌금을 노역장의 구금으로 대체한 것일 뿐이고, 이에 대하여는 형법에서 규정한 바에 의한 것이므로 선고된 벌금 50만원은 보험금으로 지급해야 한다.

라. 확정판결에 의해 벌금이 감액되는 경우의 환수문제

벌금은 형법상의 형벌로서 반드시 법원의 재판에 의하여 부과되는데 이에 대해 이의가 있을 경우의 불복절차는 법원으로부터 「약식명령문」을 송달받은 날로부터 7일(수령 익일부터 7일)이내에 해당 법원에 정식재판청구를 하면 통상의 재판절차에 의하여 다시 재판을 받을 수 있다.

보험약관에서는 "확정판결에 의하여 정해진 금액"을 지급하도록 하고 있으므로 최초 부과된 벌금액이 차후 확정판결에 의해 감액되거나 무죄판결을 받은 경우 환수하여야 한다.

03 벌금의 비례보상

가. 다른 상품과의 비례보상

제1항의 벌금에 대하여 보험금을 지급할 다른 계약(공제계약을 포함)이 체결되어 있는 경우에는 각각의 계약에 대하여 다른 계약(공제계약을 포함)이 없는 것으로 하여 산출한 보상책임액의 합계액이 피보험자가 부담하는 금액을 초과했을 때 회사는 이 계약에 따른 보상책임액의 상기 합계액에 대한 비율에 따라 보험금을 지급합니다.

22) 노역장 1일 환산금액은 특별히 법에 의해 정해진 것이 아니고 임의재량권에 속한다.

피보험자가 벌금을 보상하는 다수의 보험계약에 가입하여 오던 중 사고로 타인의 신체에 손상을 입혀 벌금이 부과된 경우에는 이를 보장하는 상품에 대하여 비례보상한다.

공제금액의 적용여부 등에서 계산방식의 같고 다름에 상관없이 약관에서는 독립책임액 방식에 의한 비례보상방식을 명기하고 있으므로 이에 따른다.

$$\text{손해액} \times \frac{\text{해당계약에서 산출한 보상책임액}}{\text{다른계약이 없는것으로하여 각각 산출한 보상책임액의 합계액}}$$

예시

[A 계약] : 벌금한도 2,000만원

[B 계약] : 벌금한도 2,000만원

확정판결에 의한 벌금 부과액 3,000,000원

$$[\text{A 계약}]\quad 3{,}000{,}000\text{원} \times \frac{3{,}000{,}000\text{원}}{3{,}000{,}000\text{원} + 3{,}0000{,}000\text{원}} = 1{,}500{,}000\text{원}$$

$$[\text{B 계약}]\quad 3{,}000{,}000\text{원} \times \frac{3{,}000{,}000\text{원}}{3{,}000{,}000\text{원} + 3{,}0000{,}000\text{원}} = 1{,}500{,}000\text{원}$$

나. 영업용 운전중 사고시의 비례보상

앞서 살펴본 방어비용에서처럼 자가용 운전자가 운전자 보험 등에 가입하고, 영업용 택시를 운전하는 등의 직업이 변경된 경우에는 이를 보험사에 알리도록 하고 있으며, 이를 위반한 경우에는 통지의무위반으로 보아 보험사는 1개월 내에 보험계약을 해지할 수 있고, 발생한 손해에 대하여는 변경전 요율과 변경후의 요율에 따라 비례보상 한다.

운전자보험 등의 비용손해는 위험의 구분이 구체적인 직업직무라기 보다 자가용 운전자인지 영업용운전자인지의 여부로 구분되며 요율은 아래 표와 같다.

〈표 2-3〉 비용손해의 참조순보험요율

구분	자가용	영업용
벌금	0.000104	0.001163
방어비용	0.003113	0.028038
면허정지	0.217950	
면허취소	0.002186	

※ 상기 요율은 보험개발원(www.kidi.or.kr)의 참조순보험요율 예시자료 인용

예를 들어, 자가용운전자보험에 가입한 피보험자가 택시운전으로 직업을 변경하였으나 이를 보험회사에 알리지 아니하고 택시운전중 사고가 발생하여 벌금 300만원이 부과된 경우에는 아래와 같이 계산한다.

$$3,000,000\text{원} \times \frac{0.000104(\text{자가용, 변경전요율})}{0.001163(\text{영업용, 변경후요율})} = 270,000\text{원}$$

2-5 면허정지 · 취소 위로금

01 행정처분으로서의 벌점[23)]

「벌점」이란 행정처분의 기초자료로 활용하기 위하여 법규위반 또는 사고야기에 대하여 그 위반의 경중, 피해의 정도 등에 따라 배점되는 점수를 말한다. 「누산점수」란 위반 또는 사고시의 벌점을 누적하여 합산한 점수에서 상계치(무위반, 무사고 기간 경과시에 부여되는 점수 등)를 뺀 점수를 말한다. 「처분벌점」이란 구체적인 법규위반과 사고야기에 대하여 앞으로 정지처분 기준을 적용하는데 필요한 벌점으로서, 누산점수에서 이미 정지처분이 집행된 벌점의 합계치를 뺀 점수를 말한다.

가. 벌점의 종합관리

법규위반 또는 교통사고로 인한 벌점은 행정처분기준을 적용하고자 하는 당해 위반 또는 사고가 있었던 날을 기준으로 하여 과거 3년간의 모든 벌점을 누산하여

23) 벌점에 대하여는 도로교통법 시행규칙 별표 28의 자료를 정리하였다.

관리한다. 처분벌점이 40점 미만인 경우에, 최종의 위반일 또는 사고일로부터 위반 및 사고없이 1년이 경과하면 그 처분벌점은 소멸한다.

교통사고를 야기하고 도주한 차량을 검거하거나 신고하여 검거하게 한 운전자(피해자가 아닌 경우에 한함)에 대하여는 40점의 특혜점수를 부여하여 기간에 관계없이 그 운전자가 정지 또는 취소처분을 받게 될 경우, 검거 또는 신고별로 각 1회에 한하여 누산점수에서 이를 공제한다. 법규위반으로 교통사고를 야기한 경우에는 사고결과에 따른 벌점과 조치 등 불이행에 따른 벌점을 모두 합산한다.

나. 벌점의 초과로 인한 운전면허의 취소

1회의 위반이나 사고로 인한 벌점 또는 연간 누산점수가 규정에 정한 벌점 또는 누산점수에 도달한 때에 그 운전면허를 취소한다. 즉 1년간 121점 이상, 2년간 201점 이상, 3년간 271점 이상의 점수에 도달하면 운전면허는 취소된다.

벌점 또는 누산점수가 초과된 경우 외에도, 교통사고를 일으키고 구호조치를 하지 아니한 경우, 술에 취한 상태(0.05%이상)에서 운전을 하다가 교통사고로 사람을 죽게 하거나 다치게 한 경우 또는 0.1% 이상 만취한 상태에서 운전한 경우 등 취소처분이 되는 개별기준이 있다.

다. 벌점 처분벌점 초과로 인한 면허정지

운전면허 정지처분은 1회의 위반이나 사고로 인한 벌점 또는 처분벌점이 40점 이상이 된 때부터 결정하여 집행하되, 원칙적으로 1점을 1일로 계산하여 집행한다. 면허정지처분에 대하여도 취소처분에서와 마찬가지로 누산점수의 초과의 경우 외에 정지처분이 되는 개별기준이 있다.

라. 처분벌점 및 정지처분 집행일수의 감경

처분벌점이 40점 미만인 사람이 교통법규교육을 마친 경우에는 경찰서장에게 교육필증을 제출한 날부터 처분벌점에서 20점을 감경한다.

면허정지처분을 받은 사람이 교통소양교육을 마친 경우에는 경찰서장에게 교육필증을 제출한 날부터 정지처분기간에서 20일을 감경한다. 면허정지처분을 받은 사람이 교통소양교육을 마친 후에 교통참여교육을 마친 경우에는 경찰서장에게 교육필증을 제출한 날부터 정지처분기간에서 30일을 추가로 감경한다.

마. 교통사고 결과에 따른 벌점기준

교통사고 발생 원인이 불가항력이거나 피해자의 명백한 과실인 때에는 행정처분을 하지 아니한다. 자동차 대 사람의 교통사고인 경우, 쌍방과실인 때에는 그 벌점을 2분의 1로 감경한다. 자동차 대 자동차 교통사고인 경우에는 그 사고원인 중 중한 위반행위를 한 운전자만 적용하고, 교통사고로 인한 벌점산정에 있어서 처분받을 운전자 본인의 피해에 대하여는 벌점을 산정하지 아니한다.

구 분		벌점	내 용
인적 피해 교통 사고	사망 1명마다	90	사고발생시부터 72시간 이내에 사망한 때
	중상 1명마다	15	3주 이상의 치료를 요하는 의사의 진단이 있는사고
	경상 1명마다	5	3주미만 5일 이상의 치료를 요하는 의사의 진단이 있는 사고
	부상신고 1명마다	2	5일 미만의 치료를 요하는 의사의 진단이 있는 사고

02 면허정지위로금

① 피보험자가 보험기간중에 자동차를 운전하던 중 급격하고 우연한 자동차사고로 타인의 신체에 상해를 입히거나 재물을 손상함으로써 피보험자의 자동차운전면허가 행정처분에 의해 일시 정지되었을 경우에는 면허정지 기간 동안 최고 60일을 한도로 1사고마다 보험증권에 기재된 일당액을 면허정지 위로금으로 수익자에게 지급합니다. 다만, 면허정지 행정처분 사유가 교통사고가 아닌 경우에는 면허정지위로금을 지급하지 아니합니다.
② 제1항의 면허정지기간이라 함은 행정기관의 교정교육을 이수하여 면허정지기간을 감경받았거나 감경받을 수 있는 경우에는 전체 면허정지기간에서 감경받았거나 감경받을 수 있는 기간을 차감한 기간을 말합니다. 단, 행정기관의 교정교육을 이수하지 않아 면허정지기간을 감경받지 못하여 면허정지 처분기간 이후에 경찰서의 행정처분 조회 확인서를 제출한 경우에는 그러지 아니합니다.

자동차를 운전하던 중 급격하고 우연한 자동차사고로 타인의 신체에 상해를 입히거나 재물을 손상함으로써 행정처분에 의해 면허가 정지된 경우에 면허정지기간동안 약관에 정해진 금액을 지급한다.

면허정지는 운전자의 벌점이 40점 이상이 된 때부터 집행되고, 원칙적으로 1점을 1일로 계산하여 집행되므로, 이를 근거로 면허정지위로금이 산정된다.

손해보험에서는 피보험자가 입은 손해를 보상하는 것이 일반적이고 보험의 일반원리에도 부합된다. 면허정지 위로금은 면허정지 기간동안 운전을 할 수 없게 된 피보험자에게 대체교통수단을 이용할 수 있게 함은 물론 일정정도의 위로금으로 지급하는 것이다.

그러나 일정기간의 면허정지 처분을 받고 행정기관의 교통법규교육이나 교통참여교육을 받음으로써 면허정지기간이 줄어드는 경우에는 실제 피보험자가 입은 손해가 감소한 것으로 보고, 실제 면허가 정지된 기간만을 보상한다.

03 면허취소위로금

① 피보험자가 보험기간중에 자동차를 운전하던 중 급격하고 우연한 자동차사고로 타인의 신체에 상해를 입히거나 재물을 손상함으로써 피보험자의 자동차운전면허가 행정처분에 의해 취소되었을 경우에는 1사고마다 보험증권에 기재된 금액을 면허취소위로금으로 수익자에게 지급합니다.

면허취소위로금도 급격하고 우연한 자동차 사고로 타인의 신체에 상해를 입히거나 재물을 손상함으로써 행정처분에 의해 자동차 운전면허가 취소된 경우에 지급하는 보장이다.

면허정지나 면허취소가 되는「행정처분의 사유」란 피보험자에게 면허정지나 면허취소의 행정처분이 내려진 사유를 말하고, 보험금 지급을 위해서는 이러한 행정처분의 사유가 '교통사고'가 원인이 되어야 한다.

만약, 교통사고로 상당한 정도의 벌점이 누적되어 있다가, 피보험자가 운전중 단순히 신호위반이나 속도위반 등의 사유로 벌점이 추가되면서 면허정지가 되거나 면허취소가 된 경우에는 해당 보험금을 지급하지 아니한다. 반면, 신호위반이나 속도위반 등의 사유로 벌점이 누적되어 있다가 경미한 교통사고로 벌점이 행정처분 기준을 초과하여 면허정지나 면허취소가 발생한 경우에는 보험금을 지급한다.

따라서 기존에 누적된 벌점이 교통사고이거나 신호위반, 또는 속도위반 등의 단순벌점인지의 여부와는 상관없이 면허정지나 면허취소가 있게 한 교통사고만을 '행정처분의 사유'로 본다.

2-6 이륜자동차 운전중 사고

01 이륜자동차와 원동기장치 자전거

흔히 오토바이라고 불리는 교통수단은 우리나라에서는 이륜자동차나 원동기장치자전거라는 용어로 사용된다. 이륜자동차와 원동기장치자전거는 각각 자동차관리법과 도로교통법에서 부여된 명칭으로 사용되는 의미가 다소간 차이가 있다.

자동차관리법 시행규칙에서의 「이륜자동차」라 함은 1인 또는 2인의 사람을 운송하기에 적합하게 제작된 이륜의 자동차를 말하고, 50cc 미만인 것은 제외된다. 그리고 이륜인 자동차에 측차를 붙인 자동차와 이륜자동차와 유사한 구조로 되어있는 삼륜 또는 사륜의 자동차로서 승용자동차가 아닌 것을 포함한다.

「원동기장치자전거」는 ① 자동차관리법 제3조의 규정에 의한 이륜자동차중 125cc 이하의 이륜자동차와 ② 배기량 50cc 미만의 원동기를 단 차를 말한다. 도로교통법상에서 '자동차등'이라 할 때에는 자동차와 원동기장치자전거를 포함한다(도로교통법 제2조 제21호).

02 이륜자동차와 상해보험계약 후 알릴 의무

질병상해보험 표준약관 제23조 (상해보험계약 후 알릴 의무)

① 계약자 또는 피보험자는 보험기간 중에 피보험자가 그 직업 또는 직무를 변경(자가용 운전자가 영업용 운전자로 직업 또는 직무를 변경하는 등의 경우를 포함합니다)하거나 이륜자동차 또는 원동기장치 자전거를 계속적으로 사용하게 된 경우에는 지체없이 회사에 알려야 합니다.

가. 이륜자동차운전의 상해보험계약 후 알릴의무

질병상해보험 표준약관에서는 자가용 운전자가 영업용 운전자로 직업 또는 직무를 변경하는 경우와 함께 이륜자동차나 원동기장치 자전거를 계속적으로 사용하게 된 경우에 통지의무를 부과하고 있다.

이는 이륜자동차가 일반 교통수단보다 안전장치에 비해 속도가 빠르고, 좁은 도로에서의 사용이 가능하여 돌발적인 위험에 대비할 수 있는 능력이 떨어지는 등 현저하게 위험하여 보통의 보험료로는 동질의 위험을 유지할 수 없으므로 보험의 보장대상에서 제외하고자 통지의무를 부과한 것이다. 아울러, 보험계약을 체결할 당시에도 이륜자동차(오토바이)를 운전하는 지의 여부에 대해 알리도록 함으로써 고지의무도 부과하고 있다.

나. 이륜차운전 및 탑승중 상해부담보 특별약관

이륜자동차운전 및 탑승중 상해 부담보 특별약관에서는 피보험자가 보험기간 중에 이륜자동차를 운전(탑승을 포함)하는 중에 발생한 급격하고도 우연한 외래의 상해사고를 직접적인 원인으로 보험계약에서 정한 보험금지급사유가 발생한 경우에 보험금을 지급하지 않도록 하고 있다.

그러나 이 특별약관은 2007년 4월을 기해 피보험자가 이륜자동차를 소유, 사용(직업, 직무 또는 동호회 활동 등으로 주기적으로 운전하는 경우에 한하며 일회적인 사용은 제외), 관리하는 경우에 한하여 부가하여 적용되는 것으로 변경되었다.

다시 말해, 피보험자가 이륜자동차를 소유, 사용, 관리하는 경우에만 부가하되, 직업이나 직무 또는 동호회 활동 등으로 주기적으로 운전하는 경우를 보상하지 않겠다는 것으로, 위의 부담보 특별약관을 가입하였더라도 일회적인 사용에 대해서는 보상한다는 것을 의미한다.

금융감독원에서 2007년 3월 보도자료를 통해 "이륜차운전 부담보특약"에서 이륜차를 일회적으로 운전하는 경우에도 부담보하고 있으나, "일회적으로 사용하는 경우에는 부담보조건에서 제외"하여 이륜차를 일회적으로 사용중에 발생한 상해사고는 보장할 필요가 있다고 한 바 있다.[24)]

이와 반대로, '이륜자동차 운전중 상해 부담보특별약관'에 가입한 경우라면 이륜자동차의 운전이 일회적이든 계속적이든 관계없이 이륜자동차의 운전 및 탑승으로 인한 사고를 담보하지 않는다는 것이 부담보특별약관의 취지이므로 보험금 지급책임이 없다는 하급심판례(인천지방법원 2008.9.23. 선고 2007가단120974 판결)도 있다.

손해사정과정에서는 피보험자가 이륜자동차를 운전하던중 사고가 발생한 경우

24) 금융감독원 보도자료 2007년 3월 19일.

에 피보험자의 이륜자동차 사용이 1회적이었는지의 여부는 일부 직업적인 운전(택배사의 직원, 배달직원 등)을 제외하고는 이를 밝혀낸다는 것이 거의 불가능에 가까우므로 실효성이 없는 것이다.

따라서 이륜자동차에 대한 위험이 객관적으로 보아도 다른 교통수단 등에 비하여 현저하게 위험도가 높고 사고발생시 피보험자가 치명상을 입는 경우가 대부분이어서 동질의 위험을 유지하는 것이 어려우므로, 이륜자동차 운전 또는 탑승 부담보특별약관에 가입할 경우 보험료의 할인 등의 실질적인 차별을 둠으로써 현실화해야 할 것이다.

▶ 이륜자동차 부담보특약 가입계약에서 일시적으로 운전한 경우의 보상여부

이륜자동차 운전 부담보 조건으로 가입된 보험계약에서 이륜차운행중 교통사고로 사망한 경우 망인이 이륜자동차를 직업, 직무 또는 동호회활동 등으로 주기적으로 운전한 경우가 아니고, 일시적으로 이륜차를 운전하였다 하더라도, '이륜자동차 운전중 상해 부담보특별약관'에 가입한 경우라면 이륜자동차의 운전이 일회적이든 계속적이든 관계없이 이륜자동차의 운전 내지 탑승으로 인한 사고를 담보하지 아니한다는 것이 부담보 특별약관의 취지이므로 보험금 지급책임이 없다(인천지방법원 2008.9.23. 선고 2007가단120974 판결).

다. 이륜자동차 상해보험계약 후 알릴의무 위반시의 보상

질병상해보험 표준약관 제23조 (계약후 알릴의무)

③ 제1항의 통지에 따라 보험료를 더 내야할 경우 회사의 청구에 대해 계약자가 그 납입을 게을리 했을 때, 회사는 직업 또는 직무가 변경되기 전에 적용된 보험료율(이하 "변경전 요율"이라 합니다)의 직업 또는 직무가 변경된 후에 적용해야할 보험료율(이하 "변경후 요율"이라 합니다)에 대한 비율에 따라 보험금을 삭감하여 지급합니다. 다만, 변경된 직업 또는 직무와 관계없는 사고로 발생한 손해에 관해서는 그러하지 아니합니다.

④ 계약자 또는 피보험자가 고의 또는 중과실로 직업 또는 직무의 변경사실을 회사에 알리지 아니하였을 경우 변경후 요율이 변경전 요율보다 높을 때는 회사는 동 사실을 안 날부터 1개월 이내에 계약자 또는 피보험자에게 제3항에 의해 보장됨을 통보하고 이에 따라 보험금을 지급합니다.

질병상해보험 표준약관 제23조에서 계약자 또는 피보험자는 직업 또는 직무가 변경되거나 이륜자동차 또는 원동기장치 자전거를 계속적으로 사용하게된 경우에는 해당 사항을 알려야 하고, 계약자 또는 피보험자가 고의 또는 중과실로 이를 위반한 경우 직업 또는 직무가 변경되지 전에 적용된 보험료율의 직업 또는 직무가 변경된 후에 적용해야할 보험료율에 대한 비율에 따라 삭감하여 지급한다.

따라서 직업이나 직무의 변경에 따라 변경되는 요율을 반영하여 비례보상한다. 예를 들어, 사무직에 종사하던 사무직 근로자(상해급수 1급)가 실직하여 퀵서비스 배달원(상해급수 3급)으로 직업이 변경되어 이를 알리지 아니한 채 오토바이로 배달업무에 종사중 사고가 발생하여 300만원의 치료비가 발생하였다면(상해의료비 가입금액 300만원일 경우), 으로 계산한다.

$$(\text{상해의료비})\ 3{,}000{,}000\text{원} \times \frac{0.011698(1\text{급, 변경전요율})}{0.032258(3\text{급, 변경후요율})} = 1{,}080{,}000\text{원}$$

〈표 2-4〉 상해급수별 참조순보험요율

구 분	1급		2급		3급	
	남자	여자	남자	여자	남자	여자
사　　망	0.000711	0.000316	0.001358	0.000604	0.001942	0.000863
후유장해(3%~79%)	0.000182	0.000081	0.000347	0.000154	0.000496	0.000220
상해임시생활비(1일이상)	0.870865	1.055843	1.673414	2.021213	2.415721	2.880023
상해의료비(100만원기준)	0.011698	0.014081	0.022514	0.027452	0.032258	0.038156

※ 위의 요율은 보험개발원(www.kidi.or.kr) 참조순보험요율 예시자료 인용

이 경우는 사무직근로자(1급)에서 오토바이 배달원(3급)으로 직업이 변경된 경우에 적용되는 것으로서, 사무직근로자(1급)가 단지 출퇴근수단으로 오토바이를 운전하게 된 경우처럼 직업의 변경없이 오토바이를 운전하게 된 경우에는 통지의무 위반에 의한 비례보상을 하지 않는 것이 타당하다.

그리고 보험가입전부터 직업 직무상 이륜자동차를 운전해오던 피보험자에 대하여는 명백히 고지의무위반에 해당하므로 이에 대하여는 보상하지 아니한다.

또한, 이륜자동차 운전 및 탑승중 상해 부담보 특별약관에 가입한 경우에는 사고당시에 이륜자동차를 소유, 사용, 관리하고 있었는지의 여부에 따라 사고당시

피보험자의 이륜자동차 운전이 1회적으로 제한되게 사용한 경우를 제외하고는 보상하지 아니한다.

라. 이륜자동차 상해보험계약 후 알릴의무 위반시의 계약의 해지

이륜자동차의 운전은 위험이 현저하게 증가하는 경우에 해당하므로 상해보험계약 후 알릴 의무사항이고, 보험계약자 등이 이를 위반한 경우에 보험자는 그 사실을 안날로부터 1개월 이내에 보험료의 증액을 청구하거나 보험계약을 해지 할 수 있다. 그러나 보험사고의 발생이 긴급한 상황 등에서 불가피하거나 우연하게 1회적으로 사용된 경우에는 적용되기 어렵다.

2-7 보험금을 지급하지 아니하는 사유

01 음주운전과 무면허운전

가. 음주운전

1) 음주운전의 기준

운전자는 누구든지 술에 취한 상태에서 자동차등을 운전하여서는 안된다(도로교통법 제44조 제1항). 운전자가 술에 취하였는지의 여부는 호흡조사에 의하여 측정할 수 있고, 이 경우 운전자는 경찰공무원의 측정에 응하여야 한다. 호흡조사의 측정결과에 대해 불복하는 경우에는 그 운전자의 동의를 얻어 혈액채취 등의 방법으로 다시 측정할 수 있다(도로교통법 제44조 제2항 및 제3항).

도로교통법 제44조 제1항에 의해 운전이 금지되는 술이 취한상태의 기준은 혈중알콜농도가 0.05% 이상으로 한다(도로교통법 제44조 제4항).

2) 음주운전시의 처벌

음주운전을 하여 적발된 경우 2년 이하의 징역 또는 500만원 이하의 벌금형에 처해진다. 술에 취한 상태에 있다고 인정할 만한 상당한 이유가 있는 사람으로서 경찰공무원의 측정에 응하지 아니한 경우에도 2년 이하의 징역이나 500만원 이하의 벌금형에 처해진다(도로교통법 제148조의2 제1항).

음주운전으로 운전중 사고를 일으킨 경우에는 교통사고처리특례법의 적용을 받지 못하게 된다.

나. 무면허운전

1) 무면허운전의 의의

「무면허운전」이란 도로교통법 또는 건설기계관리법의 규정을 위반하여 무면허 또는 무자격 운전을 하는 것을 말하며, 운전면허의 효력이 정지중이거나 취소된 경우도 포함한다.

도로교통법에서는 누구든지 운전면허를 받지 아니하거나 운전면허의 효력이 정지된 경우에는 자동차등을 운전하지 못하도록 하고 있다(도로교통법 제43조).

무면허운전의 유형으로는 ① 운전면허증을 교부받기 전에 운전한 경우, ② 면허의 취소 또는 정지기간중에 운전하는 경우, ③ 당해 면허로 운전할 수 없는 차량을 운전하는 경우, ④ 외국인의 경우 국제면허를 받지 아니하고 운전하였거나 국제면허를 받았다 하더라도 입국일로부터 1년이 초과하거나 비사업용 이외의 자동차를 운전한 경우, ⑤ 군부대에서 발급한 면허증으로 군부대이외의 차를 운전한 경우를 말한다.

2) 무면허 운전시의 처벌

무면허운전시에는 교통사고처리특례법의 특례를 적용받을 수 없고(교통사고처리특례법 제3조 제2항의 단서 제7호), 1년 이하의 징역이나 300만원 이하의 벌금형에 처해진다(도로교통법 제152조 제1호).

다. 음주 · 무면허운전사고와 손해사정

1) 상해보험에서의 음주 · 무면허운전

보험사고가 보험계약자 또는 피보험자나 보험수익자의 고의 또는 중대한 과실로 인하여 생긴 때에는 보험자는 보험금액을 지급할 책임이 없다(상법 제659조). 하지만 사망보험의 경우에는 보험계약자 또는 피보험자나 보험수익자의 중대한 과실로 인하여 생긴 경우에도 보험자는 보험금액을 지급할 책임을 면하지 못한다(상법 제732조의2).

다시 말해, 보험사고가 고의 또는 중대한 과실로 인하여 생긴 때에는 보험회사의 보험금 지급 책임이 없지만, 사망보험의 경우에는 중대한 과실에 의한 사고는 보험금을 지급해야 한다. 상해보험은 생명보험의 규정을 준용하므로 상해보험에서도 중대한 과실에 의한 사망사고는 보험금을 지급해야 한다는 것이다.

문제는 음주운전이나 무면허운전으로 인하여 발생한 사고를 위의 상법에서 말하는 중대한 과실에 의한 사고로 볼 것인지의 여부와 음주운전과 무면허운전중 사고에 대하여 보상하지 않도록 한 과거의 면책약관이 무효인지의 여부이다.

이에 대해 우리 법원은 무면허운전이 형사처벌까지 받는 고의적인 범죄행위이긴 하나 무면허운전에서의 그 고의는 특별한 사정이 없는 한 무면허운전 그 자체에 관한 것이고, 직접적으로 사망이나 상해에 관한 것이 아니므로 고의적인 자살행위나 살해행위의 비윤리성과는 다르고 보험계약 당사자의 선의성이나 윤리성에 반한다고 할 수 없다. 또한 해당 면책약관이 고의로 평가되는 행위로 인한 경우뿐 아니라 과실로 인한 경우까지 포함하는 취지라면 과실로 평가되는 행위로 인한 사고에 관한 한 무효라는 입장(대법원 1990. 5. 25. 선고 89다카17591 판결)이다.

음주운전에 대하여도 보험사고가 전체적으로 보아 고의로 평가되는 행위로 인한 경우뿐만 아니라 과실로 평가되는 행위로 인한 경우까지 포함하는 취지라면 과실로 평가되는 행위로 인한 사고에 관한 한 무효라는 입장을 반복하고 있을 뿐이다(대법원 1998.4.28. 선고 98다4330 판결).

이러한 판결에 대하여 음주운전이나 무면허운전이 도로교통의 안전을 해치는 대형사고의 원인이 되고 있을 뿐 아니라 선량한 사회질서에 어긋나는 중대한 범죄행위로서 당사자의 선의성이나 윤리성에도 반하는 것이므로 운전자의 중대한 과실에 의한 사고로 보기 보다는 담보위험에서 제외된 것 또는 책임면제사유로 보아 면책하는 것이 타당하다는 의견도 있다.[25)]

보험실무적으로는 1998년의 대법원 판례(대법원 1998.4. 28. 선고 98다4330 판결)의 영향으로 상해보험에서는 음주운전이나 무면허운전에 대한 면책조항이 삭제되고, 사망이나 후유장해 또는 실손의료비에 대한 보험금은 지급하고 그 외의 비용손해에 대한 보험금은 면책하고 있다.

25) 양승규, “상해보험자의 무면허·음주운전 면책조항의 효력”, 「보험법연구6」, 삼지원, 2005. pp.36-44.

▶ 상해보험에서 무면허운전 면책약관의 효력

상법상 생명보험과 상해보험 같은 인보험에 관하여는 보험자의 면책사유를 제한하여 비록 중대한 과실로 인하여 생긴 것이라 하더라도 보험금을 지급하도록 규정하고 있는 점이나, 인보험이 책임보험과 달리 정액보험으로 되어 있는 점에 비추어 볼 때 인보험에 있어서의 무면허 면책약관의 해석이 책임보험에 있어서의 그것과 반드시 같아야 할 이유가 없으며, 무면허운전의 경우에는 면허 있는 자의 운전이나 운전을 하지 아니하는 자의 경우와 달리 보험사고 발생의 가능성이 많을 수도 있으나 그 정도의 사고 발생 가능성에 관한 개인차는 보험에 있어서 구성원 간의 위험의 동질성을 해칠 정도는 아니고, 또한 무면허운전이 고의적인 범죄행위이기는 하나 그 고의는 특별한 사정이 없는 한 무면허운전 자체에 관한 것이고 직접적으로 사망이나 상해에 관한 것이 아니어서 그로 인한 손해보상을 해준다고 하여 그 정도가 보험계약에 있어서의 당사자의 선의성˘윤리성에 반한다고는 할 수 없으므로, 인보험에 해당하는 상해보험에 있어서의 무면허운전 면책약관이 보험사고가 전체적으로 보아 고의로 평가되는 행위로 인한 경우뿐만 아니라 과실(중과실 포함)로 평가되는 행위로 인한 경우까지 포함하는 취지라면 과실로 평가되는 행위로 인한 사고에 관한 한 무효라고 보아야 한다(대법원 1998.3.27. 선고 97다27039 판결).

▶ 자기신체사고 보험계약에서 음주운전 면책약관의 효력

음주운전이 고의적인 범죄행위기는 하나 그 고의는 특별한 사정이 없는 한 음주운전 자체에 관한 것이고 직접적으로 사망이나 상해에 관한 것이 아니어서 그로 인한 손해보상을 해준다고 하여 그 정도가 보험계약에 있어서의 당사자의 선의성˘윤리성에 반한다고는 할 수 없으므로, 자기신체사고 자동차보험(자손사고보험)과 같은 인보험에 있어서의 음주운전 면책약관이 보험사고가 전체적으로 보아 고의로 평가되는 행위로 인한 경우뿐만 아니라 과실(중과실 포함)로 평가되는 행위로 인한 경우까지 포함하는 취지라면 과실로 평가되는 행위로 인한 사고에 관한 한 무효라고 보아야 한다(대법원 1998.4.28. 선고 98다4330판결).

2) 음주 또는 무면허 상태에서 운전하던 중 사고를 일으킨 때

비용손해를 보상하는 상품에서는 음주운전 또는 무면허운전중 사고라고 하여 모두 보상하지 않는 것은 아니고, 이로 인하여 '사고를 일으킨 때'에 보상하지 아니한다. 다시 말해, 피보험자가 무면허 상태에서 음주운전을 하고 있었다고 하더라도 정상적으로 신호대기 상태에서 중앙선을 넘어 달려드는 오토바이가 피보험자의 차를 충돌하여 상대방이 사망하였다고 하더라도, 이는 상대방의 중앙선 침범에 의한 사고일 뿐 피보험자의 무면허상태에서의 음주운전이 원인이 된 것이 아니므로 이 경우에는 보상한다.

그러나 대부분의 교통사고에서는 가해자와 피해자에 대한 입장정리가 되었다고 하더라도 과실비율에 의하여 사고를 야기한 것에 대한 책임을 각각 분담한 것이 되므로 피보험자의 과실이 사고에 영향을 미친 경우에는 보상하지 아니한다.

따라서 「음주 또는 무면허 상태에서 운전하던 중 사고를 일으킨 때」라 함은 피보험자의 무면허운전 또는 음주운전이 원인이 된 경우로 제한적으로 해석하여야 한다(금융감독원 분쟁조정사례 1996. 12. 2. 결정 제1996-78호).

▶ 중앙선을 넘어와 충돌사망한 경우 음주운전상태에서 사고를 일으킨 것인지 여부

신청인이 혈중알콜농도 0.07%(국과수 의뢰결과 최종적으로는 0.05%)상태로 운전중 중앙선을 넘어온 오토바이 운전자가 신청인의 승용차를 충돌하여 사망한 사고에서, 보험사는 보험약관에서 '피보험자가 무면허운전 또는 음주운전을 하던 중 일으킨 손해'에 해당하므로 벌금, 구속기간 동안의 생활유지비, 방어비용 등의 지급을 거절하였다. 이에 대해 해당약관에서는 '피보험자가 무면허운전 또는 음주운전을 하던 중 사고를 일으킨 때'는 보상하지 않는다고 되어 있는 바 이는 피보험자의 무면허운전 또는 음주운전이 원인이 된 경우를 가리키는 것으로 제한적으로 해석함이 타당하다. 그런데 이 건 사고는 상대차량의 전적인 과실에 의해 발생되었으므로 피보험자의 음주운전과 사고와의 사이에 인과관계가 있다고 보기 어려우므로 보험사는 위 약관 조항에 의하여 이건 보험금의 지급을 거절할 수 없을 것이다. 다만, 이 건 사고와 관련하여 신청인에게 부과된 벌금도 청구하고 있으나 벌금은 이 건 사고와는 별개로 신청인의 음주운전 행위자체에 대한 것으로 볼 수 있으므로 이는 이 사건 보험계약에서 보상하는 손해라고 볼 수 없다(금융감독원 분쟁조정사례 1996.12.2. 결정 제1996-78호).

02 사고 후 도주

가. 교통사고발생시의 조치와 불이행시의 처벌

차의 운전등 교통으로 인하여 사람을 사상하거나 물건을 손괴한 경우에는 그 차의 운전자등은 즉시 정차하여 사상자를 구호하는 등 필요한 조치를 해야한다(도로교통법 제54조 제1항). 그러나 이에 따른 조치를 하지 아니하고 도주하거나 피해자를 사고장소로부터 옮겨 유기하고 도주한 경우에는 교통사고처리특례법의 형사처벌의 특례를 적용받지 못할 뿐만 아니라(교통사고처리특례법 제3조 제2항), 5년 이하의 징역이나 1500만원 이하의 벌금형에 처해지고(도로교통법 제148조), 특정범죄가중처벌 등에 관한 법률에 의해 가중 처벌 된다.

나. 면책사유로서의 '사고후 도주'의 요건

운전자보험에서 '피보험자가 사고를 내고 도주하였을 때'에는 교통사고처리지원금(구 형사합의지원금), 자동차사고 변호사선임비용(구 방어비용), 벌금, 면허정지(취소)위로금 등의 보장은 보상하지 아니한다. 왜냐하면, '사고후 도주'가 사고를 당한 피해자를 보호하려는 사회적 법익에 반하고, '사고후 도주'는 그 자체만으로도 교통사고처리특례법상의 특례의 적용이 제한되며, 특정범죄가중처벌 등에 관한 법률에 의하여도 가중처벌되는 중대한 범죄행위이기 때문이다.

운전자보험에서 교통사고처리지원금등의 비용손해를 면책하기 위한 '사고후 도주'의 요건은 ① 사고운전자가 사고로 인하여 피해자가 사상을 당한 사실을 인식하였음에도 불구하고, ② 피해자를 구호하는 등의 도로교통법 제54조 제1항에 규정된 의무를 이행하기 이전에 사고 현장을 이탈하여, ③ 사고를 낸 자가 누구인지 확정될 수 없는 상태를 초래한 경우를 말한다(대법원 2007.9.6. 선고 2005도4459 판결). 아울러, ④ 사고운전자가 피해자를 사고장소로부터 옮겨 유기하고 도주한 경우도 포함된다.

▶ 사고후 도주한 때의 의미

구 특정범죄 가중처벌 등에 관한 법률 제5조의3 제1항 소정의 '피해자를 구호하는 등 도로교통법 제50조 제1항의 규정에 의한 조치를 취하지 아니하고 도주한 때'라 함은 사고 운전자가 사고로 인하여 피해자가 사상을 당한 사실을 인식하였음에도 불구하고 피해자를 구호하는 등 구 도로교통법 제50조 제1항에 규정된 의무를 이행하기 이전에 사고현장을 이탈하여 사고를 낸 자가 누구인지 확정될 수 없는 상태를 초래하는 경우를 말한다(대법원 2007.9.6. 선고 2005도4459 판결).

03 경기용, 연습용, 시험용으로 운전하던 중 사고

피보험자가 자동차를 경기용이나 경기를 위한 연습용 또는 시험용으로 운전하던 중 사고를 일으킨 때는 보상하지 않는다. 자동차를 경기용이나 경기를 위한 연습용 또는 시험용으로 운전할 경우 보통의 운행속도보다 과도한 속도를 내거나 높은 성능을 보여주기 위해 비정상적인 방법으로 운행하거나 또는 검증되지 아니한 기기의 시험을 위한 것이므로 일반적인 위험을 초과한 것으로 보아 보상하지 않는다.

Memo

Chapter 3 질병보험

3-1 질병보험의 보상

01 질병상해보험 표준약관에서의 질병보험

가. 청약일 이전의 진단

질병상해보험 표준약관 제23조 (계약후 알릴의무)

⑪ 청약서상 '계약전 알릴의무(중요한 사항에 한합니다)'에 해당하는 질병으로 인하여 과거(청약서상 당해 질병의 고지대상 기간을 말합니다)에 진단 또는 치료를 받은 경우에는 제15조(보험금의 종류 및 지급사유)의 보험금 중 해당 질병과 관련한 보험금을 지급하지 아니합니다.

청약서상 계약전 알릴의무에 해당하는 질병으로 인하여 과거에 진단 또는 치료를 받은 경우에는 질병보험금을 지급하지 아니한다. 청약일 이전에 알려야 하는 질병은 '중요한 사항'에 한하여 적용해야 하고,'과거'의 진단 또는 치료는 청약서상 개별 질병이나 검사에 해당하는 기간을 말한다.

나. 청약일 이후 5년의 경과

질병상해보험 표준약관 제23조 (계약후 알릴의무)

⑫ 제11항에도 불구하고 청약일 이전에 진단확정된 질병이라 하더라도 청약일 이후 5년이 지나는 동안(계약이 자동갱신되어 5년을 지나는 경우를 포함합니다) 그 질병으

로 인하여 추가적인 진단(단순 건강검진 제외) 또는 치료사실이 없을 경우, 청약일부터 5년이 지난 이후에는 이 약관에 따라 보장하여 드립니다.

청약서상'중요한 사항'에 해당하는 질병이 청약일 이전에 진단 확정되었다고 하더라도 청약일 이후 5년이 지나는 동안 해당 질병으로 인하여 추가적인 진단이나 치료 사실이 없을 경우, 청약일부터 5년이 지난 이후에는 보장한다. 여기에는 계약이 자동갱신되어 5년을 지나는 경우를 포함한다.

다. '청약일 이후 5년이 지나는 동안'의 의미

질병상해보험 표준약관 제23조 (계약후 알릴의무)

⑬ 제12항의 '청약일 이후 5년이 지나는 동안'이라 함은 제12조(보험료의 납입 연체시 납입최고(독촉)와 계약의 해지)에서 정한 계약의 해지가 발생하지 않은 경우를 말합니다.

「청약일 이후 5년이 지나는 동안」이라 함은 보험료의 납입연체시 납입최고와 계약해지에 정한 계약해지가 발생하지 않은 경우를 말하며, 보험료 납입연체로 인하여 보험계약이 해지된 후 부활이 이루어진 경우 부활일을 청약일로 하여 적용한다.

02 입원과 통원

「입원」이라 함은 병원 또는 의원 등의 의사, 치과의사 또는 한의사의 자격을 가진 자에 의하여 입원치료가 필요하다고 인정된 경우로서 자택 등에서의 치료가 곤란하여 의료법 제3조(의료기관) 2항에 정한 병원, 의원 또는 이와 동등하다고 인정되는 국외의 의료기관에 입실하여 의사의 관리하에 치료에 전념하는 것을 말한다.

환자의 진료가 입원중 진료인지 통원중의 진료인지의 여부는 보험회사가 결정할 문제가 아니고, 진료기관에서 환자의 치료와 관련하여 관련 규정에 의해 입원으로 처리할 수 있는지의 여부에 따라 실제 국민건강보험공단에 청구된 내용을 근거로 산정하여야 한다.

입원의료비와 통원의료비를 구분하여 보상할 때의 핵심적인 쟁점은 입원과 통원을 구분하는 것이다. 왜냐하면, 동일한 의료비에 대하여도 입원으로 간주할 경우, 본인부담의료비의 80% 해당액 또는 100% 해당액을 1000만원 또는 3000만원

한도까지 지급할 수 있으나, 통원으로 간주할 경우에는 본인부담금에 대하여 최고 10만원 혹은 20만원에서 30만원 정도의 한도액까지만 보상하기 때문이다.

가. 낮병동 입원

낮병동의 인정은 응급실이나 수술실 등에서 처치나 수술 등을 받고 6시간 이상 관찰 후 당일 귀가하거나 이송하여 입원료를 산정하지 아니한 경우 등에 산정하고, 낮병동 입원료를 산정하는 당일의 본인 일부 부담금은 입원진료 본인 일부부담률에 의해 산정한다.[1)]

낮병동 입원료는 입원실에 머무른 시간이 6시간 이상인 경우를 의미하는 것으로, 이 경우 입원료 산정의 기산점은 진료기록부의 기재내역 및 환자가 실제로 입원실을 점유한 시점 등을 고려하여 입원실의 입실시간 또는 환자가 의료기관에 방문하여 진료가 시작된 시간을 기준으로 한다. 의료기관이 낮병동 입원료를 산정하여 청구하기 위해서는 진료기록부에 진료시작시간과 종료시간을 기재하여야 한다.[2)]

그러나 입원과 퇴원이 24시간 이내에 이루어진 경우로서 전체 입원시간이 6시간 미만인 경우와 응급실, 수술실 등에서 처치·수술 등을 받고 6시간 미만 머무른 경우에는 1일 입원료 또는 낮병동 입원료를 산정할 수 없으므로 본인이 부담할 비용은 외래환자 본인부담액 산정방법에 의해 진료비를 산정한다.

따라서 보험에 가입한 피보험자가 보험회사에 입원으로 인정을 요구하기 위해서는 최소한 환자를 진료한 의료기관이 환자의 진료에 대하여 통원이 아닌 입원으로 인정하여, 입원료를 산정하고 있어야 하며, 진료기록부에는 진료의 시작과 종료시간이 확인되어야 한다.

입원의 판단기준에 대해 우리 법원에서는 입원은 입원실의 체류시간만을 기준으로 입원여부를 판단할 수는 없고, 환자의 증상이나 진단 및 치료내용과 경위, 환자들의 행동을 종합하여 판단하여야 하고, 환자가 입원수속을 밟은 후 고정된 병실을 배정받아 치료를 받는 형식을 취하였고 병원에 6시간 이상 체류하였다고 하더라도, 실제 치료를 받은 시간과 치료의 내용이나 목적 등을 종합하여 치료의 실질이 입원치료가 아닌 경우에는 통원으로 보아야 한다는 입장이다(대법원 22006.1.12. 선고 2004도6557 판결).

1) 국민건강보험심사평가원, "진료비 항목별 산정지침", 「건강보험 요양급여비용」, 2011.1. 1. p.25.
2) 국민건강보험, 「요양급여의 적용기준 및 방법에 관한 세부사항」, p.60.

▶ **입원의 의미**

입원이라 함은 환자의 질병에 대한 저항력이 매우 낮거나 투여되는 약물이 가져오는 부작용 혹은 부수효과와 관련하여 의료진의 지속적인 관찰이 필요한 경우, 영양상태 및 섭취음식물에 대한 관리가 필요한 경우, 약물투여˙처치 등이 계속적으로 이루어질 필요가 있어 환자의 통원이 오히려 치료에 불편함을 끼치는 경우 또는 환자의 상태가 통원을 감당할 수 없는 상태에 있는 경우나 감염의 위험이 있는 경우 등에 환자가 병원 내에 체류하면서 치료를 받는 것으로서, 보건복지부 고시인 '요양급여의 적용기준 및 방법에 관한 세부사항' 등의 제반 규정에 따라 환자가 6시간 이상 입원실에 체류하면서 의료진의 관찰 및 관리하에 치료를 받는 것을 의미한다고 할 것이나, 입원실 체류시간만을 기준으로 입원 여부를 판단할 수는 없고, 환자의 증상, 진단 및 치료 내용과 경위, 환자들의 행동 등을 종합하여 판단하여야 한다.

환자가 입원수속을 밟은 후 고정된 병실을 배정받아 치료를 받는 형식을 취하였고 병원에 6시간 이상 체류하였다고 하더라도, 실제 치료를 받은 시간과 치료의 내용이나 목적 등을 종합하여, 치료의 실질이 입원치료가 아닌 통원치료에 해당한다(대법원 2006.1.12. 선고 2004도6557 판결)

나. 입원기간 중의 통원치료

환자의 치료가 입원치료인지 혹은 통원치료인지의 여부와 관련하여 최근 쟁점이 되는 것은 환자가 특정병원에 입원치료중 ① 입원하게 된 상병과 동일한 진단의 치료나 검사를 위해 타 병원에서 외래로 검사나 치료를 하는 경우의 의료비, ② 입원하게 된 상병과 다른 진단의 치료나 검사를 위해 타 병원에서 외래로 검사나 치료를 하는 경우의 의료비에 대하여 논쟁이 있을 수 있다.

1) 입원하게 된 상병명과 동일한 경우

입원하게 된 상병과 동일한 진단에 대하여 치료의 연속선상에서 다른 치료나 검사를 위해 다른 병원에서 치료나 검사를 위한 것이라면 이는 입원으로 간주해야 한다.

①의 경우를 세분하여 ⓐ 다른 병원에서의 외래 진료가 보통 입원하지 않고도 치료하는 것이 일반적인지의 여부나, ⓑ 원래 입원하고 있던 병원에서 수술장비나 검사장비의 부족 등을 이유로 다른 병원에 부득이하게 가게 된 경우를 나누어서 이를 개별적으로 달리 적용해야 한다는 의견이 있다.

ⓐ의 경우에 입원하지 않고도 치료하는 것이 일반적인지의 여부는 그 기준을

일률적으로 적용하는 것이 어려울 뿐더러 모든 진료과목이 구비되어 있는 종합전문요양기관에서 치료한 피보험자와의 형평성의 문제가 남는다.

ⓑ의 경우에는 원래 입원하여 치료하던 병원에 수술장비나 검사장비의 부족 등의 이유로 진료의사의 소견과 추천에 의하여 타 병원에서 수술하거나 검사한 경우에는 동일한 치료의 연장선상으로 보는 것이 타당하다.

2) 입원하게 된 상병명과 다른 경우

입원하게 된 상병명과 다른 상병명에 대한 치료를 위해 입원기간중 외출을 하여 다른 병원에서 외래로 치료를 하는 경우는 입원하게 된 상병명과는 별도의 보험사고로 보아 입원과는 무관한 통원치료로 보아야 한다.

예를 들어, 급성충수염 등으로 입원치료를 하던 피보험자가 입원기간중 무단으로 외출하였다가 손가락이 다치는 사고로 다른 병원에서 통원치료를 한다면 이는 급성충수염과는 전혀 다른 별개의 보험사고인 것이다. 따라서 동일한 입원기간중이라고 하더라도 입원하게된 상병명과 다른 별개의 상병이라면 이는 통원으로 보는 것이 합리적이다.

3) 판례의 입장

피보험자가 원래 입원하게 된 병원에서 입원하던 중 최초의 상병과 관련이 없는 제3의 진단명에 대한 치료를 위해 다른 병의원에서 통원치료를 받은 경우 이를 입원치료로 볼 수 있는지에 대해 이를 각각 다른 사고로 보아 입원으로 인정하지 않고 있다(서울중앙지방법원 2008.10.8. 선고 2008나16935 판결, 서울중앙지방법원 2008.6.17. 선고 2008나53 판결).

▶ 교통사고 입원중 타병원 통원치료의 경우 이를 동일한 입원으로 보는지 여부

피보험자가 교통사고를 당하여 치료를 받던 중 입원치료를 받던 병원 이외의 병원에서 자궁출혈 진단 하에 치료를 받았지만 그 즉시 다시 산부인과가 존재하지 아니한 처음 입원한 병원으로 돌아와서 별다른 치료를 받지 아니하였으며, 그 후 불안신경증 등으로 입원치료를 받던중 입원했던 병원 이외의 타 병원에서 좌측유방의 양성종양에 대해 맘모톰을 이용한 제거술을 받았지만 다시 원 병원으로 돌아와서 유방에 대한 치료를 받았던 사실은 없기 때문에 피보험자의 입원을 부인과질병으로 인한 계속적인 입원으로는 인정하기 어렵다(서울중앙지방법원 2008.10.8. 선고 2008나16935 판결).

03 상해와 질병의 구분

보험약관에서는 상해에 대한 명확한 정의, 즉 피보험자가 보험기간중에 급격하고도 우연한 외래의 사고로 신체에 손상을 입은 사고라는 정의가 존재하지만, 질병에 대하여는 명백한 개념정의가 없다.

질병에 대한 일반의 개념보다 보험약관에서 보는 질병의 개념정의는 제한적으로 이해되어야 한다. 즉, 의학계에서는 질병의 정의를 건강한 상태와 건강하지 아니한 상태의 어느 중간 선상을 기점으로 하고 어디서부터를 질병으로 볼 지의 문제는 문화별로 지역별로 그 개념을 달리하는 것으로 보고 있다.[3)]

다시 말해, 의학계에서는 질병이란 신체의 완전한 건강상태가 약해지거나 평형상태가 깨진 것을 말하고, 상해는 질병의 한 원인으로 간주되고 있는 반면 보험에서의 상해와 질병의 개념은 각각 상반된 이분법적 개념으로서 상해의료비에서는 질병에 대하여는 보상하지 않고, 질병입원의료비에서는 상해에 의한 것을 보상하지 아니한다.

04 수술과 시술

가. 수술과 시술의 구별

수술(手術, operation)과 시술(施術, procedure)은 사전적 의미에서 조차 구분하기가 쉽지 않다. 「수술」은 피부나 점막, 기타의 조직을 의료기기를 사용하여 째거나 조작을 가하여 병을 고치는 것을 말하며,「시술」은 좀 더 넓은 의미로 의료상 치료행위를 망라하는 것으로서 수술을 포함하여 손으로 뼈를 맞추는 등의 행위까지를 포함한 것을 말한다.

보험에서 「수술」이라 함은 병원 또는 의원 등의 의사, 치과의사 및 한의사의 자격을 가진 자에 의하여 질병의 치료가 필요하다고 인정한 경우로서 자택 등에서의 치료가 곤란하여 의료법 제3조(의료기관) 제2항에 정한 병원 또는 이와 동등하다고 회사가 인정하는 의료기관에 입실하여 의사의 관리하여 치료를 직접적인 목적으로 기구를 사용하여 생체에 생체(生體)에 절단(切斷, 특정부위를 잘라내는 것),

3) 박정숙, "한국문화에 따른 간호정립을 위한 기초조사 연구, 건강과 질병의 개념", 성인간호학회지 제8권 제2호, 1996, pp.385-386.

절제(切除, 특정부위를 잘라 없애는 것) 등의 조작을 가하는 것을 말하며 흡인(吸引, 주사기 등으로 빨아들이는 것), 천자(穿刺, 바늘 또는 관을 꽂아 체액조직을 뽑아내거나 약물을 주입하는 것) 등의 조치 및 신경(神經)Block(신경의 차단)은 제외한다.

"생체에 절단(切斷), 절제(切除) 등의 조작을 가하는 것"에서 절단(切斷 : 잘라냄), 절제와 함께 "등"을 삽입함으로써, 절단(切斷)이나 절제(切除)와 같은 의료행위와 유사한 정도의 의료처치에 대하여 효과면에서도 의학계에서 일반적이고 보편적으로 수술을 대신하여 완치율이 높은 경우나 그 비용이 상대적으로 고액으로서 수술급여금을 지급하는 목적과 부합할 수 있는 경우라고 한다면 약관에 정한 "생체에 절단(切斷), 적제(摘除) 등"에 포함하여 해석하는 것이 타당하다.

나. 수술보험금의 지급 요건

수술보험금이 지급되기 위한 조건을 피보험자가 ① "입원을 하여 수술한 경우"로 제한하거나, ② "생체 절단, 절제 등의 조작을 가하는 것으로 제한"한 것은 의료기술의 발달과 첨단장비 등의 도입으로 완치율이 높고 일반적으로 의학계에서 인정하고 있는 첨단의 수술기법에도 부합되지 아니하므로, 수술보험금의 지급기준에서 '입원조건을 폐지'하고 의료기술의 발전에 부합하도록 수술의 정의를 변경토록 하였다. 그러나 검사목적의 시술 등은 제외하였다.[4]

개두술, 개복술을 대신하여 감마나이프, 사이버나이프를 이용하여 수술할 경우 수술 후 당일 퇴원하는 경우가 증가함에 따라 입원을 전제로 한 수술은 현실에 맞지 않으므로 2006년 1월 1일 이후 상품부터 이를 개정토록 하여[5] 반영하고 있다.

다. 수술과 관련된 주요 분쟁

수술과 관련된 주요 분쟁유형으로 첫 번째는 환자의 치료를 행한 시술이 보험약관에 정한 수술인지 여부이다. 즉 갑상선 결절의 치료를 위해 시행한 에탄올 주입술(금융감독원 분쟁조정사례 2007.3.27.결정 제2007-10호), 다발성 갑상선 결절의 치료를 위해 시행한 고주파 열치료(금융감독원 분쟁조정사례 2007.4.24.결정 제2007-22호)가 보험약관에 정한 수술에 해당하는지에 대한 분쟁이다. 분쟁조정사례에서는 위의 두 가지 시술은 모두 보험약관에 정한 수술이 아니라고 보았다.

---

4) 금융감독원 보도자료 2007년 3월 17일.
5) 금융감독원 금융감독정보 제2005-42호.

두 번째 분쟁유형으로는 환자에게 행한 수술이 특정 질병의 치료를 위한 직접적인 목적의 수술인지의 여부이다. 특정질병(고혈압, 당뇨병 등)의 치료를 직접적인 목적으로 수술급여금을 지급하는 보험에서 해당 특정질병의 합병증의 치료를 위한 수술은 특정질병과의 연관성, 환자의 상태, 한국표준질병사인분류에서 동일한 질병군으로 분류되는 질병인지 등을 종합적으로 검토한 후 판단해야 한다.

▶ 에탄올주입술은 약관에 정한 수술인지 여부

신청인은 비중독성 갑상선 결절진단을 받고, 갑상선결절 치료를 위해 에탄올주입술을 2회 시행받고, 수술분류표상 첨단 치료기법으로 시술한 경우 수술로 본다는 규정을 들어 수술보험금 지급을 주장하였다. 그러나 에탄올주입술은 초음파 등 영상장비를 이용하여 치료하려는 병소의 위치를 확인 후 병소를 주사기로 천자하여 그 내용물을 흡인 후 일정량의 에탄올을 주입하고 약 2~10분 정도 기다렸다가 주입했던 에탄올을 다시 흡인 제거하는 치료행위로 천자, 흡인 등의 조치에 해당하는 바, 신청인이 시행받은 에탄올주입술은 당해보험약관에서 규정하고 있는 수술이라고 보기 어렵다(금융감독원 분쟁조정사례 2007.3.27.결정 제2007-10호).

▶ 고주파열치료는 약관에 정한 수술인지 여부

신청인이 갑상선초음파상 '다발성 갑상선 결절'진단을 받고 같은 날 우측 갑상선 결절 치료를 위하여 에탄올주입술을 받은 후 1개월 후 '비중독성 갑상선결절'진단을 받고 같은 날 우측 갑상선결절에 대한 고주파열치료술을 시행받았으며, 3일 후 좌측 갑상선결절에 대한 고주파열치료술을 시행받은 후 수술급여금을 청구하였다. 수술이라함은 "몸의 일부를 째거나 도려내거나 하여 병을 낫게 하는 외과적인 치료방법"을 의미하고, 고주파열치료는 초음파를 보며 고주파열치료 바늘을 종양내에 삽입한 후 고주파영역에서 전류를 통하게되면 바늘 끝에서 섭씨 100도 정도의 마찰열이 발생하는데 이 열로 종양을 태워 크기를 줄여나가는 중간적인 치료방법으로 수술로 보기보다는 의료적 처치에 가까우며, 또한 고주파열치료를 갑상선 종양에 이용하는 것은 아직 초기단계로서 국내 특정병원에서만 시행되고 있고 그 치료효과에 대하여 일반적으로 의학계에서 수술을 대신하여 완치율이 높은 시술로 인정되는 치료기법이라고 보기도 어려우므로 약관에 정한 수술로 볼 수 없다(금융감독원 분쟁조정사례 (2007.4.24.결정 제 2007-22호).

▶ 당뇨합병증에 대한 수술이 치료를 직접목적으로 한 수술인지 여부

특정질병(관절염, 위궤양, 당뇨병, 고혈압, 갑상선염)의 치료를 직접목적으로 수술을 받았을 때에는 수술급여금을 지급하기로 한 보험에 가입한 신청인이 "증식성 당뇨

망막병증 우안(H36.0), 유리체출혈 우안(H43.1)" 진단을 받고 수술급여금을 신청하였으나 당뇨의 합병증에 대한 치료이므로 당뇨의 치료를 직접적인 목적으로 한 수술로 볼 수 없다고 피신청인은 밝힌 바 있다. 그러나 한국표준질병사인분류 중'인슐린의존성당뇨병(E10)'의 상세내역은'눈 합병증을 동반한 인슐린의존 당뇨병(E10.3+)'등으로 기술하고 있고,'눈 합병증을 동반한 당뇨병(E10.3+)'의 내용은'당뇨 백내장(H28.0*), 당뇨망박병증(H36.0*)으로 규정하고 있으므로, 신청인의 진단 수술급여금은 지급함이 타당하다(금융감독원 분쟁조정사례 2007.11.20. 결정 제2007-93호).

05 치료와 치료비

가. 군병원에서 치료한 경우의 치료비

보험계약에서는 약관에 정한 보험사고로 상해를 입고 그 직접결과로써 의사의 치료를 받은 때에 보험가입금액을 한도로 피보험자가 실제로 부담한 의료비전액을 보상하도록 하고 있다.

그러나 군병원에서 치료한 경우의 의료비는 전액 국가기관에서 부담하므로 본인부담금이 발생하지 아니하고, 이에 따라 보험금을 지급하지 아니한다. 또한, 본인부담금 외에 공단부담금까지도 지급하던 2003년 10월 1일 이전에 판매된 상해의료비 보장에 대해서도 보험금을 지급하지 아니한다(금융감독원 분쟁조정사례 2001.7.23. 결정 제2001-33호).

▶ 군병원에 발생한 의료비의 산정

의료비 특별약관에서는 '보험계약당시 보험증권에 기재된 보험가입금액을 한도로 의료실비를 지급하여 드립니다'라고 규정하고 있고, 피보험자는 당시 군인 신분으로서 군부대에서 입원, 수술, 치료 받은 사실은 인정되나, 달리 의료실비가 발생하였다는 사실을 인정할 만한 증거가 없으므로, 군의료기관에서 발생하였을 것으로 추정되는 의료비의 지급청구는 이유 없다(금융감독원 분쟁조정사례 2001.7.23. 결정 제2001-33호).

나. 과잉진료와 적정진료비

의료행위는 사람의 병과 부상을 다스리는 고도의 전문적이고 기술적인 지식과 경험을 바탕으로 이루어지는 행위여서 그 당시의 의학수준과 기술에 따라 선량한 관리자의 주의로써 그 환자의 상태를 파악하여 최선의 치료를 베풀어야 할 책무를 지고 있다.

그러므로 의사가 환자를 치료함에 있어서 비록 전문적이고 기술적인 성격을 띠고, 의사 개인의 재량이 인정된다 하더라도 치료 당시의 의학수준에서 적절하지 아니한 치료방법을 이용하거나 과도한 약물을 투여하는 행위 등은 의사로서 베풀어야 할 최선의 치료라 할 수 없다.

이에 따라 구체적인 치료행위가 의학적으로 필요·적절하지 못하였다든가 객관적으로 합리성이 없다고 한다면 이는 의료계약에 따른 채무의 이행이라 할 수 없고, 그 것은 바로 의사의 선량한 관리자의 의무를 다하지 못한 것으로 되며, 그러한 의료행위는 과잉진료 또는 부당치료라 할 것이다.[6]

의료기관의 과잉진료를 지적한 아래의 판결은 의료계의 자동차사고환자의 진료에서 과잉진료의 사실을 사법적으로 인정하고 있다는 점에서 주목되고, 그러한 진료행위는 당해 환자의 치료를 위하여 의학적으로 필요한 것이 아니고, 나아가서는 사회적으로 납득할 수 있는 상당성이 인정되지 아니한다는 것을 간접적으로 판시한 것으로 볼 수 있다.[7]

▶ 치료행위에 대한 치료비 지급채무가 지급되기 위한 요건

어떠한 치료행위에 대하여 치료비 지급채무가 인정되기 위하여는 그 치료행위가 당해 환자의 치료를 위하여 의학적으로 필요하였을 것이 요구되고, 나아가 진료행위에 대한 사회적으로 납득할 수 있는 상당성이 인정되어야 할 것이므로 병원에서 입원환자에 대한 치료에 있어 그 환자에 대하여 통상용량을 초과하여 약물을 투여하는 등 과잉진료를 한 사실이 인정되는 경우에 그에 상당하는 치료비를 감액한 금액을 적정진료비로 보는 것이 상당하다(서울민지법 1990.10.10. 선고 88가합18328 판결).

▶ 의료계약의 성격

환자가 의사 또는 의료기관에서 치료를 받고 치료비를 지급하는 것은 의료계약에 따르는 것이다. 의료계약은 환자와 의사 등과의 사이에서 체결되는 것으로 의사 등이 선량한 관리자의 주의로 진료당시의 의료수준에 따라 적절한 치료 및 검사를 하고 이에 대하여 환자측에서 보수를 지급하는 것을 내용으로 하는 위임계약이라 할 수 있다(서울민지법 1990.2.6. 선고 89나23390 판결).

6) 양승규, "자동차사고 환자에 대한 과잉진료와 적정진료비", 「보험판례연구」, 삼지원, 2000, pp.436-439.
7) 양승규, 전게논문, pp.436-439.

다. 의료기관이외의 곳에서 발생한 비용

접골원, 카이로프랙틱, 안마사 등에 의한 비용을 치료비라 하여 실손의료비 상품에서 보험금을 청구하는 경우가 있는데, 이는 약관에 의료기관의 치료가 아니므로 보험금은 지급하지 아니한다.

다만, 카이로프랙틱(Chiropractic)은'도수치료'로서 의료행위로 인정될 수 있기 때문에 병원 또는 의원에서 재활의학과, 정형외과, 신경외과 전문의에 의해 직접 실시된 경우에는 치료비로 인정되므로,[8] 이 경우에는 보험금을 지급해야 한다.

3-2 질병보험과 의료제도

01 질병보험과 국민건강보험제도

가. 국민건강보험제도

국민건강보험제도는 생활상의 질병・부상에 대한 예방・진단・치료, 재활과 출산・사망 및 건강증진에 대하여 보험급여를 실시함으로써 국민보건을 향상시키고 사회보장을 증진함으로써 보험의 원리를 이용하여 의료비의 지출부담을 국민건강보험 가입자 모두에게 분산시켜 국민생활의 안정을 도모하기 위한 사회보험이다.[9]

사회보험으로서 국민건강보험은 대한민국의 국민으로서 국내에 거주하게 된 날에 그 자격을 얻게 되고(국민건강보험법 제7조), 국민건강보험의 적용대상이 아니거나(국민건강보험법 제5조) 자격을 상실하게 된 경우(국민건강보험법 제9조)를 제외하고는 당연히 가입되는 강제가입 방식이다. 보험료는 보통의 민영보험처럼 위험의 정도에 따라 차별화되는 것이 아니고, 소득수준에 따른 차등부과를 원칙으로 하고(국민건강보험법 제65조), 보험료는 법률에 의해 강제 징수된다(국민건강보험법 제70조).

우리나라에서의 국민건강보험은 1963년 의료보험법의 제정으로 초석을 다지고, 1977년 제4차 경제개발 5개년 계획을 기점으로 의료보장제도를 실시하기에 이르렀으나 이 당시에는 생활보호대상자 등에 대한 제한적인 의료보장제도였고, 1980년

8) 보건복지가족부 고시 제2003-81호.
9) 보건복지가족부 홈페이지(www.mw.go.kr)의 보험정책자료 인용.

대에 이르러서야 전국민의료보험으로 확대(1989년 7월 1일)되기에 이르렀다. 이후 한방치료에 대한 의료보험이 실시(1984년 12월)되고, 약국의료보험(1989년 10월), 의료보험 조직통합(1998년, 2000년)과 직장과 지역가입자의 재정을 통합운영(2003년 7월)하기에 이르렀다.

1989년 7월 1일을 기점으로 전국민의료보험이 실시되어 모든 국민이 건강보험과 의료급여에 의하여 의료보장을 받고 있다. 2007년말 현재 전 국민의 96.6%인 4,873만명이 국민건강보험제도의 적용을 받고 있으며, 나머지 3.4%인 168만명이 기초생활보장대상자 등으로 의료급여제도에 편입되어 있다. 건강보험 가입자는 직장가입자와 지역가입자로 구분하며, 모든 사업장의 근로자 및 사용자와 공무원, 교직원은 직장가입자가 되며, 직장가입자 및 그 피부양자를 제외한 농어촌 주민, 도시자영업자 등은 지역가입자가 된다.[10)]

나. 진료비의 분담유형과 본인부담금

사회보장제도로서의 의료보장제도에서 진료에 따른 국가와 개인간 진료비의 분담 유형은 여러 가지가 있다.

진료비 총액에 대하여 일정비율만큼 환자 본인이 부담하는 방식인 정률부담제, 진료비의 총액의 많고 적음에 상관없이 진료비중 일정액만을 환자가 부담하는 정액부담제, 진료비 총액 중에서 일정액은 환자본인이 부담하고 그 초과진료비에 대해서는 일정비율만큼 환자가 추가로 부담하는 정액정률부담제, 진료비 총액이 특정 기준을 초과하는 경우의 그 초과액을 환자가 부담하는 한도초과부담제, 진료비 총액이 특정금액에 이르기까지는 전혀 보상하지 않다가 그 특정금액을 초과하는 경우에만 보상하는 비용공제제 등이 있다.

요양급여를 받는 자는 대통령령이 정하는 바에 의하여 그 비용의 일부를 본인이 부담하도록 하고(국민건강보험법 제41조), 본인이 부담할 비용의 부담률 및 부담액은 별도로 정하되, 본인이 부담할 비용의 총액이 6개월간 200만원을 초과하는 경우에는 그 초과한 금액을 건강보험공단에서 부담하도록 하고 있다(국민건강보험법 시행령 제22조 제2항).

입원환자의 경우에는 요양급여비용총액의 20%를 환자 본인이 부담하고, 6세미만 아동은 10%(신생아는 본인부담면제), CT · MRI · PET 등 보건복지가족부 장관이 별도 정하는 의료장비를 이용한 경우 외래부담률을 적용하도록 하고 있다.

---

10) 보건복지가족부 홈페이지(www.mw.go.kr) 게시자료 인용.

또한 등록 암환자의 입원 또는 외래진료시 본인부담률은 10%를 적용하고, 뇌혈관질환자 및 심장질환자가 입원하여 별도 정해진 수술진료시 수술당 최대 30일 동안 10%를 본인이 부담한다.

그러나 외래진료의 경우에는 요양기관별, 연령별, 지역별 적용이 각각 상이하다.

다. 국민건강보험의 보험급여와 비급여대상[11)]

국민건강보험의 「보험급여」란 가입자 및 피부양자의 질병, 부상에 대한 예방, 진단, 치료, 재활과 출산, 사망 및 건강증진에 대하여 법령이 정하는 바에 따라 공단이 현물 또는 현금 형태로 제공하는 서비스를 말한다. 「현물급여」는 가입자 및 피부양자에게 요양기관을 통하여 직접 의료서비스를 제공하는 것으로 요양급여와 건강검진이 있으며, 「현금급여」에는 요양비, 본인부담보상금, 장애인 보장구 급여비 등이 있다.

요양급여에서 제외되는 비급여대상은 「국민건강보험 요양급여의 기준에 관한 규칙」[별표2]에 구체적으로 명시하고 있다. 비급여대상은 급여가 제한되는 경우와는 달리, ① 업무 또는 일상생활에 지장이 없는 경우, ② 신체의 필수 기능개선 목적이 아닌 경우, ③ 예방진료로서 질병·부상의 진료를 직접 목적으로 하지 아니한 경우, ④ 보험급여시책상 요양급여로 인정하기 어려운 경우, ⑤ 그 밖에 건강보험급여 원리에 부합하지 아니한 경우, ⑥ 건강보험제도의 여건상 요양급여로 인정하기 어려운 경우 등이다.

라. 보험약관상 '국민건강보험을 적용받지 못한 경우'의 해석

2003년 10월 1일 이후 실손의료비를 보상하는 거의 모든 상품에서는 국민건강보험의 요양급여 적용을 기준으로 하여 본인부담금을 지급하도록 하고 있다. 그러나 단서조항을 통해 '피보험자가 국민건강보험을 적용받지 못한 경우'에는 진료비 총액의 28%, 30% 또는 40%를 적용하여 보상하도록 하고 있다.

문제는 '국민건강보험을 적용받지 못한 경우'를 해석함에 있어서, 의료급여대상자(구 의료보호대상자 : 수급권자)나 유공자등의료보호대상자의 경우처럼 요양급여의 본인부담금이 없거나 상대적으로 작은 경우, 이를 건강보험을 적용받지 못한 경우

11) 최영순외 3인, 「비급여진료비 실태와 관리방안」, 국민건강보험공단, 2007년 보고서에서 법정비급여와 임의비급여로 구분하고 이의 실태와 관리방안에 대해 논의하고 있다.

로 보아 본인부담금이 아닌 진료비 총액을 기준으로 30% 또는 40%를 지급할 것인지의 여부이다.

그러나 이는 국민건강보험의 적용대상(국민건강보험법 제5조), 자격취득의 시기(국민건강보험법 제7조), 자격상실의 시기(국민건강보험법 제9조), 급여의 제한(국민건강보험법 제48조)에 의해 명백하게 의료급여대상자(수급권자)나 유공자등의료보호대상자는 다른 법령에 의해 보호되는 자로서 국민건강보험의 적용대상이 아니다.

따라서 의료급여대상자나 유공자 등 의료보호대상자는 요양급여의 본인부담금이 아닌 진료비 총액의 30% 또는 40%(각각의 상품에 따라 상이함)를 지급하여야 한다.

마. 선택진료비의 산정

선택진료비는 기존의 「지정진료에 관한 규칙」[12)]이 폐지되고, 「선택진료에 관한 규칙」이 제정되면서 적용되며, 의료법 제46조에 근거한다.

선택진료제도는 환자 또는 그 보호자가 특정 의사를 선택하여 진료 받을 수 있도록 한 제도로, 환자나 보호자의 신청에 의해 이루어지며, 일정요건을 갖추고 선택진료를 하는 경우 보건복지가족부령(선택진료에 관한 규칙)에 정한 추가비용이 발생한다.

추가비용을 징수 할 수 있는 의사의 자격으로는 ① 면허취득 후 15년이 경과한 치과의사 및 한의사, ② 전문의 자격을 인정받은 후 10년이 경과한 의사, ③ 대학병원 또는 대학부속 한방병원의 조교수 이상인 의사 등으로 제한되며, 추가비용 징수 요건을 갖춘 경우의 추가비용은 전액 환자나 그 보호자가 부담하여야 한다.

바. 자기공명영상(MRI)검사[13)]가 건강보험 적용이 되는 경우

자기공명영상(MRI) 검사는 질환별 급여대상 및 산정기준에 해당하지 않는 경우에는 요양급여를 적용하지 않는다.

2005년 1월 1일부터 ① 암, ② 뇌양성종양이나 뇌혈관질환, ③ 간질이나 뇌염증성질환과 치매, ④ 척수손상이나 척수질환 등의 주요 4대 질환에 대하여는 건강보험이 적용된다. 통상 디스크 등의 척추질환이나 무릎 및 어깨관절증 등의 근골격계 질환에 촬영한 MRI는 아직 건강보험이 적용되지 않고 비급여로 처리되고 있다.

---

12) 2000년 9월 5일 폐지, 보건복지부령 제174호.
13) 건강보험심사평가원 · 보건복지부, 「MRI급여전환에 대비한 관리방안 연구」, 2004년 9월

MRI촬영이 건강보험 적용을 받을 경우 환자가 부담해야할 금액은 입원과 외래가 모두 동일하게 적용되며, 2005년 9월 1일 이후 중증질환자 등록증을 교부받은 암환자, 뇌혈관 및 심장질환으로 입원하여 수술받은 환자는 MRI 촬영비용의 10%를 환자가 부담한다. 그러나 그 외의 질환자는 종합병원(시지역)은 MRI 촬영비용의 50%, 병원(시지역)은 40%, 의원은 30%를 환자가 부담한다. 이 경우에도 종합병원이 부담하는 선택진료비는 전액 환자가 부담해야 한다.

암의 진단을 위해 MRI촬영을 한 경우에는 MRI 촬영결과 반드시 암으로 판정을 받아야만 건강보험이 적용되는 것이 아니고,[14] 의사의 판단에 의해 암이 의심되어 촬영하였으나 암이 아닌 상병으로 판정된 경우 또는 뇌경색이나 뇌하수체종양이 의심되어 MRI 촬영을 하였으나 그 결과가 정상인 경우에도 건강보험이 적용된다.

암의 정확한 진행정도를 판단하기 위해 촬영한 MRI의 경우에도 건강보험이 적용되지만, CT나 초음파로 진단이 가능한 질환의 경우는 제외된다. 다시말해, 암으로 진단을 이미 받은 경우라고 하더라도 CT나 초음파 등으로도 진단이 가능한 몇가지 질환[15]의 경우 정확한 진단이 어려워 의사의 판단에 따라 추가로 MRI를 촬영한 경우에만 건강보험이 적용된다.

또한, 항암치료중 골전이가 의심되어 척추부위를 MRI를 촬영한 경우나 항암치료중 두통이 심하여 뇌전이나 재발, 출혈 등이 의심되어 촬영한 경우에는 건강보험이 적용되지만, 암이 아닌 경우의 척추부위 MRI는 건강보험 적용대상이 아니다. 하지만, 척수증 여부를 확인하기 위해 촬영한 경우에는 건강보험 적용이 되므로 유의해야 한다.

암이 아니라고 하더라도 외상성 뇌혈관질환 중 외상성 뇌경색, 외상성동맥류, 만성경막하혈종의 경우에는 건강보험이 적용된다.

02 의료인과 의료행위

가. 의료인의 의의

원칙적으로 의료행위는 일정요건을 갖추고 일정한 자격(면허)을 취득한 자에 의

14) 비전이성 자궁경부암, 전립선암의 진단목적으로 촬영한 MRI의 경우에도 건강보험이 적용된다.

15) ① 간암, 담당암, 췌장암, 요로계암, 내분비샘암, 직장암 등, ② 두개골의 양성신생물, 두개강내 출혈 등, ③ 폐, 위, 소장, 대장, 유방부위의 원발성 암진단시 소견서 첨부의 경우

하여 이루어져야 하며, 의료법에서는 의료인의 범위를 의사·치과의사·한의사·조산사·간호사로 제한하고 있으며, 약사나 의료기사 등은 의료인이 아니므로 원칙적으로 의료행위를 할 수 없다. 만약, 의료인이 아닌자가 의료행위를 하거나 의료인이라고 하더라도 면허된 범위 이외의 의료행위를 할 수 없도록 의료법 제27조(무면허 의료행위 등 금지)에 명시하고, 이를 위반한 경우 5년 이하의 징역 또는 2천만원 이하의 벌금에 처하도록 하고 있다(의료법 제87조).

그러나 간호조무사(의료법 제80조), 의료유사업자(의료법 제81조), 안마사(의료법 제82조), 의료기사(의료기사 등에 관한 법률 제2조) 등의 경우에는 예외적으로 의료와 관련된 업무를 의료인의 지도를 받거나 제한된 범위내에서 할 수 있다.

나. 의료행위의 범위

「의료행위」라 함은 의학적 전문지식을 기초로 하는 경험과 기능으로 진료, 검안, 처방, 투약 또는 외과적 시술을 시행하여 질병의 예방 또는 치료 행위 및 그 밖에 의료인이 행하지 아니하면 보건위생상 위해가 생길 우려가 있는 행위를 의미한다(헌법재판소 2005.9.29. 2005헌바29, 대법원 2004.10.28. 선고 2004도3405 판결).

▶ 의료행위의 의미

의료행위는 좁은 의미에서 "상병(傷病)의 부위와 원인을 전문적 기법으로 진단하여 그에 가장 적절한 방법을 선택하여 치료하는 것과 질병을 미연에 방지하는 것을 포함하는 것"에 그치지 않고 "질병의 예방과 치료에 관한 행위로서 의학적 전문지식이 있는 자가 행하지 아니하면 사람의 생명, 신체나 공중위생에 위해가 발생할 우려가 있는 행위"를 의미한다(헌법재판소 2005.9.29. 2005헌바29).

의료행위에 대한 대법원과 헌법재판소의 입장을 종합해보면, 의료행위는 ① 질병의 예방, ② 치료행위, ③ 의학적 전문지식이 있는 의료인이 행하지 아니하면 사람의 생명, 신체나 공중위생에 위해가 발생할 우려가 있는 행위로 정리된다.

손해사정과정에서는 약관상 '병원 또는 의원에서 치료한 경우'로 보상하는 손해를 제한하고 있으므로 실무적으로는 문제될 게 없다. 그러나 의사의 처방전에 의하지 아니하고 약사나 한약사에 의한 임의조제나 침뜸 등은 무면허의료행위(대법원 2002.1.11. 선고 2001다27449 판결, 대법원 1997. 2.14. 선고 96도2234 판결)이고, 약관에 정한 '병원 또는 의원에서 치료한 경우'로 볼 수 없어 보상하지 아니한다.

또한, 의료인이 아닌 자에 의한 척추교정원,[16] 스포츠마사지,[17] 벌침이나 쑥뜸,[18] 피부박피술,[19] 카이로프랙틱 등은 무면허 의료행위이고 보험약관에 의하여 보상하지 아니하는 것은 당연하다.

그러나 카이로프랙틱(Chiropractic)은 '도수치료'로서 의료행위임은 말할 것도 없으나(대법원 85.5.14. 선고 84도2888 판결), 병원 또는 의원에서 재활의학과, 정형외과, 신경외과 전문의에 의해 직접 실시된 경우에는 치료비로 인정되므로,[20] 이 경우에는 보험금을 지급해야 한다.

03 의료기관의 종류

「의료기관」이란 의료인이 공중 또는 특정 다수인을 위하여 의료·조산의 업을 하는 곳으로(의료법 제3조 제1항), 그 규모에 따라 종합병원, 병원(병원, 한방병원, 치과병원, 요양병원), 의원(의원, 한의원, 치과의원), 그리고 조산원으로 나뉜다.

의료기관은 의료행위의 구체적 내용 및 시설에 의해 구분된다. 종합병원과 병원급 의료기관은 "주로 입원환자에 대하여 의료를 행하는 의료기관"으로 규정되고, 의원급 의료기관은 "주로 외래환자에 대하여 의료를 행하는 의료기관"으로 규정하고 있으나 의료법상으로는 29병상 이하를 설치할 수 있다.[21]

요양병원의 입원대상은 노인성질환자, 만성질환자 및 외과적수술후 또는 상해후 회복기간에 있는 자로서 주로 요양이 필요한 자로 한다. 다만, 정신질환자(노인성 치매환자는 제외한다) 및 전염성 질환자는 입원대상으로 하지 아니한다(의료법시행규칙 제36조 제1항).

---

16) 대법원 2002.5.10. 선고 2000도2807 판결. 환자들에게 그 용태를 묻거나 엑스레이 필름을 판독하여 그 증세를 판단한 것은 진찰행위에 해당하고 척추 등의 불균형상태를 교정하기위해 손이나 기타방법으로 압박하는 등의 시술을 반복하는 것은 의료행위에 해당한다.

17) 비영리목적의 스포츠마사지는 제한의 대상이 아니나, 영리목적인 경우는 안마사의 업무범위에 해당하고 의료법 등의 현행법에 위배된다.

18) 대법원 199292.10.13. 선고 92도1892 판결. 의료인이 아닌자가 질병치료를 위하여 인체에 벌침, 쑥뜸 등의 시술행위를 하였다면 그것이 의료기구 또는 의약품에 해당하는지 여부나 실제로 효험이 있는지 여부에 관계없이 이는 금지된 의료행위를 한 것과 다름없다.

19) 대법원 2003.9.5. 선고 2003도2903 판결. 피부관리사들로 하여금 환자들을 상대로 산화알루미늄 성분의 연마제가 든 크리스탈 필링기를 사용하여 얼굴의 각질을 제거하는 피부박피술을 시행한 행위는 단순미용술이 아니라 의료행위에 해당한다.

20) 보건복지가족부 고시 제2003-81호.

21) 대한의사협회, 「의료법원론」, 법문사, 2008. p.31.

요양기관의 이용과 관련하여, 우수한 인력과 최첨단 의료장비 등이 잘 갖추어진 대학병원 등으로 환자가 몰리게 되면서, 실제 위중한 환자가 대학병원 등에서 제때에 치료를 받을 수 없는 상황이 발생하는 문제를 해결하기 위하여 「국민건강보험 요양급여의 기준에 관한 규칙」을 보건복지가족부령 제158호로 개정하였다. 이를 통해 건강보험이 적용되는 요양급여 절차를 1단계 진료와 2단계 진료로 구분하고, 가벼운 질병은 1단계 요양기관인 의원이나 종합병원에서 진료를 받게 하고 여기에서 진료가 곤란할 경우 의사의 소견서나 검사결과 등을 받아 2단계 진료기관인 상급종합병원에서 진료를 받도록 요양급여 절차를 규정하였으며, 이 절차에 따르지 아니할 경우 요양급여를 받을 수 없도록 하였다.[22)]

종합전문요양기관은 매 3년마다 신청하는 모든 종합병원을 대상으로 시설, 장비, 의료인수, 교육기능, 의료서비스 수준 등을 평가하여 경쟁력을 갖춘 병원을 선정한다. 각 진료권역별로 주민들의 종합병원 이용현황이나 재원일수 등의 자료를 활용하여 선정하고, 지방 환자들의 접근성과 종합전문병원의 수도권 집중을 방지하는 것도 고려된다.

종합전문요양기관은 2009년 1월 현재 전국 44개 종합병원이 선정되어 운영되고 있으며, 2011년 말까지 3년간 그 자격을 인정받는다.

〈표 3-1〉 의료기관의 종류와 종별가산율

종별분류	의료기관의 구분	가산율
종합전문 요양기관	2단계 요양급여기관으로 매3년마다 선정	30%
종합병원	입원환자 100인 이상을 수용할 수 있는 시설을 갖춘 의료기관	25%
병원	입원환자 30인 이상을 수용할 수 있는 시설을 갖춘 의료기관	20%
의원	주로 외래환자에 대하여 의료를 행하는 의료기관	15%
보건기관	지역보건법에 의해 지역주민들의 건강증진을 도모하기 위해 설치된 보건소, 보건진료소, 보건지소	-
응급의료	응급의료에 대한 안내 및 상담서비스를 제공	50%

※ 가산율이란 의료기관이 종류별로 시설 인력 장비 서비스수준 등에 차이가 있으므로 이에 따라 처치 검사 치료 등의 비용에 의료기관별로 일정율을 가산하는 것을 말함.

22) 국민건강보험 요양급여의 기준에 관한 규칙, 제2조 (요양급여의 절차). 여기에서 종합전문요양기관을 제외한 요양기관을 1단계 요양급여로, 상급종합병원을 2단계 요양급여로 구분하고 있다.

의료기관의 종별 가산율은 각 의료기관이 종류별로 시설・인력・장비・ 서비스 수준 등에 차이가 있으므로 이에 따라 처치・검사・치료 등의 비용에 의료기관별로 일정율을 가산하는 것을 말하는 것으로 가산율은 <표 3-1>에 명시한 바와 같다.

04 의료비의 조정

가. 의료비의 할인

의료법 제27조 제3항에서는 국민건강보험법이나 의료급여법(구 의료보호법)에 따른 본인부담금을 면제하거나 할인하는 행위를 금지하도록 하고 있다. 그러나 이는 '영리를 목적으로'환자를 알선 유인하는 행위를 금지하고 있기 때문에, 영리를 목적으로 환자를 알선하거나 유인하지 않는 의료비 본인부담금의 면제나 할인은 위배되지 않는다.[23)]

만약, 의료법 제27조 제3항에 정한 바대로 '영리를 목적으로 환자를 알선 유인하기 위하여' 국민건강보험이나 의료급여법에 정한 본인부담금을 면제하거나 할인하는 경우에는 3년 이하의 징역 또는 1천만원 이하의 벌금형에 처하게 되고, 의료인에게는 자격정지 등의 처벌이 가해진다(의료법 제88조).

손해사정과정상에서 '의료비의 할인'이 문제되는 이유는 실손의료비 상품이 환자의 본인부담금을 기준으로 하여 지급되므로, 의료기관이 특정단체와 협약을 체결하고 진료비중 비급여부분을 할인하거나, 의료기관에 종사하는 자 또는 그 가족이나 지인에게 진료비 상당액을 할인하는 경우에 보험사에서 지급하는 의료비에 대하여 논란이 있을 수 있기 때문이다.

실손의료보험 표준약관에서는 피보험자가 병원 또는 약국의 직원복리후생제도에 의하여 납부할 의료비를 감면받은 경우에는 그 감면전 의료비를 기준으로 의료비를 계산하여 지급한다.

실손의료보험 표준약관이 신설되기전의 보험약관에서는 의료기관에서 할인받은 의료비에 대한 적용기준이 없으나 손해보험의 특성과 실손의료보험의 본질적인 특성을 고려해볼 때, 의료기관에 지불하지도 않은 의료비를 보험금으로 지급받는 것은 이득금지의 원칙에 반하는 결과가 초래되고, 이를 악용하는 사례가 빈발할 수 있으므로 보상하지 아니함이 타당하다.

23) 보건복지가족부 홈페이지 공지내용 中.

나. 의료급여대상자(수급권자)

우리나라에서는 생활이 어려운 자에게 필요한 급여를 행하여 최저생활을 보장하고 자활조성을 목적으로 국민기초생활 보장법을 제정하여 운용하고 있다. 국민기초생활 보장법에 의한 수급권자는 생계급여, 주거급여, 의료급여, 교육급여, 해산급여, 장제급여, 자활급여를 받게 된다. 차상위계층[24]에 속하는 자는 보장기관이 차상위자의 가구별 생활여건을 고려하여 예산의 범위 안에서 위의 급여의 일부를 행할 수 있다(국민기초생활 보장법 제7조 제3항).

의료급여에 관하여는 별도의 의료급여법(구, 의료보호법)에 의해 수급권자를 정하고, 급여의 범위를 정하고 있다. 즉, 의료급여법 시행령 제3조 (수급권자의 구분)에서 1종 수급권자와 2종 수급권자로 구분하고, 각각의 종별에 따라 의료급여의 혜택에 차별을 두고 있다.

다. 차상위계층의 의료비

차상위계층은 「기초생활보장법」에 의한 수급권자는 아니지만, 여전히 생계에 어려움을 겪는 계층으로서 기초생활보장 수급자로서 누릴 수 있는 혜택을 전혀 받지 못한 채 상대적으로 기초생활보장 수급자들보다 더 열악한 상태에 있는 경우에 소득인정액이 최저생계비의 120% 이하인 가구가 해당된다.

차상위계층에 해당하는 사람들은 원래 1종 의료급여 수급권을 부여하였으나 2008년 3월 28일 법 개정을 통해 국민건강보험법의 적용을 받게 되었고, 기타 만성질환이나 18세 미만의 아동은 2종 의료급여를 받을 자격을 부여하게 되었다.

따라서 2008년 3월 28일자로 국민건강보험법이 개정되면서 기존 의료급여대상자중 희귀난치성질환자군이 건강보험가입자로 전환되었고 의료기관의 진료비 계산서상 환자의 구분에 '차상위'를 표시하게되었다.

법률상으로는 건강보험 가입자에 포함되지만 의료급여자와 동일한 혜택을 제공하기로 한 것이므로, 의료기관에 납부하는 진료비가 없거나 일부부담하고 있더라도 이를 국민건강보험이 적용된 경우로 보아야 한다. 따라서, 의료비를 보상하는 보험에서는 '국민건강보험법에 의해 피보험자가 부담하는 비용'만을 보상대상으로 보아야 한다.

---

24) "차상위계층"이라 함은 수급권자에 해당하지 아니하는 계층으로서 소득인정액이 대통령령이 정하는 기준 이하인 계층을 말하고(국민기초생활 보장법 제2조 (정의)의 11항), 소득인정액이 최저생계비의 100분의 120이하인 자를 말한다(국민기초생활 보장법 제3조의 2).

라. 국가유공자

국가유공자등 예우 및 지원에 관한 법률에 따라 국가는 국가유공자와 그 유족등이 건강한 생활을 유지하고 필요한 진료 등을 받을 수 있도록 의료지원을 한다(국가유공자등 예우 및 지원에 관한 법률 제41조).

전상군경, 공상군경, 4·19혁명부상자, 공상공무원 및 특별공로상이자가 그 상이처에 대한 진료를 필요로 하거나 질병(부상을 포함한다)에 걸린 경우에는 대통령령으로 정하는 바에 따라 국가의 의료시설 또는 지방자치단체의 의료시설에서 진료한다. 다만, 본인의 고의에 의하여 생긴 질병의 경우에는 그러하지 아니하다(국가유공자등 예우 및 지원에 관한 법률 제41조).

진료비용은 국가가 부담하고, 지방자치단체의 의료시설에서 진료한 경우에는 대통령령으로 정하는 바에 따라 지방자치단체가 그 일부를 부담할 수 있다.

마. 포괄수가제 (DRG : Diagnosis Related Group)

1) 포괄수가제의 의의

「포괄수가제(DRG)」란 환자가 병원에 입원하여 퇴원할 때까지 진료받은 진찰, 검사, 수술, 주사, 투약 등 진료의 종류나 양에 관계없이 요양기관종별(종합전문병원, 종합병원, 병원, 의원) 및 입원일수별로 미리 정해진 일정액의 진료비를 부담하는 제도이다.[25] 다시 말해, 입원환자들을 일정한 기준에 의하여 진단과 치료가 의학적으로 관련이 있고 입원기간이 비슷하여 병원 자원의 소모가 비슷한 환자들끼리 그룹화하여 진료비를 산정하여 부담하는 제도이다. 예를 들어, 맹장염 진단을 받은 환자가 DRG가 적용되는 병원에서 수술을 받고 퇴원할 경우, 환자의 진료비는 해당 환자가 입원기간동안 받았던 수술, 검사, 투약 등의 횟수와 단가에 의해 결정되는 것이 아니고 해당 DRG에 대해 미리 책정된 금액이 된다.

2) 포괄수가제(DRG)의 적용대상이 되는 질환군

우리나라에서는 포괄수가제(DRG)는 강제가 아닌 의료기관이 행위별수가제와 포괄수가제중에서 선택하는 방식으로 운영되고 있다.

---

25) 포괄수가제(DRG)는 원래 1983년 미국의 65세 이상 노인 및 장애인을 대상으로 한 의료보험인 메디케어(Medicare)의 입원진료비 지불방식이 의료기관별 진료원가에 기초한 일당 진료비 지불방식에서 전국 평균 진료원가에 기초한 건당 진료비 지불제도인 포괄수가제로 바뀌며 DRG가 이 제도의 지불단위로 사용되면서부터 시작되었다.

포괄수가제를 적용할 수 있는 병원은 수정체수술 등 7개 질병군을 진료할 수 있는 병원으로서 병원측이 신청하여 건강보험심가평가원으로부터 지정을 받은 경우에만 적용된다. 따라서, 동일한 질환이라고 하더라도 포괄수가제 지정병원인지 여부에 따라 포괄수가제의 적용여부가 결정되어 진료비가 상이하게 된다.포괄수가제 지정병원인지 여부는 건강보험심사 평가원 홈페이지 질병 수술별 진료정보에서 검색할 수 있다. (www.hira.or.kr)

포괄수가제가 적용되는 진료과목과 대상질환은 아래의 <표 3-2>에 기재된 바와 같다.

〈표 3-2〉 포괄수가제 적용 대상 진료과와 대상질환

진료과	대 상 질 환 군
안 과	수정체수술(백내장수술)
이비인후과	편도 및 아데노이드절제술(편도선수술)
일반외과	항문 및 항문주위수술(치질수술) 서혜 및 대퇴부탈장수술, 충수절제술(맹장수술)
산부인과	자궁 및 자궁부속기수술(악성종양제외), 제왕절개분만(태아수불문)

※ 수정체수술, 항문 및 항문주위수술(기타수술), 서혜 및 대퇴부탈장수술은 외래에서 진료를 받은 경우에도 포괄수가 대상으로 인정한다.

3) DRG 에 의한 의료비의 적용[26]

보건복지가족부장관이 특정 질병군을 고시하고, 해당 질병군을 진료하는 요양기관은 국민건강보험법 시행령 제22조(비용의 본인부담)제1항과 이에 따른 별표의 산식에 따라 본인부담액을 산정한다.

질병군의 경우는 입원진료를 대상으로 하므로 총 요양급여비용의 100분의 20을 부담하는 국민건강보험법상의 입원시 본인부담률이 적용되나, 요양기관별 입원기간별[27] · 연령별[28] 각각 진료비가 상이하다. 예를들어, 편도선 수술의 경우, 종합전문병원 · 종합병원 · 병원 · 의원에 따라 각각 치료비 차이가 발생함과 아울러 입

26) 건강보험심사평가원, 「질병군포괄수가실무교육자료」, pp.5-22.

27) 입원기간별 차이는 입원일수 2일~7일까지는 공단부담금은 동일하나 본인부담금은 별도의 산식에 의해 계산되어 입원일수에 따라 상이하다.

28) 연령별 차이는 18세 이상인자와 미만자에 대한 구분이 있으나 모든 질병군에 적용되는 것이 아니고, 편도선수술이나 탈장수술의 경우에만 적용된다.

원기간이 2일~7일 이내이면 공단부담금은 동일하지만 환자 본인부담금은 입원일수에 따라 다르고, 환자의 연령이 18세 이상인지 미만인지에 따라 다시 달라진다.

포괄수가제(DRG)는 입원진료를 받은 환자에게 적용되며, 수정체수술(백내장수술), 서혜 및 대퇴부 탈장수술(장관절제미동반), 치열수술 등 간단한 항문수술의 경우에는 6시간 미만 관찰 후 당일 귀가 또는 이송시에도 포괄수가제(DRG)가 적용되어 본인부담금은 입원부담률인 20%로 적용받게 된다.

질병군 적용환자가 6세 미만인 경우에는 본인부담금이 면제되며, 이는 제왕절개분만 질병군의 건강한 신생아에게도 적용된다. 다만, 분유식대의 50%는 본인이 부담한다.

암 환자 등 보건복지가족부장관이 정하여 고시하는 중증질환자는 관련된 검사나 치료를 하거나, 약제를 사용한 경우 요양급여비용의 100분의 10을 본인이 부담한다. 차상위계층의 희귀난치성 질환자(의료급여 수급자에서 건강보험가입자로 전환)는 기본식대의 20%만 본인이 부담하며, 비급여항목은 본인이 부담한다. 희귀난치성 질환 지원대상자는 질병군 입원기간에 희귀난치성질환 및 관련된 합병증 치료를 위해, 검사를 하거나 치료 및 약제를 사용한 경우 본인부담금이 면제된다.

실손의료비를 보상하는 상품의 손해사정과정에서는 포괄수가제(DRG)에 의한 진료비는 총 요양급여비용의 100분의 20이 적용되어 있으므로, 이 경우에는 본인부담금을 지급보험금으로 산정하는 데에 문제가 없다. 다만, 차상위계층의 희귀난치성 질환자가 의료급여 수급자에서 건강보험가입자로 전환되었으므로 이에 유의하여야 한다.

3-3 입원일당(입원급여금)

01 입원일당(입원급여금)의 유형

입원일당은 보험금을 산정하는 방식에 따라 전일지급형, 공제형, 요건충족형 등으로 구분할 수 있다.「전일지급형」은 가장 기본적인 유형으로 입원이 개시된 첫날부터 입원이 종료된 마지막날까지의 입원일수를 전부 합산하여 입원 1일당 금액을 환산하여 지급하는 유형을 말한다.

「공제형」은 전체 입원기간중에서 특정 입원일수 만큼을 공제한 나머지 입원일수만을 지급하는 유형으로 통상 입원이 개시된 최초 3일을 공제하고 4일째부터 지급하는 유형이 일반적이다.

「요건충족형」전체 입원기간이 보험약관에 정한 기간의 입원일수에 해당하면 그 보험금을 지급하는 것으로 입원기간의 구분은 보험상품별로 다양하다. 그러나 보험약관상 31일 이상 입원시에 지급되는 장기입원비 특약 등이 불필요한 장기입원을 조장한다는 지적이 있다.

02 질병입원일당

가. 질병으로 인한 입원

① 피보험자가 보험증권에 기재된 보험기간중에 질병으로 인하여 병원 또는 의원(한방병원 또는 한의원을 포함합니다)에 입원하여 치료를 받은 때에는 입원 1일당 보험증권에 기재된 일당액을 질병입원일당으로 수익자에게 지급합니다.

질병입원일당에서는 상해사고가 아닌 질병에 의한 입원을 보험사고로 하여 입원하여 치료를 받은 경우에 보험금을 지급하고, 보험계약에서 정한 책임개시 시기 이전에 질병이 발생한 경우에 이는 보험자가 인수하지 아니한 위험에 해당하므로 보험금지급의무가 없다(대법원 2004.8.20. 선고 2002다20889 판결).

또한, 보험기간 중에 감염되거나 발병한 질병에 대하여만 보험금을 지급하고 보험기간 전에 감염되거나 발병한 질병에 대하여는 보험금을 지급하지 않는다는 약관조항은 설명의무의 대상이 아니다(서울서부지방법원 2008. 1.17. 선고 2007가합9139 판결).

▶ 보험계약의 책임개시전에 보험사고가 발생한 경우의 보험금 지급의무 여부

상법 제644조는 "보험계약 당시에 보험사고가 이미 발생하였거나 또는 발생할 수 없는 것인 때에는 그 계약은 무효로 한다. 그러나 당사자 쌍방과 피보험자가 이를 알지 못한 때에는 그러하지 아니하다."라고 규정하고 있는데, 보험계약의 당사자 쌍방 및 피보험자가 모두 선의이어서 위 단서가 적용되는 경우라 할지라도 그 보험계약에서 정한 책임개시시기 이후 발생한 보험사고에 대하여 보험자에게 보험금지급의무가 인정될 수 있을 뿐이고, 보험계약에서 정한 책임개시시기 이전에 보험사고가 발생한 경우 이는 그 보험자가 인수하지 아니한 위험에 해당하므로 보험금지급의무가 인정될 여지는 없다(대법원 2004.8.20. 선고 2002다20889 판결).

▶ 보험기간중에 발생한 질병에 대해서만 보상한다는 약관조항의 설명의무

보험기간중에 감염되거나 발병한 질병에 대하여만 보험금을 지급하고 보험기간 전에 감염되거나 발병한 질병에 대하여는 보험금을 지급하지 않는다는 약관조항은 불확정한 사고의 발생에 대하여 보험금을 지급하는 (상법 제638조) 보험계약의 성질에서 유래하는 보험계약의 일반적인 내용으로서 별도의 설명없이도 보험계약자가 충분히 예상할 수 있는 사항이라고 할 것이어서 보험자가 명시 설명의무를 부담하는 사항이라고 보기 어렵다(서울서부지방법원 2008.1.17. 선고 2007가합9139 판결).

나. 동일한 질병의 2회 이상의 입원

② 제1항의 질병입원일당의 지급일수는 1회 입원당 180일을 한도로 합니다.
③ 제1항의 경우 피보험자가 동일한 질병의 치료를 직접목적으로 2회 이상 입원한 경우 이를 계속입원으로 보아 입원일수를 합산합니다. 그러나, 동일한 질병에 대한 입원이라도 질병입원일당이 지급된 최종입원의 퇴원일부터 180일이 경과하여 입원한 경우에는 새로운 입원으로 간주합니다.

질병입원일당의 지급일수는 하나의 질병사고로는 180일을 한도로 한다. 180일을 초과하여 입원한 경우에도 180일을 한도로 지급된다. 동일한 질병의 치료를 위해 입원과 퇴원을 반복하여 2회 이상 입원한 경우에도 이를 계속입원으로 보아 입원일수를 합산하여 계산한다. 그러나 동일한 질병에 의한 경우라도 질병입원일당이 지급된 최종입원의 퇴원일부터 180일이 경과하여 입원한 경우에는 새로운 입원으로 보아 보상한다. 이 부분이 상해입원일당과 가장 큰 차이를 보이는 부분이다.

또한 질병입원일당이 지급된 최종입원일부터 180일이 경과하도록 퇴원없이 계속 입원중인 경우에는 질병입원일당이 지급된 최종입원일의 그 다음날을 퇴원일로 본다.

다. 입원기간중 보험기간의 만료

피보험자가 질병에 대한 보장개시일 이후 입원하여 치료를 받던중 보험기간이 만료되었을 때에도 퇴원하기 전까지의 계속중인 입원에 대하여는 보상한다. 하지만 피보험자가 정당한 이유없이 의사의 지시에 따르지 않고 입원기간을 자의적으로 연장하거나, 외출 외박 등으로 치료를 게을리한 경우에는 입원일당을 보상하지 아니한다.

03 입원일당 산정 관련 주요 분쟁유형

가. 외출 · 외박에 대한 입원기간 산정

입원일당(입원급여금)의 지급은 의사가 치료의 필요성을 인정하여 보다 효과적인 치료를 위해 병원에 입원하여 의사의 관리하에 집중적이고 체계적인 치료를 받는 경우에 지급하는 것이 타당하다.

만약, 경미한 증상이나 통원치료로도 치료의 목적과 효과를 충분히 달성할 수 있음에도 불구하고 단순히 통원치료의 불편함이나 보험 가입의 편익을 누리기 위해 입원한 경우까지도 보험금을 지급하게 된다면, 보험산업에서 달성하고자하는 우연한 사고에 의한 손해보상이라는 취지가 퇴색될 뿐만 아니라, 사회보장제도로서 시행되는 국민건강보험의 재정상 타격을 가할 수 있음은 물론 다수의 선량한 보험계약자에게 보험료 인상이라는 폐해를 안겨줄 수 있다.

입원기간중 부득이한 경우에 의사의 허락을 얻어 3~4시간 정도의 단시간동안의 비교적 짧은 시간의 외출이라 한다면 이를 의사의 관리하에 치료에 전념하지 아니하였다고 볼 수 없으나(부산지방법원 2007. 4. 19. 선고 2006나15141 판결), 입원기간중 여러 날에 걸쳐 외출 · 외박을 수시로 하여 치료에 전념하기 위해 입원하였다고 볼 수 없는 경우이거나 의사의 허락없이 무단으로 외출이나 외박을 하는 등의 경우에는 보험에서 보장하고자 하는 우연한 손해로 볼 수 없고, 굳이 입원을 하여 치료를 하지 않아도 되는 경우로서 입원급여금을 지급하지 않는다.

▶ 의사의 허락하에 3~4시간의 외출한 기간을 입원으로 볼 수 있는지 여부

약관의 입원에 관한 규정을 피보험자에게 유리하게 '의사가 치료의 필요성을 인정한 경우로서 보다 효과적인 치료를 위해서는 병원에 입원하여 의사의 관리하에 집중적 체계적인 치료를 받는 것이 더 바람직하다고 인정되는 경우'를 포함하는 것으로 해석함이 타당하고, 입원기간중 잠시 외출한 사실이 있다 하더라도 그것이 의사의 허락하에 3-4시간 정도의 비교적 짧은 시간 동안 이루어진 것이라면 여전히 의사의 관리 아래에 있는 것이고 이를 두고 치료에 전념하지 않았을 것이라고 볼 것도 아니다(부산지방법원 2007.4.19. 선고 2006나15141 판결).

▶ 군병원에서의 외출 · 외박기간 동안의 입원급여금 지급책임 여부

군의관의 허락을 받아 외출ˇ 외박을 하였다고 해도, 외출ˇ외박하는 동안은 피보험자가 군의관의 통제하에 있었다고 볼 수 없고, 피보험자 신체상태의 변화를 군의관이 용이하게 인지해서 적합한 처치를 할 수 없는 상태였으므로, 이를 약관상 입원의 요건인 '의사의 관리하에 치료에 전념'한 것으로 볼 수 없다. 직계가족의 사망 등 외박이 불가피한 경우를 제외하고, 피보험자 자신의 의사에 기해서 과도하게 외출ˇ외박하는 경우에도 입원급여금을 지급한다면, 보험의 선의성에 비추어 볼 때 피보험자 스스로 보험의 보호영역에서 벗어난 행위에 대해서까지 보험금이 지급되는 모순이 발생하고, 이 경우 의사의 관리하에 치료에 전념하는 다른 보험자와의 형평을 기할 수 없게 되어 보험의 단체성이 형해화될 수 있으므로 외출 외박한 기간(29일)은 입원급여금 지급대상으로 볼 수 없다(금융감독원 분쟁조정사례 2003.12.16.결정 제2003-60호).

나. 군 병원에서의 입원기간 산정

우리나라에서는 과거 군의료시설의 미비나 군의료인력의 부족 등으로 인하여 군병원에서의 치료를 기피하여 왔던 것이 사실이다. 사실 군병원에서 군복무중 얻은 상병에 대하여 치료를 하고자 하여도 정밀검사 시설 등이 턱없이 부족하여 외부의 민간병원에서 검사를 하거나 수술치료를 하는 것이 합리적인 방법으로 인식되기도 하였다.

군병원에서의 입원은 군복무중의 상병으로 인한 입원으로 본인이 치료비를 부담함이 없이 국가기관에서 의료비를 부담하고, 장기간의 입원치료를 하는 것이 보통이어서 이 입원기간에 대하여 그 입원기간의 전부를 인정할 것인지에 대한 논란이 있었다.

그러나 피보험자의 귀책사유로 인하여 입원기간이 지연되었다는 객관적인 사정이 없는 한, 군병원이 민간병원에서보다 장기간의 입원기간이 소요되었다는 이유만으로 통상의 경우보다 장기간인 초과입원기간에 대해 치료를 직접목적으로 하는 입원기간이 아니라고는 단언하기 어려우므로, 민간병원의 적정입원기간을 추산하여 입원급여금을 감액하여 지급하는 것은 불합리하다(금융감독원 분쟁조정사례 2000.1.25. 결정 제2000-6호).

또한, 군병원에서의 입원에 대한 기준은 민간병원에서와 마찬가지로 상병에 대한 저항력이 매우 낮거나 투여되는 약물이 가져오는 부작용 혹은 부수효과와 관련하여 의료진의 지속적인 관찰이 필요한 경우나 약물투여 또는 처치 등이 계속적으로 이루어질 필요가 있어서 환자의 통원이 오히려 치료에 불편함을 끼치는 경우나 환자의 치료를 위해 별도의 치료를 구체적으로 할 수 있는 의료기관으로의 입원을 의미한다고 보아야 하므로, 군대 내에서 별도의 의료시설 없이 단순히 자연치유를 기대하거나 외부 군병원에서의 통원치료를 위해 대기하는 동안의 기간과 군의무병에 의한 보호관리까지 포함된다고 볼 수는 없다.

▶ 군병원의 입원기간을 민간병원의 적정 입원기간으로 추산할 수 있는지 여부

입원할 필요가 없다는 의사의 판단에 따라 피보험자가 정당한 이유없이 계속 입원하는 등 피보험자의 귀책사유로 인하여 입원기간이 지연되었다는 객관적인 사정이 없는 한, 군병원이 민간병원에서보다 장기간의 입원기간이 소요되었다는 이유만으로 통상의 경우보다 장기간인 초과입원기간에 대하여 치료를 직접적인 목적으로 하는 입원기간이 아니라고 단언하기는 어렵다. 또한, 입원율산출시 군병원 입원의 경우를 고려하여 보험료가 책정된 것이 아니고, 가입자의 직업이나 신분을 불문하고 있으므로 군인이든 민간인이든 모두 보험료산출의 기초가 되는 위험단체를 구성하고 있으므로 그 입원율 산출에 있어서도 군병원과 민간병원이 모두 고려되어 보험료가 책정된 것으로 보인다. 따라서 군병원의 입원기간이 민간병원에 비하여 장기간이라는 이유만으로 민간병원의 적정입원기간을 추산하여 입원급여금을 감액하여 지급하는 것은 불합리하다(금융감독원 분쟁조정사례 2000.1.25. 결정 제2000-6호).

다. 적정입원기간의 산정

손해보험사이건 생명보험사이건 모두 피보험자의 장기입원에 대하여 적정보험금을 산출하여 지급하는 것은 보험산업의 합리적인 운용과 선의의 보험계약자의 권익보호의 중간선에서 최적안을 찾아가는 영원한 숙제이다.

피보험자의 장기간의 입원치료에 대해 우리 법원의 입장은 특정 진단명에 의한 통상적인 치료기간이 어느 기간정도라고 하여 이를 기계적으로 적용하여 장기간의 입원에 대하여 불필요한 입원이라고 판단하지는 않고(서울지방법원 1999.11.25. 선고 99가합25063 판결), ① 피보험자가 사고당시에 입었던 상해의 정도(수원지방법원 2000.5.4. 선고 99가단12396 판결), ② 진단명과 무단외출외박 여부(대법원 2007.8.23. 2007다35442 판결), ③ 피보험자가 사고전에 가지고 있었던 질병이나 체질적 요인의 여부(대법원 2001.2.26. 선고 2001다3344 판결), ④ 통원치료 가능여부(대법원 2006.1.12. 선고 2004도6557 판결), ⑤ 자각증상에 의한 장기입원인지 여부(서울지방법원 1998.11.30. 선고 98가단100144 판결) 등을 고려하고 있다.

최근에는 입원 필요성이 없음에도 불구하고 의사로 하여금 입원치료의 필요성이 있다고 오판하도록 하여 필요 이상의 장기입원을 한 경우 역시도 이를 알리지 아니한 채 보험회사에 대하여 보험약관에 정한 입원기간을 충족시켰다고 주장하면서 보험금을 청구하는 행위는 사기죄에서의 기망행위에 해당하는 것으로 보아 사기죄를 적용한 판례(대법원 2007.6.15. 선고 2007도2941 판결)가 주목을 끈다.

▶ 진단명에 대한 통상적인 치료기간을 적정 입원기간으로 볼 수 있는지 여부

피보험자가 승용차를 운전하고 가다 앞차량이 정지함에 따라 정지하였다가 뒤따라오던 차량에 추돌당하여 경추 제4-5추간판 팽윤 등의 상해를 입은데 대하여 추간판 팽윤증의 치료를 위하여는 통상 6주 정도의 입원치료가 필요한 사실 및 피보험자를 초진한 정형외과 의사는 피보험자의 적정 치료기간으로 6주 정도로 예상한 사실은 인정할 수 있으나 이러한 사실만으로 피보험자가 6주에 걸친 치료를 받음으로서 완치되었음에도 불구하고 계속입원하여 불필요한 치료를 받았다고 보기에는 부족하다(서울지방법원 1999. 11.25. 선고 99가합25063 판결).

▶ 적정 입원기간을 산정할 때 사고 당시의 상해의 정도를 고려해야하는지 여부

피보험자가 횡단보도를 건너가다 자동차에 충격당하여 좌측요골두 골절 등의 상해를 입고 181일동안 입원한 사안에 대하여 사고발생경위, 피보험자의 상해정도 등에 비추어 이건 사고로 입원치료를 받은 기간은 10주 정도로 봄이 상당하고, 보험약관상 의료비 보험금은 타인이 의료비를 지급하였는지 여부와는 무관하게 약관상 한도액의 범위내에서 의료비를 약정한 것으로 봄이 상당하다(수원지방법원 2000.5.4. 선고 99가단12396 판결).

▶ 진단명과 무단외출외박을 적정 입원기간 산정시 고려해야하는지 여부

사실조회결과에 의하면 좌슬관절 퇴행성관절염의 경우 보통 2주 정도 입원치료를 하면 그 이후에는 통원치료로 충분한 사실, 피보험자는 40일 동안 무단외출 외박으로 병원측으로부터 주의를 받기도 한 사실, 피보험자는 이 사건 이전에도 요추염좌 등으로 수차례 입원, 통원치료 및 수술을 받아 보험사가 1억 이상의 보험금을 지급한 사실이 인정되는 바, 위 인정사실들을 종합하면 피보험자가 병원에서 40일 이상 입원한 것은 과도하다고 보이므로 2주를 제외한 나머지 기간 동안의 보험금을 삭감한 보험사의 조치는 타당하다(대법원 2007.8.23. 선고 2007다35442 판결).

▶ 기왕증이나 체질적 요인이 적정입원기간 산정시 고려되는지 여부

피보험자가 동 사고전에 4차에 걸쳐 교통사고로 40일 이상 입원한 사실이 있고 사고내용도 극히 가벼운 접촉사고로 보이며, 피보험자의 '경요추염좌'에 대해 대한의사협회에서 발행한 진단서 작성지침 및 내원 당시 병원진단서에 치료기간이 '3주'로 되어 있는 사실 등을 종합하면, 그럼에도 불구하고 피보험자가 31일 이상 입원한것은 상당한 입원기간을 초과하여 필요이상으로 장기간 입원한 것이나, 피보험자의 이 사건 사고 전 4차례에 걸친 경요추부염좌 등에 의한 병력 때문에 그 증상이 악화되어 치료에 장기간이 소요된 것으로 보이는 바, 피보험자의 입원기간은 치료에 소요되는 상당한 기간을 초과한 것으로써 위 약관의 31일 이상 입원한 경우에 해당하지 아니하거나, 이 사건 상해는 질병 또는 체질적 요인이 있는 자에 대하여 경미한 외부요인이 가해져 그 증상이 더욱 악화된 것으로써, 이 사건 사고가 위 약관상의 31일 이상 계속적 입원을 요하는 재해에 해당하지 아니한다고 할 것이다(대법원 2001.2.26. 선고 2001다3344 판결).

▶ 적정 입원기간 산정시 통원치료가 가능여부가 고려되는지 여부

환자가 입원수속을 밟은 후 고정된 병실을 배정받아 치료를 받는 형식을 취하였고 병원에 6시간 이상 체류하였다고 하더라도, 실제 치료를 받은 시간과 치료의 내용이나 목적 등을 종합하여, 치료의 실질이 입원치료가 아닌 통원치료에 해당한다(대법원 2006.1.12. 선고 2004도6557 판결).

▶ 피보험자의 자각증상에 의존한 입원을 적정입원기간으로 인정할 수 있는지 여부

충돌사고 당시 빙판길로 인한 시속 약20km 내지 40km의 저속운행 중 서로 충돌하여 운전자는 약 18일간의 치료를 요하는 경미한 부상을 입은 반면, 양 차량의 수리비도 200만원 정도에 불과하였는데, 조수석에 탑승하였던 피보험자는 위 사고로 인하여 경추부 및 요추부염좌상, 우측 하퇴부좌상의 진단을 받고 입원치료를 받던 중 계속적인 동통을 호소하다가 사고일로부터 5개월이 경과한 후 비로소 경추부 및 흉추부 추간판탈출증의 진단을 받은 이래 총 175일간 입원하였던 점 등을 종합해볼 때, 피보험자의 위 사고로 인한 증상이 주로 자각증상에 의존하고 있는 점, 동일사고의 동승자는 피해정도가 비교적 경미한 점, 사고발생경위 특히 양차량의 충돌속도, 충돌방향, 차량파손상태 및 피보험자의 상해정도 등에 비추어 위 사고로 인하여 피보험자의 경추부에 위 입원기간을 요하는 상병이 발생하였다고 추단하기 어렵고, 따라서 위 사고로 인한 피보험자의 입원기간도 보험자가 적정한 입원일수로 인정한 21일 이외에 175일 모두 위 보험약관 소정의 입원급여금 지급대상인 우발적인 외래의 사고로 인하여 신체에 발생한 상해의 치료를 목적으로 한 입원일수에 해당한다고 보기 어렵다 할 것이다(서울지방법원 1998.11.30. 선고 98가단100144 판결).

▶ 입원의 필요성이 없음에도 장기입원한 경우 사기죄를 적용할 수 있는지 여부

입원이라 함은 환자의 질병에 대한 저항력이 매우 낮거나 투여되는 약물이 가져오는 부작용 혹은 부수효과와 관련하여 의료진의 지속적인 관찰이 필요한 경우, 영양상태 및 섭취음식물에 대한 관리가 필요한 경우, 약물투여˘처치 등이 계속적으로 이루어질 필요가 있어 환자의 통원이 오히려 치료에 불편함을 끼치는 경우 또는 환자의 상태가 통원을 감당할 수 없는 상태에 있는 경우나 감염의 위험이 있는 경우 등에 환자가 병원 내에 체류하면서 치료를 받는 것으로서, 보건복지부 고시인 '요양급여의 적용기준 및 방법에 관한 세부사항' 등의 세반 규정에 따라 환자가 6시간 이상 입원실에 체류하면서 의료진의 관찰 및 관리하에 치료를 받는 것을 의미한다고 할 것이므로, 입원실 체류시간과 환자의 증상, 진단 및 치료 내용과 경위, 환자들의 행동 등을 종합판단하여 치료의 실질이 입원치료가 아닌 통원치료에 해당하는 경우는 물론, 위와 같은 입원의 필요성이 없음에도 의사로 하여금 입원치료의 필요성이 있다고 오판하도록 하여 필요 이상의 장기입원을 한 경우 역시 이를 알리지 않은 채 보험회사에 대하여 보험약관에 정한 입원기간을 충족시켰다고 주장하면서 보험금을 청구하는 행위는 사기죄에 있어서의 기망행위에 해당한다(대법원 2007.6.15. 선고 2007도2941 판결).

3-4 뇌혈관질환의 진단비

01 뇌혈관질환

가. 뇌혈관질환의 종류

뇌혈관질환은 뇌내의 혈관에 이상이 생겨 발생하는 질병을 말하는 것으로 뇌혈관이 막혀 발생하는 뇌경색, 뇌혈관이 터지면서 발생하는 뇌출혈 등이 대표적이다.

1) 뇌졸중(CVA : Cerebrovascular accident)

뇌졸중은 뇌의 혈액순환장애에 의해 발생하는 급격한 의식장애와 운동마비를 수반하는 증후군을 말한다. 다시말해, 혈관내의 찌꺼기 등에 의해 혈관이 좁아지거나 파열 또는 기형이 발생하여 급격한 뇌의 혈액순환장애를 일으키는 증상을 말한다.

뇌졸중은 뇌대동맥이 파열되어 뇌실질속으로 흘러들어가 뇌세포를 압박하면서 뇌세포의 정상적인 기능을 저하시키는 뇌출혈(cerebral hemorrhage)과 뇌동맥의 내부가 뇌의 찌꺼기 등에 의해 막혀서 혈행이 원활하지 않아 산소나 영양공급이 부족하여 뇌의 손상이 발생하는 뇌경색(cerebral infarction)의 두가지가 있다.

2) 뇌경색(cerebral infarction)

① 뇌혈전증(혈전성 뇌경색)

- 동맥경화증이 생겨 손상되거나 좁아진 뇌혈관에 혈전이 생기면서 혈관이 좁아지다가 결국에는 막힘으로써 발생하는 것으로, 혈액공급을 받지 못하는 뇌세포의 손상을 유발한다. 고혈압과는 직접적인 인과관계가 적고 사망률도 낮은 편이다.

② 뇌색전증(뇌전청 뇌경색)

- 뇌혈관이 아닌 부위에서 생긴 혈전이나 심장병 등의 괴사된 조직이 혈류를 따라 흐르다가 뇌동맥에 가서 막히는 것으로서 갑작스럽게 일어나며 예비증상 없이 돌발적으로 발생한다.

③ 열공성뇌경색(Lacunar infarctions)

- 뇌의 미세혈관에 혈액공급이 안되어 뇌세포가 손상된 것을 말한다.

3) 뇌출혈(cerebral hemorrhage)

뇌속에서 동맥이 터져서 피가 뇌실질내로 유입되어 압박함으로써 뇌세포가 정상적인 기능을 잃음으로써 생기는 질환이다. 대부분 고혈압이 원인이 되어 동맥이 약해져 발생하지만, 뇌동맥류 등과 같은 뇌혈관의 기형에 의하기도 한다.

① 뇌실질내출혈(ICH : intracerebral hemorrhage)

- 고혈압등을 이유로 갑자기 뇌혈관이 파열되면서 뇌에 혈액이 고이는 것을 말한다.

② 지주막하출혈(SAH : subarachnoid hemorrhage)

- 거미막하출혈이라고도 하는데, 뇌동맥류(cerebral aneurysm)가 터지면서 뇌를 싸고 있는 지주막(거미막)의 아래에 피가 고이면서 발생한다. 혈관이 풍선처럼 부풀려졌다가 힘을 견디지 못하고 파열되는 경우가 많아서 배변중이거나 정신적 흥분이나 긴장상태에서 발생하는 경우가 많다.

02 질병보험약관상 뇌혈관질환

뇌혈관질환의 진단비용을 보상하는 상품은 ① 뇌혈관질환전체(I 60 - I 69)를 보상하는 상품과 ② 뇌졸중의 진단시에 보상하는 상품 (I 63, I 65, I 66), 그리고 ③ 뇌출혈의 진단시에 보상하는 상품(I 60, I 61, I 62)으로 나뉘어진다.

① 뇌혈관질환전체(I 60 - I 69)를 보상하는 상품은 일부 제한된 소수의 보험사에서만 판매하고 있고, ② 뇌졸중의 진단시에 보상하는 상품 (I 63, I 65, I 66)은 대부분의 손해보험사에서 판매하고 있으며, 대부분의 생명보험사와 일부 손해보험사에서만 ③ 뇌출혈의 진단시에 보상하는 상품(I 60, I 61, I 62)이 판매되고 있다.

① 「뇌출혈」이라 함은 제6차 한국표준질병 사인분류에 있어서 (뇌출혈분류표)에서 정한 질병을 말합니다.
② 「뇌출혈」의 진단확정은 의료법 제3조에서 정한 국내의 병원 또는 이와 동등하다고 인정되는 국외의 의료기관의 의사(치과의사 제외) 자격증을 가진 자에 의하여 내려져야 하며, 이 진단은 병력・신경학적 검진과 함께 뇌 전산화단층촬영(brain CT scan), 핵자기 공명영상법(MRI), 뇌혈관조영술, 양전자방출 단층술(PET), 단일광자방출 전산화단층술(SPECT), 뇌척수액검사 등을 기초로 하여야 합니다. 그러나, 피보험자가

사망하여 상기 검사방법을 진단의 기초로 할 수 없는 경우에 한하여 피보험자가 뇌출혈로 진단 또는 치료를 받고 있었음을 증명할 수 있는 문서화된 기록 또는 증거를 진단확정의 기초로 할 수 있습니다.

가. 뇌혈관질환의 진단

앞서 살펴본 바와 같이, 뇌혈관질환과 뇌졸중의 진단 뇌출혈의 진단은 위의 표와 같다. 손해사정 과정에서 주의할 점은 "출혈 또는 경색으로 명시되지 않은 졸중(I64)"은 뇌졸중의 진단에서는 제외되지만, 뇌혈관질환에는 포함된다는 점이다.

구 분		대상 질병 명	분류번호
뇌졸중	뇌출혈	1. 거미막밑 출혈	I 60
		2. 뇌내출혈	I 61
		3. 기타 비외상성 머리내 출혈	I 62
	뇌경색	4. 뇌경색(증)	I 63
		5. 대뇌경색(증)을 유발하지 않은 뇌전동맥의 폐색 및 협착	I 65
		6. 대뇌경색(증)을 유발하지 않은 대뇌동맥의 폐색 및 협착	I 66
뇌혈관질환		8. 기타 대뇌혈관 질환	I 67
		9. 달리 분류된 질환에서의 대내혈관장애	I 68
		10. 대내혈관질환의 후유증	I 69

※ 보험약관에서 뇌졸중은 출혈 또는 경색(증)으로 명시되지 않은 졸중(I. 64)은 제외됨

나. 검사방법

① 뇌전산화단층촬영 (Brain CT scan)
② 핵자기 공명영상법 (MRI)
③ 뇌혈관조영술
④ 양전자방출 단층술(PET)
⑤ 단일광자방출 전산화단층술(SPECT)
⑥ 뇌척수액검사

03 뇌혈관질환에서의 쟁점

가. 열공성뇌경색의 진단

뇌혈관질환의 진단급여금이 아닌 뇌졸중이나 뇌경색 진단급여금의 경우에 가장 흔한 분쟁은 열공성 뇌경색(Lacunar infarctions)의 진단이다.

열공성뇌경색은 특히, 당뇨병이나 고혈압 등의 주된 위험인자에 의해 뇌내의 작은 동맥이 손상되면서 발생하는데, 임상적 증상을 보이는 경우도 있지만 임상적증상이 없는 경우가 대부분이다.

뇌경색증 (I 63)이 인정되기 위해서는 환자에게 나타나는 위약감이나 감각이상 그리고 운동마비 등의 임상적증상이 있어야 하고, 이러한 임상적 증상이 MRI 촬영 결과상의 병변위치와 일치되는 경우이어야 하며 그렇지 않은 경우 일반적인 뇌혈관질환(I 67~I 69)으로 보아 보상하지 않는다.

아무런 증상이 없는 열공성뇌경색에 대하여도 일부 병원에서 뇌경색증(I 63) 진단을 내리고 있으나, 이에 대해 보험회사에서는 환자의 임상적 증상과 검사결과의 일치 여부, 그리고 뇌경색진단(I 63)에 대한 최종진단 여부를 확인하여 업무처리하고 있어 분쟁이 있으나, 최근에는 뇌출혈(I 60~I 62)만을 보상하는 것으로 상품개정이 이루어지고 있다.

뇌경색증(I 63)으로 진단받은 환자에 대하여 자문을 받아보면, 상세불명의 뇌혈관질환(I 67.9)이나 뇌혈관질환의 후유증(I 69), 또는 일과성뇌허혈증후군 (G 45), 그리고 대뇌혈관질환에서의 뇌혈관증후군(G 46)으로 나오는 경우가 상당수 있다. 물론, 최종진단에 의해 뇌경색증(I 63)을 진단받은 경우라면 당연히 보험금을 지급해야 하지만, 일부 질병분류기호의 체계를 오인한 나머지 코드부여의 오류가 발생하고 있어 이에 대한 확인이 꼭 필요하다.

또한, 대뇌혈관질환에서의 뇌혈관증후군(G 46)은 일과성뇌허혈증후군(G 45)과는 달리 한국표준질병사인분류에서도 (I 60~I 67)의 후유증이 원인인 것으로 병소를 분류[29]하고 있음에 유의해야 한다.

29) 통계청, 한국표준질병사인분류, 2008, p.365.

나. 피보험자가 사망한 경우

약관에 정한 진단방법에 의하여 뇌졸중, 뇌출혈 등의 진단이 이루어지지 아니한 채 피보험자가 사망한 경우 많은 분쟁이 발생하고 있다.

유족의 입장에서는 사망후 내려진 의사의 임상적 진단을 믿는 것외에는 달리 확인할 수 있는 방법이 없고, 망인이 보험약관에 정한 진단에 대해 보험금 지급사유에 해당하는지에 대한 검토할 경황이 없이 장례를 치르는 것이 일반적이다. 반면에, 보험회사의 입장에서는 상대적으로 고액의 보험금을 지급해야하는 상황에서 명확히 약관에 정한 진단방법에 의한 것이 아닐 경우 단순히 사체를 검안한 의사의 '사체검안서'만을 참고하여야 하고, 이 역시도 확실한 진단을 내릴 수 있는 것이 아니고 단지 추정할 뿐이어서 이를 인정하여 지급하기에는 무리가 따르는 것이 사실이다.

법률적으로도「시체해부 및 보존에 관한 법률」에서 시체의 해부가 가능한 경우를 제한적으로 열거하고 있어서 타살가능성이나 기타의 사유에 의하지 않고, 단지 '보험금 지급사유에 해당하는지 알기 위해' 시체를 해부하는 것은 법률적으로도 가능하지 않을 뿐더러, 우리나라의 현실에도 맞지 않다.

보험약관에서는 피보험자가 사망하여 약관에 정한 검사방법을 기초로 할 수 없는 경우에 한하여 제한적으로 피보험자가 뇌출혈(뇌졸중)로 진단 또는 치료를 받고 있었음을 증명할 수 있는 문서화된 기록 또는 증거를 진단확정의 기초로 하도록 하고 있다. 이것은 어디까지나 피보험자가 사망하기 전에 뇌출혈 진단을 받았거나 이로 인해 치료를 받고 있었을 경우에 적용되는 것이고 이러한 진단 없이 사망한 경우에 대해서는 언급이 없다.

이에 대한 우리 법원은 일정한 진단이나 치료 없이 갑자기 사망한 경우에는 약관에 정한 검사방법을 요구하는 것이 비현실적이고, 응급후송된 환자의 진료나 검안을 담당한 임상의사의 의학적 진단과 경험칙에 의하여 뇌졸중이나 심근경색증이 직접적인 사망원인으로 작용하였다는 고도의 개연성이 있는 것으로 확인되면 충분하다는 입장이다(서울중앙지방법원 2006.2.3. 선고 2005가합9727 판결, 창원지방법원 통영지원 2007.5.17. 선고 2006가합780 판결).

금융감독원의 분쟁조정사례에서도 피보험자가 사망한 이상 사망 후의 뇌졸중의 진단은 대부분 임상적 소견에 의할 수밖에 없어서 임상학적 소견에 의한 진단이 다른 진단방법에 비하여 정확성이 낮은 것은 사실이지만 약관에서도 임상학적 소견에 대해 인정하고 있으므로, 피보험자가 뇌졸중이 아닌 다른 원인으로 사망하였다고 판단할 수 있는 근거가 발견되지 않고, 사망원인의 추정에 의학적인 오류가 발견되지 않는 한 사실상 진단확정으로 보아야 한다는 입장이다(금융감독원 분쟁조정사례 2004.2.17. 결정 제2003-70호).

▶ 임상의사의 의학적 진단과 경험칙에 의해 뇌졸중 진단을 인정할 수 있는지 여부

특별약관에서 피보험자가 의사 등에 의하여 3대질병으로 진단확정을 받아야 하는 것을 요건으로 정하고 있으나, 피보험자가 이학적 검사를 거칠만한 시간적 여유가 없이 운동하던 중 갑자기 쓰러져 수시간만에 갑작스럽게 사망하는 경우 이학적검사를 거치도록 요구하는 것은 비현실적이고, 약관에서 정한 검사방법에 의한 진단확정은 생존하여 있는 사람에 한하여 적용될 뿐 피보험자가 갑자기 사망한 경우에는 응급후송된 환자의 진료내지 검안을 담당한 임상의사의 의학적 진단과 경험칙에 의하여 뇌졸중이나 급성심근경색증이 직접적인 사망원인으로 작용하였다는 고도의 개연성이 있는 것으로 확인되면 족하고, 특별약관은 진단확정을 유일한 요건으로 정하고 있으므로 진단확정이 되기만 하면 실제로 간병을 필요로 하는지 여부와 상관없이 특별약관에 기하여 보험금을 지급할 의무를 부담한다고 해석함이 상당하므로 보험사는 상속인들에게 보험금을 지급해야한다(서울중앙지방법원 2006.2.3. 선고 2005가합9727 판결).

▶ 사체검안서의 임상적 소견을 뇌졸중 진단으로 볼 수 있는지 여부

부검을 해야하는 특별한 사유가 없는 한 현실적으로 피보험자 사망 후의 뇌졸중 진단은 대부분 임상학적 소견에 의할 수 밖에 없으며, 임상학적 소견에 의한 진단이 다른 진단방법에 비하여 정확성이 낮은 것은 사실이지만 약관에서 임상학적 소견만으로도 진단확정이 가능한 것으로 규정하고 있는 이상 피보험자가 사망한 후에 임상학적 소견만으로 판단한 경우에도 약관에서 인정하는 진단방법에 해당한다. 피보험자가 뇌졸중이 아닌 다른 원인으로 사망하였다고 판단할 수 있는 근거가 발견되지 않으며 사망원인의 추정에 의학적인 오류가 발견되지 않는 한 사실상 진단이 확정된 것으로 보아야 하므로 사체검안서에 나와 있는 임상학적 소견에 따라 보험금을 지급해야 한다고 판단된다(금융감독원 분쟁조정사례 2004.2.17. 결정 제2003-70호).

3-5 허혈성심질환 진단비

01 허혈성심질환

가. 협심증

심장은 신체의 모든 장기에 혈액을 보내주는 펌프의 역할을 수행한다. 심장의 근육이 끊임없이 수축과 확장을 반복하면서 신체의 신진대사에 필요한 산소와 영양소를 공급하게되는데 심장의 혈관을 관상동맥이라고 한다.

협심증은 이 관상동맥에 콜레스테롤과 같은 물질이 쌓이면서 혈관이 좁아지고, 혈관이 좁아지면서 심장 근육으로 가는 혈류량이 부족하여 발생하는 질환으로 안정형, 불안정형, 이형협심증으로 분류된다.

나. 심근경색

심근경색증은 협심증에서 한걸음 더 나아가 관상동맥이 완전히 막히면서 심장 근육이 손상되거나 괴사에 이르러 정상적인 심장기능이 어려워지는 질환을 말한다.

02 질병보험 약관상 급성심근경색증

① 「급성심근경색」이라 함은 제6차 한국표준질병 사인분류에 있어서 (급성심근경색증 분류표)에서 정한 질병을 말합니다.
② 「급성심근경색」의 진단확정은 의료법 제3조에서 정한 국내의 병원 또는 이와 동등하다고 인정되는 국외의 의료기관의 의사(치과의사 제외) 자격증을 가진 자에 의하여 내려져야 하며, 이 진단은 병력과 함께 심전도, 심장초음파, 관상동맥촬영술, 혈액중 심장효소검사 등을 기초로 하여야 합니다. 그러나, 피보험자가 사망하여 상기 검사방법을 진단의 기초로 할 수 없는 경우에 한하여 피보험자가 급성심근경색증으로 진단 또는 치료를 받고 있었음을 증명할 수 있는 문서화된 기록 또는 증거를 진단확정의 기초로 할 수 있습니다.

가. 허혈성심질환의 진단

앞서 살펴본 바와 같이 허혈성심질환의 진단급여금은 한국표준질병사인분류표상의 (I 20~I 25)에 해당하여야 하고, 급성심근경색은 이중에서 I 21(급성심근경색증), I 22(속발성 심근경색증), I 23(급성심근경색증에 의한 특정 현재 합병증)의 진단을 받아야 보험금지급이 가능하다.

현재 거의 대부분의 보험사에서 "급성심근경색(I 21~I 23)"만을 보상하고 있고, 일부 보험사에서만 협심증(I 20)을 포함한 허혈성심질환을 보상한다.

<table>
<tr><th colspan="3">대 상 질 병 명</th><th>분류번호</th></tr>
<tr><td rowspan="3">허혈성
심질환</td><td></td><td>1. 협심증</td><td>I 20</td></tr>
<tr><td>급 성
심근경색</td><td>2. 급성 심근경색증
3. 속발성 심근경색증
4. 급성 심근경색증에 의한 특정 현재 합병증</td><td>I 21
I 22
I 23</td></tr>
<tr><td></td><td>5. 기타 급성 허혈성 심장질환
6. 만성허혈성 심장병</td><td>I 24
I 25</td></tr>
</table>

나. 검사방법

① 심전도검사
② 심장초음파 검사
③ 관상동맥촬영술
④ 혈액중 심장 효소검사

다. 피보험자가 사망한 경우

뇌출혈이나 뇌졸중에 의한 사망인지의 여부와 동일하게 급성심근경색의 진단과 이로 인한 사망인지의 여부에 대한 분쟁 또한 다발하고 있다.

뇌출혈이나 뇌졸중에 의한 진단 또는 사망에 대한 논의와 함께 급성심근경색증에 의한 진단 또는 사망에 대한 우리 법원은 이미 사망한 자에 대하여 약관에 정한 검사방법에 의한 진단을 요구하는 것은 비현실적이고, 일정한 진단이나 치료 없이 갑자기 사망한 경우 응급후송된 환자의 진료 또는 검안을 담당한 임상의사의 의학적 진단과 경험칙에 의해 뇌졸중이나 심근경색증이 직접적인 사망원인으로 작용하였다는 고도의 개연성이 있는 것으로 확인되면 족하고(서울중앙지방법원 2006.2.3. 선고 2005가합9727 판결, 창원지방법원 통영지원 2007.5.17. 선고 2006가합780 판결), 임상적 소견에 따라 급성심근경색(의증)으로 진단하였다고 하더라도 확률적으로 가장 가능성이 높은 진단이므로 이러한 진단에 의학적인 오류가 발견되지 않는 한 사실상 진단이 확정되었다고 보아야 한다(금융감독원 분쟁조정사례 2004. 2. 17. 결정 제2003-71호)는 입장이 있다.

반면, 부검의가 급성심장사로 판단한 것은 급성증상이 발생한 후 1시간 내에 심장의 이상으로 사망하였다는 것에 불과하고, 부검의가 사망원인을 급성심장사에 해당한다고 판단한 것만으로는 사망원인이 급성심근경색이나 협심증에 해당한다고 단정하기 어렵고, 급성허혈성 심장질환에는 심근경색증을 유발하지 않는 심장동맥혈전증, 상세불명의 급성허혈성심장병 등도 존재하므로 심장에서 관상동맥경화의 소견이 보인다는 것만으로도 급성심근경색이나 협심증으로 사망하였다고 단정짓기는 어렵다는 판결(광주지방법원 2006. 7.21. 선고 2005나13635 판결)도 있다.

▶ 고도 개연성만으로 심근경색증에 의한 사망으로 인정할 수 있는지 여부

급성심근경색증 진단보장 특별약관에서 정한 치료보험금의 지급요건에 관하여 살피건대, 앞서 인정한 바와 같이 '피보험자가 책임개시일 이후에 사망하여 그 후 급성심근경색증을 직접적인 원인으로 사망한 사실이 확인된 경우에 치료보험금을 지급한다'고 정하고 있는데, 이와 달리 어떠한 경우에 직접적인 원인으로 사망하였음을 인정하는지 여부에 관하여 아무런 언급이 없는 바, 피보험자가 갑자기 사망한 경우에는 응급후송된 환자의 진료 내지 검안을 담당한 임상의사의 의학적 진단과 경험칙에 의하여 급성심근경색증이 직접적인 사망원인이 되었다는 고도의 개연성이 있는 것으로 확인되면 족하다고 해석함이 상당하다(창원지방법원 통영지원 2007.5.17. 선고 2006가합780 판결).

▶ 사체검안서의 임상적 소견을 급성심근경색증 진단으로 볼 수 있는지 여부

뇌졸중이나 급성심근경색증이 발생한 후 약관에서 규정하는 방법에 의한 진단확정이 이루어지지 않은 상태에서 치료를 받을 겨를이 없이 사망한 때에는 검사결과의 정확성 내지 신뢰성 등이 피보험자가 생존한 상태에서 질병을 진단하는 것과는 상이할 수 밖에 없고, 임상학적 소견에 따라 사망원인을 급성심근경색(의증)으로 진단하였다고 하여도 확률적으로 가장 가능성이 높은 진단이므로 이러한 진단에 의학적인 오류가 발견되지 않는 한 사실상 진단이 확정되었다고 보아야 한다고 판단된다(금융감독원 분쟁조정사례 2004.2.17. 결정 제2003-71호).

▶ 부검의의 관상동맥경화 소견을 협심증에 의한 사망으로 볼 수 있는지 여부

부검의가 사인을 급성심장사로 판단한 것은 급성 증상이 발생한 후 1시간 내에 심장의 이상으로 사망하였다는 것에 불과하고, 부검의가 사망원인을 급성심장사에 해당한다고 판단한 것만으로는 사망원인이 급성심근경색이나 협심증에 해당한다고 단정하기 어렵다. 심장관상동맥경화는 심장 자체에 혈액을 공급하는 관상동맥에 동맥경화가 발생되어 심장에 적절한 혈액 등을 공급하지 못하여 심장근육에 허혈성 병변이 유발되는 허혈성심장질환의 하나인데, 특히 기타 급성허혈성 심장질환에는 심근경색증을 유발하지 않는 심장동맥혈전증, 상세불명의 급성허혈성 심장병 등도 존재하므로 심장에서 관상동맥경화의 소견이 보인다는 것만으로도 급성심근경색이나 협심증으로 사망하였다고 단정하기 어렵다(광주지방법원 2006. 7.21. 선고 2005나13635 판결).

▶ 피보험자의 전형적인 증세를 급성심근경색에 의한 사망으로 볼 수 있는지 여부

급성심근경색증 등의 특정질병 진단확정시 그 치료자금을 지급하도록 특별히 약정하는 취지는 급성심근경색증 등의 특정질병이 발병한 피보험자가 사망하거나 제1급의 장해상태로 고정되기 전에 그의 치료나 요양을 지원하여 줄 목적으로 지급되는 보험금이라 할 것이므로, 피보험자에게 급성심근경색증 등의 특정질병 증세가 발현되었다 하더라도 그가 그에 대한 치료나 요양을 받기 전에 급성심근경색증 등으로 사망한 경우에는 이 사건 특약에서 보장하는 보험사고의 범위에 포함되지 않는다할 것이고, 또한 급성심근경색증 등으로 사망한 피보험자가 주된 보험계약에 기한 사망보험금 이외에 이 사건 특약에 기한 치료자금을 받기 위해서는 이 사건 특약에서 정하고 있는 급성심근경색증 등의 진단확정을 필요로 한다 할 것이다(수원지방법원 2003. 11.13. 선고 2003가합4337 판결).

Memo

Chapter 4

실손의료보험

4-1 상해의료비와 입원의료비

01 상해의료비

가. 상해의료비의 보상하는 손해

① 피보험사가 보험증권에 기재된 보험기간 중에 급격하고도 우연한 외래의 사고로 신체(의수, 의족, 의안, 의치 등 신체보조장구는 제외합니다)에 상해를 입고 그 직접결과로써 의사의 치료를 받은 때에는 1사고당 보험가입금액을 한도로 피보험자가 실제 부담한 의료비 전액을 상해의료비로 수익자에게 지급합니다. 그러나 어떠한 경우에도 사고일로부터 180일 이내에 소요된 의료실비를 한도로 합니다.
② 제1항에도 불구하고 피보험자가 국민건강보험을 적용받지 아니한 경우(자동차사고, 산업재해보상사고 등을 포함합니다)에는 발생한 의료비 총액의 50% 해당액을 1사고당 보험가입금액을 한도로 지급합니다.

상해의료비 보장은 ① 피보험자가 ② 보험기간중에 ③ 급격하고도 우연한 외래의 사고로 ④ 신체에 ⑤ 상해를 입고 그 직접 결과로써 ⑥ 의사의 치료를 받은 때에 ⑦ 피보험자가 실제 부담한 의료비 전액을 ⑧ 사고일로부터 180일 이내에 소요된 의료실비를 한도로 보상한다.

피보험자가 자동차사고로 자동차보험에 의하여 처리를 받거나, 근로중 사고로 산업재해보상보험에서 처리를 받거나 또는 개인적인 사유 등으로 인하여 국민건강보험의 적용이 배제되는 경우 등은 발생한 의료비 총액의 50% 해당액을 보험가입금액 한도로 보상한다.

보험기간중 보험사고의 발생으로 치료를 받던 중 보험기간이 만료되었을 경우에도 보험기간 만료전 사고일부터 계속적인 치료가 이루어진 경우 이에 대하여는 보험기간이 만료된 후라도 180일을 한도로 보상한다.

나. 보상하지 아니하는 손해

상해의료비에서 보상하지 아니하는 손해는 상해보험의 보상하지 아니하는 손해의 규정을 준용한다. 이에 대하여는 제2편 제1장에서 자세히 다루었으므로 중복된 부분은 생략하고 추가적으로 아래와 같은 사항에 대하여는 보상하지 아니한다.

① 한약재 등의 보신용 투약비용

② 병실료차액(실제사용병실과 기준병실과의 병실료 차액)

다만, 의사가 치료상 부득이 기준병실보다 입원료가 비싼 병실(상급병실 이라함)에 입원하여야 한다고 판단하여 상급병실에 입원한 경우에는 예외로 하며, 병실의 사정으로 부득이하게 상급병실에 입원하였을 때에는 7일의 범위내에서 예외로 인정한다.

③ 진료와 무관한 제비용 (TV 시청료, 전화료, 제증명료 등)

④ 상당한 사유가 없는 고단위 영양제투여비용

⑤ 의사의 임상적 소견과 관련없는 검사비용

다. 다수 보험계약에서의 비례보상

⑤ 제1항 또는 제2항의 비용에 대하여 보험금을 지급할 다수의 보험계약이 체결되어 있는 경우에는 각각의 계약에 대하여 다른 계약이 없는 것으로 하여 산출한 보상책임액의 합계액이 제1항 및 제2항의비용을 초과했을 때, 회사는 이 계약에 따른 보상책임액의 상기 합계액에 대한 비율에 따라 의료비 보험금을 지급하여 드립니다.

동일한 사고에 대한 의료비 보험금을 지급할 다수의 보험계약이 체결되어 있는 경우에는 각각의 계약에 대하여 다른 계약이 없는 것으로 하여 산출한 보상책임액의 합계액이 손해액을 초과했을 때 계약에 따른 보상책임액의 합계액에 대한 비율에 따라 의료비 보험금을 지급한다.

라. 상해의료비 상품의 종류

급격하고도 우연한 외래의 사고로 신체에 상해를 입은 경우에 보상한다. 이를 바탕으로 하여, 피보험자가 입은 상해가 교통상해인지, 운행중 또는 운전중에 입은 상해인지 아니면 보험약관에 정한 특정레져활동을 하던 중 발생한 상해인지에 따라 교통상해의료비, 기타 교통상해의료비, 운행중상해의료비, 운전중상해의료비, 특정레져상해의료비 등으로 나뉜다. 각각의 보장에서는 약관에 정한 요건에 해당하는 경우에만 보험금을 지급한다.

또한, 2003년 10월 1일 이전 판매된 상품인지 이후에 판매된 상품인지의 여부에 따라 구계약과 신계약으로 나뉘며 보상조건을 달리한다. 이에 대하여는 장을 달리하여 자세히 설명하였다.

02 입원의료비

가. 입원의료비의 보상하는 손해

입원의료비 상품은 국민건강보험 처리가 된 경우를 기준으로 하여 본인부담금의 100%를 지급하는 상품, 본인부담금의 80%를 지급하는 상품, 상해와 질병 모두를 보장하는 상품, 질병만을 보장하는 상품 등으로 다양하게 제시되고 있다. 여기에서는 논의의 편의를 위해 상해와 질병을 모두 보장하고 본인부담금의 100%를 지급하는 상품을 기준으로 살펴본다.

약관 제1조(보상하는 손해)

① 회사는 피보험자가 보험증권에 기재된 보험기간중에 상해 또는 질병으로 인하여 병원 또는 의원(한방병원 또는 한의원을 포함합니다) 등에 입원하여 치료를 받은 경우에는 아래의 입원의료비를 수익자(수익자의 지정이 없을 때에는 피보험자)에게 지급하여 드립니다.

1. 입원실료 : 진찰료, 기준병실사용료, 환자관리료, 식대

2. 입원제비용 : 검사료, 방사선료, 투약 및 처방료, 주사료, 이학요법료, 정신요법료, 처치료, 재료대, 캐스트료, 지정진료비
3. 수술비 : 수술료, 마취료, 수술재료비
4. 병실료차액 : 실제사용병실(단, 특실 또는 1인실을 사용한 경우는 2인실의 병실료를 기준으로 합니다)과 기준병실료과의 병실료 차액

입원의료비가 지급되는 상품에서는 입원의료비의 세부항목을 ① 입원실료, ② 입원제비용, ③ 수술비, ④ 병실료차액으로 나누고 이에 대하여 보상한다. 특히, 본인부담금의 80%를 보장하는 상품에서는 위의 ① ~ ③ 의 의료비를 세부항목으로 나누어 각각의 한도를 개별적으로 적용하고 있다.

1) 질병의 발병시기

② 제1항의 상해에는 유독가스 또는 유독물질을 우연하게도 일시에 흡입, 흡수 또는 섭취한 결과로 생긴 중독증상을 포함합니다. 그러나 세균성 음식물중독과 상습적으로 흡입, 흡수 또는 섭취한 결과로 생긴 중독증상은 포함되지 아니합니다.
③ 제1항의 질병이라 함은 회사의 보장이 시작된 때부터 피보험자에게 감염되거나 발병된 질병을 말합니다. 다만, 보장이 시작되기 전에 피보험자가 감염 또는 발병된 사실을 모르고 있었던 때에는 보상하여 드립니다.

보험약관에서 정한 「질병」이란 회사의 보장이 시작된 때부터 피보험자에게 감염되거나 발병된 질병을 말하고, 보장이 시작되기 전에 피보험자가 감염 또는 발병된 사실을 모르고 있었던 때에는 보상하지만, 피보험자가 알고 있었던 경우에는 보상하지 아니한다.

질병을 보장하는 상품에서는 언제를 질병의 발병시점으로 보아야 할 것인지에 대한 논란이 있으나, 이에 대한 우리법원의 입장은 의사에 의하여 특정진단이 내려진 시점을 발병시점으로 보고 단순히 증상이 나타났다거나 통증을 호소한 것만을 기준으로 하여 발병시점으로 보지 않는다(부산지방법원 2006.12.15. 선고 2005가합12646).

최근에는 보험계약의 청약일로부터 5년 이전에 발병한 적은 있으나 5년 이내에는 발병하거나 치료한 사실이 전혀 없는 경우에는 5년 이라는 기간을 벗어난 과거

질병의 증상 발생은 5년이 지난 시점에서 이를 중요한 사항으로 보지 않고 처음 발병한 질병으로 해석하는 것이 타당하다는 의견(금융감독원 분쟁조정사례 2006.10.24. 결정 제2006-53호)을 반영하여 약관을 개정하기에 이르렀다. 실제 약관의 보상하지 아니하는 손해에 "최초 보험계약 청약일로부터 과거 5년 이내에 진단 또는 치료를 받은 질병"을 보상하지 않도록 명시함으로써 그 이전에 발생한 적이 있던 질병에 대하여는 보상토록 하고 있다.

금융감독원에서도 보도자료를 통해, 보험의 보장 대상이 되는 질병 발생 기준에 대해 일부 보험사에서 "보험기간중 최초로(처음으로) 발생된 질병으로 인한 입원(또는 진단급부)을 보상"한다는 약관조항을 근거로 고지대상기간(보험계약 체결일로부터 5년) 이전에 치료한 질병이 보험기간 중 재발한 경우에도 입원보험금 등을 부지급해왔으나, 이것은 과거 5년 이전에 발병한 질병의 치료경력은 청약서상 고지사항이 아닌데도 이를 사유로 보험금을 지급하지 않는 것은 현행 고지제도에 비추어 볼때 불합리하다고 판단하여 약관중 "최초로" 또는 "처음으로"등의 표현을 삭제토록 하였다.[1)]

또한, 보험가입전의 과거병력에 대한 고지의무조항이나(울산지방법원 2008.4.2.선고 2006가합6511판결), 보험기간 중에 감염되거나 발병한 질병에 대하여만 보험금을 지급하고 보험기간 전에 감염되거나 발병한 질병에 대하여는 보험금을 지급하지 않는나는 약관조항(서울서부지방법원 2008. 1.17. 선고 2007가합 9139판결)은 설명의무의 대상이 아니다.

▶ 질병보험에서 질병의 발병시점

피보험자가 보험계약 체결 이전에 방사선촬영, 심전도검사 등에서 정상 판정을 받아 따로 협심증 치료약을 처방받거나 투약한 적이 없는 바, 흉통을 원인으로 하여 10여회이상 병원 진료를 받고 의사로부터 협심증에 대하여 설명을 들었다는 사정만으로는 피보험자의 협심증은 이 사건 보험계약 체결 이전에 이미 발병된 질병이라고 단정하기는 어렵고, 나아가 이 사건 보험계약 체결당시 피고가 협심증을 알고 있었다는 점을 알았거나 중대한 과실로 알지 못하였다고 인정하기에 부족하다(부산지방법원 2006.12.15. 선고 2005가합12646).

1) 금융감독원 보도자료 2007년 3월 19일.

▶ 청약일이전 5년전에 발생한 질병의 5년동안 진단 치료가 없는 경우

보험사가 피보험자에게 청약일로부터 5년 이내의 기간 내에 한해 발생한 제반 사유, 즉 위험상태 뿐만 아니라 질병의 진단확정 등과 같은 질병보험계약의 보험사고 발생 여부를 질문한 사실은, 동기간을 벗어난 질병치료 사실은 피신청인이 위험선택을 함에 있어 중요한 사항으로 보지 않겠다는 의미인 바, 기준 기간을 벗어난 과거 질병의 증상 발현이 보험기간내에 발생하였다면, 이는 보험계약의 책임개시일 이후에 처음으로 발병된 질병으로 해석함이 타당하다(금융감독원 분쟁조정사례 2006.10.24. 결정 제2006-53호).

▶ 보험기간중에 발병한 질병만 보상한다는 약관조항의 설명의무

보험기간중에 감염되거나 발병한 질병에 대하여만 보험금을 지급하고 보험기간 전에 감염되거나 발병한 질병에 대하여는 보험금을 지급하지 않는다는 약관조항은 불확정한 사고의 발생에 대하여 보험금을 지급하는 (상법 제638조) 보험계약의 성질에서 유래하는 보험계약의 일반적인 내용으로서 별도의 설명없이도 보험계약자가 충분히 예상할 수 있는 사항이라고 할 것이어서 보험자가 명시 설명의무를 부담하는 사항이라고 보기 어렵다(서울서부지방법원 2008. 1.17. 선고 2007가합9139 판결).

2) 국민건강보험의 적용과 미적용시의 의료비

④ 회사는 국민건강보험법에 의하여 피보험자가 부담하는 제1항 제1호, 제2호, 제3호의 비용 전액(국민건강보험법에서 정한 요양급여 중 본인부담분과 비급여부분을 말합니다.)과 제4호의 비용(병실료차액)중 50% 해당액을 1사고당 보험증권에 기재된 금액을 한도록 보상하여드립니다. 다만, 피보험자가 국민건강보험을 적용받지 못한 경우(국민건강보험에 정한 요양급여 절차를 거치지 아니한 경우도 포함됩니다)에는 제1항의 발생 입원의료비 총액의 40% 해당액을 보험증권에 기재된 금액을 한도로 보상하여 드립니다.

국민건강보험은 국가에 의한 강제보험이자 사회보험이므로 국내에 거주하는 국민의 경우 당연히 건강보험의 적용대상이 된다. 따라서 국민건강보험의 미적용이라 함은 ①「의료급여법」에 따라 의료급여를 받는 자(수급권자), ②「독립유공자예우에 관한 법률」및 「국가유공자 등 예우 및 지원에 관한 법률」에 의하여 의료보호를 받는 자, ③ 국민건강보험법 제48조에 정한 급여의 제한사유에 해당하는 경우,

④ 자동차보험 또는 산재보험에서 처리되는 경우 등을 말하는 것으로, 국민건강보험의 비급여와는 다른 문제이다. 국민건강보험의 비급여는 치료를 목적으로 하지 않거나 보험급여 시책상 요양급여로 인정하기 어렵거나 건강보험제도의 여건상 요양급여로 인정하기 어려운 경우 등을 별도로 명시[2]하고 있다.

국민건강보험의 적용을 받지 못한 경우에는 통상 입원진료비 총액의 40%(본인부담금의 80%를 지급하는 상품에서는 총진료비의 30%)를 지급하도록 하고 있는데, 이는 국민건강보험이 적용될 경우의 급여 본인부담금과 비급여금액의 합계액이 총진료비의 40% 정도를 차지하므로 이것과의 형평성을 맞추기 위한 것이다.

피보험자가 외국에서 치료한 경우에는 국민건강보험을 적용받지 못한 경우로 보지만, 차상위계층에 속하는 자는 기존에 의료급여대상자 중 희귀난치성질환자군이 국민건강보험가입자로 전환되었으므로 국민건강보험이 적용된 경우로 보아야 한다.

3) 하나의 사고

⑤ 위 제1항, 제4항에도 불구하고 동일질병 또는 하나의 사고(의학상 중요한 관련이 있는 질병은 동일질병으로 간주하며 동일질병이나 상해로 2회 이상 치료를 받은 경우에도 이를 하나의 사고로 봅니다)로 인한 의료비 보상한도는 사고일 또는 발병일로부터 365일을 한도로 합니다.

피보험자가 동일한 상해 또는 질병으로 2회 이상 입원한 경우에도 이를 하나의 사고로 보고, 이로 인한 의료비의 보상한도는 사고일 또는 발병일로부터 365일(상품에 따라 180일)을 한도로 한다. 하지만 동일 질병에 의한 입원이라도 입원의료비가 지급된 최종퇴원일부터 180일이 경과하여 개시한 입원은 새로운 발병으로 간주하여 보상하며(서울북부지방법원 2008. 5. 22. 선고 2008가합 1082판결), 자동갱신되는 경우에도 동일하게 적용한다.

입원보험금을 지급하는 손해보험 상품에서 피보험자가 입원해 있는 동안 보험기간이 종료될 경우 종료일 이후 입원기간에 해당되는 입원보험금을 부지급해 왔으나, 보험기간이 종료된 경우라도 보험기간중 발생한 원인으로 인하여 계속 입원

2) 「국민건강보험 요양급여의 기준에 관한 규칙」의 [별표2] 비급여대상

한 경우에는 입원보험금을 지급한다는 조항을 손해보험 약관에 반영하였다. 생명보험은 입원비를 지급하는 보험약관의 경우 "피보험자가 입원기간 중 보험기간이 만료되었을 때에는 그 계속중인 입원기간에 대하여도 입원보험금을 지급합니다" 라고 명시하여 보험금을 지급하고 있었다.[3]

▶ 최종 퇴원일부터 180일이 경과한 후 새로이 입원한 경우의 해석

특별약관은 질병 또는 상해의 치료를 목적으로 2회 이상 입원한 경우 계속입원으로 보아 입원일수를 합산한고 있고 다만 새로운 입원으로 간주하는 기산점을 최종퇴원일로부터 180일이 경과하여 새로이 개시한 입원일로 보고 있는 바, 최종퇴원일로부터 180일이 경과한 후 새로이 입원을 하게 되는 경우에는 종전과 같은 동일한 사고나 질병에 의한 것이라고 하더라도 새로운 보험사고가 발생한 것으로 간주하여 보험약관에 따른 보험금을 추가로 지급한다는 의미로 해석함이 상당하고 이러한 각 특별약관의 규정이 신의성실의 원칙에 반하거나 공정성을 잃은 것이라고 할 수도 없다(서울북부지방법원 2008. 5. 22. 선고 2008가합1082 판결).

나. 입원의료비의 보상하지 아니하는 손해

입원의료비의 보상하지 아니하는 손해는 장기손해보험의 표준약관에 의하여 산정된 기준을 바탕으로 하였으므로, 보상하지 아니하는 손해의 대부분은 이와 동일하다. 상해보험에서의 보상하지 아니하는 손해는 앞서 자세히 다루었으므로 여기서는 그 차이점과 추가된 부분을 위주로 하여 살펴본다.

1) 상해사고로 인하여 발생한 손해(합병증을 포함합니다)

질병입원의료비에서는 상해를 질병과 엄밀히 구분하여 상해사고에 대하여는 보상하지 않으며, 상해에 대한 합병증도 상해사고로 인한 것으로 보아 이를 보상하지 아니한다.

2) 알콜중독, 습관성약품 또는 환각제의 복용 및 사용

알콜중독이나 습관성약품 또는 환각제의 복용 및 사용으로 인한 치료는 보상하지 아니한다. 만약, 알콜의존증을 치료할 목적으로 정신병원에 입원치료중 알콜성 간질환 치료를 병행한 것에 대하여는 보상하지 아니한다.

3) 금융감독원 보도자료. 2007년 3월 19일.

▶ 알콜의존증 치료목적으로 정신병원 입원중 알콜성간질환 병행치료

정신병원에 입원치료를 받던 중 간경화증으로 약을 투여 받는 등 간 관련 치료를 받았을 경우, 정신병원에 입원한 주목적은 알콜의존증이라는 정신과적 치료, 즉 더 이상 술에 대한 노출을 차단하기 위하여 격리된 상태에서 정신치료를 포함한 각종 치료를 하여 단주하게 하기 위한 것이었을 뿐, 당시 간경화증 치료를 병행하였다 하여 보험약관에서 정한 특정질병의 치료를 직접적인 목적으로 입원하였다고 볼 수 없다(대법원 2006.3.10. 선고 2006다5406 판결).

3) 최초보험계약 청약일부터 과거 5년 이내에 진단 또는 치료를 받은 질병

보험계약 청약일부터 과거 5년 전에 진단 또는 치료를 받은 질병에 대하여는 보상을 하지만, 청약일부터 과거 5년 이내에 진단 또는 치료를 받은 질병에 대하여는 이를 보상하지 아니한다.

4) 주로 성행위로 전파되는 감염

과거 약관개정 전에는 성병에 대하여 보상하지 아니하는 것으로 하여 이에 대한 해석을 두고 논란이 있었으나, 개정 약관에서는 보상하지 아니하는 질병에 대하여 아래와 같이 명시하였다.

대상 상병명	분류번호
1. 주로 성행위로 전파되는 감염 (A50-A64)	
1) 선천성매독	A50
2) 조기 매독	A51
3) 만기 매독	A52
4) 기타 및 상세불명의 매독	A53
5) 임균성감염	A54
6) 클라미디아 림프육아종(성병성)	A55
7) 기타 성행위로 전파되는 클라미디아성 질환	A56
8) 연성하감	A57
9) 서혜육아종	A58
10) 트리코모나스증	A59
11) 항문성기의 헤르페스바이러스[단순포진] 감염	A60
12) 달리 분류되지 않은 주로 성행위로 전바되는 기타질환	A63
13) 상세불명의 성행위로 전파되는 질환	A64

5) 정신 및 행동장애

정신질환 및 정신장해에 대하여도 그 범위를 명확히 하였다.

대상 상병명	분류번호
2. 정신 및 행동장애 (F00-F99)	
1) 증상성을 포함하는 기질성 정신장애	F00~F09
2) 정신활성 물질으 1사용에 의한 정신 및 행동장애	F10~F19
3) 정신분열증, 분열형 및 망상성 장애	F20~F29
4) 기분[정동]장애	F30~F39
5) 신경증적, 스트레스와 연관된, 신체형 장애	F40~F49
6) 생리적 장애 및 신체적 요인들과 연관된 행동증후군	F50~F59
7) 성인 인격 및 행동 장애	F60~F69
8) 정신 발육지체	F70~F79
9) 정신 발달 장애	F80~F89
10) 소아기 및 청소년기에 주로 발생하는 행동 및 정서장애	F90~F98
11) 상세불명의 정신 장애	F99

6) 치핵 및 비뇨기장애 및 직장 또는 항문관련질환

대 상 상 병 명	분류번호
3. 치핵, 비뇨기계 장애 및 직장 또는 항문관련질환	
1) 치핵	I84
2) 항문 및 직장부위의 열구 및 누공	K60
3) 항문 및 직장부위의 농양	K61
4) 항문 및 직장의 기타질환	K62
5) 비뇨기계의 기타장애	N39

7) 치아우식증, 치아 및 치주질환 등의 치과질환

대 상 상 병 명	분류번호
4. 치아우식증, 치아 및 치주질환 등의 치과질환(K00-K08)	
1) 치아의 발육 및 맹출자애	K00
2) 매몰치 및 매복치	K01
3) 치아우식증	K02
4) 치아경조직의 기타질환	K03
5) 치수 및 치근단주위 조직의 질환	K04
6) 치은염 및 치주질환	K05
7) 치은 및 무치성 치조융선의 기타장애	K06
8) 치아안면이상[부정교합을 포함]	K07
9) 치아 및 지지구조의 기타장애	K08

8) 뇌의 선천기형

대 상 상 병 명	분류번호
6. 뇌의 선천기형 (Q00-Q04)	
1) 뇌없음증(무뇌증) 및 유사기형	Q00
2) 뇌류	Q01
3) 소두증	Q02
4) 선천수두증	Q03
5) 뇌의 기타 선천기형	Q04

9) 자동차보험 또는 산재보험에서 보상받은 의료비. 다만, 본인부담의료비는 보상하여 드립니다.

입원의료비는 국민건강보험의 적용에도 불구하고 발생하는 본인부담금을 보장하기 위한 보험으로서 민영의료보험의 한축을 이루고 있다. 그러나, 자동차보험에서 처리되거나 산재보험에서 처리되는 경우에는 장기간의 고액의 치료비가 발생함에도 불구하고 본인이 부담하는 비용이 없으므로 이를 보상하지 아니한다.

03 통원의료비

가. 통원의료비의 보상하는 손해

1) 통원의료비

통원의료비의 보상하는 손해는 상해와 질병을 구별하는 것을 제외하고는 입원의료비의 보상하는 손해와 일반적으로 대동소이하며, 피보험자가 보험기간중에 상해 또는 질병으로 인하여 병의원에서 치료를 받은 경우 5천원(상품에 따라 공제금액이 상이함)을 공제한 금액을 각각의 금액한도까지 365일을 한도로 지급한다.

① 회사는 피보험자가 보험증권에 기재된 보험기간 중에 상해 또는 질병으로 인하여 병원 또는 의원(한방병원, 한의원 및 치과병원, 치과의원을 제외합니다.)등에 통원하여 치료를 받은 경우에는 아래의 통원의료비를 수익자(수익자의 지정이 없을 때에는 피보험자)에게 지급합니다.

1. 통원제비용 : 진찰료, 검사료, 방사선료, 투약 및 처방료, 주사료, 이학요법료, 정신요법료, 처치료, 재료대, 캐스트료, 지정진료비
2. 통원수술비 : 수술료, 마취료, 수술재료비

② 제1항 제1호, 제2호의 통원의료비에는 의약분업에 따라 피보험자가 부담하는 다음의 비용을 포함합니다.

1. 병원 또는 의원의 의사의 처방전에 따라 조제되는 약국의 약제비
2. 제1항에 대한 약사조제료

통원의료비에서는 입원의료비와는 달리 한방병원, 한의원, 치과병원, 치과의원에서 치료를 받은 경우에는 보험금을 지급하지 아니한다. 왜냐하면, 한방치료나 치과치료의 경우 민영의료보험의 정책상 일반적으로 인정할 수 없는 고액의 한방첩약이나 치과 보철치료비용 등이 있어 이를 보상하지 않기 위함이다.

한방첩약은 치료용인지 보신용 투약인지 명확하게 구분되지 아니할 뿐만 아니라 설사 치료용이라고 하더라도 그 치료가 환자의 기혈을 보강하는 등의 기초적인 치료에 있어 이를 구분하기 쉽지 않기 때문이다.

치과병의원에서의 치료 역시도 보험가입 이후에 새로이 발생한 질병에 대하여 보상하는 보험제도의 본질상 치과질환의 경우 발병시점을 명확히 알 수 없을 뿐만 아니라, 그 치료비가 고액이어서 이를 보통의 보험료로 감당할 수 없는 수준이고, 치과치료가 수백만원을 훨씬 초과하는 치료에 대하여 통원일수별로 이를 분할하여 청구할 경우 이를 각각의 치료비를 구분하여 산정하는 것이 현실적으로 불가능에 가깝기 때문이다.

2) 국민건강보험의 적용과 미적용

⑤ 회사는 통원 1일당 제1항, 제2항의 비용 중 국민건강보험법에 의하여 피보험자가 부담하는 비용(국민건강보험법에서 정한 요양급여 중 본인부담분과 비급여부분을 말합니다.)에 대하여 5천원을 공제한 금액의 100% 해당액을 보험증권에 기재된 금액을 한도록 보상하여드립니다. 다만, 피보험자가 국민건강보험을 적용받지 못한 경우(국민건강보험에 정한 요양급여 절차를 거치지 아니한 경우도 포함됩니다.)에는 통원 1일당 제1항, 제2항의 발생 통원의료비 총액에 대하여 5천원을 공제한 금액의 40% 해당액을 보험증권에 기재된 금액을 한도로 보상하여 드립니다.

국민건강보험이 적용되지 아니한 경우에 대한 설명은 이미 앞서 언급한 바와 같다. 다만, 통원의료비는 통원치료로 피보험자가 부담하는 비용에서 5천원을 공제한 금액 100%를 지급하되 보험가입금액까지만 지급한다.

국민건강보험에 정한 요양급여의 절차를 거치지 아니한 경우를 포함한 국민건강보험을 적용받지 못한 경우에는 통원의료비 총액에 대하여 5천원을 공제한 금액의 40%(또는 28%)를 보험가입 금액을 한도로 보상한다.

3) 하나의 사고

> ⑥ 제1항, 제2항 및 제5항에도 불구하고 동일질병 또는 하나의 사고(의학상 중요한 관련이 있는 질병은 동일질병으로 간주하며 동일질병이나 상해로 2회이상 치료를 받은 경우에도 이를 하나의 사고로 봅니다)로 인한 회사의 통원의료비 보상한도는 사고일 또는 발병일로부터 365일이 되는 날 이전의 기간동안 발생한 통산 통원일수 30일을 한도로 합니다.

동일질병 또는 하나의 사고로 2회 이상 치료를 받은 경우에는 이를 하나의 사고로 보고 사고일 또는 발병일로부터 365일 이내의 통원일수 30일 한도로 보상한다.

나. 통원의료비의 보상하지 아니하는 손해

통원의료비의 보상하지 아니하는 손해는 입원의료비의 보상하지 아니하는 손해와 대동소이하다. 다만, 통원의료비에서 치과질환은 보상하지 아니하는 손해로 규정하고 있으면서 상해로 인한 경우 의치비용을 제외한 치료비는 보상하고 있다. 이러한 조항이 보험소비자로 하여금 오해의 소지를 불러일으키므로 약관내용을 명확히 하기 위하여 치과병의원의 통원치료는 의료비 지급대상에서 제외하되 예외적으로 상해로 인한 치과진료시에는 의치비용을 뺀 나머지 금액을 보장하도록 권고하고 있다.[4)]

4) 금융감독원 금융감독정보 제2005-42호 2005년 10월.

4-2 실손의료보험 표준약관

01 상해 입원 · 통원형 실손의료보험

가. 보상하는 사항

1) 상해입원형의 보상

국민건강보험법에서 정한 요양급여 또는 의료급여법에서 정한 의료급여 중 본인부담금과 비급여(상급병실료 차액 제외) 부분의 합계액 중 90% 해당액을 보상한다. 다만, 10% 해당액이 계약일 또는 매년 계약해당일로부터 연간 200만원을 초과하는 경우 그 초과금액은 보상한다. 입원시 실제 사용병실과 기준병실과의 병실료 차액중 50%를 공제한 후의 금액을 보상한다. 다만, 1일 평균금액은 10만원을 한도로 하며, 1일 평균금액은 입원기간 동안 상급병실료 차액 전체를 총입원일수로 나누어 산출한다.

2) 상해통원형의 보상

피보험자가 상해로 인하여 병원에 통원하여 치료를 받거나 처방조제를 받은 경우에는 통원의료비로서 매년 계약해당일로부터 1년을 단위로 하여 외래(외래제비용, 외래수술비) 및 처방조제비를 각각 보상한다.

방문 1회당 국민건강보험법에서 정한 요양급여 또는 요양급여법에서 정한 의료급여 중 본인부담금과 비급여부분의 합계액에서 해당 항목별 공제금액을 차감하고 외래의 보험가입금액을 한도로 보상한다. 다만 매년 계약해당일로부터 1년간 방문 180회를 한도로 한다.

처방전 1건당 국민건강보험법에서 정한 요양급여 또는 의료급여법에서 정한 의료급여 중 본인부담금과 비급여부분의 합계액애서 해당 항목별 공제금액을 차감하고 처방조제비의 보험가입금액을 한도로 보상한다. 다만, 매년 계약해당일로부터 1년간 처방전 180건을 한도로 한다.

3) 국민건강보험법 또는 의료급여법을 적용받지 못한 경우

피보험자가 국민건강보험법 또는 의료급여법을 적용받지 못한 경우(국민건강보험법에서 정한 요양급여 또는 의료급여법에서 정한 의료급여 절차를 거치지 아니한 경우도 포함)에는 입원의료비 중 본인이 실제로 부담한 금액의 40% 해당액을 하나의 상해당 보험가입금액을 한도로 보상한다.

4) 동일 상해로 2회 이상 치료를 받은 경우

하나의 상해(동일 상해로 2회 이상 치료를 받는 경우에도 이를 하나의 상해로 본다)로 인한 입원의료비를 최초 입원일로부터 365일까지(최초입원일을 포함) 보상한다. 다만, 동일한 상해로 인하여 최초 입원일로부터 365일을 넘어 입원할 경우에는 90일간의 보상제외기간이 지나야 새로운 상해로 보아 다시 보상한다.

5) 입원치료기간중 보험기간의 만료

피보험자가 입원하여 치료를 받던 중 보험기간이 만료되더라도 그 계속중인 입원에 대하여는 보험기간 종료일로부터 180일까지(보험기간 종료일은 제외) 보상한다. 다만, 이 경우 새로운 상해로 보는 조항은 적용하지 아니한다.

6) 직원복리후생제도에 의해 할인 받은 의료비

피보험자가 병원의 직원복리후생제도에 의하여 납부할 의료비를 감면받은 경우에는 그 감면전 의료비를 기준으로 입원의류비를 계산한다.

나. 보상하지 않는 사항

① 치과치료 및 한방치료에서 발생한 국민건강보험법상 요양급여에 해당하지 않는 비급여 의료비

② 국민건강보험법상 요양급여중 본인부담금의 경우 국민건강보험 관련 법령에 의해 국민건강보험공단으로부터 사전 또는 사후 환급이 가능한 금액 (본인부담금 상한제)

③ 의료급여법상 의료급여 중 본인부담금의 경우 의료급여 관련 법령에 의해 의료급여기금으로부터 사전 또는 사후 환급이 가능한 금액(의료급여법상 본인부담금 보상제 및 본인부담금 상한제)

④ 건강검진, 예방접종, 인공유산. 다만, 회사가 보상하는 상해치료를 목적으로 하는 경우에는 보상한다.

⑤ 영양제, 종합비타민제, 호르몬투여, 보신용 투약, 친자확인을 위한 진단, 불임

검사, 불임수술, 불임복원술, 보조생식술(체내, 체외 인공수정을 포함), 성장 촉진과 관련된 비용 등에 소요된 비용. 다만, 회사가 보상하는 상해 치료를 목적으로 하는 경우에는 보상한다.

⑥ 의치, 의수족, 의안, 안경, 콘택트렌즈, 보청기, 목발, 팔걸이(Arm Sling), 보조기 등 진료재료의 구입 및 대체비용(다만, 인공장기나 부분의치 등 신체에 이식되어 그 그능을 대신할 경우는 제외)

⑦ 외모개선 목적의 치료로 인하여 발생한 의료비

㉠ 쌍꺼풀수술(이중검수술), 코성형수술(융비술), 유방확대 · 축소술, 지방흡입술, 주름살제거술 등

㉡ 사시교정, 안와경리증의 교정 등 시각계 수술로써 시력개선 목적이 아닌 외모개선 목적의 수술

㉢ 안경, 콘택트렌즈 등을 대체하기 위한 시력교정술

㉣ 외모개선 목적의 다리정맥류 수술

⑧ 진료와 무관한 제비용(TV 시청료, 전화료, 제증명료 등), 의사의 임상적 소견과 관련없는 검사비용

⑨ 자동차보험(공제를 포함) 또는 산재보험에서 보상받는 의료비. 다만, 본인부담의료비는 담보종목별 보장내용에 따라 보상한다.

⑩ 국민건강보험법 제40조의 요양기관이 아닌 해외소재 의료기관에서 발생한 의료비

02 질병 입원 · 통원형 실손의료보험

가. 보상하는 사항

1) 질병입원형의 보상

피보험자가 질병으로 인하여 병원에 입원하여 치료를 받은 경우에는 입원의료비를 하나의 질병당 보험가입금액을 한도로 보상한다. 보험가입금액은 5,000만원을 최고한도로 계약자가 정하는 금액으로 한다.

국민건강보험법에서 정한 요양급여 또는 의료급여법에서 정한 의료급여 중 본인부담금과 비급여(상급병실료 차액 제외) 부분의 합계액 중 90% 해당액을 보상한다. 다만, 10% 해당액이 계약일 또는 매년 계약해당일로부터 연간 200만원을 초

과하는 경우 그 초과금액은 보상한다.

입원시 실제 사용병실과 기준병실과의 병실료 차액중 50%를 공제한 후의 금액을 보상한다. 다만, 1일 평균금액은 10만원을 한도로 하며, 1일 평균금액은 입원기간 동안 상급병실료 차액 전체를 총입원일수로 나누어 산출한다.

2) 질병통원형의 보상

피보험자가 질병으로 인하여 병원에 통원하여 치료를 받거나 처방조제를 받은 경우에는 통원의료비로서 매년 계약해당일로부터 1년을 단위로 하여 외래(외래제비용, 외래수술비) 및 처방조제비를 각각 보상한다.

방문 1회당 국민건강보험법에서 정한 요양급여 또는 의료급여법에서 정한 의료급여 중 본인부담금과 비급여부분의 합계액에서 해당 항목별 공제금액을 차감하고 외래의 보험가입금액을 한도로 보상한다. 다만 매년 계약해당일로부터 1년간 방문 180회를 한도로 한다.

처방전 1건당 국민건강보험법에서 정한 요양급여 또는 의료급여법에서 정한 의료급여 중 본인부담금과 비급여부분의 합계액애서 해당 항목별 공제금액을 차감하고 처방조제비의 보험가입금액을 한도로 보상한다. 다만, 매년 계약해당일로부터 1년간 처방전 180건을 한도로 한다.

3) 국민건강보험법 또는 의료급여법을 적용받지 못한 경우

피보험자가 국민건강보험법 또는 의료급여법을 적용받지 못한 경우(국민건강보험법에서 정한 요양급여 또는 의료급여법에서 정한 의료급여 절차를 거치지 아니한 경우도 포함)에는 입원의료비 중 본인이 실제로 부담한 금액의 40% 해당액을 하나의 상해당 보험가입금액을 한도로 보상한다.

4) 동일 상해로 2회 이상 치료를 받은 경우

하나의 상해(동일 상해로 2회 이상 치료를 받는 경우에도 이를 하나의 상해로 본다)로 인한 입원의료비를 최초 입원일로부터 365일까지(최초입원일을 포함) 보상한다. 다만, 동일한 상해로 인하여 최초 입원일로부터 365일을 넘어 입원할 경우에는 90일간의 보상제외기간이 지나야 새로운 상해로 보아 다시 보상한다.

5) 입원치료기간중 보험기간의 만료

피보험자가 입원하여 치료를 받던 중 보험기간이 만료되더라도 그 계속중인 입원에 대하여는 보험기간 종료일로부터 180일까지(보험기간 종료일은 제외) 보상한다. 다만, 이 경우 새로운 상해로 보는 조항은 적용하지 아니한다.

6) 직원복리후생제도에 의해 할인 받은 의료비

피보험자가 병원의 직원복리후생제도에 의하여 납부할 의료비를 감면받은 경우에는 그 감면전 의료비를 기준으로 입원의료비를 계산한다.

나. 보상하지 않는 사항

1) 보상하지 않는 질환군

① 정신과질환 및 행동장애(F04~F99)
② 여성생식기의 비염증성 장애로 인한 습관성 유산, 불임 및 인공수정관련 합병증(N96~N98)
③ 피보험자의 임신, 출산(제왕절개 포함), 산후기로 입원 · 통원한 경우
④ 선천성 뇌질환 (Q00~04)
⑤ 비만(E66)
⑥ 비뇨기계 장애(N39, R32)
⑦ 직장 또는 항문질환 중 국민건강보험법상 요양급여에 해당하지 않는 부분(I84, K60~K62)

2) 보상하지 않는 입원 · 통원의료비

① 치과치료 및 한방치료에서 발생한 국민건강보험법상 요양급여에 해당하지 않는 비급여 의료비
② 국민건강보험법상 요양급여중 본인부담금의 경우 국민건강보험 관련 법령에 의해 국민건강보험공단으로부터 사전 또는 사후 환급이 가능한 금액 (본인부담금 상한제)
③ 의료급여법상 의료급여 중 본인부담금의 경우 의료급여 관련 법령에 의해 의료급여기금으로부터 사전 또는 사후 환급이 가능한 금액(의료급여법상 본인부담금 보상제 및 본인부담금 상한제)
④ 건강검진, 예방접종, 인공유산. 다만, 회사가 보상하는 질병치료를 목적으로 하는 경우에는 보상한다.
⑤ 영양제, 종합비타민제, 호르몬투여, 보신용 투약, 친자확인을 위한 진단, 불임

검사, 불임수술, 불임복원술, 보조생식술(체내, 체외 인공수정을 포함), 성장 촉진과 관련된 비용 등에 소요된 비용. 다만, 회사가 보상하는 질병 치료를 목적으로 하는 경우에는 보상한다.

⑥ 아래에 열거된 치료로 인하여 발생한 의료비
   ㉠ 단순한 피로 또는 권태
   ㉡ 주근깨, 다모, 무모, 백모증, 딸기코(주사비), 점(모반), 사마귀, 여드름, 노화현상으로 인한 탈모 등 피부질환
   ㉢ 발기부전(impotence), 불감증, 단순 코골음, 단순포경, 국민건강보험요양급여의 기준에 관한 규칙 제9조 제1항(비급여대상)에 의한 업무 또는 일상생활에 지장이 없는 검열반 등 안과질환

⑦ 의치, 의수족, 의안, 안경, 콘택트렌즈, 보청기, 목발, 팔걸이(Arm Sling), 보조기 등 진료재료의 구입 및 대체비용(다만, 인공장기나 부분의치 등 신체에 이식되어 그 그능을 대신할 경우는 제외)

⑧ 외모개선 목적의 치료로 인하여 발생한 의료비
   ㉠ 쌍꺼풀수술(이중검수술), 코성형수술(융비술), 유방확대·축소술, 지방흡입술, 주름살제거술 등
   ㉡ 사시교정, 안와경리증의 교정 등 시각계 수술로써 시력개선 목적이 아닌 외모개선 복적의 수술
   ㉢ 안경, 콘택트렌즈 등을 대체하기 위한 시력교정술
   ㉣ 외모개선 목적의 다리정맥류 수술

⑨ 진료와 무관한 제비용(TV 시청료, 전화료, 제증명료 등), 의사의 임상적 소견과 관련없는 검사비용

⑩ 산재보험에서 보상받는 의료비. 다만, 본인부담의료비는 담보종목별 보장내용에 따라 보상한다.

⑪ 인간면역바이러스(HIV)감염으로 인한 치료비(단, 의료법에서 정한의료인의 진료상 또는 치료중 혈액에 의한 HIV 감염은 해당진료기록을 통해 객관적으로 확인되는 경우는 제외)

⑫ 국민건강보험법 제40조의 요양기관이 아닌 해외소재 의료기관에서 발생한 의료비

4-3 실손의료비의 비례보상

01 상해보험에서의 피보험이익

동일한 피보험자가 체결한 다수의 보험계약은 고지의무나 통지의무의 문제에서 끝나지 않는다. 상해보험은 인보험이어서 보험가액이나 피보험이익의 개념이 없고 중복보험에 관한 법리를 적용할 수 없다는 견해가 있으나, 이는 보험의 기본 이론을 오해한 것이다. 상해보험은 인보험으로서 보험가액의 개념이 없으나 상해의 정도에 따라 보험자가 지급하는 보험금에 차이가 발생하고 또한 치료에 관한 실비를 지급하는 손해보험의 요소가 포함되어 있다.[5] 즉 상해보험은 상해라는 보험사고의 결과에 따라 손해의 정도와 지급보험금이 정해지는 것이므로 손해보험과 인보험의 성질을 모두 가지고 있다.[6]

따라서 손해보험의 성격과 인보험의 성질을 모두 가지고 있는 상해보험에서는 금전으로 산정할 수 있는 이익을 피보험이익으로 인정하여, 상해사고로 인하여 발생한 치료비를 피보험이익으로 봄과 동시에 상해사고로 인하여 발생한 치료비를 보험가액으로 평가하고 상해보험에서도 중복보험의 법리에 대한 해석을 하자는 의견[7]을 반영하는 것이 필요하다.

다만, 현행 법제도하에서 상해보험의 피보험이익과 보험가액의 개념을 곧바로 도입하는 데에 따르는 다양한 논의[8][9]의 필요성이 있으므로, 이에 대하여는 별도로 논의하더라도, 실제 보상현장에서는 다수의 보험계약에 가입한 피보험자가 상해사고로 치료를 받아 발생한 치료비에 대하여 실제 발생한 손해만큼만을 보상하고 있어 실질적인 논의와 법률개정을 통해 이에 대한 법률적인 뒷받침이 필요하다.

---

5) 장덕조, "다수의 상해보험계약", 「보험법 쟁점연구Ⅰ」, 법영사, 2002. p.324.
6) 양승규, "수개의 상해보험계약과 통지의무위반의 효과", 「보험판례연구」, 삼지원, 2000. pp.502-503.
7) 정찬형, 「보험법연구」, 삼지원, 1999, p.412.
8) 장덕조, 전게논문, p.327.
9) 양승규, 전게논문, pp.496-503.

02 제3보험에서의 의료비 비례보상

가. 중복보험 규정의 준용

실손의료비를 보장하는 제3보험에서 실손의료비의 보장이 상법 제672조 제1항에 정한 중복보험인지의 여부를 구체적으로 명시한 판례는 나와 있지 않다. 다만, 자동차보험에서 '무보험차상해특약'에 관한 것으로서, '무보험차상해특약'은 상해보험으로서의 성질과 손해보험으로서의 성질도 가지고 있는 손해보험형 상해보험으로서 상법에 정한 중복보험에 해당하고(대법원 2006.11.23.선고 2006다10989 판결), 이에 따라 상법 제672조 제1항이 준용되어 보험자는 각자의 보험금액 한도에서 연대책임을 지고 이 경우 각 보험자 사이에서는 각자의 보험금액의 비율에 따른 보상 책임을 진다(대법원 2006.11.10. 선고 2005다35516 판결).

또한, 상법 제672조 제1항은 강행규정으로 해석되지 않으므로 각 보험계약 당사자가 약관을 통해 보상책임방식이나 책임분담방식에 대하여 상법과 다른 내용으로 규정할 수 있다(대법원 2002.5.17. 선고 2000다30127 판결).

▶ 무보험자동차 상해 특약을 중복보험으로 볼 수 있는지 여부

피보험자가 무보험자동차에 의한 교통사고로 인하여 상해를 입었을 때에 그 손해에 대하여 배상할 의무자가 있는 경우 보험자가 약관에 정한 바에 따라 피보험자에게 그 손해를 보상하는 것을 내용으로 하는 무보험자동차에 의한 상해담보특약(이하 '무보험자동차특약보험'이라 한다)은 상해보험으로서의 성질과 함께 손해보험으로서의 성질도 갖고 있는 손해보험형 상해보험으로서(대법원 2000. 2. 11. 선고 99다50699 판결, 2003. 12. 26. 선고 2002다61958 판결 등 참조), 이 사건과 같이 보험금지급당사자인 보험회사와 다른 보험회사 사이의 구상관계에서는 손해보험적 성격이 강하다고 할 것이므로, 이러한 측면을 고려한다면 이 사건 각 무보험자동차특약보험은 모두 이 사건 사고로 소외인이 입은 손해를 담보하는 것으로서 동일한 보험계약의 목적과 동일한 사고에 관하여 수개의 보험계약이 체결된 상법 제672조 제1항의 중복보험에 해당한다고 할 것이다(대법원 2006.11.23. 선고 2006다10989 판결).

▶ 중복보험에서 연대책임주의를 규정한 상법 제672조제1항이 강행규정인지 여부

수개의 손해보험계약이 동시 또는 순차로 체결된 경우에 그 보험금액의 총액이 보험가액을 초과한 때에는 상법 제672조 제1항의 규정에 따라 보험자는 각자의 보험금액의 한도에서 연대책임을 지고 이 경우 각 보험자의 보상책임은 각자의 보험금액의 비율에 따르는 것이 원칙이라 할 것이나, 이러한 상법의 규정은 강행규정이라고 해석되지 아니하므로, 각 보험계약의 당사자는 각개의 보험계약이나 약관을 통하여 중복보험에 있어서의 피보험자에 대한 보험자의 보상책임 방식이나 보험자들 사이의 책임분담방식에 대하여 상법의 규정과 다른 내용으로 규정할 수 있다(대법원 2002.5.17. 선고 2000다30127 판결).

나. 의료비 비례보상 조항

제3보험에서 의료비를 비례보상하는 방식은 약관에 정한 바에 따라 독립책임액방식에 의한다. 다시 말해, 지급보험금을 계산하는 방식의 차이여부와 상관없이 다른 계약이 없는 것으로 하여 산출한 보상책임액의 합계액이 발생의료비를 초과했을 경우에만 비례보상하고(초과하지 아니한 경우에는 비례보상하지 않고 각각 지급한다), 보상책임액의 합계액에 대한 해당 계약의 보상책임액의 비율에 따라 발생의료비에 대하여 보험금을 지급한다.

의료비에 대하여 보험금을 지급할 다수의 보험계약이 체결되어 있는 경우에는 각각의 보험계약에 대하여 다른 계약이 없는 것으로 하여 산출한 보상책임액의 합계액이 발생의료비를 초과했을 때, 회사는 이 계약에 따른 보상책임액의 위의 합계액에 대한 비율에 따라 보험금을 지급하여 드립니다.

$$\text{손해액} \times \frac{\text{해당 계약에서 산출한 보상책임액}}{\text{다른계약이 없는것으로하여 각각 산출한 보상책임액의 합계액}}$$

약관에는 비례보상방식과 함께 비례보상 하는 대상에 대하여 명시하고 있는데, 제3보험의 상해보험, 질병보험, 간병보험과 손해보험의 종합보험, 장기손해보험, 개인연금보험, 퇴직보험을 그 대상으로 한다.

다. 제3보험에서 의료비 비례보상의 타당성

손해보험에서 중복보험에 해당하는 경우에 중복보험 사실을 보험회사에 고지 및 통지하도록 한 것은 보험사고의 발생으로 부당한 이득을 얻기 위한 사기에 의한 보험계약의 체결을 사전에 방지하고 보험사로 하여금 보험사고 발생시 손해의 조사 또는 책임의 범위의 결정을 다른 보험자와 공동으로 할 수 있도록 하기 위한 것이다(대법원 2003.11.13. 선고 2001다49623 판결).

앞서 살펴본 바와 같이 상해보험이 손해보험의 성격과 인보험의 성격을 가지고 있고, (논란의 소지는 많지만) 보험사고로 피보험자에게 발생한 치료비를 피보험이익으로 인정하여 이를 보험가액으로 평가하여, 이를 근거로 다수의 보험에 가입된 피보험자에 대하여 보험사고의 발생으로 인한 의료비에 대해 비례보상하는 것은 타당하다(대구지방법원 2006.11.10. 선고 2005가단122370, 2006가단43856 판결).

또한, 의료비를 비례보상한다는 조항이 하나의 보험만 가입한 보험계약자와 여러개의 보험에 가입한 보험계약자는 납입한 보험료가 다름에도 불구하고 이 둘에 대하여 동일한 보험금을 지급한 것은 보험계약자 등에게 불리한 조항이므로 무효라는 주장에 대하여도, 실비변상적인 의료비에 대해 손해보험적인 성격을 고려하여 중복보험의 규정을 준용하여 처리한 것이므로 보험계약자 등에게 일방적으로 불리하다고 볼 수 없다(대구지방법원 포항지원 2002.9.13. 선고 2000가단14987 판결).

▶ 중복보험 사실의 고지 및 통지의무를 부여한 이유

손해보험에 있어서 보험계약자에게 다수의 보험계약의 체결사실에 관하여 고지 및 통지하도록 규정하는 취지는, 손해보험에서 중복보험의 경우에 연대비례보상주의를 규정하고 있는 상법 제672조 제1항과 사기로 인한 중복보험을 무효로 규정하고 있는 상법 제672조 제3항, 제669조 제4항의 규정에 비추어 볼 때, 부당한 이득을 얻기 위한 사기에 의한 보험계약의 체결을 사전에 방지하고 보험자로 하여금 보험사고 발생시 손해의 조사 또는 책임의 범위의 결정을 다른 보험자와 공동으로 할 수 있도록 하기 위한 것이다(대법원 2003.11.13. 선고 2001다49623 판결).

▶ 다수보험에 대한 비례보상의 타당성 여부

상해보험 중 의료비 보상과 같은 손해보상 내지 비용보상의 경우에는 상해로 인하여 발생하는 실 손해액을 보상하는 것으로 일종의 손해보험적 성격을 가진다고 할 수 있는 바, 상해보험 약관은 일반적으로 손해보험의 성격을 가지는 의료비 등의 보상에 관해서는 위와 같은 성격을 감안하여 손해보험에 있어서의 중복보험(상법 제672조)에 준하여 각 보험자는 각자의 보험금액의 비율에 따라 보상책임을 지도록 명시하고 있고, 두 보험계약에 편입된 일반상해의료비 담보 특별약관 제1조에서도 의료비에 관하여 비례보상규정을 두고 있는 바, 보험회사는 이미 피보험자에게 위 특별약관에 따른 보상책임액의 합계액에 대한 비율에 따라 보험계약별로 피보험자가 부담한 치료비를 전액 지급하였으므로 추가로 일반상해의료비를 지급할 의무가 없다(대구지방법원 2006.11.10. 선고 2005가단122370, 2006가단43856 판결).

▶ 다수보험 비례보상 조항이 보험계약자에게 일방적으로 불리한 조항인지 여부

해당 약관조항은 다수의 보험계약을 체결한 피보험자나 단 하나의 보험계약을 체결한 피보험자나 동일한 의료비를 지급받는다는 점에서 불합리할 뿐 아니라 피보험자에 일방적으로 불리한 약관이므로 무효라는 주장에 대하여 살피건대, 해당 약관 조항은 의료비 급여의 실비변상적 측면과 함께 의료비 보험의 손해보험적 성격을 고려하여 물상보험에 있어서의 중복보험에 준하여 처리하도록 한 것으로, 해당 약관조항이 피보험자에게 일방적으로 불리한 약관으로 무효라고 볼 수 없다(대구지방법원 포항지원 2002.9.13. 선고 2000가단14987 판결).

라. 구계약에서의 비례보상 적용의 예외

2003년 10월 1일은 실손의료비를 보장하는 상품에서는 중요한 의미를 갖는 날이다. 이날을 기점으로 하여 ① 보험사의 상품별 사업방법서에 따라 중복하여 보상하던 규정이 폐지되었고, ② 상해의료비의 지급기준이 전체발생한 의료비에서 본인부담 의료비로 변경되었기 때문이다.

우선, 사업방법서에 따라 동일한 사업방법서에 속하는 상품들은 보험사와 상관없이 비례보상하고, 각각의 상품의 사업방법서가 다른 경우에는 중복하여 비례보상하여 오던 것을 모든 상품에 대하여 비례보상하는 것으로 변경되었다. 과거의 이러한 사업방법서의 구분은 장기종합, 장기상해, 개인연금, 일반상해의 4가지로 구분하고 상품의 사업방법서가 어디에 속하느냐에 따라 비례보상여부가 결정되어, 이 당시에는 각각의 사업방법서별로 보험상품을 가입하는 것이 중요한 재테크 포인트가 되기도 하였다.

▶ 사업방법서별로 중복하여 보상하는 것의 타당성 여부

손해보험회사에서 판매중인 상품중 의료비를 담보하는 상품은 장기손해보험, 특종보험, 개인연금손해보험, 자동차보험의 자기신체사고가 있고, 장기손해보험에는 장기

> 상해보험과 장기종합보험이 있으며, 특종보험에는 상해보험과 종합보험 등이 있는 바, 의료비에 관하여 정액보상이 아닌 실손보상의 원칙에 충실할 경우 위 모든 보험을 다수보험계약으로 보아 비율보상하는 것이 원칙이다. 그러나 손보업계의 보상실무상 의료비보상에서의 비율보상은 동종의 사업방법서내로 제한하기로 하였는 바, 사업방법서가 장기상해보험 사업방법서와 장기종합 사업방법서로 나누어져 있으면 의료비는 각각 전액 지급되어야 한다(금융감독원 분쟁조정사례 1996.9.2. 결정 제96-43호).

마. 중복보험에서 과다지급한 보험금의 환수

상해보험의 치료비에 대하여 중복보험의 규정을 준용하는 것으로 널리 용인되고 있으므로 각 보험자는 각자의 보험금액의 한도내에서 보험계약자에 대하여 연대책임을 부담하고(상법 제672조), 보험자 1인에 대한 권리포기는 다른 보험자에게 영향을 미치지 아니한다(상법 제673조). 다시 말해, 수개의 실손의료비 상품에 가입한 피보험자가 보험사고로 상해를 입고 의료비가 발생한 경우에, 수개의 보험자는 보험금 지급에 연대책임을 부담하지만, 피보험자가 한 보험회사에 보험금을 청구하여 보험금의 전액을 지급받은 다음 분담비율에 따라 각 보험사별로 각자 분담(구상)하는 것이 아니고 각 보험자별로 피보험자가 각각 보험금을 청구하여야 한다.

만약, 피보험자가 다른 보험자에게는 보험금을 청구하지 않을테니 한 보험사에서만 보험금의 전액 지급을 주장하는 경우에도, 상법 제673조에 의해 보험자 1인에 대한 권리포기가 다른 보험자에 영향을 미치지 아니하므로 피보험자에게는 해당 보험사의 책임분담비율만큼만 지급하면 된다.

그러므로 전산시스템의 오류나 실무담당자의 착오로 인하여 책임분담비율만큼만을 지급했어야 하나 잘못하여 책임분담비율을 초과하여 과다하게 지급한 경우, 보험자는 책임분담비율을 초과한 금액을 피보험자의 부당이득금으로 보아 환수할 수 있다.

보험사간 분담비율을 초과한 금액을 지급하였더라도 중복보험으로 인하여 연대책임을 부담하므로 피보험자에게 지급한 초과분을 부당이득금으로 보아 그 반환을 청구할 수 없다는 하급심의 판례(인천지방법원 2001.6.15.선고 2000가단57435 판결)가 있긴 하나, 이는 상법 제672조의 '중복보험의 연대책임'에 대해서만 집중한 나머지 상법 제673조(보험자 1인에 대한 권리포기)를 간과한 법리의 오해의 결과라 하겠다.

03 비례보상의 방식

동일한 보험계약의 목적과 동일한 사고에 관하여 수개의 보험계약이 동시에 또는 순차로 체결된 경우에 그 보험금액의 총액이 보험가액을 초과한 때에는 각각의 보험금액 한도내에서 연대책임을 지며, 이 경우 각 보험자의 보상책임은 각자의 보험금액의 비율에 따른다(상법 제672조). 각각의 보험회사가 부담하는 보험금액의 비율을 나누는 방식은 크게 두가지로 나뉜다.

하나는 각 보험계약의 지급보험금을 계산하는 방식이 동일한 경우의 보험가입금액 안분방식과 지급보험금을 계산하는 방식이 다른 경우의 독립책임액방식이다.

가. 보험가입금액 안분방식

보험계약의 지급보험금을 계산하는 방식이 같은 경우에 보험가입금액 안분방식을 적용한다.

$$\text{손해액} \times \frac{\text{해당 계약의 보험가입금액}}{\text{해당계약과 다른 계약의 보험가입금액의 합계액}}$$

예를 들어, A 계약의 보험가입금액이 100만원이고, B 계약의 보험가입금액이 200만원인 상황에서 손해액이 150만원이 발생하였다면,

$$[A\ \text{계약}]\ 1{,}500{,}000\text{원} \times \frac{1{,}000{,}000\text{원}}{1{,}000{,}000\text{원} + 2{,}000{,}000\text{원}} = 500{,}000\text{원}$$

$$[B\ \text{계약}]\ 1{,}500{,}000\text{원} \times \frac{2{,}000{,}000\text{원}}{1{,}000{,}000\text{원} + 2{,}000{,}000\text{원}} = 1{,}000{,}000\text{원}$$

따라서 A 계약에서 지급할 보험금은 500,000원이고, B계약에서 지급할 보험금은 1,000,000원이다. 이 방식은 손해보험에서 지급보험금을 계산하는 방식이 동일한 경우에 적용된다.

나. 독립책임액 방식[10)]

지급할 보험금의 계산방식이 다른 경우에는 독립책임액 방식을 적용한다.제3보험에서는 지급보험금의 계산방식이 같고 다름에 상관없이 독립책임액 방식에 의하여 지급보험금을 분담하도록 명시하고 있다.

$$\text{손해액} \times \frac{\text{해당 계약에서 산출한 보상책임액}}{\text{다른계약이 없는것으로하여 각각 산출한 보상책임액의 합계액}}$$

예를들어, A 계약의 보험가입금액은 100만원이지만 보상책임액이 90만원이고, B 계약의 보험가입금액은 200만원이지만 보상책임액이 100만원인 경우에 전체손해액이 150만원이라고 한다면,

$$[A\ \text{계약}]\ 1{,}500{,}000\text{원} \times \frac{900{,}000\text{원}}{900{,}000\text{원} + 1{,}000{,}000\text{원}} = 705{,}000\text{원}$$

$$[B\ \text{계약}]\ 1{,}500{,}000\text{원} \times \frac{1{,}000{,}000\text{원}}{900{,}000\text{원} + 1{,}000{,}000\text{원}} = 795{,}000\text{원}$$

따라서, A 계약에서 지급할 보험금은 705,000원이고, B계약에서 지급할 보험금은 795,000원이다. 이 방식은 제3보험에서 의료비를 비례보상하는 경우에 일반적으로 적용되는 원칙이다.

04 의료비 비례보상에서의 기본원칙

의료비의 비례보상 원칙은 아직 학계나 실무환경에서 조차 통일되어 있지 않다. 각 지역별로 상이하고 보험사별로 상이하다. 어떤 계산방식이 맞고 틀림의 문제를 지나 보험사간 계산방식의 불일치로 인해 사안에 따라서는 보험계약자 등에 보험금이 과소하거나 과다하게 지급되는 경우가 발생할 수 있고, 보험사간 계산방식에 있어서의 분쟁이 발생할 경우 결국 피해는 보험계약자에게 돌아갈 수 있으므로 하

10) 실제 보상실무에서 적용되는 손해액 산정방식, 지급보험금의 산정방식 등 여러 가지 논의사항에 대한 것은 추가로 논의하고 여기서는 단순히 독립책임액방식만을 설명한다.

루 속히 통일방안을 만들어야 한다.

보험회사간 이해관계를 떠나 실무현장에서의 혼란을 방지하고, 혼란에서 유발되는 보험소비자들의 신뢰문제나 피해의 방지를 위해서라도 업계의 실무자 대표들이 머리를 맞대고 가장 합리적인 방안을 만들어야 한다. 비례보상과 관련된 논의는 어떤 원칙이 절대적으로 옳다는 최종안을 만들기보다 보험이론상 가장 적합성이 높고, 보험계약자 등에게 불이익이 최소화되며 보험실무상으로도 편의성이 높은 방식이 제고되어야 한다.

아래에서 기재하는 계산방식이나 의견은 하나의 의견으로서 논의를 촉발시키는 촉매제로서의 역할을 기대할 뿐이다. 여기서는 2003년 10월 1일 이후의 상품을 기준으로 하여 기본원칙을 설명하였다.

가. 보험상품별 공통으로 보장하는 영역의 비례보상

실손의료비를 보상하는 상품에서 보험상품에 따라 보상하는 영역이 다르다. 예를 들어, 구 상해의료비에서는 본인부담금 뿐만 아니라 급여부분의 공단부담금까지도 보상하고, 상해의료비에서는 입원과 통원의 구분없이 본인부담금을 보상하지만 입원의료비에서는 입원치료한 경우만을, 통원의료비에서는 통원치료한 경우만을 보상하며, 상품에 따라 병실차액이나 보조기 등을 보상하는지의 여부 등이 각각 다르다.

만약, 병실차액을 보상하는 상품과 보상하지 않는 상품을 비례보상할 때 병실차액을 포함한 금액까지를 비례보상할 경우, 병실차액을 보상하지 않는 상품임에도 불구하고 병실차액의 일정금액을 분담비율만큼 보상하는 결과가 발생하게 된다.

따라서 각 상품별 공통으로 보장하는 영역만을 비례보상 대상으로 하고, 공통되지 아니한 부분은 공통부분의 비례보상이 완료된 이후 추가적으로 가산한다.

〈표 4-1〉 보험계약별 세부 보상 내역

구 분		① 입원본인부담금	② 통원본인부담금	③ 병실차액	④ 보조기
A 계약	상해의료비	○	○	×	○
B 계약	입원의료비	○	×	○	×
B 계약	통원의료비	×	○	×	×

위의 표에서 보다시피 상해의료비는 입원과 통원을 구분하지 않고 보상하되 병실차액은 보상하지 않으나(신 계약), 보조기는 보상한다. 반면, 입원의료비는 입원하여 치료한 본인부담금과 병실차액 일정액을 보상하지만 통원치료한 경우의 의료비와 보조기 등은 보상하지 아니한다. 따라서 입원과통원치료를 동시에 한 피보험자의 상해의료비와 입원의료비에 대해 비례보상할 경우에는 위 표의 ① 부분(입원치료한 기간)만을 비례보상 대상으로 하여 보상하고, 그 다음 ② 부분(통원치료한 기간)은 상해의료비에 추가로 가산하여야 한다. 그리고, ③ 부분 (병실차액)은 입원의료비에, ④ 부분(보조기 등)은 상해의료비에 추가 가산한다.

피보험자가 상해사고로 고액의 치료비가 발생하였으나, 상품별 보장영역이 달라 비례보상할 경우, 공통되지 아니한 부분을 먼저 보상하고 나머지 잔여 가입금액으로 공통보장 영역의 손해를 비례보상 해야한다는 의견[11]도 있으나, 이는 공통되지 아니한 부분을 먼저 보상하고 공통부분을 나중에 비례보상함으로써 보다 많은 금액을 피보험자에게 지급하도록 하는 계약자 보호에 의도가 있는 것으로 보이지만 이는 보험실무상 계산상의 어려움이나 보험사간 비례보상시 분담비율이 높아지는 회사에서 이를 수용할 수 있을지 의문이다.

예시

A 계약 : 상해의료비 1,000,000원 한도

B 계약 : 입원의료비 2,000,000원 한도(병실차액 2인실기준 50%)

손해액 : 본인부담의료비 2,700,000원(병실차액 제외금액)

병실차액 2인실사용 500,000원

A 계약 $2,700,000원 \times \frac{1,000,000원}{1,000,000원 + 2,0000,000원} = 900,000원$

B 계약 $2,700,000원 \times \frac{2,000,000원}{1,000,000원 + 2,000,000원} = 1,800,000원$

∴ [A 계약]의 보험금은 900,000원

B 계약의 보험금은 1,800,000원 + 250,000원(병실차액50%)

11) 금융감독원측의 의견

나. 보험상품별 보상기간이 다른 경우의 비례보상

예를 들어, 상해의료비의 경우에는 사고발생일로부터 180일 이내의 치료비만을 보상하지만 입원의료비의 일부 상품의 경우 사고발생일 또는 발병일로부터 365일 한도로 보상하는 상품이 있다. 이 경우 사고발생일로부터 180일이 초과한 부분은 비례보상하지 않고 입원의료비에서만 보상하면 되지만, 실무적으로 환자의 치료가 완료된 시점에서 치료비를 사고발생일로부터 180일 이전의 치료비와 180일 이후의 치료비를 구분하는 것이 거의 불가능하다는 문제점이 있다.

예시

A 계약 : 상해의료비 180일 한도 보상 / 1,000,000원 한도
B 계약 : 입원의료비 365일 한도 보상 / 2,000,000원 한도
사고일로부터 180일 이내의 발생의료비 1,200,000원
사고일로부터 180일 이후의 발생의료비 800,000원

$$\text{A 계약} \quad 1{,}200{,}000\text{원} \times \frac{1{,}000{,}000\text{원}}{1{,}000{,}000\text{원} + 1{,}200{,}000\text{원}} = 545{,}455\text{원}$$

$$\text{B 계약} \quad 1{,}200{,}000\text{원} \times \frac{1{,}200{,}000\text{원}}{1{,}000{,}000\text{원} + 1{,}200{,}000\text{원}} = 654{,}545\text{원}$$

∴ [A 계약]의 보험금은 545,455원
[B 계약]의 보험금은 654,545원 + 800,000원 = 1,454,545원

다. '손해액'의 판단기준

1) 피보험자에게 실제 발생한 의료비(본인부담금)를 손해액으로 본다.

의료비의 중복에 있어서 가장 논란이 많을 수 있는 부분이 바로 '손해액'의 판단기준이다. 중복보험에서 비례보상을 하고자 하는 가장 중요한 취지는 다수의 보험에 가입한 후 중복하여 보험금을 받음으로서 발생할 수 있는 피보험자의 이득을 금지하고, 이를 통해 보험계약의 사행성을 방지하는 데에 있다. 따라서, 비례보상을 할 때에도 보험사고의 발생으로 이득의 발생을 방지하는 정도이면 족하고, 보험상품의 다수가입에 따른 최소한의 그 편익마저도 제한하는 것은 지나치다고 판단된다.

우리 법원은 상해보험에 대한 비례보상에 대하여 판단기준을 아직 제시하고 있진 않지만, 자동차보험의 무보험차상해특약에서의 손해액 판단기준을 '피보험자의 실제손해액'이 아닌 '약관에 따라 산출한 금액'을 그 기준으로 삼고 있다(대법원 2007.10.25.선고 2006다25356판결). 그러나 이 기준을 상해보험에 그대로 적용할 경우, 비례보상을 하는 기본 취지인 이득금지의 원칙을 넘어 보험계약자 등의 이익을 제한한다는 비판을 면할 수 없다.

또한, 각 계약에서의 보상비율 및 자기부담금을 공제하기 전의 금액중 최고액을 손해액으로 해야한다는 의견[12]도 있으나 이는 업계와 학계에서 충분한 논의를 거쳐야할 부분이다.

아래의 예시는 손해액의 산정기준을 ① 약관에 따라 산출한 금액(2,000,000원)을 손해액으로 하여 계산한 예시와 ② 피보험자의 실제손해액(2,700,000원)을 손해액으로 하여 계산한 예시를 실었으나, 실무적으로나 합리적으로도 ②의 방법이 보다 타당하다고 하겠다.

▶ 대법원 2007.10.25. 선고 2006다25356 판결

하나의 사고에 관하여 체결된 여러 개의 무보험자동차에 의한 상해담보특약보험이 중복보험에 해당하는지 여부의 판단 기준이 되는 '손해액'의 의미는 '피보험자의 실제 손해액'이 아니라 '약관에서 정한 보험금 지급기준에 의해 산출한 금액'을 의미한다.

예시

A 계약 : 상해의료비 보상한도 1,000,000원

B 계약 : 상해의료비 보상한도 2,000,000원

발생의료비 2,700,000원 (건강보험 처리됨 : 본인부담금기준)

① 두 계약중 보상한도가 높은 금액을 손해액으로 인정할 경우
(약관에 따라 산출한 금액을 손해액으로 인정할 경우)

$$[\text{A 계약}]\ 2{,}000{,}000\text{원} \times \frac{1{,}000{,}000\text{원}}{1{,}000{,}000\text{원} + 2{,}000{,}000\text{원}} = 666{,}666\text{원}$$

$$[\text{B 계약}]\ 2{,}000{,}000\text{원} \times \frac{2{,}000{,}000\text{원}}{1{,}000{,}000\text{원} + 2{,}000{,}000\text{원}} = 1{,}333{,}334\text{원}$$

12) 손보협회, "보험계약자 안내 강화 및 보상기준 명확화방안 시행요청(손보협보 1230 -84)", 2008. 10. 28.

[A 계약]의 보험금 + [B 계약]의 보험금

= 666,666원 + 1,333,334원 = 2,000,000원

[피보험자에게 발생한 손해액] 》 [지급보험금의 합계액]

② 피보험자의 실제 발생 의료비(본인부담금)를 손해액으로 인정할 경우

[A 계약] $2{,}700{,}000원 \times \frac{1{,}000{,}000원}{1{,}000{,}000원 + 2{,}0000{,}000원} = 900{,}000원$

[B 계약] $2{,}700{,}000원 \times \frac{2{,}000{,}000원}{1{,}000{,}000원 + 2{,}000{,}000원} = 1{,}800{,}000원$

[A 계약]의 보험금 + [B 계약]의 보험금

= 900,000원 + 1,800,000원 = 2,700,000원

[피보험자에게 발생한 손해액] = [지급보험금의 합계액]

2) 공제금액이 있는 경우의 '손해액' 판단기준

대부분의 통원의료비 보장에서 통원 1일당 5천원 또는 1만원 정도의 공제금액을 설정하고 있다. 또한, 상품별로 보상한도를 5만원, 10만원, 20만원, 30만원까지를 설정하고 있어서 중복에 따른 비례보상시에 '손해액'을 어떤 금액으로 둘 것인지에 대하여 논란이 있을 수 있으나, 보상한도를 적용하기전에 피보험자에 발생한 손해액을 그 기준으로 보아야 한다.

아래의 예시는 손해액의 산정기준을 ① 약관에 따라 산출한 금액(200,000원)을 손해액으로 하여 계산한 예시와 ② 피보험자의 실제손해액(270,000원)을 손해액으로 하여 계산한 예시를 실었으나, 실무적으로나 합리적으로도 ②의 방법이 보다 타당하다고 하겠다.

예시

A 계약 : 공제금액 5,000원, 보상한도 100,000원

B 계약 : 공제금액 10,000원, 보상한도 200,000원

하루 통원의료비 270,000원 (진찰료 등이 건강보험 처리됨)

① 두 계약중 보상한도가 높은 금액을 손해액으로 인정할 경우

[A 계약] $200{,}000원 \times \frac{100{,}000원}{100{,}000원 + 200{,}000원} = 66{,}666원$

[B 계약] $200{,}000원 \times \frac{200{,}000원}{100{,}000원 + 200{,}000원} = 133{,}334원$

[A 계약]의 보험금 + [B 계약]의 보험금

= 66,666원 + 133,134원 = 200,000원

[피보험자에게 발생한 손해액] 》 [지급보험금의 합계액]

② 피보험자의 실제 발생 의료비를 손해액으로 인정할 경우

[A 계약] $270{,}000원 \times \frac{100{,}000원}{100{,}000원 + 200{,}000원} = 90{,}000원$

[B 계약] $270{,}000원 \times \frac{200{,}000원}{100{,}000원 + 200{,}000원} = 180{,}000원$

[A 계약]의 보험금 + [B 계약]의 보험금

= 90,000원 + 180,000원 = 270,000원

[피보험자에게 발생한 손해액] = [지급보험금의 합계액]

라. 구－신 계약의 중복이 있는 경우에는 구선신후 방식

2003년 10월 1일 이전 계약에서는, 특히 상해의료비에서 본인부담금 외의 공단부담금까지를 보상한 데다가 병실차액까지를 보상하도록 하고 있다. 그 이후에는 모든 계약에서 보험금 지급기준이 '본인부담금'으로 변경되면서 기존 계약이 상당히 유리하게 되었다. 계약별로 형평성의 논란이 있을수는 있으나, 기존 계약은 이미 공단부담금과 병실차액까지를 보상하도록 하여 보험상품이 판매되었으므로 기존계약에 대하여 이를 번복할 수는 없기 때문에 구 계약을 우선적으로 보상하고 신계약의 잔여부분을 나중에 보상하는 방식으로 진행하게 되었다.

마. 한 계약에 의료비보장이 다수인 경우

실무적으로 하나의 보험계약 내에 상해의료비와 입원의료비 그리고 통원의료비가 병존하는 경우에는 이들 담보를 각각 별도의 하나의 계약으로 보아 비례보상한다.

예 시

A 계약 : 상해의료비 보상한도 1,000,000원

B 계약 : 상해의료비 보상한도 1,000,000원

입원의료비 보상한도 2,000,000원

발생의료비 2,700,000원 (건강보험 처리됨 : 본인부담금기준)

$$[\text{A 계약}]\ \text{상해의료비 270만원} \times \frac{\text{100만원}}{\text{100만원} + \text{100만원} + \text{200만원}} = \text{67.5만}$$

$$[\text{B 계약}]\ \text{상해의료비 270만원} \times \frac{\text{100만원}}{\text{100만원} + \text{100만원} + \text{200만원}} = \text{67.5만}$$

$$[\text{B 계약}]\ \text{입원의료비 270만원} \times \frac{\text{200만원}}{\text{100만원} + \text{100만원} + \text{200만원}} = \text{135만}$$

∴ [A 계약]의 지급보험금 : 675,000원

[B 계약]의 지급보험금 : 675,000원 + 1,350,000원 = 2,025,000원

바. 다수계약중 통지의무 위반 등의 이유로 감액하는 경우

보험계약에서 보험계약자 등이 통지의무를 위반한 상태에서 보험사고가 발생한 경우에는 보험자는 피보험자의 직업의 변경전 요율의 직업 변경후 요율에 대한 비율에 따라 비례보상하게 된다.

이렇게 직업이나 직무의 변경에 대하여 통지의무를 위반한 보험계약자 등에게 일정정도의 패널티를 부과해야 한다는 전제하에 다수의 보험계약에 따른 비례보상을 계산하여 산출된 보험금으로 다시 통지의무위반에 의한 비례보상을 해야한다는 의견이 있다.

그러나 독립책임액 방식에서의 의료비 계산은 '다른 계약이 없는 것으로 하여 산출한 보상책임액'을 그 대상으로 하므로, 통지의무위반에 따라 감액된 보험금을 산출기준으로 보아야 한다. 이 방법에 의할 경우, ㉠ 통지의무를 위반한 보험계약자 등에게 부과할 패널티가 없어진다는 점과 ㉡ 통지의무를 위반한 계약에서의 부담금이 정상계약으로 이전되는 결과가 발생하는 점에서 비판의 대상이 될 수 있다.

하지만 의료비를 비례보상하는 취지는 피보험자에게 실제 발생한 손해액만큼만을 보상함으로써 다수의 보험가입에 따르는 '이득'을 방지하여 결과적으로 보험계약의 사행성을 최소화하자는 데에 그 취지가 있으므로, 아래의 계산방식중 ②에

서 처럼 직업급수별 비례보상을 먼저하여 보상책임액을 산출한 다음 상품별 비례보상을 나중에 하는 것이 바람직하다.

예시

A 계약 : 상해의료비 보상한도 1,000,000원
B 계약 : 상해의료비 보상한도 1,000,000원(통지의무 위반)
피보험자의 발생 치료비 800,000원

① 상품별 비례보상을 먼저하고, 직업급수별 비례보상을 나중에 할 경우

ⓐ 상품별 비례보상

[A 계약] $800,000\text{원} \times \dfrac{800,000\text{원}}{800,000\text{원} + 800,000\text{원}} = 400,000\text{원}$

[B 계약] $800,000\text{원} \times \dfrac{800,000\text{원}}{800,000\text{원} + 800,000\text{원}} = 400,000\text{원}$

ⓑ 직업급수별 비례보상[13]

[B 계약] $400,000 \times \dfrac{0.011698(1\text{급, 변경전요율})}{0.032258(3\text{급, 변경후요율})} = 145,055\text{원}$

ⓒ 상품별 지급보험금

[A 계약]의 지급보험금 : 400,000원
[B 계약]의 지급보험금 : 145,055원
[피보험자의 손해액 800,000원] 〉 [지급된 보험금의 합계액 545,055원]

② 직업급수별 비례보상을 먼저하고, 상품별 비례보상을 나중에 할 경우

ⓐ 직업급수별 비례보상[14]

[B 계약] $800,000 \times \dfrac{0.011698(1\text{급, 변경전요율})}{0.032258(3\text{급, 변경후요율})} = 290,110\text{원}$

ⓑ 상품별 비례보상

[A 계약] $800,000\text{원} \times \dfrac{800,000\text{원}}{800,000\text{원} + 290,110\text{원}} = 587,097\text{원}$

[B 계약] $800,000\text{원} \times \dfrac{290,110\text{원}}{800,000\text{원} + 290,110\text{원}} = 212,903\text{원}$

ⓒ 상품별 지급보험금

[A 계약]의 지급보험금 : 587,097원
[B 계약]의 지급보험금 : 212,903원
[피보험자의 손해액 800,000원] = [지급된 보험금의 합계액 800,000원]

4-4 구계약간 의료비의 비례보상

01 구계약에서의 의료비

2003년 10월 1일 이전인 9월 30일까지 판매된 손해보험사의 실손의료비 상품, 그 중 특히 '상해의료비 담보특약'은 여러 가지 면에서 매력적인 상품이었다. 왜냐하면, 현재 판매되고 있는 상해의료비 상품이 '본인부담금'을 기준으로 보상하고 있으나 기존에는 환자가 부담하는 본인부담금 뿐만 아니라 국민건강보험 공단부담금을 포함한 '총진료비'를 지급했기 때문이다. 입원치료의 경우 환자는 국민건강보험의 본인부담율에 해당하는 20% 정도의 치료비만 지불하면 나머지 80%에 해당하는 공단부담금까지도 보험금으로 받을 수 있었기 때문이다.

여기에 보험상품군을 사업방법서별로 ① 장기종합보험, ② 장기상해보험, ③ 개인연금보험, ④ 일반상해보험의 4가지로 구분하고 각 영역내의 상품들에 대하여만 비례보상을 하고, 사업방법서가 다르면 중복하여 보상한다. 다시말해, 손해보험사의 상품을 사업방법서별로 구분하여 가입하면 각 상품별로 비례보상하지 않고 중복하여 보험금을 지급받을 수 있었다.

그러나 이러한 업무관행이 의료기관의 과잉진료를 유발하고, 보험계약의 사행성을 높이는 등의 부작용이 속출하면서 2003년 10월 1일부터 판매된 상품에서는 모든 상품에 대하여 비례보상하도록 하였다.

가. 상해의료비에서 총진료비의 지급

우리나라는 사회보장제도로서 국민건강보험 제도를 도입하여 전국민이 의료보장의 혜택을 받게 하면서, 대통령령이 정하는 바에 따라 그 비용의 일부를 본인이 부담하도록 하고[15] 입원치료의 경우 본인부담률은 20%로, 통원치료의 경우에는 요양기관별, 연령별, 지역별 적용이 각각 상이하다.

---

13) 여기에서 적용된 직업급수별 요율은 보험개발원에서 예시로 공지한 참조순보험요율 자료를 인용한 것으로 실제 보험사의 직업급수별 요율과는 다르다.
14) 여기에서 적용된 직업급수별 요율은 보험개발원에서 예시로 공지한 참조순보험요율 자료를 인용한 것으로 실제 보험사의 직업급수별 요율과는 다르다.
15) 국민건강보험법 제41조

2003년 10월 1일 이후 판매된 상품에서는 아래의 표에서 ②의 급여부분에 대한 본인부담금과 ③의 비급여부분에 대한 본인부담금(면책사항 제외)을 합한 금액을 지급하지만(② + ③), 기존 구 상품에서는 ②와 ③의 본인부담금 외에도 ① 의 국민건강보험공단 부담금까지지도 보상하였다(① + ② + ③).

<table>
<tr><th colspan="3">전체 발생 총진료비</th></tr>
<tr><th colspan="2">급 여</th><th>비 급 여</th></tr>
<tr><td>① 국민건강보험공단 부담</td><td>② 본인부담</td><td>③ 본인부담</td></tr>
<tr><td>국민건강보험공단 보장</td><td colspan="2">본인부담금</td></tr>
</table>

아울러, 구 계약의 상해의료비 담보특약은 병실차액[16]까지지도 지급하도록 함으로써 많은 논란을 가져왔었다.

예시

A 계약 상해의료비 2,000,000원 가입
상해사고로 발생한 의료비

<table>
<tr><th colspan="2">항 목</th><th>요양급여(①+②)</th><th>비급여③</th><th colspan="3">금액산정내용</th></tr>
<tr><td rowspan="11">필수항목</td><td>진찰료</td><td>15,000</td><td></td><td rowspan="2">진료비총액 ④ (①+②+③)</td><td colspan="2" rowspan="2">1,300,000</td></tr>
<tr><td>입원료</td><td>250,000</td><td>200,000</td></tr>
<tr><td>식대</td><td>78,000</td><td></td><td rowspan="2">환자부담총액⑤ (①+③)</td><td colspan="2" rowspan="2">500,000</td></tr>
<tr><td>투약 및 조제료</td><td>39,000</td><td></td></tr>
<tr><td>주사료</td><td>40,000</td><td></td><td rowspan="2">이미 납부한 금액 ⑥</td><td colspan="2" rowspan="2"></td></tr>
<tr><td>마취료</td><td>105,000</td><td></td></tr>
<tr><td>처치 및 수술료</td><td>135,000</td><td></td><td rowspan="4">수납금액 ⑦ (⑤-⑥)</td><td>카드</td><td></td></tr>
<tr><td>검사료</td><td>98,000</td><td></td><td>현금영</td><td></td></tr>
<tr><td>영상진단 및 방사선치료료</td><td>240,000</td><td></td><td>현금</td><td></td></tr>
<tr><td>치료재료대</td><td></td><td>100,000</td><td>합계</td><td></td></tr>
<tr><td>전액본인부담</td><td></td><td></td><td colspan="3" rowspan="4">※ 입원료의 비급여 항목은 병실료차액 입니다.</td></tr>
<tr><td colspan="2">계</td><td>1,000,000</td><td>300,000</td></tr>
<tr><td colspan="2">본인부담금 ①</td><td>200,000</td><td>300,000</td></tr>
<tr><td colspan="2">보험자부담금 ②</td><td>800,000</td><td></td></tr>
</table>

※ 상기 영수증상의 금액은 계산상의 편의를 위해 작성된 것으로 실제와는 다름.

16) 김정희 · 최정순, "상급병실 실태조사", 국민건강보험공단 연구자료(2007-09) 상해의료비에서 병실차액을 지급하지 않아야 한다는 의견의 주요 요지는 병실차액은 치료에 필요한 입원실료를 초과한 부분이므로 이는 치료비의 일부로 볼 수 없다는 주장이지만, 상급병실의 사용에 따르는 비급여는 본인부담비율의 정도의 문제일 뿐 치료비의 일부로 볼 수 없다는 의견에는 동의하기 어렵다. 실제 많은 경우에 상급병실의 사용이 진료과정에서 불가피하게 선택하여야 하는 경우가 다수 발생하고 있으며 법정비급여 체계로 운영되고 있다.

[구 계약]에서 지급되는 상해의료비
: ① 급여 본인부담금 + ② 비급여 본인부담금 + ③ 공단부담금
= ① 200,000원 + ② 300,000원 + ③ 800,000원
= 1,300,000원

[신 계약]에서 지급되는 상해의료비
: ① 급여 본인부담금 + ② 비급여 본인부담금 (병실차액 제외)
= ① 200,000원 + ② 100,000원
= 300,000원

위의 [예시]에서 보다시피, 환자가 요양기관(병원)에 지급한 의료비는 500,000원이지만 구계약에서는 1,300,000원을 지급받을 수 있었으나, 2003년 10월 1일 이후 상품부터는 300,000원을 지급받게 되어 지급보험금이 상당부분 축소되게 되었다.

나. 사업방법서별 중복지급

구계약에서 또 하나 특기할만한 것은 약관상의 다수의 보험계약에 따른 비례보상 조항에도 불구하고, 2003년 10월 1일 이전에 판매된 상품들에 대하여는 보험상품군을 사업방법서별로 ① 장기종합보험, ② 장기상해보험, ③ 개인연금보험, ④ 일반상해보험의 4가지로 구분하고 각 영역내의 상품들에 대하여만 비례보상을 하고, 사업방법서가 다르면 중복하여 보상한다. 물론, 사업방법서에 의한 구분일 뿐이므로 보험사가 같고 다름은 문제되지 않고 위의 기준을 동일하게 적용한다.

예를 들어, 삼성화재에 ① 장기종합에 해당하는 '80평생보험'에 가입하고, 동부화재에 ② 장기상해에 해당하는 '건강OK의료보장보험'에 가입하고, 현대해상에 ③ 개인연금에 해당하는 '실버그린연금보험'에 가입하고, LIG 손해보험에 ④ 일반상해 보험을 각각 가입한 피보험자가 보험사고가 발생하여 치료한 경우에 위 ①, ②, ③, ④ 의 보험에서 각각 중복하여 보상한다.

〈표 4-2〉 사업방법서별 상품예시 (2003년 10월 1일 이전상품)

	삼성화재	동부화재	현대해상	LIG손보
장기종합	가화만사성 80평생보험 메디컬자녀보험	새천년안심 프로미건강보험 큰사랑자녀보험	아름다운인생종합 하이클리닉종합 현대의료보험	우리집종합보험 가가호호종합보험 토탈라이프종합보험
장기상해	애니카운전자보험 참여성건강보험 의료보장보험	훼밀리케어설계 건강OK의료보장 엑설런트A헬스케어	프리스타일운전자 여성파워운전자	사랑나누기보험 꼬꼬마자녀상해 아이러브 차차차
개인연금	실버그린연금 홈런인생연금	홈런인생연금 미래행복연금	실버그린연금 미래희망연금	실버그린연금 연금저축미래골드
일반상해	일반상해보험	일반상해보험	일반상해보험	일반상해보험

예시

사업방법서별로 각각 ① 장기종합, ② 장기상해, ③ 개인연금, ④ 일반상해의 4가지 상품의 상해의료비 담보특약을 모두 가입한 피보험자가 아래와 같이 치료받은 경우의 지급보험금 예시

<table>
<tr><td colspan="2">항 목</td><td>요양급여(①+②)</td><td>비급여③</td><td colspan="3">금액산정내용</td></tr>
<tr><td rowspan="11">필수항목</td><td>진찰료</td><td>15,000</td><td></td><td rowspan="2">진료비총액 ④
(①+②+③)</td><td rowspan="2" colspan="2">1,000,000</td></tr>
<tr><td>입원료</td><td>250,000</td><td></td></tr>
<tr><td>식대</td><td>78,000</td><td></td><td rowspan="2">환자부담총액⑤
(①+③)</td><td rowspan="2" colspan="2">200,000</td></tr>
<tr><td>투약 및 조제료</td><td>39,000</td><td></td></tr>
<tr><td>주사료</td><td>40,000</td><td></td><td rowspan="2">이미 납부한
금액 ⑥</td><td rowspan="2" colspan="2"></td></tr>
<tr><td>마취료</td><td>105,000</td><td></td></tr>
<tr><td>처치 및 수술료</td><td>135,000</td><td></td><td rowspan="4">수납금액 ⑦
(⑤-⑥)</td><td>카드</td><td></td></tr>
<tr><td>검사료</td><td>98,000</td><td></td><td>현금영</td><td></td></tr>
<tr><td>영상진단 및
방사선치료료</td><td>240,000</td><td></td><td>현금</td><td></td></tr>
<tr><td>치료재료대</td><td></td><td></td><td>합계</td><td></td></tr>
<tr><td>전액본인부담</td><td></td><td></td><td rowspan="4" colspan="3"></td></tr>
<tr><td colspan="2">계</td><td>1,000,000</td><td></td></tr>
<tr><td colspan="2">본인부담금 ①</td><td>200,000</td><td></td></tr>
<tr><td colspan="2">보험자부담금 ②</td><td>800,000</td><td></td></tr>
</table>

※ 상기 영수증상의 금액은 계산상의 편의를 위해 작성된 것으로 실제와는 다름.

① 장기종합에서 지급되는 보험금 : 1,000,000원
② 장기상해에서 지급되는 보험금 : 1,000,000원,
③ 개인연금에서 지급되는 보험금 : 1,000,000원,
④ 일반상해에서 지급되는 보험금 : 1,000,000원,
∴ ① 장기종합 + ② 장기상해 + ③ 개인연금 + ④ 일반상해
= ① 1,000,000원 + ② 1,000,000원 + ③ 1,000,000원 + ④ 1,000,000원
= 4,000,000원
[환자가 병원에 지불한 의료비 20만원] 〈 [지급받는 보험금 400만원]

따라서 위의 4가지 사업방법서별로 각각 하나씩 보험에 가입한 피보험자는 보험사고로 치료병원에 납입한 치료비 20만원으로 지급받는 400만원에 이르는 거액의 보험금을 받게 되어 과잉치료 논란 및 보험계약의 사행성 논란이 대두되어 폐지되고, 아울러 구분없이 의료비를 보장하는 모든 상품에서 동일하게 비례보상하게 되었다.

02 구 계약에서 의료비 비례보상의 경우의 예시

가. 상해의료비와 상해의료비의 비례보상

구 계약에서 상해의료비와 상해의료비를 비례보상하는 것은 일반적인 독립책임액 방식에 의하면 되므로 단순하게 계산하여도 무방하고, 앞서 독립책임액 방식을 설명하던 기본방식에 의한다. 구 계약에서 상해의료비는 본인부담금이 아닌 총진료비를 지급보험금의 산정기준으로 한다.

예시

A 계약 : 상해의료비 보상한도 1,000,000원

B 계약 : 상해의료비 보상한도 2,000,000원

발생의료비 1,500,000원 (건강보험 처리됨 : 총진료비 기준)

[A 계약] $1{,}500{,}000원 \times \dfrac{1{,}000{,}000원}{1{,}000{,}000원 + 1{,}500{,}000원} = 600{,}000원$

[B 계약] $1{,}500{,}000원 \times \dfrac{1{,}500{,}000원}{1{,}000{,}000원 + 1{,}500{,}000원} = 900{,}000원$

[A 계약]의 보험금 + [B 계약]의 보험금

= 600,000원 + 900,000원 = 1,500,000원

[피보험자에게 발생한 손해액] = [지급보험금의 합계액]

나. 입원의료비와 입원의료비의 비례보상

1) 입원의료비(80%)와 입원의료비(100%)의 비례보상

입원의료비중 본인부담금의 80% 해당액을 지급하는 상품에서는 병실차액을 지

급하지 않지만, 본인부담금의 100%를 지급하는 상품에서는 병실차액을 2인실을 기준으로 하여 50%를 지급한다.

예시

A 계약 : 입원의료비(80%) 보상한도(세부항목의 합 5,000,000원)
B 계약 : 입원의료비(100%) 보상한도 1,000만원

[입원]

<table>
<tr><td colspan="2">항 목</td><td>요양급여(①+②)</td><td>비급여③</td><td colspan="2">금액산정내용</td></tr>
<tr><td rowspan="5">입원</td><td>입원실료</td><td>100,000</td><td></td><td rowspan="2">진료비총액 ④
(①+②+③)</td><td rowspan="2">1,400,000</td></tr>
<tr><td>입원제비용</td><td>500,000</td><td></td></tr>
<tr><td>수술비</td><td>400,000</td><td></td><td rowspan="2">환자부담총액⑤
(①+③)</td><td rowspan="2">600,000</td></tr>
<tr><td>병실차액</td><td></td><td>300,000</td></tr>
<tr><td>보조기</td><td></td><td>100,000</td><td colspan="2" rowspan="4">병실은 2인실 사용</td></tr>
<tr><td colspan="2">계</td><td>1,000,000</td><td>400,000</td></tr>
<tr><td colspan="2">본인부담금 ①</td><td>200,000</td><td>400,000</td></tr>
<tr><td colspan="2">보험자부담금 ②</td><td>800,000</td><td></td></tr>
</table>

① 위의 발생의료비중 병실차액 300,000원은 A계약(80% 상품)에서는 보상하지 않고 B계약(100% 상품)에서만 50%를 보상하므로, 이를 제외하고 비례보상한 후 별도 가산한다.

② 보조기 100,000원은 80% 상품과 100% 상품 모두에서 보상하지 아니하므로 보상 대상에서 제외한다.

③ 따라서, 80% 상품의 본인부담금의 80% 해당액은 160,000원이고, 100% 상품의 본인부담금 100% 는 200,000원이므로 손해액은 200,000원으로 한다.

$$[\text{A 계약}] \quad 200{,}000\text{원} \times \frac{160{,}000\text{원}}{160{,}000\text{원} + 200{,}000\text{원}} = 88{,}889\text{원}$$

$$[\text{B 계약}] \quad 200{,}000\text{원} \times \frac{200{,}000\text{원}}{160{,}000\text{원} + 200{,}000\text{원}} = 111{,}111\text{원}$$

④ [A 계약]의 보험금 = 88,889원
[B 계약]의 보험금 = 111,111원 + 150,000원(2인실사용) = 261,111원

2) 입원의료비(80%)와 입원의료비(100%)의 비례보상

- 국민건강보험 미적용시
- 80%상품에서는 전체의료비의 30%, 100%상품에서는 전체의료비의 40%

예 시

A 계약 : 입원의료비(80%) 보상한도(세부항목의 합 5,000,000원)

B 계약 : 입원의료비(100%) 보상한도 1,000만원

① 위의 발생의료비중 병실차액 300,000원은 A계약(80% 상품)에서는 보상하지 않고 B계약(100% 상품)에서만 40%를 보상하므로, 이를 제외하고 비례보상한 후 별도 가산한다.

② 보조기 100,000원은 80% 상품과 100% 상품 모두에서 보상하지 아니하므로 보상 대상에서 제외한다.

③ 따라서 80%상품의 전체의료비의 30% 해당액은 300,000원이고, 100% 상품의 전체의료비의 40% 해당액은 400,000원이다. 80% 상품의 독립책임액과 100% 상품의 독립책임액의 합계(70만원)가 손해액 100만원을 초과하지 않으므로 각각 지급한다.

$$[A\ 계약]\quad 400{,}000원 \times \frac{300{,}000원}{300{,}000원 + 400{,}000원} = 171{,}428원$$

$$[B\ 계약]\quad 400{,}000원 \times \frac{400{,}000원}{300{,}000원 + 400{,}000원} = 228{,}572원$$

④ [A 계약]의 보험금 = 300,000원

[B 계약]의 보험금 = 400,000원 + 120,000원(2인실사용) = 520,000원

(※ 병실료차액은 30만원의 40% 해당액 적용)

다. 상해의료비와 입원의료비 통원의료비의 비례보상

예시

A 계약 : 입원의료비(80%) 보상한도 500만원

B 계약 : 입원의료비(100%) 보상한도 1000만원 / 통원 10만원한도

C 계약 : 상해의료비 200만원한도

[입원]

항 목		요양급여(①+②)	비급여③	금액산정내용	
입원	입원실료	200,000		진료비총액 ④ (①+②+③)	2,400,000
	입원제비용	1,000,000			
	수술비	800,000		환자부담총액⑤ (①+③)	800,000
	병실차액		300,000		
	보조기		100,000	병실은 2인실 사용	
계		2,000,000			
본인부담금 ①		400,000	400,000		
보험자부담금 ②		1,600,000			

[통원]

	총진료비	공단부담금	본인부담금	공제금액	지급보험금
1일차	150,000	100,000	50,000	5,000	45,000

① 병실차액은 80% 상품에서는 보상하지 아니하고, 100% 상품에서는 2인실기준 50%이므로 150,000원, 상해의료비(구)에서는 300,000원 전액을 지급하므로 별도로 비례보상한다.

[B 계약] $300{,}000\text{원} \times \dfrac{150{,}000\text{원}}{150{,}000\text{원} + 300{,}000\text{원}} = 100{,}000\text{원}$

[C 계약] $300{,}000\text{원} \times \dfrac{300{,}000\text{원}}{150{,}000\text{원} + 300{,}000\text{원}} = 200{,}000\text{원}$

② 보조기는 80% 상품과 100% 상품에서는 모두 보상하지 아니하고, 상해의료비의 C계약에서만 보상하므로 별도로 계산한다.

[C 계약] 보조기 100,000원

③ A 계약에서는 본인부담금의 80% 해당액인 320,000원, B계약에서는 본인부담금 100% 해당액인 400,000원, C계약에서는 가입금액 2,000,000

원 중에서 본인부담금 40만원(독립책임액)으로 각각 산정하고 손해액은 본인부담금 400,000원으로 한다.

[A 계약] $400,000원 \times \frac{32만원}{32만원 + 40만원 + 40만원} =$ 114,286원

[A 계약] = 114,286원

[B 계약] $400,000원 \times \frac{40만원}{32만원 + 40만원 + 40만원} =$ 142,857원

[B 계약] = 142,857원 + 병실차액 비례 10만원 = 242,857원

[C 계약] $400,000원 \times \frac{40만원}{32만원 + 40만원 + 40만원} =$ 142,857원

[C 계약] = 142,857원 + 병실차액 20만원 + 보조기10만원 + 공단부담금 160만원 = 2,042,857원

④ B계약은 통원의료비에서 5천원을 공제한 금액을 전액 10만원 한도까지 보상하므로 45,000원이고, C계약은 총진료비를 보상하므로 50,000원이다. 따라서 손해액은 본인부담금인 50,000원이다.

[B 계약] $50,000원 \times \frac{45,000원}{45,000원 + 50,000원} =$ 23,684원

[C 계약] $50,000원 \times \frac{50,000원}{45,000원 + 50,000원} =$ 26,316원

[C 계약] = 26,316원 + 공단부담금 10만원 = 126,316원

4-5 신계약간 의료비의 비례보상

01 신계약에서의 의료비

2003년 10월 1일 이후 판매 상품부터는 기존에 보험상품군을 사업방법서별로 ① 장기종합, ② 장기상해, ③ 개인연금, ④ 일반상해의 4가지로 구분하고 각 영역 내의 상품들에 대하여만 비례보상을 하고, 사업방법서가 다르면 중복하여 보상하

던 것을 모두 폐지하고, 모든 상품에 대하여 비례보상하는 것으로 변경되었다.

가장 큰 변화는 상해의료비에서의 변화이다. 우선 총진료비가 지급되던 것에서 본인부담금만을 지급하게 되었고, 병실차액을 미지급하는 것은 물론 자동차보험이나 산재보험처리시에는 전체 의료비의 50%만을 지급하는 것으로 변경되었다.

입원의료비에서는 큰 변화는 없으나, 통원의료비에서는 공제금액과 보상한도가 다양하게 변화되었다.

02 신계약 의료비의 비례보상

가. 병실차액의 지급기준이 다른 경우의 입원의료비 계산

예시

A 계약 : 입원의료비(100%) 보상한도 3000만원
병실차액 2인실 기준 50% 해당액
B 계약 : 입원의료비(100%) 보상한도 3000만원
병실차액 2인실 기준 100% 해당액

[입원]

항 목		요양급여(①+②)	비급여③	금액산정내용	
입원	입원실료	200,000		진료비총액 ④ (①+②+③)	3,100,000
	입원제비용	1,000,000			
	수술비	800,000		환자부담총액⑤ (①+③)	1,500,000
	병실차액		1,000,000		
	보조기		100,000	병실은 2인실 사용	
계		2,000,000			
본인부담금 ①		400,000	1,100,000		
보험자부담금 ②		1,600,000			

① 병실차액은 A계약에서는 2인실 기준 50% 해당액인 500,000원, B계약에서는 2인실 기준 100% 해당액인 1,000,000원 이므로, 손해액은 1,000,000원으로 한다.

[A 계약] $1{,}000{,}000\text{원} \times \dfrac{500{,}000\text{원}}{500{,}000\text{원} + 1{,}000{,}000\text{원}} = 333{,}333\text{원}$

$$[\text{B 계약}] \quad 1{,}000{,}000\text{원} \times \frac{1{,}000{,}000\text{원}}{500{,}000\text{원} + 1{,}000{,}000\text{원}} = 666{,}667\text{원}$$

② 보조기 100,000원은 각각 지급하지 아니하므로 제외한다.

③ 본인부담금은 A계약과 B계약 모두 400,000원 씩이므로

$$[\text{A 계약}] \quad 400{,}000\text{원} \times \frac{400{,}000\text{원}}{400{,}000\text{원} + 400{,}000\text{원}} = 200{,}000\text{원}$$

$$[\text{B 계약}] \quad 400{,}000\text{원} \times \frac{400{,}000\text{원}}{400{,}000\text{원} + 400{,}000\text{원}} = 200{,}000\text{원}$$

④ [A 계약] ① 333,333원 + ③ 200,000원 = 533,333원

[B 계약] ① 666,667원 + ③ 200,000원 = 866,667원

나. 국민건강보험 미처리 경우의 상해의료비와 입원의료비

예시

A 계약 : 상해의료비 3,000,000원

B 계약 : 입원의료비(100%) 30,000,000원

<손해> 일방폭행 피해자로 국민건강보험의 미적용되어 500만원 발생

A 계약의 상해의료비에서는 국민건강보험 미적용으로 총진료비의 50% 해당액인 250만원, B계약에서 입원의료비에서는 국민건강보험 미적용으로 총진료비의 40% 해당액인 200만원으로 산정하고 손해액은 500만원으로 한다.

$$[\text{A 계약}] \quad 5{,}000{,}000\text{원} \times \frac{2{,}500{,}000\text{원}}{2{,}500{,}000\text{원} + 2{,}000{,}000\text{원}} = 2{,}777{,}778\text{원}$$

$$[\text{B 계약}] \quad 5{,}000{,}000\text{원} \times \frac{2{,}000{,}000\text{원}}{2{,}500{,}000\text{원} + 2{,}000{,}000\text{원}} = 2{,}222{,}222\text{원}$$

A계약의 독립책임액 250만원과 B계약의 독립책임액 200만원의 합계액(450만원)이 손해액(500만원)을 초과하지 않으므로 각각 지급한다.

다. 공제금액과 보상한도가 다른 경우의 통원의료비

예시

A 계약 : 통원의료비(100%) 1일당 보상한도 100,000원
통원 1일당 공제금액 5,000원

B 계약 : 통원의료비(100%) 1일당 보상한도 200,000원
통원 1일당 공제금액 10,000원

	총진료비	공단부담금	본인부담금
1 일차	105,000	100,000	5,000
2 일차	17,000	9,000	8,000
3 일차	27,000	9,000	18,000
4 일차	400,000	30,000	370,000

	본인부담금	A 계약		B 계약	
		공제금액	지급보험금	공제금액	지급보험금
㉠ 1 일차	5,000	5,000	0	10,000	0
㉡ 2 일차	8,000	5,000	3,000	10,000	0
㉢ 3 일차	18,000	5,000	13,000	10,000	8,000
㉣ 4 일차	270,000	5,000	100,000	10,000	200,000
합 계	301,000		116,000		208,000

공제금액과 보상한도가 다른 경우, ① 각각의 통원일수별로 별도로 비례보상을 하여 각 계약별로 이를 합산하여야 한다는 주장과 ② 이것은 독립책임액 방식의 원칙에 지나치게 집착한 나머지 실제 계산의 편의성은 무시한 것이므로 각각의 계약에서 지급할 보험금을 독립책임액 방식에 의해 계산해야 한다는 주장이 있다.

①의 주장은 공제금액으로 인해 지급되지 않아야 할 보험금을 별도로 구분하고, 각 보험계약의 보상한도는 전체 보험금의 한도 이외에도 통원 1일당 한도가 설정되어 있으므로 이를 별도로 구분해야 한다는 의견이다.

이에 따라 계산하면, ㉠ 1일차에는 A계약과 B계약 모두에서 지급할 보험금이 없고, ㉡ 2일차에는 B계약에서 지급할 보험금이 없으므로 비례보상하지 않고 A계약의 보험금만 계산한다. ㉢ 3일차와 ㉣ 4일차 모두 A계약과 B

계약 모두 지급하고, 손해액 18,000원과 270,000원을 초과하므로 비례보상한다.

㉠ A 계약, B 계약 모두 지급보험금 없음

㉡ A 계약만 3,000원 지급

㉢ [A 계약] $18{,}000원 \times \frac{13{,}000원}{13{,}000원 + 8{,}000원} = 11{,}143원$

[B 계약] $18{,}000원 \times \frac{8{,}000원}{13{,}000원 + 8{,}000원} = 6{,}857원$

㉣ A계약의 독립책임액과 B계약의 독립책임액의 합계액 (30만원)이 손해액 (370,000원)을 초과하지 않으므로 각각 지급한다.

[A 계약] = ㉡ 3,000원 + ㉢ 11,143원 + ㉣ 100,000원 = 114,143원

[B 계약] = ㉢ 6,857원 + ㉣ 200,000원 = 206,857원

②의 주장은 통원일자별로 각각 나누어 계산하는 방법이 통원한 날짜별로 전부 구분하여 계산해야 하므로 다수 계약에서는 비현실적인 계산방법이라는 의견이다. 따라서 ①의 방법이 비합리적이므로 각 계약별로 공제금액을 공제한 후의 지급보험금의 합계액을 보상책임액으로 하여 계산하는 것이 타당하다. 이 방법에 의할 경우 A계약의 보상책임액은 116,000원이고, B계약의 보상책임액은 208,000원이 되며 손해액은 208,000원이다.

[A 계약] $208{,}000원 \times \frac{116{,}000원}{116{,}000원 + 208{,}000원} = 74{,}469원$

[B 계약] $208{,}000원 \times \frac{208{,}000원}{116{,}000원 + 208{,}000원} = 133{,}531원$

결과적으로, ①의 방식이 계산상의 번거로움을 감수한다면 보다 정확하게 적용할 수 있을 뿐만 아니라 지급보험금에서도 ②의 계산방식보다 피보험자에게 보다 유리하게 적용된다.

4-6 신-구 계약간 의료비의 비례보상

01 신 - 구 계약간 의료비의 비례보상

신 - 구 계약에서의 비례보상원칙과 관련하여 명문의 규정은 없다. 다만, 상해의료비 상품에서 총진료비가 지급되던 것이 신계약에서는 본인부담금을 지급하고, 자동차보험이나 산재보험 처리시 전체의료비의 50%만을 지급하는 등의 변화가 생기면서 기존에 판매된 구계약에 대하여 불이익을 줄 수 없어서 구계약에 대하여 먼저 보상을 하고 신계약에서 부족한 부분을 나중에 지급하는 방식으로 운용되게 되었다.[구선신후(舊先新後)]

이 경우에도, 신계약에서는 피보험자 본인이 부담하는 의료비용을 근거로 하여 과다 또는 과소지급되지 않도록 하는데에 초점을 두어 계산방식을 정해야 할 것이다.

02 신 - 구 계약간 의료비의 비례보상 예시

가. 구 상해의료비 계약과 신 상해의료비 계약간 비례보상

구 상해의료비 계약과 신 상해의료비 계약간 비례보상은 구계약을 우선 보상하고, 나머지 부분에서 본인부담금의 부족분이 있을 경우 신계약에서 보상한다.

예시

A 계약 : 구, 상해의료비 보상한도 2,000,000원
B 계약 : 신, 상해의료비 보상한도 3,000,000원
자동차사고로 자동차보험 처리된 의료비 3,000,000원 발생

① 구 계약의 상해의료비에서는 발생의료비 전액을 보상하므로 A 계약에서는 2,000,000원, 신 계약의 상해의료비에서는 발생의료비의 50%를 보상하므로 1,500,000원으로 산정한다.

② 따라서, 구 계약의 상해의료비는 200만원 한도이고, 기존 기준에 따라 먼저 지급하므로 A계약의 지급보험금은 2,000,000원이다.

③ 신 계약에서의 상해의료비는 자동차보험처리시 발생의료비의 50%만을 지급하므로, 전체발생의료비에서 구계약에서 지급된 200만원을 공제한 나머지금액 100만원을 지급한다.

④ [A 계약] : 구, 2,000,000원
[B 계약] : 신, 1,000,000원

나. 구 상해의료비 계약과 신 입원의료비 계약간 비례보상

구 상해의료비 계약과 신 입원의료비 계약간 비례보상은 업계에서도 계산 방식 등에 대하여 가장 논란이 많은 부분이다. 구 상해의료비에서는 총진료비를 지급하고, 신 입원의료비는 본인부담금만을 지급하는 데다가 구선신후 방식에 의하여 계산하여야 하므로 계산방식에 있어서 정답을 찾기가 쉽지 않다. 현재 실무계에서는 아래와 같은 방식으로 계산식을 산정하고 있다.

예시

A 계약 : 구, 상해의료비 보상한도 2,000,000원
B 계약 : 신, 입원의료비 보상한도 30,000,000원

<table>
<tr><th colspan="2">항 목</th><th>요양급여(①+②)</th><th>비급여③</th><th colspan="2">금액산정내용</th></tr>
<tr><td rowspan="5">입원</td><td>입원실료</td><td>200,000</td><td></td><td rowspan="2">진료비총액 ④
(①+②+③)</td><td rowspan="2">3,800,000</td></tr>
<tr><td>입원제비용</td><td>1,200,000</td><td></td></tr>
<tr><td>수술비</td><td>800,000</td><td></td><td rowspan="2">환자부담총액⑤
(①+③)</td><td rowspan="2">1,000,000</td></tr>
<tr><td>병실차액</td><td></td><td>300,000</td></tr>
<tr><td>보조기</td><td></td><td></td><td colspan="2" rowspan="4">병실은 2인실 사용</td></tr>
<tr><td colspan="2">계</td><td>2,200,000</td><td>300,000</td></tr>
<tr><td colspan="2">본인부담금 ①</td><td>700,000</td><td>300,000</td></tr>
<tr><td colspan="2">보험자부담금 ②</td><td>1,500,000</td><td></td></tr>
</table>

① 구 계약의 상해의료비에서 발생의료비 총액을 보상하지만 A계약과 B 계약에서 공통적으로 보상하지 않는 영역인 보험자부담금 150만원을 A계약에서 먼저 보상한다.

② 신 계약의 입원의료비에서는 급여 본인부담금의 100%를 지급하므로, 급여부분의 본인부담금 700,000원과 병실차액의 50% 해당액인 150,000원을 합한 850,000원을 보상한다.

구계약의 상해의료비 가입금액 200만원중 공단부담금 150만원을 선보상하고 남은 잔여가입금액 50만원을 급여본인부담금과 병실차액의 비율로 각각의 보장금액을 구한다.

$$500{,}000\text{원} \times \frac{700{,}000\text{원}}{700{,}000\text{원} + 300{,}000\text{원}} = 350{,}000\text{원}$$

$$500{,}000\text{원} \times \frac{300{,}000\text{원}}{700{,}000\text{원} + 300{,}000\text{원}} = 150{,}000\text{원}$$

③ 신계약에서 지급되어야 하는 본인부담금 부분에서 구계약에서 지급된 금액의 본인부담부분을 공제하여야 하므로

본인부담금 70만원 - 35만원 = 35만원

따라서 35만원을 추가로 지급한다.

④ 신계약에서 지급되어야 하는 병실차액 부분에서 구계약에서 지급된 금액의 병실차액 부분을 공제해야 하므로

병실차액 30만원 - 구계약 지급금액 15만원 = 15만원

⑤ [A 계약] : 150만원(공단) + 35(본인부담금) + 15(병실차액) =200만원

[B 계약] : 35만원(본인) + 15만원(병실차액) = 50만원

다. 구입원의료비 계약(80%)과 신입원의료비(100%) 계약간 비례보상

예시

A 계약 : 구, 입원의료비 보상한도 5,000,000원

B 계약 : 신, 입원의료비 보상한도 30,000,000원

<table>
<tr><th colspan="2">항 목</th><th>요양급여(①+②)</th><th>비급여③</th><th colspan="2">금액산정내용</th></tr>
<tr><td rowspan="5">입원</td><td>입원실료</td><td>200,000</td><td></td><td rowspan="2">진료비총액 ④
(①+②+③)</td><td rowspan="2">3,800,000</td></tr>
<tr><td>입원제비용</td><td>2,500,000</td><td></td></tr>
<tr><td>수술비</td><td>800,000</td><td></td><td rowspan="2">환자부담총액⑤
(①+③)</td><td rowspan="2">1,000,000</td></tr>
<tr><td>병실차액</td><td></td><td>300,000</td></tr>
<tr><td>보조기</td><td></td><td></td><td colspan="2" rowspan="4">병실은 2인실 사용</td></tr>
<tr><td colspan="2">계</td><td>3,500,000</td><td>300,000</td></tr>
<tr><td colspan="2">본인부담금 ①</td><td>700,000</td><td>300,000</td></tr>
<tr><td colspan="2">보험자부담금 ②</td><td>2,800,000</td><td></td></tr>
</table>

① 구선신후 방식에 의하여 우선 구계약의 의료비를 먼저 산출한다.
구 계약에서는 본인부담금의 80%를 보상하므로 본인부담금 700,000원의 80% 해당액인 560,000원을 지급한다. (병실차액은 면책)

② 신계약에서 구계약이 없을 경우 지급가능한 금액을 산출한다.
입원의료비에서 본인부담금의 100% 해당액을 지급하는 상품이므로 본인부담금 700,000원인 지급대상이 된다.

③ 구계약이 없었다면 신계약에서 지급될 보험금에서 구계약에서 지급된 보험금을 뺀 나머지 금액이 신계약에서 지급될 보험금이다.

700,000원(신) - 560,000원(구) = 140,000원

④ 병실차액은 본인부담금 100%를 지급하는 상품에서 2인실 기준 50%를 보상하므로 300,000원의 50% 해당액인 150,000원이 지급대상금액이다.

⑤ [A 계약] : ① 560,000원
[B 계약] : ③ 140,000원 + ④ 150,000원 = 290,000원

라. 구 통원의료비 계약(70%)과 신통원의료비(100%) 계약간 비례보상

예 시

A 계약 : 구, 통원의료비 70% 형, 1일 보상한도 50,000원

B 계약 : 신, 통원의료비 100%형, 1일 보상한도 100,000원

- A, B 계약 모두 공제금액 5,000원으로 동일

	총진료비	공단부담금	본인부담금
1 일차	105,000	100,000	5,000
2 일차	160,000	30,000	130,000
3 일차	27,000	9,000	18,000
4 일차	400,000	30,000	370,000

1) 통원일자별로 각각 구선신후 방식에 의해 계산

① 이 방법은 통원일자별로 구선신후 방식으로 계산한다. 다시말해, 통원치료한 하루하루를 A계약(구계약)에서 먼저 지급하고,

② 손해액(본인부담금)에서 A계약(구계약)의 지급액을 뺀 나머지 금액을 B계약의 통원 1일당 한도액 이내로 지급하는 방식이다.

	본인 부담금	A 계약 (구계약)			B 계약 (신계약)		
		공제금액	비율	지급보험금	공제금액	지급보험금	손해액 – A
1 일차	5,000	5,000	70%	0	5,000	0	
2 일차	130,000	5,000	70%	50,000	5,000	100,000	80,000
3 일차	18,000	5,000	70%	9,100	5,000	15,000	8,900
4 일차	80,000	5,000	70%	50,000	5,000	75,000	30,000
합 계	233,000			109,100		190,000	118,900

2) 앞의 (1)의 방법은 통원일자별로 나누어 계산하는 것은 지나치게 복잡하고 번거로우므로 지급보험금의 총액으로 구계약에서 먼저 지급하고 나머지 차액을 신계약에서 지급하는 방법이다.

① 구선신후 방식에 의해 구계약을 먼저 계산하고, 신계약에서는 구계약에서 보험금을 지급한 후 미지급된 부분에 대하여 지급한다.

	본인부담금	A 계약 (구 계약)			B 계약 (신 계약)	
		공제금액	비율	지급보험금	공제금액	지급보험금
1 일차	5,000	5,000	70%	0	5,000	0
2 일차	130,000	5,000	70%	50,000	5,000	100,000
3 일차	18,000	5,000	70%	9,100	5,000	15,000
4 일차	80,000	5,000	70%	50,000	5,000	75,000
합 계	233,000			109,100		190,000

② 구 계약인 A 계약에서 지급되어야 할 보험금은 109,100원

③ 구 계약이 없었더라면, 신계약인 B 계약에서 지급되어야 할 보험금은 190,000원이다.

④ 손해액이 공제금액 미만인 1일차는 계산에서 제외하고 2, 3, 4일차의 본인부담금의 합계액 228,000원에서 구계약 지급액인 109,100원을 뺀 나머지 118,900원이 B계약에서 지급될 보험금이다.

228,000원(발생손해액) - 109,100원(구) = 118,900원

⑤ [A 계약] : 109,100원
[B 계약] : 118.900원

Chapter 5 암보험

5-1 암의 진단과 치료

01 암의 정의

종양은 과도하고, 비정상적인 세포의 증식을 말하며, 더 이상 신체의 균형잡힌 체계에 순응하지 않는 상태를 말한다. 종양은 모든 조직에서 다양한 형태로 출현한다. 신체의 일부분에 국소적으로 나타나거나 주위의 장기에 광범위하게 침윤된 상태로 나타나기도 한다. 양성종양과 악성종양은 조직의 타입, 종양의 확장상태에 따라 다양하게 분류한다.

〈표 5-1〉 양성종양과 악성종양의 특성비교

구분	양성종양	악성종양
성장 속도	• 천천히 자람 • 성장이 멈추는 휴지기를 가질수 있음	• 빨리 자람 • 저절로 없어지는 경우는 매우 드뭄
성장 양식	• 점점 커지면서 성장하나 범위가 한정 • 주위 조직에 대한 침윤은 없음	• 주위 조직으로 침윤하면서 성장
피막 형성	• 피막이 있어 종양이 주위조직으로 침윤하는 것을 방지함 • 피막이 있으므로 수술적 절제가 쉬움	• 피막이 없으므로 주위조직으로의 침윤이 잘 일어남
세포 특성	• 분화가 잘되어 있음 • 분열상은 없거나 적음 • 세포가 성숙함	• 분화가 잘 안되어 있음 • 정상 또는 비정상의 분열상이 많음 • 세포가 미성숙함
인체 영향	• 인체에 거의 해가 없음	• 항상 인체에 해가 됨
전이	없음	흔합
재발	• 수술로 제거시 재발은 거의 없음	• 수술후 재발 가능함
예후	좋음	• 종양의 크기, 림프절침범여부, 전이 유무에 따라 달라짐

※ 국립암정보센터 자료 인용(http://www.cancer.go.kr/cms/basicinfo)

02 암의 진단

암의 검사는 특별히 암이 의심되지 않을 때 하는 조기검진과 같은 선별검사와 암이 의심되어 하는 진단적 검사가 있다. 또한 암이 진단된 이후 암의 진행단계를 판단하기 위해 검사를 하기도 하며, 치료효과나 치료 후 재발여부를 판명하기 위한 추적검사를 실시한다.

암보험에서 암진단급여금의 지급을 위해서는 아래의 진단방법 중 조직검사, 미세바늘흡인검사(FNAB), 혈액검사에 대한 현미경소견을 그 진단방법으로 인정하고 있다.

가. 의사의 진찰

암의 진단은 의사의 진찰과정에서 발현되는 증상에 대해 논의하고 각 신체 부위별 검진을 받는다. 의사 진찰의 예로 전신진찰, 유방과 갑상선의 촉진검사, 항문 등의 직장수지 검사 등이 있다.

나. 내시경검사

내시경검사는 검사 대상에 따라 위내시경, 대장내시경, 방광경, 복강경 등이 있다. 내시경을 통해 병변부위를 직접 관찰할 수 있는 방법으로서 암의 크기, 모양, 위치를 평가하고 조직을 떼어내어 조직검사를 할 수 있다.

다. 영상진단검사

영상진단검사는 단순방사선영상, 투시검사, 전산화단층촬영(CT), 자기공명영상(MRI), 초음파검사 등이 있다.

전산화단층촬영(CT)은 X선을 이용하여 연조직의 해부학적인 상태를 단층으로 찍어 컴퓨터를 이용하여 볼 수 있으며, 검사결과로 병변이 악성인지 양성인지를 구별하며 병변의 특성과 정확한 부위, 인접장기로의 전이여부 등을 규명하는데 유용하다.

자기공명영상(MRI)의 경우 뇌, 척수, 유방, 근골격계, 복부 장기 등을 검사하는 데에는 유용하나 폐나 위, 대장 등과 같이 상시적으로 움직이는 장기에는 적합하지 않다.

라. 핵의학검사

핵의학검사로는 양전자방출단층촬영술(PET), 골스캔, 갑상선스캔 등이 있다. 방사능 표지물질을 정맥주사하여 종양이 있거나 이상이 있는 부위에 방사능물질이 농축되는 기전을 이용한 검사이다. 골스캔의 경우 뼈로 전이되는 암의 전이여부를 판정하기 위해 주로 사용되지만 암 이외의 다른 원인으로도 방사능물질이 농축될 수 있어서 이 검사만으로는 확진할 수 없다. 양전자방출단층촬영(PET)은 대사변화를 단층촬영 및 3차원 이미지로 암의 유무나 분포를 나타내는 진단방법으로 전이가 의심되지만 다른 검사로 전이위치를 알기 어려운 경우나 다른 검사로 암과 감별이 어려운 경우에 유용하다.

마. 종양표지자검사

종양표지자검사는 항체를 이용하여 혈액검사, 조직추출액, 소변, 대변 등의 검사를 통해 암세포가 만드는 물질, 또는 암세포가 체내의 정상세포에 영향을 주어 나오는 물질을 검사하는 방법이다.

바. 조직 세포병리검사

암의 확진은 암조직에서 암세포를 진단하는 방법이 적용된다. 하나의 기관에서도 암은 여러 종류의 세포에서 생길수 있으므로 세포검사를 통해 암세포의 종류를 확인해야 한다.

03 암의 치료

암을 치료하는 목적은 암으로 인한 신체의 구조적·기능적 손상을 회복시킴으로써 환자를 치유하는 것과 치유가 불가능한 경우 추가적인 암의 진행을 막고 증상을 완화시키는 데에 있다.

암을 치료하는 방법으로는 크게 수술, 항암화학요법, 방사선 치료의 세가지가 있으나, 이외에도 국소치료법, 호르몬요법, 광역학치료법, 레이져치료법 등이 있으며, 최근에는 면역요법, 유전자요법을 포함시키기도 한다.

가. 수술

암에 대한 수술은 그 목적에 따라 진단적 수술, 근치적수술, 예방적수술, 완화적 수술로 나눌 수 있다.

진단적 수술은 종양의 분류와 유형을 알기위해 진단적으로 행해지는 수술로서 생검도 진단적 수술로 본다. 근치적 수술은 암을 직접적으로 치료하기 위해 종양과 종양을 둘러싼 림프절과 원발병소 모두를 제거하는 수술이다. 예방적 수술은 전암성병변으로 알려진 일부 폴립 등이 암으로 진전되는 것을 막기 위해 제거하는 수술이다. 완화적 수술은 종양의 크기를 감소시킴으로써 종양의 성장을 지연시키고 암의 증상을 완화시키기 위한 수술이다.

나. 항암화학요법

항암화학요법은 항암제를 사용하여 암을 치료하는 것으로 전신에 퍼져있는 암세포에 작용하는 전신적인 치료방법이다. 항암제의 투여방법은 약물에 따라 다르지만, 정맥주사[1]나 근육주사, 경구투여(알약이나 캡슐형태의 항암제를 복용하는 방법) 등의 방법이 이용된다.

항암화학요법은 환자를 입원시키지 않고 외래 진료를 통해 시행할 수도 있고, 지속적인 정맥 주입이 필요하거나 부작용의 위험이 있는 경우에는 입원을 통해 부작용을 예방하면서 시행한다.

다. 방사선치료

방사선 치료는 방사선이 세포에 노출되면 세포의 생존에 필수적인 기관인 DNA와 세포막에 직접 혹은 간접적으로 세포를 죽이는 기전을 이용한 치료방법이다. 방사선치료는 정상세포를 최대한 보호하면서 모든 유해한 암세포를 파괴하는 방법으로 암성장을 억제하거나 치료가 더 이상 불가능할 때 환자의 증상을 완화시킬 목적으로 시행하기도 한다.

라. 조혈모세포이식

백혈병과 같이 세포분화과정에서 이상이 생긴 경우나 재생불량성빈혈과 같이 조혈모세포의 숫자가 줄어들어 이상이 오는 경우에, 조혈모세포 이식전 환자에게 고용량 항암요법과 전신방사선치료(TBI) 시행으로 암세포를 모두 제거하고 골수

1) 암수술인지의 여부로 분쟁이 많은 중심정맥관 삽입술(히크만카테터, 케모포트 등)이 여기에 포함된다.

를 완전히 비운 후에 자가나 공여자의 조혈모세포를 이식함으로써 조혈모세포가 생착하고 분화증식하여 환자의 조혈능력을 회복시키는 방법이다.

5-2 암보험 계약의 일반사항

01 암보험 계약의 무효

암보험에서는 암에 대한 보장개시일의 전일 이전에 암으로 진단확정 되는 경우 암보험 약관은 무효로 하며 이때 이미 납입한 보험료는 반환한다.

그러나 암에 대한 보장과 함께 다른 질병이나 상해사고를 종합적으로 보장하는 보험에서 책임개시일 이전에 암으로 진단받은 경우, 해당 암보장 관련조항만을 무효로 할 것인지 계약전체를 무효로 할 것인지에 대하여 법원은 보험계약 전체에 대하여 무효라는 입장을 견지하고 있으나(대법원 1998.8.21. 선고 97다50091 판결), 실무적으로는 암관련 보장만을 무효로 하여 암보장을 제외한 나머지 보장에 대하여는 정상적으로 유지토록 하는 경우도 있다.

"보험계약일 이전에 암진단이 확정되었으나 계약자 또는 피보험자가 그 사실을 모르고 있는 경우에도 암보장특약을 무효로 한다"는 과거의 약관조항은 판례에 의해 상법 제644조, 제663조에 위반하여 무효라고 정리되었다. 하지만 '책임개시일 이전에 암진단이 확정되고 이를 계약자 또는 피보험자가 알고 있는 경우에 무효로 한다'는 조항은 유효하다고 하였다(춘천지방법원 원주지원 2003.1.14. 선고 2002가단1245 판결).

암보험에서 책임개시일 이전에 암으로 진단확정된 경우 계약을 무효로 하는 것이 유효한지의 여부에 대하여 암보험상품의 단체성, 보험료 산출방법, 그리고 수지상등의 원칙 등을 고려하고, 일반적인 질병과는 달리 암은 그 사망률이 매우 높고 담보하는 금액도 고액이므로 책임개시일 이전에 암으로 진단 확정된 피보험자에 대해서까지 보험회사에게 보험금 지급책임을 부담지우면 결과적으로 보험료가 상승하게 되어 다수의 보험계약자에게 불이익하게 작용할 우려가 있으므로 암보험약관에서 정하고 있는 무효조항은 상법 제663조(보험계약자등의 불이익변경금지)에 위배된다고 보기 어렵다(금융감독원 분쟁조정사례 제91-49호 결정).[2)]

부담보기간이 설정된 암보험의 경우, 특정부위(예를 들어, 갑상선 등)에 이미 이상이 있는 피보험자가 같은 부위에 발생하는 암을 보장하지 않는 조건으로 보험에 가입하였음에도 부담보기간중 해당 부위에 암(예 : 갑상선암) 발생시 전체 계약을 무효처리하는 것은 불합리하므로 부담보부위에 질병이 발생하였다 하더라도 계약은 유지시켜 다른 질병은 보장할 수 있도록 약관을 개선하였다.[3)]

또한, 암보험에서 암으로 진단확정되어 보험금이 지급된 경우에는 그 손해보상의 원인이 생긴 때부터 피보험자에 대한 보상책임은 소멸되고, 해지환급금을 지급하지 아니한다. 또한, 피보험자가 암 이외의 원인으로 사망하였을 경우에는 "보험료 및 책임준비금 산출방법서"에서 정하는 책임준비금을 수익자에게 지급한다. 그러나 피보험자, 수익자, 또는 계약자의 고의로 인한 사망의 경우에는 그러지 아니한다.

▶ 암의 책임개시일 이전에 암진단을 받은 경우 암이외 나머지 계약의 효력

보험사고의 객관적 확정의 효과에 관하여 규정하고 있는 상법 제644조는 사고 발생의 우연성을 전제로 하는 보험계약의 본질상 이미 발생이 확정된 보험사고에 대한 보험계약은 허용되지 아니한다는 취지에서 보험계약 당시 이미 보험사고가 발생하였을 경우에는 그 보험계약을 무효로 한다고 규정하고 있고, 암 진단의 확정 및 그와 같이 확진이 된 암을 직접적인 원인으로 한 사망을 보험사고의 하나로 하는 보험계약에서 피보험자가 보험계약일 이전에 암 진단이 확정되어 있는 경우에는 보험계약을 무효로 한다는 약관조항은 보험계약을 체결하기 이전에 그 보험사고의 하나인 암 진단의 확정이 있었던 경우에 그 보험계약을 무효로 한다는 것으로서 상법 제644조의 규정 취지에 따른 것이라고 할 것이므로, 상법 제644조의 규정 취지나 보험계약은 원칙적으로 보험가입자의 선의를 전제로 한다는 점에 비추어 볼 때, 그 약관조항은 그 조항에서 규정하고 있는 사유가 있는 경우에 그 보험계약 전체를 무효로 한다는 취지라고 보아야 할 것이지, 단지 보험사고가 암과 관련하여 발생한 경우에 한하여 보험계약을 무효로 한다는 취지라고 볼 수는 없다. 따라서, 피보험자가 일반재해로 사망하였다고 하나 책임개시일 이전에 암진단이 확정되어 보험계약전체가 무효가 되었으므로, 보험자는 재해사망보험금도 지급할 의무가 없다(대법원 1998.8.21. 선고 97다50091 판결).

2) 정호열, "암진단 확정후 암보험계약의 효력", 「보험법연구 2」, 삼지원, pp.222-232.
3) 금융감독원 보도자료, 2007년 3월 19일 pp.1-2.

▶ 계약일이전의 암진단을 몰랐을 경우에도 무효로 한다는 약관조항의 효력

약관 중 "보험계약일 이전에 암진단이 확정되었으나 계약자 또는 피보험자가 그 사실을 모르고 있는 경우에도 이 사건 암보장 특약을 무효로 한다"는 부분은 상법 제644조, 제663조에 위반하여 무효라 할 것이다. 또한 이 사건 암보장 특약과 같이 보험계약일과 책임개시일이 상이한 경우에는 위 상법 제 644조의 "보험계약당시"는 "책임개시일"로 보아야 할 것이므로, 이 사건 약관중 "보험계약일 이후 책임개시일 이전에 암진단이 확정되었으나 계약자 또는 피보험자가 그 사실을 모르고 있는 경우에도 이 사건 암보장 특약을 무효로 한다"는 부분 역시 무효라 할 것이다(춘천지방법원 원주지원 2003.1.14. 선고 2002가단1245 판결).

02 암보험계약의 책임개시

① 「암」에 대한 보장개시일은 보험계약일부터 그 날을 포함하여 90일이 지난 날의 다음날로 하며, 「기타피부암」, 「갑상선암」, 「제자리암」 및 「경계성종양」에 대한 보장개시일은 보험계약일로 합니다. 이 경우 보험계약일은 이 특별약관의 제1회 보험료를 받은 날로 합니다.
② 위의 제1항에도 불구하고 보험계약일을 기준으로 피보험자의 보험나이가 15세 미만인 경우에는 「암」에 대한 보장개시일은 계약일로 합니다. 다만, 출생전 자녀가입 특별약관이 부가된 계약의 경우, 보장개시일은 출생일로 합니다.

가. 책임개시일의 적용

암보험의 경우, 암진단급여금, 암사망보험금, 암수술급여금, 암입원일당 등의 보장은 다른 여타의 질병을 보장하는 보험금보다 상대적으로 고액으로서 보험계약자에 의한 역선택의 가능성이 높아 이를 차단하기 위해 면책기간(waiting period)을 적용하고 있다.

암보험은 보험계약일부터 그 날을 포함하여 90일이 지난 날의 다음날부터 책임이 개시되고, 보험계약일은 제1회 보험료를 받은 날로 한다.

암보험에서의 책임개시일 「90일」은 책임개시의 시기를 결정할 뿐만이 아니라 보험계약의 무효여부를 따지는 사안이므로 매우 중요하다. 또한, 암진단의 확정시기와 관련하여 어떤 검사의 결과를 확정진단으로 볼 것인지에 대한 분쟁은 끊이지 않고 있다. 암의 발병 가능성이 있다는 의사의 소견만으로는 암으로 진단 확정되었다고 볼 수 없고 혈액검사(또는 조직검사)후 암 진단의 소견이 있어야 그 시점을 암진단 확정시점으로 인정한다.4)

나. 암의 의증 진단과 고지의무위반

보험계약 체결전 '유방암 의증'진단을 받고 보험에 가입한 이후 유방암 확진을 받은 경우에 대해 우리 법원은, 유방암 의증 진단을 받은 이후 불과 5개월 정도 후에 유방암 확진을 받은 점에 비추어 피보험자가 만약 유방암 의증의 진단 사실을 알렸다면 적어도 동일한 조건으로 보험계약을 체결하지 않았을 것으로 봄이 상당하므로 유방암의증 진단사실은 중요한 사항에 해당하고 고지의무위반에 해당한다고 보았다(서울중앙지방법원 2008.3.5. 선고 2007가단173038 판결).

다. 암과 인과관계 없는 고지의무위반과 보험자의 책임

상법 제655조의 단서조항에 고지의무 위반사실이 보험사고의 발생에 영향을 미치지 아니하였음이 증명된 때에는 보험자는 보험금을 지급할 책임이 있다. 문제는 암과 인과관계 없는 고지의무위반으로 인하여 보험계약이 해지되면서, 보험계약을 해지할 당시 청구되었던 암진단급여금이나 암입원일당 급여금을 제외한 나머지 추가적인 암수술급여금이나 암사망보험금과 관련하여 발생한다. 이때 암수술이나 암으로 인한 사망을 새로운 사고의 발생으로 보아 보험계약을 해지한 이후의 사고로서 보상하지 아니할 것인지, 아니면 암이라는 일련의 치료과정에서 겪게 되는 하나의 사고로 볼 것인지가 관건이 된다.

이에 대해, 암진단과 입원, 통원치료, 암수술, 암사망은 단일한 보험사고로 보는 의견이 지배적이다. 즉 암관련 치료 내지 수술, 그리고 사망까지도 암진단확정이라는 보험사고가 연장되는 단일사고로 봄이 암보험의 특수성과 일반인의 기대에 비추어 상당하다는 의견이 있다.5)

암사고의 특성상 암치료 및 암으로 인한 사망까지를 단일한 사고로 보는 것이

4) 서창석, "암진단의 확정시기와 계약무효", 「생명보험」2001년 5월호, pp.52-57.

5) 장경환, "고지의무위반사실과 인과관계 없는 보험사고의 연장과 보험자의 책임범위", 생명보험 제251호, 1999년 12월호, p.26.

의료경험칙이며, '암진단 - 암입원 - 암사망' 등의 구분은 보험사고가 아니라 보험사고발생에 따른 보험금의 지급방법이라고 보는 것이 사회통념이라고 보아야 한다는 견해[6]도 앞의 견해와 같이한다.

그러나 이 사안이 고지의무제도를 희석하므로 담보기간을 합리적인 기간내로 제한해야한다는 의견[7]과 암진단에서부터 암사망에 이르기까지 단일요율 사용의 문제와 암진단과 사망과의 인과관계 입증의 문제, 보험요율의 인상에 따른 다수의 선의의 계약자에 대한 불이익의 문제 등이 있으므로 부당하다는 의견[8]도 있다.

이에 대해 법원은 암진단 후 암과 인과관계가 없는 계약전 알릴의무 위반으로 계약이 해지되면서 보험수익자가 향후 기대할 수 있는 보험금액 등이 축소되는 약관의 내용은 보험수익자에게 불이익하게 변경된 것이므로 상법 제663조에 위배되어 무효라고 판시(서울고등법원 2000.12.19. 선고 2000나35223 판결)하였고, 이에 대하여는 금융감독원도 동일한 입장이다(금융감독원 분쟁조정사례 2000.1.25. 결정 제2000-8호, 2001.2.13. 결정 제2001-7호).

위의 판결로 최초 암진단후 암과 인과관계 없는 고지의무위반으로 인하여 계약이 해지된 경우에도 암사망에 이르기까지 기간을 제한하던 약관조항은 삭제되었다.

▶ 암진단 후 인과관계 없는 고지위반으로 해지한 보험계약의 효력

암진단 후 암과 인과관계가 없는 계약전 알릴의무 위반으로 계약이 해지되면서 보험수익자가 향후 기대할 수 있는 보험금액 등이 축소되는 약관의 내용은 보험수익자에게 불이익하게 변경된 것이므로 상법 제663조에 위배되어 무효이다(서울고등법원 2000.12.19 선고 2000나35223 판결).

▶ 암과 인과관계 없는 고지위반으로 해지한 계약의 효력

단일한 보험사고(암진단)로 파악되는 일련의 사고에 대하여는 동 사고와 인과관계가 없는 고지의무위반으로 인하여 발생되는 해지의 효력이 미치지 아니한 것으로 판단되고, 특정기간 동안 또는 특정사고가 있을 경우에만 해당 보험금을 지급하겠다는 암치료특약의 규정은 상법 제663조에 위배되어 무효라고 판단된다(금융감독원 분쟁조정사례 2000.1.25. 제2000-8호 결정).

---

6) 최병규, "직업고지의무, 인과관계없는 고지의무위반과 보험자 책임범위", 「보험학회지」제59집, 2001, pp.193-218.

7) 장경환, 전게논문. p.28.

8) 이명수, "암담보 기간 제한의 적정성 여부",「생명보험」, 2001년 3월호, pp.57-59.

▶ 인과관계 없는 고지위반으로 해지한후 180일 이내 사망을 보상한다는 약관의 효력

상법 제655조(계약해지와 보험금액 청구권)와 동법 제663조(보험계약자 등의 불이익변경금지)에 의거 암 발병후 암과 인과관계 없는 계약전 알릴의무 위반으로 계약이 해지되었다 하더라도 보험회사는 계속적으로 암관련 보험금을 지급하여야 한다. 따라서 보험회사가 암사망의 담보 기간을 암진단 후 180일 이내로 제한하는 암보험약관의 규정은 보험가입자에게 불이익하게 변경된 것으로 무효라고 판단된다(금융감독원 분쟁조정사례 2001.2.13. 제2001-7호 결정).

라. 90일 면책기간 적용의 예외

암보험에서 90일의 면책기간을 두고 있는데, 「기타피부암」, 「갑상선암」, 「제자리암」, 「경계성종양」에 대한 보장개시일은 보험계약일부터 시작한다. 이 경우 보험계약일은 제1회 보험료를 받은 날로 한다.

마. 보험나이 15세 미만자에 대한 예외

보험나이를 기준으로 15세 미만자는 면책기간을 적용하지 않고 보험계약일을 보장개시일로 한다. 보험나이는 계약일 현재 피보험자의 실제 만 나이를 기준으로 하되 6개월 미만의 끝수는 버리고 6개월 이상의 끝수는 1년으로 계산하며, 매년 계약 해당일에 나이가 증가한다.

바. 갱신계약에서의 적용 예외

최근 의학기술의 발달과 조기 건강검진의 일반화로 암진단 자체가 생명을 위협하는 치명적인 질병이거나 회복불능의 불치병이라는 인식에서 벗어나고 있다. 이에 따라 보험계약기간을 수십년간 장기간 이어갈 경우 동일한 보험료로는 높아가는 손해율을 감당할 수 없어 보험계약을 3년 또는 5년단위 등으로 갱신토록 하고 갱신시점의 보험요율을 적용하여 보험료의 상승 또는 절감을 기대할 수 있다. 이러한 갱신계약에서는 암의 면책기간 90일을 적용하지 아니한다.

03 암보험계약의 부활

암보험계약이 계속보험료의 미납으로 인하여 해지된 경우, 미납된 보험료와 연체이자를 가산하여 납입한 경우, 보험계약의 부활을 청구할 수 있다.

이때, 보험계약자는 최초의 보험계약 체결시와 동일하게 고지의무를 부담하게 된다.

부활(효력회복)되는 계약의 보장개시는 보통보험약관의 '보험료의 납입연체로 인한 해지계약의 부활' 규정을 따릅니다. 이 경우 부활(효력회복)일을 계약일로 하여 암보험의 책임개시일 규정을 적용합니다. 다만, 부활(효력회복)일을 기준으로 피보험자의 보험나이가 15세 미만인 경우에는 부활(효력회복)일을 보장개시일로 합니다.

계속보험료의 미납으로 보험계약이 실효되었다가 부활된 경우, 암보험계약의 책임개시는 부활일을 보험계약일로 보고, 90일간의 면책기간(waiting period)을 다시 적용한다. 이때에도 마찬가지로「기타피부암」,「갑상선암」,「제자리암」,「경계성종양」에 대한 보장개시일은 보험계약일부터 시작한다. 또한, 피보험자의 보험나이가 15세 미만인 경우에도 부활일을 보장개시일로 한다.

5-3 암진단

01 보험약관에 정한 암의 정의

보험약관에 정한「암」은 제6차 한국표준질병사인분류에서 악성신생물로 분류되는 질병을 말한다. 여기에는「기타피부암(C44)」과「갑상선암(C73)」은 제외된다.

「기타피부암(C44)」은 다른 암과 동일하게 일반암으로 지급하던 것을 2003년 10월 1일 이후 손보업계가 약관개정을 통해 C44에 해당하는 기타피부암을 가입금액의 10~20% 정도로 지급하는 것으로 보장내용을 축소하였다. 다만, 기존에 체결된 계약에 대하여는 소급적용하지 않는다. 그러나 보험에 가입한 시기에 따라 C44에 해당하더라도 기저세포암 및 편평상피신생물은 보상대상에서 제외하고 있으므로 유의해야 한다.

「갑상선암(C73)」은 암세포의 성장속도가 매우 느리고 전이가 된 경우라도 완치율이 높아(유두암과 여포암의 경우 재발률이 20~30%, 사망률 10% 이하), 치료후에도 예후가 좋아 다른 암과 동일하게 지급하던 것을 2007년 4월부터 약관개정을 통해 제자리암이나 경계성종양과 비슷한 정도의 보험금으로 축소하되, 기존에 체결된 보험계약에 대하여 소급적용하지 않는다.

① 「암」이라 함은 제6차 한국표준질병사인분류에 있어서 악성신생물로 분류되는 질병(「악성신생물 분류표」참조)을 말합니다. 다만, 「분류번호 C44(기타 피부의 악성신생물)에 해당하는 질병」, 「분류번호 C73(갑상선의 악성신생물)에 해당하는 질병」 또는 「전암상태(Premalignant condition or condition with malignant potential)」는 제외합니다.
② 「기타피부암」이라 함은 제6차 한국표준질병사인분류표 중 분류번호 C44(기타 피부의 악성신생물)에 해당하는 질병을 말합니다.
③ 「갑상선암」이라 함은 제6차 한국표준질병사인분류표 중 분류번호 C73(갑상선의 악성신생물)에 해당하는 질병을 말합니다.

또 한가지 유의해야 할 것은 약관에서 '암'인지의 여부는 한국표준질병사인분류에 의하고 있으므로 이의 변경에 따라 세부 암의 기준 역시도 변경될 수 있다는 점이다.

〈표 5-2〉 악성신생물 분류표

대 상 악 성 신 생 물	분류번호
1. 입술, 구강 및 인두의 악성신생물	C00 ~ C14
2. 소화기관의 악성신생물	C15 ~ C26
3. 호흡기 및 가슴내 장기의 악성신생물	C30 ~ C39
4. 뼈 및 관절연골의 악성신생물	C40 ~ C41
5. 흑색종 및 기타 피부의 악성신생물	C43 ~ C44
6. 중피성 및 연조직의 악성신생물	C45 ~ C49
7. 유방의 악성신생물	C50
8. 여성생식기관의 악성신생물	C51 ~ C58
9. 남성생식기관의 악성신생물	C60 ~ C63
10. 요로의 악성신생물	C64 ~ C68
11. 눈, 뇌 및 중추신경계통의 기타 부위의 악성신생물	C69 ~ C72
12. 갑상선 및 기타 내분비샘의 악성신생물	C73 ~ C75

13. 불명확한 속발성 및 상세불명부위의 악성신생물	C76 ~ C80
14. 림프, 조혈 및 관련조직의 악성신생물	C81 ~ C96
15. 독립된(원발성)다발성 부위의 악성신생물	C97
16. 진성적혈구 증가증	D45
17. 골수 형성이상 증후군	D46
18. 만성 골수증식성 질환	D47.1
19. 본태성(출혈성) 혈소판 증가증	D47.3
20. 골수섬유증	D47.4
21. 만성 호산구성 백혈병	D47.5

02 신생물 형태학(Morphology of neoplasms)의 이해

가. 신생물 형태학의 이해

한국표준질병분류기준의 제2장 신생물에서는 신생물의 행동양식(behavior), 해부학적 부위(anatomical site)에 대해서 기술하지만 신생물의 조직학적 행태에 대해서는 알 수 없으므로 추가적인 코드를 사용하여 신생물의 세포나 조직의 구조 또는 형태에 대한 세부정보를 제공하고 있으며, 한국표준질병분류기준의 제4편을 할애하어 설명히고 있다.

나. 신생물 형태학의 적용

1) 신생물형태학(Morphology of Neoplasm) 코드

신생물 형태학의 분류는 의무적인 것이 아니고 사용자의 임의대로 필요에 따라 사용여부를 결정할 수 있으나, 암에 대한 정보를 보다 정확하게 이해할 수 있는 근거자료이므로 이에 대한 이해가 필요하다.

신생물의 형태학(Morphology of Neoplasm)은 Morphology의 M을 따라서 M code 라고도 불린다. M code는 한국표준질병분류에서 번호순서대로 M8000/0부터 M9989/3까지 M××××/× 의 다섯자리 숫자로 구성되어 나열되어 있다. 처음 네자리수는 신생물의 세포학적, 또는 조직학적 형태를 표시하고, 사선 기호(/) 뒤에 오는 다섯째 자리수는 그 신생물의 행동양식(behavior)을 나타낸다.

행동양식 분류		KCD 2장 항목
/ 0	양성신생물(Benign)	D10 - D36
/ 1	불확실한 또는 알려지지 않은 성격의 신생물	D37 - D48
/ 2	제자리신생물	D00 - D09
/ 3	일차성으로 기재 또는 추정된 악성 신생물	C00 - C76 C80 - C97 D45, D46, D47.1 D47.3, D47.4, D47.5
/ 6	이차성으로 기재 또는 추정된 악성 신생물	C77 - C79
/ 9	악성, 원발부위 또는 속발부위 여부가 불확실한	

※「제6차 한국표준질병사인분류」, 2010년 12월, 통계청, p.1109 인용.

2) 신생물 분류에서의 Z code의 이용

Z code는 현재 환자가 가지고 있는 직접적인 질병상태는 아니지만 건강과 관련된 사항과 치료과정 또는 환경 등에 대한 정보를 분류하는 번호이다.

① 신생물의 과거력 (History)

악성신생물의 과거력을 가진 경우 개인력(personal history)에 의한 것은 Z85로 표시하고, 가족력이 있는 경우에는 Z80으로 분류한다.

② 후속조치(Aftercare)

우선적인 치료는 시행하였으나 방사선 요법이나 화학요법 등의 후속조치를 받기 위해 병원을 방문했을 때 Z51로 표시하고, 방사선 치료는 Z51.0으로, 약물치료는 Z51.1로 표시한다.

③ 추후관리검사 (Follow up examination)

어떤 치료후에 추후관리검사를 받기 위해 입원 또는 진료를 받을 경우 Z08._ 으로 분류한다.

④ 회복기 (Convalescence)

수술, 방사선치료, 화학요법 등의 치료 후 환자가 회복기에 있음을 나타내주는 번호로 Z54.0을 쓴다.

⑤ 예방적 조치

실제 이상징후가 보이거나 증상의 유무에 상관없이 조기발견 목적으로 선별검사를 하는 경우에는 Z12._ 으로 분류한다.

⑥ 의심되는 악성신생물에 대한 관찰

ICD 분류의 일반준칙에 의하면 "suspected condition"은 확진된 경우와 같이 해당번호로 분류하게 되어 있으므로 "suspected stomach cancer"는 code No. C16.9로 분류하지만, 검사과정에서 암의 증거가 없는 것으로 판명된 경우에는 Z03.1로 분류한다.

3) 신생물형태학 코드의 실제

```
Metastatic adenocarcinoma of esophagus from stomach  C78.8  M8140/6  Z85.0
Status post gastrectomy                                ↑       ↑   ↑     ↑
No recurrence of stomach cancer                        ①       ②   ③     ④
```

설명

위에서 식도로 전이된 선암종
위절제 후 상태
위암의 재발 없음

① C78.8 : 위에서 속발된 암이므로 C78.8이나 원발일 경우에는 C15.× 로 표기한다.

② M8140 : 선종(adenomas) 및 선암종(adenocarcinomas)에 대한 표기

③ / 6 : 전이 또는 속발성에 대한 표기

④ Z85.0 : 가족력에 의한 개인력에 대한 표기

03 제자리암

가. 제자리암의 의의

「제자리암」이라 함은 제6차 한국표준질병사인분류에 있어서 제자리신생물로 분류되는 질병(「제자리신생물 분류표」참조)을 말합니다.

제자리암은 신체의 피부나 외부를 둘러싸고 있는 조직인 상피세포가 악성변화를 하여 발생하는 암을 말한다. 제자리암은 1997년 7월 1일부터 가입금액의 5~20%를 보장하는 조항을 신설하여 적용하고 있다.

〈표 5-3〉 제자리신생물 분류표

대 상 질 병 명	분류번호
1. 구강, 식도 및 위의 제자리암종	D00
2. 기타 및 상세불명의 소화기관의 제자리암종	D01
3. 가운데귀 및 호흡기계통의 제자리암종	D02
4. 제자리흑색종	D03
5. 피부의 제자리암종	D04
6. 유방의 제자리암종	D05
7. 자궁목의 제자리암종	D06
8. 기타 및 상세불명의 생식기관의 제자리암종	D07
9. 기타 및 상세불명 부위의 제자리암종	D09

나. 자궁경부 제자리암 (CIN Ⅲ)

현존하는 암 중에서 유일하게 발병원인을 명확하게 규명해낸 암이 자궁경부암이다. 자궁경부암은 성접촉에 의한 HPV의 감염이 주된 원인이라는 사실과 함께 HPV 중에서도 HPV 16과 18형이 자궁경부암의 80%를 유발하는 것으로 밝혀져 있다.

자궁경부암은 5~15년 동안의 잠복기간동안 자궁경부암의 전암병소(cervical cancer precursors)의 상태로 진행되며, 이는 자궁경부 상피이형성증(dysplasia) 또는 자궁경부 제자리암(carsinoma in situ)으로 불리고, 자궁경부상피층 내의 일부 국한된 부분에 형태학적으로는 이미 암세포들로 치환된 조직을 말한다. 이러한 경우에는 악성종양으로 분류되지는 않고 비침윤상태인 자궁경부암 0기로 표현된다.

자궁경부의 일부 세포를 브러시로 떨어뜨려 그것을 현미경으로 검사하는 자궁경부 세포진검사(PAP smear 검사)는 떨어져 나온 일부 세포만을 검사하는 것이므로 정확하다고 할 수는 없고, 세포진검사에서 이상이 있는 경우에는 조직검사를 하고 이때 가장 정확한 것이 원추절제술이다.

자궁경부 세포진검사(PAP smear 검사)나 조직검사상 비정상세포가 자궁경부상피의 아래 1/3 층만 있으면 CIN Ⅰ(N87.0)으로, 중간 2/3까지 있으면 CIN Ⅱ(N87.1), 상층까지 모두 차 있으면 CIN Ⅲ 로 분류하게 된다.

〈표 5-4〉 PAP smear 분류시스템

Class	Dysplasia(비정상세포)	CIN
Ⅰ	Benign	Benign
Ⅱ	Benign with Inflammation	Benign with inflammation
Ⅲ	Mild dysplasia	CIN Ⅰ
Ⅲ	Moderate dysplasia	CIN Ⅱ
Ⅲ	Severe dysplasia	CIN Ⅲ
Ⅳ	Carcinoma in situ(CIS)	
Ⅴ	Invasive carcinoma	Invasive carcinoma

※ 홍준현, 「의무기록정보관리학」, 고문사, 2006, p.394에서 수정인용
※ CIN (Cervical intraepithelial neoplasia)

CIN Ⅰ과 CIN Ⅱ는 비뇨생식기계 질환으로 N코드(N87.0, N87.1)로 분류하는데 이견이 없다. CIN Ⅲ에는 심한 이형성증(Severe dysplasia)과 제자리암종(Carcinoma in situ : CIS)이 포함되는데 심한 이형성증(Severe dysplasia)으로 진단되면 과거에는 이를 N87.2로 분류하여 분쟁이 빈발하였으나, 최근에는 심한 이형성증(Severe dysplasia)에 대해 조직검사결과지상 CIN Ⅲ 로 확인되면 제자리암으로 보아 D06 코드를 부여하고 이를 인정하는 추세이다.

04 경계성종양

「경계성종양」이라 함은 제6차 한국표준질병사인분류에 있어서 행동양식 불명 또는 미상의 신생물로 분류되는 질병 (「행동양식 불명 또는 미상의 신생물 분류표」참조)을 말합니다.

암(악성신생물)의 정의에서 제외되어 보장을 받을 수 없었던 경계성종양을 제자리암과 동일하게 보장하도록 2003년 10월 1일 약관을 개정하였다.[9] 경계성종양은

9) 보험업감독업무 시행세칙 부칙 제2조 제3항 및 제3조 제2항의 내용은 생명보험 표준약관에

암(악성신생물)으로 전이되기 이전 상태로서 악성인지 양성인지 신생물의 행동양식이 불명확하거나 미상인 종양을 말한다.

〈표 5-5〉 행동양식 불명 또는 미상의 신생물 분류표

대 상 질 병 명	분류번호
1. 구강 및 소화기관의 행동양식 불명 또는 미상의 신생물	D37
2. 가운데 귀, 호흡기, 가슴내 장기의 행동양식 불명 또는 미상의 신생물	D38
3. 여성 생식기관의 행동양식 불명 또는 미상의 신생물	D39
4. 남성 생식기관의 행동양식 불명 또는 미상의 신생물	D40
5. 비뇨기관의 행동양식 불명 또는 미상의 신생물	D41
6. 수막의 행동양식 불명 또는 미상의 신생물	D42
7. 뇌 및 중추신경계통의 행동양식 불명 또는 미상의 신생물	D43
8. 내분비샘의 행동양식 불명 또는 미상의 신생물	D44
9. 행동양식 불명 및 미상의 조직구 및 비만세포 종양	D47.0
10. 단클론성 감마병증	D47.2
11. 기타 명시된 림프조혈 및 관련조직의 행동양식불명 또는 미상의 신생물	D47.7
12. 림프, 조혈 및 관련조직의 행동양식 불명 또는 미상의 상세불명의 신생물	D47.9
13. 기타 및 상세불명 부위의 행동양식 불명 또는 미상의 신생물	D48

05 암 진단을 위한 검사방법

「암」, 「기타피부암」, 「갑상선암」, 「제자리암」 또는 「경계성종양」의 진단확정은 해부병리 또는 임상병리의 전문의사 자격증을 가진 자에 의하여 내려져야 하며, 이 진단은 조직(fixed tissue)검사, 미세바늘흡인검사(fine needle aspiration biopsy) 또는 혈액(hemic system)검사에 대한 현미경 소견을 기초로 하여야 합니다. 그러나 상기에 의한 진단이 가능하지 않을 때에는 피보험자가 「암」,「기타피부암」, 「갑상선암」, 「제자리암」또는「경계성종양」으로 진단 또는 치료를 받고 있음을 증명할 만한 문서화된 기록 또는 증거가 있어야 합니다.

적용하도록 하여 생명보험사의 경우 2002년 8월 1일이후, 손해보험사의 경우 2003년 10월 1일 이후의 상품개정을 통하여 반영되었다. 기존계약에 대해서도 보험업감독업무 시행세칙 시행일이전에 계약이 체결되어 시행일 현재 유지중인 계약에 대해 소급적용토록 하고 있다.

암의 진단확정은 해부병리 또는 임상병리의 전문의사 자격증을 가진 자에 의하여 내려져야 한다.

의학적으로는 병리조직학적 진단(현미경, 전자현미경, 조직화학법, 면역형광법, 면역효소호학적방법 등), 세포학적 진단(미세바늘흡인검사), 종양표지자 검사, 면역조직화학검사 등이 있으나, 이는 어디까지나 암의 유무정도를 찾아내는 방법일 뿐이며, 이 모두를 암보험약관에서 정한 암진단방법으로 인정하지는 않는다.

약관에서는 암의 진단을 위한 검사방법으로 조직(fixed tissue)검사와 미세바늘흡인검사(fine needle aspiration biopsy)[10], 혈액(hemic system)검사에 대한 현미경 소견을 기초로 하여야 한다.

그러나 약관에서는 미세바늘흡인검사(fine needle aspiration biopgy : FNAB)만을 언급하고 FNAC(fine needle aspiration cytology)에 대한 언급이 없어 조직검사 없이 FNAC만을 시행한 경우 암진단에 대한 논란(암진단의 적정성 또는 암의 확정진단 시점에 대한 논란)의 여지가 그대로 남아 있다. 그러나 일부암의 경우(특히, 갑상선암) FNAB보다는 FNAC를 주로 시행하고 검사정확도도 95%이상이고 나머지 5% 마저도 위음성인 경우가 대부분이어서 FNAC 검사에서 갑상선암으로 진단되면 대부분 조직검사상으로도 동일한 결과가 나오므로[11][12] FNAC검과 결과를 의미있는 암진단 방법으로 본다.

금융감독원의 분쟁조정사례에서도 2002년 8월 약관 개정 전에는 미세바늘흡인검사(FNAB)가 통상적인 조직(Fixed tissue)검사방법이 아니고, 병리학상 주로 암을 검색(Screening)하는 방법이며, 일반적으로 미세바늘흡인검사에 의해 암이 의심되는 경우 조직검사를 통하여 암으로 확진하므로 미세바늘흡인검사(FNAB)가 약관에 정한 암진단의 확정방법이 아니라고 하였다(금융감독원 분쟁조정사례 2002.6.7. 결정 제2002-15호).[13]

그러나 미세바늘흡인검사(FNAB)를 암진단 방법으로 인정하는 약관 개정 후에

---

10) 미세바늘흡인검사(fine needle aspiration biopgy)는 2002년 6월 28일 보험업감독업무시행세칙 개정을 통해 반영하고, 2002년 8월 약관개정시 암진단 방법으로 추가되었다.

11) 손진희 · 채승환 · 조은윤 · 김어진, "세침흡인 세포검사와 조직검사의 진단일치율 및 정확도에 대한 조사", 대한세포병리학회지, Vol.14 No 2. , 2003, pp.53-59.

12) 김형주 · 정파종, "갑상선결절의 수술적치료에 있어서 세침흡인세포검사(FNAC)의 진단적 유용도", 대한외과학회지, 제59권 제5호, 2000. pp.590-595.

13) 미세바늘흡인검사(FNAB)를 암진단의 유효한 검사방법으로 인정하는 암보험약관이 개정 되기 전에 암보험에 가입한 피보험자의 미세바늘흡인검사(FNAB)결과의 효력에 대해 부정하는 최근의 조정사례도 있다(금융감독원 분쟁조정사례 2011.6.28. 결정 제2011-39호).

는 미세바늘흡인 세포검사(FNAC)를 암진단 방법으로 인정할 것인지의 여부가 쟁점이 되었으나, 미세바늘흡인 조직검사와 세포검사를 구분하는 실익이 없고, 의학적으로도 수술전 진단으로서의 신뢰도가 높은 것으로 인정되는 만큼 약관에 정한 미세바늘흡인검사(FNAB)에 미세바늘흡인 세포검사(FNAC)도 포함되는 것으로 보아야 한다고 조정한 바 있다(금융감독원 분쟁조정사례 2005.5.30. 결정 제2005-33호).

미세바늘흡인검사(FNAB)는 일반적으로 암의 확정진단을 위한 유효한 검사방법으로 인정되고 있으나(금융감독원 분쟁조정사례 2010.6.29. 결정 제2010-55호), 미세바늘흡인검사(FNAB)에서 갑상선암 진단 후 조직검사 결과 갑상선 양성신생물로 진단받은 경우에 그 효력은 부정된다(금융감독원 분쟁조정사례 2010.12.28. 결정 제2010-110호).

그 외 백혈병 검사를 위한 혈액검사(금융감독원 분쟁조정사례 2001.5.15. 결정 제2002-26호), 전산화단층촬영(CT)(금융감독원 분쟁조정사례 1992.7.7. 결정 제92-24호)이나 양전자방출단층촬영술(PET)(서울지방법원 동부지원 2000.9.28. 선고 2000가합4164 판결) 촬영 결과는 약관에 정한 암진단 방법이 아니라고 보고 있다.

▶ 미세침흡인검사를 암진단 확정을 위한 검사방법으로 볼 수 있는지 여부

암보험에서 암의 진단확정은 조직(Fixed tissue)검사 또는 혈액검사(Hemic system)를 통하여 이루어져야 한다고 명시하고 있는바, 미세침흡인검사는 인체의 작은 세포를 주사기로 빼내어 검사하는 세포검사로써 약관에 정한 조직검사가 아니고, 병리학상 주로 암을 검색(Screening)하는 방법이라고 알려져 있으며, 일반적으로 미세침흡인검사에 의해 암이 의심되는 경우 조직검사를 통해 암으로 확진하는 점(서울지방법원 97나 35909판결)으로 보아 미세침흡인검사(FNAB)는 약관에 정한 암진단 방법이 아니다(금융감독원 분쟁조정사례 2002.6.7. 결정 제2002-15호).

▶ 미세침흡인 세포검사(FNAC)를 암진단 방법으로 인정할 수 있는지 여부

미세침흡인검사란 주사침을 병소부위에 찔러서 조직이나 세포를 흡인하고 유리슬라이드에 도말한 후 염색하여 광학현미경으로 관찰하는 진단방법으로서, 병변으로부터 조직을 얻어서 검사하는 미세침흡인 조직검사와 세포를 얻어서 검사하는 미세침흡인 세포검사로 구분하는데, 어느 쪽이 더 우수하다고 할 수 없으며 실제로 의료계에서는 엄격히 구분하지 않고 미세침흡인검사로서 동일한 진단방법으로 보고 있으며, 본건에서도 동일한 검사자료를 가지고 검사한 결과 ○○대학병원의 보고서에는 「Fine Needle Aspiration Cytology, & Cell Block」로 기재되어 있고 다른병원의 보고서에는 「Fine Needle Aspiration」로 혼용되어 사용하고 있는점, 갑상선암의 수술전 진단법으로서 미세침흡인검사는 그 정확도가 약 95%정도로서 가장 정확한 진단방법이고, 미세침흡인 세포검사상 암이 의심되는 소견이 있으면 더 이상 검사없이 수술을 하는 것이 통례(서울지방법원 2002. 9.18. 선고 2002나 3579 판결)인 점에서 보듯이 미세침흡인 세포검사도 의학적으로 매우 높은 수준의 정확도를 가진 암 진단방법으로 인정하고 있는 점, 앞에서 살펴본 바와 같이 미세침흡인 조직검사와 미세침흡인 세포검사가 의학적으로 동일한 효과를 갖는 진단방법으로서 미세침흡인 세포검사에서 암진단을 받은 경우 별도의 조직검사없이 수술을 하는 점에 비추어 볼때 당해 약관규정인 "미세침흡인검사(Fine Needle Aspiration Biopsy)"는 미세침흡인 조직검사와 미세침흡인 세포검사 모두 포함되는 것으로 해석하는 것이 합리적이다(금융감독원 분쟁조정사례 2005.5.30. 결정 제2005-33호).

▶ 미세바늘흡인검사에서 악성진단 받았으나 조직검사에서 양성으로 진단받은 경우

미세바늘흡인검사에서 갑상선 암 진단후 조직검사 결과 갑상선 양성신생물로 진단받은 경우, 보험약관에서 정하고 있는 암 진단확정 방법의 예시, 즉 미세침흡인검사, 조직검사 또는 혈액검사는 그 검사방법에 대한 유형만을 제시하고 있을 뿐 정밀도 등의 우선순위를 두고 있지 않으나, 동일유형의 갑상선 암에 대해 진단과정에서 오류가 입증되지 않는 한 최종진단 소견을 결과로 인정해야 한다(금융감독원 분쟁조정사례 2010.12.28. 결정 제2010-110호).

▶ 백혈병의 진단에 혈액검사를 암진단 확정으로 볼 수 있는지 여부

혈액검사도 암진단 방법에 포함되나 동 검사후 암(백혈병) 발병의 가능성에 대하여 언급되어 있을 뿐 암으로 진단확정되었다고 볼만한 내용이 없고, 담당의사도 혈액검사는 암진단의 보조검사이고 확실한 진단을 위해서는 골수검사가 필요하다고 언급하고 있으므로 이 경우 피보험자의 암진단 확정은 골수검사를 통하여 이루어졌다고 보아야 한다(금융감독원 분쟁조정사례 2001.5.15 결정 제2001-26호).

▶ CT 촬영에 의한 암진단을 약관에 정한 암의 확정진단으로 볼 수 있는지 여부

보험자의 책임개시일 이전에 CT 촬영 방법에 의한 "암"진단은 관련약관에서 정한 "암"의 확정기준으로 해석하기 어려우므로 약관에서 정한 조직검사결과에 의한 "암" 진단시기를 기준으로 하여야 한다(금융감독원 분쟁조정사례 1992.7.7 결정 제92-24호).

▶ 양전자방출단층촬영(PET)검사를 약관에 정한 암진단방법으로 볼 수 있는지 여부

약관에 암진단 방법에 대해 명시하고 있는 이상 피보험자가 병원에서 양전자방출단층촬영(Position Emission Tomography, PET) 검사를 받은 결과 갑상선 부위에 이상이 발견되었고, 초음파 검사상 갑상선 하부 및 주변에 종양이 관찰된다는 것은 위 약관에서 정한 방법에 의하여 암이 확진되었다고 보기 어렵다(서울지방법원 동부지원 2000.9.28. 선고 2000가합4164 판결).

06 임상학적 진단

병리학적진단이 가능하지 않을 때에는 「암」, 「기타피부암」 또는 「갑상선암」에 대한 임상학적 진단을 예외적으로 인정한다. 그러나 이 경우에는 「암」, 「기타피부암」 또는 「갑상선암」으로 진단 또는 치료를 받고 있음을 인정할만한 문서화된 기록 또는 증거가 있어야 한다.

뇌수막종과 같은 양성종양은 상당수 완전치유가 가능하고 별도의 방사선 치료등도 필요하지 않으므로 암보험 약관에 정한 암으로 보기 어렵지만(금융감독원 분쟁조정사례 2001.8.21. 결정 제2001-43호) 조직학적으로는 양성종양이지만 그 종양이 뇌의 가장 깊숙한 부위에 위치하여 수술의 위험성이 극도로 높거나 완전히 제거하는 것이 불가능할 뿐만 아니라 재발의 가능성도 높아 생명의 위험이나 신경학적 장해가 발생할 수 있는 경우에는 임상학적으로 악성종양에 준하여 분류해야 한다(대법원 2008.4.24.선고 2008다 13630판결, 금융감독원 분쟁조정사례 1993.11.24. 결정 제93-45호).

▶ 뇌수막종을 악성종양으로 인정할 수 있는지 여부

암보험약관상 악성신생물 분류표에서 그 종류를 예시(C00~C97)하고 있는 바, 피보험자의 뇌수막종에 대하여 질병분류표상 분류코드 D32.9에 해당된다는 의사의 소견이 있고, 동 질병분류코드(D32.9)는 한국표준질병분류표상 양성신생물이며, 의료경험칙상 뇌수막종은 대부분 양성종양으로 상당수 완전치유가 가능한 종양으로 알려져 있고 담당의사도 방사선치료가 필요치 않다는 소견이 있으므로 약관상 암이라고 보기 어렵다(금융감독원 분쟁조정사례 2001.8.21. 결정 제2001-43호).

▶ 임상학적으로 악성인 경우 약관에 정한 암으로 볼 수 있는지 여부

약관 규정상 암의 진단에 있어서 일차적으로는 병리학적 소견에 따르되 임상학적 증거를 보조증거로 인정한 취지, 악성종양과 양성종양의 의미 구별, 피보험자의 이 사건 삼차신경초종 질병의 특수성, 피보험자의 치료 경과 등을 종합하여 볼 때, 피보험자의 이 사건 삼차신경초종은 비록 조직학적으로는 악성에 해당하지 않는다 하더라도 임상학적으로 볼 때는 악성신생물 분류표의 분류번호 192 기타의 신경계 악성신생물 또는 한국표준질병사인분류에 의한 악성신생물 분류표의 C72.5 기타 상세불명의 뇌신경의 악성신생물에 해당하여 이 사건 각 보험약관에서 보장하고 있는 암에 포함된다고 판단되고, 따라서 피보험자에 이 사건 각 보험계약에 따른 보험사고가 발생한 것으로 보아야 한다(대법원 2008.4.24. 선고 2008다13630 판결).

▶ 조직학적으로 양성이라도 위험한 부위에 발생한 암을 악성으로 볼 수 있는지 여부

암을 정의함에 있어서 단순히 조직학적으로 양성인지 또는 악성인지 여부만을 기초로 암을 정의하여서는 불합리하고, 설사 조직학적으로 양성으로 분류된다고 하더라도 그것이 뇌 또는 심장과 같이 특별히 위험한 부위에 발생된 것이고 임상학적으로 악성의 성격을 띤 것이라면 이를 암으로 간주하여야 하고 암을 주위험으로 취급하는 암보험에서 담보하여야 하는 것이 암보험 본래의 취지에 합당하다(금융감독원 분쟁조정사례 1993.11.24. 결정 제93-45호).

07 암진단비의 지급

암진단비는 최초 1회에 한하여 약관에 정한 금액을 지급한다. 그러나 제자리암, 갑상선암, 경계성종양, 기타피부암의 진단급여금을 지급받은 이후에 일반암(위의 암의 정의에 정한 암)의 진단을 받은 경우에는 별도의 추가 보험금을 지급하지만(대법원 2008.3.14. 선고 2008다3299 판결), 일반암 진단비를 지급받은 이후에 제자리암, 갑상선암, 경계성종양, 기타피부암의 진단비는 지급하지 아니한다.

특정암과 일반암을 구분하는 상품에서는 일반암으로 진단 받은 이후 전이되어 특정암이 발생하였다면 특정암 진단비와 일반암 진단비의 차액을 추가로 지급한다. 그러나 특정암에서 시작하여 일반암으로 전이된 경우에는 추가적인 보험금을 지급하지 않는다.

예를 들어, 대장암으로 일반암 진단비를 지급받은 남성 피보험자가 전이되어 간암으로 진단받은 경우에 특정암 진단비와 일반암 진단비의 차액을 지급한다.

> ▶ **암 및 상피내암을 진단 받은 경우 각각 보험금을 지급해야 하는지 여부**
>
> 암 및 상피내암은 각각 최초 1회에 한하여 진단급여금을 지급하도록 하고 있는데, 암 또는 상피내암으로 '최초로'진단이 확정되었을 때 진단급여금을 지급하는 것으로 규정하는 점, 암 및 상피내암의 두 종류의 병의 형태에 관하여 그 개념을 정의하고 있으며, 위 형태에 따라서 보험금의 지급의무의 범위에 관하여 달리 규정하고 있는 점, 피보험자가 암으로 진단확정시에는 보험료의 지급의무를 면제하여 주고 있는 점, 이 사건 보험증권에는 암진단급여금의 경우 '암으로 최초 진단확정시(1회에 한함), 상피내암의 경우는 암보장지급액의 20% 지급'이라고 명시하는 점 등에 비추어 보면 동 보험약관의 진단급여금은 암 또는 제자리암 발생부위에 관계없이 전체 보험기간 중 암 또는 제자리암의 진단이 확정되면 각각 1회에 한하여 지급한다는 의미로 해석함이 타당하다(대법원 2008.3.14. 선고 2008다3299 판결).

08 원발암과 속발암

한국표준질병사인분류 지침서의 "사망 및 질병이환의 분류번호부여를 위한 선정준칙과 지침"에 따라 C77~C80(불명확한, 이차성 및 상세불명 부위의 악성신생물의 일차성 악성신생물)이 확인되는 경우에는 원발부위를 기준으로 한다.

일차성 암 발생부위를 알 수 없거나 상세불명인 경우에는 진단받은 표준질병사인분류대로 보험금을 지급하지만 일차성 암 발생부위를 알 수 있는 경우에 한하여 일차성 암에 따라 보험금을 결정하여 지급한다.

즉 갑상선암(C73)으로 진단확정을 받고 치료 후 림프절의 이차성 및 상세불명의 악성신생물(C77)로 진단을 받았으나 갑상선암(C73)이 원발부위로 확인될 경우 암 진단은 갑상선암(C73)으로 분류한다.

5-3 암 수술

01 암수술급여금

「수술」이라 함은 병원 또는 의원 등의 의사, 치과의사 및 한의사의 자격을 가진 자에 의하여 「암」, 「기타피부암」, 「갑상선암」, 「제자리암」 및 「경계성종양」의 치료가 필요하다고 인정한 경우로서 자택 등에서의 치료가 곤란하여 의료법 제3조(의료기관) 제2항에 정한 병원 또는 이와 동등하다고 회사가 인정하는 의료기관에 입실하여 의사의 관리하에 「암」, 「기타피부암」, 「갑상선암」, 「제자리암」 및 「경계성종양」의 치료를 직접적인 목적으로 기구를 사용하여 생체(生體)에 절단(切斷), 적제(摘除) 등의 조작을 가하는 것을 말하며 흡인(吸引), 천자(穿刺) 등의 조치 및 신경(神經)차단(Nerve Block)은 제외합니다.

암수술 급여금은 의사, 치과의사 및 한의사의 자격을 가진 자에 의하여 「암」, 「기타피부암」, 「갑상선암」, 「제자리암」 및 「경계성종양」의 치료가 필요하다고 인정되는 경우로서 「암」, 「기다피부암」, 「삽상선암」, 「제자리암」 및 「경계성종양」의 직접적인 치료를 목적으로 생체(生體)에 절단(切斷), 절제(切除)등의 조작을 가하는 것을 말하며 흡인(吸引), 천자(穿刺) 등의 조치 및 신경차단은 제외된다.

수술은 수술시마다 각각 지급하며, 한번에 두가지 이상의 부위를 수술하더라도 1회의 수술비만 지급한다.

과거에는 '입원하여 수술한 경우'로 제한을 하였으나, 의료기술의 발달 등으로 굳이 입원하지 않고 수술할 수 있는 경우가 등장함으로써 수술의 요건중에서 '입원하여'의 요건은 삭제되었다.

02 암수술인지 여부

의학기술의 발달로 암 세포를 직접 제거하지 않고도 암을 치료할수 있는 방법이 다양하게 등장하였다. 이에 따라, 전통적인 '수술'의 개념에 입각하여 무조건적으로 '생체(生體)에 절단(切斷), 절제(切除) 등의 조작을 가하는 것'만을 적용할 경우

의료현실의 괴리는 더욱 커질 뿐이므로, 의료현실에 비추어 실질적으로 수술에 준하는 정도의 의료처치를 수술로 인정해야 한다. 다만, 약관에 명시한 흡인(吸引), 천자(穿刺) 및 신경차단(Nerve block)은 제외해야 한다.

아래에서는 판례와 금융감독원 분쟁조정사례를 통해 그 흐름을 살펴보고자 한다.

가. 시험적 개복술

영상진단장비 등을 통해 암으로 진단받고 암의 수술을 목적으로 개복(open)하였으나, 수술의 효과를 기대할 수 없거나 수술을 하더라도 회복의 가능성이 거의 없는 것으로 판단되어 아무런 조치를 취하지 않고 다시 봉합(close)한 경우는 암수술로 보아 무방하다. 그러나 암수술은 치료를 전제로 한 것이므로 단순한 시험적 개복은 제외된다고 보는 것이 일반적이다.

나. 정위적방사선 수술

「정위적방사선 수술」이란 최첨단 선형가속기가 발생시키는 방사선을 이용하여 두개골을 잘라내지 않고 정위적(입체적)으로 매우 정확하게 파괴시키는 안전하고 비침습적인 치료로서 종래의 뇌 수술시 필연적으로 따르던 위험이나 합병증을 최소화하면서 수술과 동등한 혹은 더 나은 치료효과를 얻을 수 있는 수술방법이다.[14]

정위적방사선 수술의 종류로는 선형가속기, 감마나이프, 사이버나이프 등이 있다. 이러한 정위적 방사선 치료는 의학적으로도 이미 인정되고 있는 치료법으로서 암수술급여금을 지급하는 데에는 이견이 없다.

다. 내시경적 절제술

내시경을 이용하여 신체 내부장기를 검사하는 것은 물론 검사와 함께 이상병변이 있는 국소부위를 절제하는 것은 생체에 적제(摘除)가 동반되므로 암수술급여금으로 인정해야 한다. 내시경적 절제술은 내시경하 위점막절제술, 내시경적 용종절제술, 요도경하 방광절제술, 대장경하 대장절제술 등이 있다. 그러나 절제가 이루어지지 아니한 단순한 내시경검사는 암수술급여금으로 인정할 수 없다.

14) 국립암정보센터(www.cancer.go.kr)의 자료 인용.

라. 색전술

「색전술」이란 대퇴동맥에 혈관카테터를 삽입하여 간암세포에 영양을 공급하는 간동맥을 찾아 항암제를 투여하여 혈관을 막아서 혈류가 차단되도록 하여 간암세포가 성장하는 것을 막아주는 시술이다. 암치료에 이용되는 색전술로는 간동맥(화학)색전술, 폐동맥색전술 등이 있다.

색전술은 단순히 주사바늘로 국소부위에 약물을 주입하는 정도의 시술이 아니고, 대퇴동맥에 혈관카테터를 삽입하고 간암세포에 영양을 공급하는 간동맥을 찾아가 항암제를 투여하는 등의 시술을 하는 것으로 단순한 약물투입과는 구별되어야 한다.

건강보험심사평가원에서 제공하는 질병정보의 자료 <표 5-6>에 의하면, 간동맥색전술은 이미 의학적으로도 간암치료의 유의미한 치료기법으로 충분히 인정되고 있고, 진료건당 입원일수나 진료건당 진료비에서는 간의 절제술에 비하여 상대적으로 경미한 것은 사실이나 이는 의학기술의 발달에 따른 것일 뿐 실제 입원1일당 진료비 수준에서는 실제 절제하는 수술 등에 비하여 큰 차이가 없는 점 등으로 보아 암보험의 암수술급여금이 지급되는 데에 충분하다고 판단된다.

또한, 우리 법원도 간동맥색전술을 넓은 의미의 수술로 보는 입장이다(서울중앙지방법원 2004가합79194 판결).

〈표 5-6〉 간암 수술별입원일수와 진료비

(단위 : 일, 천원)

구분		진료건당입원일수			진료건당진료비 (본인부담금)			입원일당진료비		
		전체	경증	중증	전체	경증	중증	전체	경증	중증
종합전문	간부분절제술	20.1	16.2	23.3	6,547 (687)	5,491 (571)	7,414 (783)	326	338	319
	간엽절제술	23.5	18.0	27.7	8,653 (904)	7,040 (729)	9,901 (1,039)	368	390	357
	혈관색전술	5.5	4.7	5.8	2,059 (213)	1,824 (188)	2,120 (220)	371	389	368
종합병원	간부분절제술	19.0	15.4	22.9	5,731 (599)	4,877 (506)	6,677 (702)	302	316	291
	간엽절제술	23.3	19.4	28.7	7,970 (829)	6,759 (696)	9,591 (1,008)	342	349	335
	혈관색전술	6.8	4.7	7.4	2,095 (218)	1,640 (169)	2,242 (233)	310	350	302

※ 건강보험심사평가원(www.hira.or.kr)의 2009년1월2일현재 질병정보 게시자료인용

▶ 간동맥색전술을 암수술로 볼 수 있는지 여부

대한의사협회에 대한 사실조회결과에 의하면, 의학적 의미에서의 수술이란 피부 절개 등을 통해 병변을 제거하거나 퍼지는 것을 막는 의료행위를 총괄하여 말할 수 있으며, 간동맥색전술도 피부에 구멍을 내고 혈관을 통해 약물을 전달하여 혈관에 조작을 가함으로써 행하여지므로 넓은 의미에서 수술의 일종으로 볼 수 있다(서울중앙지방법원 2004가합79194 판결).

마. 고주파열치료

고주파열치료는 초음파를 보면서 고주파열치료 바늘을 종양내에 삽입한 후 고주파영역에서 전류를 통하게 하여 바늘끝에서 섭씨 100도 정도의 마찰열로 종양을 태워 크기를 줄여나가는 치료법이다.

고주파열치료는 고주파열치료가 종양의 치료에 이용되는 것은 아직 초기단계에 이르며 국내 특정병원에서만 시행되고 있고 그 치료효과가 일반적으로 의학계에서 수술을 대신하여 완치율이 높은 시술로 인정되는 치료기법이 아니라는 이유로 약관에 정한 수술로 인정하지 않고 있다(금융감독원 분쟁조정사례 2007.4.24. 결정 제2007-22호).

그러나 실제 의료현장에서는 고주파열치료가 유의미한 치료법으로 인정되고 있으며,[15] 고주파치료를 단독 시행한 환자에서 3년 생존률 70%, 치료부위의 재발율은 19%에 그치는 것으로 나타났다. 국내 도입초기단계에서는 주로 3cm 이내의 작은 간암에만 이루어졌으나 최근 장비의 발전과 치료경험의 축적으로 5cm 가 넘는 암세포에도 시술이 가능할 뿐만 아니라, 4cm 이내의 간암의 경우에는 1회의 치료만으로 90% 이상의 완전괴사율을 보이는 것으로 나타났다.[16]

▶ 갑상선종양치료를 위한 고주파열치료를 암수술로 볼 수 있는지 여부

수술이라함은 "몸의 일부를 째거나 도려내거나 하여 병을 낫게 하는 외과적인 치료방법"을 의미하고, 고주파열치료는 초음파를 보며 고주파열치료 바늘을 종양내에 삽

15) 간암의 고주파열치료는 보건복지부 고시 제2008-126호(2008.10.28)의 '건강보험 행위 급여 비급여 목록표 및 급여상대가치점수'의 개정고시에서 2008년 11월 1일부터 국민건강보험의 급여적용을 받게 되었다.
16) 2003년 2월 4일자 데일리메디(Dailymedi) 보도자료 인용.

입한 후 고주파영역에서 전류를 통하게되면 바늘 끝에서 섭씨 100도 정도의 마찰열이 발생하는데 이 열로 종양을 태워 크기를 줄여나가는 중간적인 치료방법으로 수술로 보기보다는 의료적 처치에 가까우며, 또한 고주파열치료를 갑상선 종양에 이용하는 것은 아직 초기단계로서 국내 특정병원에서만 시행되고 있고 그 치료효과에 대하여 일반적으로 의학계에서 수술을 대신하여 완치율이 높은 시술로 인정되는 치료기법이라고 보기도 어려우므로 약관에 정한 수술로 볼 수 없다(금융감독원 분쟁조정사례 2007.4.24. 결정 제2007-22호).

바. 중심정맥관 삽입술

중심정맥관 삽입술은 항암제를 비롯한 혈액이나 수액의 장기간의 안정된 약물 투여 경로를 확보하기 위한 것으로 도관을 상대정맥이나 하대정맥과 같은 중심정맥에 위치시키는 것으로 CVP(central venous pressure)catheter, 히크만카테터(Hickman catheter), 케모포트(Chemoport)가 이용된다.

중심정맥관 삽입술을 암수술로 인정하는 사례(금융감독원 분쟁조정사례 2001.5.15. 결정 제2001-27호, 금융감독원 분쟁조정사례 2011.4.26. 결정 제2011-26호)와 중심정맥관 삽입술이 암치료 직접목적이라기 보다 항암제 투여를 위한 경로 확보를 위한 것이라는 점 등을 이유로 암수술로 인정하지 않는 판례가 있다(대법원 2006.10.13. 선고 2006다38611, 38628 판결).

▶ 중심정맥관삽입술과 요추천자 항암제주입술을 암수술로 볼 수 있는지 여부(긍정)

백혈병으로 진단후 중심정맥관 삽입술을 시행받은 사안에서, 중심정맥관삽입술은 환자의 편의를 위해 삽입하는 것이 아니라 고농도의 영양제는 말초신경이 손상될 수 있어서 말초혈관으로 주입할 수 없고, 이 시술이 항암제를 주입하거나 조혈모세포 이식을 위해서 필수적인 과정이므로 암수술급여금을 지급해야한다(금융감독원 분쟁조정사례 2011.4.26. 결정 제2011-26호).

▶ 중심정맥관 삽입술을 암수술로 볼 수 있는지 여부(부정)

중심정맥관 삽입수술은 채혈을 하거나 수액 공급 등을 하는데 일반적으로 이용되는 팔 등의 정맥을 통하지 아니하고, 어깨부위의 쇄골하 정맥을 천자하여 상대정맥으로 도관을 삽입하는 처치를 말하며 이를 이용하여 중심정맥의 압력을 측정하고 수액 및 약물 투여 등을 할 수 있고, 이 수술은 환자의 치료 약제 투여를 위한 경로 확보 등을 위한 처치로서 암의 치료를 목적으로 하는 수술이기는 하나 암의 치료를 '직접적인'목적으로 하는 수술에 해당한다고 보기는 어렵다(대법원 2006.10.13. 선고 2006다38611, 2006다38628 판결).

사. 담도배액관 삽입술

담도배액관 삽입술 또는 경피적담즙배액술은 간 및 담도질환으로 인한 담도폐쇄시 우측 겨드랑이에 카테터를 삽입하여 담즙을 체외로 배액시키는 시술을 말한다. 이는 수술이라기보다 의료적 처치에 가까우므로 암의 치료를 직접 목적으로 한 수술로 볼 수 없다(금융감독원 분쟁조정사례 2006.5.23. 결정 제2006-27호).

▶ 담도배액관 삽입술이 암치료를 직접 목적으로 한 수술인지 여부

당해 약관은 수술의정의를 규정하고 있지 않으나 일반적으로 수술이라 함은 "몸의 일부를 째거나 도려내거나 하여 병을 낫게 하는 외과적인 치료 방법"을 말하며, 상기 담도배액관 삽입술 등은 국소마취후 피부를 천자하여 도관(catheter)을 삽입 교체하여 담즙을 배액하거나, 협착부위에 풍선을 삽입하여 넓혀주는 시술로서, 수술이라기 보다는 의료적 처치에 가까우며, 암의 치료를 직접 목적으로 한 수술로 볼 수 없다(금융감독원 분쟁조정사례 2006.5 23. 결정 제2006-27호).

03 암의 합병증에 대한 수술

암의 병태는 진행단계에 따라 환자의 전신에 퍼져 거의 모든 장기에서 병증이 나타날 수 있어, 암의 합병증에 대한 수술이 '암수술'인지 논란의소지가 많다. 원칙적으로 암 합병증에 대한 수술은 '암 치료를 직접 목적으로 한 수술'로 인정되지 아니한다.

그러나 합병증 치료를 위한 수술이라 하더라도 암으로 인한 합병증에 대한 수술을 하지 않으면 생명유지가 불가능하여 불가피하게 합병증을 수술한 경우에는 암수술급여금을 지급한다. 즉 폐암의 합병증으로 인한 식도협착증수술(금융감독원 분쟁조정사례 1997.6.27. 결정 제97-20호), 췌장암의 합병증인 황달증세를 없애기 위해 시행한 경피적 담즙배액술(금융감독원 분쟁조정사례 1998.5.29. 결정 제98-18호)은 암수술비를 지급한다.

▶ 백혈병 치료목적으로 사랑니를 제거한 수술이 암수술인지 여부

구강내에 염증이 있을 경우 골수이식이 실패할 수 있기 때문에 시행한 사랑니 발치술은 음식물이 끼고 부패되어 염증을 일으키고 충치와 구취의 원인이 될 수 있어 시행한 것으로 이는 외과적 수술이라 볼 수는 있지만 암치료를 직접 목적으로 한 수술은 아니다(금융감독원 분쟁조정사례 2002.3.27. 결정 제2002-3호).

▶ 자궁경부암에 대한 방사선치료 합병증으로 발생한 농양제거술이 암수술인지 여부

재발성 자궁경부암으로 폐전이까지 된 상태에서 자궁경부암에 대한 방사선 치료 후 합병증으로 좌측 신장주위농양과 괴사 근막염으로 진행되어 생명이 위독할 정도의 위험한 상황으로 수술적 절개 및 배농술이 꼭 필요한 상황이었으며, 입원기간중에도 항암치료를 시행한 점, 방사선 치료에 대한 합병증이 발생하여 생명이 위독한 정도의 질병이 있어 재발된 암에 대한 치료전에 이에 대한 치료가 꼭 필요하다는 소견이 확인되므로 암수술급여금을 지급해야한다(금융감독원 분쟁조정사례 2010.2.23. 결정 제2010-19호).

04 동일한 암에 대한 여러차례의 수술

암수술급여금은 회수에 제한 없이 수술 1회당 지급한다. 그러나 피보험자가 동시에 두 종류 이상의 암, 제자리암 및 경계성종양의 수술을 받은 경우, 하나의 수술로 보며 높은 암수술급여금을 지급한다.

피보험자가 유방종양으로 미세바늘흡인검사(fine needle aspiration biopgy : FNAB)의 결과로 제자리암의 진단을 받고 유방의 부분절제술을 하고, 절제된 유방으로 조직검사를 시행하여 유방암으로 진단을 받아 액와부적출술을 시행한 경우에는, 최초의 유방의 부분절제술은 제자리암 수술급여금을, 두 번째의 액와부적출술에 대하여는 암(또는 특정암) 수술급여금을 지급한다.

이러한 주장의 논리에는 제자리암 수술의 경우 침윤정도가 없거나 미미하여 절제해내는 신체부위가 적고 수술도 간편하므로 이러한 수술에 대하여 고액의 일반암(또는 특정암)수술급여금을 지급하는 것이 타당하지 않다는 것이나, 이 주장은 결과적으로 동일한 암에 대하여 진단의 착오로 인하여 수술을 2회에 걸쳐 시행한 것일 뿐이므로 각각 제자리암이 아닌 일반암(또는 특정암) 수술급여금을 지급해야 한다는 주장과 대비된다.

05 전이된 암의 수술

특정암과 일반암을 구분하는 보험상품에서, 특정암 수술비와 일반암 수술비가 차이가 있다. 일반암에서 특정암 부위로 전이되어 특정암 부위를 수술할 경우에는 특정암 수술비를 지급하고, 특정암에서 전이되어 일반암 부위를 수술할 경우에는 일반암 수술비를 지급한다.

예를 들어, 대장암으로 진단받고 대장절제술을 한 후 일반암 수술비를 지급받은 남성이 전이성 간암으로 간절제술을 한 경우 간절제술에 대해서는 특정암 수술비를 지급한다. 마찬가지로, 남성 특정암인 간암으로 진단받고 이후 대장으로 전이되어 대장절제술을 한 경우 일반암 수술비를 지급한다.

5-4 암 입원

01 암 입원일당의 약관규정

가. 암입원일당

이 계약에서 「입원」이라 함은 병원 또는 의원의 의사, 치과의사 및 한의사의 자격을 가진 자에 의하여 「암」, 「기타피부암」, 「갑상선암」, 「제자리암」 및 「경계성종양」의 치료가 필요하다고 인정한 경우로서 자택 등에서의 치료가 곤란하여 의료법 제3조(의료기관) 제2항에 정한 병원 또는 이와 동등하다고 회사가 인정하는 의료기관에 입실하여 치료에 전념하는 것을 말합니다.

암입원일당은 ① 의사, 치과의사 및 한의사 자격을 가진 자에 의해, ② 「암」, 「기타피부암」, 「갑상선암」, 「제자리암」 및 「경계성종양」의 치료가 필요하다고 인정된 경우에, ③ 자택 등에서의 치료가 곤란하여, ④ 의료법 제3조 제2항에 정한 병원 또는 의료기관에, ⑤ 입실하여 치료에 전념하는 것을 말한다.

다시 말해, 의사의 판단에 의해 암 치료의 필요성이 인정되고, 그 치료를 위하여 입원한 경우를 말하고, 입원의 필요성이 통원치료가 불가능한 경우 또는 반드시 입원이 필요한 경우만을 대상으로 하지는 않는다(부산지방법원 2003.8.28. 선고 2002나16405 판결, 서울중앙지방법원 2004.7.1. 선고 2003나56037 판결).

그러나 항암치료제가 일반적으로 외래진료에 의한 처방이 가능하고, 피보험자의 상태로 보아 통원치료가 가능하다는 소견이 있는 경우에는 항암치료제의 투여한 기간을 약관에 정한 암입원으로 보지 않는 판결도 있다(서울중앙지방법원 2007.3.23. 선고 2006나20510 판결).

▶ 암입원이 통원치료가 불가능한 경우의 입원만을 의미하는지 여부

암보험계약 약관은 '입원'을 의사 또는 치과의사의 자격을 가진 자에 의하여 암 또는 제자리암의 치료가 필요하다고 인정한 경우로서 자택 등에서의 치료가 곤란하여 의료법 제3조 제2항에서 정한 국내의 병원 또는 이와 동등하다고 보험회사가 인정하는 국외의 의료기관에 입실하여 의사의 관리하에 치료에 전념하는 것으로 정의하고 있는 바, 이는 의사에 의하여 암 치료의 필요성이 인정되고, 그 치료를 위하여는 자택 등에서의 치료가 곤란하여 입원이 필요한 것은 물론, 그에 나아가 암의 치료를 직접적인 목적으로 하는 입원만을 입원급여금의 지급대상으로 한정하고 있는 것으로 볼 것인 바, 위 약관을 치료 및 입원이 필요하다는 데에서 나아가 통원치료가 불가능한 경우, 즉 불가피한 경우의 입원만을 입원급여금의 지급대상으로 하고 있는 것으로 해석할 수는 없다(부산지방법원 2003.8.28. 선고 2002나16405 판결).

▶ 항암치료가 외래에 의한 처방이 가능한 경우 암입원으로 볼 수 있는지 여부

의사가 작성한 진료확인서에는 원고가 ○○원에서 통원치료에 의하여 지속적으로 백혈병 치료제인 류케란복용을 처방받아 왔으며, '류케란'을 복용한 환자들은 일반적으로 특별한 문제가 없는 한 입원이 필요없이 외래 진료에 의한 처방에 의하여 복용하는 점, 의사가 작성한 진료확인서에는 원고가 통원치료에 의하여 지속적으로 류케란복용을 처방받아 왔으며 피보험자의 상태로 보아 통원치료가 가능하다는 소견이 기재되어 있는 점으로 보면 피보험자의 질병을 치료하기 위하여 '류케란'복용이 필요하다 하더라도 이미 상당기간동안 입원하여 의사의 관리하에 이를 복용해온 원고가 이 사건 입원기간중에도 자택에서의 치료가 곤란하여 입원치료를 필요로 했었다고 판단되지 아니하므로 입원기간을 약관상의 입원으로 보기는 어렵다(서울중앙지방법원 2007.3.23. 선고 2006나20510 판결).

나. 암치료를 직접적인 목적으로

이 계약에서 「암」, 「기타피부암」, 「갑상선암」, 「제자리암」 및 「경계성종양」의 치료를 직접적인 목적으로 한 입원이란 의사에 의해 「암」, 「기타피부암」, 「갑상선암」, 「제자리암」 및 「경계성종양」으로 진단이 된 질병의 치료를 목적으로 한 입원을 말하며, 「암」, 「기타피부암」, 「갑상선암」,「제자리암」 및 「경계성종양」의 치료중에 발병된 합병증 또는 새로이 발견된 질병의 치료가 병행되는 때에는 의사의 소견에 따라 「암」, 「기타피부암」, 「갑상선암」, 「제자리암」 및 「경계성종양」을 입원치료의 주된 목적으로 하는 경우에만 「암」, 「기타피부암」, 「갑상선암」, 「제자리암」 및 「경계성종양」의 치료를 목적으로 한 입원으로 봅니다. 다만, 질병명 미상에 의한 입원으로서 입원 후 최초 「암」, 「기타피부암」, 「갑상선암」,「제자리암」 및 「경계성종양」으로 진단된 경우에는 이는 암의 치료를 목적으로 한 동일한 입원으로 봅니다.

암 입원일당에서는 '암의 치료를 직접 목적으로 한 입원'을 그 대상으로 하고 있으나, 그 의미는 '의학적으로 의미 있는 치료'를 그 대상으로 보아야 한다. 여기에는 암 치료후의 단순한 요양치료의 경우는 제외된다.

암의 치료가 크게 수술적 요법, 항암화학요법, 방사선치료의 세가지로 나누어지고 여기에 조혈모세포이식이 추가된다. 수술적 요법에서는 수술전후의 필수적인 입원기간과 수술후의 집중적인 의료적 처치가 필요한 회복기간, 항암화학요법에서는 항암제를 직접 투여하는 기간과 지속적인 정맥주입이 필요하거나 부작용의 위험이 있는 경우의 입원기간, 방사선치료의 경우 직접적인 방사선치료기간을 말한다. 다시 말해, '암의 치료를 직접 목적으로 한 입원'이란 종양을 제거하거나 종양의 증식을 억제하기 위한 수술이나 방사선치료, 항종양약물치료 등 항암치료를 위하여 입원하는 경우를 의미한다(대법원 2008.4.24. 선고 2008다13777 판결).

암의 치료중에 발병된 합병증이나 새로이 발견된 질병의 치료가 병행된 때에는 의사의 소견에 따라 암을 입원치료의 주된 목적으로 하는 경우만을 암의 치료를 목적으로 한 입원으로 본다.

그리고 처음에는 무슨 질병인지 알 수 없는 상태에서 입원을 시작하였다가 나중에 암으로 확인된 경우에는 암의 확정진단을 받기전의 입원치료 기간도 암의 치료를 목적으로 한 동일한 입원으로 본다(제주지방법원 1995.11.22. 95가단7016 판결).

▶ 암 치료를 직접 목적으로 한 입원의 의미

암의 치료를 직접 목적으로 한 입원'이란 종양을 제거하거나 종양의 증식을 억제하기 위한 수술이나 방사선치료, 항종양약물치료 등 항암치료를 위하여 입원하는 경우를 의미한다(대법원 2008.4.24. 선고 2008다13777 판결).

▶ 암진단 확정전의 입원기간을 암입원으로 볼 수 있는지 여부

약관상의 암급여금지급 개시시점인 "암의 진단확정"과 그 암의 치료를 직접목적으로 한 "입원"이란 피보험자가 입원도중에 암이라는 진단확정을 받았다 하더라도 암의 확정진단 전의 입원이 사후에 확정진단된 암의 치료를 직접 목적으로 한 것이 인정되는 경우에는 암의 확정진단 전의 입원기간을 통산한 전입원기간에 대하여 암관련 급여금(암입원일당, 암수술급여금)을 지급할 의무가 있다(제주지방법원 1995.11.22 선고 95가단7016 판결).

약관에서 규정하는 '암의 치료'란 종양이 잔존하고 있음을 전제로 하여 잔존 종양을 제거하거나, 종양의 증식을 억제하는 등의 방법으로 환자를 낫게 하기 위한 의료행위를 뜻하고, 종양이 남아 있지 아니한 상태에서 재발을 방지하기 위한 의료행위 및 항암치료의 후유증을 완화하기 위한 의료행위까지도 포함한다고 할 수 없다.

설령 '암의 지료'가 암의 재발을 방지하기 위한 의료행위 또는 항암치료의 후유증을 완화시키기 위한 의료행위를 포함하는 의미라고 하더라도, 요양병원에서 받는 식이요법, 심리치료, 물리치료 등은 항암치료의 후유증을 완화하는데 효과적이고 필요한 치료임을 인정하기 부족하므로 요양병원에서의 입원을 암의 치료를 직접적인 목적으로 한 입원으로 볼 수 없다(서울지방법원 2004.10.7. 선고 2004가합48985 판결).

요양병원에서의 입원기간 중 헬릭소(Helixor)[17]나, 압노바(Abnoba),[18] 류케란 등

17) 암치료의 대체요법으로 사용되는 것으로 국내에서는 의사의 처방이 필요한 전문의약품이나 국내에서는 임상적으로 아직 입증되지 않아 적극적으로 권고되지는 않고 있다.

18) 압노바(Abnoba)의 기본이 되는 주재료는 미슬토(Mistletoe)라는 여러 종류의 숙주나무에 반기생하는 식물로서 약 1,700여 가지의 성분을 가지고 있고, 그 중 대표적인 성분인 미슬토렉틴(Mistletoelectin)과 비스코톡신(Viscotoxin)은 몇몇 문헌에서 이 성분들이 주로 항암작용 즉 세포독성효과와 면역강화작용을 나타낸다고 보고하고 있다. 외국 특히 독일을 포함한 유럽지역에서는 압노바를 암 발생 후 직접적인 치료 목적으로 사용하는 사례도 있으나, 국내에서는 주로 암의 일반적인 약제투여 사용시 면역기능 강화를 위해 보조적으로 사용하는 경우가 대부분이고, 압노바는 조직세포의 기능용 의약품으로서 항악성종양제(의약품분류번호 421)로 분류되어 있다(서울중앙지방법원 2006.5.19. 선고 2005나14709 판결).

을 투약 복용하는 것이 '암 치료를 직접적인 목적으로 한 입원'으로 인정할 것인지에 대한 판례의 입장은, 1차적인 항암치료나 기타 치료가 완료된 후 암이 재발되었거나 합병증이 발견되지 아니한 완전관해[19] 상태에서 투여된 대체 면역요법은 암의 치료를 직접목적으로 하는 입원으로 볼 수 없으나(서울중앙지방법원 2007.4.12. 선고 2006가합96209 판결, 서울남부지방법원 2005.4.27. 선고 2004가단32408 판결, 금융감독원 분쟁조정사례 2001.9.25. 결정 제2001-47호), 이미 4기암에 이르러 수술조차도 도움이 아니할 정도의 심한 상태인 말기암 환자의 경우 현대의학으로도 완치를 위한 특별한 방법이 없는 상태에서 면역증강제를 투여받으며 대체의학적 요법을 통하여 암치료를 받은 경우는 치료목적으로 인정하고 있다(서울중앙지방법원 2004 .7.1. 선고 2003나56037 판결).

그러나 일반적으로는 실질적인 항암치료제로 인정되는 치료제[20]를 투여한 기간만을 인정하고 보조적이거나 대체적인 항암요법은 인정하지 않는다(부산지방법원 2003.8.28. 선고 2002나16405 판결). 실무적으로는 헬릭소(Helixor), 압노바(Abnoba) 등의 실제 투여기간만을 암입원으로 인정하기도 한다(대법원 2006.9.8. 선고 2006다36028 판결).

▶ 요양병원에서의 식이요법, 심리치료 등을 암입원으로 볼 수 있는지 여부

약관에서 규정하고 있는 '암의 치료'란 종양이 잔존하고 있음을 전제로 하여 잔존종양을 제거하거나, 종양의 증식을 억제하는 등의 방법으로 환자를 낫게 하기 위한 의료행위를 뜻한다고 할 것이고, 종양이 남아 있지 아니한 상태에서 재발을 방지하기 위한 의료행위 및 항암치료의 후유증을 완화시키기 위한 의료행위까지도 포함한다고 할 수는 없으며, 설령 '암의치료'가 암의 재발을 방지하기 위한 의료행위 또는 항암치료의 후유증을 완화시키기 위한 의료행위를 포함하는 의미라고 하더라도, 피보험자가 요양병원에서 받은 식이요법, 심리치료, 물리치료 등은 항암치료의 후유증을 완화하는데 효과적이고 필요한 치료임을 인정하기에 부족한 바, 위 요양병원에서의 입원이 암의 치료를 직접 목적으로 하는 입원이라고 할 수 없다(서울중앙지방법원 2004.10.7. 선고 2004가합48985 판결).

19) 완전관해란 암세포가 완전히 사라지는 단계를 말하고, 부분관해는 암세포가 50%이상 사라지는 상태를 말한다.
20) 항암제와 관련된 정보는 식품의약품안전청(KFDA)의 「항암제 정보방」에서 항암제와 항암치료 보조제에 관하여 실시간으로 조회할 수 있다 (http://rndmoa.kfda.go.kr/ anticancer/anti/search.jsp).

▶ 암의 재발이나 전이가 없는 상태에서의 대체면역요법이 암입원인지 여부

병원에 입원하여 헬릭소 주사 치료와 침, 뜸치료, 식이치료 등을 받은 것은 사실이나, 암의 재발 및 전이 등의 징후가 없는 점, 입원치료가 필요하다는 진단 등이 없는 점, 헬릭소 주사 치료가 암 치료를 직접목적으로 하였다고 보기 어려운 점 등에 비추어 암의 치료를 직접 목적으로 한 입원에 해당한다고 보기에 부족하다.

보험사에서 헬릭소를 투여받은 일수에 대하여만 입원으로 인정하여 암입원비를 지급한 점, 암의 치료를 직접 목적으로 한 입원에 해당된다고 보기 어려운 점 등에 비추어 보험사가 입원비의 일부를 지급하였다는 사정만으로 그 후 나머지 입원비 등의 지급을 거절하는 것이 신의칙 내지 금반언의 원칙에 위배된다고 보기 어렵다(서울중앙지방법원 2007.4.12. 선고 2006가합96209 판결).

▶ 완전관해 상태에서의 대체면역요법을 암입원으로 인정할 수 있는지 여부

요양병원들이 보험약관에 정한 의료법에 정한 병원에 해당한다는 점에는 당사자 사이에 다툼이 없고, ○○요양병원장에 대한 사실조회회보에 의하면 피보험자는 요양병원에 입원하여 압노바 및 헬릭소의 투여를 받은 외에는 암성통증의 완화 및 면역력 증가를 위한 치료방법으로 건강 식이요법, 심리요법, 운동요법, 기타 대체의학요법을 받은 사실을 알 수 있고 반증이 없으나, 또한 완전관해 상태에서 위암재발 진단을 받은 때까지 피보험자에게는 별다른 치료가 필요 없었던 상황에서 위 치료요법들을 받았다 하더라도 이는 단순히 면역력 증가를 위한 것이지 암의 치료를 '직접'목적으로 하는 입원이라고 인정하기는 어렵다(서울남부지방법원 2005.4.27. 선고 2004가단32408 판결).

▶ 요양병원에서의 헬릭소의 투여 및 심신안정요법이 암입원인지 여부

피보험자가 암치료를 목적으로 요양병원에 입원(62일)하였다 하더라도 ① 치료받은 내용이 휴식, 찜질, 숯찜질, 헬릭소(Helixor) 투약 등인데 이러한 치료방법이 반드시 입원을 통하여 가능하다고 보기 어려운 점, ② 입원기간중 실시한 혈액검사와 민원인이 제시한 병원의 진단서를 토대로 보면 암이 재발되었거나 합병증이 발병되지 아니한 점, ③ 복통, 식욕부진 등 위절제 증후군의 증세가 있어 장기간의 가료를 요한다는 병원 의사의 소견이 있으나, 복통 식욕부진은 위암 수술후 후유증이고, 후유증 치료를 위한 입원은 암치료를 위한 입원이 아니라고 판단되는 점, ④ 요양병원은 위 입원기간 중 암 치료나 검사를 위한 의료장비가 구비되어 있지 않고 물리치료를 받을 수 있는 침상과 일부 기구만 있으며, 심신을 안정시키는 아침예배, 온천욕, 성경공부, 레크리에이션, 산책, 조깅, 영화감상, 요리강습 등을 한 것으로 알려져 있어 요양병원의 입원이 약관에 정한 입원의 개념에 부합된다고 보기 어렵다(금융감독원분쟁조정사례 2001.9.25. 결정 제2001-47호).

▶ 말기암 환자에게 헬릭소를 투여한 경우 암 입원으로 볼 수 있는지 여부

'암치료를 직접 목적으로 하는 입원'이라 함은 의사의 자격을 가진 자의 판단에 따라 암의 치료를 위하여 입원한 경우를 뜻하는 것으로 봄이 상당할 뿐, 암의 치료를 위하여 반드시 입원이 필요한 경우와 같이 제한하여 해석할 수는 없다. 다시말해, 피보험자는 위암을 확정할 당시 이미 폐전이가 되어 있는 4기 암에 해당하여 수술조차 도움이 되지 아니할 정도로 심한 상태였고, 항암제의 투여, 방사선치료 및 암의 전이로 인한 증상완화를 위해 경추 고정술을 시행하였고, 입원기간 동안 정기적으로 헬릭소(Helixor)라는 면역증강제를 투여받은 사실과 말기암 환자의 경우 현대의학으로도 완치를 위한 특별한 방법이 없는 상태에서 면역증강제를 투여받으며 대체의학적 요법을 통하여 암치료를 받았으므로 치료목적과 차이가 없다고 할 것이다(서울중앙지방법원 2004.7.1. 선고 2003나56037 판결).

▶ 항암치료제(UFT)를 투여하고 보조적으로 헬릭스를 쓴 경우 암입원인지 여부

피보험자의 암발병을 보험사고로 하여 입원치료비를 지급하기로 하는 내용의 암보험계약에 있어서 피보험자의 입원기간 중 항암치료제로 인정되는 '유에프티(UFT)'캅셀을 복용하는 등 '직접적인' 치료를 한 기간은 보험지급의무가 인정되나, 환자의 면역력 강화를 통한 대체 항암요법에 불과한 '헬릭스'주사만을 투여받은 입원기간은 실제 그 치료기간 중 암의 재발 내지 전이 등 어떠한 징후도 나타나지 않은 점, 통원치료의 가능성 등을 고려할 때 직접적인 치료로 볼 수 없어 보험금지급의무가 인정되지 아니한다(부산지방법원 2003.8.28. 선고 2002나16405 판결).

▶ 압노바 등의 항암면역기능요법을 투여한날을 암입원으로 볼 수 있는지 여부

피보험자는 항암치료를 마친 후 3년 정도 경과한 시점에서의 최종진료 결과 '전이 또는 침윤 소견이 없고, 암병변의 재발 소견이 없으며, 암병변이 발견되지 않았으나 추적관리가 필요하다'는 진단을 받아 입원치료를 요하는 증상이 발견되지 않은 사실, 압노바는 국내에서 암 발생 후 직접적인 치료목적으로 사용하기 보다는 주로 암의 일반적인 약제투여 사용시 면역 기능의 강화를 위해 보조적으로 사용하는 경우가 대부분이어서 직접적인 항암작용보다 항암면역세포의 기능을 강화시키는 보존적 치료제에 불과하고, 또한 반드시 입원해서 시행할 필요는 없고 통원치료도 가능한 사실 등에 비추어 피보험자가 압노바 주사를 맞은 날을 제외한 나머지 90일은 암입원급여금의 지급요건으로 정한 '암의 치료를 직접 목적으로 하여 입원하였을 때'에 해당하지 않는다고 봄이 상당하다(대법원 2006.9.8. 선고 2006다36028 판결).

다. 계속입원

이 계약에서 「계속입원」이라 함은 입원치료의 목적으로 진단되었던 동일한 「암」, 「기타피부암」, 「갑상선암」, 「제자리암」 및 「경계성종양」으로 계속하여 입원하는 것을 말합니다. 그러나 동일한 「암」, 「기타피부암」, 「갑상선암」, 「제자리암」 및 「경계성종양」에 대한 입원이라도 암입원일당이 지급된 최종입원의 퇴원일부터 180일이 경과하여 개시한 입원은 새로운 입원으로 간주하며, 보장이 자동갱신되는 경우에도 동일하게 적용합니다.

통상적인 암보험의 경우 입원을 시작하여 처음의 3일간은 입원급여금을 지급하지 아니한다. 다시 말해, 암환자가 암치료를 위하여 10일간 입원한 경우 전체입원기간 10일중 3일을 제외한 7일에 해당하는 입원급여금만을 지급한다.

암환자의 경우 1회적인 수술이나 입원으로 치료가 종료되는 것이 아니고 지속적인 치료가 반복되는 경우가 일반적이어서 반복적인 입원에 대해 각각 3일씩을 공제하는 것은 일반형평의 원리에 어긋나므로, 암치료를 직접 목적으로 한 입원의 전기간에 대하여 계속된 동일한 입원으로 보아 1회만 공제한다.

그러나 암입원급여금이 지급된 최종입원의 퇴원일로부터 180일이 경과하여 개시한 입원은 새로운 입원으로 간주하므로 이 경우에는 다시 3일을 공제한다.

암입원일당이 지급된 최종입원일부터 180일이 경과하도록 퇴원없이 계속 입원중인 경우에는 암 입원일당이 지급된 최종입원일의 그 다음날을 퇴원일로 본다.

라. 입원중 보험기간의 종료

암의 치료는 통상 장기간 이루어지며, 재발되거나 전이되는 경우가 빈발하므로 단기간의 치료에 그치지 않는 경우가 많다. 따라서 암 등에 대한 보장개시일 이후에 암으로 진단받고 입원하여 치료를 받던 중에 보험기간이 종료된 경우에는 계속되는 입원기간에 대하여는 암입원일당을 보장한다.

마. 의사의 지시

보통 암진단을 받게 되면 환자는 실직을 하게 되고, 치료도 장기간으로 길어지면서 고액의 치료비가 발생할 것을 우려하여 의사의 퇴원지시에도 불구하고 입원치료를 고의적으로 지속시키는 경우에는 보험금을 지급하지 아니한다. 보험약관에서는 피보험자가 정당한 이유없이 입원기간 중 의사의 지시를 따르지 아니한 때에는 암입원일당의 전부 또는 일부를 지급하지 않는다.

▶ 의사의 지시에 따르지 않은 경우 보험금 지급 거절이 가능한지 여부

피보험자가 병원의 퇴원 지시를 받고도 이를 거절한 것은 정당한 이유없이 입원기간 중 의사의 지시에 따르지 아니한 때에 해당한다고 할 것이므로 보험회사는 환자의 지속적인 통증 호소에 대하여 입원후 2개월이 지나 퇴원을 종용한 사실이 있으므로 2개월 이후의 입원기간에 대해서는 보험금 지급을 거절할 수 있다(서울지방법원 1994.4.29. 93나51743 판결).

03

제3편 손해사정 업무처리

Chapter 1 의료기록과 개인정보보호법

1-1 진단서와 진료기록의 이해

01 진단서의 의의와 기재사항

가. 진단서(Medical Certificates)의 의의

진단서에는 건강상태 판단을 위한 건강진단서(Ⅰ, Ⅱ)와 개별적인 사안에 따라 (일반)진단시, (병사용, 공무원요양용)진단서, 상해신난서, 사망진단서 및 사체검안서, 출생증명서, 사산증명서 및 사태증명서, 소견서, 감정서 등이 있다.

진단서는 의사가 다른 사람을 진찰 또는 검사한 결과를 종합적으로 판단하여 생명이나 건강의 상태를 증명하기 위하여 작성하는 의학적인 판단서로서 의사가 발행하는 사문서이나 사회적으로나 법적으로는 공문서로서의 가치를 가진다. 예컨대, 사람의 법적권리는 출생신고로 시작하고 사망신고로 끝나는데, 사회적으로는 출생증명서와 사망진단서로 그 사실관계를 입증하게 된다.[1)]

보험금을 청구하기 위해 제출되는 서류에서도 진단서, 사망진단서, 후유장해진단서, 소견서 등은 환자의 상태를 나타내주는 문서로서 보험금 지급을 위한 중요한 근거가 되고 있다.

1) 대한의사협회, 「진단서 작성지침」, 2000. pp.5-6.

나. 진단서 작성과 관련된 의무

1) 무진찰 진단서 교부 금지

진단서 등의 서류는 의사·치과의사 또는 한의사에 한하여 작성·교부할 수 있으며, 의료인이라고 하더라도 의료인 본인이 직접 진찰하거나 검안하지 않으면 이를 발급할 수 없다.

다만, 진료중이던 환자가 최종 진료시부터 48시간 이내에 사망한 경우에는 다시 진료하지 아니하더라도 진단서 등을 발급할 수 있으며, 진료한 의사 등이 부득이한 사유로 진단서 등을 내줄 수 없으면 같은 의료기관에 종사하는 다른 의사 치과의사 또는 한의사가 환자의 진료기록부 등에 따라 내줄 수 있다.

이렇게 환자나 사망자를 직접 진찰하지 아니하고는 진단서 등을 발급할 수 없게 한 데에는 진단서가 민형사상 책임을 판단하는 증거가 되는 매우 중요한 기능을 담당하고 있으므로 그 정확성과 객관성을 담보하기 위함이다(대법원 1996.6.29. 선고 96도1013 판결).

만약, 이를 위반하여 진단서·검안서 또는 증명서를 발급한 경우에는 1년 이하의 징역 또는 500만원 이하의 벌금형에 처해지고(의료법 제89조), 거짓으로 증명서 등을 발급하면 「의료관계 행정처분 규칙」에 의해 자격정지 3개월에 처해진다.

▶ 진단서를 직접 진찰한 의사만 교부할 수 있게 한 취지

진단서 등은 의사 등이 진단한 결과에 대한 판단을 표시하는 것으로서 사람의 건강상태를 증명하고 민형사상책임을 판단하는 증거가 되는 등 중요한 기능을 담당하고 있으므로 그 정확성과 객관성을 담보하기 위하여 직접 진찰한 의사 등 만이 이를 교부할 수 있도록 하는 데 그 취지가 있다(대법원 1996.6.28. 선고 96도1013 판결).

2) 진단서등의 교부의무

의사·치과의사 또는 한의사는 자신이 진찰하거나 검안한 대상자의 진단서, 검안서, 증명서 등의 교부요구에 대하여 정당한 사유없이 거부하지 못한다. 만약, 이를 위반하여 정당한 이유없이 진단서·검안서 또는 증명서의 발급 요구를 거절한 경우에는 300만원 이하의 벌금(의료법 제90조)과 함께 「의료관계 행정처분 규칙」에 의해 자격정지 1개월에 처해진다.

3) 허위진단서 등 작성금지

의료법 제17조(진단서 등)와는 별개로 형법에서도 허위진단서 등의 작성을 금지하고 이를 위반한 경우 3년 이하의 징역이나 금고, 7년 이하의 자격정지 또는 3천만원 이하의 벌금에 처하도록 하고 있다.

다. 진단서의 기재사항

1) (일반)진단서

의사·치과의사 또는 한의사가 발급하는 진단서에는 ① 환자의 주소·성명 및 주민등록번호, ② 병명, ③ 발병연월일, ④ 향후치료에 대한 소견, ⑤ 진단연월일, ⑥ 의료기관의 명칭·소재지, 진찰한 의사·치과의사 또는 한의사(부득이한 사유로 다른 의사 등이 발급하는 경우에는 발급한 의사등을 말한다)의 성명·면허자격·면허번호 등을 기재한다(의료법 시행규칙 제9조 제1항).

상해사고에서는 적정 치료기간과 치료내용의 확인과 보험사의 책임을 분명히 하기 위해 환자의 진단명과 발병연월일이 매우 중요하다. 상해사고를 당한 후에 보험에 가입하고 이를 통해 보험금을 편취하려는 시도가 있을 수 있으므로 상해사고가 발생한 발병연월일을 매우 구체적으로 작성하여야 하나, 정확히 확인되지 아니한 경우 기재하지 않는 경우가 많다.

진단명은 한국표준질병사인분류표를 따르도록 하고 있으며, 진단서에는 연도별로 그 종류에 따라 일련번호를 붙이고(의료법 시행규칙 제9조 제4항), 진단서를 발급한 경우에는 그 부본은 3년간 보존하여야 한다(의료법 시행규칙 제15조).

2) 상해진단서

일반진단서와는 달리 상해진단서는 신체의 의학적 손상과 함께 법률상의 상해를 증명하는 문서로서의 효력을 발휘하며, 의학적인 손상은 법률적으로 폭행, 상해, 과실치사, 살인 등의 여러 개념으로 이용될 수 있다.

상해진단서에 기재해야 할 사항들은 의료법 시행규칙 제9조 제2항에 명시하고 있다. 이중에서 '상해의 원인'은 의사가 상해의 원인을 분명하게 밝힐 수 없는 경우가 많으므로 대부분 객관적인 진단명만을 기재하거나, 환자나 보호자의 진술에 따라 기재하는 것이 일반적이다. 환자의 진술에 의할 경우, '환자의 (보호자의) 진술에 의함'이라고 명기하는 것이 바람직하다.

또한 법률적인 배상책임을 묻거나 형사책임을 추궁하기 위해 상해자의 '치료기간'이 매우 중요한데, '치료기간'은 의사가 치료를 시작하고 끝낼 때까지의 기간을 말하며, 어떠한 상해가 완전히 회복될 때까지를 말하는 것은 아니다.[2)]

라. 최종진단과 임상적진단의 이해

진단서에 진단병명을 결정할 때에는 반드시 증상(sign), 징후(symptom) 또는 검사 결과 등과 같은 의학적인 근거를 바탕으로 이루어져야 하고, 근거와 진단명 사이에는 객관적으로 타당한 상관관계가 있어야 한다.

진단서를 발급하는 의사가 본인이 생각했던 진단명에 대해 주장하더라도 일반적으로 인정되지 않는 것이면 잘못판단한 것으로 오인될 수 있으므로 진단한 근거를 진단서에 기재하지 않더라도 진료기록부에는 기재해야 한다. 의료법 제22조에서는 의료인은 진료기록부를 갖추고 의료행위에 관한 사항과 의견을 상세히 기록하고 서명하도록 하고 있으므로, 진료기록부에 기재되지 아니한 진단명이 진단서에 기재되는 것은 진료기록부의 성실한 유지, 보존 의무를 위반한 것으로 본다(대법원 1993.4 13. 선고 92누2141 판결).

「최종진단」은 증상과 징후 외에 여러 가지 검사의 결과 즉, 미생물학적 검사, 생화학적검사, 조직병리학적검사, 방사선과 검사, 혈액학적 검사, 혈청학적검사, 심전도검사, 뇌파검사, 내시경검사 등의 결과를 근거와 병인, 외인, 또는 형태학적 개념에 의해 내려지는 것이고, 「임상적진단」은 임상적인 증상이나 징후만을 가지고 의사의 재량에 의해 결정된 진단으로 기능적 개념에 의한 진단이다. 임상적 징후나 증상을 바탕으로 형태학적 진단명을 쓰고자 할 경우에는 진단명 뒤에 "(추정)" 또는 "(의증)"이라고 덧붙이는데, 이는 더 정확한 방법으로 다른 진단이 밝혀질 경우 자신의 진단을 양보하겠다는 의미로 보아야 한다.[3)]

그러나 일부 의료현장에서는 환자 등의 요구에 의해 진단서가 발행되는 경우 외에도 처방전 등에 의해 확인되는 질병분류기호를 근거로 하여 병원원무과 등에서 입퇴원확인서가 발행되는 경우가 있고, 진단서라고 하더라도 진단명이나 질병분류기호에 주안점을 두어 작성하다 보니 최종진단인지 임상적추정 진단인지를 구분하는 것에는 소홀한 경우가 있을 수 있으므로 임상적추정 진단이라고 하여 의사의 확정진단으로 보지 않는 것에는 의료현실을 감안해 볼 때 다소 무리가 있다.

---

2) 대한의사협회, 전게서, p.88.
3) 서울행정법원, 「행정재판실무편람 Ⅱ」, 서울행정법원, 2002, p.212.

▶ 진료기록부에 기재하지 않은 병명을 진단서에 기재한 것의 위법성 여부

의료법 제21조 제1항에 의하면 의사는 진료기록부를 비치하여 의료행위에 관한 사항과 소견을 상세히 기록하고 서명하여야 하도록 되어 있으므로 당초 진료기록부에 기재하지 않았던 병명이 발견된 때에는 진단서의 발급에 앞서 이를 진료기록부에 기재하여야 함에도 이에 이르지 아니하고 진료기록부에 기재하지 않은 병명을 추가하여 진단서를 발급한 것은 진료기록부의 성실한 유지, 보존을 규정한 위 규정을 위반한 것으로 볼 수 있어 의료법 제53조 제1항 제3호의 "이 법에 위반한 때"에 해당한다(대법원 1993.4.13. 선고 92누2141 판결).

02 진료기록의 이해

가. 진료기록부의 의의

의료인이나 의료기관 종사자는 환자등의 진료기록의 열람과 사본의 교부요구에 응할 의무가 있다(의료법 제21조 제2항). 의료법에서는 이러한 의무의 전제조건으로 진료기록부 등을 기록할 의무(의료법 제22조 제1항), 서명할 의무(의료법 제22조 제1항), 보존할 의무(의료법 제22조 제2항)를 규정하고 있다.

「진료기록부」란 그 명칭 여하를 불문하고 환자의 진료를 담당한 의사, 치과의사, 한의사가 그 의료행위에 관한 사항과 소견을 상세히 기록하고 서명한 것을 말하고, 의사, 치과의사 한의사 이외의 자가 작성한 조산기록부, 간호기록부, 물리치료대장, 방사선촬영대장 등과는 구별된다(대법원 2006.9.8. 선고 2006도413 판결).

의사 등에게 진료기록부를 작성하도록 한 취지는 진료를 담당하는 의사 자신으로 하여금 환자의 상태와 치료의 경과에 관한 정보를 빠트리지 않고 정확하게 기록하여 이를 그 이후의 계속되는 환자치료에 이용하도록 함과 아울러 다른 관련 의료종사자에게도 그 정보를 제공하여 환자로 하여금 적정한 의료를 제공받을 수 있도록 하고, 의료행위가 종료된 이후에는 그 의료행위의 적정성을 판단하는 자료로 사용할 수 있도록 하고자 함이다(대법원 1997.8.29. 선고 97도1234 판결).

▶ 진료기록부의 의미

자동차손해배상보장법 제11조 제3항, 제38조 제3항 및 의료법 제21조 제1항에서 말하는 '진료기록부'는 그 명칭 여하를 불문하고 환자의 진료를 담당한 의사˘치과의사˘한의사가 그 의료행위에 관한 사항과 소견을 상세히 기록하고 서명한 것을 말하고, 의사˘치과의사˘한의사 이외의 자가 작성한 조산기록부, 간호기록부, 물리치료대장, 방사선촬영대장 등과는 구별된다(대법원 2006.9.8. 선고 2006도413 판결).

▶ 의사에게 진료기록부를 작성하도록 한 취지

의사에게 진료기록부를 작성하도록 한 취지는 진료를 담당하는 의사 자신으로 하여금 환자의 상태와 치료의 경과에 관한 정보를 빠트리지 않고 정확하게 기록하여 이를 그 이후의 계속되는 환자치료에 이용하도록 함과 아울러 다른 관련 의료종사자에게도 그 정보를 제공하여 환자로 하여금 적정한 의료를 제공받을 수 있도록 하고, 의료행위가 종료된 이후에는 그 의료행위의 적정성을 판단하는 자료로 사용할 수 있도록 하고자 함에 있다(대법원 1997.8.29. 선고 97도1234 판결).

의료인은 각각 진료기록부, 조산기록부, 간호기록부, 그 밖의 진료에 관한 기록을 갖추어 두고 그 의료행위에 관한 사항과 의견을 상세히 기록하고 서명해야한다(의료법 제22조). 이를 위반한 경우 300만원이하의 벌금에 처하도록 하고 있다(의료법 제90조). 아울러, 의료법 제22조 제1항을 위반하여 진료기록부 등을 기록하지 아니한 경우에는 '자격정지 15일', 진료기록부에 서명하지 아니한 경우에는 '경고', 진료기록부등을 거짓으로 작성하거나 보존하지 아니한 경우에는 '자격정지 1개월'에 처해지게 된다.

진료기록부와 아울러 「간호기록부」도 간호사에게 진료기록부의 취지와 덧붙여 담당의사의 지시에 따른 정확한 처치가 이루어지도록 하는 데에 그 취지가 있으므로, 간호기록부의 종류나 작성방법에 관한 규정이 없다고 하여 '투약 및 처치기록부'만을 의미하는 것이 아니고 간호행위 및 그 소견을 정확하게 모두 기록해야 한다(헌법재판소 2001.2 22. 2000헌마604 전원재판부).

의료법에 의해 의료인이 아니면 누구든지 의료행위를 할 수 없지만, 간호조무사는 간호보조업무에 종사할 수 있고, 의료법의 적용시 간호사에 관한 규정을 준용하도록 하고 있으며, 대부분의 개인의원에서 간호조무사가 간호사를 대신하여 간호업무를 수행하고 있으므로 간호조무사도 간호기록부의 작성의무를 부담한다(서울중앙지방법원 1997.9.9. 선고 97노212 판결).

▶ 간호사가 간호기록부를 기록할 수 있는지 여부

간호사에게 간호기록부를 작성하도록 한 취지는 이와 같은 목적에 덧붙여 담당의사의 지시에 따른 정확한 처치가 이루어지는 것을 담보하는데 있다. 의료법 제21조 제1항은 간호기록의무만을 규정하고 있을 뿐, 간호기록부의 종류나 작성방법에 관하여 아무런 규정이 없고, 달리 하위법규인 대통령령이나 부령에 위임한 바도 없다. (헌법재판소 2001.2.22. 2000헌마604 전원재판부).

▶ 간호조무사가 간호사를 대신하여 간호기록부 작성의무를 부담하는지 여부

의료법 제2조, 제21조, 제25조에 의하면 "의료인이라 함은 보건복지부장관의 면허를 받은 의사, 치과의사, 한의사, 조산사 및 간호사를 말하고, 의료인은 각각 진료기록부, 조산기록부 또는 간호기록부를 비치하여 그 의료행위에 관한 사항과 소견을 상세히 기록하고 서명하여야 하며, 의료인이 아니면 누구든지 의료행위를 할 수 없다."고 되어 있으므로 간호기록부는 간호사가 작성하여야 하는 것이라 할 것이나, 한편 같은 법 제58조에 의하면 "간호조무사는 제25조의 규정에 불구하고 간호보조업무에 종사할 수 있고, 이 경우에는 이 법의 적용에 있어 간호사에 관한 규정을 준용한다."라고 되어 있고, 다른 한편 대부분의 개인의원에서는 간호보조업무를 수행하게 되어 있는 간호조무사가 간호사를 대신하여 간호업무를 수행하고 있는 점에 비추어 보면 간호조무사가 간호사를 대신하여 간호업무를 수행하고 있는 경우에는 간호기록부 작성의무도 부담하여야 한다(서울중앙지방법원 1997. 9. 9. 선고 97노212 판결).

나. 진료기록부의 기재사항

의료인은 진료기록부등을 기록, 서명, 보존할 의무를 부담한다. 진료기록부에 기록하여야 할 사항은 의료법시행규칙 제14조에 명시되어 있다.

진료기록부가 환자의 상태와 치료의 경과에 관한 정보를 빠뜨리지 않고 정확하게 기록하여 이를 그 이후 계속되는 환자의 치료에 이용할 수 있도록 함과 아울러 다른 의료인이 그 정보를 제공하여 환자로 하여금 적정한 의료를 제공받고, 의료행위가 종료된 이후에는 그 의료행위의 적정성을 판단하는 자료로 사용할 수 있도록 하는데 그 취지가 있음은 앞서 판례를 인용하여 언급한 바와 같다.

의료법 시행규칙에서는 진료기록부의 기재사항에 ① 진료를 받은 자의 주소·성명·주민등록번호·병력 및 가족력, ② 주된 증상, 진단결과, 진료경과 및 예견, ③ 치료내용(주사·투약·처치 등), ④ 진료일시분를 명시하고 있으며, 이에 대해 한

글과 한자로 적도록 하고 질환명 · 검사명 · 약제명 등의 의학용어는 외국어로 적을수 있도록 하고 있다.

간호기록부는 ① 체온 · 맥박 · 호흡 · 혈압에 관한 사항, ② 투약에 관한 사항, ③ 섭취 및 배설물에 관한 사항, ④ 처치와 간호에 관한 사항을 기록하도록 하고 있다.

진료기록부를 작성하는 시기와 방법에 대하여는 의료법에서 구체적인 규정을 두고 있지는 않으나 의료행위에 관한 사항과 소견을 알기 쉽고 신속 정확하게 기록할 수 있는 시기와 방법을 택하여 진료기록부를 작성하는 목적에 따라 사용할 수 있도록 한 것이면 족하고, 그 작성의 구체적인 시기와 방법은 당해 의료행위의 내용과 환자의 치료경과 등에 비추어 그 기록의 정확성을 담보할 수 있는 범위 내에서 당해 의사의 합리적인 재량에 맡겨져 있다(대법원 1997.8.29. 선고 97도1234 판결).

진료기록부의 작성은 환자의 계속적인 치료에 이용할 수 있고 다른 의료인들에게 적절한 정보를 제공할 수 있으며, 의료행위가 종료된 이후에는 그 의료행위의 적정성 여부를 판단하기에 충분할 정도로 상세하게 기록해야한다(대법원 1998.1 23. 선고 97도2124 판결).

다. 진료기록의 보존[4)]

진료기록은 환자에 대한 진료기록이 환자의 상태와 치료의 경과에 관한 정보를 빠뜨리지 않고 정확하게 기록하여 이를 그 이후 계속되는 환자의 치료에 이용할 수 있도록 함과 아울러 다른 의료인이 그 정보를 제공하여 환자로 하여금 적정한 의료를 제공받고, 의료행위가 종료된 이후에는 그 의료행위의 적정성을 판단하는 자료로 사용할 수 있도록 하는데 그 취지가 있다.

따라서 일정기간동안 환자의 진료기록을 보존하도록 의무화 하고 있는데 각각의 진료기록에 대한 보존 기간은 의료법 시행규칙 제15조에 명시하고 있다. 의무보존기간이 경과한 진료기록은 법적인 보존의무가 소멸한 것이므로 필요에 따라 보존할 수 있을 뿐 강제되지는 않는다.

진료기록은 문서로 보관하는 것이 원칙이나 2003년 3월 31일 개정 시행되는 의료법에 의해 전자의무기록 관련 조항이 신설되어 「전자서명법」에 따른 전자서명

4) 진료기록의 보존 연한은 환자명부는 5년, 진료기록부는 10년, 처방전은 2년, 수술기록은 10년, 검사고견기록은 5년, 방사선사진 및 그 소견서는 5년, 간호기록부는 5년, 조산기록부는 5년, 진단서 등의 부본은 3년간 보존해야 한다.

이 기재된 전자문서로 작성・보관이 가능하게 되었다.

진료기록을 보존하던 중 의료기관을 폐업 또는 휴업신고를 할 때에는 보존하고 있는 진료기록을 관할 보건소장에게 넘겨야 한다. 다만, 의료기관 개설자가 진료기록부 등의 보관계획서를 제출하여 보건소장의 허가를 받은 경우에는 직접 보관할 수 있다.

만약, 이를 위반하여 진료기록부등을 이관하지 아니한 경우에는 의료법 제92조에 의한 100만원이하의 과태료와 '경고' 처분을 받게 된다.

따라서 손해사정과정에서 병의원에서 직접 진료기록을 확인하고자 하였으나 진료기관이 폐업한 경우에는 관할 보건소에서 환자 등의 동의를 얻은 서면을 제출하고 진료기록을 확인 할 수 있다.

라. 진료기록의 종류

환자를 진찰 또는 검사를 하고 의료처치를 행한 후 기록하는 진료기록은 여러 가지가 있다. 이러한 진료기록들은 각각의 상황에 따라 매우 중요한 자료로서 활용된다.

그러나 많은 진료기록이 의미 있는 기록으로서 실제 환자의 진료에 활용되기 위해서는 일정한 순서에 의해 편철되어야 하는데, 편철방법으로는 환자의 진료 처음부터 끝까지를 완전한 날짜순서대로 기록하여 편철하는 방법과 서식의 종류별로 편철하는 방법이 있다. 어느 방법이 맞고 틀리고의 문제가 아니라 찾고자 하는 자료를 제때에 정확히 찾을 수 있는 효율적인 방법에 의하여야 할 것이다.

아래는 국내에서 통일되어 사용되는 편철순서는 아니지만 일반적으로 사용되는 방법으로서 참고하기 바란다.[5)]

① 진단요약색인기록지

② 입퇴원기록지

③ 응급실기록지

④ 퇴원요약지

⑤ 병력기록 및 신체조사기록지

⑥ 경과기록지

⑦ 협의진단기록서

5) 홍준현, 「의무기록정보관리학」, 고문사, 2006, pp.147-148 인용.

⑧ 각종검사보고서
⑨ 수술신청서
⑩ 마취기록지
⑪ 수술기록지
⑫ 조직검사보고서
⑬ 회복실기록지
⑭ 의사지시기록지
⑮ 기타 치료기록지들(투약기록지, 흡수량과 배설량 등)
⑯ 체온, 맥박, 호흡기록
⑰ 활력증상기록
⑱ 간호기록지
⑲ 외부에서 보내온 이송기록지 또는 소개서신 등

이중에서 보험의 손해사정과정에서 중요하게 요구되는 자료로는 ③ 응급실기록지, ⑥ 경과기록지, ⑪ 수술기록지, ⑫ 조직검사보고서, ⑭ 의사지시기록지, ⑱ 간호기록지 등이 있다.

마. 진료기록에 사용되는 용어

주요 진료기록에 사용되는 용어는 다음과 같다.

① BP (혈압, blood pressure)
② BT (체온, body temperature)
③ PR (맥박, pulse rate)
④ RR (호흡수, respiratory rate)[6)]
⑤ C.C. (주소, Chief complaint): 환자가 병원에 내원하게된 주된 자각증상을 기록하는 것으로, 호흡곤란(dyspnea), 심계항진(palpitation), 복통(abdomenal pain), 흉통(chest pain), 두통(headache) 등의 증상을 기록한다.
⑥ PI(현병력, Present illness): 주소(C.C.)에 대하여 발생시기(onset), 발생상황

6) ①-④의 4가지는 흔히 vital sign으로 거의 모든 진료기록에 빠지지 않고 등장한다. 흔히 혈압은 BP로, 체온(BT)과 맥박(PR) 그리고 호흡수(RR)는 한꺼번에 'BPR'로 불린다. 활력증상기록지(vital sign sheet)에서는 환자 상태의 경중에 따라 일정한 시간 간격으로 그 변화를 알아보기 쉽게 그래프상에 표시하여 기록하여 놓고, 활력징후기록지만 보아도 환자의 상태를 바로 알 수 있고, 의료진이 환자의 상태를 가장 빨리 평가할 수 있게 하기 위하여 의무기록지의 가장 앞부분에 꽂아 둔다.

(setting), 증상에 대한 상세한 기술, 복통의 경우 복통의 위치(location), 지속기간(duration), 복통의 성질(quality), 악화인자(AF, aggravating factor), 완화인자(RF, relieving factor)), 생활패턴의 변화 등에 관하여 기술을 한다.

⑦ PHx (과거병력, past medical history): 환자가 병원에 내원하기 전 과거에 앓은 적이 있는 병력을 기록하는 란으로, 과거에 충수염(appendicitis)수술을 받은 병력이나 간염(hepatitis), 당뇨(DM, diabetes mellitus), 고혈압(hypertension)을 앓은 병력 등을 기록한다.

⑧ FHx (가족력, family history): 암이나 고혈압 또는 당뇨 등과 같이 유전적 요인이 있는 유전병인 경우 가족력을 통하여 많은 정보를 얻을 수 있기 때문에 이를 기록한다.

⑨ SHx (사회력, social history): 직업이나 여행상황 등에 관하여 기록하는 란이다. 예를들어 만성폐쇄성폐질환(COPD)의 원인을 찾는데 광부라는 직업을 고려해볼 수 있고, SARS로 불리는 질병이 의심되는 경우 발병지역으로의 여행경력 등을 확인해볼 수 있으며, 군복무지역에 따라 말라리아 등과 같은 질병을 추정해볼 수 있다.

⑩ S/R (전신기관증상평가, systemic review): 머리에서부터 목, 폐, 심장, 복부 및 복강내 장기, 사지들의 증상(symptoms)에 대하여 기록하는 란이다. 환자의 주관적 증상에 대하여 환자의 진술에 의해 기록한다.

⑪ P/E (이학적 검사, physical examination): 위의 S/R로부터 얻은 정보를 토대로 머리에서부터 목, 폐, 심장, 복부 및 복강내 장기, 사지들의 객관적 징후(sign)에 대하여 시진, 촉진, 청진, 타진 등의 방법으로 얻은 정보를 기록한다.

⑫ Impression (진단적 인상), Initial assessment (초기 평가):환자의 과거병력과 호소하는 증상 및 이학적 검사 등을 통하여 얻은 징후를 토대로 임상적으로 추정되는 진단을 기록한다.

⑬ Plan (계획): 환자의 정확한 진단이나 증상의 완화 또는 질병의 치료를 위해 필요한 진단적 검사나 치료계획을 기록한다.

바. 주요 진료기록

1) 응급실기록지(Emergency room record)

응급실기록지는 응급실에서 진료를 받은 모든 환자를 대상으로 작성된다. 응급실기록지는 내원당시의 상태, 상해경위, 응급실도착당시의 환자의 상태, 응급실 퇴실시 환자의 상태 등을 기록하는 자료로서 민형사상의 법률적으로나 손해사정과정에서도 매우 중요한 자료가 된다.

응급실기록지에는 다음과 같은 내용들이 기재되어 있다.

① 환자의 인적사항

② 내원방법 (도보, 택시, 승용차, 경찰차, 119, 병원구급차 등)

③ 도착시간 및 환자를 데리고 온 사람

④ 병력 또는 상해의 경위

⑤ 도착시 신체상태(활력징후 : 혈압, 맥박, 호흡 및 의식) 및 검사소견

⑥ 진단명 및 치료내용

⑦ 진료결과 및 응급실 이탈시각 및 환자의 상태(입원, 이송, 귀가 등)

⑧ 응급실 퇴실시 환자의 상태

⑨ 주의사항 및 앞으로의 처치

⑩ 진료과 및 의사의 성명

2) 경과기록지 (Progress Note)

경과기록지는 질병의 치료과정에서 의사가 직접 기록하고 서명하는 서식으로 입원기록부터 입원기간중 연속적으로 기록하여 퇴원에 이르는 최종경과기록으로 끝나게 된다.

① 입원기록 : 입원을 시작할 당시 환자의 상태나 현재 환자의 상태(present illness), 입원하게 된 이유, 과거력, 각종 검사자료 등을 기록한다.

② 경과기록 : 치료과정 중 나타나는 환자의 상태를 발생순서대로 기록한다.

③ End of service note : 담당 근무를 마치는 의사가 다음 교대 근무자에게 인수인계할 때 넘기는 기록으로, 환자의 상태를 정확하게 인수인계하는데에 필요하다.

④ 전과기록(transfer note) : 환자가 진료과목을 변경하여 치료를 받을 때 환자를 보내는 진료과에서 전출기록(transfer out note)을, 환자를 받는 진료과에서는 전입기록(transfer in note)을 쓴다. 전출기록에는 그동안의 환자의 치료경과를 요약하고 전출하는 이유에 대해서 기술한다.

⑤ 최종경과기록지(final progress note) ; 퇴원당시 환자의 상태를 종합적으로 기록한 것이다. 퇴원당시의 상태와 함께 퇴원 후의 주의사항, 식사, 운동, 투약, 상처치료, 앞으로의 치료계획 등을 기록하고, 사망한 경우에는 사망기록

(expire note)을 작성한다.

경과기록지의 내용은 보통 S(증상, symptoms), O(객관적 징후나 검사결과, objective), A(평가, assessment), P(향후계획 plan)의 형태로 기록한다.

3) 수술기록지 (OP record, operation record)

수술을 받은 모든 환자의 의무기록에는 수술기록지가 있다. 수술기록지는 수술을 담당했던 의사가 작성하는데 수술과 관련된 중요한 사실들을 빠짐없이 상세히 기록해야 하므로 수술의사의 기억이 생생한 수술직후에 기록하거나 녹음을 통해 기록하기도 한다.

수술기록지에는 수술집도의사(전문의)와 보조의사(전공의)의 서명이 반드시 있어야 하며, 수술기록지에 포함되는 내용은 다음과 같다.

① Surgeon (수술집도의), 1st Ass't / 2nd Ass't (보조의사)
Scrub nurse (수술실간호사), Circ. nurse (보조간호사)

② Preoperative diagnosis (수술전 예상 진단명)

③ Postoperative diagnosis (수술후 확인된 진단명)

④ Name of operation (수술명)

⑤ Procddures and finding (수술과정 및 발견사항)

⑥ 수술종료후 환자상태

⑦ 수술일자

4) 조직검사보고서 (Pathology report)

수술시에 절제한 조직은 조직병리 전문의사에게 보내져 검사한다. 조직병리전문의는 생검이나 수술시에 떼어낸 조직을 검사한 후 보고서를 작성하고 서명하며 원본을 의무기록에 첨부한다.

수술시에 적출된 조직이나 정확한 진단을 위해 시행한 생검, 그리고 체외로 배출된 조직은 모두 조직검사를 시행하는데, 일차적으로 육안으로 검사한 후 현미경 검사를 통해 보고서를 작성한다.

① Frozen section (동결절편)

② Gross (육안 검사)

③ name of the specimen (적출된 조직이나 장기의 이름)

④ clinical diagnosis (임상적 진단명)

⑤ macroscopic examination (육안적 검사내용)

⑥ microscopic examination (현미경적 검사내용)

⑦ pathological diagnosis (병리학적 진단명)

5) 의사지시기록지 (Doctor's orders, Physician's orders)

환자를 진료하는 의사는 환자의 진단과 치료에 필요한 검사, 처치, 투약 등의 중요한 사항들을 전공의나 간호사에게 지시하고 이를 기록하고 서명한다.

6) 간호기록지 (Nurses' record)

간호기록지는 환자가 입원할때부터 퇴원할때까지 환자와 관련하여 관찰된 모든 사항과 간호한 내용, 간호에 대한 환자의 호전도와 상태변화 등을 매일 일정한 시간간격으로 기록한 것이다.

경과기록지(progress note)상에서 의사의 기록이 불충분한 경우 간호기록지를 통하여 여러 가지 환자에 대한 정보를 얻을 수 있어 매우 유용하다.

① 입원한 날짜와 시간

② 입원하게된 구체적인 방법 (걸어서, 휠체어를 타고, 업혀서 등)

③ 입원시의 환자상태

④ 주 증상과 시행된 치료와 검사

⑤ 검사물 채취 관련사항

⑥ 주치의의 진료시간

⑦ 다른 진료과목으로의 전과 또는 협진에 관련된 내용

⑧ 수술환자의 경우 병동 출발시각과 수술후 병실도착시각

⑨ 퇴원당시의 환자상태

2009. 1. 20. $1\frac{20}{pm}$ Admitted by wheel chair

ward orientation was done
C.C. epigastric pain & discomfort
S : 3-4개월전부터 소화가 안되고 속이 아파요
O : BT : 36.5 BP : 130/90
A : epigastric pain 으로 인한 식욕부진
P : close observation
Notified to Dr. 홍길동

이를 기록할 때 경과기록지(Progress note)에서처럼 S. O. A. P. 형식에 의해 기술하게 된다.

㉠ S (Subjective information : 주관적정보): 환자 또는 환자의 보호자가 제공하는 정보로서 주호소, 증상, 병력 등을 기록한다.

㉡ O (Objective information : 객관적정보): 각종 검사결과나 객관적으로 나타나는 것을 기록한다.

㉢ A (Assessment : 분석평가): 주관적 정보와 객관적 정보를 종합하여 판단한 정보를 기록한다.

㉣ P (Plan : 계획): 향후 치료계획, 환자나 가족에 대한 교육계획 등을 기록한다.

1-2 개인정보보호법과 손해사정

개인정보의 수집·유출·오용·남용으로부터 사생활의 비밀 등을 보호함으로써 국민의 권리와 이익을 증진하고, 나아가 개인의 존엄과 가치를 구현하기 위하여(개인정보보호법 제1조) 2011년 9월 30일부터 개인정보보호법이 시행되었다.

개인정보보호법은 공공부문과 민간부문, 오프라인과 온라인 분야의 개인정보 처리 전반에 대해 규율하고 있어서, 기존에 시행되어 오던 정보통신망 이용촉진 및 정보보호등에 관한 법률이나 신용정보의 이용 및 보호에 관한 법률 등의 일반법으로서 기존의 개인정보 관련 법률의 미비점을 보완하는 법률이다.

개인정보보호법은 '개인정보'와 '민감정보', 그리고 '고유식별정보'를 구분하고 이들 정보의 처리시 고객의 동의 수준을 달리 적용하고 있다.

01 개인정보

「개인정보」란 살아 있는 개인에 관한 정보로서 성명, 주민등록번호 및 영상 등을 통하여 개인을 알아볼 수 있는 정보(해당 정보만으로는 특정 개인을 알아볼 수 없더라도 다른 정보와 쉽게 결합하여 알아볼 수 있는 것을 포함한다)를 말한다(개인정보보호법 제2조 제1호).

개인정보보호법의 시행에 따라 개인정보의 수집·이용·공유·제공 시에는 정보주체로부터 동의를 받아야 하며(개인정보보호법 제15조 제1항), 동의를 받을 때에는 개인정보의 수집·이용목적, 수집하려는 개인정보의 항목, 개인정보의 보유 및 이용 기간, 동의를 거부할 권리가 있다는 사실 및 동의거부에 따른 불이익이 있는 경우에는 그 불이익의 내용을 정보주체에게 알려야 한다(개인정보보호법 제15조 제2항).

개인정보는 보유기간의 경과, 개인정보의 처리 목적 달성 등 수집·이용 목적이 달성되어 그 개인정보가 불필요하게 되었을 때에는 지체 없이 그 개인정보를 파기해야 하고(개인정보보호법 제21조 제1항), 개인정보를 파기할 때는 복구 또는 재생되지 아니하도록 조치해야한다(개인정보보호법 제21조 제3항).

또한 개인정보가 유출되었을음 알게 되었을 때에는 지체없이 해당 정보주체에게 유출된 개인정보의 항목, 유출된 시점과 그 경위, 유출로 인하여 발생할 수 있는 피해를 최소화하기 위하여 정보주체가 할 수 있는 방법등에 관한 정보, 개인정보처리자의 대응 조치 및 피해 구제절차 등에 대하여 알려야 한다(개인정보보호법 제34조 제1항).

02 민감정보와 고유식별정보

「민감정보」란 사상·신념, 노동조합·정당의 가입·탈퇴, 정치적 견해, 건강, 성생활 등에 관한 정보, 그 밖에 정보주체의 사생활을 현저히 침해할 우려가 있는 개인정보를 말한다. 민감정보를 처리하기 위해서는 다른 개인정보의 처리에 대한 동의와는 별도로 동의를 받아야 한다(개인정보보호법 제23조).

「고유식별정보」란 주민번호, 여권번호, 면허번호, 외국인등록번호 등[7]과 같이 법령에 따라 개인을 고유하게 구별하기 위하여 사용되는 식별정보를 말한다(개인정보보호법 제24조). 고유식별정보도 민감정보와 마찬가지로 그 처리를 위해서는 다른 개인정보의 처리에 대한 동의와는 별도로 동의를 받아야 한다.

민감정보와 고유식별정보의 처리 규정을 위반한 경우 위반자는 5년 이하의 징역 또는 5천만원 이하의 벌금형에 처해진다(개인정보보호법 제71조 제3호 및 제4호).

고유식별정보를 처리하는 경우에는 그 고유식별정보가 분실·도난·유출·변조 또는 훼손되지 아니하도록 암호화 등 안전성 확보에 필요한 조치를 해야한다(개인정

7) 개인정보보호법 시행령 제19조에 고유식별정보의 범위를 주민등록법에 따른 주민등록번호, 여권법에 따른 여권번호, 도로교통법에 따른 면허번호, 출입국관리법에 따른 외국인등록번호로 명시하고 있다.

보보호법 제24조 제3항). 이를 위반할 경우 위반자는 2년 이하의 징역 또는 1천만원 이하의 벌금형에 처해진다(개인정보보호법 제71조 제3호 및 제4호).

03 질병상해보험 표준약관상 개인정보

보험회사는 보험계약의 체결 및 관리 등을 위한 판단자료로써 활용하기 위해 계약자 및 피보험자의 동의를 받아 보험관련 업무를 위탁받은 자를 포함한 다른 보험회사 및 보험관련단체 등에게 제공할 수 있다. 그러나 이 경우에도 「신용정보의 이용 및 보호에 관한 법률」제23조(개인신용정보의 제공 활용에 대한 동의)와 「신용정보의 이용 및 보호에 관한 법률 시행령」제12조의 규정에 따르도록 하고 있다.

질병상해보험 표준약관 제36조 (계약내용의 교환)

회사는 계약의 체결 및 관리 등을 위한 판단자료로써 활용하기 위하여 다음 각 호의 사항을 계약자 및 피보험자의 동의를 받아 다른 회사(보험관련 업무를 위탁받은 자를 포함합니다) **및 보험관련단체 등에게 제공할 수 있으며 이 경우 회사는 신용정보의 이용 및 보호에 관한 법률 제16조**(수집조사 및 처리의 제한) **제2항, 제32조**(개인신용정보의 제공활용에 대한 동의) **및 동법 시행령 제28조**(개인신용정보의 제공·활용에 대한 동의) **의 규정을 따릅니다.**

1. **계약자, 피보험자의 성명, 주민등록번호 및 주소**
2. **계약일, 보험종목, 보험료, 보험가입금액 등 계약내용**
3. **보험금과 각종 급부금액 및 지급사유 등 지급내용**
4. **피보험자의 상해 및 질병에 관한 정보**

보험계약 관련 정보 및 피보험자의 상해 및 질병에 관한 정보를 제공하도록 한 것은 다른 금융산업과는 달리, 보험산업은 이윤추구라는 기업 본연의 목적이외에도 보험산업을 통해 달성하고자 하는 사회보장을 포함한 공익적인 목적과 함께 다수의 보험계약자의 동질화된 위험에 따라 적정보험료를 책정토록 하고 이에 따른 적정수준의 위험을 유지하게 할 뿐만 아니라, 보험계약의 사행성에 따라 편입하려는 보험계약자의 역선택을 차단하거나 최소화하려는 데에 그 목적이 있다.

따라서 개인정보와 보험계약관련 정보, 그리고 개인의 상해 및 질병에 관한 정보를 교환함으로써 다수 동질의 위험이 유지될 수 있도록 하고, 보험금을 지급하는 과정에서는 실제 발생한 손해에 대하여 보상하는 실손의료비 상품의 경우 손해액에 따라 보험사간 비례보상을 통해 보험계약자의 부당한 이득금지원칙을 실현하는 데에 그 목적이 있다.

04 손해사정의 동의

보험계약은 신의성실의 원칙에 의해 보험계약자가 가진 본인의 정보에 대하여 보험사에 충실히 알리도록 하여 대부분의 경우에는 정보의 균형상태가 유지될 것으로 기대되지만, 보험계약의 사행성에 의해 일부 의도적으로 보험금을 편취하려는 의도로 "정보의 불균형"상태를 초래하려는 시도가 끊임없이 제기된다.

제3보험에서는 상해와 질병을 주로 보장하고 있어서, 상해사고의 경우에는 명확한 상해사고인지, 언제 발생한 사고인지, 면책요건에 해당하는 사고는 아닌지의 여부가 쟁점이 될 수 있고, 질병보험은 보험가입 전에 보험에서 보장하는 질병이 발생하였는지의 여부가 주요 쟁점이 된다.

따라서 보험계약 체결 시부터 유발되었던 '정보의 불균형'상태를 해소하여 적정 보험금이 지급되도록 하기 위해서는 보험사가 보험계약의 체결이 신의성실의 원칙에 의하여 정상적으로 체결되었는지의 여부와 보험계약에서 보장하는 보험사고가 발생하였는지의 여부를 확인하기 위해 사실관계의 확인이 필요하다.

질병상해보험 표준약관 제33조 (보험금의 지급)

⑤ 계약자, 피보험자 또는 보험수익자는 제25조(알릴의무 위반의 효과) 및 제2항의 보험금 지급사유조사와 관련하여 의료기관 또는 국민건강보험공단, 경찰서 등 관공서에 대한 회사의 서면에 의한 조사요청에 동의하여야 합니다. 다만, 정당한 사유 없이 이에 동의하지 않을 경우 사실확인이 끝날 때까지 회사는 보험금지급 지연에 따른 이자를 지급하지 아니합니다.

이에 따라, 계약자, 피보험자 또는 수익자는 보험회사의 조사에 동의하여야 한다. 제3보험에서는 의료기관에 대한 진료기록의 확인이나 진료의사의 진단 및 소견이 중요하므로 이의 확인을 위해서는 의료법 시행규칙 제13조의2의 제1항과 제2항에 따라 관련 서류를 제출해야 한다.

그러나 고지의무 위반 여부 및 보험금 지급사유에 적합한지의 여부를 조사하기 위해 보험회사는 피보험자에게 서면에 의한 조사요청을 해야 하고, 피보험자는 이에 동의해야 한다. 그러나 피보험자가 정당한 사유 없이 이에 응하지 아니할 경우에는 사실확인이 끝날 때까지 보험금 지급 지연에 따른 이자를 지급하지 않는다.

1-3 의료법상 의료기록의 열람

01 '기록 열람 등'의 의의

환자의 진료기록 등에 대한 열람의 내용을 담은 의료법 제21조의 조항은 의료법 제17조의 '진단서등 교부의무'와 의료법 제19조의 '비밀누설금지의무'[8)]와 연관된다.

의료법에서는 환자의 사생활 보호 등을 보호하기 위하여 의료인이나 의료기관 종사자는 환자에 관한 기록열람이나 사본 교부를 원칙적으로 금지하고 있다. 다만 의료법 또는 다른 법령에 따로 규정한 경우에는 예외적으로 허용하고 있을 뿐이다.[9)]

의료법 제21조의 제2항과 제3항은 환자의 진료에 필요한 경우 다른 의료기관에 의료기록을 넘겨주어 환자의 치료에 만전을 기하기 위함이다.

02 진료기록 관련 의료법 위반시의 처벌

가. 기록열람 등의 위반

의료법 제21조 제1항을 위반하여 의료기록을 환자 등의 동의 없이 열람하게 하거나 환자 등의 요구에 불응하여 의료기록 등을 열람할 수 없게 한 경우에는 3년 이하의 징역 또는 1천만원 이하의 벌금형에 처해진다(의료법 제88조).

또한 의료법 제21조 제1항에 해당하는 환자의 의료기록을 환자 등의 동의 없이 열람하게 하여 선고유예의 판결을 받거나 벌금형의 선고를 받은 때에는 자격정지 2개월의 행정처분을 받게 된다. 그리고 의료법 제21조 제2항을 위반하여 환자에 관한 기록 열람, 사본발급 등 그 내용확인의 요구에 응하지 아니한 경우에는 자격정지 15일의 행정처분을 받게 된다.

---

8) 의료법 제19조 (비밀누설금지) 의료인은 이 법이나 다른 법령에 특별히 규정된 경우 외에는 의료 조산 또는 간호를 하면서 알게 된 다른 사람의 비밀을 누설하거나 발표하지 못한다.
9) 대한의사협회, 전게서, p.105.

나. 진단서등의 교부의무 위반

의사, 치과의사 또는 한의사는 자신이 진찰하거나 검안한 자에 대한 진단서, 검안서 또는 증명서 교부를 요구받은 때에는 정당한 사유없이 거부하지 못한다(의료법 제17조 제3항). 이를 위반한 경우에는 300만원 이하의 벌금형에 처해지게 되고(의료법 제90조), 자격정지 1개월의 행정처분을 받게 된다.

다. 비밀누설금지 위반

의료법 제19조의 비밀누설금지를 위반한 경우에는 3년 이하의 징역 또는 1천만원 이하의 벌금형에 처해지게 되고(의료법 제88조), 이로 인해 선고유예의 판결을 받거나 벌금형의 선고를 받은 경우에는 자격정지 2개월의 행정처분을 받게 된다.

03 환자등의 의무기록 열람 요구

가. 의무기록 열람 요구에 응할 의무의 취지

의료법에서는 환자의 사생활보호를 위해 원칙적으로 의료법이나 다른 법령에 따로 규정한 경우를 제외하고는 의료기록의 열람이나 사본의 교부를 제한하고 있다. 다만, 환자나 환자의 배우자, 환자의 직계존비속 또는 배우자의 직계존속, 그리고 환자가 지정하는 대리인이 환자에 관한 의료기록을 열람하거나 사본을 교부받거나 그 내용을 확인 할 수 있다.

의료법 제21조 제2항은 환자 본인이나 보호자의 진료기록 열람 및 사본 요구시에 환자에게 알리는 것이 환자에게 해로운 경우 등 치료목적상 불가피한 경우를 제외하고는 이에 응하도록 함으로써 환자의 알 권리를 보호하고 나아가 환자와 생활공동체 또는 이에 준하는 밀접한 관계에 있는 가족의 알 권리를 보호하고자 하는 데에 그 취지가 있다(서울행정법원 2005.11.2. 선고 2005구합19771 판결).

나. 의무기록의 열람 및 발급 요청권자

환자에 대한 의료기록을 열람할 수 있는 자는 환자와 환자의 배우자, 환자의 직계존비속, 배우자의 직계존속, 그리고 환자가 지정하는 대리인으로서 환자 본인의 동의서와 친족관계임을 나타내는 증명서 등을 첨부하는 등 보건복지부령으로 정하는 요건(의료법 시행규칙 제13조의2 제1항)을 갖추어 요청하는 경우 의료기관은 이에 응해야 한다.

하지만 환자가 사망하거나 의식이 없는 등 환자의 동의를 받을 수 없어 환자의 배우자, 직계 존속비속 또는 배우자의 직계존속이 친족관계임을 나타내는 증명서 등을 첨부하는 등의 요건(의료법 시행규칙 제13조의2 제2항)을 갖추어 요청한 경우에도 이에 응해야 한다.

다. 진단서와 소견서의 차이

진단서는 의사가 진찰하거나 검사한 결과를 종합하여 생명이나 건강의 상태를 증명하기 위하여 작성한 의학적인 판단서이며, 소견서는 환자를 다른 의료인이 진료에 참고할 수 있도록 진료의사의 진료소견을 기술한 것이므로 진단서와 소견서는 본질적인 면에서 차이가 있다는 의견[10]과 소견서는 그 문서의 명칭이 소견서로 되어 있더라도 그 내용이 의사가 진찰한 결과 알게 된 병명이나 상처의 부위, 정도 또는 치료기간 등의 건강상태를 증명하기 위하여 작성된 것이라면 진단서에 해당하는 것으로 보아 본질적으로 같은 범주에 속하는 것이라는 판결(대법원 1990.3.27. 선고 89도2083 판결)도 있다.

1-4 손해사정의 증거 확보

01 서면확인서의 작성

서면확인서는 보험금을 청구하는 과정에서 '보험금청구서'로 대표된다. 그러나 보험금 청구서로는 보험사고의 발생여부나 범위, 그 정도 등을 확인할 수 없어서 보험계약자나 피보험자 또는 목격자 등으로부터 서면확인서를 받을 때가 있다.

구두상의 발언은 언제나 필요에 따라 바꿀 수 있고, 본인의 의도는 그것이 아니었다고 함으로써 번복이 가능하고, 차후 증거자료로 제출할 수 없기 때문에 자필로서 작성되고 서명된 서면확인서가 중요하다.

10) 대한의사협회, 전게서, p.110.

가. 보험계약의 체결과정

손해사정과정에서는 보험약관 등에서 당연히 면책되거나 보험사의 책임이 제한되는 사유에 해당함에도 불구하고, 보험계약의 판매과정에서 보험설계사 등이 보험계약의 내용에 대하여 충분히 설명하지 아니하였거나 보험약관을 전달하지 아니한 경우, 또는 자필서명을 받지 아니한 경우 등에는 보험사의 책임범위가 달라지게 된다.

그러므로 보험사고 확인을 위해 조사 하더라도 반드시 ① 피보험자에 의한 자필서명, ② 보험약관의 전달여부 및 시기, ③ 보험계약 내용에 대한 충분한 설명, ④ 청약서 부본 전달 등이 ⓐ 언제, ⓑ어디서, ⓒ 어떻게, ⓓ 누가 누구에게, ⓔ 목격자 등은 있었는지와 함께 상세히 진술되어야 한다.

또한 보험료의 납입과 관련하여서도 언제, 어디서, 어떤 방법으로, 얼마를(화폐단위의 개수), 지급하였는지에 대하여 상세하게 기술하도록 해야 한다.아무리 조사를 잘하였어도 피보험자의 자필서명이나 약관전달 및 약관의 명시설명의무와 같은 기본적인 사항에서 뒤집히는 경우가 종종 있기 때문이다.

나. 사고내용의 구체적 경위

제3보험의 상해보험에서는 사고내용이 중요하다. 피보험자가 갑자기 정신을 잃고 쓰러지는 과정에서 안면부찰과상과 함께 골절상을 입었다면 심신상실중의 사고로 보아 보상하지 아니한다. 이처럼 상해보험 등에서는 사고의 구체적인 내용이 어떤 것인지가 중요한 사항이 된다.

따라서 사고내용에 대하여도 언제, 어디서, 어떻게 사고가 발생하였는지에 대하여 상세하게 기술하도록 해야 한다.

다. 서면확인서의 질문 유형

서면확인서에서는 질문의 유형을 각각의 경우에 따라 적절하게 운용하여야 한다. 물론 서면확인서를 작성하는 상대방이 스스로 모든 것을 상세하고 정확하게 작성하여 줄 것으로 기대되지만, 보험금을 지급받고자 하는 상대방으로서는 필요에 따라 다소간의 조작이 가능하다. 따라서 기본적으로는 개방형질문(Open-Ended Question)을 사용하지만, 진술내용에 대한 재확인이나 번복가능성을 배제하기 위한 확인의 경우에는 직접질문(Direct Question)을 사용한다.

① 개방형 질문(Open-Ended Question) : 상대방에게 묻고자 하는 내용의 전반적인 내용을 스스로 작성하도록 하는 질문방법이다.

질문

귀하께서 보험료를 납입한 과정을 상세하게 기술하여 주십시오.

답 ○ 월 ○ 일 ○○시경 ***에서 보험설계사 ○○○에게 보험료 5만원을 직접 건네주었습니다.

② 직접질문(Direct Question) : 상대방에게 쟁점이 되는 부분에 대한 재확인이나 진술의 번복의 방지를 위해서 하는 질문유형이다.

질문

사고가 있었던 것은 ○ 월 ○ 일 입니까?

답 예

02 녹취와 손해사정

가. 증거력 있는 녹음테이프와 녹취록

보험사고가 발생하여 보험금을 지급하는 사고인지 여부를 확인하기 위해 사고발생경위나 주변정황, 사고가 발생한 원인, 사고 발생이후 행해진 조치 들에 대하여 확인할 필요가 있다.

그러나 피보험자나 목격자 등이 사고로 입은 신체손상 등으로 정상적인 상태에서 진술서나 확인서의 작성이 어려운 경우 또는 문맹이나 낮은 학력이나 필체의 조악함 등을 이유로 확인서 작성을 거부하는 경우에는 '녹음'이 효과적이다.

피보험자나 목격자 등과 대화를 하고 녹음을 한 후 이에 대한 녹취록을 작성할 때에도, '녹음 테이프'나 '녹취록'이 증거력이 있는 자료로서 효력을 발휘하기 위해서는 몇 가지 요건을 필요로 한다.

첫째, 녹음하는 상대방의 사전동의를 얻어야 하고, 상대방이 동의한다는 내용이 반드시 녹음되어 있어야 한다. 둘째, 녹음하는 날짜와 시간(시작과 종료), 장소, 대화참여자의 이름, 연령 등에 대해 녹음되어 있어야 한다. 셋째, 녹음을 하는 목적이나 이유에 대해 분명히 명시하여야 한다. 넷째, 녹음테이프의 원본을 반드시 보관하여야 한다.

주의할 점은 통신비밀보호법상 당사자가 아닌 타인의 대화내용을 녹음하거나 청취할 수 없으며, 만약 이를 위반한 경우 증거능력을 인정받지 못할 뿐만 아니라 관련법규(통신비밀보호법 제16조)에 의해 처벌받을 수 있다는 점이다.

자유심증주의[11]를 채택하고 있는 우리 민사소송법하에서 상대방 몰래 상대방과의 대화내용을 녹음한 것에 대한 증거능력을 인정하고 있으며(대법원 1999.5.25. 선고 99다1789 판결), 다만 녹음테이프나 디지털 녹음기는 녹음자의 의도나 특정 기술에 의하여 그 내용이 편집되거나 조작될 위험이 있으므로, 원본에 대하여만 인정하고 있으며 그 복사본에 대하여는 복사과정에서 편집이나 인위적인 개작없이 원본의 내용 그대로 복사된 사본임을 입증하여야만 증거능력이 인정된다(대법원 2007.3.15. 선고 2006도8869 판결).

나. 녹음하는 방법

1) 녹음하기전 상대방의 동의

녹음하는 방법은 진술서나 확인서보다 녹음하는 상대방에게 더 위협적일 수 있다. 진술서나 확인서의 경우 본인이 충분히 생각한 이후에 본인에게 불리한 진술에 대해서는 기재하지 않을 수 있지만 대화내용의 녹음은 대화내용중에 수시로 튀어 나올 수 있는 불리한 내용에 대하여 차단할 수 있는 방법이 없고, 아직까지 우리나라에서는 녹음이 비밀리에 사용되어 온 문화적인 장벽으로 인하여 대부분의 경우에 녹음 상대방으로부터 터부시되고 있다.

따라서 손해사정과정에서 녹음을 할 때에는 상대방이 거부감이나 위협감을 느끼지 않도록 과도하게 주의를 집중시키거나 강조하지 말고 자연스러운 방법으로 녹음과정을 설명해야 한다.

11) 자유심증주의란 증거의 증명력을 법관의 자유재량에 의한 판단에 맡기는 것을 말한다.

녹음전 상대방의 동의

"저희는 사고사실에 대해 신속하게 정보를 얻을 수 있기 때문에 이러한 면담을 보통 녹음합니다. 선생님께서도 녹음을 원하시면 하실 수 있습니다."

"저희는 선생님께서 매우 바쁘신 와중에 협조해주시는 것을 감사하게 생각합니다. 바쁘신 선생님의 시간을 절약하기 위해 녹음하는 방법을 쓰도록 하겠습니다. 이렇게 하면 확인서를 장시간 쓰는 시간을 절약할 수 있고, 별도로 서명하거나 도장을 날인할 필요가 없어서 편리합니다."

"선생님께서 확인서를 쓰시면 1~2시간 정도 걸릴 것을 녹음할 경우 10분 정도의 시간만 있으면 됩니다. 저는 녹음하는게 좋을 것 같습니다만 싫으시면 안하셔도 됩니다. 그리고 녹음된 내용이 필요하시면 복사비용을 부담하시고 복사본을 받으실 수 있습니다"

위와 같이 녹음이 합법적인 일상업무로서 상대방이 거부감을 느끼지 않도록 하고, 녹음을 함으로써 상대방의 주변상황[12)]에 비추어 부득이함이나 편리함과 함께 시간 절약을 통해 신속한 업무처리를 할 수 있음을 자연스럽게 알려주는 것이 중요하다.

2) 녹음전 사고상황에 대한 정리

녹음에 들어가기에 앞서 손해사정 담당자는 녹음하고자 하는 사고의 상황에 대하여 전반적으로 충분히 이해하고 있어야 하므로, 상대방으로부터 정확한 사고의 일시, 장소, 내용, 목격자 등에 대해 설명을 들어야 한다. 이를 통해 불필요하게 반복되는 진술이나 관련없는 사항에 대해 사전에 차단할 수 있다.[13)]

교통사고의 경우, 운전하여 가고자하던 목적지, 도로명, 도로의 폭, 거리, 교차로, 교통량, 선후행차량의 차종이나 색깔, 신호등이나 교통통제하는 경찰관의 여부, 교통의 장해가 되는 요소들, 날씨나 도로의 상태 등을 상세하게 언급하도록 하여야 한다.

제3보험의 경우, 확인서의 작성이 필요한 것은 질병을 제외한 상해사고가 대부

---

12) 화재사고나 교통사고가 발생한 현장에서 확인서 작성이 곤란한 경우, 상대방이 손을 다쳐 글씨를 쓸 수 없는 경우, 대화하는 것 이외의 다른 방법으로 확인이 곤란한 경우 등이 그 예이다.

13) James J. Markham, Kevin M. Quinley, and Layne S. Thompson, *The Claims Environment*, 1st edition, 1993, Insurance Institute of America. pp.161-162.

분이므로, 사고가 발생한 시간과 장소, 본인이 하려던 행위의 목적, 사고장소의 특이성, 상해를 입은 구체적인 부위, 상해정도 또는 출혈여부, 목격자 여부 등이 중요한 자료가 된다.

3) 녹음되는 내용[14)]

녹음되는 내용에는 어떠한 사건으로 누가, 언제, 어디서, 무엇을, 왜 묻고 답하는지에 대한 내용이 담아져야 한다. 그리고 통상적인 녹음과정은 일정한 형식에 의해 정리됨으로써 반드시 확인하여야 할 사항에 대한 누락없이 진행할 수 있다. 이러한 형식을 간략한 메모와 함께 녹음을 진행하는 것도 좋은 방법인데 이것은 간단한 메모에 상대방의 주의력을 돌림으로써 자연스러운 녹음으로 유도할 수 있다.

녹음이 시작된 때부터 끝날때까지 합당한 이유없이는 중단되어서는 안되며, 만약 중단된 경우에는 녹음내용에 녹음이 중단된 이유도 녹음되어야 한다.

대화 녹음이 끝난 때에는 대화상대방이 추가적으로 언급할 사항이 있는지 여부나 지금까지의 대화내용이 모두 사실인지에 대해 언급할 기회를 주어야 한다. 또한 질문자의 질문에 대해 충분히 이해하고 대답한 것인지 그리고 대화상대방이 알고 있는 사실에 대하여 성심성의껏 답했는지 여부도 질문을 통해 확인하도록 하여야 한다.

끝으로, 다시 한번 대화상대방이 지금까지의 모든 대화내용이 녹음되고 있었다는 사실에 대하여 알고 있었음을 확인하는 절차가 반드시 있어야 한다.

4) 녹음의 중단

손해사정과정에서 대화의 상대방과 면담할 장소를 찾는 것은 쉬운 일이 아니다. 일반적으로 대화의 상대방과 정보의 획득이나 협상 등을 이유로 면담을 할때에는 상대방과 대화에 집중할 수 있는 조용한 공간일 것이 예상되지만, 부득이하게 대화가 중단될 수 있다.

대화가 중단되었다가 다시 대화가 개시될 때에는 녹음테이프의 일부가 손상되었거나 녹음자의 의도에 의한 녹음중단으로 오인되어 증거력을 훼손당할 수 있으므로 매우 중요시하게 간주되어야 한다.

① 짧은 시간 동안의 중단

대화의 중단이 갑작스럽게 이루어 졌거나, 손님의 방문 등 비교적 단시간 동

14) Markham et al., 1993, pp.166-167.

안 이루어질 경우에는 녹음기를 그대로 작동시키고 중단된 이유와 대화를 다시 재개하는 것에 대한 설명이 필요하다.

"홍길동(대화상대방)님이 잠시 화장실에 가려고 합니다. 녹음기는 그대로 작동시킵니다" 대화상대방이 돌아오면, "홍길동님이 화장실에 다녀왔으므로 대화를 계속하겠습니다"

② 긴 시간 동안의 중단

대화를 하는 동안 손님이 찾아오거나 상당시간 대화의 중단이 길어질 것이 예상되는 경우에는 대화를 중단하려는 이유와 시간을 기록하고 녹음기를 잠시 꺼 두었다가 다시 켜면서 대화가 중단되었던 이유와 시간을 기록하고 녹음기가 꺼져 있는 동안 별도의 다른 대화가 있었는지에 대한 여부를 반드시 확인시키고 녹음해두어야 한다.

"대화를 하는 동안 홍길동님의 손님이 찾아와 대화가 길어질 것 같습니다. 녹음을 잠시 중단합니다. 지금시간은 ○월 ○일 오전 ○○시 ○○분입니다."라고 언급하고 녹음기를 끈다. 이후 대화 상대방이 돌아오면 녹음기를 다시 작동시키고 "홍김동님이 잠시 손님과 대화중 돌아오셨습니다. 대화를 계속 하겠습니다. 홍길동님 녹음기가 꺼진 동안 이번 사안에 대해 다른 대화가 있었습니까? (아니오) 그러면 대화를 계속하겠습니다. 지금시간은 ○월 ○일 오전 ○○시 ○○분입니다".

③ 테이프의 교환

대화내용을 녹음하다 보면 테이프의 앞뒤면을 교환하거나 새로운 테이프로 교환해야할 때가 있다. 이 경우에는 대화상대방에게 테이프를 교환하는 이유를 설명해주고 그 시간을 설명하고 테이프를 교환한 다음에는 대화에 참여한 사람(본인과 상대방)과 시간을 명시한 후, 테이프가 꺼져 있는 동안 별도의 다른 대화가 있었는지 여부를 반드시 확인시키고 녹음해두어야 한다.

"홍길동님 테이프가 다 되어 새로운 테이프로 교환하고자 합니다. 지금 시간은 ○월 ○일 오전 ○○시 ○○분입니다".라고 말한 뒤 테이프를 교환하고 "나는 (○○○)이고 대화상대방은 홍길동님입니다. 우리는 이번 사건에 대하여 대화를 나누고 있습니다. 녹음기가 꺼져 있는 동안 이번 사안에 대해 다른 대화가 있었습니까? (아니오) 그러면 대화를 계속하겠습니다. ○월 ○일 오전 ○○시 ○○분입니다"

5) 녹음할 때 주의할 점

① 대화상대방과 언쟁을 하거나 적대적 분위기를 만들 수 있는 질문을 삼가야 한다. 불필요한 언쟁을 하게 될 경우 필요한 정보를 획득하는 것은 불가능하고 오히려 클레임을 처리하는데 악영향을 미칠 뿐이다.

② 맞장구를 치되, 상대방의 대화를 진행하는데 도움을 주는 정도로 그칠 뿐 과도한 감정표현은 삼가야 한다.

③ 법률적인 용어의 사용이나 보험사의 전문적인 용어의 사용은 삼가고 상대방이 쉽게 이해할 수 있는 용어를 사용해야 한다.

④ 대화상대방이 충분히 얘기할 수 있도록 해야 하고, 대답이 '예' '아니오'로 끝날 수 있는 질문은 피해야 한다.

⑤ 대화상대방에게 대화의 전반적인 내용에 대해 사전에 충분히 설명하여 대화상대방이 당황하지 않도록 해야 한다.

⑥ 대화내용 중에 보상이 되는지의 여부에 대한 논의는 피해야 한다. 보상여부에 따라 대화상대방의 진술 내용이 바뀔수 있기 때문이다. 보험과 관련된 부분을 배제시키고 최대한 사실관계만을 진술할 수 있도록 하여야 한다.

⑦ 대화내용 중 질문에 대한 답을 손을 흔들거나 고개를 끄덕이는 몸동작 대신 육성으로 대답하도록 유도하여야 한다.

⑧ 대화의 시작과 끝에는 반드시 대화상대방이 녹음되는 사실에 대하여 알고 있음과 이에 동의한다는 내용을 반드시 포함시켜야 한다.

03 몰래카메라의 촬영

후유장해보험금은 고액의 보험금을 받을 수 있기 때문에 또는 사고를 당한 피보험자가 그동안 납입한 보험료에 대한 보상심리의 일환으로 보다 많은 보험금을 받기 위해 신체부위의 운동각도를 고의적으로 줄이거나 통증을 호소함으로써 높은 등급의 후유장해등급을 받고자 한다. 우리나라의 후유장해 진단체계상 후유장해 진단을 위한 별도의 교육시스템이나 자격요건도 없으므로 의사 역시도 피해자의 주장에 따라 어쩔 수 없이 높은 등급의 후유장해등급을 매기기도 한다.

이에 대해, 미국에서는 이른바 Photo Detective를 고용하여 실제의 장해보다 높은 등급으로 과도한 보험금을 수령하였다고 의심되는 경우 이를 확인하도록 하고 이에 대해 합법성을 인정하고 있다. 자동차사고로 상해를 입고 청구한 손해배상청구에서 장해를 입었다던 신체부위가 자유롭게 움직이는 사진을 촬영한 탐정(private detective)을 인정하고, 공용도로에서 미행하여 동작을 촬영한 것은 사생활의 권리 침해를 인정할 수 없다고 하여 보험사의 사진촬영행위의 정당성을 인정하고 있다.[15]

그러나 우리나라에서는 보험회사 직원들의 사진촬영 행위는 민사재판의 증거수집 및 그 제출을 위하여 필요하고도 부득이한 것으로서 교통사고 피해자들의 초상권 및 사생활의 비밀이 침해되는 결과가 초래되었다고 하더라도 그 행위목적의 정당성, 수단이나 방법의 보충성과 상당성을 참작할 때 공정한 민사재판권의 실현이라는 우월한 이익을 위해서라도 그 위법성이 조각된다고 판시하였으나(서울중앙지법 2004.2.6. 선고 2003나13979 판결), 이후 이에 반발한 교통사고 피해자가 상고하여, 이러한 초상권과 사생활의 비밀과 자유에 대한 침해가 공개된 장소에서 이루어졌다거나 민사소송의 증거자료를 수집할 목적으로 이루어 졌다고 하여 정당화 되지는 않는다고 판시하고 있다(대법원 2006.10.13. 선고 2004다16290 판결).

다시 말해, 피보험자가 후유장해에 대해 허위청구하여 실제의 상태보다 과도한 보험금을 수령하였다고 하더라도 이에 대한 증거 확보를 위해 공공의 장소에서 상대방의 사진을 촬영하는 것은 초상권과 사생활의 비밀과 자유를 침해한 것으로 되어 불법행위가 된다는 것이다. 보험금을 청구하는 단계에서 의사와 보험사를 속여 일단 보험금을 수령하기만 하면, 백주대낮에 후유장해로 인해 걸을 수조차 없다던 피보험자가 멀쩡하게 돌아다니다가 보험회사 직원과 마주치더라도 마땅한 증거를 확보할 수 없게 되는 것이다. 그 결과 보험회사의 보험금은 의사와 보험사를 속이기만 하면 받을 수 있는 것으로 인정되어, 이러한 사실이 사회적 용인으로 확산되면 보험은 더 이상 존립할 수 없게 된다.

---

15) 양승규, "교통사고 환자에 대한 몰래 촬영과 초상권", 「손해보험」, 2006년 11월, 대한손해보험협회, p.37.

따라서 피보험자의 과장된 보험금 청구를 받은 보험회사가 그 청구의 타당성을 검토하기 위하여 증거를 수집하는 것은 당연한 권리이고 과장된 청구의 부당성을 밝히기 위하여 공개된 장소에서 몰래 사진을 찍어 법원에 증거로서 제출한 행위가 초상권이나 사생활의 비밀을 침해하는 행위로 보는 것은 진실의 발견이라는 소송법의 원리에도 어긋난다는 의견[16]에 무게를 두고 싶다.

▶ 교통사고의 피해자를 사진촬영한 것의 위법성 조각 여부

교통사고의 내용, 소송진행의 경과, 초상권 및 사생활 침해의 정도 등 제반 사정에 비추어, 보험회사 직원들의 미행, 사진촬영 행위는 민사재판의 증거수집 및 그 제출을 위하여 필요하고도 부득이한 것으로서 이로 인하여 교통사고 피해자들의 초상권 및 사생활의 비밀이 침해되는 결과가 초래되었다고 하더라도 이러한 결과는 그 행위 목적의 정당성, 수단방법의 보충성과 상당성을 참작할 때 공정한 민사재판권의 실현이라는 우월한 이익을 위하여 수인하여야 하는 범위내에 속하므로 그 위법성이 조각된다(서울중앙지법 2004.2.6. 선고 2003나13979 판결).

▶ 보험회사가 교통사고 피해자의 일상생활 촬영행위가 불법행위인지 여부

사람은 누구나 자신의 얼굴 기타 사회통념상 특정인임을 식별할 수 있는 신체적 특징에 관하여 함부로 촬영 또는 그림묘사되거나 공표되지 아니하며 영리적으로 이용당하지 않을 권리를 가지는데, 이러한 초상권은 우리 헌법 제10조 제1문에 의하여 헌법적으로 보장되는 권리이다. 초상권이나 사생활의 비밀과 자유에 대한 부당한 침해는 불법행위를 구성하는데, 위 침해는 그것이 공개된 장소에서 이루어졌다거나 민사소송의 증거를 수집할 목적으로 이루어졌다는 사유만으로 정당화되지 아니한다.

보험회사 직원이 보험회사를 상대로 손해배상청구소송을 제기한 교통사고 피해자들의 장해 정도에 관한 증거자료를 수집할 목적으로 피해자들의 일상생활을 촬영한 행위가 초상권 및 사생활의 비밀과 자유를 침해하는 불법행위에 해당한다(대법원 2006.10.13. 선고 2004다16280 판결).

16) 양승규, 전게논문, p.38.

Chapter 2

손해사정담당자의 자세와 커뮤니케이션

2-1 손해사정 담당자의 자세

손해사정 담당자들은 일선 보상현장에서 보험계약자 등과 부딪히며 보험금 지급을 담당하는 매우 중요한 위치에 있다. 손해사정 담당자가 적기적시에 업무처리를 함으로써 불필요한 보험금의 누수를 방지할 수 있고, 보험회사에 대하여 부정적인 선입견을 가지고 있던 보험계약자 등에게 좋은 인식을 심어줄 수 있으므로 동일한 보험금을 지급하더라도 보험계약자 등이 느끼는 보험에 대한 만족도는 다르게 나타날 수 있다.

손해사정 담당자들은 태생적으로 끊임없이 밀려드는 미결과 보험약관조항에서부터 보험금이나 담당자의 태도에 이르기까지 모든 것을 트집 잡으려는 보험계약자들을 상대해야 하는 스트레스에 직면하게 된다.

따라서 손해사정 담당자들이 올바른 업무처리 습관과, 시간관리, 스트레스관리, 정보의 획득과 멘토의 도움을 받는 것은 매우 중요하다.

01 올바른 업무처리 습관

손해사정 담당자들이 처음 업무를 시작할 때부터 제대로 된 업무처리 습관을 가지게 된다면 보다 높은 생산성과 스트레스의 완화, 고객만족의 극대화를 이룰 수 있다.

손해사정 담당자의 시간약속의 준수, 메모와 서류정리 습관, 자기계발, 집중력과 인내력, 대인관계의 기술은 매우 중요하고 유용한 습관이다.

가. 시간약속의 준수

손해사정 담당자들에게 있어서 시간약속은 가장 중요한 업무처리 습관이다. 예를 들어 특정시간에 전화를 하기로 약속을 하거나 특정일에 보험금이 지급될 것이라고 안내한 경우에 보험계약자 등에게는 이 약속이 반드시 지켜질 것으로 기대된다. 그러나 담당자의 실수로 인하여 이러한 약속이 지켜지지 않을 경우에는 보험회사에 대한 불신으로 이어져 정작 실질적인 협상이나 설득이 불가능한 경우가 발생하게 된다.

손해사정 업무자체는 조사의 완료, 보고시간, 보험금 지급일의 준수 등 시간적인 데드라인(deadlines)들로 꽉 차 있다. 손해사정 담당자들은 시간준수에 대하여 정말 진지하게 생각해야 한다. 전화나 만남의 약속시간 준수나 보험금지급시간에 대한 약속을 지키는 것은 상대방에게 신뢰를 심어주고 타인과의 협상에 있어서 불필요한 빌미를 제공하지 않게 되는 중요한 기본 중의 기본이다.[1)]

나. 메모와 서류정리 습관

손해사정 업무자체가 끊임없이 밀려드는 업무량에 따라 미결이 증가하는데다가 인간의 기억력에는 한계가 있다. 또한 보험종목별로 업무처리를 하는 경우 비슷한 사고가 연속적으로 발생하고, 사안별로는 쟁점이 복잡하여 시간이 지나면 모든 사항을 일일이 기억할 수 없는 상황이 발생한다. 또한 클레임을 처리하던 중 문제가 발생하여 상급자에게 보고할 경우 그동안 담당자가 계약자 등과 협상을 통해 일정 성과를 이루었다 하더라도 이에 대한 기록이 없으면 무용지물이다. 거기에 보험금의 지급은 상당한 금액이 지급되는 만큼 일정 주기별로 '감사(audit)'를 받게 되는데 담당자가 적기에 업무처리를 제대로 했는지의 여부를 구두상으로 확인하는 것은 불가능하다.

따라서 손해사정 담당자는 해당 클레임과 관련된 모든 정보를 기록으로 남겨야 한다. 언제, 누구와 어떤 통화를 하고, 어디에서 몇시에 만나기로 했는지, 어떤 내용을 협의하여 결론은 어떻게 내렸는지에 대하여 모두 메모를 해두어야 한다. 많은 업무량에 쫓겨 방금전 통화를 하면서 약속을 해놓고서도 약속내용을 잊을 수도 있다.

각각의 클레임 파일의 맨 앞에는 '사고처리과정표'를 부착하여 시시각각 이루어

1) Markham et al., 1993, p.312.

지는 모든 사안에 대하여 메모를 하여 두는 것이 시간관리를 하는데에 있어 매우 중요하다. 이러한 메모와 함께 보험계약자 등으로부터 받은 서류와 이들에게 발송한 우편물사본, 쟁점이 되는 사안에서의 참고자료 등을 일목요연하게(또는 시간순서에 따라) 정리하는 것 또한 중요하다.

다. 자기계발

손해사정은 특히, 제3보험에서의 손해사정 과정은 다양한 법규와 보험이론, 의료지식에 직면하게 된다. 이러한 법규나 보험이론과 의료지식이 클레임을 해결하는 데에 있어서 구체적으로 표면적으로 드러나지는 않지만, 각각의 클레임을 해결하기 위해서 중요한 판단기준이 된다.

보다 많은 법규와 보험이론을 이해하고 의학이론에 대해 많은 지식을 가지고 있다면, 손해사정 담당자는 회사내의 상급자나 보험계약자 등에게 보다 다양한 대안을 제시할 수 있으며, 분쟁이 발생한 핵심사항에 대하여 쟁점을 명확히 짚어내고 이에 대한 옳고 그름을 분별해낼 수 있다. 이러한 과정에서 당면한 클레임을 어떻게 처리해야 할 지 모르는 데에서 오는 심리적 스트레스와 업무처리를 잘못하는 데에서 오는 시간낭비, 그리고 고객불만을 최소화할 수 있다.

제3보험 영역에서는 보험이라는 특성을 반영하는 「상법」제4편의 보험편과 「보험업법」, 국민건강보험제도, 「민법」등 이루 헤아릴 수 없을 만큼의 법규를 이해하고 있어야 하며, 각종 의료제도의 변화에 따른 사회변화상을 이해하고 있어야 한다.

그러기 위해서는 우선적으로 손해사정에 기본적으로 필요한 법규와 보험이론, 의학관련 지식 등에 대하여 충분히 알고 있어야 한다.

보험사에서 손해사정 업무는 손해사정사가 업무를 처리하도록 하고 있으며(보험업법 제185조), 손해사정사는 종별 구분에 따라 1인당 2인 이내의 보조인을 활용할 수 있다(보험업감독업무 시행세칙 제6-10조)고 함으로써, 일정정도의 비율만큼의 손해사정사를 고용하도록 의무화하고 있다.

라. 집중력과 인내력

손해사정 업무는 단순한 보험금의 지급에서부터 수년간에 이르는 소송클레임까지 다양한 경험을 하게 된다. 클레임의 성격에 따라 단시간에 신속하게 마무리해야할 사안이 있는 반면, 일부 클레임의 경우에는 각종 법률검토에서부터 쟁점이 다양하여 담당자마저도 혼란스러운 클레임이 있다. 클레임별로 명확히 쟁점을 짚어내고, 짚어낸 쟁점이 어떻게 문제가 되고 계약자와 보험회사의 주장간 어떤 차이가 있으며, 각각의 주장에 대한 장단점이나 소송실익에 대하여 따져볼 수 있는 집요함이 필요하다.

마. 대인관계의 기술

손해사정과정은 대인관계가 거의 대부분이라 해도 과언이 아니다. 아무리 유능하고 보험이론과 관련법규를 완벽히 이해하고 있다고 하더라도 다른 사람과의 관계에서 원만하게 업무처리를 하는 능력이 없다면 손해사정 담당자로서 적합하지 않다. 물론 대부분의 보험계약자 등은 보험약관의 내용이나 보상내역에 대하여 수긍하게 되지만, 이에 수긍하지 않고 적대적인 자세로 일관하는 상대방을 다루는 능력이 매우 중요하다.

손해사정 담당자들의 좋은 습관은 고객들을 응대하는 매우 중요한 습관이며, 여기에는 사고를 당한 피보험자 등에 대한 공감, 상대방의 관점에서 쟁점을 보는 것, 응대기술, 따뜻한 마음가짐, 상대방에 대한 배려 등이 포함된다.[2)]

보험에는 가입하였지만 보험사고가 발생하여 처음으로 접하는 보험계약자와 시골의 농부나 저학력자들이 가지고 있는 보험에 대한 피해의식, 한국적인 특수한 상황에서 벌어지고 있는 보험영업환경에 대한 이해 등을 보험계약자 등의 견지에서 바라본다면 그들이 뱉어내는 일정정도의 폭언이나 언쟁은 어찌보면 당연한 것인지도 모른다. 이들을 대하고 설득하고 협상하는 것이 손해사정업무이다.

02 시간관리

손해사정 업무는 끊임없이 쌓여 있는 업무량과 언쟁을 좋아하는 계약자 등을 상대하다 보면 늘 시간에 쫓기게 된다. 손해사정 담당자에게 시간은 단순한 근무시간임을 지나 클레임의 성격을 바꿀 수 있는 중요한 요소이기도 하다. 제때에 업무처리를 할 경우 대부분의 클레임건이 무난히 처리될 수 있지만, 일정 시기를 놓치면 불필요한 불만을 야기시키거나 나아가 민원이나 소송을 유발하기도 한다.

특히, 고지의무나 통지의무에서 제척기간은 생명이나 다름없다. 정해진 제척기

2) Markham et al., 1993, p.312.

간내에 업무처리를 하지 못하면 모든 법률적인 행위나 보험금에 대한 업무처리가 무용지물이 되고 만다. 예를 들어 고지의무를 위반한 보험계약자 등에게 제척기간으로 명시된 1개월 내에 통지가 도달하지 못하면 그 효력을 잃게 되어 계약을 해지할 수 없거나 심지어 불필요한 보험금을 지급해야 하는 경우가 발생할 수 있다.

이토록 시간은 손해사정에 있어서 매우 중요하므로 철저한 시간관리를 통해 불필요한 업무량을 증대시키는 일이 없도록 해야 하고, 이를 통해 업무에 따르는 스트레스를 줄일 수 있다.

손해사정 업무에서의 시간관리는 업무중의 대부분을 차지하는 전화통화와 서류작업, 그리고 출장업무에서의 시간관리가 중요하다.

가. 전화시간의 관리

손해사정에서 전화통화는 보험금을 청구한 보험계약자나 관련 의료기관 및 관공서 등에 직접 방문하여 면담하지 않고 행할 수 있는 매우 효율적인 의사소통방법이다. 손해사정 담당자들은 업무시간의 대부분을 전화통화에 매달려야 하기도 하며, 다른 동료로부터 전해오는 전화메모 등이 일시에 몰려들 수도 있어서 이러한 전화통화에 대해 효율적으로 대응하지 않으면 실제 업무를 할 수 없는 상황이 될 수도 있다.

전화통화는 어차피 걸려올 전화에 대하여 선제적으로 먼저 전화하는 것이 유리하고, 모든 클레임에 대하여 일시에 전화를 할 수는 없으므로 중요도와 긴급도를 구분하여 중요하고 긴급한 사안부터 전화하는 시간을 안배하되, 상대방이 전화를 실제 받을 수 있는 시간에 맞추어 전화를 해야 한다. 이렇게 선제적으로 전화를 함으로써, 불필요하게 걸려오는 전화를 차단할 수 있을 뿐만 아니라, 업무의 주도권을 쥐고 클레임을 집중적으로 처리할 수 있다.

전화를 통한 업무처리는 매우 중요하므로 아래에서 추가로 별도의 지면을 할애하여 논의하기로 한다.

나. 서류업무의 관리

보험계약자 등이 청구한 서류는 보험계약과 관련된 회사 내부의 서류와 합쳐지고, 클레임을 진행하는 과정에서 첨부되는 판례나 법규, 의학관련 참고자료들로 채워진다. 또한 보험계약자 등에게 필수적으로 발송하여야 할 서류와 받은 서류 등이 추가된다. 이러한 서류의 발송과 수신 그리고 추가로 첨부되는 서류는 반드시 업무처리를 하는 순간에 바로 파일링 되어야 하며, 미뤄져서는 안된다. 그렇지 않을 경우 수없이 많은 클레임을 처리하다보면 보험계약자 등으로부터 받은 추가서류 등을 찾을 수 없어서 쟁점이 되는 사안과는 무관하게 재요청을 해야되는 경우가 발생할 수 있기 때문이다.

이렇게 파일링 된 서류는 각각이 '사고처리과정표'에 전화통화내역과 함께 충실히 메모하는 것만이 시간을 줄일 수 있는 방법이다.

다. 출장업무의 시간관리

손해사정 담당자는 사무실내에서의 전화통화나 서류업무 외에도 필요에 따라 사고현장의 확인, 보험계약자 등과의 면담, 병원진료기록의 확인이나 진료의사와의 면담 등을 위해 출장업무를 하게 된다.

가급적이면 출장을 최소화하고, 부득이한 출장이라면 담당자 본인의 업무스케줄에 맞추어 출장일시를 정함과 동시에 특정일자에 유사한 지역을 묶어 일괄적으로 업무처리를 할 수 있도록 하여야 한다.

출장업무를 줄이고 본인의 스케줄에 맞추어 출장업무를 하기 위해서는 상대방에게 먼저 전화를 하여 약속을 하되 담당자 본인의 시간에 맞추어 상대방이 선택할 수 있도록 하여야 하고, 불필요한 재방문을 방지하기 위해 업무처리를 위해 준비할 서류 등은 없는지 먼저 확인해야 한다.

우리나라 진료기관에서 진료기록의 확보나 진료의사와의 면담을 위해서 상당시간을 기다리며 허비해야 하는 경우가 많으나, 이 경우 인터넷이나 전화를 통한 사전예약이나 상대방의 스케줄을 확인하여 허비시간을 줄이고 부득이하게 기다려야 한다면, 쟁점이 되는 사안에 대해 면밀히 검토하면서 상대방에게 요구해야할 사항과 대처해야할 사항들에 대해 연구하는 시간으로 활용하면 유익할 것이다.

03 스트레스 관리

손해사정을 하면서 스트레스는 거의 매일 찾아온다. 이러한 스트레스를 어떤 사람은 바로 회복하지만 그렇지 못한 경우도 많다. 그러나 이러한 스트레스는 관리되어야 할 대상이다. 스트레스를 제때에 제대로 관리하지 못할 경우 스스로 비관하거나 심지어 직장을 그만두는 경우까지 발생한다. 스트레스가 없는 직업은 없으며, 스트레스를 받지 않는 사람은 없다. 다만, 강도의 차이와 관리의 차이만이 있을 뿐이다.

직업과 관련된 스트레스는 다음과 같은 네 가지 이유에서 기인한다.3)

① 시간(time) : 사람들은 그들이 제한된 시간에 수행해야 할 업무량에 압도되고, 자신이 업무를 컨트롤 할 수 없다고 느낄 때 가중된다.

② 사람 대하기(interpersonal interaction) : 의견충돌, 적대적 관계, 어려운 협상 등은 그 자체로써 스트레스다.

③ 상황(situation) : 주어진 상황이나 환경도 스트레스에 영향을 준다. 어려운 근무조건과 과도한 소음, 긴 시간, 근무지의 변경 등도 스트레스를 유발한다.

④ 기대(anticipation) : 예정된 퇴직, 잠재적인 문제들, 유쾌하지 않을 것같은 새로운 사람들과의 만남과 같은 실제 사건들을 포함한 기대나 예상은 스트레스를 유발한다.

그러나 스트레스가 반드시 해가 되는 것만은 아니다. 일정상황하에서는 활력을 깨우거나 동기를 유발하는 긍정적인 영향을 미치기도 한다. 긍정적인 영향에도 불구하고, 스트레스는 심리적으로는 무력하게 하거나 우울하게 만들고 업무처리를 하면서도 부실한 업무처리를 하도록 한다. 이러한 스트레스를 관리하고 그 부작용을 최소화하기 위해서는 본인이 느끼는 스트레스의 원인을 찾아내고 그에 맞는 전략을 세워야 한다.

가. 많은 업무량(미결, caseload)

손해사정 업무는 근본적으로 보험계약자 등과 같은 고객을 상대해야 하는 업무이기 때문에 업무량과는 무관하게 근본적으로 스트레스를 안고 있다. 그러나 이러한 근본적인 스트레스에 감당하기 어려울 만큼의 업무량이 배당되는 경우에 스트레스는 높아진다.

업무량이 많아지면 많아질수록 이에 따르는 스트레스는 많아지게 마련이고 업무의 효율성이나 정확한 처리는 어려워진다.

미결을 감소하는 가장 확실한 방법은 새로이 접수되어 배당되는 클레임 건수보

---

3) Doris Hoopes, *The Claim Environment*, 2nd edition, American Institute for Chartered Property Casualty Underwriters Insurance Institute of America, 2008, pp.11.7-11.10.

다 많은 양의 클레임을 처리하는 것이다. 그러나 새로이 접수되는 클레임의 양을 예상하거나 통제하는 것은 불가능하다. 갑작스럽게 발생한 태풍이나 홍수 등과 같은 천재지변이나, 동료직원의 휴가나 병가, 인사이동, 퇴직 등으로 인하여 미결이 증가하는 경우는 통제하기 어렵다.

또한 단순 클레임보다 상속인이 복잡하게 얽혀있는 사망건이나 허위청구가 의심되는 후유장해건, 고액의 소득보상금과 같은 고난이도의 클레임은 단순한 클레임의 양에 비교할 바가 아니다.

이를 해결하기 위해서는 매일같이 접수되는 클레임을 단순하게 처리할 수 있는 클레임과 다소간의 검토를 필요로 하는 클레임, 상급자의 업무처리 지침을 받아 의사결정을 해야하는 클레임, 여러 가지 쟁점이 복잡하거나 고난이도의 클레임을 분류하는 것이 첫 번째이고, 분류된 기준에 따라 매일 업무시간을 안배하는 판단력을 기르는 것이 중요하다. 이러한 순간적인 판단능력을 제고하기 위해서는 학습은 반드시 필요하다.

나. 적대적으로 다가오는 고객들

질병이나 사고를 당한 보험계약자 등은 경황이 없고, 불안하며, 걱정에 가득차 있다. 또한 질병이나 사고에 따르는 치료를 위해 고액의 치료비를 감당해야 하고, 생계나 자녀 양육 등의 문제까지 복합적으로 압박을 받게 된다.

또한 보험산업은 한국에서 그리 호의적이지 못하기 때문에 상당한 정도의 피해의식 속에서 보험회사는 보험금을 되도록이면 안주거나 덜 주려고 한다는 인식과 보험계약자 등이 그동안 납입한 보험료보다 보험금은 항상 적다고 생각하는 인식으로 보험회사는 언제부터인가 '범죄인'이 되어 있다.

그래서 보험금을 청구하는 과정에서 부딪히는 보상하는 사고의 유형과 면책요건들은 이들로 하여금 분노를 일으키게 하여 각종 제도적인 문제에서부터 보험금의 많고 적음에 대한 문제를 손해사정 담당자에게 쏟아내게 된다. 그러한 보험계약자들에게 스트레스를 받는 것은 당연하다.

이러한 상황에서 손해사정 담당자가 스트레스를 관리하는 방법은 보험계약자 등이 일거에 쏟아 내는 각종 폭언이나 논쟁이 손해사정 담당자 개인에게 퍼붇는 것이 아니고, 지금까지의 보험산업이나 보험회사에 대한 불신이라고 생각하여 보험회사와 담당자 본인을 분리시켜야 한다. 그렇지 않고 보험계약자 등의 모든 폭언을 한몸으로 받아 낸다면 이를 이겨낼 수 있는 사람은 없다. 나와 회사를 분리해서 생각해야 하고, 상대방이 처한 입장에서 긍정적으로 생각해야 한다.

다. 업무실적

손해사정 담당자들은 일정한 회사의 규칙이나 규범에 의해 일을 하고 이에 대한 대가로서 급여를 받게 된다. 이윤창출을 목적으로 한 기업으로서의 보험회사는 각각의 개인별 생산성이나 효율을 따지게 되며, 각 담당자들의 업무실적을 경쟁적으로 비교하게 된다.

또한 다수의 인원을 채용하여 각자의 경력이나 능력에 따라 배치하고 승진이나 인사고과를 통해 전체적으로는 피라미드형 조직을 만들어 가야 하므로 경쟁체제는 어찌보면 당연한 것이다.

인사관리 차원에서의 개인의 업무실적은 평가하는 제도를 이해하고 업무에 임함으로써 스트레스를 완화하고, 보다 경쟁력 있는 업무처리를 지향할 수 있다.

라. 감사(audit)

손해사정과정을 통해 보험금이 지급되므로 업무처리가 제대로 되었는지, 보험금은 적정하게 지급되었는지, 전산자료를 정상적으로 입력하였는지의 여부는 늘 감사대상이 되어 오고 있다.

시간에 쫓기며, 적대적으로 다가오는 보험계약자 등을 상대하며 어렵게 클레임을 마감하였어도 마감한 클레임에 대해 이루어지는 감사(audit)는 스트레스를 가중시킨다.

04 정보의 획득과 멘토의 도움

충분한 자기계발을 통해 업무지식을 쌓고 있더라고, 사회환경이나 의료제도 및 보험제도 등은 수시로 변화하고 있으므로 이에 대한 정보를 수시로 접하여야 하고, 본인이 진행하고 있는 클레임의 난이도가 높아 자문을 구할 수 있는 체계를 구축하여야 한다.

변호사와의 유대관계를 높임으로써 법률적인 문제에서 문제해결의 단서를 찾거나, 동료직원이나 선배 또는 상급자 등을 통하여도 정보를 얻을 수 있다. 최근에는 인터넷환경이 잘 발달되어 있어서 손해사정 담당자로서 정보를 획득하는 것이 손쉬워졌다.

손해사정 과정에서 필요한 정보를 다양한 경로를 통해서 획득할 수 있어야 하고 오랜 손해사정 경력을 갖춘 훌륭한 멘토의 도움을 받는 것이 중요하다.

2-2 손해사정에서의 협상(Negotiation)

01 협상(Negotiation)의 의의

협상은 설득의 과정으로서 이해되어야 한다. 손해사정 과정에서는 보험계약의 조건이나 보험계약에서의 면책사항을 협상하는 것은 불가능하므로 협상이라기 보다는 설득이라는 표현이 오히려 더 적합하다.

손해사정과정에서 고객과의 접촉은 보험금 청구시부터 시작하여 보험금을 지급하고 보험금이 보험계약에 따라 정상적으로 잘 지급되었음을 알려주는 전화나 서면에 이르기까지 끝없이 이루어진다.

대부분의 보험계약은 고객의 불만이나 분쟁없이 순조롭게 진행될 것으로 기대되지만, 일부에서는 약관해석에 대한 불만이나 서비스 내용에 대한 불만, 기대했던 보험금과 실제 지급된 보험금(또는 보험금의 미지급)과의 차이에서 오는 실망 등으로 인하여 불만이 표출되게 되며, 이러한 불만이나 분쟁의 표출로 인하여 협상의 필요성은 극대화된다.

다양한 상황에서 다양한 양상으로 튀어나오는 고객들의 불만에 대하여 유능한 손해사정담당자는 각각의 상황에 맞는 적절한 협상스타일을 구가하는 능력이 필요하다.

그러나 손해사정과정에서의 협상은 손해사정담당자가 생각처럼 다양한 대안을 제시할 수 있는 것이 아니고, 주어진 여건과 상황속에서 보험약관이나 회사내부의 업무처리지침에 의하여 행동반경이 제한되어 있는 데다가 보험계약자와의 협상결과는 대부분 금전적인 손익으로 귀결되기 때문에 다른 협상과 비교하여 어려움이 많다.

예를 들어 보험약관상 보상하지 아니하는 손해에 해당함에도 불구하고 막무가내로 보험금지급을 주장하고 보험사에 찾아와 행패까지 부리는 계약자에 대하여 손해사정담당자가 선택할 수 있는 협상 대안은 지나칠 정도로 제한적이다. 이러한 계약자에 대해 임시방편적인 보상약속이나 무조건적인 거절은 문제의 해결에 도움이 되지 않는다.

여기에서는 지나치게 극단적인 상황보다는 손해사정담당자들이 흔히 겪을 수 있는 협상과정과 테크닉에 대해 살펴보기로 한다.

02 협상에 영향을 미치는 상황적 요인들4)

가. 협상장소

일반적으로 협상은 홈그라운드에서 하는 것이 쉽고 유리하다. 왜냐하면 협상환경에 익숙하고 편안함을 유지할 수 있을 뿐만 아니라, 시간이나 장소를 결정 또는 변경하거나 협상에 유리한 분위기를 사전에 조성하고 준비할 수 있기 때문이다.

그러나 손해사정과정에서의 협상은 상대방의 의도에 따라 우리쪽 홈그라운드가 유리할 수도 있고, 상대방측 홈그라운드가 유리할 수도 있다. 예를 들어 보험금이 지급될 것으로 예상했었으나 미지급되어 이에 따르는 분노를 표출하기 위한 보험계약자라면 상대방측으로 방문하는 것이 유리하다. 그 장소가 협상 상대방의 직장이나 사업장일 경우는 더욱 유리하다. 왜냐하면 한국인의 정서상 자신의 직장이나 사업장에서는 주위의 시선이나 이목 때문에 몰상식한 발언이나 폭언을 하기 어렵기 때문이다.

반면, 단순한 분노의 표출이 아니라 행패를 부리며 폭언 또는 폭행까지 예상되는 상황이라면 감시카메라가 설치된 상담실이나 회의실이 적합하다. 왜냐하면 이들의 목적은 의사표출이라기 보다 무조건적인 행패로 자신의 세를 과시하고 상대방을 물리적으로 굴복시키거나 자해를 통해 입은 상해를 보험회사측에 손해배상책임을 물리려는 데에 있고, 이들은 사소한 말실수를 빌미로 제2의 또는 제3의 불만을 야기시키려는 데 그 목적이 있기 때문이다.

위의 특수한 경우를 제외한 대부분의 상황에서 협상은, 한국인의 정서상 계약자나 피보험자에게 방문하는 것이 유리하다. 뭔가를 논의하기 위해 상대방을 방문하는 것은 상대방에게는 먼 곳까지(물리적 공간의 멀고 가까움은 문제되지 않는다) 자신을 찾아와 준 사람에 대한 최소한의 인간적인 도의나 성의를 생각하여 한발짝

4) S. L. McShane and M. A. Von Glinow(2000), *Organizational Behabior*, Irvin McGraw-Hill, pp.412~416 ; Osland, *Organizational Behavior*, p.251. 협상에 영향을 미치는 요소들을 참고하여 손해사정과정상 필요한 사안들로 재구성하였다.

물러서게 하는 힘이 있다. 전화상으로는 험악한 험담을 전했다고 하더라도 막상 방문하여 눈을 마주치면서 그간의 과정에 대해 설명하고 이해시키는 것은 전화를 통할 때보다 훨씬 효과적이다.

나. 물리적 세팅

협상장소에서 상대방과 대하는 물리적 공간도 중요한 역할을 한다. 적대적 협상을 하고자 하는 사람은 본인의 세를 과시하기 위해 상대방과 마주앉아 상대방을 노려보면서 본인의 제안을 받아들일 것과 받아들여지지 아니할 경우 다른 행동을 통해 관철시키려 한다.

협동적 협상(Cooperative Negotiation)에서는 쿠션이 있는 편안한 의자를 상대방과 비슷한 타입과 크기로 두고, 실내의 조명이나 온도를 적절하게 유지하면서 원형이나 "ㄴ"자 형으로 배치되고, 경쟁적 협상(Competitive Negotiation)에서는 상대방의 의자를 보다 작고 불편하며 딱딱한 의자에 앉히고, 창문을 마주보고 하게 배치함으로써 햇빛에 눈이 부시게 하며, 실내 온도를 춥거나 덥게 하고 정면으로 마주앉도록 배치한다.[5)]

인류학자 헐(E. Hull)은 사람들의 생활에서 정해놓은 공간의 개념을 거리로 측정하여 다음과 같이 유형화한 바 있다.[6)]

- 친밀한 거리(intimate distance) : 45cm 이내. 엄마와 아기간 거리
- 사적 거리(personal distance) : 45cm ~ 120cm. 사교할 수 있는 거리
- 사회적 거리(social distance) : 120cm ~ 360cm. 학생과 선생님
- 공적거리(public distance) : 360cm 이상, 강의실에서의 교사와 학생

다. 시간경과와 데드라인

시간은 협상 양측 모두에게 힘이 될 수도 있고 약점이 될 수도 있다. 보험금을 지급받아 제3의 용도에 돈을 사용하여야 하는 보험계약자 등에게는 핸디캡이 될 수 있고, 협상과정에서 지나치게 많은 시간을 허비한 손해사정 담당자에게도 핸디캡이 될 수 있다.

협상과정에서는 상대방의 이야기를 충분히 들어주는 것만으로도 불만이 해소되

5) Doris Hoopes, 2008, p.6.14.
6) 생명보험협회, 「Claim & Communication 기법」, Step4. p.170.

거나 협상이 잘 이루어질 수도 있으므로 충분한 시간을 가지고 들어주는 것도 중요하지만, 이렇게 될 경우 지나치게 많은 시간을 허비할 수도 있다. 따라서 협상종료시간을 정해두고 협상에 임함으로써 상대방에게 압박을 가할 수 있다. 실제 거의 모든 협상의 90%는 협상 종료직전에 이루어진다는 것만 보더라도 마감시한을 두는 것도 협상에서 중요한 요소가 된다.

"협상에서 양보는 마지막에 하는 것이다"[7)]

라. 청중의 특성과 주변인

협상은 주변인에 의해서도 영향을 미친다. 협상이 원만하게 잘 이루어지다가도 상대방의 주변에서 잘못된 안내를 해주는 사람에 의해 협상이 깨지는 경우가 많다.

또한 모든 사람과 협상이 가능한 것은 아니다. 다시 말해, 농촌에서 농사만을 지어오던 저학력의 70세의 노인에게 보험약관을 완전하게 이해시킨다는 것은 불가능한 일이다. 만약 그 노인과의 설득이 이루어졌다면 그것은 보험약관에 대해 충분히 이해하고 납득하여서가 아니고, 먼길을 찾아와 면담에 응해준 것에 대한 성의나 미안함의 표현일 뿐이다. 협상 상대방의 학력이나 연령, 그동안의 직업 등에 의해 설득이 불가능한 사람도 있다. 그러한 분들에게는 최대한 성심성의껏 설득에 임하는 것이 최선이다.

협상과정에서 피해야할 곳으로는 동네의 미용실 등에서처럼 비슷한 연령대의 불특정 다수가 협상을 방해할 만한 곳 들이다. 여기에서는 아무리 합리적이고 정상적인 주장을 하더라도 여기저기서 튀어나오는 주변인들의 터무니없는 반론들로 인하여 정상적인 협상을 할 수 없다.

03 보험회사와 보험소비자의 협상력[8)]

가. 보험회사가 갖는 힘

1) 논의주제의 통제력(Control of the Agenda)

손해사정 담당자가 보험계약자 등과 일정 요건 등에 대하여 협상을 하고자할 때 가질 수 있는 첫 번째 힘은 논의주제에 대한 통제력이다. 손해사정 담당자는 상대

7) 허브코헨, 「협상의 법칙 Ⅰ」 청년정신, 2003, p.261.
8) Doris Hoopes, 2008, pp.6.10-6.13. 의 내용 발췌.

방과의 면담일정과 장소를 정하고, 협상할 주제를 선정하는 등의 통제를 할 수 있다. 이러한 힘은 상대방에 의하여 논의하고자 하는 핵심쟁점에서 벗어나서 불필요한 트집을 잡는 것에 대한 방어력으로서 효과가 있다.

2) 주도권(Initiative)

손해사정 담당자가 협상의 주도권을 잡는 데에는 세가지 방법이 있다.

첫째, 손해사정 과정에서 확인되는 이해당사자들의 약속시간을 결정할 수 있다. 이렇게 함으로써 필요에 따라 필요한 사람을 먼저 만나 선제적으로 대응할 수 있다.

둘째, 손해사정 담당자는 상대방에 대해 전화 주도권을 가지고 있다. 일반적으로 전화를 먼저 거는 사람은 관련 주제에 대해 준비하고 본인의 시간에 맞추어 전화를 하기 때문에 전화를 일방적으로 받아야 하는 상대방에 비하여 큰 이점을 갖게 된다. 먼저 전화함으로써 상대방에게 신뢰를 줄 수 있고 협상에서 유리한 고지를 선점할 수 있다.

셋째, 상대방에게 먼저 연락을 하거나 먼저 협상을 시작하는 것은 상대방에게 클레임을 진행시킬 준비가 되어 있다는 점과 전문성을 보여줄 수 있으며, 상대방으로부터 클레임 진행의 지연으로 인한 불평이나 불신을 줄여줄 수 있다.

반대로, 손해사정 담당자가 클레임에 대하여 주도권을 놓칠 경우, 그 주도권은 상대방에게 넘어가게 되고, 이 경우에는 상대방에게 주도권과 함께 불평(Complaint Power)까지도 넘겨주게 된다.

3) 돈의 힘(Money Power)

보험금은 클레임 협상의 핵심이다. 보험금은 사고를 당한 피보험자나 보험수익자에게 사고이전으로의 원상회복이나 최소한의 손해복구 수단임과 동시에 생계유지의 수단이 될 수도 있다. 따라서 협상 후 지급되는 보험금은 손해사정 담당자에게 매우 중요한 힘의 원천이 된다.

협상후 신속하게 지급할 수 있다는 조건하에서의 보험금은 상대방에게 협동적인 협상(cooperative negotiation)이나 진지한 협상을 가능하게 하고, 상대방으로 하여금 손해사정 과정에서 상대방으로부터 많은 도움을 받을 수 있게 한다.

실제 손해사정 과정에서는 보험회사를 대표하는 협상 당사자로서의 손해사정 담당자가 그 클레임을 해결하는 일정정도의 의사결정권한을 가지고 있고, 본인과의 협상이 보험금의 지급에 중요한 영향을 미친다는 것을 상대방에게 알림으로써 상대방을 진지하게 협상에 임하게 할 수 있다.

4) 소송의 힘(Litigating Power)

한국적인 상황하에서 '소송'은 아직 보편화되어 있지 않다. 소송은 정상적인 협상과정을 벗어나 최후적 수단으로서 극단적인 선택이라는 전통적인 의식과 소송과정에서 필수적으로 수반되는 많은 소송비용과 실제 판결에 이르기 까지 많은 시간을 기다려야 한다는 압박감 때문에 일반적으로 선택할 수 있는 방법이 아니다.

보험회사가 제기하는 소송은 일반 보험계약자들에게는 거대 자금을 보유하고 소송전담부서까지 두고 수십년간에 걸친 소송경험이 있는 회사를 상대하기에는 상대적으로 협상력이 빈약하여 소송에서 이길 가능성이 적다는 생각을 하게 한다. 또한 소송의 제기에서부터 판결에 이르기까지 장기간의 시간이 소요되며, 만약 소송에서 패소하게 될 경우 상대방의 소송비용까지 부담할 수 있다는 현실적인 문제 등으로 인하여 손해사정 담당자에게는 강한 힘으로 비춰질 수 있다.

그러나 자금력과 조직력(소송전담부서)을 갖춘 거대 보험회사가 보험계약의 약자인 보험계약자에게 불필요한 소송을 남발할 우려가 있어 이에 대한 최소한의 통제가 이루어지고 있고, 보험회사의 입장으로서도 소송은 지급하여야 할 보험금이외에도 별도의 소송비용과 지연이자 등이 발생하게 되는데다가 최근에는 회사의 레퓨테이션 리스크(Reputation Risk)까지 부담해야 하므로 부담스럽기는 마찬가지이다.

5) 클레임 지식(Knowledge Power)

클레임에 관한 지식은 어찌보면 변호사들 보다 손해사정 담당자가 더욱 많이 보유하고 있다. 변호사는 수없이 다양한 사안들에 대하여 골고루 섭렵하며 다양한 소송을 경험하지만, 손해사정 담당자는 상법의 제4편(보험편)에서 본인이 담당하고 있는 보험종목과 보험상품에 대하여 수년간 전문지식을 습득하고 있으므로 클레임에 관한 한 깊이 있고 심도 있는 전문지식을 보유하고 있다.

또한 손해사정 담당자는 여러 유관부서들과의 협의나 다른 담당자들로부터 해당 클레임에 관한 다양한 정보를 획득할 수 있어서 보다 유리하다.

나. 보험소비자가 갖는 힘

1) 기다림의 힘(Waiting Power)

사망보험금이나 후유장해 보험금에 대한 클레임 업무처리는 일정정도의 시간을 필요로 한다. 물론 사고경위와 사고와 손해사이의 인과관계가 명확하고 보험금을 지급할 보험수익자가 명확하게 정리된 바에는 긴 시간을 필요로 하지 않는다.

하지만 일정정도의 시간을 필요로 하는 클레임에 있어서는 보험계약자 등에게 상당한 시간을 요구할 수 있고, 이러한 요구는 보험금을 받아야 하는 보험수익자 등에게는 보험금의 지급에 영향을 줄 수 있지는 않을까하는 우려로 인하여 손해사정 담당자에게는 힘(Power)이 될 수 있다.

그러나 그 힘은 정확히 거기까지일 뿐이다. 손해사정 담당자가 보험계약자 등의 상대방에게 업무처리에 소요되는 일정 시간동안의 지연을 부탁하고 그 시간이 경과하게 되면, 그 동안의 기다렸던 시간이나 앞으로 소요될 시간은 손해사정 담당자에게는 더 이상 힘이 아니고 감당해야할 버거운 대상이 되고 만다.

손해사정 담당자에게 시간(Waiting Power)은 힘(Power)이 아니라, 협상상대방으로서 보험수익자 등이 가지고 있는 위협적인 대상이다.

2) 불평(Complaint Power)

클레임 진행과정에 대한 불평(Complaint Power)은 보험계약자나 피보험자 또는 보험수익자가 가지고 있는 최대의 힘이다. 보험계약자 등의 불평은 손해사정 담당자 개인의 불평일수도 있고, 특정 보험회사에 대한 불평일 수도 있으며 보험산업 전체에 대한 불신일수도 있다.

누가 그 불평의 대상인지의 여부와는 상관없이, 손해사정 담당자는 상대방의 불평에 대하여 설명하고 설득해야 하며 그러한 불평에 많은 시간과 노력을 할애해야 한다. 설사 그러한 불평이 손해사정과정상에서 자연스럽게 있을 수 있는 것에 대한 불평이라거나, 터무니없는 과도한 보험금의 요구에 대한 것이라고 할지라도 이것은 손해사정 담당자가 업무처리에 미숙하거나, 대인관계 기술이 부족하거나 커뮤니케이션 스킬이나 협상력이 부족한 것으로 인정되기 쉽다. 그런데 그러한 고객들의 불평이 지속적으로 반복되고, 각각의 주장들이 충분히 이유 있는 것이라면 그 불평은 손해사정 담당자에게는 업무처리 능력의 부족이나 적성에 맞지 않는 것으로 간주되게 된다.

실제 일선 현장에서는 보험회사로 접수되는 고객불만(VOC : Voice Of Customer)이나 금융감독당국으로 접수되는 민원을 손해사정 담당자와 담당부서 및 보험회사의 중요한 평가자료로 활용하고 있다.

04 협상의 원칙

가. 협상대상을 확인하라

손해사정과정에서 후유장해보험금이나 사망보험금 또는 손해배상금을 산정하는 협상에서 주의할 점은, 지금 협상대상으로 앉아 있는 상대방이 보험계약의 피보험자를 대표할만한 협상대상인지를 먼저 확인해야 한다.

피보험자나 피해자가 사망하여 유족측의 대표와 협상하는 것인지, 단순히 보험회사의 의사를 확인하기 위하여 다가온 '전달자'인지 여부의 확인이 필요하다. 왜냐하면 힘든 협상과정을 거쳐 힙겹게 협상결과물을 도출했으나 법에 정한 협상권자가 아니거나 실질적인 의사결정 권한을 가진 자가 아니어서 보험회사의 전략만을 노출시킨 결과만 야기할 수 있기 때문이고, 이 경우에 다시 협상을 새로이 시작한다는 것은 더욱 어렵다.

따라서 협상상대방으로 나온 당사자로서 법률적으로 합당한 협상권자인지, 가족관계 등을 고려해볼 때 실질적인 의사결정권한을 가져서 이 사람의 의사결정에 의한 협상결과가 다른 사람들을 설득시킬 수 있는지, 실제 피보험자나 피해자가 협상권한을 위임했는지의 여부 등을 반드시 확인하여야 한다.

나. 사람과 문제를 분리하라[9)]

사람과 문제를 분리하라는 원칙은 상대방과의 관계를 유지하면서 협상을 진행해가는 데에 있어서 가장 중요한 필수적 원칙이다.

손해사정 업무 저경력자들은 흔히 사람과 쟁점을 구분하지 못하고 혼동하면서 감정을 개입시키게 되고, 이렇게 개입된 감정은 다시 상대방의 감정을 자극하게 되어 상대방과 논의하고자 했던 핵심쟁점은 사라져 버리고 감정에 바탕을 둔 말싸움으로 비화되는 경우가 흔하다.

흔히 이렇게 비화되게 되면, 서비스업 종사자인 손해사정 담당자는 불친절이나 대고객서비스 업무태도 불량으로 낙인찍혀 협상쟁점에서 불리한 상황에 처하게 됨은 물론 협상에 있어서는 비굴하리 만큼 낮은 자세에서 협상을 재개해야하는 상황이 된다.

"사람에 대해서는 부드럽게, 문제에 대해서는 강하게"라는 제안에서처럼, 협상

---

9) Roger Fisher and William Ury, *Getting to Yes,* 2nd edition, pp.17-39.

상대방과 문제가 되는 핵심 쟁점은 철저하게 분리하여야 한다.

보험계약은 부도덕한 방법으로 보험금을 편취하려는 일부 몰지각한 피보험자들은 항상 존재하기 때문에 이들을 대하면서도 손해사정 담당자는 항상 마음의 평정심을 잃지 않고 사람과 문제를 분리시켜 대응하여야 한다. 이러한 사람들은 손해사정 담당자들이 감정적으로 대응하여 혹여 불쾌한 언어의 사용이나 부적절한 언어를 사용하기를 기대하면서 이를 자극하고자 하고 있다. 왜냐하면 그들은 정상적인 계약조건이나 방법으로는 보험금을 지급받을 방법은 없고, 상대방의 흠집을 트집 잡으면 협상에서 유리한 고지를 선취할 수 있다는 것을 알고 있기 때문이다.

"상대방은 손해사정 담당자가 감정적으로 대응하기를 기다리고 있다"

다. 상호 이해관계에 초점을 맞춰라[10)]

협상과정에서 서로 상대방에게 미리 결정되어 있는 입장에만 초점을 맞추면 그들이 서로 원하는 것을 달성하는 것은 매우 어려워진다. 예를 들어 도서관에 온 두 사람이 있다고 하자. A가 도서관 창문을 열자 옆에 있던 B가 조금 지나서 창문을 닫고, 그 후 시간이 조금 지나자 A가 다시 창문을 연다. 이러기를 몇 차례 반복하다 보면 자연히 두 사람은 언쟁을 하게 되고, 이를 지켜본 도서관 직원이 다가와서 물었다. 먼저 A에 왜 창문을 열려고 하느냐고 묻자 그 사람은 도서관이 너무 통풍이 안돼 숨이 막히기 때문에 열어 놓아야 한다고 하였고, B에게 질문하자 그 사람은 도서관이 너무 추워 외풍이 부는 곳에 앉아 있기 때문에 싫다고 대답했다. 도서관 직원은 잠시 생각한 후에 옆방의 창문을 열었다. 그러자 두 사람은 더 이상 논쟁 하지 않았다. 각자의 이해관계가 충족되었기 때문이다. [11)]

따라서 손해사정 과정에서는 각자의 입장만을 되풀이하면 협상의 소득은 있을 수 없다. 그러므로 서로간의 입장이 아닌, 협상을 통해 상대방과 내가 얻을 수 있는 이익이 무엇인지를 가지고 득실을 따지는 것이 현명하다.

---

10) Fisher et al., pp.40-55.

11) 김경수 · 김공수, 「조직행동」, 법문사, 2005, pp.330-331.

라. 핵심쟁점을 명확히 하라

이 원칙은 이율배반적이다. 왜냐하면 협상과정에서 쟁점을 명확화하는 전략을 구사할 것인지, 아니면 쟁점을 혼란화 시킬 것인지가 각각의 상황에 따라 다를 수 있기 때문이다. 손해사정 과정에서 상대방이 요구하는 것이 무엇인지 명확하지 않을 경우에는 상대방에게 순위를 부여하여 어떤 것이 가장 불만족스러운지에 대해 정리해줄 것을 요구할 수 있다. 그럼으로써 부가적으로 제기되는 다양한 불만들을 스스로 정리하게 하는 효과가 있고, 스스로 정리하게 함으로써 일정부분은 스스로 부당한 요구를 하고 있음을 인지시킬 수 있다.

협상 과정에서 스스로 부당하게 과도한 보험금을 청구하는 보험계약자 등에게는 스스로 문제의 쟁점을 정리하게 하면 본인 스스로 수긍하는 경우가 많다.

또한 손해사정과정에서 보험금을 지급받지 못하게 된 상대방이 손해사정 담당자의 태도나 불친절 등을 이유로 불만을 제기하게 되는 경우에는 그러한 불만이 보험금의 지급에는 영향을 줄 수 없음을 설명하고 제기하는 쟁점자체가 보험금과는 관련이 없음을 알려야 한다. 손해사정 담당자의 태도나 불친절이 쟁점이 되어서는 곤란하다.

마. 협상결렬시에는 상호불이익함을 알려라

협상은 협상과정을 통해 무언가 상호간의 이득을 얻기 위해 하는 것이다. 협상당사자 중 당사자 일방만이 유리하고 다른 상대방은 불리하기만 한다면 협상은 이루어질 수 없다.

손해사정 과정에서는 협상이 결렬되어 보험계약자 등이 자신들만의 주장을 앞세우게 되면 보험사에서 받아들여질 수 없고, 만약 민원이나 소송이 제기된다고 하더라도 보험사에서 건네줄 수 있는 이익의 폭이 제한되거나 없어질 수 있음을 분명히 해주어야 한다.

보험산업이 서비스 산업이라고 하여 면책되어야 할 보험금마저 일방적으로 주장한다고 하여 무조건 지급할 수는 없다. 보험사에서 제공하는 서비스는 보험사고를 당한 피보험자에게 보험사고를 당하지 않은 보험계약자 등의 보험료로 보험금을 적정하게 지급하는 것이지 부당한 모든 요구에 응해야 하는 것은 아니다.

최근에는 감독기관에의 민원을 무기로 협상에 임하는 보험계약자들이 너무나도 많다. 본인 스스로도 터무니 없는 주장임을 알고 있음에도 불구하고, 민원만 넣으면 해결된다는 의식이 팽배해 있다. 이러한 의식의 기저에는 기존의 보험회사의 업무처리와 감독기관의 민원평가제도에도 심각한 문제가 있지만 이를 악용하는 보험계약자들이 민원만능국가로 만들어버렸다.

이러한 악의적인 보험계약자들에게는 감독기관에의 민원제기가 오히려 손해사정 담당자의 합리적인 업무처리 범위를 제한하는 것은 물론 감독기관의 감독으로 인한 또 다른 문제가 제기될 수 있음을 충분히 알려주어야 한다.

"협상은 상호간에 이익을 얻기 위해 하는 것이다"[12)]

바. 상대방이 먼저 해결책을 제시하게 하라

손해사정 담당자들이 협상과정을 통해 이루고자 하는 것은 보험약관에 의해 처리하는 것이다. 다시 말해, 상대방과의 협상을 통해 이룰 수 있는 최선에 대한 기준은 보험약관이고, 담당자가 가지고 있는 선택권은 제한될 수 밖에 없다.

일반적인 협상이 보통의 거래에서와 마찬가지로 각각의 상대방이 주장하는 것의 중간선에서 이루어지는 것이 보통이므로 먼저 협상안을 제시하는 것은 지는 것이 된다. 손해사정 담당자가 먼저 협상안을 제시하게 될 경우에 상대방은 담당자가 제시한 협상안 보다 훨씬 더 좋은 요구조건을 요구할 것이기 때문이다.

따라서 상대방이 먼저 협상안을 제안토록 하고, 부득이한 경우에만 먼저 협상안을 제시하되 상대방에게 줄 수 있는 것보다 낮게 제시하여 향후의 협상과정에서의 여지를 남겨두어야 한다.

2-3 커뮤니케이션(Communication)

01 경청(Listening)[13)]

"가위바위보 게임에서 상대방을 항상 100% 이기는 방법은 상대방이 무엇을 내는지를 지켜본 다음 내는 것이다".

---

12) Fisher et al., p.56.

13) Markham et al., 1993, pp.83-108.

상대방에게 협상을 위해 무언가를 제안하기 위해서는 상대방이 무엇을 요구하는지 충분히 듣는 것이 중요하다.

상대방은 단지 불평을 호소함으로써 불만이 해소되기도 하기 때문에 불만이 제기되는 중간에 어떤 제안을 하거나 상대방을 고치려하는 것은 바람직 하지 않다.

가. 적극적 경청

단순하게 상대방의 말을 듣는 것은 쉬운 일일 수 있다. 하지만 협상을 통해 상대방을 설득하고자 할 때에는 상대방의 발언에 대해 적극적으로 경청하고 있다는 것을 보여주어야 한다.

상대방의 주장에 관심이 있다는 것과 상대방의 불만이나 요구사항에 대해 해결하고자 한다는 적극적인 경청 태도는 협상과정에서 상대방에게 신뢰를 줄 수 있는 좋은 대안이다.

말하는 상대방에게 모든 주의를 집중함으로써 성의 있게 듣고 있다는 인식을 심어주어야 하고, 이야기 도중 하품을 하거나 졸려 있는 표정, 다리를 꼬거나 푸는 동작의 반복 등 불필요한 행동으로 인해 상대방을 불쾌하게 해서는 안된다.

나. 피드백

대부분의 협상을 하는 상대방은 일목요연하게 정리하면서 얘기하는 것이 아니므로 일정시간이 경과하고, 상대방의 주장이 반복되고 있다면 상대방의 주장을 정리해주면서 피드백을 할 필요가 있다. 이 과정에서 말하는 사람과 듣는 사람의 인식의 차이를 분명히 할 수 있고, 말하는 사람에게 상대방이 잘 듣고 있다는 사실을 인식시킴으로서 우호적인 협상을 진행시킬 수 있다.

02 비언어적 커뮤니케이션

가. 자세(Posture)와 제스쳐(Gestures)

협상에서 상대방과 대화를 할 때 손해사정 담당자의 자세는 매우 중요하다. 예의바른 자세와 대화중간에 사용되는 제스쳐가 상대방에게 신뢰를 줄 수 있다.

나. 표정 (Facial Expressions)

표정을 통해서도 상대방에게 의사를 전달할 수 있다. 언제나 자신감 있고 당당한 모습 속에서도, 상대방에게는 따뜻한 마음을 건넬 수 있도록 미소를 지을 수 있어야 한다. 때에 따라서는 구체적인 언어의 표현 대신 표정의 경직 등으로 인해 상대방이 지나치게 과도한 주장을 하고 있음을 내비쳐야 하는 때도 있다.

다. 용모(Appearance)

첫인상은 매우 중요하다. 전반적인 겉모습, 의복과 깔끔함은 다른 사람이 그 사람을 평가하는데 영향을 준다. 손해사정 담당자들이 주어진 상황에 맞게 적절한 복장을 입을 때 설득이나 협상과정에서 유익하다.[14] 피보험자나 이들의 대리인들과의 면담을 위해서는 정장이, 사고현장에서 현장을 조사하기 위해서는 캐쥬얼 복장이 적당할 것이다.

단정하게 빗어 넘긴 헤어스타일과 깔끔하고 정돈된 복장, 깨끗하게 닦인 구두는 상대방에게 신뢰감을 줄 수 있다. 그러나 간단한 티셔츠와 점퍼차림이라면 일단은 외모에서 상대방에게 빌미를 주는 것이 되고 협상에 임하는 최소한의 기본자세가 안되어 있는 것으로 이해되기 쉽다.

라. 약속시간의 준수 (Punctuality)

피보험자와의 설득이나 협상을 위해 약속을 한 경우에 , 최소한 약속시간 정시에 도착하는 것은 신뢰를 형성하는데 있어 매우 필수적이며 중요하다. 시간약속을 지키는 것은 해당 클레임에 대한 최소한의 관심의 표현이며 약속한 상대방의 시간에 대한 배려로서 설명된다.[15]

만약, 면담을 위해 약속시간을 정해두고 약속시간에 늦게 되면 상대방에게 불신감의 단초를 제공하게 되며, 약속시간에 늦은 것에 대한 사과부터 해야하며 협상 당사자로서는 여간 곤혹스러운 일이 아니다.

부득이하게 약속시간에 늦을 경우에는, 약속장소로 이동하는 동안에 어떤 사유로 얼마나 늦을 것인지에 대해 솔직하게 전달함으로써 상대방이 불필요하게 장시간 기다리게 하는 수고를 덜어낼 수 있고, 막상 대면하는 과정에서도 상대방에게

14) Hoopes, 2008, p.4.10.
15) Hoopes, 2008, p.4.10.

간단한 사과만으로도 상대방의 양해를 구할 수 있다.

03 준언어 (Paralanguage) 16)

준언어(Paralanguage)는 음의 높낮이(Pitch), 말의 속도와 리듬(Rate of speech), 목소리의 톤(Tone)과 볼륨(Volume)과 같은 목소리의 성격을 통해 정보가 전달되는 것을 말한다.

가. 음의 높낮이(Pitch)

음의 높낮이는 목소리의 높고 낮음을 말한다. 협상에 숙련된 사람은 상대방의 관심이나 중요한 사항에 대해 강조하기 위해 목소리의 높낮이를 조절할 수 있다. 상대방의 음의 높낮이의 변화를 잘 관찰하면서 상대방이 얘기하고자 하는 의도를 파악할 수 도 있고, 전달할 수 도 있다.

나. 말의 속도와 리듬(Rate of speech)

말의 속도와 리듬은 지역적인 특색이 많이 반영된다. 또한 말의 속도는 감정의 상태를 나타내기도 한다. 말의 속도가 빨라지면 본인이 주장하는 것에 대해 명백하게 전달하고자 하는 경우가 많고, 말의 속도가 느려지면 사실이 아닌 새로운 사실을 만들어서 전달하려는 경우가 많다.

다. 목소리의 톤(Tone)과 볼륨(Volume)

말을 하는 동안 목소리의 톤(Tone)이나 볼륨(Volume)이 변화하면 의미가 왜곡되어 전달될 수 있다. 문장중에서 어느 부분을 강조하느냐에 따라 전혀 다른 의미가 되기도 한다.

04 전화협상(Telephone Communication)

실손의료비 상품의 폭 넓은 확대로 인하여 수천만원에 이르는 입원의료비에서부터 몇백원에 불과한 통원의료비까지 제3보험의 손해사정 영역은 무한대에 가까

16) Markham et al., 1993, pp.101-104.

울 만큼 성장하고 있다.

수없이 많은 개별 클레임에 대해 직접 피보험자와 접촉하여 사고경위나 질병의 발병경위를 확인하고, 영수증상의 치료비를 직접 병원방문을 통해 처리할 수는 없다.

거의 모든 가정에 전화기가 설치되어 있고, 요즘엔 대부분의 사람들이 핸드폰을 소지하고 다니고 있어서 언제든지 즉각적인 접촉을 통해 업무처리를 할 수 있어서 매우 중요한 협상방법이 되고 있다.

가. 전화협상의 특징[17]

1) 오해하기 쉽다

손해사정과정에서 상대방과의 전화통화중에 "그런 뜻으로 말씀드린게 아닙니다"라는 말은 매우 자주 사용된다. 그것은 전화통화가 상대방과 대면하여 눈을 마주치며 표정이나 몸짓을 통해 의사소통을 하는 것이 아니고, 단지 목소리의 강약이나 고저에 따라 상대방의 기분이나 상태를 이해할 수 있어서 상대방의 의도한 바를 제대로 전달할 수 없다. 왜냐하면 목소리의 톤은 상대방의 기분에 따라 잘못 해석될 확률이 높고, 숨은 의도가 없음에도 마치 그러한 것처럼 들리거나 반대로 그러한 의도를 놓칠 수 있기 때문이다.

2) 거절하기 쉽다

개인정보의 유출이나 의도하지 않게 나의 핸드폰 번호가 불특정다수에게 무차별적으로 살포되어 각종 마케팅의 자료로 활용되는 경우를 종종 경험하게 된다. 우리는 그렇게 걸려온 전화에 대하여 "관심없습니다.", "됐습니다"라는 단호한 말 몇마디만을 남기고 전화를 끊는 경험을 해본 적이 있다.

이러한 것처럼, 전화통화에서의 협상은 강자적 의사결정의 주도권을 가진 상대방에 의해서 언제든지 협상이 종료될 수 있고, 협상방법의 하나로서 전화를 언제든지 끊을 수 있는 선택권이 있으며, 거절하는 것은 그리 어려운 것이 아니다.

만약, 먼길을 직접 찾아온 손님에 대하여는 상대방의 표정을 보아가며 거절하는 것도 쉽지 않을 뿐만 아니라, 협상을 종료시키는 별다른 방법이 없으며, 직접 찾아오는 수고를 아끼지 않은 상대방에 대하여 미안함을 갖게 되므로 거절은 쉽지 않다.

17) Herb Cohen, *You Can Negotiate Anything*, Bantam Books, 1982, pp.209-222.

3) 훨씬 빠르다

상대방과의 대면협상을 위해서는 상대방과의 시간적 공백을 찾아야 하고, 그 만큼의 지연이 발생하는 것과 함께 약속장소로 가는 동안의 이동시간과 교통비용이 발생한다.

그러나 전화통화는 상대방과 쟁점에 대하여 통화할 수 있는 공간과 5분에서 10분 정도의 시간만 있으면 되고, 전화통화료 정도의 비용만 지불하면 된다.

4) 자기주장만 하기 쉽다

전화통화는 상대방이 보이지 않고, 상대방과 눈을 마주치며 끊임없이 다양한 교감속에서 이루어지는 협상이 아니므로, 상대방에 대하여 인간적인 배려나 고려해야할 사항이 많지 않다. 또한 백지위에 그림이나 도표를 그려가며 설명하는 것보다 전화통화에서는 상대방을 설득할 수 있는 방법이 많지 않다.

그러므로 보험계약자로서의 통화상대방은 보험금을 받지 못하거나 예상했던 것보다 적은 보험금으로 인하여 화가 나있는 상태이므로, 기대했던 것만큼의 보험의 편익에 미치지 못하는 것에 대한 서운함과 한국적인 보험영업 환경속에서의 보험설계사에 대한 배신감, 한국인의 기저에 깔려있는 보험산업에 대한 피해의식을 표출하기 쉽다.

따라서 보험사의 설득에 대하여는 배척한 채 그간의 서운함이나 배신감, 그리고 피해의식을 표출하려고만 하게 된다.

나. 전화협상의 준비

1) 상대방에 계약관련 사항의 확인

상대방에게 전화를 하기에 앞서 가장 기본적인 것은 계약과 관련된 사항을 확인하는 것이다. 기본적인 계약내용이나 약관내용의 확인도 없이 상대방에게 전화하여 협상을 진행하는 것은 불필요한 오해나 업무처리의 착오를 불러일으킬 수 있다.

또한 회사의 전산검색을 통해 상대방의 VOC(Voice of Customer)내역이나 그간의 보험금 청구내역과 보험금 지급내역 등을 살펴봄으로써 상대방의 성향이나 대응방안 등을 세울 수 있다.

2) 전화통화를 통해 전달하고자 한 쟁점의 리스트

손해사정 담당자의 업무를 줄이기 위해서는 전화 통화량을 줄이는 것이고, 통화량을 줄이기 위해서는 가급적 한번에 고객에게 필요한 정보를 전달하고, 협상에 대하여 일괄타결하는 것이다.

일단 전화를 끊은 다음에 다시 전화하는 것은 상대방에게 불편을 초래하는 것은 물론 업무처리에 대한 신뢰도를 떨어뜨리게 된다.

3) 상대방의 주장에 대한 대응방안

손해사정 담당자가 보험계약자 등에게 보상내용이나 면책사항 등에 대해 안내할 경우 상대방으로부터 다양한 반론을 들을 수 있다. 그러나 이러한 상대방의 반론에 대하여 당황하지 않고 협상을 이끌어가기 위해서는 상대방이 주장가능한 내용에 대하여 미리 준비하고 있다가 상대방이 이의제기를 할 경우 즉각적으로 합리적인 이유를 들어 설명할 수 있어야 한다.

4) 클레임 파일과 전산자료의 준비

기록만큼 정확한 것은 없다. 인간의 기억력은 한계가 있으므로 전화통화중 튀어나오는 예상치 못한 질문에 대해 즉각적이고 정확하게 대응하기 위해서는 클레임 파일을 보고, 필요한 전산자료를 조회가능 상태로 열어둔 채 통화하여야 한다.

5) 통화저해 요소의 제거[18)]

신속정확하고 원활한 전화협상을 위해서는 전화통화에 방해가 되는 요소들을 제거해야 한다. 전화통화에 방해가 되는 불필요한 서류를 방치하거나 갑작스러운 고객의 방문 등에 대하여 이를 적절히 조절한 후 통화하여야 한다.

다. 전화를 할 때의 목소리

전화할 때의 목소리는 대면협상에서처럼 다양한 커뮤니케이션 툴(tool)을 사용할 수 있는 것이 아니므로, 불필요한 오해를 없애고 충분한 의사전달을 하기 위해서 ① 자연스러운 속도, ② 또박또박 정확한 말투, ③ 전문적이고, 편안한 톤의 목소리, ④ 적절한 크기의 목소리이어야 한다.[19)]

---

18) Hoopes, 2008, p.5.2.
19) Hoopes, 2008 p.5.3.

라. 전화협상의 전략

1) 전화는 먼저 거는 사람이 주도권을 쥔다[20]

사고가 발생한 보험계약자 등은 사고자체에 대한 불안과 공포, 보험계약에서 보호되는 지에 대한 염려, 향후 일어나게 될 손해나 비용에 대한 심적 불안감을 가지고 있다.

이러한 상황에서 피보험자는 모든 것이 순조롭고 신속하게 해결되기를 바라고, 보험계약에의 편익을 확보하기 위해 보험사의 무한서비스를 기대하게 된다. 사고접수를 하게 되면 모든 것이 순조로울 것이라고 기대하게 되고, 청구한 보험금의 전부를 받을 수 있으리라고 생각하며, 신속하게 처리될 것으로 기대한다.

이러한 피보험자에게 먼저 전화를 걸어 보험금의 청구내역과 지급가능한 보험금, 추가적인 보험금의 지급을 위해 필요한 사항 등에 대하여 일괄적으로 안내한다면 보험사에 대한 신뢰는 높아질 것이다. 그러나 이러한 고객들의 요구에 부응하지 못하고, 많은 업무량이나 끊임없이 걸려오는 전화로 인하여 시기를 놓치는 경우가 많다. 그러면 고객들은 손해사정 담당자가 누구인지도 모르는 상태에서 회사의 대표전화를 통해 전화하게 될 경우 끊임없이 연결에 연결을 거듭하여 전화를 돌리게 되고 이런 과정에서 통화료에 대한 부담이나 시간에 대한 스트레스로 화가 나서 손해사정 담당자에게는 쟁점에 대한 논의보다 그동안의 과정에 대한 불평을 늘어놓게 된다.

① 상황이 불리할수록 먼저 전화해야 한다

손해사정 과정에서는 담당자의 실수나 부주의 등으로 인해 상황이 어려워지는 경우가 종종 있다. 약속한 날짜나 시간에 보험금 지급이 어려워지거나, 예상치 못한 문제의 발생이나 검토하지 못했던 문제로 인하여 보험금 지급이 어려워지는 경우, 담당자와 의견을 달리하는 상급자에 의해 피보험자와의 약속을 지킬 수 없는 상황에 처할 수도 있다.

이렇게 어려운 상황일수록 먼저 전화해야 한다. 고객과의 약속을 못지킨 것에 대한 미안함이나 항의하는 상대방에 대한 심적 부담감 등으로 인하여 전화시기를 놓칠 경우 협상은 더욱 난감해질 뿐이다. 먼저 전화하는 것이 상대방으로부터 먼저 전화를 받으면서 당하는 것보다는 낫다.

20) Hoopes, 2008, p. 6.10.

② 전화를 먼저 걸면서 상황을 리드해 가야 한다

불리한 상황속에서도 먼저 전화를 하여, 고객과의 약속을 못지키게 된 사유나 예상치 못한 문제의 발생 등에 대하여 솔직하게 털어 놓고 이를 해결할 수 있는 방법에 대하여 상대방과 논의한다면, 상대방은 화가 나서 전화를 걸어올 때보다는 훨씬 나은 상태에서 통화할 수 있고 앞으로의 상황을 주도적으로 끌고 갈 수 있는 기회를 잡을 수 있게 된다.

2) 충분히 들어준다

흙탕물을 깨끗하게 하기 위해서는 흙탕물을 저어주는 것보다 흙탕물이 가라 앉을 때까지 기다려야 한다. 보험사고를 당한 상대방은 심적고통과 흥분에 가득차 있다. 모든 것이 자신을 위주로 하여 이루어질 것으로 예상하는 고객들에게는 100% 만족스러운 서비스는 어찌보면 불가능한 것일지도 모른다. 불만을 가지는 것이 당연한 것일지도 모른다.

수없이 많은 불만들에 대하여 충분히 들어주는 것만으로도 상대방은 감사하게 생각할 수 있다. 전화협상의 기본은 상대방의 말을 끊지 않고 충분히 듣는 것이다.

3) 상대방의 폭언에 의연하게 대처해야 한다

보험금과 관련된 업무에서 전화통화를 하다보면 마치 싸움이라도 하려는 양 달려드는 사람들이 있다. 교육수준이나 성격 등에 따라 정도의 차이만 있을 뿐 이러한 전화는 손해사정 담당자들에게는 큰 스트레스이다. 이러한 전화통화에 대해 현명하게 대처하는 것이 중요하다.

① 상대방의 폭언은 나에 대한 것이 아니고 회사에 대한 것이다

전화를 통해 폭언을 하는 상대방은 손해사정 담당자의 이름이나 소속 연령 등에는 관심이 없다. 다만, 지급되는 보험금이나 보험상품, 보험서비스를 제공한 보험회사에 불만이 있을 뿐이다.

또한 지극히 당연한 것에 대하여도 과도하게 또는 비양심적으로 요구하는 사람들도 있다. 이들은 손해사정 담당자 개인에게 요구하는 것이 아니고 회사가 해결해주기를 바랄 뿐이다. 이를 혼동하여 상대방의 폭언이 나에 대한 것이라고 생각하기 시작하면(그것이 욕설까지를 포함한다고 하더라도), 손해사정 담당자는 흥분하게 되고 상대방에게 불필요한 말을 하게 되어 최초에 제기된 불만은 온데간데없

이 담당자의 태도에 대한 불만으로 전환하게 된다. 문제는 이러한 고객들의 불만이 일정한 객관적인 기준이 있는 것이 아니고 단지 그들의 주관적인 감정이 상한 것일 뿐이라는 데에 있다.

② 상대방의 폭언이 심할 경우 녹음되고 있음을 알려준다

상대방의 폭언이 도를 지나치게 계속 이어질 경우 상대방에게 통화의 모든 내용이 녹음되고 있음을 정중하게 알려주어야 한다. 혹여 회사의 전화가 녹음시스템을 갖추고 있지 않더라도 이러한 사실을 알림으로써 폭언으로 인해 법에 의해 처벌을 받을 수도 있다는 생각을 하게 함으로써 완화할 수는 있다. 그러나 해결되지는 않는다.

③ 폭언이 지속될 경우 방문 면담을 제안한다

상대방의 폭언이 지속되거나, 손해사정 담당자의 발언이 지속적으로 왜곡되는 경우에는 이를 감정적으로 대응하지 말고 방문면담을 통해 다시 안내할 것을 제안한다. 실제 전화상으로 폭언을 심하게 한 당사자일지라도 직접 대면 면담을 하게 되면 거기서까지 폭언을 하는 사람은 열에 한두명에 불과하다.

④ 상대방이 폭언을 하면 일단 무조건 사과한다

상대방이 아무런 이유도 없이 전화통화가 시작되자마자 폭언을 퍼붓기 시작하면, 일단 무조건 사과한다. 혹여 손해사정 담당자 본인이 잘못한 것이 없더라도 사과한다. 일방적으로 공격하는 상대방에 대해 사과하는 것으로 일관하게 되면 상대방이 공격할 명분이 없어지고, 본인의 발언에 대해 미안함을 느끼게 된다.

4) 상대방의 직업에 따른 전화시간

전화통화를 하는 상대방과 원활한 협상을 하기 위해서는 통화에 방해가 되는 요소가 없어야 한다. 특히, 본업에 종사하던 중 통화를 한다는 것은 쉬운 일이 아니므로 상대방의 직업에 따라 적절한 시간을 선택하여 전화하는 것이 좋다.

〈표 2-1〉 직업에 따른 전화시간

직 업	전화하기 좋은 시간
의 사	오전 9시부터 11시 사이 또는 오후 4시 이후
치과의사	오전 9시 30분 이전
약 사	오후 1시부터 3시 사이
회사의 임원	오전 10시부터 정오사이 또는 오후 5시부터 5시 30분 사이
농 부	점심시간 또는 저녁시간
식료품점	오후 1시부터 3시 사이
소 매 점	오전 8시부터 10시 사이
변 호 사	오전 11시부터 오후 2시 사이
선 생 님	오전 8시 이전 또는 오후 4시 이후
은 행 원	오전 10시 이전 또는 오후 4시 이후
증권사직원	오전 10시 이전 또는 오후 3시 이후

※ Doris Hoopes, *The Claim Environment*, 2nd edition, American Institute for Chartered Property Casualty Underwriters/Insurance Institute of America, p. 5.7에서 한국적 상황에 맞게 발췌

5) 상대방을 위한다는 느낌을 주어야 한다.

손해사정 담당자가 설득을 위해 보험계약자에게 전화를 할 때에는 상대방은 전화하는 담당자를 보험사의 직원으로 볼 뿐 인간미 넘치는 사람으로 평가하지는 않는다. 또한 과거의 보험산업에 대한 피해의식이나 보험사는 가급적 보험금을 안주거나 적게 주려한다는 인식이 팽배해 있어서 전화상으로만 협상을 한다는 것이 쉬운 일은 아니다.

손해사정 담당자는 면책사항에 대해 안내하면서도, 보상이 가능한 부분에 대하여 충분히 다시 안내함으로써, 면책사항만을 일방적으로 통보하는 데에서 오는 불신감의 증폭을 최소화 시킬 수 있고 상대방이 보험계약 내용에 대하여 충분히 알 수 있도록 하면서 신뢰 또한 형성될 수 있다.

여기서 중요한 것은 면책사항이나 보험사의 책임을 제한하는 사항에 대하여 왜 그것이 보상 되어서는 안되는지에 대해 알려줌으로써 손해사정 담당자의 전문성을 충분히 느낄 수 있도록 해주어야 하고, 이를 위해서는 다양한 학습을 통해 전문지식을 배양해야 한다는 점이다.

2-4 손해사정과 합의

01 합의의 효력

가. 합의와 화해

제3보험에서는 피보험자의 적정 입원기간에 따른 보험금의 산정이나 상해사고의 기여도를 판단하여 보험금을 지급할 때 당사자간 의사표시의 합치를 표시하고, 향후 추가적인 보험금의 지급 주장이나 분쟁을 방지하기 위해 합의서를 작성하기도 한다.

여기에서 「합의」란 우리 민법상의 화해계약의 하나로서 분쟁이 있는 당사자간 상호 양보하여 분쟁을 종식시키기로 한 의사표시의 합치라고 할 수 있다.

화해는 당사자가 상호양보하여 당사자간의 분쟁을 종지할 것을 약정함으로써 그 효력이 생긴다(민법 제731조). 화해계약은 당사자 일방이 양보한 권리가 소멸되고 상대방이 화해로 인하여 그 권리를 취득하는 효력이 있다(민법 제732조). 또한 화해계약은 착오를 이유로 하여 취소하지 못하지만 화해당사자의 자격 또는 화해의 목적인 분쟁이외의 사항에 착오가 있는 때에는 그러하지 아니하다(민법 제733조).

나. 부제소합의(不提訴合意)

「부제소합의」란 합의를 통해 이와 관련하여서는 더 이상 소송을 걸지 않겠다는 합의를 말한다. 즉 보통의 합의서의 하단에 '위 합의금을 지급받는 것에 이의없이 합의하고, 이로 인하여 일체의 민형사상 소송을 하지 않겠다'고 하는 것을 부제소합의라 한다.

이러한 합의가 이루어지고 관련 보험금이 지급되면, 당사자간의 화해계약이 이루어진 것으로 보아야 하고 이에 따라 향후 추가적인 보험금 등에 대하여 일체의 청구권을 포기한 것으로 보아야 한다(대법원 1970.9.17. 선고 70다112 판결).

부제소합의가 이루어지면 이것은 어디까지나 양당사자간의 합의이므로 당사자 일방이 부제소합의의 무효의 의사표시를 하더라도 그것만으로는 곧바로 부제소합의의 효력이 소멸된다고는 볼 수 없고, 그에 대한 보험사의 동의나 승낙이 있어야 한다(서울지방법원 2004.8.12. 선고 2004가단64058 판결).

그러나 부제소합의는 당사자 일방이 일정한 금액을 지급받고 그 나머지의 청구를 포기하기로 약정한 때에는 그 후에 그 이상의 손해가 사후에 발생하였다는 이유로 합의금액을 넘는 청구를 하는 것은 인정할 수 없으나, 합의당시 당사자 일방이 포기한 청구권은 그 당시에 예측이 가능했던 것에 대한 것 뿐이라고 해석하여야 하고, 예상할 수 없었던 것에 대하여까지 포기했다고 볼 수는 없다(대법원 1997.8.29. 선고 96다46903 판결, 대법원 1991.12.13. 선고 91다30057 판결).

▶ 부제소합의를 한 경우 당사자 일방의 무효의사표시의 효력

피보험자가 보험사에 부제소합의의 무효(합의해제를 의미한 것으로 보인다)의사를 표시하였더라도 그것만으로는 곧바로 위 부제소합의의 효력이 소멸된다고 볼 수 없고 그에 대한 보험사의 동의 또는 승낙이 있어야 한다(서울중앙지방법원 2004. 8. 12. 선고 2004가단64058 판결).

▶ 부제소합의의 효력이 합의 당시 예측할 수 없었던 손해에도 미치는지 여부

불법행위로 인한 손해배상에 관하여 가해자와 피해자 사이에 피해자가 일정한 금액을 지급받고 그 나머지의 청구를 포기하기로 약정한 때에는 그 후에 그 이상의 손해가 사후에 발생하였다는 이유로 합의금액을 넘는 손해배상 청구를 하는 것을 인용해 줄 수 없으나, 모든 손해가 확실하게 파악되지 않는 상황 아래서 조급하게 적은 금액을 받고 합의를 한 경우에는 합의 당시 피해자가 포기한 손해배상청구권은 그 당시에 예측이 가능했던 손해에 대한 것뿐이라고 해석해야 할 것이지 당시에 예상할 수 없었던 손해가 그 후에 생긴 경우 그 손해에 대하여서까지 배상청구권을 포기했다고 해석할 것은 아니다(대법원 1997.8.29. 선고 96다46903 판결).

다. 합의 당사자의 궁박, 경솔, 무경험

보험금에 관하여 합의를 하였다고 하더라도, 우리 민법에서는 합의 당사자의 궁박, 경솔 또는 무경험으로 인하여 현저하게 공정을 잃은 법률행위를 불공정한 법률행위로 보아 무효로 하고 있다(민법 104조).

이는 객관적으로 급부와 반대급부 사이에 현저한 불균형이 존재하고, 주관적으로 그와 같이 균형을 잃은 거래가 피해 당사자의 궁박, 경솔 또는 무경험을 이용하여 이루어진 경우에 성립하는 것으로서 약자적 지위에 있는 자의 궁박, 경솔 또는 무경험을 이용한 폭리행위를 규제하려는 데에 그 목적이 있다(대법원 2002.10.22.

선고 2002다38927 판결).

불공정한 법률행위가 성립하기위한 요건인 궁박, 경솔, 무경험은 모두 구비되어야 하는 요건이 아니고 그 중 일부만 갖추어져도 충분하다. 여기서 「궁박」이라 함은 '급박한 곤궁'을 의미하는 것으로서 경제적 원인에 기인할 수도 있고 정신적 또는 심리적 원인에 기인할 수도 있다. 「무경험」이라 함은 일반적인 생활체험의 부족을 의미하는 것으로서 어느 특정영역에 있어서의 경험부족이 아니라 거래일반에 대한 경험부족을 뜻한다. 당사자가 궁박 또는 무경험의 상태에 있었는지 여부는 그의 나이와 직업, 교육 및 사회경험의 정도, 재산 상태 및 그가 처한 상황의 절박성의 정도 등 제반 사정을 종합하여 구체적으로 판단하여야 한다. 또한 피해 당사자가 궁박, 경솔 또는 무경험의 상태에 있었다고 하더라도 그 상대방 당사자에게 그와 같은 피해 당사자측의 사정을 알면서 이를 이용하려는 의사, 즉 폭리행위의 악의가 없었다거나 또는 객관적으로 급부와 반대급부 사이에 현저한 불균형이 존재하지 아니한다면 불공정한 법률행위로 볼 수 없다(대법원 2002.10.22. 선고 2002다38927 판결).

▶ 민법 제104조의 불공정한 법률행위를 규제한 목적

민법 제104조에 규정된 불공정한 법률행위는 객관적으로 급부와 반대급부 사이에 현저한 불균형이 존재하고, 주관적으로 그와 같이 균형을 잃은 거래가 피해 당사자의 궁박, 경솔 또는 무경험을 이용하여 이루어진 경우에 성립하는 것으로서, 약자적 지위에 있는 자의 궁박, 경솔 또는 무경험을 이용한 폭리행위를 규제하려는 데에 그 목적이 있고, 불공정한 법률행위가 성립하기 위한 요건인 궁박, 경솔, 무경험은 모두 구비되어야 하는 요건이 아니라 그 중 일부만 갖추어져도 충분한데, 여기에서 '궁박'이라 함은 '급박한 곤궁'을 의미하는 것으로서 경제적 원인에 기인할 수도 있고 정신적 또는 심리적 원인에 기인할 수도 있으며, '무경험'이라 함은 일반적인 생활체험의 부족을 의미하는 것으로서 어느 특정영역에 있어서의 경험부족이 아니라 거래일반에 대한 경험부족을 뜻하고, 당사자가 궁박 또는 무경험의 상태에 있었는지 여부는 그의 나이와 직업, 교육 및 사회경험의 정도, 재산 상태 및 그가 처한 상황의 절박성의 정도 등 제반 사정을 종합하여 구체적으로 판단하여야 하며, 한편 피해 당사자가 궁박, 경솔 또는 무경험의 상태에 있었다고 하더라도 그 상대방 당사자에게 그와 같은 피해 당사자측의 사정을 알면서 이를 이용하려는 의사, 즉 폭리행위의 악의가 없었다거나 또는 객관적으로 급부와 반대급부 사이에 현저한 불균형이 존재하지 아니한다면 불공정 법률행위는 성립하지 않는다(대법원 2002. 10. 22. 선고 2002다38927 판결).

라. 인쇄된 합의서 문언의 효력

일정한 조건을 설정하여 두고 합의를 하고 합의문언에 '위 합의금을 지급받는 것에 이의 없이 합의하고, 이로 인하여 일체의 민형사상 소송을 하지 않겠다'라는 문구를 인쇄하여 상대방으로 하여금 날인만을 하게 한 경우, 인쇄된 예문인 경우 그 기재를 합의내용으로 볼 수 없는 경우도 있으므로 그 문서가 곧바로 당사자의 합의의 내용이라고 단정할 수는 없고 구체적 사안에 따라 당사자의 의사를 고려하여 그 계약내용의 의미를 파악하고 그것이 예문에 불과한 것인지의 여부를 판단하여야 한다(대법원 1997. 11. 28 선고 97다 36231판결).

따라서 상대방과의 합의시에는 가급적 합의의 상대방에게 합의된 문구를 직접 자필로 작성토록 하는 것이 바람직하며, 만약 상대방이 직접 글씨를 쓰는 것이 불가능하거나 기피할 경우 등에는 합의의 과정 등을 상대방의 동의를 구하여 녹취하면서 합의서에 서명날인하도록 해야한다.

▶ 인쇄된 합의서 문언의 효력

처분문서의 기재 내용이 부동문자로 인쇄되어 있다면 인쇄된 예문에 지나지 아니하여 그 기재를 합의의 내용이라고 볼 수 없는 경우도 있으므로 처분문서라 하여 곧바로 당사자의 합의의 내용이라고 단정할 수는 없고 구체적 사안에 따라 당사자의 의사를 고려하여 그 계약 내용의 의미를 파악하고 그것이 예문에 불과한 것인지의 여부를 판단하여야 한다(대법원 1997.11.28. 선고 97다36231 판결).

02 적법한 합의권자

보험금의 지급과 관련하여 합의를 할 때에는 보험금청구권자와 합의하는 것이 원칙이다. 만약, 가족관계라 하여 배우자와 합의를 하거나 고령의 부모를 위하여 자녀가 합의한 경우 등은 정당한 합의권자라 할 수 없다.

그러나 피보험자가 미성년자이거나 합의의 득실이나 내용을 충분히 이해할 수 없는 상태이면 이에 대해 그의 부모나 친권자 또는 후견인과 합의하여야 한다. 또한 피보험자가 사망한 상태이면 유언에 의한 상속인 또는 법정상속인과 합의하여야 하고, 대표상속인을 지정한 경우에는 개별 상속인의 대표상속인 지정 및 위임에 대한 확인이 있어야 한다.

▌저자약력▌

이 재 복

- 성균관대학교 영어영문학과 졸업
- 인도 봄베이의 The College of Insurance의 General Insurance과정(78) 수료
- 미국 뉴욕의 Saint's Johns University, The College of Insurance의 Diploma in Risk and Insurance 과정(81-82) 수료
- 성균관대학교 경영대학원 보험학과 경영학석사
- 성균관대학교 대학원 무역경영전공 경제학박사
- 미국 Georgia State University의 위험관리보험학과 객원교수(94-96)
- 코리안리(전 대한재보험공사) 근무(76-78)
- 금융감독원(전 보험감독원) 근무(78-90)
- 제2종(해상보험) 손해사정사 자격취득(84)
- 손해사정사 제1차, 2차 자격시험(손해사정이론 등) 출제위원(87-03)
- 보험감독원 보험분쟁조정위원회 전문위원(90-96)
- 보험개발원 보험연구소 연구자문위원(99-01)
- 국립목포대학교 기획연구처장(98-00)
- 금융감독원 금융분쟁조정위원회 위원(01-09)
- 국립목포대학교 금융보험학과장, 금융보험학전공 주임교수, 경영학부장 역임
- 한국보험학회 회장(09-10)
- 현재 국립목포대학교 경영대학 금융보험학과 교수
- 현재 한국무역상무학회 부회장
- 현재 금융위원회 보험조사협의회 위원

〈주요 저서〉

- 보험학원론(두남,08)
- 손해사정이론(두양사, 08)
- 자동차보험론(두양사, 08, 공저)
- 위험과 보험(전남대학교출판부, 06)
- 적하보험약관론(보험연수원, 05)
- 경제생활과 보험(전남대학교출판부, 97)
- 보험계약법(두남, 10)
- 손해사정론(보험연수원, 05)
- 해상보험 손해사정론(보험연수원, 03)
- 선박보험약관론(보험연수원, 99)
- 해상보험이론(형설출판사, 99)
- 영국해상보험법(보험연수원, 96)
- 미국 보험회사의 파산과 지불능력규제(조사연구자료 96-5)(보험개발원, 97)
- 미국 건강보험제도와 개혁논쟁에 관한 연구(조사연구자료 No.39)(보험개발원, 95)

임 동 섭

- 전남대학교 정치외교학과 졸업
- 전남대학교 경영대학원 경영학 석사
- 목포대학교 금융보험학과 경영학 박사
- 제4종 손해사정사(05)
- 제1종 손해사정사(06)
- 前, 삼성화재해상보험(주) 근무(96-02)
- 現, K&C화재특종손해사정(주) 근무 (04-11)
- 現, 목포대학교 금융보험학과 강사
- 現, 한국보험학회 종신회원
- 現, 한국손해사정학회 종신회원

〈주요저서〉

- 제3보험이론(두양사, 10), 제3보험의 손해액 및 보험금사정론(두남, 11)

인 지

실무자를 위한 **제3보험 손해사정론**

초 판 1쇄 인쇄 —— 2011년 12월 10일
초 판 1쇄 발행 —— 2011년 12월 14일
지은이 —— 이 재 복 · 임 동 섭
펴낸이 —— 전 두 표
펴낸곳 —— 도서출판 **두남**
서울시 강동구 성내1동 455-12 두남빌딩
신 고 : 제25100-1988-9호
(구 제2-624호, 1988. 7. 21)
TEL : 02) 478-2065, 2066, 2067, 2311
FAX : 02) 478-2068
E-mail : dunam1@unitel.co.kr
http://www.dunam.co.kr

정가 30,000원

ISBN 978-89-6414-275-2 93320